Bienvenido a
la Guía oficial para el examen HiSET®

El libro que usted tiene en sus manos es el mejor recurso disponible en su género: es la única guía oficial para el examen *HiSET* que incluye preguntas de ejemplo preparadas por ETS, los creadores de la prueba. Este libro está concebido con el propósito exclusivo de ayudarlo a obtener el mejor resultado en esta exigente prueba.

En su interior, usted encontrará:

- **Un examen preliminar HiSET** preparado por ETS, los creadores de la prueba. Use este examen para evaluar su grado de preparación para realizar el examen real.

- **Dos exámenes de práctica completos** del examen HiSET. Estos exámenes han sido diseñados con el fin de reproducir el formato y el nivel de dificultad del examen real. Úselos para refinar sus habilidades y fortalecer su confianza.

- **Información oficial sobre el examen HiSET.** Obtenga toda la información necesaria sobre el contenido y la estructura del examen directamente de ETS.

- **Repaso tema por tema de lo que deberá estudiar.** Descubra los temas que están comprendidos en cada una de las secciones del examen: Artes del Lenguaje—Lectura, Artes del Lenguaje—Escritura, Matemáticas, Ciencia y Estudios Sociales.

- **Estrategias para realizar el examen.** Encuentre indicios y consejos que lo puedan ayudar a obtener una mejor calificación.

- **Ejercicios sobre cada tema.** Practique con preguntas de ejemplo sobre todas las áreas de conocimiento abarcadas en el examen.

Acerca de ETS

En ETS, promovemos la calidad y la equidad de la educación para todas las personas del mundo mediante la creación de materiales de evaluación basados en una investigación rigurosa. ETS presta servicios a individuos, instituciones educativas y organismos gubernamentales a través de soluciones personalizadas para la certificación de maestros, el aprendizaje del idioma inglés y la educación elemental, superior y terciaria, así como por medio de la realización de investigaciones educativas, análisis y estudios de políticas. Creada como organización sin fines de lucro en 1947, ETS desarrolla, administra y califica más de 50 millones de exámenes por año —incluidos los exámenes TOEFL® y TOEIC®, el examen GRE® y los exámenes de certificación Praxis Series®— en más de 180 países y más de 9,000 centros de todo el mundo. Para mayor información, diríjase a la dirección www.ets.org.

La Guía oficial para el examen *HiSET*®

Educational Testing Service (ETS)

McGraw-Hill Education Editors

New York | Chicago | San Francisco | Athens | London | Madrid
Mexico City | Milan | New Delhi | Singapore | Sydney | Toronto

Copyright © 2017 by Educational Testing Service. All rights reserved. Printed in the United States of America. Except as permitted under the United States Copyright Act of 1976, no part of this publication may be reproduced or distributed in any form or by any means, or stored in a database or retrieval system, without the prior written permission of the publisher.

Portions © 2016, 2015 by McGraw Hill Education. Translated from *The Official Guide to the HiSET®* *Exam,* Second Edition.

4 5 6 7 8 9 0   LOV   21 20 19

ISBN   978-1-259-83712-8
MHID   1-259-83712-2

e-ISBN   978-1-259-83713-5
e-MHID   1-259-83713-0

ETS, the ETS logo, LISTENING, LEARNING, LEADING, E-RATER, GRADUATE RECORD EXAMINATIONS, GRE, POWERPREP, THE PRAXIS SERIES, SCORESELECT TOEFL, TOEIC, and HiSET are registered trademarks of Educational Testing Service (ETS) in the United States and other countries and are used under license.

McGraw-Hill Education products are available at special quantity discounts to use as premiums and sales promotions or for use in corporate training programs. To contact a representative, please visit the Contact Us pages at: www.mhprofessional.com.

Índice

I Introducción

II Examen preliminar *HiSET*® Preguntas preparadas por ETS

III Artes del Lenguaje—Escritura

IV Estudios Sociales

V Ciencia

VI Artes del Lenguaje—Lectura

VII Matemáticas

VIII Exámenes de práctica

Parte I
Introducción

1

Acerca del examen
HiSET®

¿Qué es el examen *HiSET*®?

El examen *HiSET* (Prueba de Equivalencia para Escuela Superior) es un programa de examen de equivalencia de escuela superior que lo ayudará a conseguir un título universitario o a emprender una carrera exitosa. Educational Testing Service (ETS) e Iowa Testing Programs (ITP) crearon el programa HiSET para proporcionarle a usted una alternativa más económica y asequible que otros exámenes de equivalencia de escuela superior. Es otro modo de conseguir las credenciales que usted necesita para continuar su educación o tener éxito en su lugar de trabajo. Las calificaciones del examen HiSET permitirán identificar a aquellos candidatos que han alcanzado un nivel congruente con los requerimientos de equivalencia de escuela superior. La información resultante del programa contribuirá también a identificar las áreas en las que los candidatos se encuentran preparados para la vida universitaria y profesional, así como también aquellas áreas en que será necesaria alguna preparación adicional.

- **Más flexible**. El programa HiSET se encuentra disponible en inglés y español, tanto en papel como en forma electrónica. El examen por computadora tiene un diseño que resulta fácil de usar para los candidatos. Además, el programa dispone de sitios acondicionados para personas con discapacidad y otras necesidades relacionadas con la salud. Por favor, consulte con el centro de examinación más próximo acerca de la disponibilidad de esos sitios.
- **Más asequible**. Usted podrá realizar el examen HiSET en cualquiera de los centros de examinación disponibles en su estado o jurisdicción, lo que le permitirá elegir aquel que mejor se adapte a sus necesidades.
- **Más económico**. No solo el costo del examen HiSET es menor que el de otros exámenes, sino que además usted obtendrá más beneficios por ese precio, que incluyen pruebas de práctica gratuitas y la opción de reexaminarse* en cada prueba comprada.

*Por favor, verifique las políticas de reexaminación en su estado o jurisdicción.

3

Copyright © 2016 by Educational Testing Service. All rights reserved.

¿Qué es lo que se evalúa?

El examen HiSET le permitirá demostrar que usted ha adquirido el conocimiento equivalente al de un graduado de escuela superior. El examen consiste en cinco pruebas que evalúan su conocimiento en cinco áreas principales:

Artes del Lenguaje—Lectura: comprende 40 preguntas de opción múltiple y evalúa su capacidad de entender, comprender, interpretar y analizar distintos materiales de lectura.

Artes del Lenguaje—Escritura: dividida en dos secciones, comprende 50 preguntas de opción múltiple y una pregunta de redacción de un ensayo, y evalúa su capacidad de editar y revisar un texto escrito, así como de generar y organizar ideas por escrito.

Matemáticas: comprende 50 preguntas de opción múltiple y evalúa su capacidad de resolver problemas cuantitativos utilizando conceptos fundamentales y habilidades de razonamiento.

Ciencia: comprende 50 preguntas de opción múltiple y evalúa su capacidad de utilizar conocimientos de contenido científico, aplicar principios de investigación científica e interpretar y evaluar información científica.

Estudios Sociales: comprende 50 preguntas de opción múltiple y evalúa su capacidad de analizar y valorar distintos tipos de información sobre estudios sociales.

Artes del Lenguaje—Lectura

Características de la prueba

Nombre de la prueba	Artes del Lenguaje—Lectura
Tiempo	65 minutos
Cantidad de preguntas	40
Formato	Preguntas de opción múltiple

Categorías de contenido (porcentaje aproximado de preguntas)

Aplicación de conceptos, análisis, síntesis y evaluación que incluyen:

    I. Textos literarios (60%)

    II. Textos informativos (40%)

Categorías de procesos

    A. Comprensión

    B. Inferencia e interpretación

    C. Análisis

    D. Síntesis y generalización

Acerca de esta prueba

La prueba de Artes del Lenguaje—Lectura proporciona una evidencia de la capacidad de los candidatos para entender, comprender, interpretar y analizar distintos materiales de lectura. El conjunto de materiales que constituyen el examen

Copyright © 2016 by Educational Testing Service. All rights reserved.

HiSET estará integrado por un 60 por ciento de contenido literario y un 40 por ciento de contenido informativo. En el programa HiSET de ETS, los candidatos deberán leer una amplia gama de textos informativos y literarios de alta calidad. Los textos corresponden a diversos géneros y se refieren a temas que varían en su propósito y estilo. Los textos abarcarán varios formatos (p. ej., narraciones, memorias, ensayos, bosquejos biográficos, textos editoriales y poesías). La longitud de los textos varía, por lo general, entre 400 y 600 palabras, aproximadamente.

En las secciones siguientes, se presenta una descripción de las categorías de contenido y de procesos correspondientes a cada área temática.

Categorías de procesos de lectura

Además de los distintos textos de lectura, los candidatos también deberán responder preguntas que pueden incorporar uno o más de los procesos descritos a continuación.

Comprensión

Entender reformulaciones de la información

Determinar el significado de palabras y frases según se encuentren utilizadas en el texto

Analizar la repercusión de la elección de palabras específicas sobre el contenido y el tono del texto

Inferencia e interpretación

Realizar inferencias a partir del texto

Sacar conclusiones o deducir significados que no figuren explícitamente en el texto

Inferir los rasgos, sentimientos y motivaciones de los personajes o individuos

Aplicar información

Interpretar el lenguaje no literal

Análisis

Determinar la idea principal o el tema de un texto

Identificar el propósito o punto de vista del autor o disertante

Distinguir entre distintas opiniones, hechos, supuestos, observaciones y conclusiones

Reconocer aspectos del estilo, de la estructura, de la atmósfera o del tono de un texto

Reconocer técnicas literarias o argumentativas

Síntesis y generalización

Extraer conclusiones y hacer generalizaciones

Realizar predicciones

Comparar y contrastar

Sintetizar información a partir de fuentes múltiples

Copyright © 2016 by Educational Testing Service. All rights reserved.

Artes del Lenguaje—Escritura

Características de la prueba

Nombre de la prueba	Artes del Lenguaje—Escritura
Tiempo	120 minutos
Cantidad de preguntas	51
Formato	Preguntas de opción múltiple (50)
	Pregunta de ensayo (1)

Categorías de contenido: Preguntas de opción múltiple (porcentaje aproximado de preguntas)

    I. Organización de las ideas (22%)

    II. Facilidad para el lenguaje (43%)

    III. Convenciones de la escritura (35%)

Categorías de contenido: Pregunta de ensayo

    A. Desarrollo de una posición central o afirmación

    B. Organización de las ideas

    C. Facilidad para el lenguaje

    D. Convenciones de la escritura

Acerca de esta prueba

La prueba de Artes del Lenguaje—Escritura proporciona información sobre la capacidad de los candidatos para reconocer y producir un texto escrito que resulte efectivo conforme a las convenciones y reglas de la lengua española. Las preguntas de opción múltiple miden la capacidad de los candidatos para editar y revisar textos escritos. La pregunta de ensayo mide la capacidad de los candidatos para generar y organizar ideas por escrito.

Las preguntas de opción múltiple requieren que los candidatos tomen decisiones de revisión sobre organización, dicción y claridad, estructura sintáctica, uso y aspectos mecánicos de la escritura (uso de mayúsculas, signos de puntuación, ortografía). Las preguntas del examen están integradas en textos completos que abarcan varios formatos (p. ej., cartas, ensayos, artículos periodísticos, relatos personales e informes).

Los textos se presentan como borradores con partes subrayadas o resaltadas para indicar una posible necesidad de revisión. Las preguntas presentan alternativas que pueden corregir o mejorar las partes subrayadas. Los aspectos del lenguaje escrito que se evalúan pueden incluir: estilo apropiado, transiciones lógicas, estructura y organización del discurso, concisión y claridad o uso y aspectos mecánicos de la escritura.

La pregunta de ensayo mide la competencia en la generación y organización de ideas mediante una evaluación directa de una redacción basada en evidencias. Los candidatos deben leer un par de textos y luego elaborar respuestas escritas. Las respuestas se evaluarán según la capacidad de los candidatos para desarrollar opiniones o afirmaciones respaldadas por la evidencia contenida en los materiales provistos y por su propia experiencia.

Copyright © 2016 by Educational Testing Service. All rights reserved.

Descripción de los contenidos

A continuación, se presenta una descripción de las habilidades comprendidas en las categorías de contenido de las preguntas de opción múltiple. Debido a que la prueba de Artes del Lenguaje—Escritura ha sido diseñada para medir la capacidad de analizar y evaluar la escritura, la respuesta a cualquier pregunta podría incluir aspectos de más de una categoría.

Organización de las ideas
Seleccionar oraciones de apertura, de transición y de cierre que sean lógicas o efectivas
Evaluar la relevancia del contenido
Analizar y evaluar la estructura de los párrafos
Reconocer transiciones lógicas y las palabras y frases relacionadas con ellas

Facilidad para el lenguaje
Reconocer la subordinación y la coordinación adecuadas, el paralelismo y la posición de modificadores
Reconocer combinaciones eficaces de oraciones
Reconocer el uso de modismos (expresiones idiomáticas)
Conservar la coherencia y la adecuación en estilo y tono
Analizar las connotaciones en el significado de palabras con denotación similar

Convenciones de la escritura
Reconocer las formas del verbo, el pronombre y los modificadores
Conservar la concordancia gramatical
Reconocer y corregir fragmentos incompletos de oraciones y textos sin signos de puntuación
Reconocer el uso correcto de mayúsculas, signos de puntuación y ortografía
Utilizar fuentes de referencia de manera adecuada

La prueba de Artes del Lenguaje—Escritura requiere que los candidatos lean un par de textos y que luego redacten respuestas escritas a partir de las evidencias que presentan dichos textos, así como también de sus propias experiencias. Las respuestas se evaluarán según la capacidad de los candidatos para desarrollar una posición basada en la evidencia de los materiales que se le han proporcionado, así como también en su propia experiencia. Las siguientes son descripciones de las habilidades y el conocimiento cubiertos en las categorías de contenido para la pregunta de ensayo.

Desarrollo de una posición central o afirmación
Foco en la idea principal, ideas secundarias
Explicación de las ideas secundarias
Dominio para escribir un argumento

Organización de las ideas
Introducción y desenlace
Secuencia de ideas
Redacción de párrafos
Uso de palabras y frases de transición

Facilidad para el lenguaje
Elección de palabras
Estructura de la oración
Expresión y voz

Copyright © 2016 by Educational Testing Service. All rights reserved.

Convenciones de la escritura
   Gramática
   Uso
   Aspectos mecánicos de la escritura (uso de mayúsculas, signos de puntuación, ortografía)

Matemáticas

Características de la prueba

Nombre de la prueba	Matemáticas
Tiempo	90 minutos
Cantidad de preguntas	50
Formato	Preguntas de opción múltiple
Calculadora	Calculadora a elección. Consulte las políticas del estado en el cual usted tomará el examen.

Categorías de contenido (porcentaje aproximado de preguntas)

  I. Números y operaciones con números (18%)

  II. Mediciones y geometría (18%)

  III. Análisis de datos, probabilidades y estadística (18%)

  IV. Conceptos algebraicos (45%)

Categorías de procesos

  A. Entender los conceptos y procedimientos matemáticos

  B. Analizar e interpretar la información

  C. Sintetizar datos y resolver problemas

Acerca de esta prueba

La prueba de Matemáticas evalúa el conocimiento y las habilidades matemáticas. La prueba mide la capacidad de los candidatos para resolver problemas cuantitativos utilizando conceptos fundamentales y habilidades de razonamiento. Las preguntas presentan problemas prácticos que requieren operaciones numéricas, medición, estimación, interpretación de datos y pensamiento lógico. Los problemas se basan en situaciones reales y pueden evaluar conceptos abstractos, como patrones algebraicos, precisión de medición y probabilidad. La prueba de Matemáticas se realiza con calculadora a elección. No se necesita una calculadora, pero si los candidatos la solicitan, el centro de examinación deberá proporcionarles una de las siguientes: de cuatro funciones o científica. Consulte las políticas del estado en el cual tomará el examen. Algunos estados poseen requisitos especiales acerca del tipo o el modelo de calculadora. Los candidatos no pueden llevar su propia calculadora al centro de examinación para utilizarla en el examen HiSET.

Copyright © 2016 by Educational Testing Service. All rights reserved.

Descripción de los contenidos

A continuación, se presenta una descripción de los temas comprendidos en las categorías básicas de contenido. Debido a que la prueba ha sido diseñada para medir la capacidad de integrar el conocimiento de matemáticas, la respuesta a cualquier pregunta podría incluir el contenido de más de una categoría. Por tanto, algunas de las preguntas del examen podrán requerir la utilización de fórmulas. Las fórmulas necesarias para contestar ciertas preguntas se brindarán en una lista de fórmulas. Los candidatos deberán conocer algunas de las fórmulas con anterioridad al examen. Entre estas, se incluyen las siguientes: distancia-velocidad-tiempo, teorema de Pitágoras y ecuación cuadrática.

Números y operaciones numéricas

Usar las propiedades de operaciones con números reales, incluidos números racionales e irracionales.

Reescribir fórmulas que contengan raíces y exponentes, utilizando las propiedades de los exponentes.

Resolver problemas utilizando la notación científica.

Razonar en forma cuantitativa y utilizar unidades para resolver problemas.

Elegir un nivel de precisión adecuado a las limitaciones de las mediciones.

Resolver problemas de la vida real y matemáticos estructurados en varios pasos que incluyan números racionales en cualquier relación de forma y proporción (los ejemplos pueden incluir dinero, tasas, porcentajes, promedios, estimaciones/redondeos).

Mediciones y geometría

Utilizar criterios de congruencia y semejanza en triángulos para resolver problemas y probar relaciones en figuras geométricas.

Conocer las propiedades de polígonos y círculos, incluida la medición de ángulos, ángulos centrales, ángulos inscritos, perímetro, longitud de arco y superficie de un sector, circunferencia y superficie.

Entender y aplicar el teorema de Pitágoras.

Entender las transformaciones del plano, incluidas las reflexiones, traslaciones, rotaciones y dilataciones.

Utilizar las fórmulas de volumen de cilindros, pirámides, conos y esferas para resolver problemas.

Aplicar conceptos de densidad basados en la superficie y el volumen para realizar el modelado de situaciones (p. ej., personas por milla cuadrada, BTU por pie cúbico).

Análisis de datos, probabilidades y estadística

Resumir e interpretar datos presentados de forma verbal, con tabulaciones y gráficas; realizar predicciones y resolver problemas basándose en datos. Reconocer posibles asociaciones y tendencias a partir de los datos.

Identificar la recta de mejor ajuste.

Hallar la probabilidad de eventos simples y compuestos.

Realizar la aproximación de la probabilidad de un evento aleatorio y desarrollar un modelo de probabilidad para hallar la probabilidad de eventos.

Utilizar medidas de tendencia central para realizar inferencias acerca de poblaciones, incluidos los resúmenes de grupos de datos numéricos y cálculos de mediciones de tendencia central.

Entender cómo utilizar la estadística para obtener información sobre una población, generalizando la información sobre una población a partir de una muestra de esta.

9

Copyright © 2016 by Educational Testing Service. All rights reserved.

Conceptos algebraicos

Interpretar partes de una expresión, como términos, factores y coeficientes, según su contexto.

Realizar operaciones aritméticas con polinomios y expresiones racionales.

Escribir expresiones en formas equivalentes para resolver problemas. Factorizar una ecuación cuadrática para revelar los ceros de la función que define.

Resolver ecuaciones y desigualdades lineales en una variable, incluidas ecuaciones con coeficientes representados por letras.

Resolver ecuaciones cuadráticas en una variable.

Resolver ecuaciones racionales y radicales simples en una variable.

Resolver sistemas de ecuaciones.

Representar y resolver ecuaciones y desigualdades gráficamente.

Crear ecuaciones y desigualdades para representar relaciones y utilizarlas para resolver problemas.

Reescribir fórmulas/ecuaciones para resaltar una cantidad que sea de interés.

Entender el concepto de una función y utilizar la notación de funciones; interpretar características clave de gráficas y tablas en términos de cantidad. Evaluar funciones para los valores en sus dominios e interpretar enunciados que utilicen la notación de funciones en términos de un contexto. Expresar una función que describa una relación entre dos cantidades.

Entender el dominio y el rango de una función.

Escribir una función que describa la relación entre dos cantidades, incluidas secuencias aritméticas y geométricas, tanto de forma recurrente como con una fórmula explícita; utilizarlas para modelar situaciones y trasladarlas entre ambas formas.

Explicar cada paso de la resolución de una ecuación simple según surja de la igualdad de los números expresados en el paso previo, partiendo de la suposición de que la ecuación original posee una solución. Construir un argumento viable para justificar un método de solución.

Calcular e interpretar la tasa de cambio promedio de una función (presentada de manera simbólica o como una tabla) sobre un intervalo específico. Calcular la tasa de cambio a partir de una gráfica.

Categorías de procesos matemáticos

Además de conocer y entender el contenido matemático descrito explícitamente en la sección Descripción de los contenidos, los candidatos también deberán responder preguntas que pueden incluir uno o más de los procesos que figuran a continuación. Cualquier proceso puede aplicarse a cualquier área de contenido del examen de Matemáticas.

Entender los conceptos y procedimientos matemáticos

Seleccionar los procedimientos adecuados

Identificar ejemplos y contraejemplos de conceptos

Analizar e interpretar la información

Realizar inferencias o predicciones en base a datos o información

Interpretar datos a partir de una variedad de fuentes

Sintetizar datos y resolver problemas

Razonar cuantitativamente

Evaluar la racionalidad de las soluciones

Copyright © 2016 by Educational Testing Service. All rights reserved.

Ciencia

Características de la prueba

Nombre de la prueba	Ciencia
Tiempo	80 minutos
Cantidad de preguntas	50
Formato	Preguntas de opción múltiple

Categorías de contenido (porcentaje aproximado de preguntas)

   I. Ciencias de la vida (49%)

  II. Ciencias físicas (28%)

 III. Ciencias de la Tierra y el espacio (23%)

Categorías de procesos

  A. Interpretar y aplicar

  B. Analizar

  C. Evaluar y generalizar

Acerca de esta prueba

La prueba de Ciencia proporciona evidencia de la capacidad de los candidatos para utilizar conocimientos de contenido científico, aplicar principios de investigación científica e interpretar y evaluar información científica. La mayoría de las preguntas en la prueba está asociada con materiales visuales que brindan una descripción de investigaciones científicas y sus resultados. La información científica se basa en informes que pueden encontrarse en publicaciones científicas. Se utilizan ilustraciones, diagramas, tablas y gráficas para presentar la información y los resultados.

Las situaciones científicas utilizan materiales de diversas áreas de contenido, como las siguientes: física, química, botánica, zoología, salud y astronomía. Es posible que en las preguntas se pida a los candidatos que identifiquen el tema de interés que se está investigando, que seleccionen el mejor diseño para una pregunta de investigación específica y que reconozcan las conclusiones que pueden extraerse de los resultados. También es posible que se les pida que evalúen la adecuación de procedimientos y que distingan entre hipótesis, supuestos y observaciones.

Descripción de los contenidos

A continuación, se presenta la descripción de los temas comprendidos en las categorías básicas de contenido. Debido a que la prueba ha sido diseñada para medir la capacidad de analizar y evaluar información científica, la respuesta a cualquier pregunta podría incluir contenido de más de una categoría.

Ciencias de la vida

Entender los organismos, sus ambientes y sus ciclos de vida

Entender la interdependencia de los organismos

Reconocer las relaciones entre estructura y función de los sistemas vivientes

Entender los sistemas del cuerpo humano

Copyright © 2016 by Educational Testing Service. All rights reserved.

Ciencias físicas

Reconocer propiedades observables como el tamaño, el peso, la forma, el color y la temperatura

Reconocer conceptos relativos a la posición y el movimiento de los objetos

Entender los principios de la luz, el calor, la electricidad y el magnetismo

Entender los principios de la materia y la estructura atómica

Entender los principios de las reacciones químicas

Ciencias de la Tierra y el espacio

Reconocer las propiedades de los materiales terrestres

Entender los sistemas, procesos, estructuras geológicas y eras de la Tierra

Entender los movimientos y posición de la Tierra dentro del sistema solar

Entender el Sol, otras estrellas y el sistema solar

Categorías de procesos científicos

Además de conocer y entender el contenido científico descrito explícitamente en la sección Descripción de los contenidos, los candidatos también deberán responder a preguntas en esta prueba que pueden incluir uno o más de los procesos que figuran a continuación. Cualquier proceso puede aplicarse a cualquier tema de contenido.

Interpretar y aplicar

Interpretar datos o información observada

Aplicar principios científicos

Analizar

Discernir una pregunta de investigación adecuada que se desprenda de la información presentada

Identificar las razones para un procedimiento y analizar sus limitaciones

Seleccionar el mejor procedimiento

Evaluar y generalizar

Distinguir entre hipótesis, supuestos, datos y conclusiones

Juzgar las bases de la información para una conclusión dada

Determinar la relevancia de responder una pregunta

Juzgar la fiabilidad de las fuentes

Estudios Sociales

Características de la prueba

Nombre de la prueba	Estudios Sociales
Tiempo	70 minutos
Cantidad de preguntas	50
Formato	Preguntas de opción múltiple
Categorías de contenido (porcentaje aproximado de preguntas)	

    I. Historia (35%)

   II. Educación cívica y gobierno (35%)

  III. Economía (20%)

  IV. Geografía (10%)

Copyright © 2016 by Educational Testing Service. All rights reserved.

Categorías de procesos
A. Interpretar y aplicar
B. Analizar
C. Evaluar y generalizar

Acerca de esta prueba

La prueba de Estudios Sociales proporciona evidencia sobre la capacidad de los candidatos para utilizar el conocimiento sobre el contenido de estudios sociales, así como para analizar y evaluar varios tipos de información sobre estudios sociales. En la prueba, se utilizan materiales de diversas áreas de contenido, como historia, ciencias políticas, psicología, sociología, antropología, geografía y economía. Para presentar la información, pueden utilizarse documentos primarios, pósteres, historietas, líneas de tiempo, mapas, gráficas, tablas, diagramas y pasajes de lectura. En las preguntas, se puede pedir a los candidatos que distingan entre declaraciones de hechos y opiniones; que reconozcan las limitaciones de los procedimientos y métodos; y que emitan juicios sobre la fiabilidad de las fuentes, la validez de las inferencias y conclusiones y la adecuación de información para extraer conclusiones.

Descripción de los contenidos

A continuación, se presenta la descripción de los temas comprendidos en las categorías básicas de contenido. Debido a que la prueba ha sido diseñada para medir la capacidad de analizar y evaluar distintos tipos de datos de estudios sociales, la respuesta a cualquier pregunta podría incluir contenido de más de una categoría.

Historia
Analizar fuentes históricas y reconocer perspectivas
Identificar interconexiones entre el pasado, el presente y el futuro
Entender las épocas específicas de la historia mundial y de los Estados Unidos de América, incluidas las personas que las han protagonizado en materia política, económica y cultural

Educación cívica y gobierno
Entender el papel del ciudadano en una sociedad democrática, incluidos los derechos, las responsabilidades y la participación informada
Reconocer la estructura y las funciones de los diferentes niveles del gobierno estadounidense, incluidos los conceptos de poder y autoridad
Entender los propósitos y características de los diferentes sistemas de gobierno, con particular énfasis en el gobierno estadounidense

Economía
Reconocer conceptos económicos fundamentales, incluidos los principios de la oferta y la demanda
Entender la participación del gobierno en la economía, incluida la comparación entre sistemas económicos y la globalización
Entender la economía del consumidor

Geografía
Entender conceptos y conocer terminología de geografía física y humana

Copyright © 2016 by Educational Testing Service. All rights reserved.

Utilizar los conceptos geográficos para analizar fenómenos espaciales y discutir factores económicos, políticos y sociales

Interpretar mapas y otras herramientas visuales y tecnológicas, y analizar estudios de casos

Categorías de procesos de estudios sociales

Además de conocer y entender el contenido de estudios sociales descrito en la sección Descripción de los contenidos, los candidatos también deberán responder a preguntas que pueden incluir uno o más de los procesos que figuran a continuación. Cualquier proceso puede aplicarse a cualquier tema de contenido.

Interpretar y aplicar

Realizar inferencias o predicciones en base a datos u otra información

Inferir relaciones no explícitas

Extender conclusiones a los fenómenos relacionados

Analizar

Distinguir entre hechos, opiniones y valores

Reconocer el propósito, los supuestos y los argumentos del autor

Evaluar y generalizar

Determinar si una información es apropiada para llegar a conclusiones

Juzgar la validez de las conclusiones

Comparar y contrastar la fiabilidad de las fuentes

Para obtener una lista completa de las Declaraciones de Preparación Universitaria y Profesional (CCRS) incluidas en cada prueba, diríjase a: https://hiset.ets.org/es/about/bulletin/ (Información general sobre el examen). Estas declaraciones reflejan las habilidades requeridas para la instrucción en cada nivel de grado.

¿Cómo puedo prepararme para el examen HiSET?

¡Practique, practique, practique!

El programa HiSET ofrece un repaso de todo el contenido y cientos de preguntas de práctica. En el capítulo 3, se presenta un examen preliminar resumido y, al final de la publicación, se ofrecen dos exámenes de práctica completos. Con las pruebas de práctica se pretende complementar su preparación y los conocimientos adquiridos en el aula. Estas pruebas no le alcanzarán, por sí solas, para prepararse para el examen HiSET real. Asimismo, el programa HiSET ofrece opciones sin cargo y de bajo costo para que usted se familiarice con las preguntas del examen y con la experiencia de la prueba por computadora. En el sitio web de HiSET, encontrará preguntas de ejemplo, pruebas de práctica y consejos gratuitos que lo ayudarán en su preparación para el examen. Además, los centros de examinación y los centros de educación para adultos pueden ofrecer cursos de preparación para el examen. Para obtener más información sobre cómo prepararse para el examen, comuníquese con su centro de examinación o visite nuestro sitio web (www .HiSET.ets.org).

Copyright © 2016 by Educational Testing Service. All rights reserved.

¿Qué debo estudiar?

La preparación para el examen dependerá de la cantidad de tiempo de que disponga y de sus preferencias personales sobre cómo prepararse. Como mínimo, antes de realizar el examen HiSET, usted debería estar familiarizado con:

- los tipos de preguntas y las instrucciones;
- la cantidad aproximada de preguntas;
- la cantidad de tiempo que deberá dedicarle a cada sección.

Aquí encontrará algunos consejos y estrategias que le permitirán obtener los mejores resultados en el examen HiSET, ya sea que lo realice por computadora o en papel.

1. **Averigüe qué comprende la prueba.**

    En este capítulo, encontrará especificaciones sobre la prueba. La sección Características de la prueba describe las categorías de contenido que se evalúan en cada prueba.

2. **Evalúe cuán bien conoce el contenido.**

    Las investigaciones han demostrado que los candidatos tienden a sobrevalorar su preparación. Por este motivo, algunos candidatos piensan que les fue bien y luego descubren que no aprobaron.

    Cuanto más tiempo haya estado alejado del contenido, mayor será la preparación que probablemente necesite. Si han pasado más de unos meses desde que estudió el área de contenido, deberá hacer un gran esfuerzo para prepararse.

3. **Planifique y organice su tiempo.**

    Deje tiempo suficiente para repasar y evite atiborrarse de material nuevo los últimos días antes del examen. Aquí encontrará algunos consejos:
    - Elija una fecha de examen lo suficientemente lejana en el tiempo como para que le permita prepararse en forma adecuada.
    - Calcule desde esa fecha hacia atrás para saber de cuánto tiempo dispondrá para repasar.
    - Establezca un cronograma realista y sígalo.

4. **Entienda cómo se calificarán las preguntas.**

    Cada una de las cinco pruebas comprendidas en el examen HiSET será calificada con una escala de 1 a 20 puntos. Para poder aprobar el examen, usted deberá cumplir con las siguientes tres condiciones:
    - Obtener una calificación de por lo menos 8 puntos en cada una de las cinco pruebas individuales.
    - Obtener una calificación de por lo menos 2 puntos sobre 6 en la parte del ensayo de la prueba de escritura.
    - Obtener una calificación total de no menos de 45 puntos en la suma de las calificaciones de las cinco pruebas.

    La calificación requerida para aprobar el examen HiSET puede variar de un estado a otro. Algunos estados o jurisdicciones pueden exigir calificaciones más altas, pero en ningún caso usted podrá aprobar el examen con una calificación inferior a 45 puntos para el conjunto de las cinco pruebas.

Copyright © 2016 by Educational Testing Service. All rights reserved.

5. **Elabore un plan de estudio.**

Un plan de estudio ofrece una guía para prepararse para el examen HiSET. Puede ayudarle a comprender qué habilidades y conocimientos están comprendidos en el examen, y dónde centrar su atención. Utilice la plantilla de plan de estudio que aparece al final de este capítulo como modelo.

6. **Familiarícese con los tipos de preguntas que encontrará en el examen HiSET.**

El examen HiSET incluye dos tipos de preguntas: preguntas de opción múltiple (en las cuales usted deberá seleccionar su respuesta de una lista de opciones) y una pregunta de redacción de un ensayo (en la cual usted deberá escribir una respuesta propia).

Cómo abordar las preguntas de opción múltiple

Todas las pruebas contienen preguntas de opción múltiple. En ellas se ofrecen opciones de respuesta para que usted pueda centrar su pensamiento en la pregunta. Cuando responda una pregunta, asegúrese de comprender qué tipo de respuesta se le pide.

NOTA: Si realiza el examen por computadora, podrá saltarse preguntas que quizá le resulten difíciles de responder. El software utilizado en las pruebas tiene una función de "marcar y revisar" que le permitirá marcar preguntas a las que desee regresar más adelante mientras esté trabajando en esa sección. El software utilizado en las pruebas también:

- le permitirá ver una lista completa de todas las preguntas comprendidas en la sección en la que esté trabajando;
- le indicará si ha respondido todas las preguntas;
- identificará las preguntas que ha marcado para revisar.

Asimismo, podrá revisar las preguntas que ya ha respondido y cambiar su respuesta, siempre que todavía tenga tiempo disponible para trabajar en esa sección.

Preste atención a las preguntas de opción múltiple que incluyan las palabras "NO", "MENOS" y "EXCEPTO". Este tipo de pregunta le pedirá a usted que seleccione la opción que no corresponde. Deberá tener mucho cuidado, porque es fácil olvidarse de que está seleccionando la opción negativa. Este tipo de pregunta se utiliza en situaciones en las que hay diferentes soluciones o formas correctas de abordar algo, pero también una manera claramente equivocada.

Cómo abordar la pregunta del ensayo

Solo la prueba de Artes del Lenguaje—Escritura contiene una pregunta de redacción de un ensayo. Mientras trabaje en su ensayo, tenga siempre presente el tiempo disponible. Deberá contar con suficiente tiempo para pensar en la pregunta, bosquejar una respuesta y escribir su ensayo. Si bien los evaluadores que califican los ensayos entienden las limitaciones de tiempo a las que usted está sometido y las toman en cuenta cuando califican su respuesta, usted querrá producir de todos modos el mejor ejemplo posible de redacción. Al escribir su respuesta, deberá tener en cuenta los puntos siguientes:

1. **Responda la pregunta con precisión.** Analice lo que cada parte de la pregunta le pide que haga. Si la pregunta le pide que describa o analice, usted deberá proporcionar mucho más que tan solo una enumeración.

Copyright © 2016 by Educational Testing Service. All rights reserved.

2. **Responda la pregunta completamente**. Si la pregunta le pide que conteste tres cosas distintas en su respuesta, usted deberá abarcar las tres cosas para obtener una mejor calificación. De lo contrario, independientemente de cuán bien redacte, no recibirá el crédito completo.

3. **Responda lo que se le pregunta**. No cambie la pregunta ni contraríe los fundamentos de la pregunta. No recibirá ningún crédito u obtendrá una calificación baja si responde otra pregunta o si afirma, por ejemplo, que no hay una respuesta posible.

4. **Escriba una respuesta exhaustiva y detallada**. Deberá demostrar que tiene un profundo conocimiento sobre el tema. Sin embargo, su respuesta debe ser directa y no contener información innecesaria.

5. **Relea su respuesta**. Verifique que haya escrito realmente lo que pensó que había escrito. Asegúrese de no dejar oraciones sin terminar ni de omitir información complementaria. Reserve algunos minutos al final del ensayo para verificar si hay errores evidentes. Si bien un error ocasional de tipografía, ortografía o gramática no afectará su calificación, los errores graves y persistentes irán en detrimento de la eficacia general de su escrito y perjudicarán su calificación.

Cómo abordar preguntas sobre gráficas, tablas o pasajes de lectura

Cuando responda preguntas sobre gráficas, tablas o pasajes de lectura, incluya solamente la información que la pregunta le pida. Se recomienda leer primero las preguntas y luego mirar el mapa, la gráfica o el pasaje de texto. Podrá anotar los lugares que considere que son importantes en un papel de borrador, y luego responder las preguntas. Nuevamente, lo más importante es asegurarse de responder las preguntas de la forma en que se refieren al material presentado. Por lo tanto, lea las preguntas detenidamente.

Consejos útiles para el examen

Ante todo, deberá prepararse para el día del examen, a fin de estar tranquilo y confiado. Planifique terminar con el repaso uno o dos días antes de la fecha real del examen para evitar atiborrarse de material a último momento. Haga un viaje de simulacro al centro de examinación para estar seguro de la ruta, las condiciones de tráfico y el estacionamiento. En especial, elimine cualquier factor inesperado que pueda distraerlo de su objetivo final: aprobar el examen HiSET. El día de la prueba, usted debería:

- estar bien descansado;
- usar una indumentaria cómoda y llevar ropa de abrigo;
- comer antes de realizar la prueba y llevar alimentos para comer durante el receso para mantener un buen nivel de energía;
- llevar la identificación requerida para ingresar al examen y los comprobantes de pago de los derechos de examen, por si fueran necesarios (consulte en el sitio web de HiSET correspondiente a su estado o jurisdicción, o con el centro de examinación);
- llevar lápices No. 2 bien afilados (al menos 3);

Copyright © 2016 by Educational Testing Service. All rights reserved.

- estar preparado para hacer fila durante la acreditación o esperar mientras otros candidatos se acreditan.

Usted no puede controlar la situación alrededor del examen, pero sí puede controlarse a sí mismo. Mantenga la calma. Los supervisores están perfectamente capacitados y harán todo lo posible por brindar condiciones de examen uniformes. No se moleste si el examen no comienza exactamente a tiempo. Tendrá la cantidad de tiempo necesaria una vez que este comience. Imagínese que prepararse para el examen es como entrenar para un evento atlético. Después de haber entrenado, haberse preparado y haber descansado, dé lo mejor de sí mismo.

Complete la siguiente lista de verificación para determinar si usted está preparado para el examen

- ¿Conoce los requisitos del examen en el estado donde planea tomarlo?
- ¿Ha seguido todos los procedimientos de inscripción para el examen?
- ¿Conoce los temas que comprende cada una de las pruebas que planea tomar?
- ¿Ha repasado libros de texto, notas de clase y lecturas de curso relacionados con los temas comprendidos?
- ¿Sabe cuánto dura el examen y la cantidad de preguntas que incluye?
- ¿Ha considerado cómo controlar el ritmo de su trabajo?
- ¿Está familiarizado con los tipos de preguntas incluidos en el examen?
- ¿Está familiarizado con las estrategias recomendadas para aprobar el examen?
- ¿Ha contestado las preguntas de práctica y completado los exámenes de práctica que se presentan en esta publicación o en alguna otra guía de estudio?
- Si está repitiendo el examen HiSET, ¿ha analizado su informe de calificación anterior para determinar las áreas en las que podría ser útil contar con estudios y preparación adicionales para el examen?

Si la respuesta a las preguntas anteriores es "sí", su preparación ha valido la pena. Ahora está en condiciones de tomar el examen HiSET. Esfuércese al máximo y apruébelo, y dé un paso adelante en su educación universitaria o profesional.

Durante el examen

1. **Si toma el examen en papel, coloque sus respuestas en las burbujas correctas.** Parece obvio, pero asegúrese de escribir su respuesta en la burbuja que corresponda a la pregunta que está respondiendo. Una cantidad significativa de candidatos completa una burbuja sin verificar que el número coincida con la pregunta que está respondiendo.

2. **Saltee las preguntas que le resulten extremadamente difíciles.** En lugar de intentar responderlas en su primera lectura de la prueba, déjelas en blanco y anote el número de las preguntas en una hoja de papel. Preste atención al tiempo mientras responde el resto de las preguntas de la prueba e intente terminar 10 o 15 minutos antes para regresar a las preguntas que dejó en blanco. Incluso si no sabe la respuesta la segunda vez que lee las preguntas, fíjese si puede delimitar las posibles respuestas y luego adivine.

3. **Controle el tiempo.** Lleve consigo un reloj, por si acaso le resulta difícil visualizar el reloj en el salón de examinación. Trate de que el reloj sea lo más simple posible;

Copyright © 2016 by Educational Testing Service. All rights reserved.

las alarmas y demás funciones pueden distraer a los demás o infringir las normas de seguridad del examen. Si el supervisor del centro de pruebas sospecha que podría haber algún inconveniente con su reloj, le pedirá que se lo quite; por lo tanto, cuanto más simple, ¡mejor! Es probable que tenga tiempo en exceso para responder todas las preguntas, pero si se encuentra estancado en una sección, le sugerimos que siga adelante y regrese a esa sección más tarde.

4. **Lea todas las respuestas posibles antes de seleccionar una.** Luego, vuelva a leer la pregunta para asegurarse de que la respuesta que ha seleccionado realmente responde la pregunta. Recuerde: una pregunta que incluya una frase como "¿Cuál de los siguientes NO...?" requerirá una respuesta que NO sea una afirmación o conclusión correcta.

5. **Verifique sus respuestas.** Si le sobra tiempo al final de una prueba, repase cada pregunta y asegúrese de haberla respondido como pretendía.

6. **No se preocupe por su calificación mientras está realizando el examen.** No se espera que los candidatos respondan todas las preguntas correctamente. Si alcanza la calificación mínima para aprobar en cada prueba del examen HiSET y si cumple con el requisito de calificación acumulativa y con los requisitos del estado, el estado emitirá su certificación o diploma que equivale a un título de escuela superior.

Desarrolle su plan de estudio

A continuación, se presenta un plan de estudio de ejemplo, que usted podrá usar como modelo para desarrollar uno personalizado.

Mi plan de estudio

Utilice esta hoja de trabajo para:

1. **Definir áreas de contenido**: Enumere las áreas de contenido más importantes para su prueba, tal como se define en las secciones Características de la prueba y Categorías de contenido.

2. **Determinar fortalezas y debilidades**: Identifique sus fortalezas y debilidades en cada área de contenido.

3. **Identificar recursos**: Identifique los libros, cursos y otros recursos que planee utilizar para cada área de contenido.

4. **Estudiar**: Establezca, y comprométase a seguir, un cronograma que le proporcione períodos de estudio regulares.

Copyright © 2016 by Educational Testing Service. All rights reserved.

Nombre de la prueba: _____

Fecha de la prueba: _____

Contenido comprendido	Descripción del contenido	¿Cuán bien conozco el contenido? (escala de 1a 5)	¿Qué recursos tengo/necesito para el contenido?	¿Dónde puedo encontrar los recursos que necesito?	Fechas en las que estudiaré el contenido	Fecha de finalización

Preguntas frecuentes

¿Debo adivinar?

Sí. Su calificación se basa en la cantidad de preguntas que responda correctamente, sin penalización ni sustracción por una respuesta incorrecta. Cuando no sepa la respuesta a una pregunta, intente eliminar cualquier respuesta evidentemente incorrecta y trate de adivinar, entre las restantes, la correcta. Trate de controlar su ritmo a fin de tener tiempo suficiente para considerar detenidamente cada pregunta.

¿Puedo responder las preguntas en cualquier orden?

Sí. Puede abordar las preguntas de principio a fin, como lo hacen muchos candidatos, o puede crear su propio recorrido. Quizá desee responder primero las preguntas del área de conocimiento que mejor domina y luego pasar de sus puntos fuertes a las áreas más débiles. En las pruebas por computadora, puede usar la función "Saltar" para omitir una pregunta y regresar a ella más tarde. No hay una manera correcta y otra incorrecta. Utilice el enfoque que mejor le resulte.

Copyright © 2016 by Educational Testing Service. All rights reserved.

¿Hay preguntas capciosas en el examen?

No. No hay significados ocultos ni redacción engañosa. Todas las preguntas en el examen requieren un conocimiento del tema de forma directa.

¿Hay patrones de respuesta en la prueba?

No. Es posible que haya escuchado este mito: las respuestas en las preguntas de opción múltiple siguen patrones. Otro mito es que nunca habrá más de dos preguntas seguidas cuyas respuestas tengan la misma letra. Ninguno de estos mitos es cierto. Seleccione la respuesta que considere correcta basándose en su conocimiento del tema.

¿El examen será en papel, por computadora o de ambos modos?

El examen HiSET estará disponible en los dos formatos: en papel y por computadora. No obstante, no todos los estados o centros de pruebas ofrecerán ambos formatos; por lo tanto, asegúrese de comprobar esta información en Internet en http://HiSET.ets.org antes de inscribirse para el examen.

¿Puedo escribir en el cuadernillo del examen?

No. No puede escribir en el cuadernillo del examen HiSET. Sin embargo, puede usar papel de borrador para resolver problemas, tomar notas o anotar preguntas que desee repasar más adelante. Pero asegúrese de marcar sus respuestas en la hoja de respuestas o de ingresarlas en la computadora.

¿Qué tiene de diferente la prueba por computadora?

Las pruebas por computadora ofrecen un diseño claro y sencillo, con herramientas útiles para mejorar su experiencia en la prueba, por ejemplo:

- Una calculadora en pantalla para la prueba de Matemáticas.
- Un programa de procesamiento de texto con funciones de insertar, eliminar, cortar, pegar y deshacer en la prueba del ensayo.
- Una barra de herramientas especial con caracteres del idioma español en la prueba del ensayo.
- Un botón de ayuda y un temporizador para planificar el tiempo durante el examen.
- Una función para marcar y saltar que le permite omitir una pregunta y regresar a ella más adelante.
- Una herramienta de revisión que le permite ver qué preguntas todavía tiene que responder.

¿Las preguntas son las mismas en los exámenes en papel y por computadora?

Sí. Ambos exámenes contienen las mismas preguntas.

¿Qué debo hacer antes del día del examen?

Antes del día del examen, hay algunas cosas importantes que debería hacer para estar preparado.

- Verifique el lugar del examen a través de su cuenta My HiSET o comunicándose con su centro de examinación.
- *Averigüe lo que debe llevar el día de la prueba. Revise los requisitos de identificación y pago correspondientes a su estado o jurisdicción en*

21

Copyright © 2016 by Educational Testing Service. All rights reserved.

https://hiset.ets.org/es/requirements, o comuníquese con su centro de examinación para obtener más información.

- Consulte en el centro de examinación a qué hora deberá estar allí el día del examen. Esto puede variar, dependiendo de si realiza el examen por computadora o en papel.
- Establezca un plan de estudio para identificar sus puntos fuertes y débiles en cada área de contenido usando la información contenida en la sección Características de la prueba.
- Revise el material para el examen y realice los exámenes de práctica que aparecen en este libro.

Copyright © 2016 by Educational Testing Service. All rights reserved.

¿De qué forma puede ayudar este libro?

La forma más efectiva de estudiar es aprender todo lo posible sobre el examen y conocer los contenidos que lo integran. Cuanto mejor preparado esté, mejores serán sus resultados.

Este libro ha sido diseñado con el propósito de ayudarlo a prepararse para el examen *HiSET*® de varias formas:

- Primero, lo ayudará en el repaso de los conceptos que serán evaluados en el examen.
- Segundo, lo familiarizará con el formato del examen y el tipo de preguntas que contiene.
- Tercero, lo ayudará a identificar sus áreas de fortaleza y debilidad, lo que le permitirá concentrarse en aquellas habilidades que usted necesitará mejorar para el examen.
- Cuarto, le brindará la oportunidad de realizar las pruebas de práctica para el examen HiSET.

¿Qué contiene este libro?

El libro comienza con un examen preliminar a fin de evaluar sus puntos fuertes y débiles y permitirle concentrar su estudio en aquellas áreas en las que necesite mayor preparación. El examen HiSET incluye pruebas separadas para evaluar su conocimiento en cinco áreas diferentes de contenido: Artes del Lenguaje—Lectura, Artes del Lenguaje—Escritura, Matemáticas, Ciencia y Estudios Sociales. En este libro, cada una de estas pruebas por área de contenido está dividida en conceptos específicos, que se repasan en capítulos separados. Cada capítulo está dedicado a ayudarlo a dominar uno de esos conceptos. Por ejemplo, en el examen HiSET, la prueba de Ciencia evaluará su conocimiento sobre las ciencias de la vida, las ciencias de la Tierra y el espacio, química y física; por ello, este libro incluye un capítulo dedicado a cada una de estas áreas. Este libro deberá ser utilizado como complemento de su preparación y de la instrucción recibida en el aula. Cada una de las pruebas preliminares tiene una extensión equivalente a la mitad del examen HiSET y no es representativa de todos los temas que aparecen en el examen real. A continuación, se presenta una lista de los temas tratados en los capítulos, agrupados por materia y prueba del examen HiSET.

Copyright © 2016 by Educational Testing Service. All rights reserved.

Artes del Lenguaje—Escritura

- Convenciones y reglas de la lengua española
- Aspectos mecánicos de la escritura (uso de mayúsculas, signos de puntuación, ortografía)
- Estructura de la oración
- Organización de las ideas
- El ensayo del examen HiSET

Estudios Sociales

- Historia mundial
- Historia de los Estados Unidos de América
- Educación cívica y gobierno
- Economía
- Geografía

Ciencia

- Ciencias de la vida
- Ciencias de la Tierra y el espacio
- Ciencias físicas: química
- Ciencias físicas: física

Artes del Lenguaje—Lectura

- Comprensión de la lectura: prosa de ficción
- Comprensión de la lectura: poesía
- Comprensión de la lectura: textos informativos

Matemáticas

- Números enteros
- Sentido numérico
- Números decimales
- Fracciones
- Porcentajes
- Relaciones entre números
- Mediciones
- Geometría
- Estadística
- Probabilidad
- Análisis de datos
- Conceptos algebraicos
- Fórmulas

Secciones por materia

Como el examen HiSET está dividido en cinco pruebas (una por materia), este libro también ha sido dividido en cinco secciones, que siguen a los capítulos introductorios. Cada sección comienza con un capítulo que describe las características de la prueba correspondiente a la materia. Este capítulo incluye información sobre la cantidad de preguntas sobre la materia que hay en la prueba y el tiempo disponible para completarla. Como lo comprobará, la cantidad de preguntas y el tiempo disponible

24

Copyright © 2016 by Educational Testing Service. All rights reserved.

varían de una prueba a la otra. Esta información es importante para la preparación para cada prueba.

Preparación por materia

Al comienzo de cada una de las secciones del libro correspondientes a las cinco materias, usted encontrará un recuadro titulado "Pasos para contestar las preguntas de . . .". En ese recuadro se presentan los seis pasos que usted deberá seguir para responder las preguntas de la prueba sobre esa materia. Por ejemplo, el recuadro siguiente muestra los pasos a seguir para responder las preguntas de la prueba de Matemáticas.

Pasos para contestar las preguntas de Matemáticas

Paso 1: Lea el problema.

Paso 2: Determine qué es lo que se le pregunta.

Paso 3: Identifique la información pertinente.

Paso 4: Decida qué operación u operaciones realizará.

Paso 5: Resuelva el problema.

Paso 6: Compruebe su trabajo y elija la mejor respuesta.

A continuación del recuadro, se presenta una breve explicación sobre cómo aplicar cada paso y las razones por las que es necesario e importante.

Los pasos sugeridos en cada uno de los capítulos de la sección de Matemáticas son iguales entre sí, como también son iguales entre sí los sugeridos en cada capítulo de la sección de Estudios Sociales, y lo mismo sucede en cada una de las otras tres secciones. Hay dos razones para que así sea. La primera es que los pasos que usted deberá seguir para resolver cualquier problema matemático, por ejemplo, son básicamente los mismos, independientemente de que se trate de decimales, fracciones o geometría. De la misma manera, los pasos que usted deberá seguir para responder cualquier pregunta sobre estudios sociales son los mismos, independientemente de que la pregunta se refiera a temas de geografía, educación cívica o historia. No existe razón alguna para seguir un conjunto de pasos diferentes para cada tema. La segunda razón es que, puesto que todos los temas de una misma materia siguen los mismos pasos, usted solo tendrá que aprender un único conjunto de pasos para cada prueba. Esto es mucho más práctico que tener que aprender un conjunto de pasos para cada tema.

Capítulos en cada sección

A continuación del capítulo introductorio de cada sección, usted hallará varios capítulos dedicados cada uno a un tema específico de la prueba correspondiente a esa materia en el examen HiSET. He aquí una enumeración de lo que encontrará en esos capítulos.

Repaso de información

En cada capítulo se repasa información que usted deberá conocer para las pruebas por materia y se ofrecen ejemplos y sugerencias sobre cómo aplicarla. Por ejemplo,

Copyright © 2016 by Educational Testing Service. All rights reserved.

en el capítulo que explica las operaciones con fracciones, usted hallará definiciones y explicaciones de los diferentes tipos de fracciones, ejemplos de fracciones, un repaso de las operaciones con fracciones e instrucciones, paso a paso, sobre cómo realizar dichas operaciones. Como probablemente usted ya esté familiarizado con la mayor parte de la información contenida en el examen HiSET, los capítulos proporcionan un repaso de cada tema para refrescar su memoria y sus habilidades.

Preguntas de ejemplo

Después del repaso de información, se presentan dos o tres preguntas de ejemplo parecidas a las incluidas en el examen HiSET. El primer ejemplo le mostrará la forma de usar los pasos utilizados en esa materia para responder la pregunta. Además, le brindará la oportunidad de pensar a medida que los aplica y de practicar el uso del procedimiento. Cuando sea apropiado, se presentarán ejemplos adicionales de preguntas para ayudarlo a familiarizarse con otros formatos de pregunta.

Elementos adicionales de práctica

A continuación de las preguntas de ejemplo, usted encontrará un conjunto de preguntas de práctica relacionadas con un tema específico presentado en el capítulo. En el examen HiSET, todas las preguntas relacionadas con la materia de una prueba se presentan entremezcladas y no separadas por tema. Por ejemplo, en la prueba de Ciencia del examen HiSET, las preguntas sobre ciencias de la vida aparecerán intercaladas con otras sobre ciencias de la Tierra y el espacio, química y física. No obstante, todas las preguntas de cada capítulo solo se refieren a la información contenida en ese capítulo: el capítulo de ciencias de la vida incluye solo preguntas relacionadas con las ciencias de la vida, y lo mismo sucede en cada uno de los otros capítulos. Usted podrá practicar las preguntas entremezcladas sobre distintos temas en los dos exámenes completos de práctica que aparecen al final de este libro.

La sección final

Después de haber repasado y practicado los distintos tipos de información incluidos en el examen HiSET, la sección final de este libro ofrece dos exámenes de práctica. Estos exámenes tienen la misma extensión y estructura que el examen real y le darán a usted la posibilidad, al completarlos, de familiarizarse y sentirse más a gusto con el examen HiSET.

Tipos de preguntas que se presentan en este libro

El examen HiSET evalúa algo más que su habilidad para comprender pasajes de lectura o efectuar cálculos con conjuntos de números. El examen evalúa también sus habilidades a niveles de conocimiento cada vez más altos. El examen HiSET evaluará su habilidad para:

- aplicar información
- evaluar datos
- comparar
- contrastar
- distinguir hechos de opiniones o hipótesis
- extraer conclusiones

Copyright © 2016 by Educational Testing Service. All rights reserved.

- evaluar información
- identificar relaciones de causa y efecto
- identificar implicaciones
- hacer inferencias
- reconocer supuestos implícitos
- replantear información
- resumir
- sintetizar información

Las preguntas y los elementos de práctica que se presentan en cada capítulo, así como las preguntas que aparecen en los exámenes de práctica, le permitirán a usted desarrollar y perfeccionar estas habilidades. Después de haber leído los diferentes capítulos y de haber respondido todas las preguntas de práctica, esperamos que usted se sienta confiado en sus conocimientos sobre la materia y a gusto con el formato del examen.

Cómo usar este libro

Descubra sus puntos fuertes y débiles relacionados con el examen

El capítulo siguiente de este libro incluye un examen preliminar que contiene preguntas de práctica del examen HiSET preparadas por ETS, los creadores del examen HiSET. El examen preliminar le permitirá familiarizarse con el examen HiSET y determinar sus puntos fuertes y débiles. Usted encontrará las respuestas y explicaciones a continuación del examen. Este libro debe ser utilizado como complemento de la instrucción impartida en el aula.

Repase el contenido

Tal como se mencionó en el capítulo precedente, en este libro se divide cada una de las materias del examen HiSET en habilidades específicas o áreas de contenido. Por ejemplo, como la prueba de Artes del Lenguaje—Lectura evalúa su capacidad de interpretar y comprender textos de prosa (de ficción), poesía y textos informativos (de no ficción), cada una de estas formas literarias se trata en un capítulo separado. Cada capítulo repasa las habilidades requeridas y la información relacionada con el tema. Puesto que probablemente usted ya estará familiarizado con la mayor parte de la información contenida en el examen HiSET, las secciones de repaso de este libro no contienen información minuciosa; se supone que solo le ayudarán a refrescar su conocimiento.

Utilice este libro para revisar ideas, habilidades e información que podrán ser importantes cuando tome el examen HiSET. A medida que usted avance en cada capítulo, tome notas o destaque aquellas habilidades que le gustaría volver a revisar. Si encuentra un concepto que le resulta desconocido o que no tiene del todo claro, investíguelo en profundidad. Para aquellos otros conceptos que le son familiares, un simple repaso y algunas preguntas de práctica serán suficientes.

Usted notará que los capítulos dedicados a los estudios sociales y a la ciencia son un poco diferentes de los que corresponden a los de matemáticas y las artes del lenguaje. Muchos de los temas de estudios sociales y ciencia representan ideas que usted estudió durante meses o años en la escuela, como la Primera Guerra Mundial o la tabla periódica de los elementos. Resulta imposible incluir toda la información

Copyright © 2016 by Educational Testing Service. All rights reserved.

disponible sobre la Primera Guerra Mundial en el capítulo dedicado a la historia mundial. En su lugar, usted encontrará una lista de temas con los que estará familiarizado. Revise esas listas en los capítulos en los que aparecen, asegúrese de conocer los puntos y temas más importantes y dedique algún tiempo a leer o estudiar aquellos que no sepa bien.

Las habilidades requeridas en los capítulos de Artes del Lenguaje y Matemáticas son explicadas brevemente y, a menudo, ilustradas con ejemplos. Lea cada una de esas explicaciones, trabaje con los ejemplos y decida si conoce bien la información. Si bien puede que reconozca algunos de los conceptos, recuerde que deberá poder aplicarlos correctamente. Utilice estos capítulos para determinar lo que usted ya sabe y aquello que deberá repasar en mayor profundidad.

Aprenda los pasos

Cada sección incluye una lista de seis pasos a seguir para resolver problemas o responder preguntas. Los pasos incluidos en cada uno de los capítulos de la sección de Estudios Sociales son iguales entre sí, como también lo son los que corresponden a las secciones de Ciencia, Matemáticas y demás materias. He aquí la explicación de cómo utilizar esos pasos:

1. Lea cuidadosamente cada paso.

2. Tome nota de cómo los pasos son utilizados para responder las preguntas de ejemplo. A veces resulta útil ver cómo se aplican para entender cómo deberá utilizarlos.

3. Practique el uso de los pasos. Siga los pasos para responder las preguntas de práctica. Observe cómo se aplica cada paso. Usted descubrirá que los pasos son consecutivos y, a menudo, están basados uno en el otro.

4. Memorice los pasos. Puesto que usted no podrá llevar consigo ni este libro ni cualesquiera otras notas al examen HiSET, deberá saber de memoria toda la información pertinente. Ello incluye los pasos utilizados para responder las preguntas. Recuerde: usted deberá memorizar solo un conjunto de pasos para cada una de las cinco pruebas.

Complete los exámenes de práctica

La sección final de este libro incluye dos exámenes completos de práctica que son similares al examen HiSET real. Utilice estos exámenes de práctica para:

- familiarizarse con el formato del examen;
- continuar identificando sus áreas de fortaleza y debilidad;
- practicar sus habilidades como candidato;
- planificar el ritmo que deberá mantener el día del examen.

Durante sus prácticas, imagine que usted está tomando el examen HiSET real. Apague su teléfono celular, coloque un cartel de NO MOLESTAR en su puerta, programe un temporizador con la duración exacta de la prueba y comience a trabajar. Considere la posibilidad de escribir sus respuestas en una hoja separada de papel, lo que le permitirá volver a realizar los exámenes en algunas semanas o meses, si así lo desea.

Copyright © 2016 by Educational Testing Service. All rights reserved.

Familiarícese con el formato

Los exámenes de práctica, que encontrará al final de este libro, lo ayudarán a familiarizarse con el formato del examen HiSET. Es probable que usted ya sepa que, con la excepción del ensayo de Artes del Lenguaje, todas las preguntas del examen son de opción múltiple; no obstante, usted aprenderá que las pruebas tienen algunas características clave con las que también deberá familiarizarse. Por ejemplo, en algunas de las preguntas de la prueba de Artes del Lenguaje—Escritura se le presentará un conjunto de oraciones y se le pedirá que las ordene en la forma más lógica. Las oraciones incluidas en cada pasaje de la prueba estarán numeradas, y algunas preguntas le pedirán que identifique la mejor manera de corregir un error en una oración dada. Conocer estas cosas con anticipación y habituarse a ver los pasajes y las preguntas presentados de ese modo lo ayudarán a sentirse más a gusto con el formato del examen.

Analice su rendimiento

Una vez que haya dado respuesta a todas las preguntas contenidas en los exámenes de práctica, compruebe cuáles preguntas ha respondido correctamente y cuáles no. No se desaliente si comete algunos errores. Tómelo como una oportunidad para seguir aprendiendo. Ahora sabe en qué habilidades deberá centrarse durante sus estudios y su preparación para el examen HiSET. Si bien se proporcionan respuestas y explicaciones para todas las preguntas de los exámenes, no encontrará una guía para la calificación de las mismas. Los exámenes de práctica han sido concebidos para identificar sus puntos fuertes y débiles y para que usted pueda aprender de sus propios errores. No tienen por finalidad indicar la calificación exacta que usted hubiera obtenido en el examen HiSET real.

Trate de descubrir patrones consistentes en sus respuestas correctas e incorrectas. ¿Respondió usted todas las preguntas de álgebra correctamente pero tuvo problemas con las relacionadas con el análisis de datos? ¿Sobresalió usted en la interpretación de obras de teatro pero no en la comprensión de textos poéticos? El análisis de esta información puede resultarle de mucha utilidad. Cuanto más sepa sobre sus puntos fuertes y débiles, mayor será la efectividad del tiempo que le dedique al estudio. Aproveche esta oportunidad para mejorar las habilidades que necesitará para obtener un buen resultado en el examen HiSET. Entonces, cuando llegue el día del examen, usted podrá abordar todas las preguntas con confianza.

Recuerde

Tenga presente que todas estas estrategias podrán ser aplicadas también para responder las preguntas de práctica que aparecen al final de cada capítulo. Si usted contestó incorrectamente alguna de esas preguntas, vuelva otra vez al capítulo y repase la información correspondiente antes de pasar a la próxima habilidad.

Practique sus habilidades para tomar el examen

El uso de ciertas habilidades para tomar el examen lo puede ayudar a obtener mejores resultados. Aplique estas habilidades en los exámenes de práctica que aparecen al final de este libro hasta incorporarlas como rutina, y entonces no tendrá que acordarse de ellas el día del examen.

Copyright © 2016 by Educational Testing Service. All rights reserved.

- **Procure responder las preguntas sin mirar las respuestas.** Lea primero el pasaje o la información y luego la pregunta, pero no mire las opciones de respuesta todavía. Decida cuál es la respuesta correcta antes de leer las opciones. Si su respuesta aparece entre las opciones, puede sentirse más seguro de su elección. Si la respuesta que usted busca no está en la lista de opciones, vuelva a leer la pregunta para estar seguro de que la ha comprendido y considere entonces todas las opciones.

- **Lea todas las opciones.** La primera opción de respuesta puede resultar tentadora, pero no marque ninguna opción hasta haber leído todas las otras. Varias podrían parecer al menos parcialmente correctas, pero una sola será completamente correcta. Asegúrese de haber leído todas las opciones antes de elegir la mejor respuesta. Incluso cuando la primera opción concuerde con la respuesta que usted había imaginado antes de mirar las opciones, lea todas las opciones para estar seguro de que es la mejor respuesta.

- **Responda todas las preguntas.** En el examen HiSET, no se penalizan las adivinanzas. Además, si usted no responde una pregunta, se considera que su respuesta es incorrecta. Por ello, usted deberá marcar una respuesta para cada pregunta si quiere obtener el mejor resultado posible. No dedique demasiado tiempo a ninguna pregunta porque, de hacerlo, no podrá completar la prueba. Si no sabe una respuesta, trate de adivinarla y siga adelante. Siempre podrá volver atrás para revisar una pregunta difícil si le sobra tiempo al final de la prueba.

- **Adivine con criterio.** Usted deberá marcar una respuesta para cada pregunta. En algunos casos, la pregunta lo dejará totalmente confundido, y deberá adivinar la respuesta. Usted deberá hacerlo, no obstante, con criterio. Primero, elimine todas las respuestas que sabe que son incorrectas. A menudo, una opción de respuesta que es demasiado diferente de las demás puede ser eliminada. También las opciones que contengan palabras que representen conceptos absolutos, como *siempre*, *todos* y *nunca*, podrían resultar incorrectas. En Matemáticas, las opciones de respuesta que difieran mucho de su propia estimación podrían ser incorrectas. Una vez que haya eliminado tantas opciones incorrectas como le resulte posible, trate de adivinar cuál de las opciones restantes podría corresponder a la respuesta correcta. Tenga presente que, si selecciona una respuesta completamente al azar, la probabilidad de acertar la respuesta correcta es de uno en cuatro o de uno en cinco, es decir, de un 25 o un 20 por ciento. Por el contrario, si usted consigue eliminar dos o tres opciones incorrectas, la probabilidad de acertar la respuesta correcta se reduce a uno en dos, es decir, un 50 por ciento.

- **Manténgase atento.** Si usted ha decidido tomar el examen HiSET en papel, deberá marcar sus respuestas sobre una hoja de papel separada. Asegúrese de marcar la respuesta en el lugar asignado a cada pregunta. En otras palabras, tenga cuidado de marcar la respuesta a la pregunta 10 en el lugar establecido para la respuesta 10. Si usted ha decidido tomar el examen HiSET por computadora, deberá elegir una respuesta sobre la pantalla, y no tendrá esta preocupación. En cualquiera de los dos formatos, usted tendrá la posibilidad de volver a revisar una pregunta y, si así lo desea, cambiar la respuesta.

- **Marque solo una respuesta.** Si usted decide cambiar una respuesta, asegúrese de borrar completamente la respuesta original. Solo se puede marcar una respuesta por pregunta.

Copyright © 2016 by Educational Testing Service. All rights reserved.

Planifique su ritmo para el día del examen

A medida que vaya respondiendo las preguntas, tome nota de cuánto tiempo le lleva completar el examen de práctica. Recuerde que cada una de las pruebas del examen HiSET tiene un tiempo límite. Compruebe si necesita trabajar más rápido o si, por el contrario, puede dedicarle un poco más de tiempo a cada pregunta y aun así terminar dentro del tiempo establecido. Es una buena idea tratar de dejar algunos minutos libres al final de cada prueba para poder revisar su trabajo. De esta manera, usted tendrá una reserva de tiempo al final en caso de que algunas preguntas le lleven más tiempo del originariamente previsto.

En este libro encontrará información sobre la cantidad de preguntas incluidas en cada prueba y el tiempo que tendrá para completarla. Para determinar el ritmo al cual deberá trabajar, divida la cantidad de minutos establecida para cada prueba por la cantidad de preguntas que esta contiene. Asegúrese de dejar algunos minutos para revisar sus respuestas. Por ejemplo, la prueba de Matemáticas contiene 50 preguntas y usted tendrá 90 minutos para completarla. Si decide dejar 15 minutos para revisar su trabajo, dispondrá entonces de un minuto y medio para cada pregunta. He aquí algunas ideas que le permitirán mantener el ritmo que haya establecido:

- **Mantenga un ojo en el reloj**. Concéntrese en la prueba, pero esté atento a cuánto tiempo ha pasado y cuánto tiempo le queda. Compruebe su ritmo de cuando en cuando. Por ejemplo, para poder completar las 50 preguntas sobre matemáticas a tiempo, deberá responder ocho o nueve preguntas durante los primeros 15 minutos de la prueba. Si se da cuenta de que está atrasado, trate de trabajar un poco más rápido, pero no demasiado, pues podría empezar a cometer errores. Si se da cuenta de que está adelantado, continúe haciéndolo al mismo ritmo, lo que le permitirá disponer de un par de minutos adicionales al final de la prueba.

- **No se detenga demasiado tiempo en ninguna pregunta**. Es importante evitar que una pregunta haga más lento su ritmo. Si no puede encontrar la respuesta a una pregunta, adivínela y continúe con la próxima. Usted podrá volver a ella al finalizar la prueba si todavía tiene tiempo disponible. Sería una lástima malgastar minutos valiosos en una pregunta y no tener después tiempo suficiente para contestar otra pregunta sobre algún tema que usted conoce bien.

- **Complete todas las preguntas antes de que se le acabe el tiempo**. Cuando todavía le queden un par de minutos, empiece a marcar respuestas a todas aquellas preguntas que todavía no haya completado. Incluso en el caso de que tenga que adivinar todas las respuestas, existe la posibilidad de que acierte con alguna. Recuerde: toda pregunta que quede en blanco cuenta como una respuesta incorrecta. De esta forma, usted tendrá por lo menos la posibilidad de obtener algunos puntos adicionales.

Ahora que sabe cómo utilizar este libro para repasar el contenido del examen HiSET, memorizar los pasos para responder las preguntas y practicar completando los exámenes que incluye, es tiempo de empezar a trabajar.

31

Copyright © 2016 by Educational Testing Service. All rights reserved.

Parte II
Examen preliminar *HiSET*®
Preguntas preparadas
por ETS

3 Examen preliminar HiSET®

El examen preliminar siguiente contiene preguntas redactadas en inglés por ETS, los creadores del examen *HiSET®*. Las preguntas han sido traducidas al español por McGraw-Hill Education Editors. Estas preguntas le permitirán evaluar sus puntos fuertes y débiles para el examen HiSET y concentrar sus estudios de manera apropiada. El examen preliminar comprende pruebas de las mismas cinco materias que usted encontrará en el examen HiSET:

- Artes del Lenguaje—Escritura (Preguntas de opción múltiple y Pregunta de ensayo);
- Estudios Sociales;
- Ciencia;
- Artes del Lenguaje—Lectura;
- Matemáticas.

Este examen tiene una extensión equivalente a la mitad del examen HiSET porque su propósito es permitirle a usted identificar rápidamente sus áreas de fortaleza y debilidad antes de comenzar sus estudios. El examen preliminar puede que no represente todos los tipos de preguntas que aparecen en el examen real. Cuando realice este examen, imagine que está tomando el examen HiSET propiamente dicho. Apague su teléfono celular, coloque un cartel de NO MOLESTAR en su puerta, programe un temporizador con la duración exacta de la prueba y comience a trabajar.

Al comienzo de cada prueba, usted encontrará hojas de respuestas. No obstante, podría decidir escribir sus respuestas en una hoja separada, y de esa manera volver a realizar el examen en algunas semanas o meses.

Copyright © 2016 by Educational Testing Service. All rights reserved.

Prueba preliminar del examen *HiSET*
Hoja de respuestas
Artes del Lenguaje—Escritura
(Preguntas de opción múltiple)

	A	B	C	D			A	B	C	D
1						14				
2						15				
3						16				
4						17				
5						18				
6						19				
7						20				
8						21				
9						22				
10						23				
11						24				
12						25				
13										

Copyright © 2016 by Educational Testing Service. All rights reserved.

ARTES DEL LENGUAJE—ESCRITURA (PREGUNTAS DE OPCIÓN MÚLTIPLE)

25 preguntas

85 minutos (Partes 1 y 2)

Instrucciones

En esta prueba, se evalúan algunas de las habilidades requeridas para la revisión de materiales escritos. Los textos seleccionados incluyen informes, cartas y artículos. Cada selección se presenta dos veces, primero en un recuadro en formato convencional y luego en un formato desplegado con algunas secciones subrayadas y numeradas. Lea rápidamente el texto en el recuadro para tener una idea de su propósito y estilo. Luego pase a la versión del texto en formato desplegado.

Para cada una de las secciones subrayadas, se presentan cuatro opciones de respuesta en la columna de la derecha. Elija la opción que:

- haga que la afirmación sea gramaticalmente correcta;
- exprese la idea de la manera más clara y apropiada;
- emplee palabras que representan más fielmente el estilo y propósito del escrito;
- organice las ideas de manera más eficaz.

En algunos casos, puede que haya más de un problema que corregir o mejorar.

Cuando usted haya decidido cuál opción es la mejor, marque la opción elegida sobre la hoja de respuestas. Si piensa que la versión original subrayada es la mejor, seleccione "*Ningún cambio*". En las preguntas sobre organización, usted probablemente necesitará releer el texto en el recuadro. En las preguntas sobre ortografía, usted deberá indicar cuál de las tres palabras subrayadas está mal escrita, en caso de que contengan errores. Si no contienen errores, seleccione "*Ninguna*".

Trabaje lo más rápido que pueda pero sin ser descuidado. No dedique demasiado tiempo a una pregunta que le resulte muy difícil de responder. Deje esa pregunta y vuelva a ella más tarde, si todavía tiene tiempo disponible. Trate de responder cada pregunta aunque tenga que adivinar la respuesta.

Marque todas sus respuestas en la hoja de respuestas. Proporcione solo una respuesta para cada pregunta y procure que sus marcas sean bien visibles. Si decide cambiar una de sus respuestas, asegúrese de borrar completamente su respuesta inicial. Asegúrese también de que el número de la pregunta que está respondiendo corresponde con el número de la fila de opciones de respuesta que está marcando en su hoja de respuestas.

PASE A LA PÁGINA SIGUIENTE ➡

Copyright © 2016 by Educational Testing Service. All rights reserved.

Lea esta carta de bienvenida a los nuevos empleados de una empresa de productos electrónicos. Luego pase a la versión del texto en formato desplegado y considere las sugerencias de revisión al texto.

Bridgewater Electronics
Expandiendo el futuro—Un bit a la vez

1. Hola, y bienvenido a su futuro en Bridgewater Electronics.

2. Cuando el ingeniero Markus Whiley fundó la empresa en 1973, tenía ideas ambiciosas y planeaba emplear a los profesionales más creativos y con visión de futuro para que lo ayudaran en su objetivo de crear productos electrónicos innovadores de todo tipo. Como empresa líder en la siempre cambiante industria de productos electrónicos, Bridgewater Electronics mantiene su objetivo de dar empleo a un grupo diverso de visionarios y de proveerlos de las herramientas que necesitaban para plasmar sus ideas. Con el conocimiento y experiencia de sus empleados, Bridgewater Electronics planea continuar impresionando a sus clientes y liderando la industria por muchas generaciones.

Apoyo

3. Los programas de capacitación internos, las oportunidades de desarrollo profesional y el programa de tutores le permitirán continuar con el desarrollo de sus habilidades y familiarizarse con las actividades de la empresa. Como a todo empleado nuevo, lo alentamos a que participe de nuestros almuerzos mensuales para establecer contactos. Su presencia en esos almuerzos le proporcionará una oportunidad de reunirse con empleados de todos los niveles, ayudándolo a conocer a sus colegas y le permitirá interiorizarse del trabajo que realizamos.

4. Usted trabajará en equipo con un colega experimentado que lo orientará y apoyará en el aprendizaje de su rol en la empresa. Usted y su tutor se reunirán una vez por semana para discutir el flujo de trabajo, las tareas asignadas y los procedimientos. Su tutor lo ayudará también a determinar cuáles programas de capacitación le resultarán de utilidad y a identificar qué oportunidades externas de desarrollo profesional la empresa podría costearle.

Próximos pasos

5. Su tutor lo presentará también a su supervisor y a todo el personal que trabaja en su departamento. Lo guiará en una visita al edificio y le mostrará el lugar donde está situada la Oficina de Servicios para el Personal. Su tutor lo ayudará a familiarizarse con todo desde el primer día. Se le tomarán fotografías para la tarjeta de identificación y usted deberá solicitar un permiso para el aparcamiento. Recuerde que es importante sonreír, establecer contacto visual y dar un apretón de manos a todo aquel con el que interactúe. Antes de finalizar el primer día, usted y su tutor tendrán la oportunidad de juntarse a reflexionar sobre todo lo que usted haya observado.

6. En el transcurso de los dos primeros días, usted encontrará un "Kit de bienvenida al empleado" a través del correo interno. El kit contendrá información sobre sus beneficios, así como también sobre las políticas de la empresa, que incluyen el período de pruebas, las expectativas del empleado, el código de vestimenta y el horario de trabajo. Revise cuidadosamente los documentos pertinentes,

---

PASE A LA PÁGINA SIGUIENTE ➡

Copyright © 2016 by Educational Testing Service. All rights reserved.

fírmelos y devuélvalos a la Oficina de Servicios para el Personal antes de completar su primera semana de trabajo. Cualquier pregunta o preocupación deberá ser dirigida a Jamie Washington, Director de Servicios para el Personal, de lunes a viernes de 8 a 17 horas.

7. Le doy la bienvenida y celebro por anticipado sus futuras contribuciones a Bridgewater Electronics. Espero que su trabajo en la empresa le resulte una gran experiencia de aprendizaje y una oportunidad para alcanzar logros excepcionales.

Atentamente,
Mike Fowler
Presidente

Bridgewater Electronics
Expandiendo el futuro—Un bit a la vez

1. Hola, y bienvenido a su futuro en Bridgewater Electronics.

2. Cuando el ingeniero Markus Whiley fundó la empresa en 1973, tenía ideas ambiciosas y planeaba emplear a los profesionales más creativos y con visión de futuro para que lo ayudaran en <u>su</u> objetivo de crear productos
   1
   electrónicos innovadores de todo tipo. Como empresa líder en la siempre cambiante industria de productos electrónicos, Bridgewater Electronics mantiene su objetivo de <u>dar empleo a</u>
   2
   <u>un grupo diverso de visionarios y de</u>
   2
   <u>proveerlos de las herramientas que</u>
   2
   <u>necesitaban para plasmar</u> sus ideas.
   2
   Con el conocimiento y experiencia de sus empleados, Bridgewater Electronics planea continuar impresionando a sus clientes y liderando la industria por muchas generaciones.

1
A (*Ningún cambio*)
B tu
C nuestro
D vuestro

2
A (*Ningún cambio*)
B dar empleo a un grupo diverso de visionarios y de proveerlos de las herramientas que necesitan para plasmar
C dar empleo a un grupo diverso de visionarios y proveyéndolos de las herramientas que necesitaban para plasmar
D haber dado empleo a un grupo diverso de visionarios y de proveerlos de las herramientas que necesitaban para plasmar

PASE A LA PÁGINA SIGUIENTE ➡

Copyright © 2016 by Educational Testing Service. All rights reserved.

Apoyo

3. Los programas de capacitación internos, las oportunidades de desarrollo profesional y el programa de tutores le permitirán continuar con el desarrollo de sus habilidades y familiarizarse con las actividades de la empresa. Como a todo empleado nuevo, lo alentamos a que participe de nuestros almuerzos mensuales de contactos. Su presencia en esos almuerzos <u>le proporcionará</u>
₃
<u>una oportunidad de reunirse con</u>
₃
<u>empleados de todos los niveles,</u>
₃
<u>ayudándolo a conocer a sus colegas y</u>
₃
<u>le permitirá interiorizarse</u> del trabajo
₃
que realizamos.

4. Usted trabajará en equipo con un colega experimentado que lo orientará y apoyará en el aprendizaje de su rol en la empresa. Usted y su tutor se reunirán una vez por semana para discutir el flujo de trabajo, las tareas asignadas y los procedimientos. Su tutor lo ayudará también a determinar cuáles programas de capacitación le resultarán de utilidad y a identificar qué oportunidades externas de desarrollo profesional la empresa podría costearle.

3

A (*Ningún cambio*)

B le proporcionará una oportunidad de reunirse con empleados de todos los niveles, lo ayudará a conocer a sus colegas y le permitirá interiorizarse

C le proporciona una oportunidad de reunirse con empleados de todos los niveles, lo ayudará a conocer a sus colegas y le permitirá interiorizarse

D le proporcionará una oportunidad de reunirse con empleados de todos los niveles, lo ayudará a conocer a sus colegas y permitiéndole interiorizarse

4 **¿Cuál de las oraciones siguientes representa la mejor introducción para la sección titulada "Apoyo"?**

A Si bien es cierto que usted es un nuevo empleado, no por ello debe tener miedo de realizar preguntas.

PASE A LA PÁGINA SIGUIENTE ➡

Copyright © 2016 by Educational Testing Service. All rights reserved.

Próximos pasos

5. Su tutor lo presentará también a su supervisor y a todo el personal que trabaja en su departamento. Lo guiará en una visita al edificio y le mostrará el lugar donde está situada la Oficina de Servicios para el Personal. Su tutor lo ayudará a familiarizarse con todo desde el primer día. Se le tomarán fotografías para la tarjeta de identificación y usted deberá solicitar un permiso para el aparcamiento. Recuerde que es importante sonreír, establecer contacto visual y dar un apretón de manos a todo aquel con el que interactúe. Antes de finalizar el primer día, usted y su tutor tendrán la oportunidad de juntarse a reflexionar sobre todo lo que usted haya observado.

B Comenzar un nuevo empleo puede resultar abrumador, pero los múltiples recursos disponibles en Bridgewater Electronics lo ayudarán a sentirse cómodo en su nueva posición rápidamente.

C Por su condición de empresa en crecimiento y su historial de contratación de profesionales talentosos, Bridgewater Electronics ofrece a sus empleados muchas oportunidades de progreso en toda la empresa.

D Con la creación de varias nuevas posiciones en Bridgewater Electronics, continuamos con nuestro compromiso de capacitar a nuestros empleados en múltiples áreas para descubrir sus verdaderos talentos.

5 **Lea esta oración del párrafo 4.**

Usted trabajará en equipo con un colega experimentado que lo orientará y apoyará en el aprendizaje de su rol en la empresa.

¿Cuál de las frases de transición siguientes sería la más apropiada para colocar al comienzo del párrafo?

A De todas formas,

B Por otro lado,

C Cuando tenga tiempo,

D Durante sus primeros seis meses,

6 **Lea estas oraciones del párrafo 5.**

[1] Su tutor lo presentará también a su supervisor y a todo el personal que trabaja en su departamento. [2] Lo guiará en una visita al edificio y le mostrará el lugar donde está situada la Oficina de Servicios para el Personal. [3] Su tutor lo ayudará a familiarizarse con todo desde el primer día. [4] Se le tomarán fotografías para la tarjeta de identificación y usted deberá solicitar un permiso para el aparcamiento.

PASE A LA PÁGINA SIGUIENTE ➡

Copyright © 2016 by Educational Testing Service. All rights reserved.

¿Cuál de las secuencias siguientes representa el orden lógico de las oraciones?

A 1, 4, 3, 2

B 1, 2, 4, 3

C 3, 2, 4, 1

D 3, 4, 1, 2

7

A (*Ningún cambio*)

B recogerá

C hallará

D recibirá

8 ¿Cuál de las oraciones de la carta es irrelevante y debería ser suprimida?

A *Como a todo empleado nuevo, lo alentamos a que participe de nuestros almuerzos mensuales para establecer contactos.*

B *Usted y su tutor se reunirán una vez por semana para discutir el flujo de trabajo, las tareas asignadas y los procedimientos.*

C *Recuerde que es importante sonreír, establecer contacto visual y dar un apretón de manos a todo aquel con el que interactúe.*

D *Le doy la bienvenida y celebro por anticipado sus futuras contribuciones a Bridgewater Electronics.*

6. En el transcurso de los dos primeros días, usted <u>encontrará</u> un "Kit de
    ₇
    bienvenida al empleado" a través del correo interno. El kit contendrá información sobre sus beneficios, así como también sobre las políticas de la empresa, que incluyen el período de pruebas, las expectativas del empleado, el código de vestimenta y el horario de trabajo. Revise cuidadosamente los documentos pertinentes, fírmelos y devuélvalos a la Oficina de Servicios para el Personal antes de completar su primera semana de trabajo. Cualquier pregunta o preocupación deberá ser dirigida a Jamie Washington, Director de Servicios para el Personal, de lunes a viernes de 8 a 17 horas.

7. Le doy la bienvenida y celebro por anticipado sus futuras contribuciones a Bridgewater Electronics. Espero que su trabajo en la empresa le resulte una gran experiencia de aprendizaje y una oportunidad para alcanzar logros excepcionales.

Atentamente,
Mike Fowler
Presidente

PASE A LA PÁGINA SIGUIENTE ➡

Copyright © 2016 by Educational Testing Service. All rights reserved.

Lea este borrador sobre la preparación de un presupuesto. Luego responda las preguntas 9 a 17, que siguen.

Haga un plan

1. Un presupuesto es un simple plan en el que se muestra cuánto dinero producirá y gastará una persona en un período de tiempo determinado. Algunas personas piensan que preparar un presupuesto es como utilizar una maza para quitarle a golpes toda la alegría a la vida. En realidad, ajustarse a un presupuesto es más bien como utilizar una pala para mover recursos de la mejor manera posible.

2. La mejor manera de comenzar un presupuesto es registrar sus ingresos y sus gastos. Si usted trabaja una cantidad estabelcida de horas por semana, su ingreso típico se mantendrá bastante estable. Calcule sus ingresos regulares, y luego determine sus gastos. Para determinar sus gastos, prepare una lista de todas las cosas en que usted gasta su dinero cada mes. La lista probablemente incluirá el alquiler, los servicios, los gastos en comestibles, el transporte, el servicio telefónico, los gastos en vestimenta, los gastos en esparcimiento, etc. Incluya todos sus gastos. Esta lista le dará una clara idea de en qué gasta su dinero cada mes.

3. Una vez que determinó sus gastos habituales, establezca algunos objetivos financieros realistas para el futuro. ¿Desea usted ahorrar dinero para la compra de un auto o una casa? ¿Le gustaría reservar algún dinero para unas vacaciones especiales? Es importante hacer un plan para que usted pueda alcanzar sus objetivos de ahorro. También es sabio establecer una reserva de dinero para grandes gastos imprevistos, como una reparación del auto un problema de salud o el cuidado de una mascota.

4. Con los hábitos de gastos y los objetivos financieros ya determinados, usted deberá empezar a hacer un seguimiento de sus gastos. Primero, al comienzo de cada mes, registre su ingreso y sus gastos habituales. Luego, usted deberá priorizar el resto de las cosas en que gastará su dinero. Asegúrese de pagar primero sus gastos básicos, como el alquiler, los servicios y los gastos en comestibles. A veces, decidir qué es lo más importante puede ser un acto de malabarismo. Por ejemplo, puede que usted quiera ir al cine, pero ese gasto no está previsto para esta semana. ¿Puede suprimir alguna otra cosa en su lugar? ¿Ese nuevo par de zapatos que pensaba comprar? Otro gasto incluido en el presupuesto no es negociable. Esto incluye los ahorros y los gastos de emergencia. Usted no necesita disponer de un gran ingreso para poder ahorrar dinero. Separar unos pocos dólares cada semana en una cuenta especial le permitirá, con el tiempo, disponer de grandes ahorros.

5. Afortunadamente, existe en línea una variedad considerable de recursos para preparar un presupuesto. Lo que es importante es seleccionar lo que mejor se adapte a sus necesidades y empezar a presupuestar de inmediato. Como sucede con cualquier conducta aprendida, una vez que usted la haga una y otra vez, se convertirán en un hábito. Solo que este hábito resultará beneficioso para usted y su futuro. La experiencia de vivir dentro de sus posibilidades económicas le permitirá gastar sin estrés y tener la seguridad de que sus ahorros siguen creciendo.

Copyright © 2016 by Educational Testing Service. All rights reserved.

Haga un plan

1. Un presupuesto es un simple plan en el que se muestra cuánto dinero producirá y gastará una persona en un período de tiempo determinado. Algunas personas piensan que preparar un presupuesto es como utilizar una maza para quitarle a golpes toda la alegría a la vida. En realidad, ajustarse a un presupuesto es más bien como utilizar una pala para <u>mover</u>
₉
recursos de la mejor manera posible.

2. La mejor manera de comenzar un presupuesto es registrar sus ingresos y sus gastos. Si usted trabaja una cantidad <u>estabelcida</u> de horas por
₁₀
semana, su ingreso <u>típico</u> se mantendrá
₁₀
bastante estable. <u>Calcule</u> sus ingresos
₁₀
regulares, y luego determine sus gastos. Para determinar sus gastos, prepare una lista de todas las cosas en que usted gasta su dinero cada mes. La lista probablemente incluirá <u>el alquiler, los servicios, los gastos en</u>
₁₁
<u>comestibles, el transporte, el servicio</u>
₁₁
<u>telefónico, los gastos en vestimenta,</u>
₁₁
<u>los gastos en esparcimiento, etc.</u>
₁₁
Incluya todos sus gastos. Esta lista le dará una clara idea de en qué gasta su dinero cada mes.

9 **¿Cuál de las palabras siguientes es la más apropiada para reemplazar la palabra subrayada en la oración?**

A soltar

B administrar

C distribuir

D asignar

10 **¿Cuál de las palabras subrayadas está mal escrita?**

A Ninguna de ellas

B *estabelcida*

C *típico*

D *Calcule*

11

A (*Ningún cambio*)

B el alquiler, los servicios, los gastos en comestibles, el transporte, los gastos en servicio telefónico, los gastos en vestimenta, los gastos en esparcimiento, etc.

C el alquiler, los servicios, los comestibles, el transporte, el

PASE A LA PÁGINA SIGUIENTE ➡

Copyright © 2016 by Educational Testing Service. All rights reserved.

servicio telefónico, la vestimenta, el esparcimiento, etc.

D el alquiler, los gastos en servicios, los gastos en comestibles, el transporte, el servicio telefónico, los gastos en vestimenta, los gastos en esparcimiento, etc.

3. Una vez que <u>determinó</u> sus gastos
        12
habituales, establezca algunos objetivos financieros realistas para el futuro. ¿Desea usted ahorrar dinero para la compra de un auto o una casa? ¿Le gustaría reservar algún dinero para unas vacaciones especiales? Es importante hacer un plan para que usted pueda alcanzar sus objetivos de ahorro. También es sabio establecer una reserva de dinero para grandes gastos imprevistos, <u>como una</u>
                            14
<u>reparación del auto un problema de</u>
                            14
<u>salud o el cuidado de una mascota.</u>
                            14

4. Con los hábitos de gastos y los objetivos financieros ya determinados, usted deberá empezar a hacer un seguimiento de sus gastos. Primero, al comienzo de cada mes, registre su ingreso y sus gastos habituales. Luego, usted deberá priorizar el resto de las cosas en que gastará su dinero. Asegúrese de pagar primero sus gastos básicos, como el alquiler, los servicios y los gastos en comestibles. A veces, decidir qué es lo más importante

12

A (*Ningún cambio*)

B determinará

C determinan

D haya determinado

13 **Lea esta oración del párrafo 3.**

¿Desea usted ahorrar dinero para la compra de un auto o una casa?

¿Cuál palabra o frase de transición sería la más apropiada para colocar al comienzo de esta oración?

A Además,

B Por ejemplo,

C Principalmente,

D En otras palabras,

14

A (*Ningún cambio*)

B como una reparación, del auto un problema de salud o el cuidado de una mascota.

C como una reparación del auto, un problema de salud o el cuidado de una mascota.

D como una reparación del auto un problema de salud, o el cuidado de una mascota.

15 **Lea estas oraciones del párrafo 4.**

Otro gasto incluido en el presupuesto no es negociable. Esto incluye los ahorros y los gastos de emergencia.

PASE A LA PÁGINA SIGUIENTE ➡

Copyright © 2016 by Educational Testing Service. All rights reserved.

puede ser un acto de malabarismo. Por ejemplo, puede que usted quiera ir al cine, pero ese gasto no está previsto para esta semana. ¿Puede suprimir alguna otra cosa en su lugar? ¿Ese nuevo par de zapatos que pensaba comprar? Otro gasto incluido en el presupuesto no es negociable. Esto incluye los ahorros y los gastos de emergencia. Usted no necesita disponer de un gran ingreso para poder ahorrar dinero. Separar unos pocos dólares cada semana en una cuenta especial le permitirá, con el tiempo, disponer de grandes ahorros.

5. Afortunadamente, existe en línea una
   $\underline{16}$
   variedad considerable de recursos
   $\underline{16}$
   para preparar un presupuesto. Lo que
   $\underline{16}$
   es importante es seleccionar lo que mejor se adapte a sus necesidades y empezar a presupuestar de inmediato. Como sucede con cualquier conducta aprendida, una vez que usted la haga

   una y otra vez, se convertirán en un
   $\underline{17}$
   hábito. Solo que este hábito resultará beneficioso para usted y su futuro. La experiencia de vivir dentro de sus posibilidades económicas le permitirá gastar sin estrés y tener la seguridad de que sus ahorros siguen creciendo.

¿Cuál es la mejor manera de combinar estas oraciones?

A Los ahorros destinados para objetivos futuros y los gastos de emergencia están previstos en el presupuesto y no deberían ser negociables.

B Los objetivos futuros y las emergencias no deberían ser considerados negociables y estar incluidos en el presupuesto.

C Otros gastos incluidos en el presupuesto, como ahorros y emergencias, no deberían ser negociables.

D El ahorro destinado para objetivos futuros y emergencias previsto en el presupuesto no debería ser negociable.

16

A (*Ningún cambio*)

B Afortunadamente, existe una variedad considerable de recursos para preparar un presupuesto en línea.

C Afortunadamente, existe una variedad considerable de recursos en línea para preparar un presupuesto.

D Afortunadamente en línea, existe una variedad considerable de recursos para preparar un presupuesto.

17

A (*Ningún cambio*)

B se convirtió

C se irán convirtiendo

D se convertirá

PASE A LA PÁGINA SIGUIENTE ➡

Copyright © 2016 by Educational Testing Service. All rights reserved.

Lea este borrador de carta escrito por una alumna sobre la censura escolar. Luego responda las preguntas 18 a 25, que siguen.

Estimados maestros, administradores y alumnos:

1. Ha llegado a mi conocimiento que el comité escolar recientemente ordenó retirar una novela clásica de nuestra biblioteca de escuela superior. La biblioteca de nuestra escuela es una de las mejores en el país y ha ganado varios premios por su excelencia. Si bien puedo comprender la preocupación de algunos padres, maestros y administradores que desean proteger a los alumnos, estoy en desacuerdo con el proceder del comité en la materia y rechazo con firmeza cualquier acto de censura en las escuelas. En lugar de prohibir libros, las escuelas deberían reconsiderar el modo de abordar el tema de los libros supuestamente controvertidos.

2. La novela que ha sido retirada de nuestra biblioteca es *Mientras agonizo* (*As I Lay Dying*), de William Faulkner. Por lo que creo entender, la controversia se produjo cuando un padre preocupado sostiene que el libro contenía blasfemias. En este caso en particular, la maestra podría haber tratado simplemente de presentar a sus alumnos un ejemplo de literatura sureña. Su único error, en mi opinión, fue que omite hacer referencia al uso que Faulkner hace de las blasfemias y desaprovechó la oportunidad de explicarles a sus alumnos el contexto regional e histórico de la obra.

3. Comprendo las preocupaciones y estoy de acuerdo con que los padres tienen el derecho de cuestionar lo apropiado de cualquier libro. No creo que los libros deban ser prohibidos por completo ni tampoco que un padre pueda tomar decisiones por todos los demás. En mi opinión, la censura es una clara violación a nuestro derecho de libre expresión. Es también una violación al derecho de los maestros de elegir los textos que él o ella utilizarán en el aula. Irónicamente, los maestros que experimentan problemas con la censura son aquellos que, a menudo, tratan simplemente de conectar el programa de estudios con experiencias de la vida real y no se desmoronan cuando se enfrentan a temas polémicos.

4. Espero que en el futuro, los administradores y maestros de la escuela puedan encarar la discusión de las cuestiones planteadas por los padres abiertomente y alcanzar compromisos aceptables para todas las partes. Algunas escuelas por ejemplo tratan el desafío de incluir textos controvertidos en sus programas solicitando a los maestros que expliquen de qué modo esos textos se relacionan con el currículo. También se les pide a los maestros que describan los méritos educativos de los materiales de lectura elegidos. Otras escuelas proponen materiales de lectura alternativos si anticipan que un texto puede molestar a los alumnos o a sus padres. Las dos soluciones parecen ser una alternativa viable a la prohibición completa de novelas clásicas.

5. Desgraciadamente, la tendencia hacia la censura continuará hasta que la gente pueda ponerse de acuerdo sobre cómo presentar textos controvertidos a los alumnos. Los alumnos deberán aprender a evaluar las cuestiones y los temas controvertidos. De ese modo, nos convertiremos en participantes activos e

PASE A LA PÁGINA SIGUIENTE ➡

Copyright © 2016 by Educational Testing Service. All rights reserved.

informados de nuestra sociedad. Nuestro país fue fundado sobre la convicción de que cada persona tiene el derecho a su propia opinión, y yo creo que ese principio debe ser reflejado en nuestras decisiones y prácticas educativas en nuestra escuela.

Atentamente,

Mary Lewis
Presidenta del Consejo de Alumnos

Estimados maestros, administradores y alumnos:

1. Ha llegado a mi conocimiento que el comité escolar recientemente ordenó retirar una novela clásica de nuestra biblioteca de escuela superior. La biblioteca de nuestra escuela es una de las mejores en el país y ha ganado varios premios por su excelencia. Si bien puedo comprender la preocupación de algunos padres, maestros y administradores que desean proteger a los alumnos, estoy en desacuerdo con el proceder del comité en la materia y rechazo con firmeza cualquier acto de censura en las escuelas. En lugar de prohibir libros, las escuelas deberían reconsiderar el modo de abordar el tema de los libros supuestamente controvertidos.

2. La novela que ha sido retirada de nuestra biblioteca es *Mientras agonizo* (*As I Lay Dying*), de William

18 **¿Cuál de estas oraciones del párrafo 1 es irrelevante y debería ser suprimida?**

A *Ha llegado a mi conocimiento que el comité escolar recientemente ordenó retirar una novela clásica de nuestra biblioteca de escuela superior.*

B *La biblioteca de nuestra escuela es una de las mejores en el país y ha ganado varios premios por su excelencia.*

C *Si bien puedo comprender la preocupación de algunos padres, maestros y administradores que desean proteger a los alumnos, estoy en desacuerdo con el proceder del comité en la materia y rechazo con firmeza cualquier acto de censura en las escuelas.*

D *En lugar de prohibir libros, las escuelas deberían reconsiderar el modo de abordar el tema de los libros supuestamente controvertidos.*

PASE A LA PÁGINA SIGUIENTE ➡

Copyright © 2016 by Educational Testing Service. All rights reserved.

Faulkner. Por lo que creo entender, la controversia se produjo cuando un padre preocupado <u>sostiene</u> que el libro contenía blasfemias. En este caso en particular, la maestra podría haber tratado simplemente de presentar a sus alumnos un ejemplo de literatura sureña. Su único error, en mi opinión, fue que <u>omite hacer referencia al uso que Faulkner hace de las blasfemias y desaprovechó la oportunidad de explicarles</u> a sus alumnos el contexto regional e histórico de la obra.

3. Comprendo las preocupaciones y estoy de acuerdo con que los padres tienen el derecho de cuestionar lo apropiado de cualquier libro. No creo que los libros deban ser prohibidos por completo ni tampoco que un padre pueda tomar decisiones por todos los demás. En mi opinión, la censura es una clara violación a nuestro derecho de libre expresión. Es también una violación al derecho de los maestros de elegir los textos que él o ella utilizarán en el aula. Irónicamente, los maestros que experimentan problemas con la censura son aquellos que, a menudo, tratan simplemente de conectar el programa de estudios con

19

A (*Ningún cambio*)

B está sosteniendo

C sostuvo

D había sostenido

20

A (*Ningún cambio*)

B omite hacer referencia al uso que Faulkner hace de las blasfemias y desaprovecha la oportunidad de explicarles

C está omitiendo hacer referencia al uso que Faulkner hace de las blasfemias y desaprovechó la oportunidad de explicarles

D omitió hacer referencia al uso que Faulkner hace de las blasfemias y desaprovechó la oportunidad de explicarles

21 Lea estas oraciones del párrafo 3.

Comprendo las preocupaciones y estoy de acuerdo con que los padres tienen el derecho de cuestionar lo apropiado de cualquier libro. _____ no creo que los libros deban ser prohibidos por completo ni tampoco que un padre pueda tomar decisiones por todos los demás.

¿Cuál de las palabras o frases de transición siguientes debería intercalarse entre las dos oraciones?

A Pero

B Por el contrario,

C En consecuencia,

D Además,

PASE A LA PÁGINA SIGUIENTE ➡

51

Copyright © 2016 by Educational Testing Service. All rights reserved.

experiencias de la vida real y <u>no se</u> <u>desmoronan cuando se enfrentan a</u> temas polémicos.

22

22

4. Espero que en el futuro, los administradores y maestros de la escuela puedan encarar la discusión de las cuestiones planteadas por los padres <u>abiertomente</u> y alcanzar

23

compromisos <u>aceptables</u> para todas

23

las <u>partes</u>.

23

<u>Algunas escuelas por ejemplo</u>

24

<u>tratan el desafío de incluir textos</u>

24

<u>controvertidos en sus programas</u>

24

<u>solicitando a los maestros que</u>

24

<u>expliquen de qué modo esos textos</u>

24

se relacionan con el currículo. También se les pide a los maestros que describan los méritos educativos de los materiales de lectura elegidos. Otras escuelas proponen materiales de lectura alternativos si anticipan que un texto puede molestar a los alumnos o a sus padres. Las dos soluciones parecen ser una alternativa viable a la prohibición completa de novelas clásicas.

22 ¿Cómo debería modificarse el texto subrayado para que mantenga el tono de la carta?

A (*Ningún cambio*)

B no se detienen cuando se enfrentan a

C persisten aun cuando se enfrentan a

D no paran cuando se enfrentan a

23 ¿Cuál de las palabras subrayadas está mal escrita?

A Ninguna de ellas

B abiertomente

C aceptables

D partes

24 Lea esta oración del párrafo 4.

Algunas escuelas por ejemplo tratan el desafío de incluir textos controvertidos en sus programas solicitando a los maestros que expliquen de qué modo esos textos se relacionan con el currículo.

¿Cómo debería reformularse esta oración para que su puntuación sea la correcta?

A Algunas escuelas por ejemplo, tratan el desafío de incluir textos controvertidos en sus programas solicitando a los maestros que expliquen de qué modo esos textos

B Algunas escuelas, por ejemplo, tratan el desafío de incluir textos controvertidos en sus programas solicitando a los maestros que expliquen de qué modo esos textos

C Algunas escuelas por ejemplo tratan el desafío, de incluir textos controvertidos en sus programas, solicitando a los maestros que expliquen de qué modo esos textos

D (*Ningún cambio*)

PASE A LA PÁGINA SIGUIENTE ➡

Copyright © 2016 by Educational Testing Service. All rights reserved.

5. Desgraciadamente, la tendencia hacia la censura continuará hasta que la gente pueda ponerse de acuerdo sobre cómo presentar textos controvertidos a los alumnos. Los alumnos deberán aprender a evaluar las cuestiones y los temas controvertidos. De ese modo, nos convertiremos en participantes activos e informados de nuestra sociedad. Nuestro país fue fundado sobre la convicción de que cada persona tiene el derecho a su propia opinión, y yo creo que ese principio debe ser reflejado en nuestras decisiones y prácticas educativas en nuestra escuela.

Sinceramente,
Mary Lewis
Presidenta del Consejo
de Alumnos

25 Lea estas oraciones del párrafo 5.

Los alumnos deberán aprender a evaluar las cuestiones y los temas controvertidos. De ese modo, nos convertiremos en participantes activos e informados de nuestra sociedad.

¿Cuál de las opciones siguientes combina mejor las dos oraciones?

A Los alumnos debemos aprender a evaluar las cuestiones y los temas controvertidos para convertirnos en participantes activos e informados de nuestra sociedad.

B Nosotros, los alumnos, deberemos aprender a evaluar las cuestiones y los temas controvertidos; y de esta manera convertirnos en participantes activos e informados de nuestra sociedad.

C Nosotros, los alumnos, deberemos aprender a evaluar las cuestiones y los temas controvertidos porque esta es la manera de convertirnos en participantes activos e informados de nuestra sociedad.

D Nosotros, los alumnos, deberemos aprender a evaluar las cuestiones y los temas controvertidos y entonces convertirnos de esta manera en participantes activos e informados de nuestra sociedad.

ALTO

Copyright © 2016 by Educational Testing Service. All rights reserved.

RESPUESTAS Y EXPLICACIONES—
ARTES DEL LENGUAJE—ESCRITURA
(PREGUNTAS DE OPCIÓN MÚLTIPLE)

Número de pregunta	Respuesta correcta	Categoría de contenido	Explicación
1	A	Convenciones de la escritura	"Su" se refiere a los objetivos de Markus Whiley.
2	B	Convenciones de la escritura	El verbo "necesitaban" debe ser reemplazado por "necesitan" para mantener la consistencia en el tiempo verbal.
3	B	Facilidad para el lenguaje	De esta forma, todos los verbos quedan en paralelo, alineados en un mismo tiempo verbal (futuro imperfecto).
4	B	Organización de ideas	Esta es la mejor opción como introducción a la sección "Apoyo" porque es una declaración amplia sobre los servicios disponibles, que se describen a continuación.
5	D	Organización de ideas	Esta es la frase de transición más apropiada porque agrega el factor tiempo a la oración sobre expectativas.
6	C	Organización de ideas	Las oraciones deben ser organizadas comenzando por una oración inicial amplia seguida de oraciones de apoyo en un orden lógico.
7	D	Facilidad para el lenguaje	"Recibirá" es la palabra que describe la acción con más precisión.
8	C	Organización de ideas	La opción C es irrelevante porque describe recomendaciones sobre la conducta del empleado en un párrafo dedicado a las actividades del primer día.
9	C	Facilidad para el lenguaje	"Distribuir" es un concepto más amplio que "mover" y se ajusta mejor a la idea de dividir los recursos entre varios objetivos.
10	B	Convenciones de la escritura	La palabra "estabelcida" está mal escrita. Se escribe "establecida".
11	C	Facilidad para el lenguaje	En la respuesta correcta el uso de los sustantivos tiene una estructura paralela, o similar.
12	D	Convenciones de la escritura	En la respuesta correcta se usa el tiempo verbal adecuado y concuerda en número con el sujeto de la oración.
13	B	Organización de ideas	Si se considera la oración previa, la frase de transición debe conectar la instrucción con una lista de ejemplos, que es lo que hace la opción B.

(Continúa)

Copyright © 2016 by Educational Testing Service. All rights reserved.

Número de pregunta	Respuesta correcta	Categoría de contenido	Explicación
14	C	Convenciones de la escritura	La respuesta correcta muestra el uso apropiado de la coma entre los términos de una enumeración.
15	A	Facilidad para el lenguaje	La opción A es la única oración coherente y lógica, que no es enmarañada ni verbosa como las otras opciones.
16	C	Facilidad para el lenguaje	La expresión "en línea" está colocada correctamente a continuación del nombre "recursos", al que describe.
17	D	Convenciones de la escritura	El verbo concuerda en número con su antecedente: "cualquier conducta aprendida".
18	B	Organización de ideas	La segunda oración del párrafo 1 describe un detalle —la calidad de la biblioteca de la escuela— que no tiene relevancia para el propósito de la carta.
19	C	Convenciones de la escritura	"Sostiene" deberá ser reemplazado por "sostuvo" para que la acción resulte consistente con el verbo "se produjo".
20	D	Convenciones de la escritura	La alumna está describiendo algo que sucedió en el pasado, por lo que el verbo "omite" debería ser reemplazado por "omitió".
21	A	Organización de ideas	Puesto que en la segunda oración se presenta un punto de vista alternativo, "pero" es la palabra de transición más lógica.
22	C	Facilidad para el lenguaje	El uso de la palabra "persisten" representa la opción que más se adecua al tono serio de la carta.
23	B	Convenciones de la escritura	"Abiertomente" está mal escrita. Se escribe "Abiertamente".
24	B	Convenciones de la escritura	La opción B es la única en que se hace un uso correcto de las comas para separar una frase de transición.
25	A	Facilidad para el lenguaje	La opción A representa la combinación más correcta y concisa de las dos oraciones, y no contiene errores de puntuación ni expresiones complejas.

Copyright © 2016 by Educational Testing Service. All rights reserved.

Prueba preliminar del examen *HiSET*
Hoja de respuestas
Artes del Lenguaje—Escritura
(Pregunta de ensayo)

_____

_____

_____

_____

_____

_____

_____

_____

_____

_____

_____

_____

_____

_____

_____

_____

_____

_____

_____

_____

Copyright © 2016 by Educational Testing Service. All rights reserved.

Copyright © 2016 by Educational Testing Service. All rights reserved.

ARTES DEL LENGUAJE—ESCRITURA (PREGUNTA DE ENSAYO)

Instrucciones y tema del ensayo

En esta prueba, se evalúan sus habilidades para la escritura. Su respuesta será calificada sobre la base de:

- El desarrollo de un punto de vista central respaldado por argumentos de apoyo, ejemplos y detalles provenientes de los pasajes y de la experiencia personal.
- Una clara organización de las ideas, que incluya una introducción y una conclusión, párrafos lógicos y frases o palabras de transición adecuadas.
- Uso del lenguaje, que incluya una selección diversa de palabras, una construcción variada de oraciones y el uso apropiado de las voces.
- Claridad y corrección en la utilización de las convenciones de la escritura.

Utilice papel borrador para tomar notas o bosquejar su respuesta.

A continuación, usted encontrará dos pasajes en los que los autores presentan perspectivas contrapuestas sobre una cuestión de importancia. Lea ambos pasajes con atención, tomando nota de los puntos fuertes y débiles de cada propuesta. Luego, escriba un ensayo en el que usted explicará su propia posición sobre la cuestión.

Las legislaturas estatales de todo el país han aprobado leyes que apoyan la conservación del agua. Los artículos siguientes han sido publicados en un sitio web que trata de cuestiones políticas en respuesta a dichas leyes.

Problemas con el agua en los suburbios

1. La conservación del agua era un problema que afectaba solo al oeste de los Estados Unidos. Sin embargo, sequías severas afectan ahora a más de la mitad del país. Así, la protección de nuestras fuentes de agua ha ido atrayendo atención a nivel nacional. Los legisladores de todo el país están buscando soluciones. Una de las soluciones posibles al problema de la conservación del agua que los legisladores han adoptado es un estilo de paisajismo denominado *xeriscape*, que en cierto modo no requiere de riego suplementario.

2. La palabra *xeriscape* proviene del griego *xeros*, que significa "seco", y de la palabra inglesa *landscape*, que significa "paisaje". Paisajismo seco significa reemplazar el césped, que necesita mucha agua, con plantas que consumen muy poca agua. Los ejemplos de plantas resistentes a la sequía incluyen: los cactos, los pastos decorativos, las flores silvestres nativas e, incluso, las hierbas. Los patios decorados con estas plantas resistentes resultan atractivos y son rentables. A pesar de que el costo inicial del *xeriscape* puede ser alto, su costo de mantenimiento es mucho menor que el del césped tradicional. Puesto que las plantas resistentes a la sequía crecen naturalmente en los climas áridos, no necesitan mucha agua. Un menor consumo de agua ahorra dinero.

3. Según el Comité del Agua de Texas, hasta un 80% del consumo de agua de un hogar se utiliza en el exterior, y esa es la razón por la que los legisladores están interesados en el *xeriscape*. Debido a la escasez de agua en la mayoría de los

---

PASE A LA PÁGINA SIGUIENTE ➡

Copyright © 2016 by Educational Testing Service. All rights reserved.

estados, los legisladores han aprobado leyes para favorecer su conservación. En Texas, algunas asociaciones de dueños de casas exigían que los residentes colocaran césped en todo el jardín delantero. Los legisladores, escandalizados porque el cuidado del césped durante una sequía requiere de mucha agua, aprobaron una ley que obliga a las asociaciones a permitir que los residentes cultiven plantas y pastos nativos en sus jardines. En California, se les ofrecen incentivos fiscales a los residentes para reemplazar jardines de césped tradicional por otros de un estilo de paisajismo más apropiado.

4. Los jardines de césped grueso y sediento ya no tienen sentido. El agua es necesaria para la agricultura y para beberla. ¿Por qué malgastarla entonces en el césped? Cada región del país tiene sus propias plantas nativas que crecen bien en su clima. Las nuevas leyes permiten a los residentes cultivar estas plantas que ahorran agua y disfrutar de un paisaje más natural. Los problemas con el agua en los suburbios han sido solucionados.

El servicio de paisajismo del Gran Hermano

1. Los legisladores estatales se han lanzado al negocio del paisajismo. Han aprobado leyes que regulan cómo la gente puede regar su césped e impiden que las asociaciones de dueños de casas exijan que se recubra de césped la mayor parte del jardín. Las asociaciones representan los deseos de los dueños de casas y sus aspiraciones a vivir en un vecindario atractivo. Al limitar el poder de estas asociaciones, el gobierno les quita a los dueños de casas el derecho a embellecer sus propiedades según les plazca. Los legisladores no deberían tener esta clase de poder.

2. Un problema es que los legisladores actúan bajo el supuesto de que porque no llovió hoy no va a llover mañana. En 2013, la asamblea legislativa de Texas aprobó una ley que suprime el derecho de las asociaciones de dueños de casas a requerir que se plante césped en los jardines. Esta ley representa un esfuerzo para alentar a la gente a que use el *xeriscape*, lo que implica plantar cactos y crear jardines de rocas que requieren de una cantidad mínima de agua para su mantenimiento. A comienzos de 2015, sin embargo, la situación de sequía en la mayor parte de Texas había mejorado. No obstante, la ley continúa vigente.

3. Otro problema con esta legislación es que los políticos no son buenos jardineros. Por ejemplo, los legisladores parecen desconocer que algunas variedades de césped resistente a la sequía, como el *tall fescue*, requieren de muy poca agua y permanecen inactivas durante el verano. Durante los meses más secos del año, no necesitan prácticamente nada de agua. ¿Por qué no pueden exigir las asociaciones de dueños de casas este tipo de césped?

4. Los legisladores deben dejar que los dueños de casas tomen las decisiones por sí mismos. Muchos vecindarios han cambiado ya sus políticas como consecuencia de la sequía. Algunas asociaciones de dueños de casas permiten el *xeriscape*; otras han reducido la superficie del jardín que deberá ser cubierta de césped. Las personas que viven en esas casas y son miembros de las asociaciones son las que están mejor preparadas para tomar las decisiones más convenientes para sus vecindarios. El gobierno del Gran Hermano no necesita tomar parte.

PASE A LA PÁGINA SIGUIENTE ➡

Copyright © 2016 by Educational Testing Service. All rights reserved.

Escriba un ensayo en el que explique su propia posición sobre la cuestión de si, en tiempo de sequía, el gobierno debería o no promulgar leyes que favorezcan la conservación del agua pero que a su vez limiten los derechos de los dueños de casas y de sus asociaciones.

Asegúrese de usar evidencia contenida en los pasajes que se presentan, así como también razones específicas y ejemplos de su propia experiencia y conocimiento, para respaldar su posición. Recuerde que cada posición existe dentro del contexto de una discusión más amplia de la cuestión; por ello, su ensayo debería incluir, como mínimo, el reconocimiento de la existencia de ideas alternativas o contrapuestas. Una vez que haya finalizado su ensayo, revise su redacción para comprobar que no contenga errores de ortografía, puntuación y gramática.

ALTO

Copyright © 2016 by Educational Testing Service. All rights reserved.

ARTES DEL LENGUAJE—ESCRITURA (PREGUNTA DE ENSAYO)

Todos los ensayos del examen HiSET serán calificados de acuerdo con las pautas de calificación siguientes.

Calificación	Descripción
1	**Los ensayos en este punto de calificación evidencian un dominio pobre de la escritura de un argumento sobre un tema importante dado utilizando un razonamiento válido y evidencia relevante y suficiente.** La respuesta tiene poco o ningún desarrollo de una postura central o argumentaciones. No se proporciona un contexto correcto ni comprensible del tema para la discusión. La propia postura del escritor frente al problema o las argumentaciones puede no estar clara. Se pueden proporcionar algunas ideas, pero carece de explicaciones de las mismas; solo repite ideas o las ideas se derivan completamente de los textos proporcionados. La respuesta carece de una introducción y de una conclusión y no evidencia ningún entendimiento de la redacción de párrafos. No utiliza transiciones o puede utilizarlas de manera incorrecta. El control del idioma es mínimo. La elección de vocabulario y la estructura de las oraciones son simples. La respuesta carece de estilo formal y de un tono objetivo. Evidencia un dominio mínimo o nulo de las convenciones de la gramática del Español estándar y su uso. Aparecen con frecuencia errores de uso de mayúsculas, puntuación y ortografía.
2	**Los ensayos en este punto de calificación evidencian un dominio limitado de la escritura de un argumento sobre un tema importante dado utilizando un razonamiento válido y evidencia relevante y suficiente.** La respuesta evidencia un desarrollo limitado de una postura central o argumentaciones. Se proporciona un contexto parcialmente correcto o comprensible para la discusión. La postura del escritor sobre el problema o las argumentaciones puede ser poco clara o confusa. Se proporcionan algunas ideas, pero la explicación es escasa o superficial y las partes de la explicación pueden ser repetitivas o excesivamente derivadas de los textos proporcionados, sin interpretación. La introducción y la conclusión tienen un desarrollo mínimo. Algunas ideas relacionadas se encuentran agrupadas mediante la redacción de párrafos que no se pueden utilizar. Se utilizan pocas transiciones. Se demuestra una apertura a las habilidades del idioma. El vocabulario es general y repetitivo. La respuesta tiene estructuras repetitivas en las oraciones u oraciones largas e incontroladas. La respuesta carece de estilo formal y de un tono objetivo.

Copyright © 2016 by Educational Testing Service. All rights reserved.

Calificación	Descripción

Evidencia un dominio limitado o nulo de las convenciones de la gramática del Español estándar y su uso. Existen numerosos errores de uso de mayúsculas, puntuación y ortografía y pueden interferir con la comprensión.

3   **Los ensayos en este punto de calificación evidencian un dominio parcial de la escritura de un argumento sobre un tema importante dado utilizando un razonamiento válido y evidencia relevante y suficiente.**

La respuesta evidencia un desarrollo parcial de una postura central o argumentaciones. Se proporciona un breve contexto del tema para la discusión, incluyendo la introducción de un argumento alternativo o contraargumento. La postura del escritor frente al problema o las argumentaciones es evidente. Se proporcionan varias ideas con una explicación limitada o irregular, ofreciendo pocos ejemplos o solamente ejemplos o detalles generales que respalden las ideas. La respuesta utiliza evidencia que proviene de los textos provistos, pero esta información es limitada o utilizada en exceso, mal elegida o tergiversada.

La respuesta tiene una introducción y una conclusión, aunque una de ellas o ambas pueden estar subdesarrolladas. Las ideas están agrupadas en párrafos, aunque la relación entre las ideas puede a veces ser poco clara. Las transiciones son simples y se utilizan de manera inconsistente.

Se demuestra algo de desarrollo en las habilidades del idioma. La elección de vocabulario es general y la respuesta demuestra un poco de variedad en las estructuras de las oraciones, aunque puede haber oraciones un poco largas e incontroladas. La respuesta intenta mantener un estilo formal y un tono objetivo, pero puede fallar en sostenerlos a lo largo de la discusión.

Evidencia un dominio parcial de las convenciones de la gramática del Español estándar y su uso. Los errores en el uso de mayúsculas, la puntuación y la ortografía están presentes de manera regular en toda la respuesta y pueden interferir a veces en la comprensión.

4   **Los ensayos en este punto de calificación evidencian un dominio adecuado de la escritura de un argumento sobre un tema importante dado utilizando un razonamiento válido y evidencia relevante y suficiente.**

La respuesta evidencia un desarrollo adecuado de una postura central o argumentaciones. Se proporciona un breve contexto del tema para la discusión, incluyendo alguna discusión de un argumento alternativo o contraargumento. La postura del escritor frente al problema o las argumentaciones es clara. Se proporcionan varias ideas con la explicación adecuada; algunos ejemplos o detalles específicos y relevantes apoyan las ideas, incluyendo pruebas pertinentes extraídas selectivamente de los textos provistos y debidamente integradas.

Copyright © 2016 by Educational Testing Service. All rights reserved.

Calificación	Descripción

Se proporciona una introducción y una conclusión funcionales y claras. Las relaciones entre las ideas se ponen en claro mediante la organización: las transiciones se utilizan de manera consistente, aunque pueden ser simples, y se muestra alguna evidencia de secuencia lógica de ideas. La respuesta utiliza una redacción de párrafos adecuada.

Se demuestra una habilidad adecuada en el uso del lenguaje. Se utiliza un vocabulario un tanto variado y mayormente específico. La respuesta demuestra control de las oraciones con variaciones en la longitud y en la estructura. Se establece un estilo formal y se mantiene un tono objetivo a lo largo de la discusión.

Evidencia un dominio adecuado de las convenciones de la gramática del Español estándar y su uso. Existen algunos errores de uso de mayúsculas, puntuación y ortografía, pero no interfieren con la comprensión.

5   **Los ensayos en este punto de calificación evidencian un dominio fuerte de la escritura de un argumento sobre un tema importante dado utilizando un razonamiento válido y evidencia relevante y suficiente.**

La respuesta evidencia un desarrollo competente de una postura central o argumentaciones. Se proporciona contexto del tema para la discusión, incluyendo una discusión equilibrada de un argumento alternativo o contraargumento. La postura del escritor frente al problema o las argumentaciones es clara y considerada. Se proporcionan varias ideas con una explicación completa; motivos, ejemplos y detalles específicos, relevantes y de alguna manera elaborados respaldan las ideas, incluyendo evidencia clara y relevante extraída de los textos proporcionados e integrada con habilidad.

La introducción y la conclusión son claras y suficientes. Se utiliza una redacción de párrafos clara y adecuada. Se utilizan transiciones variadas y secuencia lógica de ideas de principio a fin para enlazar las principales secciones del texto, crear cohesión y clarificar las relaciones entre las ideas.

La respuesta demuestra habilidades competentes en cuanto al idioma. El vocabulario suele ser preciso y variado. La respuesta utiliza oraciones bien controladas que varían en su longitud y complejidad. Se establece un estilo formal y se mantiene un tono formal de principio a fin. Los contraargumentos se discuten de manera justa, sin prejuicios.

Evidencia un dominio hábil de las convenciones de la gramática del Español estándar y su uso. Aparecen pocos errores de uso de mayúsculas, puntuación y ortografía y la mayoría son superficiales.

Copyright © 2016 by Educational Testing Service. All rights reserved.

Calificación	Descripción
6	**Los ensayos en este punto de calificación evidencian un dominio superior de la escritura de un argumento sobre un tema importante dado utilizando un razonamiento válido y evidencia relevante y suficiente.**

La respuesta evidencia un desarrollo experto de una postura central o argumentaciones. Se proporciona contexto del tema para la discusión, incluyendo una discusión equilibrada de las fortalezas y limitaciones de un argumento alternativo o contraargumento. La postura del escritor frente al problema o las argumentaciones es clara, considerada y con pequeños matices. Se proporcionan varias ideas con explicación efectiva y exhaustiva; las ideas están respaldadas por motivos, ejemplos y detalles relevantes y completamente elaborados, incluyendo pruebas convincentes extraídas de los textos proporcionados y efectivamente integradas.

Las respuestas tienen una introducción y una conclusión efectiva. La redacción de párrafo utilizada es clara y adecuada, creando un conjunto coherente. Se utilizan transiciones efectivas y secuencia lógica de ideas de principio a fin para enlazar las principales secciones del texto, crear cohesión y aclarar las relaciones entre las argumentaciones y las razones, entre las razones y las pruebas, y entre las argumentaciones y los contraargumentos.

La respuesta demuestra habilidades de alto nivel en cuanto al idioma. El vocabulario es preciso, variado y atractivo. La respuesta varía eficazmente el largo y la complejidad de las oraciones. Se establece un estilo formal y un tono objetivo que realza la efectividad de la respuesta preparada. Los contraargumentos se discuten de manera justa, sin prejuicios.

Evidencia un dominio experto de las convenciones de la gramática del Español estándar y su uso, y la respuesta evidencia un uso sofisticado de la gramática, su uso y mecánicas. Aparecen pocos o ningún error de uso de mayúsculas, puntuación y ortografía.

Copyright © 2016 by Educational Testing Service. All rights reserved.

Prueba preliminar del examen *HiSET*
Hoja de respuestas
Estudios Sociales

	A	B	C	D
1				
2				
3				
4				
5				
6				
7				
8				
9				
10				
11				
12				
13				

	A	B	C	D
14				
15				
16				
17				
18				
19				
20				
21				
22				
23				
24				
25				

Copyright © 2016 by Educational Testing Service. All rights reserved.

ESTUDIOS SOCIALES

25 preguntas

35 minutos

Instrucciones

Esta es una prueba que evalúa algunas de las habilidades requeridas para el análisis de información relacionada con los estudios sociales. Lea cada una de las preguntas y decida luego cuál de las cuatro opciones de respuesta es la más apropiada para esa pregunta. Luego, marque la respuesta elegida sobre la hoja de respuestas. En algunos casos, varias preguntas se referirán a un mismo material. Lea ese material con cuidado y responda luego todas las preguntas.

Trabaje lo más rápido que pueda pero sin ser descuidado. No dedique demasiado tiempo a una pregunta que le resulte difícil de responder. Deje esa pregunta y vuelva a ella más tarde, si todavía tiene tiempo disponible. Trate de responder cada pregunta aunque tenga que adivinar la respuesta.

Marque todas sus respuestas en la hoja de respuestas. Proporcione solo una respuesta para cada pregunta y procure que sus marcas sean bien visibles. Si decide cambiar una de sus respuestas, asegúrese de borrar completamente su respuesta inicial. Asegúrese también de que el número de la pregunta que está respondiendo corresponde con el número de la fila de opciones de respuesta que está marcando en su hoja de respuestas.

1. **¿Cuál es el rol que desempeñan los partidos políticos en un proceso electoral?**

   A   Proteger a los ciudadanos contra la discriminación de votantes

   B   Solicitar al gobierno fondos para la campaña

   C   Donar dinero a grupos de interés especial

   D   Nominar a los candidatos que se presentarán en la elección

2. **¿Cuál de los factores siguientes tiene influencia sobre el clima de una región?**

   A   Las placas tectónicas

   B   La latitud

   C   Las corrientes marinas

   D   La longitud

PASE A LA PÁGINA SIGUIENTE ➡

Copyright © 2016 by Educational Testing Service. All rights reserved.

3. **Considere la gráfica siguiente.**

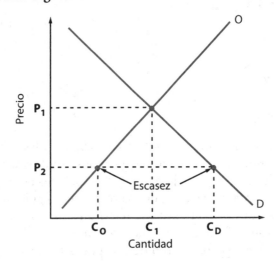

¿Cuál sería la respuesta más probable de una empresa ante una situación como la ilustrada en la gráfica anterior?

A   Aumentar el precio del producto hasta alcanzar el punto de equilibrio del mercado

B   Incrementar la producción de nuevos productos para aumentar la demanda

C   Disminuir la cantidad producida hasta alcanzar el punto de equilibrio del mercado

D   Reducir los costos de producción para satisfacer la demanda

4. **¿Cuál fue la consecuencia en Europa de la victoria de los Aliados en la Segunda Guerra Mundial?**

A   Los Estados Unidos introdujeron el capitalismo y la libre empresa en Europa.

B   El Imperio británico se expandió con la adquisición de nuevos territorios en Europa.

C   Se impidió que la Unión Soviética expandiera el comunismo en Europa.

D   Europa fue liberada y se puso fin al gobierno de los nazis en Alemania.

5. **¿Cuál de las actividades siguientes describe una actividad económica primaria?**

A   Convertir materias primas en productos como tela o acero

B   Diseñar nuevos productos basándose en investigación y principios científicos

C   Obtener materias primas de la tierra a través de la agricultura y la minería

D   Proveer servicios como el transporte de bienes y el cuidado de la salud

> La igualdad de derechos ante la ley no será denegada o limitada por los Estados Unidos o por ningún Estado por motivos de sexo.
>
> —Enmienda de Igualdad de Derechos (1972)

PASE A LA PÁGINA SIGUIENTE ➡

Copyright © 2016 by Educational Testing Service. All rights reserved.

6. **¿Cuál de las afirmaciones siguientes describe el objetivo de la enmienda propuesta?**

   A   Alentar a más mujeres a participar en las elecciones

   B   Eliminar la discriminación contra las mujeres

   C   Exigir programas de acción afirmativa en favor de las mujeres

   D   Permitir a más mujeres formar parte de la fuerza de trabajo

Las preguntas 7 a 11 se refieren a la información contenida en la tabla siguiente.

Estos programas fueron establecidos para mitigar los problemas ocasionados durante la Gran Depresión en los Estados Unidos.

Programas del Nuevo Trato	Año de su promulgación	Descripción
Administración del Ajuste Agrícola (AAA)	1933	Medida de asistencia a la agricultura destinada a estabilizar los precios de los bienes agrícolas a través del pago de un subsidio a los granjeros para que limitaran la producción.
Cuerpo Civil de Conservación (CCC)	1933	Medida de asistencia al desempleo que propició el trabajo de los varones jóvenes en parques nacionales y proyectos de conservación.
Corporación Federal de Seguro de Depósitos (FDIC)	1933	Agencia Federal creada para garantizar los depósitos bancarios y prevenir la quiebra de los bancos.
Administración Federal de Ayuda de Emergencia (FERA)	1933	Agencia federal establecida para proporcionar millones de dólares en efectivo en ayuda a las personas empobrecidas.
Seguro Social	1935	Programa de seguro social que estableció pensiones para las personas mayores, seguro de desempleo y fondos de ayuda para los niños dependientes y las personas con discapacidades.
Administración de Proyectos de Trabajo (WPA)	1935	Organización que proporcionó empleo en el sector de la construcción y para proyectos relacionados con el arte, la música, el teatro y la literatura.

7. **¿Cuál de estos programas se concentró en la creación de empleos?**

   A   La Administración del Ajuste Agrícola

   B   El Cuerpo Civil de Conservación

   C   La Corporación Federal de Seguro de Depósitos

   D   La Administración Federal de Ayuda de Emergencia

8. **¿De qué manera contribuyó el Seguro Social a mitigar los problemas ocasionados durante la Gran Depresión?**

   A   Proporcionando ingresos a los jubilados

   B   Proveyendo fondos para los programas de apoyo a las artes

   C   Estabilizando el costo de vida

   D   Ofreciendo más hipotecas para la compra de casas

PASE A LA PÁGINA SIGUIENTE ➡

Copyright © 2016 by Educational Testing Service. All rights reserved.

9. **La Administración del Ajuste Agrícola ayudó a los granjeros**

   A   mejorando la calidad de los cultivos para aumentar los niveles de producción.

   B   aumentando el valor de la tierra para permitirles solicitar más préstamos.

   C   disminuyendo la producción de cultivos con el fin de mejorar los precios.

   D   forzándolos a que aceptaran salarios más bajos para así reducir los costos.

10. **¿Qué información resultaría de mayor utilidad para determinar la eficacia de la Administración de Proyectos de Trabajo como medida de asistencia?**

   A   La cantidad de estados participantes

   B   El costo total por año

   C   Los tipos de empleo creados

   D   La cantidad de personas empleadas

11. **¿Cuál de los programas siguientes se ha convertido en parte permanente del gobierno?**

   A   La Administración del Ajuste Agrícola

   B   El Cuerpo Civil de Conservación

   C   La Administración Federal de Ayuda de Emergencia

   D   El Seguro Social

Las preguntas 12 a 17 se refieren a la información contenida en los relatos siguientes.

Estos dos relatos ofrecen un resumen de una audiencia pública local acerca de una construcción sobre la zona de recarga[1] de un acuífero.

Relato 1

El Comité sobre la Calidad del Agua y la Comisión de Planificación se reunieron ayer para escuchar las preocupaciones de los ciudadanos acerca de la autorización de una nueva construcción sobre la zona de descarga del acuífero.

Línea

5   Los ciudadanos expresaron su seria preocupación por el peligro que esta nueva construcción creará para el suministro de agua local. James Weatherford, residente de la zona desde hace 40 años, recordó una discusión similar que tuvo lugar antes de que se estableciera el centro comercial local. "Estábamos preocupados porque, si no se tomaban suficientes precauciones, pondríamos en peligro nuestro suministro de agua. El acuífero es la única fuente de provisión de agua que tenemos. El área de

10   aparcamiento y los contaminantes provocarán problemas con la calidad del agua".

Los constructores intentaron tranquilizar a los residentes asegurándoles que tomarán todos los recaudos para recoger y purificar las escorrentías del área de aparcamiento. Destacaron que "el futuro de esta zona depende de que las empresas decidan mudarse o no a esta nueva ubicación. Esa es la realidad económica".

15   Los residentes no quedaron conformes con las respuestas dadas por los constructores. El Comité se reunirá nuevamente el jueves para tomar su decisión final.

---

[1] Zona de recarga: área por la que el agua entra al acuífero.

PASE A LA PÁGINA SIGUIENTE ➡

Copyright © 2016 by Educational Testing Service. All rights reserved.

Relato 2

El Comité sobre la Calidad del Agua y la Comisión de Planificación se reunieron ayer para escuchar los comentarios de los ciudadanos sobre el otorgamiento de un permiso de construcción sobre la zona de descarga del acuífero.

Línea

5 Los constructores del proyecto residencial y comercial, valuado en varios millones de dólares, hicieron uso de la palabra durante la audiencia. Thomas Allen, de la empresa Terex Development, afirmó: "Este es el proyecto de desarrollo más importante en esta zona en los últimos quince años. Traerá consigo empleo y prosperidad a los residentes. Esperamos que las nuevas propiedades tengan un gran y productivo futuro".

10 Los ciudadanos, incluido el antiguo residente James Weatherford, formularon preguntas sobre la calidad del agua. Recibieron garantías de Terex de que ya se habían realizado los estudios pertinentes y tomado las precauciones necesarias para preservar la calidad del agua, que incluían la decisión de imponer restricciones al uso de insecticidas sobre los campos de golf de la zona.

Los constructores desearían iniciar las obras en mayo y realizar entonces una gran celebración. El Comité se reunirá nuevamente el jueves para tomar su decisión final.

12. **¿Cuál es la forma en que los autores de estos relatos tratan de influir sobre el lector?**

A Los autores presentan argumentos que favorecen a solo una de las partes en la disputa.

B Los autores califican el argumento contrario como falto de información.

C Los autores citan investigaciones científicas acerca del proyecto propuesto.

D Los autores no mencionan la decisión final sobre el proyecto.

13. **¿Cuál de las frases siguientes del Relato 1 revela el sesgo de su autor?**

A "seria preocupación"

B "calidad del agua"

C "purificar las escorrentías"

D "realidad económica"

14. **¿Cuál de las afirmaciones siguientes resume el punto de vista expresado en el Relato 2?**

A El Comité deberá considerar atentamente las opiniones de los residentes.

B El proyecto sobre la zona de recarga del acuífero beneficiará a la comunidad.

C Los residentes tienen el derecho de expresar sus opiniones al Comité.

D La construcción sobre la zona de recarga del acuífero afectará la calidad del agua.

15. **¿Cuál de las cuestiones siguientes debería considerar un miembro del Comité antes de decidir su voto?**

A ¿Cuáles calles se usarán durante la construcción?

B ¿Cuántos votantes viven cerca del acuífero?

C ¿Qué distrito escolar resultará afectado por las obras?

D ¿Qué cantidad de escorrentías generará el desarrollo?

PASE A LA PÁGINA SIGUIENTE ➡

Copyright © 2016 by Educational Testing Service. All rights reserved.

16. **¿Cuál es uno de los beneficios de las audiencias públicas como la que se realizó ante el Comité sobre la Calidad del Agua y la Comisión de Planificación?**

    A   Permiten que los ciudadanos introduzcan cambios en las leyes existentes.

    B   Ofrecen a los ciudadanos la posibilidad de votar sobre una cuestión.

    C   Brindan a los ciudadanos la oportunidad de expresar sus opiniones.

    D   Permiten solicitar a los ciudadanos apoyo financiero para un proyecto.

17. **¿Cuál de las acciones siguientes representa un medio eficaz de influir en la decisión final del Comité?**

    A   Firmar una petición para impedir la construcción

    B   No participar en futuras elecciones locales

    C   Boicotear a las empresas que participen en el nuevo proyecto

    D   Unirse a una organización dedicada a la conservación del agua

Las preguntas 18 a 20 se refieren a la información contenida en la tabla siguiente.

La expresión "política monetaria" se refiere a todo lo que hace la Reserva Federal para regular la oferta de dinero y el crédito en la economía de los Estados Unidos. Las herramientas de política monetaria se utilizan para influir en la disposición de la gente y del empresariado a gastar dinero en bienes y servicios.

Herramienta	Definición	Política expansiva	Política restrictiva
Tasa de descuento	Tasa de interés aplicada por la Reserva Federal en préstamos de corto plazo a entidades financieras.	Baja de la tasa de descuento	Suba de la tasa de descuento
Coeficiente de caja	Porcentaje de depósitos que los bancos deben mantener en valores o en depósitos en un banco de la Reserva Federal.	Reducción del coeficiente de caja	Aumento del coeficiente de caja
Operaciones de mercado abierto	Compra y venta de deuda pública (o soberana)	Compra de bonos del gobierno	Venta de bonos del gobierno

18. **¿Cuál de las acciones siguientes de la Reserva Federal tendrá más probabilidades de aumentar el nivel de empleo?**

    A   Una reducción de la oferta de dinero

    B   Un aumento del coeficiente de caja

    C   Una baja de la tasa de descuento

    D   La venta de bonos del gobierno

19. **¿Por qué razón podría aplicar la Reserva Federal una política restrictiva?**

    A   Para combatir la inflación

    B   Para desalentar aumentos de impuestos

    C   Para aumentar los beneficios para los trabajadores

    D   Para promover el crecimiento de la industria

PASE A LA PÁGINA SIGUIENTE ➡

Copyright © 2016 by Educational Testing Service. All rights reserved.

20. **¿Por qué razón se considera que la reducción del coeficiente de caja es una política expansiva?**

   A   Los bancos tendrán más dinero disponible para contribuir a obras de caridad.

   B   Los bancos tendrán más fondos disponibles para otorgar préstamos.

   C   Las corporaciones tendrán menos fondos disponibles para inversiones.

   D   Las corporaciones tendrán menos dinero disponible para presionar al gobierno.

Las preguntas 21 a 25 se refieren a la información siguiente.

El pasaje siguiente ha sido extraído de la Declaración de la Independencia, firmada en 1776.

Sostenemos como evidentes estas verdades: que todos los hombres son creados iguales; que son dotados por su Creador de ciertos derechos inalienables; que entre éstos están la vida, la libertad y la búsqueda de la felicidad; —que para garantizar estos derechos se instituyen entre los hombres los gobiernos, que derivan sus poderes legítimos del consentimiento de los gobernados; —que cuando quiera que una forma de gobierno se haga destructora de estos principios, el pueblo tiene el derecho a reformarla o abolirla e instituir un nuevo gobierno…

Línea

5

La historia del actual Rey de la Gran Bretaña es una historia de repetidos agravios y usurpaciones, encaminados todos directamente hacia el establecimiento de una tiranía absoluta sobre estos estados…

10

El Rey [ha otorgado] su consentimiento a… leyes de pretendida legislación:

1) El alojamiento entre nosotros de grandes cuerpos de tropas armadas…

2) La destrucción de nuestro comercio con todas las partes del mundo…

3) La imposición de impuestos sobre nosotros sin nuestro consentimiento…

15

4) La privación en muchos casos de las defensas que proporciona el juicio por jurados…

Por lo tanto, los Representantes de los Estados Unidos de América… en nombre y por la autoridad del buen pueblo de estas Colonias, solemnemente hacemos público y declaramos: Que estas Colonias Unidas son, y deben serlo por derecho, Estados Libres e Independientes…

21. **Basándose en la información contenida en el pasaje, ¿de violar qué derecho individual se acusa al rey?**

   A   Libertad de culto (religión)

   B   Derecho a la libre expresión

   C   Derecho al debido proceso

   D   Libertad de prensa

> La Ley de Sellos de 1765 afectó todos los tipos de papel impreso producidos en las colonias, incluidos los periódicos, las cartas de la baraja y los documentos legales.

PASE A LA PÁGINA SIGUIENTE ➡

Copyright © 2016 by Educational Testing Service. All rights reserved.

22. ¿Cuál de los agravios enumerados en el pasaje indica que los colonos objetaban este tipo de ley?

    A 1)

    B 2)

    C 3)

    D 4)

23. Basándose en la información contenida en el pasaje, ¿cuál es la justificación que usaron los colonos para declarar la independencia?

    A Los líderes religiosos tienen el poder de crear un gobierno.

    B Los gobiernos deben defender el derecho a la igualdad.

    C Una monarquía es una forma mejor de gobierno que una democracia.

    D El propósito del gobierno es proteger los derechos de la ciudadanía.

> Deberá y podrá ser conforme a derecho que el gobernador… ordene
> e instruya que… las casas deshabitadas, las dependencias, los graneros y otras
> construcciones, cuando él considere que sea necesario tomarlos… y adaptarlos
> para la recepción de… oficiales y soldados…
>
> —Ley del Parlamento, 1774

24. ¿Cuál de los agravios enumerados en el pasaje representa una objeción a esta ley?

    A 1)

    B 2)

    C 3)

    D 4)

25. ¿Cuál de las conclusiones siguientes es la que está mejor respaldada por la información contenida en el pasaje?

    A El rey tenía el derecho de abolir el gobierno en las colonias.

    B La violación de los derechos de los colonos representaba una forma de tiranía.

    C Los colonos querían crear un gobierno sin impuestos.

    D La limitación del derecho al voto a los colonos varones creaba una desigualdad.

Copyright © 2016 by Educational Testing Service. All rights reserved.

RESPUESTAS Y EXPLICACIONES—ESTUDIOS SOCIALES

Número de pregunta	Respuesta correcta	Categoría de contenido	Explicación
1	D	Educación cívica y gobierno	Los partidos políticos nominan a los candidatos que se presentan en la elección.
2	B	Geografía	El clima de una región está influido directamente por la latitud, es decir, la distancia que separa una región de los polos y el ecuador.
3	A	Economía	Un aumento en el precio provocará un aumento de la cantidad ofrecida y una disminución de la cantidad demandada hasta alcanzar el punto de equilibrio y eliminar la escasez.
4	D	Historia	La victoria de los Aliados en la Segunda Guerra Mundial liberó a Europa de la ocupación por las Potencias del Eje y puso fin al gobierno nazi en Alemania.
5	C	Geografía	Las actividades primarias, como la agricultura y la minería, obtienen bienes en forma directa de la tierra.
6	B	Educación cívica y gobierno	El objetivo de la Enmienda de Igualdad de Derechos es terminar con la discriminación basada en el sexo.
7	B	Historia	La creación del Cuerpo Civil de Conservación fue una medida orientada a la creación de empleos para los varones jóvenes.
8	A	Historia	El Seguro Social abordó los problemas ocasionados durante la Gran Depresión proporcionando ingresos a los jubilados.
9	C	Historia	La Administración del Ajuste Agrícola ayudó a los granjeros al pagarles para que redujeran la producción.
10	D	Historia	La cantidad de personas empleadas por el programa es la información que resultaría de mayor utilidad para determinar la eficacia de la Administración de Proyectos de Trabajo como medida de asistencia.
11	D	Historia	De los programas enumerados, solo el de Seguro Social se ha convertido en una parte permanente del gobierno.
12	A	Educación cívica y gobierno	Los autores tratan de influir sobre los lectores presentando argumentos que favorecen a solo una de las partes en la disputa.

(Continúa)

Copyright © 2016 by Educational Testing Service. All rights reserved.

Número de pregunta	Respuesta correcta	Categoría de contenido	Explicación
13	A	Educación cívica y gobierno	La frase "seria preocupación" revela el sesgo del autor en contra de la construcción.
14	B	Educación cívica y gobierno	El relato 2 está en favor de la construcción sobre el acuífero.
15	D	Educación cívica y gobierno	El conocimiento de qué cantidad de escorrentías generará el proyecto propuesto ayudaría a un miembro del Comité a decidir su voto.
16	C	Educación cívica y gobierno	Las audiencias públicas otorgan a los ciudadanos la oportunidad de expresar sus opiniones ante los funcionarios públicos.
17	A	Educación cívica y gobierno	Los ciudadanos podrían influir sobre la decisión final presentando un petitorio a favor o en contra del proyecto.
18	C	Economía	Una baja en la tasa de descuento es una política expansiva pues contribuirá casi con seguridad a aumentar los niveles de empleo.
19	A	Economía	Una política restrictiva contribuye a combatir la inflación.
20	B	Economía	La reducción del coeficiente de caja es una medida expansiva porque permite a los bancos otorgar más préstamos, lo que aumenta la oferta de dinero.
21	C	Historia	Al imponer impuestos sin el consentimiento de los ciudadanos y al privarlos de juicios por jurado, el rey está violando el derecho individual al debido proceso.
22	C	Historia	La Ley de Sellos es un ejemplo de la imposición de impuestos por parte del Parlamento sin el consentimiento de los colonos.
23	D	Historia	Los colonos acusaron al gobierno británico de violar sus derechos inalienables y, por ello, se sintieron con derecho de constituir un nuevo gobierno.
24	A	Historia	Esta ley del Parlamento se refiere al alojamiento de los soldados, como se explica en el punto 1) del pasaje.
25	B	Historia	La violación de los derechos individuales representa una forma de tiranía, y los colonos acusaron al rey de establecer una tiranía absoluta sobre ellos.

Copyright © 2016 by Educational Testing Service. All rights reserved.

Prueba preliminar del examen *HiSET*
Hoja de respuestas
Ciencia

	A	B	C	D
1				
2				
3				
4				
5				
6				
7				
8				
9				
10				
11				
12				
13				

	A	B	C	D
14				
15				
16				
17				
18				
19				
20				
21				
22				
23				
24				
25				

Copyright © 2016 by Educational Testing Service. All rights reserved.

CIENCIA

25 preguntas

40 minutos

Instrucciones

En esta prueba, se evalúan algunas de las habilidades requeridas para el análisis de información relacionada con la ciencia. Lea cada una de las preguntas y decida luego cuál de las cuatro opciones de respuesta es la más apropiada para esa pregunta. A continuación, marque la respuesta elegida sobre la hoja de respuestas. En algunos casos, varias preguntas se referirán a un mismo material. Lea ese material con cuidado y responda luego todas las preguntas.

Trabaje lo más rápido que pueda pero sin ser descuidado. No dedique demasiado tiempo a una pregunta que le resulte difícil de responder. Deje esa pregunta y vuelva a ella más tarde, si todavía tiene tiempo disponible. Trate de responder cada pregunta aunque tenga que adivinar la respuesta.

Marque todas sus respuestas en la hoja de respuestas. Proporcione solo una respuesta para cada pregunta y procure que sus marcas sean bien visibles. Si decide cambiar una de sus respuestas, asegúrese de borrar completamente su respuesta inicial. Asegúrese también de que el número de la pregunta que está respondiendo corresponde con el número de la fila de opciones de respuesta que está marcando en su hoja de respuestas.

Las preguntas 1 a 3 se refieren a la información siguiente.

La babosa marina de color verde esmeralda

La *Elysia chlorotica* es una babosa marina de color verde esmeralda que se encuentra en hábitats de agua salada a lo largo de la costa este de los Estados Unidos. Esta babosa marina, que se muestra en la ilustración, se alimenta extrayendo el citoplasma de unos organismos parecidos a las plantas llamados algas. Algunos orgánulos contenidos en el citoplasma contienen ADN y pigmentos que le dan el color verde esmeralda a la babosa marina. La *Elysia chlorotica* puede almacenar esos orgánulos por meses en unas glándulas digestivas transparentes.

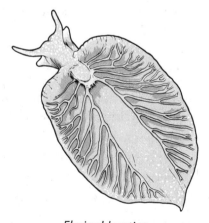

Elysia chlorotica

PASE A LA PÁGINA SIGUIENTE ➡

Copyright © 2016 by Educational Testing Service. All rights reserved.

Los científicos investigaron si las babosas marinas utilizaban esos orgánulos extraídos de las algas para adquirir energía solar. En los experimentos, las babosas marinas expuestas a la luz absorbieron dióxido de carbono y permanecieron sin alimento durante meses. Otro grupo de científicos formuló la hipótesis de que esos resultados obedecían al hecho de que las babosas marinas habían almacenado algunos de los orgánulos para consumirlos posteriormente como alimento. Los dos grupos estuvieron de acuerdo en que si las babosas marinas jóvenes no son expuestas a la presencia de algas dejan de crecer y no pueden sobrevivir.

1. **Un grupo de científicos quiere investigar si los orgánulos que las babosas marinas extraen de las algas están controlados por un mecanismo de retroalimentación. ¿Cuál de las variables siguientes deberían manipular los científicos?**

    A   El tipo de algas

    B   Las especies de babosas marinas

    C   El nivel del oxígeno emitido

    D   El grado de exposición a la luz

2. **Los científicos piensan que la mitosis en las babosas marinas jóvenes ha sido interrumpida, impidiéndoles el crecimiento a aquellas babosas marinas jóvenes que no son expuestas a la presencia de algas. Los científicos quieren construir un modelo de mitosis en las babosas marinas para nuevos estudios. ¿Cuáles estructuras deberían incluir en ese modelo?**

    A   Los cromosomas duplicados

    B   Las grandes vacuolas centrales

    C   Cuatro células haploides

    D   Las paredes celulares

3. **¿Cuál de las preguntas siguientes deberían investigar los científicos para determinar cómo las babosas marinas de color esmeralda controlan la función de los orgánulos?**

    A   ¿Se alimentarán las babosas de otros orgánulos contenidos en las algas?

    B   ¿Pueden las algas marinas utilizar los orgánulos de otros tipos de organismos para producir su propio alimento?

    C   ¿Integran las babosas marinas los genes contenidos en las algas a sus propios cromosomas?

    D   ¿Cómo hacen las babosas marinas para localizar los recursos que necesitan cuando se encuentran en su medio natural?

4. **¿Cuál de las afirmaciones siguientes está respaldada por la evidencia de que ocurre un corrimiento hacia el rojo en el espectro electromagnético?**

    A   El universo se está expandiendo.

    B   El universo se está contrayendo.

    C   Nuevas galaxias se están formando en el universo.

    D   Nuevos agujeros negros se están formando en el universo.

PASE A LA PÁGINA SIGUIENTE ➡

Copyright © 2016 by Educational Testing Service. All rights reserved.

5. **¿Cuál de las afirmaciones siguientes NO describe cómo determinar una característica de una estrella a través de un examen de sus líneas espectrales?**

   A   El examen de la distribución de las líneas espectrales se utiliza para determinar la composición de la estrella

   B   El examen del corrimiento de las líneas espectrales se utiliza para determinar la velocidad de rotación de la estrella

   C   El examen de la cantidad de líneas espectrales de hidrógeno y helio se utiliza para determinar la edad de la estrella

   D   El examen de la cantidad de líneas espectrales se utiliza para determinar la cantidad de planetas que orbitan alrededor de la estrella

El diagrama muestra una parte de la tabla periódica de los elementos.

Parte de la tabla periódica de los elementos

H																	He
Li	Be											B	C	N	O	F	Ne
Na	Mg											Al	Si	P	S	Cl	Ar
K	Ca	Sc	Ti	V	Cr	Mn	Fe	Co	Ni	Cu	Zn	Ga	Ge	As	Se	Br	Kr
Rb	Sr	Y	Zr	Nb	Mo	Tc	Ru	Rh	Pd	Ag	Cd	In	Sn	Sb	Te	I	Xe
Cs	Ba	*	Hf	Ta	W	Re	Os	Ir	Pt	Au	Hg	Tl	Pb	Bi	Po	At	Rn
Fr	Ra	**	Rf	Db	Sg	Bh	Hs	Mt									

*La	Ce	Pr	Nd	Pm	Sm	Eu	Gd	Tb	Dy	Ho	Er	Tm	Yb	Lu
**Ac	Th	Pa	U	Np	Pu	Am	Cm	Bk	Cf	Es	Fm	Md	No	Lr

6. **¿Cuál de los grupos de elementos siguientes contiene electrones de valencia que corresponden al mismo nivel de energía?**

   A   B, Si, As, Te

   B   Ga, As, Se, Kr

   C   H, Li, Na, K

   D   La, Pr, Os, Hg

Copyright © 2016 by Educational Testing Service. All rights reserved.

7. **Las plantas pueden regular la homeostasis abriendo y cerrando sus estomas. ¿Cuál de las investigaciones siguientes determinará mejor los recursos que conservan los estomas?**

   A   La medición del área de superficie de cada hoja de una planta

   B   La medición de la tasa de transpiración de una planta

   C   La medición de la altura de una planta durante cierta cantidad de tiempo

   D   La medición de la cantidad de nutrientes absorbidos del suelo por una planta

8. **Se estima que cada año 20,000 cebras migran a través del desierto de Kalahari en búsqueda de tierras de pastoreo apropiadas. ¿Cuál de los motivos siguientes explica mejor por qué las cebras migran en grandes manadas y no individualmente?**

   A   Aumentar la defensa contra los predadores

   B   Disminuir la resistencia de las moscas negras (mordedoras)

   C   Aumentar la competencia por alimentos

   D   Disminuir las probabilidades de apareamiento

Las preguntas 9 a 11 se refieren a la información siguiente.

Un grupo de alumnos examinó varios tipos de reacciones químicas. El grupo observó la reacción del hidróxido de sodio (NaOH) y el ácido sulfúrico (H_2SO_4). La ecuación muestra la reacción química.

$$H_2SO_4(ac) + 2\,NaOH(ac) \rightarrow 2\,H_2O(l) + Na_2SO_4(ac)$$

El diagrama siguiente muestra una parte de la tabla periódica de los elementos.

Parte de la tabla periódica de los elementos

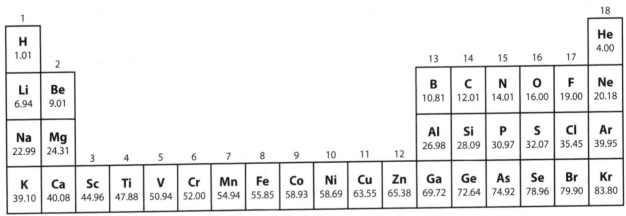

9. **¿Cuál de las afirmaciones siguientes describe mejor el tipo de reacción química observada por el grupo de alumnos?**

   A   Una reacción de descomposición

   B   Una reacción de neutralización

   C   Una reacción de combustión

   D   Una reacción de síntesis

PASE A LA PÁGINA SIGUIENTE ➡

Copyright © 2016 by Educational Testing Service. All rights reserved.

10. **¿Cuántos moles de NaOH serán necesarios para producir 2.4 moles de Na$_2$SO$_4$?**

   A   0.4 moles

   B   1.2 moles

   C   4.4 moles

   D   4.8 moles

11. **¿Qué masa aproximada de NaOH reaccionará completamente para producir 36 g de H$_2$O?**

   A   40 g de NaOH

   B   80 g de NaOH

   C   120 g de NaOH

   D   160 g de NaOH

Las preguntas 12 a 16 se refieren a la información siguiente.

Información de antecedentes

El ecosistema de los manantiales de Comal está ubicado en el centro de Texas. Este ecosistema acuático único proporciona un hábitat adecuado a un amplio rango de plantas y animales, algunos de los cuales no se encuentran en ninguna otra parte del mundo. El ecosistema está compuesto por el río Comal, los manantiales de un acuífero que fluye en el río y la parte del río contenida en el dique conocido como lago Landa.

Algunas actividades de los seres humanos pueden poner en peligro el ecosistema de los manantiales de Comal. El uso recreativo del río puede dañar su vegetación. Las construcciones en la zona pueden provocar polución. Además, la extracción de agua del acuífero que alimenta los manantiales puede reducir la cantidad de agua en el ecosistema. Las especies invasivas también pueden resultar una amenaza para el ecosistema. Una de esas especies es el caracol cuerno de carnero gigante. Este caracol acuático es común en los acuarios de hogar. Algunos caracoles de esta especie fueron liberados al ecosistema en la década de 1980. Desde entonces, la población de caracoles ha aumentado significativamente. El caracol se alimenta de plantas sumergidas, lo que ha reducido la masa de plantas del ecosistema. Algunos peces, incluidos los que pertenecen a la especie en vías de extinción *Etheostoma fonticola*, dependen de esas plantas para su alimentación y refugio.

Los investigadores han realizado estudios para tratar de comprender el impacto ambiental del caracol sobre el ecosistema. En un estudio de campo, los investigadores monitorearon los movimientos verticales diarios que hacen los caracoles sobre las plantas sumergidas. Este patrón de movimiento es conocido como migración vertical. Los investigadores aplicaron los procedimientos siguientes:

Procedimientos para el estudio de campo

   I.   Inspeccionar el río y el lago para identificar tres lugares de muestreo, cada uno de un metro de profundidad.

   II. Capturar 100 caracoles en cada sitio.

   III. Marcar con un rotulador no tóxico y resistente al agua la concha de cada uno de esos caracoles.

PASE A LA PÁGINA SIGUIENTE ➡

Copyright © 2016 by Educational Testing Service. All rights reserved.

IV. Devolver cada caracol al sitio del que se lo extrajo.

V. Esperar tres horas.

VI. Monitorear los movimientos de los caracoles dentro de una zona de cuatro metros cuadrados alrededor de cada sitio. Medir y registrar la distancia de cada uno de los caracoles marcados desde el substrato (barro).

VII. Repetir el paso VI cada dos horas durante 24 horas.

VIII. Calcular la distancia promedio recorrida desde el substrato por todos los caracoles marcados.

Resultados

La gráfica muestra los datos obtenidos en el estudio de campo.

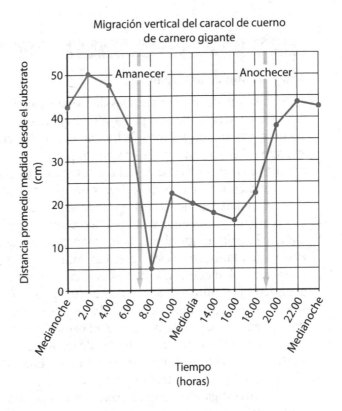

12. La población de caracoles cuerno de carnero gigante aumentó considerablemente después de su inserción inicial en el ecosistema de los manantiales de Comal. Esto significa que, en comparación con los organismos nativos, los caracoles muy probablemente

A tenían más predadores

B producían menor cantidad de crías

C competían con más éxito por los recursos

D eran menos tolerantes a los cambios ambientales

PASE A LA PÁGINA SIGUIENTE ➡

Copyright © 2016 by Educational Testing Service. All rights reserved.

13. El agua que brota de los manantiales de Comal proviene del acuífero Edwards. El agua para uso humano se bombea del acuífero por medio de pozos ubicados a lo largo de toda la región. Durante los períodos de sequía, el bombeo excesivo de agua del acuífero puede reducir la cantidad de agua que brota de los manantiales de Comal. ¿Cuál de las estrategias siguientes contribuirá a reducir la demanda de bombeo de agua del acuífero?

A   La construcción de diques adicionales en el río Comal

B   La limitación de las actividades recreativas en el río Comal

C   El monitoreo de la calidad del agua en los manantiales

D   La imposición de restricciones en el uso domiciliario del agua

Un grupo de investigadores quiere recolectar datos sobre el pez *Etheostoma fonticola* y el caracol cuerno de carnero gigante. Para conducir la investigación, los investigadores modelaron un ecosistema en el laboratorio. Instalaron dos peceras idénticas, cada una de las cuales contenía las mismas tres variedades de plantas que crecen en el ecosistema de manantiales de Comal. Los investigadores colocaron a los peces en una pecera y a los caracoles cuerno de carnero gigante en la otra. La ilustración siguiente muestra la disposición de las peceras.

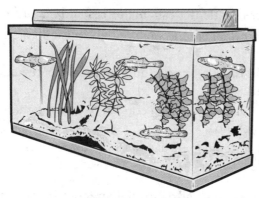
Pez *Etheostoma fonticola*

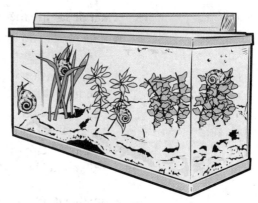
Caracol cuerno de carnero gigante

14. ¿Cuál es la pregunta que probablemente fue diseñada para la investigación?

A   ¿Cómo afecta al comportamiento de los peces *Etheostoma fonticola* la presencia de los caracoles cuerno de carnero gigante?

B   ¿Cómo reaccionan los peces *Etheostoma fonticola* a la reducción de plantas causada por los caracoles cuerno de carnero gigante?

C   ¿Hay alguna especie de plantas que tanto los peces *Etheostoma fonticola* como los caracoles cuerno de carnero gigante prefieran?

D   ¿Existe un tipo de substrato que ayude a la reproducción de los peces *Etheostoma fonticola* y de los caracoles cuerno de carnero gigante?

Los investigadores recolectaron datos sobre la población de peces *Etheostoma fonticola* en el ecosistema de los manantiales de Comal. Cada primavera y otoño desde 2002 hasta 2011, recogieron, contaron y liberaron a los peces. La gráfica siguiente muestra cómo la población de peces *Etheostoma fonticola* varió con el tiempo y entre las estaciones.

PASE A LA PÁGINA SIGUIENTE ➡

Copyright © 2016 by Educational Testing Service. All rights reserved.

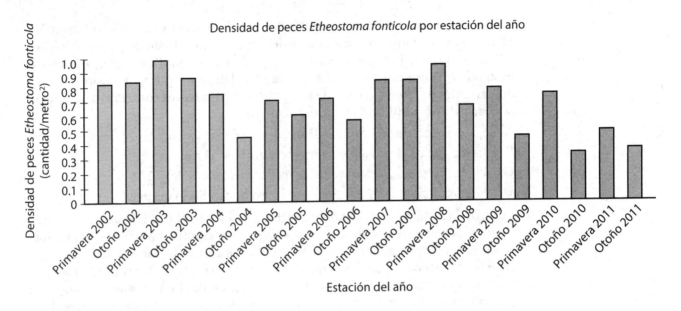

Densidad de peces *Etheostoma fonticola* por estación del año

15. **¿Cuál de las afirmaciones siguientes está mejor respaldada por los datos?**

 A La población de *Etheostoma fonticola* se redujo constantemente durante el período de estudio.

 B La población de *Etheostoma fonticola* aumentaba a medida que disminuía la temperatura del agua.

 C La población de *Etheostoma fonticola* era, por lo general, más numerosa en la primavera que en el otoño.

 D La población de *Etheostoma fonticola* dependía directamente de la cantidad disponible de plantas.

16. **¿Cuál de las acciones siguientes podría probablemente aumentar la población de peces *Etheostoma fonticola* en el lago Landa?**

 A La remoción de los caracoles cuerno de carnero gigante de las plantas del lago

 B La eliminación de las plantas acuáticas de las que se alimentan los caracoles cuerno de carnero gigante

 C La introducción de otro pez que consuma las mismas plantas que los caracoles cuerno de carnero gigante

 D La disminución del nivel del agua del lago para impedir que los caracoles cuerno de carnero gigante se alimenten de las plantas sumergidas

PASE A LA PÁGINA SIGUIENTE ➡

Copyright © 2016 by Educational Testing Service. All rights reserved.

17. ¿Cuál de los modelos siguientes ilustra mejor el proceso por el cual el Sol irradia energía como radiación hacia la Tierra?

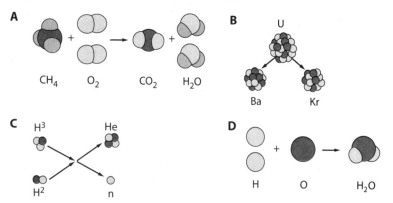

18. ¿Cuál de las actividades siguientes representa una conducta aprendida que aumenta las probabilidades de supervivencia de una población?

    A   Una abeja obrera cuida a la reina de una colmena

    B   Una gansa común (*Anser anser*) pone seis huevos en un nido

    C   Una araña de espalda roja teje una red para atrapar su alimento

    D   Un perrito de la pradera corre a su madriguera cuando escucha una señal de alarma

Un grupo de alumnos utiliza la ley de la gravitación universal de Newton para determinar la fuerza de atracción entre varios objetos. La tabla siguiente muestra los objetos que los alumnos utilizan en su investigación.

Lista de objetos	
Objeto	*Masa (kg)*
Pelota de básquet	0.145
Pelota de béisbol	0.620
Pelota de golf	0.046
Pelota de fútbol	0.450

Esta ecuación representa la ley de gravitación universal de Newton:

$$F = \frac{Gm_1 m_2}{r^2}$$

G es la constante de gravitación universal, y es igual a: $6.67 \times 10^{-11} N \cdot \dfrac{m^2}{kg^2}$; m_1 es la masa del primer objeto; m_2 es la masa del segundo objeto; y r es la distancia que los separa.

19. ¿Cuál par de objetos experimentará una fuerza de atracción menor a una distancia de 0.5 m?

    A   La pelota de básquet y la pelota de golf

    B   La pelota de fútbol y la pelota de básquet

    C   La pelota de béisbol y la pelota de fútbol

    D   La pelota de golf y la pelota de béisbol

PASE A LA PÁGINA SIGUIENTE ➡

Copyright © 2016 by Educational Testing Service. All rights reserved.

20. **¿En qué condiciones recurrirán las células animales a la respiración anaeróbica?**

   A   Cuando las células necesitan cantidades adicionales de trifosfato de adenosina (ATP) una vez que hayan usado todo el oxígeno almacenado

   B   Cuando las células liberan energía almacenada en los alimentos en presencia del oxígeno

   C   Cuando las células necesitan remover ácido láctico del cuerpo debido a un déficit de oxígeno

   D   Cuando las células se vuelven demasiado grandes y necesitan dividirse en ausencia del oxígeno

Un grupo de alumnos estudió la transferencia de energía térmica en un sistema cerrado. La gráfica siguiente muestra los resultados de su investigación.

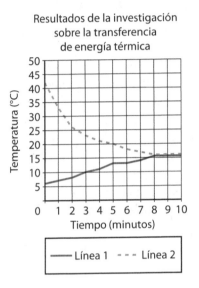

Resultados de la investigación sobre la transferencia de energía térmica

21. **¿Cuál de los métodos de investigación siguientes fue utilizado probablemente por los alumnos?**

A — Cilindro metálico con agua caliente

B — Termómetro, Agitador, Tapa, Tazón con agua

Copyright © 2016 by Educational Testing Service. All rights reserved.

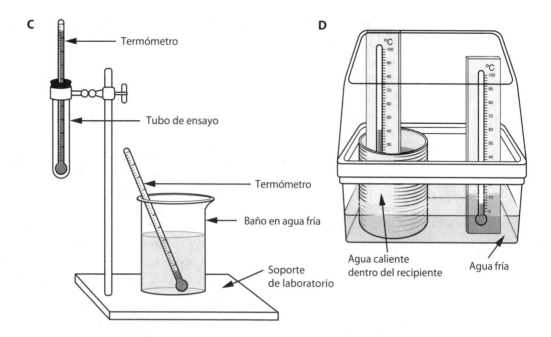

C

Termómetro

Tubo de ensayo

Termómetro

Baño en agua fría

Soporte de laboratorio

D

°C 100 90 80 70 60 50 40 30

°C 100 90 80 70 60 50 40

Agua caliente dentro del recipiente

Agua fría

22. ¿Qué puede determinarse a partir del desarrollo embrionario de los organismos que se muestran en el diagrama?

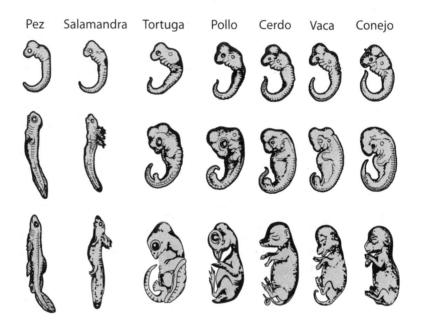

Pez Salamandra Tortuga Pollo Cerdo Vaca Conejo

A   Todos los organismos evolucionaron de un ancestro común
B   Todos los organismos desarrollaron estructuras análogas
C   Todos los organismos ocuparon diferentes nichos ecológicos
D   Todos los organismos compartieron el mismo hábitat

PASE A LA PÁGINA SIGUIENTE ➡

Copyright © 2016 by Educational Testing Service. All rights reserved.

23. **¿Cuál de los métodos siguientes es el mejor para determinar la edad absoluta de la Tierra?**

A   El examen de las rocas provenientes de erupciones volcánicas recientes

B   La medición de la radiactividad en rocas geológicas

C   El análisis de la superposición de las capas de rocas

D   La datación de las rocas sobre la base de los registros de fósiles

Las preguntas 24 y 25 se refieren a la información siguiente.

El monte Pinatubo es un volcán en Filipinas que entró en erupción en 1991. El volcán liberó a la atmósfera una nube con una masa de más de 25 millones de toneladas. La nube volcánica formó un anillo alrededor de la Tierra en menos de un mes, lo que ocasionó una reducción de la temperatura global de 0.5 °C. Los científicos de la NASA dijeron que esta caída de la temperatura global tuvo un gran impacto en el clima mundial. Los datos muestran que las condiciones características del invierno se extendieron dos semanas adicionales entre diciembre de 1992 y febrero de 1993.

24. **¿Qué fue lo que provocó el cambio de temperatura después de la erupción del monte Pinatubo en 1991?**

A   La disminución de las nubes del tipo cúmulo

B   La liberación de grandes cantidades de cenizas

C   La pérdida de bosques por aludes de barro

D   El aumento del dióxido de carbono en la atmósfera

25. **La tabla siguiente muestra el efecto de ciertos compuestos químicos en el clima.**

Compuesto	Efecto sobre el clima
CO_2	Aumenta el efecto invernadero.
H_2O	Atrapa la energía térmica de la Tierra.
SO_2	Refleja la radiación solar.
HCl	Destruye la capa de ozono.

Basándose en la tabla anterior, ¿cuál de los compuestos químicos tuvo más probabilidades de provocar el enfriamiento de la atmósfera de la Tierra después de la erupción del monte Pinatubo?

A CO_2

B H_2O

C SO_2

D   HCl

ALTO

Copyright © 2016 by Educational Testing Service. All rights reserved.

RESPUESTAS Y EXPLICACIONES—CIENCIA

Número de pregunta	Respuesta correcta	Categoría de contenido	Explicación
1	D	Ciencias de la vida	Esta variable es parte del mecanismo de retroalimentación de los orgánulos extraídos por las babosas marinas.
2	A	Ciencias de la vida	Esto sucede durante el proceso de mitosis.
3	C	Ciencias de la vida	El estudio de esta pregunta ayudará a los científicos a determinar si las babosas marinas controlan la función de los orgánulos extraídos de las algas.
4	A	Ciencias de la Tierra y el espacio	Un corrimiento hacia el rojo respalda la idea de que el universo se está expandiendo y proporciona evidencia para la teoría de la Gran explosión (*Big Bang*).
5	D	Ciencias de la Tierra y el espacio	Las líneas espectrales proporcionan información sobre elementos específicos, pero no sobre la cantidad de planetas.
6	B	Ciencias físicas	Estos elementos tienen electrones de valencia que pertenecen al mismo nivel de energía.
7	B	Ciencias de la vida	La transpiración es un mecanismo de retroalimentación controlado por los estomas.
8	A	Ciencias de la vida	La migración en grandes manadas da a las cebras mayor posibilidad de defensa contra los predadores.
9	B	Ciencias físicas	La reacción produce sal y agua, características de una reacción de neutralización.
10	D	Ciencias físicas	$2.4 \times 2 = 4.8$.
11	B	Ciencias físicas	$(36 \text{ g H}_2\text{O} \times 1 \text{ mol H}_2\text{O} \times 2 \text{ mol NaOH} \times 40 \text{ g NaOH})/(18 \text{ g H}_2\text{O} \times 2 \text{ mol H}_2\text{O} \times 1 \text{ mol NaOH})$.
12	C	Ciencias de la vida	El aumento de la población indica que los caracoles cuerno de carnero gigante compiten por los recursos con más éxito que los organismos nativos.
13	D	Ciencias de la vida	La restricción del uso domiciliario del agua reducirá la demanda de bombeo del acuífero.

(*Continúa*)

Copyright © 2016 by Educational Testing Service. All rights reserved.

Número de pregunta	Respuesta correcta	Categoría de contenido	Explicación
14	C	Ciencias de la vida	La investigación descrita está diseñada para responder esta pregunta.
15	C	Ciencias de la vida	Los datos muestran que la población de *Etheostoma fonticola* era más numerosa en la primavera que en el otoño.
16	A	Ciencias de la vida	La remoción de los caracoles cuerno de carnero gigante de las plantas ayudará a aumentar la población de *Etheostoma fonticola* en el lago Landa.
17	C	Ciencias de la Tierra y el espacio	Este modelo muestra una fusión nuclear que proporciona radiación solar a la Tierra.
18	D	Ciencias de la vida	Esta opción describe una actividad en la que un comportamiento adquirido aumenta las probabilidades de supervivencia de una población.
19	D	Ciencias físicas	De acuerdo con la teoría de la gravitación universal de Newton, cuanto más pequeña es la masa de dos objetos, menor será la fuerza de atracción entre ellos. La pelota de golf y la pelota de béisbol tienen las masas más pequeñas de todos los objetos enumerados.
20	A	Ciencias de la vida	Proporciona evidencia del flujo de energía en condiciones anaeróbicas.
21	D	Ciencias físicas	La investigación mide el cambio de temperatura del agua desde dos temperaturas iniciales diferentes hasta que la temperatura final es la misma para ambas.
22	A	Ciencias de la vida	La misma secuencia embrionaria respalda la teoría del ancestro común.
23	B	Ciencias de la Tierra y el espacio	La aplicación de este método a los materiales de la Tierra proporciona información/evidencia para determinar la edad absoluta de la Tierra.
24	B	Ciencias de la Tierra y el espacio	La erupción del monte Pinatubo liberó suficiente cantidad de cenizas a la estratósfera como para impactar y enfriar el clima.
25	C	Ciencias de la Tierra y el espacio	Este compuesto habría reflejado la radiación solar y ocasionado un descenso en la temperatura.

Copyright © 2016 by Educational Testing Service. All rights reserved.

Prueba preliminar del examen *HiSET*
Hoja de respuestas
Artes del Lenguaje—Lectura

	A	B	C	D		A	B	C	D
1					11				
2					12				
3					13				
4					14				
5					15				
6					16				
7					17				
8					18				
9					19				
10					20				

Copyright © 2016 by Educational Testing Service. All rights reserved.

ARTES DEL LENGUAJE—LECTURA

20 preguntas

25 minutos

Instrucciones

En esta prueba, se evalúan algunas de las habilidades requeridas para la comprensión de los materiales de lectura. Los pasajes que se incluyen en esta prueba provienen de una variedad de trabajos publicados, tanto literarios (de ficción) como informativos (de no ficción). Cada pasaje está seguido de una serie de preguntas. Los pasajes comienzan con una introducción que proporciona información que podría serle de utilidad para la lectura. Después de que usted haya leído el pasaje, pase a las preguntas que se encuentran a continuación. Para cada pregunta, elija la mejor respuesta, y luego marque la opción seleccionada en la hoja de respuestas. Usted puede consultar el pasaje todas las veces que lo considere necesario.

Trabaje lo más rápido que pueda pero sin ser descuidado. No dedique demasiado tiempo a una pregunta que le resulte difícil de responder. Deje esa pregunta y vuelva a ella más tarde, si todavía tiene tiempo disponible. Trate de responder cada pregunta aunque tenga que adivinar la respuesta.

Marque todas sus respuestas en la hoja de respuestas. Proporcione solo una respuesta para cada pregunta y procure que sus marcas sean bien visibles. Si decide cambiar una de sus respuestas, asegúrese de borrar completamente su respuesta inicial. Asegúrese también de que el número de la pregunta que está respondiendo corresponde con el número de la fila de opciones de respuesta que está marcando en su hoja de respuestas.

Las preguntas 1 a 11 se refieren al pasaje siguiente.

En el fragmento siguiente, escrito por Saki, una jovencita conversa con un huésped mientras este espera ser presentado a su tía.

La ventana abierta

—Mi tía bajará enseguida, señor Nuttel —dijo con mucho aplomo una señorita de quince años—. Mientras tanto deberá hacer lo posible por soportarme.

Framton Nuttel se esforzó por decir algo que halagara debidamente a la sobrina… *Línea* sin dejar de tomar debidamente en cuenta a la tía, que estaba por llegar. Para sus *5* adentros, dudó más que nunca que esta serie de visitas formales a personas totalmente desconocidas fuera de alguna utilidad para la cura de reposo que supuestamente debía realizar.

"Sé lo que ocurrirá", le había dicho su hermana cuando él se disponía a emigrar a este retiro rural; "te encerrarás ni bien llegues y no hablarás con nadie, y tus nervios se *10* pondrán peor que nunca debido a la depresión. Por eso te daré cartas de presentación para todas las personas que conocí allá. Algunas, por lo que recuerdo, eran bastante simpáticas".

PASE A LA PÁGINA SIGUIENTE ➡

Copyright © 2016 by Educational Testing Service. All rights reserved.

Framton se preguntó si la señora Sappleton, la dama a quien había entregado una de las cartas de presentación, podía ser clasificada entre las simpáticas.

15 —¿Conoce a muchas personas aquí? —preguntó la sobrina, cuando consideró que ya había habido entre ellos suficiente silencio.

—Casi a nadie —dijo Framton—. Mi hermana estuvo aquí… hace unos cuatro años, y me dio cartas de presentación para algunas personas del lugar.

—… Entonces no sabe prácticamente nada acerca de mi tía —prosiguió la aplomada 20 jovencita.

—Solo su nombre y su dirección —admitió el visitante…

—Su gran tragedia ocurrió hace apenas tres años —dijo la niña—; es decir, después de que se fue su hermana.

—¿Su tragedia? —preguntó Framton; de alguna manera, las tragedias parecían algo 25 fuera de lugar en esta apacible campiña.

—Usted se preguntará tal vez por qué dejamos esa ventana abierta de par en par en una tarde de octubre —dijo la sobrina señalando una gran ventana francesa que daba al jardín.

—Hace bastante calor para esta época del año —dijo Framton—; pero ¿qué relación 30 tiene esa ventana con la tragedia?

—Por esa ventana, hace exactamente tres años, su marido y sus dos hermanos menores salieron de caza por el día. Nunca regresaron. Al atravesar el páramo para llegar al terreno donde solían cazar quedaron atrapados en una ciénaga traicionera… Nunca encontraron sus cuerpos… —A esta altura del relato la voz de la niña perdió 35 ese tono seguro y se volvió vacilantemente humana—. Mi pobre tía sigue creyendo que volverán algún día, ellos y el pequeño spaniel que los acompañaba, y que entrarán por la ventana como solían hacerlo. Por tal razón la ventana queda abierta hasta que ya es de noche. Mi pobre y querida tía, cuántas veces me habrá contado cómo salieron, su marido con el impermeable blanco en el brazo, y Ronnie, su hermano menor, 40 cantando como de costumbre "¿Bertie, por qué saltas?", porque sabía que esa canción la irritaba especialmente. Sabe usted, a veces, en tardes tranquilas como las de hoy, tengo la sensación de que todos ellos volverán a entrar por la ventana…

La niña se estremeció. Fue un alivio para Framton que la tía irrumpiera en la habitación entre un remolino de disculpas por haberlo hecho esperar tanto.

45 —Espero que Vera haya sabido entretenerlo —dijo.

—Me ha contado cosas muy interesantes —respondió Framton.

—Espero que no le moleste la ventana abierta —dijo animada la señora Sappleton—, mi marido y mis hermanos están cazando y volverán aquí directamente, y siempre suelen entrar por la ventana. Se fueron hoy a los pantanos. No quiero pensar en el estado 50 en que dejarán mis pobres alfombras después de haber andado cazando por la ciénaga.

Siguió parloteando alegremente acerca… de la escasez de aves y de las perspectivas que había de cazar patos en invierno. Para Framton, todo eso resultaba sencillamente horrible. Hizo un esfuerzo desesperado, pero solo a medias exitoso, de desviar la conversación a un tema menos abominable; era consciente de que su anfitriona no 55 le prestaba toda su atención, y de que sus ojos se extraviaban constantemente en dirección a la ventana abierta y al jardín. Era, por cierto, una infortunada coincidencia venir de visita el día del trágico aniversario.

—Los médicos han estado de acuerdo en ordenarme reposo absoluto. Me han prohibido toda clase de emociones bruscas y de ejercicios físicos violentos —anunció 60 Framton, que abrigaba la ilusión bastante difundida de suponer que personas

PASE A LA PÁGINA SIGUIENTE ➡

96

Copyright © 2016 by Educational Testing Service. All rights reserved.

totalmente desconocidas y relaciones casuales estaban ávidas de conocer los más íntimos detalles de las dolencias y enfermedades de otras personas, su causa y su remedio—. Con respecto a la dieta no se ponen de acuerdo.

—¿No? —dijo la señora Sappleton, ahogando un bostezo a último momento.

65 Súbitamente su expresión revelaba una atención más viva… pero que no estaba dirigida a lo que Framton estaba diciendo.

—¡Por fin llegan! —exclamó—. Justo a tiempo para el té, y parece que se hubieran embarrado hasta los ojos, ¿no es verdad?

Framton se estremeció levemente y se volvió hacia la sobrina con una mirada que

70 intentaba comunicar su compasiva comprensión. La niña tenía puesta la mirada en la ventana abierta y sus ojos brillaban de horror. Presa de un terror desconocido, Framton se volvió en su asiento y miró en la misma dirección.

En el oscuro crepúsculo, tres figuras atravesaban el jardín y avanzaban hacia la ventana; cada una llevaba bajo el brazo una escopeta y una de ellas soportaba la carga

75 adicional de un abrigo blanco puesto sobre los hombros. Los seguía un fatigado spaniel de color pardo. Se acercaron a la casa silenciosamente, y entonces se oyó una voz joven y ronca que cantaba: "¿Dime, Bertie, por qué saltas?".

Framton agarró deprisa su bastón y su sombrero; la puerta de entrada, el sendero de grava y el portón fueron etapas apenas percibidas en su intempestiva retirada. Un ciclista

80 que venía por el camino tuvo que hacerse a un lado para evitar un choque inminente.

—Aquí estamos, querida —dijo el portador del impermeable blanco entrando por la ventana—. Bastante embarrados, pero casi secos. ¿Quién era ese hombre que salió de golpe no bien aparecimos?

—Un hombre rarísimo, un tal señor Nuttel —dijo la señora Sappleton—, no hablaba

85 de otra cosa que de sus enfermedades, y se fue disparado sin despedirse ni pedir disculpas al llegar ustedes. Cualquiera diría que había visto un fantasma.

—Supongo que habrá sido a causa del spaniel —dijo tranquilamente la sobrina—. Me contó que los perros le producían horror. Una vez lo persiguió una jauría hasta un cementerio cerca del Ganges, y tuvo que pasar la noche en una tumba recién cavada,

90 con esas bestias que gruñían… encima de él. Así cualquiera pierde los nervios.

La invención sin previo aviso era una especialidad de la jovencita.

1. **Lea la oración siguiente (líneas 79 y 80).**

   Un ciclista que venía por el camino tuvo que hacerse a un lado para evitar un choque <u>inminente</u>.

   ¿Cuál es el significado de la palabra <u>inminente</u> en el contexto de esta oración?

   A   Dudoso

   B   Peligroso

   C   A punto de suceder

   D   Sorpresivo

2. **¿Qué puede inferir el lector acerca de la hermana de Framton?**

   A   Que interfiere a menudo en la vida de su hermano

   B   Que solo se ocupa de la salud de su hermano

   C   Que su preocupación por la salud de su hermano es infundada

   D   Que su intromisión en las relaciones de su hermano es indeseada

PASE A LA PÁGINA SIGUIENTE ➡

Copyright © 2016 by Educational Testing Service. All rights reserved.

3. **¿Cuál es el propósito implícito de la visita del señor Framton?**

   A   Desea saber más acerca de la señora Sappleton y su sobrina.

   B   Espera poder ocuparse de sus problemas nerviosos.

   C   Planea reunirse con la señora Sappleton usando su carta de presentación.

   D   Intenta reunirse con todos los residentes del lugar.

4. **Lea el fragmento siguiente, que corresponde a las líneas 15 a 20.**

   —¿Conoce a muchas personas aquí? —preguntó la sobrina, cuando consideró que ya había habido entre ellos suficiente silencio.

   —Casi a nadie —dijo Framton—. Mi hermana estuvo aquí… hace unos cuatro años, y me dio cartas de presentación para algunas personas del lugar.

   —… Entonces no sabe prácticamente nada acerca de mi tía —prosiguió la aplomada jovencita.

   El motivo principal de las preguntas de la sobrina es

   A   conocer detalles adicionales sobre el pasado de Framton.

   B   averiguar si ella y Framton tienen amigos en común.

   C   descubrir cuánto sabe Framton sobre su tía.

   D   determinar si ella puede engañar a Framton.

5. **En las líneas 31 a 42, el autor proporciona una detallada descripción de los cazadores a fin de**

   A   presagiar un acontecimiento.

   B   generar una atmósfera melancólica.

   C   desarrollar un tema general.

   D   establecer un tono de desesperanza.

6. **Lea la oración siguiente (líneas 43 y 44).**

   Fue un alivio para Framton que la tía <u>irrumpiera en la habitación entre un remolino de disculpas</u> por haberlo hecho esperar tanto.

   El autor usa el texto subrayado para mostrar que

   A   Framton está impaciente.

   B   Framton está molesto.

   C   la tía es irresponsable.

   D   la tía está distraída.

7. **¿Cuál de los fragmentos del pasaje respalda mejor la idea de que Framton se siente incómodo cuando está con otra gente?**

   A   "Sé lo que ocurrirá", le había dicho su hermana cuando se disponía a emigrar a este retiro rural; "te encerrarás ni bien llegues y no hablarás con nadie…".

   B   "… tus nervios se pondrán peor que nunca debido a la depresión".

   C   Framton se preguntó si la señora Sappleton, la dama a quien había entregado una de las cartas de presentación, podía ser clasificada entre las simpáticas.

   D   —¿Su tragedia? —preguntó Framton; de alguna manera, las tragedias parecían algo fuera de lugar en esta apacible campiña.

PASE A LA PÁGINA SIGUIENTE ➡

Copyright © 2016 by Educational Testing Service. All rights reserved.

8. **Lea las oraciones siguientes (líneas 70 a 72).**

   La niña tenía puesta la mirada en la ventana abierta y sus ojos brillaban de horror. Presa de un terror desconocido, Framton se volvió en su asiento y miró en la misma dirección.

   La elección del autor de las palabras empleadas en estas oraciones afecta el tono del pasaje al crear una sensación de

   A consternación.

   B confusión.

   C pavor.

   D urgencia.

9. **Una diferencia entre Framton y la sobrina es que**

   A Framton es seguro mientras que la sobrina es tímida.

   B Framton es crédulo mientras que la sobrina es astuta.

   C Framton es insensible mientras que la sobrina está preocupada.

   D Framton está relajado mientras que la sobrina está nerviosa.

10. **¿Cuál de las afirmaciones siguientes describe mejor el tono del pasaje?**

    A Las nuevas amistades terminan a menudo en traiciones.

    B Se necesita coraje para enfrentar un conflicto.

    C Para descubrir el espacio interior se necesita soledad.

    D Las percepciones no siempre concuerdan con la realidad.

11. **¿Qué habrán probablemente aprendido los tíos sobre su sobrina?**

    A Que a su sobrina no le gusta entretener a las personas que visitan la casa

    B Que a su sobrina le encanta hacer que otras personas se sientan incómodas

    C Que a su sobrina no le agradan los pasatiempos

    D Que su sobrina se comporta como una niña de menor edad

Las preguntas 12 a 20 se refieren a los pasajes siguientes.

Los dos pasajes siguientes están relacionados. Primero, usted deberá leer un pasaje y responder unas preguntas. Luego, deberá leer el otro pasaje y responder otras preguntas. Finalmente, deberá responder una pregunta relacionada con los dos pasajes.

David H. Onkst escribió este artículo sobre la primera mujer que obtuvo una licencia de vuelo en los Estados Unidos.

Harriet Quimby

Harriet Quimby, periodista de formación, fue la primera aviadora de los Estados Unidos, y una de las mejores aviadoras de todo el mundo. En 1911, se convirtió en la primera mujer que obtuvo una licencia de vuelo en los Estados Unidos y, menos de un

Línea

5 año después, fue la primera aviadora que atravesó el canal de la Mancha en Inglaterra. A pesar de haber vivido solo 37 años, Quimby tuvo un gran impacto en el rol que las mujeres desempeñaban en la aviación; fue una verdadera pionera y contribuyó

PASE A LA PÁGINA SIGUIENTE ➡

Copyright © 2016 by Educational Testing Service. All rights reserved.

a romper con los estereotipos sobre la capacidad de las mujeres durante la primera
década de vuelos. Además, era muy bella y de aspecto distinguido. En un tiempo
en que los otros aviadores, la mayoría de ellos hombres, volaban con ropa común y
10 corriente, Quimby diseñó su propio traje de vuelo, un atuendo de satén color púrpura
con capucha, que usó en todos sus vuelos.

Había nacido el 11 de mayo de 1875 en una familia de granjeros, cerca de
Coldwater, Michigan. Debido a que no se pudieron encontrar registros sobre sus
primeros años, los investigadores no han conseguido reunir mucha información sobre
15 su infancia. En consecuencia, su historia comienza cuando su familia se traslada a
San Francisco en los primeros años de la década de 1900. En esa época, Quimby era
una aspirante a actriz, pero, a pesar de su belleza y aparente talento teatral, decidió
convertirse en periodista y crítica de teatro.

En 1903, se muda a la ciudad de Nueva York y pronto consigue trabajo como
20 colaboradora habitual y fotógrafa en la renombrada revista *Leslie's Illustrated Weekly*.
Durante su carrera con *Leslie's*, que abarcó nueve años, Quimby publicó más de 250
artículos. Escribió sobre los quehaceres domésticos y varias críticas teatrales. Pero
quería escribir sobre temas más excitantes, y pudo realizar su deseo. En 1906, les contó
a los lectores cómo era correr a más de 100 millas por hora en un auto descapotable.
25 Ese artículo reveló su gran interés por las máquinas y la velocidad, algunas de las
cualidades que la atraerían a la aviación.

Quimby empezó a interesarse en la aviación a fines de octubre de 1910, cuando
presenció el torneo internacional de aviación de Belmont Park, en Long Island. Allí se
encontró con John Moisant, un famoso aviador estadounidense, y su hermana Matilde.
30 John y su hermano Alfred dirigían una escuela de vuelo en Long Island. Quimby, que
se había enamorado del vuelo durante su visita al torneo, decidió repentinamente que
quería aprender a volar y le pidió a Alfred que les enseñara a Matilde y a ella. Alfred
accedió.

En un principio, Quimby trató de mantener en secreto sus lecciones de vuelo, pero
35 con el tiempo la prensa descubrió que unas mujeres estaban aprendiendo a volar, y
Matilde y ella se convirtieron en una gran historia (aunque es incierto si fue la prensa
la que "descubrió" la historia o si fue Harriet quien los condujo a ella). Comoquiera
que haya sido el caso, Harriet tomó el asunto en sus propias manos y sacó provecho de
la situación al comenzar una serie de artículos para *Leslie's* sobre sus experiencias en la
40 aviación. El 1 de agosto de 1911, Quimby tomó la prueba de vuelo y se convirtió en la
primera mujer estadounidense que obtuvo una licencia de vuelo.

En marzo de 1912, Quimby viajó a Inglaterra con el propósito de alcanzar su
mayor objetivo como aviadora: ser la primera mujer que atravesara en avión el canal
de la Mancha. Si bien Louis Blériot ya lo había hecho, ninguna mujer había realizado
45 todavía semejante hazaña. Blériot, intrigado por el plan de Quimby, le envió uno
de sus monoplanos —de 50 caballos de fuerza y un solo asiento— para su vuelo. A
excepción de Blériot y algunos pocos, nadie conocía el plan de Quimby. Ella quería
mantenerlo secreto pues temía que otra mujer pudiera adelantársele. También
temía que la gente tratara de impedírselo por los peligros que el vuelo presuponía,
50 especialmente el tiempo impredecible sobre el canal de la Mancha.

El 16 de abril de 1912, Quimby despegó de Dover, Inglaterra, en ruta a Calais, en
Francia. Volando a altitudes que oscilaron entre los 1,000 y 2,000 pies, y luchando
contra un cielo repleto de nubes, Quimby completó el vuelo en 59 minutos, aunque

PASE A LA PÁGINA SIGUIENTE ➡

Copyright © 2016 by Educational Testing Service. All rights reserved.

aterrizara, algo alejada del lugar de destino, sobre una playa en Hardelot, Francia, a 25
55 millas de Calais. Sin embargo, muy poca gente se enteró de su logro debido a la escasa
cobertura periodística que recibió. El *Titanic* se había hundido solo dos días antes y era
la noticia más importante del momento. La noticia sobre el vuelo de Quimby quedó
relegada a la última página.

Después de cruzar el canal, Quimby retornó a Nueva York y volvió a realizar vuelos
60 de exhibición. Pero su carrera terminó tempranamente con una tragedia. El 1 de julio
de 1912, mientras participaba del Tercer Encuentro Anual de Aviación de Boston
en Squantum, Massachusetts, junto a William Willard, el organizador del evento,
su flamante monoplano Blériot, de 70 caballos de fuerza y dos asientos, se precipitó
sorpresivamente de trompa, expulsando a sus dos ocupantes. Los dos se precipitaron a
65 la muerte frente a unos 5,000 horrorizados espectadores.

Se produjo un debate considerable sobre las causas que ocasionaron el accidente.
Como lo hicieron notar Patricia Browne y Giacinta Bradley Koontz, escritoras
especializadas en temas de aviación, existen varias teorías sobre la tragedia. El *Boston
Globe* y el famoso aviador Glenn Martin afirmaron a los pocos días del accidente
70 que la tragedia no habría ocurrido si Quimby y Willard hubieran usado cinturones
de seguridad. Earle Ovington, una de las autoridades del encuentro, argumentó que
algunos de los cables del monoplano se enredaron con el mecanismo de conducción,
haciéndole perder a Quimby el control del avión. Independientemente de la causa, el
resultado sigue siendo el mismo. Quimby, una pionera de la aviación, perdió su vida
75 solo 11 meses después de haber aprendido a volar.

Si bien Quimby no fue una *suffragette*[2], sí fue defensora de muchos temas de
importancia para las mujeres. Durante su carrera como periodista, escribió artículos
sobre la asistencia a los menores y la corrupción política y el vicio en la ciudad
de Nueva York. También presionó para que se expandiera el rol que las mujeres
80 desempeñaban en la aviación. Como lo hizo notar en un artículo exclusivo para
la revista *Good Housekeeping*, que fue publicado después de su muerte: "No existe
razón alguna por la que un aeroplano no pueda proporcionar trabajo productivo a
las mujeres. No veo razón alguna por la que las mujeres no puedan obtener ingresos
respetables por transportar pasajeros entre pueblos adyacentes, por la que no puedan
85 percibir ingresos por la entrega de paquetes, por tomar fotografías aéreas o por dirigir
escuelas de vuelo. Cualquiera de estas cosas son ahora posibles".

Una de las mujeres a las que Quimby inspiró fue Amelia Earhart. Como Earhart
dijera sobre su heroína: "Cruzar el canal de la Mancha en 1912 requería más valor y
destreza que cruzar hoy el océano Atlántico… debemos recordarlo cuando pensemos
90 en el logro de la primera gran aviadora de los Estados Unidos". Para Earhart y otras
mujeres, Quimby fue una pionera que ayudó a romper los estereotipos sobre el rol de
la mujer en la sociedad e hizo posible que ellas pudieran realizar sus sueños.

12. En las líneas 9 y 10, la expresión "común y corriente" significa

    A   sencilla.

    B   de mala calidad.

    C   de estación.

    D   hecha a la medida.

---

[2] *Suffragette*: participante en el movimiento por el sufragio femenino de finales del siglo XIX y principios del siglo XX.

Copyright © 2016 by Educational Testing Service. All rights reserved.

13. **¿Cuál de las generalizaciones siguientes podría hacerse a partir de la información contenida en las líneas 34 a 41?**

    A   La prueba de vuelo que Quimby tomó era difícil comparada con las pruebas actuales.

    B   Los artículos que Quimby escribió sobre aviación resultaron más populares que sus trabajos previos.

    C   Es posible que Quimby haya filtrado a la prensa la historia de sus clases de vuelo.

    D   Quimby y Alfred hicieron todo lo posible para mantener en secreto las clases de vuelo.

14. **En las líneas 42 a 50, el autor incluye información para mostrar que Quimby, probablemente**

    A   necesitaba mantener en secreto sus planes para poder escribir un artículo exclusivo sobre el evento.

    B   apreciaba el hecho de que Louis Blériot le hubiera ofrecido usar su monoplano.

    C   quería ser reconocida como la primera mujer que atravesó el canal de la Mancha en aeroplano.

    D   reconocía que las condiciones climáticas inestables podrían impedirle atravesar el canal.

15. **Lea la cita siguiente, que fue escrita por Jacqueline Cochran, una aviadora estadounidense que estableció varios récords de velocidad y fue presidenta del Servicio de Aviadoras de la Fuerza Aérea (WASP) durante la Segunda Guerra Mundial.**

> No puedo darme por vencida. Si acepto esto [no volar en la carrera de Bendix], a las mujeres se les negará la participación en las carreras por años, tal vez para siempre.
>
> —*Jacqueline Cochran, 1935.*

Basándose en la información sobre Quimby contenida en el pasaje y en la cita de Cochran, las dos aviadoras posiblemente estarían de acuerdo en que las mujeres

    A   deberían haber modificado las reglas de vuelo.

    B   deben trabajar duro para defender su derecho a volar.

    C   deberían aspirar a establecer récords en la aviación.

    D   tienen habilidades para el vuelo superiores a las de los hombres.

PASE A LA PÁGINA SIGUIENTE ➡

Copyright © 2016 by Educational Testing Service. All rights reserved.

16. **¿Cuál de las oraciones siguientes, incluidas en el pasaje, expresa una opinión?**

A   Debido a que no se pudieron encontrar registros sobre sus primeros años, los investigadores no han conseguido reunir mucha información sobre su infancia.

B   Quimby empezó a interesarse en la aviación a fines de octubre de 1910, cuando presenció el torneo internacional de aviación de Belmont Park, en Long Island.

C   Después de cruzar el canal, Quimby retornó a Nueva York y volvió a realizar vuelos de exhibición.

D   Earle Ovington, una de las autoridades del encuentro, argumentó que algunos de los cables del monoplano se enredaron con el mecanismo de conducción, haciéndole perder a Quimby el control del avión.

17. **¿Qué podría predecir el lector que hubiese pasado si Quimby no hubiera muerto a tan temprana edad?**

A   La seguridad en los vuelos se hubiera convertido en el foco de la carrera de Quimby.

B   Quimby hubiera satisfecho su ambición de ser actriz.

C   Se hubiera escrito una biografía sobre los otros logros de Quimby.

D   Quimby hubiera continuado brindando su apoyo a temas vinculados con el progreso de las mujeres.

En este fragmento de un artículo publicado en 1912, Harriet Quimby cuenta la historia de ser la primera aviadora que cruzó el canal de la Mancha en un aeroplano.

La osada hazaña de una joven estadounidense

Entonces, hice todos los arreglos para que me enviaran el monoplano Blériot… muy secretamente al aeródromo de Dover Heights, situado a unas tres millas del canal, una pista de suelo firme desde la que podría hacer un buen despegue. El famoso castillo de *Línea* Dover está ubicado sobre los acantilados, contemplando desde las alturas las aguas del 5 canal. Señala la ruta a Calais.

Me di cuenta en seguida de que solo tenía que subir a mi máquina, fijar mis ojos en el castillo, volar por encima de él y acelerar en dirección a la costa francesa. Parecía tan fácil que semejaba un vuelo a campo traviesa. Estoy contenta de haber pensado así y sentido así, porque si no habría dudado sobre lo apropiado de volar en medio de la 10 niebla y con una brújula sin probar, en una máquina nueva y sin probar, sabiendo que el traicionero mar del Norte estaba dispuesto a recibirme si me apartaba solo cinco millas fuera de mi curso…

Eran las 5:30 de la mañana cuando mi máquina despegó… En un momento me encontré en el aire, ascendiendo sostenidamente en un largo círculo. Había alcanzado 15 los 1,500 pies de altura en 30 segundos. Desde este punto de observación elevado mis ojos se posaron sobre el castillo de Dover… En un instante ya había dejado atrás los acantilados y volaba sobre el canal… Entonces, la densa niebla oscureció el paisaje. Calais desapareció de mi vista… Solo tenía que hacer una cosa, y eso era mantener mis ojos fijos sobre la brújula…

20 La distancia directa que separa Dover de Calais es de solo 22 millas, y yo sabía que podría ver la tierra si volaba por debajo de la niebla. Así que descendí desde una altitud

PASE A LA PÁGINA SIGUIENTE ➡

Copyright © 2016 by Educational Testing Service. All rights reserved.

de aproximadamente 2,000 pies hasta llegar a unos 1,000 pies. La luz del sol me golpeó la cara y mis ojos se iluminaron con las playas blancas y arenosas de Francia. Me sentí

25 contenta… [E]n lugar de destrozar los campos de los agricultores, decidí aterrizar sobre una playa dura y arenosa… Una multitud de pescadores… llegó corriendo de todas partes hasta el lugar donde me había detenido. Los pescadores se felicitaban a ellos mismos porque la primera mujer que cruzó en aeroplano el canal había aterrizado sobre su playa de pesca…

18. **Basándose en la información contenida en las líneas 6 a 12, el lector puede inferir que Quimby**

    A   se concentró más en su capacidad para triunfar que en los posibles peligros.

    B   mostraba una confianza superficial y mantenía ocultos sus temores.

    C   se sentía segura del resultado porque contaba con un equipo probado.

    D   insistió en volar con mal tiempo, revelando así su temeridad.

19. **En las líneas 24 a 28, Quimby hace una descripción de su aterrizaje con el fin de**

    A   señalar el alivio que experimentó al completar el vuelo.

    B   revelar su satisfacción de que otros la felicitaron por su logro.

    C   destacar la importancia de respetar a los habitantes del lugar y el paisaje.

    D   enfatizar el hecho de que otros compartieron un sentimiento de orgullo por su logro.

Utilice los dos pasajes anteriores para responder la pregunta 20.

20. **Todos los detalles siguientes, que aparecen en "Harriet Quimby", están respaldados en "La osada hazaña de una joven estadounidense" <u>excepto</u>**

    A   "ninguna mujer había realizado todavía semejante hazaña".

    B   "luchando contra un cielo repleto de nubes, Quimby completó el vuelo…"

    C   "aunque aterrizara, algo alejada del lugar de destino, sobre una playa…"

    D   "muy poca gente se enteró de su logro…"

Copyright © 2016 by Educational Testing Service. All rights reserved.

RESPUESTAS Y EXPLICACIONES—ARTES DEL LENGUAJE—LECTURA

Número de pregunta	Respuesta correcta	Categoría de contenido	Explicación
1	C	Comprensión	En las líneas 79 y 80, se usa la palabra "inminente" para explicar que el choque estuvo "a punto de suceder" y que solo fue evitado porque el ciclista se hizo a un lado.
2	A	Inferencia e interpretación	El lector puede inferir que la hermana de Framton interfiere a menudo en su vida puesto que ella insiste en que use sus cartas de presentación para reunirse con gente durante su estadía en el pueblo.
3	B	Comprensión	Las líneas 58 a 63 respaldan la idea de que el propósito implícito de la visita de Framton es ocuparse de sus problemas nerviosos.
4	D	Inferencia e interpretación	Tomando en cuenta las acciones posteriores de la sobrina, el lector puede inferir que ella está tratando de averiguar si y cómo puede engañar al visitante.
5	A	Análisis	El autor presagia el regreso de los cazadores con el fin de preparar el momento culminante del relato.
6	D	Inferencia e interpretación	Irrumpir en la habitación entre un "remolino de disculpas" por haber hecho esperar tanto a su visitante indica que la tía está distraída por otras preocupaciones.
7	A	Inferencia e interpretación	El hecho de que la hermana de Framton sospeche de que este no hará vida de relación social sugiere que él se siente incómodo cuando está con otra gente.
8	C	Comprensión	Las expresiones "brillaban de horror" y "terror desconocido" crean una sensación de pavor.
9	B	Síntesis y generalización	Framton es crédulo y cree inmediatamente la historia que le cuenta la sobrina. La sobrina es astuta pues consigue engañar a Framton.
10	D	Análisis	Las percepciones de Framton y del lector resultan muy alejadas de la realidad.
11	B	Síntesis y generalización	El lector puede concluir que los tíos habrán aprendido que su sobrina es bastante dramática y disfruta haciendo que otras personas se sientan incómodas.

(Continúa)

Copyright © 2016 by Educational Testing Service. All rights reserved.

Número de pregunta	Respuesta correcta	Categoría de contenido	Explicación
12	A	Comprensión	En la las líneas 9 y 10, la expresión "común y corriente" se refiere a la vestimenta sencilla de los aviadores en comparación con el colorido y elegante traje que vestía Quimby.
13	C	Síntesis y generalización	La información incluida entre paréntesis (líneas 36 y 37) da a entender que Quimby probablemente haya filtrado la noticia a la prensa.
14	C	Análisis	Quimby quería ser reconocida por haber sido la primera mujer que atravesó el canal en aeroplano, y esa es la razón por la que mantuvo en secreto su plan. No quería que otra mujer se le anticipara.
15	B	Síntesis y generalización	Quimby era inflexible sobre el derecho de las mujeres a la oportunidad de volar. "No existe razón alguna por la que un aeroplano no pueda proporcionar trabajo productivo a las mujeres". Al afirmar "No puedo darme por vencida", Cochran también mostró su apoyo a la participación de la mujer en la aviación.
16	D	Análisis	Todas las opciones representan hechos, con la excepción de la opción D, que describe la opinión de Ovington sobre la causa por la que Quimby perdió el control de su aeroplano.
17	D	Síntesis y generalización	En caso de haber vivido más de 37 años, Quimby probablemente hubiera continuado brindando su apoyo a cuestiones vinculadas con el progreso de las mujeres.
18	A	Inferencia e interpretación	En el párrafo 2, Quimby afirma que en el momento del vuelo ella pensó que todo iba a resultar tan fácil que no imaginó que algo pudiera salir mal.
19	D	Análisis	En el párrafo 4, Quimby explica que "los pescadores se felicitaban a ellos mismos porque la primera mujer que cruzó en aeroplano el canal había aterrizado sobre su playa de pesca".
20	D	Síntesis y generalización	"La osada hazaña de una joven estadounidense" respalda todos los detalles con la excepción de la opción D. El pasaje no discute qué cantidad de personas supieron de su hazaña en los días siguientes.

Copyright © 2016 by Educational Testing Service. All rights reserved.

Prueba preliminar del examen *HiSET*
Hoja de respuestas
Matemáticas

	A	B	C	D
1				
2				
3				
4				
5				
6				
7				
8				
9				
10				
11				
12				
13				

	A	B	C	D
14				
15				
16				
17				
18				
19				
20				
21				
22				
23				
24				
25				

Copyright © 2016 by Educational Testing Service. All rights reserved.

Lista de fórmulas

Perímetro/Circunferencia

Rectángulo

Perímetro = 2(largo) + 2(ancho)

Círculo

Circunferencia = 2π (radio)

Área

Círculo

Área = π (radio)^2

Triángulo

Área = $\frac{1}{2}$ (base)(altura)

Paralelogramo

Área = (base)(altura)

Trapecio

Área = $\frac{1}{2}$ (base$_1$ + base$_2$)(altura)

Volumen

Prisma/Cilindro

Volumen = (área de la base)(altura)

Pirámide/Cono

Volumen = $\frac{1}{3}$ (área de la base)(altura)

Esfera

Volumen = $\frac{4}{3}$ π (radio)^3

Longitud

1 pie = 12 pulgadas

1 yarda = 3 pies

1 milla = 5,280 pies

1 metro = 1,000 milímetros

1 metro = 100 centímetros

1 kilómetro = 1,000 metros

1 milla ≈ 1.6 kilómetros

1 pulgada = 2.54 centímetros

1 pie ≈ 0.3 metro

Capacidad/Volumen

1 taza = 8 onzas fluidas

1 pinta = 2 tazas

1 cuarto = 2 pintas

1 galón = 4 cuartos

1 galón = 231 pulgadas cúbicas

1 litro = 1,000 mililitros

1 litro ≈ 0.264 galón

Peso

1 libra = 16 onzas

1 tonelada = 2,000 libras

1 gramo = 1,000 miligramos

1 kilogramo = 1,000 gramos

1 kilogramo ≈ 2.2 libras

1 onza ≈ 28.3 gramos

Copyright © 2016 by Educational Testing Service. All rights reserved.

MATEMÁTICAS

25 preguntas

45 minutos

Instrucciones

En esta prueba, se evalúan algunas de las habilidades requeridas para la aplicación de conceptos matemáticos y la resolución de problemas. Lea cada una de las preguntas con cuidado y decida luego cuál de las cinco opciones de respuesta es la más apropiada para esa pregunta. A continuación, marque la respuesta elegida sobre la hoja de respuestas. Hay problemas relativamente fáciles de resolver dispersos en toda la prueba. Por consiguiente, no malgaste su tiempo en los problemas demasiado difíciles; siga adelante y, si tiene tiempo, regrese más tarde a ellos.

Trabaje lo más rápido que pueda pero sin ser descuidado. No pierda su tiempo en aquellas preguntas que presenten dificultades; deje esas preguntas para más tarde y regrese a ellas si todavía tiene tiempo disponible. Trate de responder cada pregunta aunque tenga que adivinar la respuesta.

Marque todas sus respuestas en la hoja de respuestas. Proporcione sólo una respuesta para cada pregunta y procure que sus marcas sean bien visibles. Si decide cambiar una de sus respuestas, asegúrese de borrar completamente su respuesta inicial. Asegúrese también de que el número de la pregunta que está respondiendo corresponde con el número de la fila de opciones de respuesta que está marcando en su hoja de respuestas.

1. ¿Cuál de las fracciones siguientes es equivalente a $0.\overline{2}$?

   A $\dfrac{2}{9}$

   B $\dfrac{2}{10}$

   C $\dfrac{2}{99}$

   D $\dfrac{2}{100}$

   E $\dfrac{20}{99}$

PASE A LA PÁGINA SIGUIENTE ➡

Copyright © 2016 by Educational Testing Service. All rights reserved.

2. El diagrama de cajas siguiente representa la cantidad de hojas recolectadas por dos grupos diferentes de alumnos (A y B).

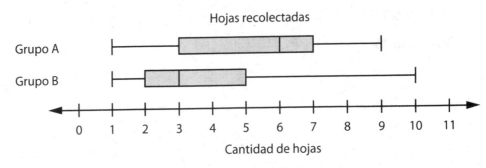

Hojas recolectadas

¿Qué porcentaje de alumnos del grupo A recolectó más hojas que la mediana de hojas recolectadas por los alumnos del grupo B?

A   10%

B   25%

C   50%

D   75%

E   99%

3. Este conjunto de pares ordenados representa los valores de entrada y de salida de una función.

$$\{(1, 7), (-3, 0), (5, 6), (9, 4), (2, 2)\}$$

¿Cuál de los conjuntos de pares ordenados siguientes podría pertenecer a esta función?

A $\{(4, 7), (3, -6), (-1, 5), (0, -3), (-8, 4)\}$

B $\{(3, 1), (-4, -6), (8, 5), (2, -9), (-7, 2)\}$

C $\{(3, 7), (0, -2), (9, 8), (-1, -1), (-6, 5)\}$

D $\{(-8, -2), (4, 9), (6, -7), (3, 0), (2, 5)\}$

E $\{(-6, 2), (5, 1), (-7, -4), (8, -5), (3, 9)\}$

4. Roberto realizó un estudio entre un grupo de alumnos de su escuela sobre el uso diario de la bicicleta para ir a la escuela. Eligió 150 alumnos al azar, y 40 de ellos dijeron que usaban sus bicicletas todos los días. A la escuela concurre un total de 450 alumnos. Basándose en el estudio de Roberto, aproximadamente, ¿cuántos alumnos usan diariamente sus bicicletas para ir a la escuela?

A   112

B   120

C   133

D   190

E   260

PASE A LA PÁGINA SIGUIENTE ➡

Copyright © 2016 by Educational Testing Service. All rights reserved.

5. **¿Cuál de los polinomios siguientes es equivalente a esta expresión?**

$$(2x - 3)(x^2 + x - 5)$$

A $2x^3 - x^2 + 7x - 15$

B $2x^3 - x^2 - 13x + 15$

C $2x^3 - x^2 - 13x - 15$

D $2x^3 - 5x^2 - 7x - 15$

E $2x^3 + 5x^2 + 13x + 15$

6. **Alumnos de la Escuela Secundaria Johnson participaron de un estudio sobre la cantidad de horas que dedicaban al estudio por semana. Los resultados se muestran en el histograma siguiente.**

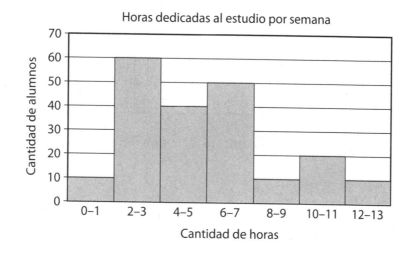

Horas dedicadas al estudio por semana

¿En cuál de los intervalos de la gráfica anterior queda comprendida la mediana de los datos obtenidos?

A 0-1

B 2-3

C 4-5

D 6-7

E 12-13

7. **¿Cuál de los números siguientes es un número irracional?**

A π

B $-\dfrac{5}{6}$

C $\sqrt{81}$

D $-0.\overline{4}$

E 1.34×10^4

Copyright © 2016 by Educational Testing Service. All rights reserved.

8. La gráfica correspondiente a la función $y = \sqrt{16 - x^2 - 6x + 2}$ se muestra a continuación.

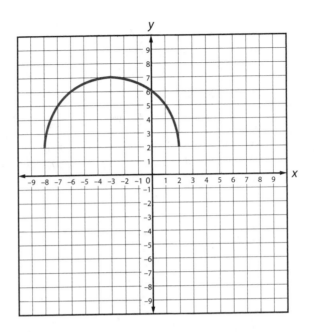

¿Cuál parece ser el dominio de la función representada?

A $2 \leq x \leq 7$

B $2 \leq y \leq 7$

C $-8 \leq x \leq 2$

D $-8 \leq y \leq 2$

E $-10 \leq x \leq 10$

9. Los puntos *M* y *N* aparecen representados en el plano coordenado siguiente.

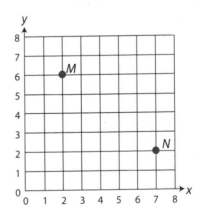

PASE A LA PÁGINA SIGUIENTE ➡

Copyright © 2016 by Educational Testing Service. All rights reserved.

¿Cuál es la distancia, en unidades, entre los puntos *M* y *N*?

A   3

B   5

C $\sqrt{41}$

D $\sqrt{53}$

E $\sqrt{85}$

10. En la figura siguiente, $\overrightarrow{RS} \parallel \overrightarrow{PQ}$ y los puntos *P*, *R* y *T* son colineales.

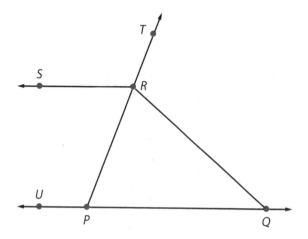

¿Cuál de las afirmaciones siguientes NO siempre es verdadera?

A $m\angle UPR + m\angle SRP = 180$

B $m\angle SRP = m\angle QPR$

C $m\angle SRT = m\angle RPQ + m\angle RQP$

D $m\angle RPU = m\angle PRQ + m\angle RQP$

E $m\angle PRQ + m\angle RQP + m\angle QPR = m\angle SRP + m\angle SRT$

11. La distancia promedio entre la Tierra y el Sol es aproximadamente de 9×10^7 millas. La distancia promedio entre Saturno y el Sol es aproximadamente de 9×10^8 millas. Basándose en estos valores, ¿la distancia promedio entre Saturno y el Sol es cuántas veces la distancia promedio entre la Tierra y el Sol?

A $\dfrac{1}{90}$

B $\dfrac{1}{10}$

C   1

D   10

E   90

PASE A LA PÁGINA SIGUIENTE ➡

Copyright © 2016 by Educational Testing Service. All rights reserved.

12. La gráfica siguiente representa una función.

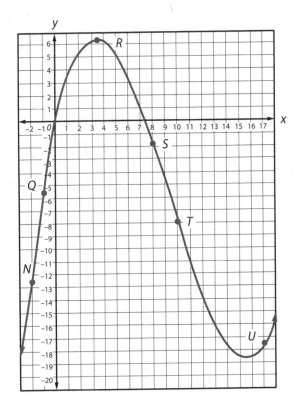

¿Entre cuáles puntos de la gráfica parece que la función es siempre negativa y decreciente?

A   Entre los puntos *N* y *Q*

B   Entre los puntos *Q* y *R*

C   Entre los puntos *R* y *S*

D   Entre los puntos *S* y *T*

E   Entre los puntos *T* y *U*

13. A continuación, se enumeran las masas, en gramos, de 11 manzanas.

70, 72, 75, 77, 82, 83, 83, 90, 92, 94, 95

Una manzana adicional, con una masa de 143 gramos, fue incluida en la lista. ¿Cuáles dos mediciones estadísticas experimentarán el mayor aumento combinado con la inclusión de la masa de la duodécima manzana?

A   La media y el rango

B   La mediana y el rango

C   La media y el rango intercuartil

D   El rango intercuartil y el rango

E   La mediana y el rango intercuartil

PASE A LA PÁGINA SIGUIENTE ➡

Copyright © 2016 by Educational Testing Service. All rights reserved.

14. **En su acuario, Mónica tiene solo estos peces:**

- 4 peces *guppy*
- 2 peces ángel
- 3 peces espada
- 7 peces tetra
- 2 carpas doradas

Mónica tiene planes de seleccionar al azar 2 peces de su acuario para regalárselos a un amigo. ¿Cuál es la probabilidad de que ella seleccione al azar primero un pez tetra y luego una carpa dorada?

A $\dfrac{7}{162}$

B $\dfrac{7}{153}$

C $\dfrac{1}{9}$

D $\dfrac{1}{2}$

E $\dfrac{155}{306}$

15. **Manuel preparó una cesta que contiene bolsitas de regalos para los visitantes a una feria de productos de salud. Demoró 5 minutos en hacer la cesta y 1.5 minutos en la preparación de cada bolsita de regalos. ¿Cuál de las ecuaciones siguientes puede usarse para determinar *t*, la cantidad total de minutos que Manuel empleó para preparar la cesta y las *n* bolsitas de regalo que contiene?**

A $t = 1.5n$

B $t = 5n$

C $t = 6.5n$

D $t = 1.5n + 5$

E $t = 5n + 1.5$

PASE A LA PÁGINA SIGUIENTE ➡

Copyright © 2016 by Educational Testing Service. All rights reserved.

16. Los alumnos de una escuela participaron de un estudio para averiguar cuál de las materias enumeradas en la tabla siguiente era su preferida. Los resultados del estudio se muestran a continuación.

Resultados del estudio

	Grado 9	Grado 10	Grado 11	Grado 12	Total
Inglés	225	240	115	90	670
Matemáticas	225	150	110	162	647
Ciencia	150	120	175	162	607
Estudios Sociales	150	90	100	36	376
Total	750	600	500	450	2,300

Basándose en la información contenida en la tabla, ¿qué porcentaje aproximado de alumnos de Grado 11 y Grado 12 eligió inglés como su materia preferida?

A 9%

B 12%

C 17%

D 22%

E 31%

17. María liberó un globo de gas al aire. La tabla siguiente muestra los valores de a, la altura del globo, en pies desde el terreno, y de t, la cantidad de segundos después de que María lo liberara.

El globo de María

Tiempo, t (en segundos)	Altura, a (en pies)
1	8
3	15
8	32.5

La ecuación de la recta que mejor representa la información contenida en la tabla es $a = 3.5t + 4.5$. Basándose en esta ecuación, ¿cuál era la altura en pies que alcanzó el globo de María cuando $t = 4$ segundos?

A 16

B 16.25

C 18.5

D 20

E 22

PASE A LA PÁGINA SIGUIENTE ➡

Copyright © 2016 by Educational Testing Service. All rights reserved.

18. Los radios de un cono y una esfera miden 9 pulgadas cada uno. El volumen del cono es igual al volumen de la esfera. ¿Cuál es la altura del cono en pulgadas?

    A   6

    B   9

    C   12

    D   36

    E   108

19. ¿Cuál es la ecuación de la recta que pasa por los puntos (10, 15) y es perpendicular a la recta representada por la ecuación $y = -\dfrac{1}{5}x - 3$?

    A $y = -\dfrac{1}{5}x + 13$

    B $y = -\dfrac{1}{5}x + 17$

    C $y = 5x - 32$

    D $y = 5x + 65$

    E $y = 5x - 35$

20. ¿Cuál de las expresiones siguientes es equivalente a $(3g)^{\frac{1}{3}}$?

    A $\sqrt[3]{g}$

    B $\sqrt[3]{g^3}$

    C $\sqrt[3]{3g}$

    D $\sqrt{3g^3}$

    E $\sqrt{(3g)^3}$

PASE A LA PÁGINA SIGUIENTE ➡

Copyright © 2016 by Educational Testing Service. All rights reserved.

21. Teresa planea plantar flores en el área sombreada de su jardín, como se muestra en este modelo.

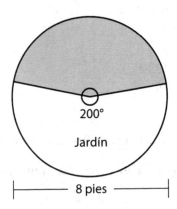

200°

Jardín

├─── 8 pies ───┤

¿Cuál de las cifras siguientes representa con más precisión el área sombreada del modelo en pies cuadrados?

A   22

B   28

C   50

D   80

E   111

22. ¿Cuál de las expresiones siguientes es equivalente a $\sqrt[4]{(4t)^5}$?

A $t^{\frac{4}{5}}$

B $t^{\frac{5}{4}}$

C $4t^{\frac{5}{4}}$

D $(4t)^{\frac{4}{5}}$

E $(4t)^{\frac{5}{4}}$

23. Encuentre el valor de r.

$$\frac{3}{5} + (15r + 2) + r = \frac{5}{3}(3 + 6r) - \frac{19}{5}$$

A $-\dfrac{1}{5}$

B $-\dfrac{2}{5}$

C   0

D   cero soluciones

E   número infinito de soluciones

PASE A LA PÁGINA SIGUIENTE ➡

Copyright © 2016 by Educational Testing Service. All rights reserved.

24. En un plano coordenado, el rectángulo *PQRS* tiene sus vértices ubicados en $P(-5, 8)$, $Q(5, 8)$, $R(5, -8)$ y $S(-5, -8)$. ¿Cuál de las transformaciones siguientes NO mapea *PQRS* sobre sí mismo?

    A   Una reflexión que cruza el eje de x

    B   Una reflexión que cruza el eje de y

    C   Una rotación de 90° en la dirección de las agujas del reloj alrededor del punto de origen

    D   Una rotación de 180° en la dirección de las agujas del reloj alrededor del punto de origen

    E   Una rotación de 360° en la dirección de las agujas del reloj alrededor del punto de origen

25. ¿Cuál de las expresiones siguientes es equivalente a $5^3 \cdot 5^{-6}$?

    A 5^{18}

    B 5^{-18}

    C 25^3

    D 5^3

    E 5^{-3}

ALTO

Copyright © 2016 by Educational Testing Service. All rights reserved.

RESPUESTAS Y EXPLICACIONES—MATEMÁTICAS

Número de pregunta	Respuesta correcta	Categoría de contenido	Explicación
1	A	Números y operaciones numéricas	$\frac{2}{9} = 0.\overline{2}$
2	D	Análisis de datos, probabilidad y estadística	Cada división = 25%; 3 divisiones del grupo A tienen valores superiores al de la mediana del grupo B, es decir, el 75%.
3	A	Conceptos algebraicos	Los pares ordenados no repiten una coordenada de x.
4	B	Análisis de datos, probabilidad y estadística	$\frac{40}{150} = 0.266$; luego, multiplique 0.266 por 450.
5	B	Conceptos algebraicos	$(2x - 3)(x^2 + x - 5) = 2x^3 - x^2 + 13x - 15$.
6	C	Análisis de datos, probabilidad y estadística	La mediana representa el lugar que ocupa la persona número 100, que en la gráfica está situado sobre la barra 4-5.
7	A	Números y operaciones numéricas	π es un número irracional.
8	C	Conceptos algebraicos	El dominio de una función está representado por todos los valores de x, y los valores de x van de -8 a 2.
9	C	Mediciones y geometría	Resultado de $\sqrt{5^2 + 4^2}$.
10	C	Mediciones y geometría	$m\angle SRT = m\angle RPQ + m\angle RQP$ solo cuando $180 = 2m\angle RPQ + m\angle RQP$.
11	D	Números y operaciones numéricas	$(9 \times 10^8) \div (9 \times 10^7) = 10$.
12	D	Conceptos algebraicos	La función es negativa y decreciente entre los puntos S y T.
13	A	Análisis de datos, probabilidad y estadística	Un valor atípico afecta en mayor grado a la media y el rango.

Copyright © 2016 by Educational Testing Service. All rights reserved.

Número de pregunta	Respuesta correcta	Categoría de contenido	Explicación
14	B	Análisis de datos, probabilidad y estadística	Resultado de $\frac{7}{18} \times \frac{2}{17}$ La cantidad total de peces es 18. La probabilidad de seleccionar primero un pez tetra es igual a: $\frac{7}{18}$ (7 peces tetra sobre 18 peces). La probabilidad de seleccionar luego una carpa dorada es igual a: $\frac{2}{17}$ (2 carpas doradas sobre 17 peces). La población total quedó reducida a 17 cuando Mónica seleccionó al pez tetra en su primera elección.
15	D	Conceptos algebraicos	$t = 1.5n + 5$ calcula correctamente el total de minutos.
16	D	Análisis de datos, probabilidad y estadística	$\frac{205}{950} = 0.21578$
17	C	Conceptos algebraicos	La ecuación para el globo de María es $y = 3.5x + 4.5$. Cuando $x = 4$ segundos, y es igual a 18.5 pies. $[y = 3.5(4) + 4.5]$
18	D	Mediciones y geometría	Si $\left(\frac{1}{3}\right)\pi r^2 h = \left(\frac{4}{3}\right)\pi r^3$, y $r = 9$, la altura (h) es igual a 36.
19	E	Mediciones y geometría	El recíproco opuesto de $-\frac{1}{5}$ es 5. Resolviendo la ecuación: $15 = 5(10) + b$ para b. $b = -35$. La ecuación correspondiente es: $y = 5x - 35$.
20	C	Números y operaciones numéricas	$(3g)^{\frac{1}{3}} = \sqrt[3]{3g}$
21	A	Mediciones y geometría	$4^2 \times 3.14 \times \left(\frac{160}{360}\right)$
22	E	Números y operaciones numéricas	$\sqrt[4]{(4t)^5} = (4t)^{\frac{5}{4}}$
23	E	Conceptos algebraicos	La ecuación queda reducida a: $0 = 0$.

(Continúa)

121

Copyright © 2016 by Educational Testing Service. All rights reserved.

Número de pregunta	Respuesta correcta	Categoría de contenido	Explicación
24	C	Mediciones y geometría	Una rotación de 90° en la dirección de las agujas del reloj intercambia los valores de x e y.
25	E	Números y operaciones numéricas	$5^3 \cdot 5^{-6} = 5^{3-6} = 5^{-3}$.

Copyright © 2016 by Educational Testing Service. All rights reserved.

Parte III
Artes del Lenguaje—Escritura

4 La prueba de Artes del Lenguaje—Escritura

La prueba de Artes del Lenguaje—Escritura del examen *HiSET*® está compuesta de dos partes. La primera parte de la prueba (Preguntas de opción múltiple) evalúa su conocimiento de las convenciones y reglas de la lengua española, la facilidad para el lenguaje y la organización de las ideas. Esta parte de la prueba mide su capacidad de revisar y editar oraciones. La segunda parte de la prueba (Pregunta de ensayo) comprende un ensayo escrito que evalúa su capacidad de desarrollar y organizar ideas de acuerdo con las convenciones de la lengua española. Usted dispondrá de 120 minutos para completar la prueba de Artes del Lenguaje—Escritura.

Los capítulos 5 a 8 están dedicados a las Preguntas de opción múltiple de la prueba de Artes del Lenguaje—Escritura. Los capítulos 5 y 6 incluyen las habilidades requeridas para la aplicación de las convenciones de la escritura. El capítulo 7 se refiere a la facilidad para el lenguaje, y en el capítulo 8 se trata la organización de las ideas.

El capítulo 9 está dedicado a la Pregunta de ensayo de la prueba de Artes del Lenguaje—Escritura. Este capítulo analiza las características del ensayo y proporciona ayuda sobre la mejor forma de abordarlo.

Pasos para responder las preguntas

La primera parte contiene solo preguntas de opción múltiple, que incluyen algunas sobre organización de las ideas en un pasaje. En estas preguntas, se le podrá pedir que identifique palabras o frases de transición y las conclusiones, así como también que analice la estructura completa de un párrafo o un pasaje. Para las preguntas de la primera parte referidas a las convenciones y reglas de la lengua española, usted deberá seguir estos seis pasos:

Pasos para responder las preguntas de Artes del Lenguaje—Escritura

Paso 1: Lea la oración.

Paso 2: Compruebe las concordancias.

Paso 3: Compruebe si hay errores en los aspectos mecánicos de la escritura (uso de mayúsculas, signos de puntuación, ortografía).

Paso 4: Revise la estructura de la oración.

Paso 5: Evalúe la elección de las palabras.

Paso 6: Lea todas las opciones de respuesta.

Paso 1: Lea la oración

En las Preguntas de opción múltiple de la prueba de Artes del Lenguaje—Escritura del examen HiSET, usted deberá seleccionar la opción de respuesta que corrige un error, si lo hubiere, en el pasaje. Lea la oración sola y en el contexto del párrafo para determinar cualquier corrección que sea necesaria.

Este paso puede parecer básico, pero mucha gente no lee con detenimiento. Algunos errores pueden parecerle obvios, pero otros pueden estar ocultos y pueden parecer correctos si usted lee demasiado rápido y no está concentrado.

Paso 2: Compruebe las concordancias

Usted deberá comprobar en cada oración la concordancia entre sujeto y verbo, los pronombres y los tiempos verbales.

Concordancia entre sujeto y verbo

Toda oración completa debe tener un sujeto y un verbo. Para identificar el sujeto, deberá preguntarse acerca de quién o de qué trata la oración. Para identificar el verbo, deberá preguntarse qué hizo el sujeto o qué hicieron los sujetos. Recuerde que una oración puede tener más de un sujeto y más de un verbo. Asegúrese de haberlos identificado a todos. El sujeto o los sujetos aparecen, a menudo, al comienzo de la oración, pero pueden encontrarse en cualquier lugar. Si bien casi siempre el verbo sigue al sujeto, también lo puede preceder. Compruebe que cada verbo concuerde con su sujeto.

Como usted sabe, un sujeto en singular requiere un verbo en singular, y un sujeto en plural requiere un verbo en plural. Los nombres o sustantivos colectivos requieren siempre un verbo en singular, y los nombres cuantificadores, cuando van acompañados de un complemento en plural que los modifica, pueden ir indistintamente en singular o plural. Un sujeto simple es aquel en que un solo nombre es el sujeto del verbo. Una manera de determinar si el sujeto y el verbo concuerdan es simplemente leer el sujeto simple con el verbo simple e ignorar el resto de la oración. Por ejemplo, lea la oración siguiente:

El martes, Isabel, quien vive en mi mismo barrio, fue sorprendida por una lluvia torrencial.

Con tantas otras palabras en la oración, es fácil confundir el sujeto y el verbo, y pasar por alto errores de concordancia. Aísle el sujeto simple y el verbo.

Isabel fue

En este caso, tenemos un sujeto en singular y un verbo en singular, es decir, ambos concuerdan.

¿Qué pasa si el sujeto y el verbo no concuerdan? Deberá determinar qué cambios serán necesarios en la oración para corregir el error. No mire todavía las opciones de respuesta. Piense en qué modificaciones introduciría en la oración para solucionar el problema de concordancia. Entonces, cuando mire las opciones de respuesta, podrá ver si su respuesta es una de ellas.

Concordancia de los pronombres

La oración podrá contener o no un pronombre. Si hay un pronombre, determine a qué nombre o nombres reemplaza en la oración. Probablemente, usted deberá revisar la oración anterior en el pasaje o en el mismo párrafo para determinar el antecedente. Asegúrese de que el pronombre concuerde con el antecedente.

Para determinar si el pronombre utilizado es el correcto, deberá primero identificar el antecedente. El pronombre y el antecedente deberán concordar en género y número. Además, la forma del pronombre deberá concordar con la función que desempeñe en la oración (sujeto, complemento con o sin preposición). Por ejemplo, lea la oración siguiente:

Pedro buscó una corbata en el armario de su padre, pero <u>él</u> no encontró <u>las</u> que más le gustaba.

El pronombre *él* reemplaza al antecedente *Pedro* y concuerda correctamente con él en género y número. El pronombre *las,* que reemplaza al antecedente *una corbata*, que está en singular, no concuerda con él en número. Esto es un error.

Si encuentra un error de concordancia con un pronombre, determine qué cambio introduciría para que la concordancia sea correcta. Cuando lea las opciones de respuesta, compruebe si su respuesta figura entre ellas. En el caso de la oración anterior, la respuesta debería decir: *pero él no encontró la que más le gustaba.*

Tiempos verbales

En general, los verbos del párrafo del que se seleccione la oración deberían estar todos en el mismo tiempo verbal. Para saber si el tiempo verbal es el correcto, usted deberá determinar primero si los acontecimientos que se examinan suceden en el pasado, en el presente o en el futuro. Para poder determinarlo, deberá mirar más allá de la oración indicada. El verbo o los verbos de la oración deberán concordar también con el tiempo verbal de los otros verbos del párrafo. Al leer el párrafo, busque claves sobre cuándo sucedieron los acontecimientos. Palabras y frases como *ayer, mañana, ahora mismo, la semana pasada, actualmente, hasta ahora* o *en este momento* sugieren un período de tiempo, y le permitirán saber qué tiempo verbal deberá utilizar.

Si usted determina que el tiempo verbal usado en la oración es incorrecto, piense en cuáles serían los cambios necesarios para corregirlo. Cuando lea las opciones de respuesta, compruebe si su respuesta figura entre ellas.

Paso 3: Compruebe si hay errores en los aspectos mecánicos de la escritura

En el capítulo 6, se explicarán las convenciones y reglas más importantes sobre los aspectos mecánicos de la escritura, que incluyen el uso de mayúsculas, los signos de puntuación y la ortografía. Asegúrese, por ejemplo, de que en la oración todos los nombres propios están escritos con mayúscula inicial. En el caso de los signos de puntuación, compruebe que las comas, los puntos y comas, los dos puntos y las comillas hayan sido usados correctamente. Por último, trate de encontrar palabras con errores de ortografía, especialmente homónimos como *hasta* y *asta,* o *tuvo* y *tubo.*

Si usted determina que existe un error en algún aspecto mecánico de la escritura, piense en cuáles serían los cambios necesarios para corregirlo. Cuando lea las opciones de respuesta, compruebe si su respuesta figura entre ellas.

Paso 4: Revise la estructura de la oración

Después de comprobar si hay errores de concordancia y en algún aspecto mecánico, lo que a menudo es fácil de advertir, repase los elementos que constituyen una estructura de oración correcta. Compruebe si la oración está completa. Los fragmentos de oración y las oraciones mal estructuradas se consideran incorrectos. Asegúrese de que en la oración se use la construcción en paralelo en los casos de enumeraciones o comparaciones. Compruebe la ubicación de las palabras o frases de las cláusulas de modificación. Identifique las palabras o frases de transición y asegúrese de que han sido usadas en forma apropiada. Identifique la falta de palabras o frases de transición, si alguna hiciera falta.

Si usted encuentra que existe algún problema en la estructura de la oración, piense en cuáles serían los cambios necesarios para corregirlo. Luego, mire las opciones de respuesta y vea cuál de ellas representa la mejor corrección.

Paso 5: Evalúe la elección de palabras

Incluso una sola palabra puede establecer la diferencia entre un uso correcto y uno que no lo es. Para evaluar la elección de palabras en una oración, usted deberá revisar el uso de palabras o frases de transición, las redundancias, el uso de adjetivos y adverbios, las construcciones comparativas y superlativas, y los modismos (expresiones idiomáticas). Las palabras o frases de transición son palabras o frases que mejoran la estructura de la oración o establecen relaciones entre las ideas. Algunos pocos ejemplos de palabras o frases de transición incluyen: *por ejemplo*, *por lo tanto*, *por otro lado* y *especialmente*. Redundancia es una repetición o un uso excesivo de una palabra o un concepto, como *descargar la carga*, *volar por el aire* y *silla para sentarse*. Usted probablemente ya sepa qué son los adjetivos y los adverbios, pero asegúrese de que en la oración no los confunda. Los adjetivos modifican a los nombres, los adverbios y otros adjetivos. Los adverbios modifican a un verbo, a un adjetivo o a otro adverbio. En las construcciones comparativas, la comparación se establece entre dos elementos (*más que*, *menos que*, *mejor que*, *peor que*), mientras que en las comparaciones superlativas la comparación incluye a tres o más elementos (*el mayor*, *el menor*, *el mejor*, *el peor*). Los modismos son secuencias de palabras cuyo significado no se deriva del significado de sus componentes. Por ejemplo, *Juan metió la pata* (*se equivocó*). Para repasar los modismos más comunes, revise la lista que figura en el capítulo 5. Si no conoce el modismo que aparece en la oración, trate de descubrir la respuesta correcta entre las opciones de respuesta.

Paso 6: Lea todas las opciones de respuesta

Lea con cuidado cada una de las opciones de respuesta. Vea si la respuesta que tenía pensada figura entre las opciones de respuesta. Si es una de ellas, puede sentirse confiado en su elección. Recuerde que, incluso en el caso de que su corrección aparezca como primera opción de respuesta, usted deberá leer todas las opciones con esmero. La diferencia en una sola letra o en una coma podría convertir su elección en incorrecta. Como en cualquier otra prueba, hay solo una respuesta correcta. Asegúrese de encontrarla.

Después de elegir la respuesta, reemplace con ella el texto de la oración original y lea la oración corregida. ¿Suena bien? Si no, regrese al paso 1 y trate de ver qué fue lo que pasó por alto. Luego, seleccione la mejor respuesta para la oración.

Ejemplos

Las siguientes son preguntas de ejemplo similares a las que usted encontrará en la prueba real de Artes del Lenguaje—Escritura (Preguntas de opción múltiple). Recuerde que deberá leer los párrafos completos. Con el único propósito de práctica, se usarán oraciones aisladas en los dos ejemplos siguientes.

Una vez en la sala de examinación, <u>el alumno deberá elegir, entre los asientos todavía disponibles, los suyos.</u>

1. **¿Cuál de las correcciones siguientes debería hacerse en la oración subrayada?**

   A (*Ningún cambio*)

   B Una vez en la sala de examinación, el alumno deberá elegir, entre los asientos todavía disponibles, el suyo.

   C Una vez en la sala de examinación, el alumno ha elegido, entre los asientos todavía disponibles, los suyos.

   D Una vez en la sala de examinación, el alumno deberá elegir, entre los asientos todavía disponibles, la suya.

Aplique los seis pasos para responder las preguntas.

Paso 1: Lea la oración

Paso 2: Compruebe las concordancias

El sujeto simple es *alumno* y el verbo es *deberá elegir*. El sujeto y el verbo concuerdan en número. El nombre *alumno* es singular, pero el pronombre *los suyos* está en plural, lo que representa un error.

   Revise las opciones de respuesta y elimine aquellas que usen un pronombre incorrecto. El pronombre correcto es *el suyo* porque el nombre al que se refiere (*los asientos*) es masculino. La opción B es la única que hace el reemplazo correcto. Como todas las otras opciones disponibles contienen errores, podemos pasar al paso 6.

   En este ejemplo, usted solo debió llegar hasta la opción B para encontrar la respuesta correcta a la pregunta. Este, por supuesto, no será siempre el caso. Veamos el ejemplo siguiente.

El viernes último, durante la reunión semanal del club, <u>el Presidente Bumguardner eligió dentro de Marisa, Carolina, Laura y Antonia a la que debía presidir el comité de festividades.</u>

2. **¿Cuál de las correcciones siguientes debería ser hecha en la oración subrayada?**

   A (*Ningún cambio*)

   B El viernes último, durante la reunión semanal del club, el presidente Bumguardner eligió dentro de Marisa, Carolina, Laura y Antonia a la que debía presidir el comité de festividades.

   C El viernes último, durante la reunión semanal del club, el Presidente Bumguardner eligió entre Marisa, Carolina, Laura y Antonia a la que debía presidir el comité de festividades.

   D El viernes último, durante la reunión semanal del club, el presidente Bumguardner eligió entre Marisa, Carolina, Laura y Antonia a la que debía presidir el comité de festividades.

Paso 1: Lea la oración

Paso 2: Compruebe las concordancias

El sujeto simple es el *presidente* y el verbo es *eligió*. Ambos concuerdan en número. No hay pronombres en la oración. Compruebe el tiempo verbal. *El viernes último* indica que la acción ocurrió en el pasado, por lo que el tiempo del verbo (*eligió*) es el apropiado.

Paso 3: Compruebe si hay errores en los aspectos mecánicos de la escritura.

En esta oración se utilizan varias comas. Hay una frase introductoria que está correctamente precedida y seguida por comas, y una enumeración cuyos elementos están correctamente separados por comas. No se usan otros signos de puntuación, a excepción del punto al final de la oración. Compruebe el uso de las mayúsculas. En la oración hay muchos nombres propios. Los nombres de las personas deben siempre llevar mayúscula inicial, como sucede en esta oración. Los títulos, cuando van seguidos del nombre de la persona a la cual se aplican, deben ir en minúsculas. Ese no es el caso de *Presidente*, lo que es incorrecto. Elimine todas las oraciones que contienen ese error. Las opciones B y D corrigen este problema, pero como solo puede haber una respuesta correcta, debe haber algún otro problema en la oración. Continúe con la comprobación de errores relativos a los aspectos mecánicos de la escritura. Como no hay errores ortográficos, siga al paso 4.

Paso 4: Revise la estructura de la oración

En este caso, se trata de una oración completa con una cláusula introductoria encerrada entre comas. Las ideas de la oración se expresan con claridad.

Paso 5: Evalúe la elección de palabras

La mayoría de las palabras subrayadas son nombres propios, y todas llevan mayúscula inicial. Hay un adjetivo (*semanal*), que modifica a *reunión* y está usado correctamente. No se usan palabras o frases de transición, ni comparativos o superlativos, ni tampoco hay redundancias. Como las opciones A y C fueron eliminadas en el paso 3, compare las opciones B y D. La única diferencia entre ambas oraciones es la sustitución de *eligió dentro de* por *eligió entre*. La expresión adverbial *dentro de* se refiere a un espacio o a un período de tiempo, mientras que la preposición *entre* se refiere a dos o más cosas o personas. En este caso, la elección es *entre* personas.

Paso 6: Lea todas las opciones. **La mejor respuesta es la opción D**.

5 Convenciones de la escritura: reglas básicas de la lengua española

¿Qué es lo que se evalúa?

Las preguntas sobre las reglas básicas de la lengua española que se incluyen en el examen *HiSET*® evalúan su conocimiento sobre la concordancia entre sujeto y verbo, el tiempo verbal, el uso de pronombres y de los modismos (expresiones idiomáticas). Estas son habilidades que usted usa todos los días, probablemente sin siquiera pensar en ellas. Las preguntas que tratan sobre su conocimiento de las convenciones de la escritura y de la facilidad para el lenguaje constituyen aproximadamente el 55 por ciento de la prueba de Artes del Lenguaje—Escritura. Para responderlas, usted deberá leer primero un pasaje y reconocer los errores que presente una oración particular relacionados con el uso de verbos y pronombres. Luego, deberá seleccionar la opción de respuesta que represente la mejor forma de corregir el error.

Si bien muchas de las habilidades necesarias para esta prueba le resultarán familiares, algunas de las reglas gramaticales podrían presentar alguna dificultad. La respuesta correcta podría no resultar obvia en todos los casos. Recuerde que deberá leer todas las opciones de respuesta para estar seguro de que ha elegido la mejor.

Reglas básicas

Sería conveniente que usted empezara por repasar las reglas gramaticales básicas relacionadas con verbos y pronombres. Tenga presente que el siguiente es solo un repaso breve de algunas reglas básicas y no constituye, en modo alguno, una enumeración exhaustiva de todo lo que usted deberá saber acerca de la lengua española. Si experimentara dificultades con cualquiera de estos temas, deberá revisarlos en profundidad.

Concordancia entre el sujeto y el verbo

Cada oración tiene un sujeto. Ese sujeto es a quién o a qué se refiere la oración. Cada oración tiene también un verbo, que expresa la acción que realiza el sujeto. El sujeto y el verbo deben concordar siempre.

Correcto: Juana fue la primera en llegar.

Incorrecto: Juana partieron poco después.

Observe que el sujeto, *Juana*, está en singular, por lo que la oración requiere que el verbo también esté en singular. Cuando el sujeto esté en plural, se necesitará un verbo en plural.

Correcto: <u>Juana y Javier partieron</u> poco después.

Nombres colectivos y cuantificadores

Los nombres o sustantivos colectivos son nombres que expresan en singular un conjunto o una agrupación de objetos, animales o personas semejantes (constelación, cardumen, muchedumbre). Cuando el verbo se refiera a estos nombres colectivos, deberá ir siempre en singular.

Nombre colectivo: <u>El cardumen de atunes se alejaba</u> del buque pesquero.

Los nombres cuantificadores son aquellos que, siendo singulares, designan una pluralidad de seres de cualquier clase; la clase se especifica mediante un complemento encabezado por *de* cuyo núcleo es, por lo general, un nombre en plural. En los casos en que el nombre cuantificador vaya acompañado de un complemento que lo especifica o modifica, el verbo podrá ir indistintamente en singular o plural.

Nombre cuantificador con complemento: <u>La mayoría de los conductores respeta (respetan)</u> los semáforos.

Sujetos compuestos

Existen también oraciones más complejas, que contienen más de un sujeto, en las que resulta difícil establecer la concordancia correcta entre el sujeto y el verbo. En estas oraciones con sujeto compuesto, la concordancia debe hacerse con el verbo en plural.

El niño y sus padres <u>salieron</u> de paseo.

Si los sujetos representan personas diferentes, el verbo concuerda en plural con aquella persona que tenga prioridad (la primera persona tiene prioridad sobre las otras dos, y la segunda, sobre la tercera).

Julia y yo <u>iremos</u> al cine, así que tú y Luis <u>tendréis</u> que esperar hasta que regresemos.

Si los sujetos compuestos están coordinados por la conjunción copulativa *ni* o por la conjunción disyuntiva *o,* el verbo podrá ir indistintamente en singular o plural. Por lo general, y en este libro, se prefiere el plural.

Ni su amigo ni su novia <u>podrán</u> (<u>podrá</u>) disuadirlo.

El cuidador del perro o su dueño <u>deben</u> (<u>debe</u>) responder por lo ocurrido.

Verbos copulativos

Los verbos copulativos (ser, estar, parecer) nunca llevan un complemento directo, pero sí un atributo, que representa un estado o cualidad del sujeto. Estos verbos concuerdan en número y persona con el sujeto, mientras que los atributos lo hacen en género y número.

Víctor <u>está</u> muy cansado.

Patricia <u>es</u> la dueña de la verdulería de la esquina.

Tiempos verbales

Los tiempos verbales expresan el momento en que se realiza la acción del verbo. Puede tratarse de un momento presente, pasado o futuro. Según la acción haya sido o no completada, los tiempos se dividen, además, en simples (presente, pretérito imperfecto, pretérito perfecto simple —indefinido— y futuro simple) y compuestos (pretérito perfecto compuesto, pretérito pluscuamperfecto, pretérito anterior y futuro compuesto —perfecto—). Las formas compuestas se construyen con el verbo auxiliar *haber*.

Probablemente, usted no tendrá problemas en usar el presente, el pretérito perfecto simple o el futuro, pero los otros tiempos verbales, menos conocidos, también serán evaluados en la prueba.

Presente

El presente (*yo amo*) se utiliza para describir una acción que se está realizando o que se realiza regularmente.

Juan <u>vive</u> en una casa a la vuelta de la esquina.

Victoria <u>toma</u> clases de teatro tres veces a la semana.

Pretérito imperfecto

El pretérito imperfecto (*yo amaba*) se utiliza para describir una acción que se realizaba en el pasado simultáneamente con otra acción pasada.

Cuando era pequeña, Carla <u>iba</u> mucho a la playa.

Pretérito perfecto simple (indefinido)

El pretérito perfecto simple —indefinido— (*yo amé*) se utiliza para describir una acción del verbo completada en el pasado.

Florencia <u>aprendió</u> a andar en bicicleta a los doce años.

Futuro simple

El futuro (*yo amaré*) se utiliza para describir una acción que se realizará en el futuro.

El jueves próximo, Pedro y Beatriz <u>emprenderán</u> el regreso.

Pretérito perfecto compuesto

El pretérito perfecto compuesto (*yo he amado*) se utiliza para describir acciones del pasado inmediato que prolongan su influencia hasta el presente.

Esta noche <u>he dormido</u> mal y me duele un poco la cabeza.

Pretérito pluscuamperfecto

El pretérito pluscuamperfecto (*yo había amado*) se utiliza para describir una acción pasada ocurrida con anterioridad a otra acción también pasada, es decir, con anterioridad a otro tiempo pretérito.

Cuando volví a la casa, Laura ya se <u>había quedado</u> dormida.

Pretérito anterior

El pretérito anterior (*yo hube amado*) se utiliza para describir una acción pasada inmediatamente anterior a otra acción también pasada. En la actualidad, solo se utiliza en textos escritos.

Tan pronto como <u>hubo terminado</u> con su tarea, Mariana salió a jugar con sus amigos.

Futuro compuesto (perfecto)

El futuro compuesto —perfecto— (*yo habré amado*) se utiliza para describir una acción que ocurrirá en el futuro, pero con anterioridad a otra acción futura. Expresa conjetura o probabilidad.

Julieta ya <u>habrá salido</u> cuando nosotros lleguemos.

Pronombres

Un pronombre es una palabra que sustituye a un nombre (sustantivo), llamado antecedente. Concuerda con su antecedente en género y número.

<u>Andrés</u> planea estudiar biología porque a <u>él</u> siempre le gustó la ciencia.

En esta oración, *él* es el pronombre y *Andrés* es el antecedente.

Número

Los pronombres en singular reemplazan a antecedentes que están en singular, y los pronombres en plural reemplazan a antecedentes que están en plural.

Los <u>libros</u> que están sobre el escritorio son los <u>tuyos</u>.

Género

Los pronombres deben concordar también en género con el antecedente.

<u>Guadalupe</u> fue promovida al cargo de supervisora porque <u>ella</u> era muy trabajadora y eficiente.

Puesto que Guadalupe es un nombre de mujer, el pronombre deberá ser de género femenino.

Caso

Se denomina caso a cada una de las distintas formas que adopta un pronombre según su función en la oración. En la lengua española, solo los pronombres personales varían según la función que desempeñan en la oración (sujeto, complemento sin preposición y complemento con preposición).

Sujeto: *<u>Él</u> asistió a la conferencia.*

Complemento sin preposición: *Susana <u>lo</u> vio primero.*

Complemento con preposición: *Cuando llegó la policía, Mariano estaba fuera <u>de sí</u>.*

Pronombres indefinidos

La mayoría de los pronombres reemplaza a un nombre específico. Los pronombres indefinidos no se refieren a un nombre específico y expresan cantidad, identidad u otra noción de manera imprecisa o indeterminada. Los pronombres indefinidos pueden usarse en singular (algo, alguien, alguno, alguna, mucho, mucha, nada, nadie, ninguno, ninguna, otro, otra, poco, poca, uno, una) o en plural (algunos, algunas, muchos, muchas, otros, otras, pocos, pocas, unos, unas).

Algunos le dijeron que el vestido no le quedaba bien.

Unos iban de compras y *otros,* al trabajo.

Nadie ni *nada* impedirán que presentemos la denuncia.

Pronombres personales

Todos los pronombres personales concuerdan en persona, género y número con el nombre al que se refieren, y cambian de forma (caso) según la función que desempeñen.

Incorrecto: La profesora les dijo a sus alumnos que *ella* debían terminar la tarea antes de salir al recreo.

Ella concuerda en género y número con *la profesora*, pero debería hacerlo con *los alumnos*.

Correcto: La profesora les dijo a sus alumnos que *ellos* debían terminar la tarea antes de salir al recreo.

Modismos

Un modismo es una expresión fija o frase hecha cuyo significado no se deduce del significado de las palabras que la componen. Se trata de una convención lingüística que permite condensar una idea en pocas palabras y transmitir dicho concepto. A continuación, se presentan algunos ejemplos de modismos con sus respectivos significados.

Modismo	*Significado*
A duras penas	Con mucha dificultad.
A fin de cuentas	Resumiendo, en conclusión.
A la buena de Dios	De manera improvisada.
Al pan, pan y al vino, vino	Decir las cosas tal como son.
A otro perro con ese hueso	No creer una mentira o engaño, no aceptar una excusa.
Bajar la guardia	Despreocuparse, relajarse, no prestar atención.
Cada dos por tres	Con mucha frecuencia.
Caer por su propio peso	Evidente, obvio.
Coser y cantar	Muy fácil.
Costar un ojo de la cara	Algo que cuesta mucho dinero o esfuerzo.

Dar en el clavo	Acertar.
De tal palo, tal astilla	Así como son los padres, así serán los hijos.
Echarle leña al fuego	Agrandar o hacer crecer un tema conflictivo o problemático.
En casa de herrero, cuchillo de palo	Las cosas no son como se esperan o como deberían ser.
Faltar un tornillo	Estar loco, tener ideas descabelladas.
Hablar por los codos	Hablar muchísimo.
Hacer leña del árbol caído	Atacar a alguien que es débil o que ha sido víctima de una desgracia.
Ir al grano	Centrarse en lo básico y esencial.
La gota que colmó el vaso	Agotar la paciencia de alguien.
Llegar y besar el santo	Tener suerte desde un principio.
Más vale tarde que nunca	Es mejor hacer las cosas tarde que no hacerlas nunca.
Mucho ruido y pocas nueces	Hacer mucho alboroto sin ningún resultado real o positivo.
No es oro todo lo que reluce	Las cosas no son siempre como parecen.
Pedirle peras al olmo	Pedir algo imposible, algo que no es natural.
Rizar el rizo	Complicar las cosas más de lo necesario.
Romper el hielo	Poner fin a una situación tensa.
Se me ha ido el santo al cielo	Olvidarse de algo que tenía que hacer o decir.
Ser como un libro abierto	Mostrarse tal como uno es, sin esconder nada.
Ser un pedazo de pan	Ser una persona muy buena.
Ser uña y carne	Ser inseparable.
Tener la sartén por el mango	Tener el poder.

Ejemplos

Las siguientes son dos preguntas de ejemplo similares a las que usted encontrará en la prueba real. Recuerde que en ella deberá leer pasajes que contienen varios párrafos. Con el único propósito de práctica, se usará solo un párrafo para este ejemplo.

Párrafo 1. Nuestro consultorio odontológico <u>ha decidido</u> ampliar sus servicios y
necesitará contratar nuevos empleados. Desde el lunes pasado, <u>la administración</u>
<u>ha comenzado a recibir solicitudes de empleo por las posiciones de recepcionista y</u>
<u>de empleado de tareas generales</u>, que deberán ser cubiertas antes de fin de mes.

1. **¿Cuál de las correcciones siguientes deberá ser introducida en la primera oración?**
   A (*Ningún cambio*)
   B decide
   C decidirá
   D había decidido

Explicación

Primero, lea la oración. En esta oración, la parte subrayada corresponde solo al verbo, lo que limita la lista de cosas por comprobar. Luego, compruebe la concordancia. Como no se usan pronombres en la oración, lo único que deberá comprobar es la concordancia entre sujeto y verbo, y el tiempo verbal. El sujeto *consultorio* está en singular y concuerda en número con el verbo *ha decidido*. Como la segunda oración del párrafo comienza con la cláusula *Desde el lunes pasado*, el tiempo verbal utilizado deberá ser el pretérito perfecto (compuesto), porque describe una acción que comenzó en el pasado, pero continúa en el presente. Entonces, el tiempo verbal es también el correcto. No hay aspectos mecánicos de la escritura presentes en la parte subrayada, así que puede seguir al paso 4 y comprobar la estructura de la oración. El verbo sigue al sujeto, no hay modificadores subrayados y el verbo *ha decidido* está en paralelo con el verbo de la segunda oración, *ha comenzado*. Tampoco hay aquí problemas. La evaluación del uso de palabras es también muy fácil, pues se trata solo de las dos palabras subrayadas, que constituyen el verbo. Siga al paso 6 y lea cada una de las opciones de respuesta. La versión original de la oración no contiene errores, pero sí las otras opciones, cuyos tiempos verbales no son correctos. **La mejor respuesta es la opción A.**

2. **¿Cuál de las correcciones siguientes deberá ser introducida en la segunda oración?**

    A   (*Ningún cambio*)

    B   la administración comienza a recibir solicitudes de empleo por las posiciones de recepcionista y de empleado de tareas generales

    C   la administración ha comenzado a recibir solicitudes de empleo para las posiciones de recepcionista y de empleado de tareas generales

    D   la administración comenzará a recibir solicitudes de empleo para las posiciones de recepcionista y de empleado de tareas generales

Explicación

Primero, lea la oración. A diferencia del primer ejemplo, en este caso, la mayor parte de la oración ha sido subrayada. Compruebe las concordancias. Como no se usan pronombres en la oración, lo único que deberá comprobar es la concordancia entre sujeto y verbo, y el tiempo verbal. El sujeto *la administración* está en singular y concuerda con el verbo *ha comenzado*. Como la segunda oración del párrafo comienza con la cláusula *Desde el lunes pasado*, el tiempo verbal utilizado deberá ser el pretérito perfecto (compuesto), porque describe una acción que comenzó en el pasado, pero continúa en el presente. Entonces, el tiempo verbal es también el correcto. Compruebe si hay errores en los aspectos mecánicos de la escritura. No hay problemas de uso de mayúsculas ni de signos de puntuación en la parte subrayada. Compruebe la estructura de la oración. Todos los modificadores siguen a los nombres que modifican, y no parece que haya ningún problema con la estructura. La evaluación del uso de palabras es el próximo paso. Si usted no encuentra nada que le llame la atención, puede que le resulte más fácil evaluar el uso de palabras comparando las opciones de respuesta. Siga al paso 6 y lea cada una de las opciones de respuesta. Dos opciones, incluida la versión original, dicen *solicitudes de empleo <u>por</u> las posiciones de recepcionista y de empleado de tareas generales*, mientras que las otras dos dicen *solicitudes de empleo <u>para</u> las posiciones de recepcionista y de empleado de tareas generales*. Hay una diferencia en el uso de las preposiciones, y la preposición correcta en este caso es *para*. Elimine, entonces, las opciones A y B. La opción D reemplaza el tiempo verbal correcto (pretérito perfecto) por un tiempo verbal incorrecto (futuro imperfecto —simple—). Elimine también la opción D. **La mejor respuesta es la opción C.**

EJERCICIOS SOBRE REGLAS BÁSICAS DE LA LENGUA ESPAÑOLA

Elija la mejor respuesta para cada una de las preguntas siguientes.

Las preguntas 1 a 15 se refieren al pasaje siguiente.

1. Departamento de Servicios
   Contables Harbor View
   3719 West Lakeside Lane
   Chicago, IL 60610
   2 de abril de 2012
   Estimada Srta. Lopart:

2. Hemos revisado su reciente solicitud de empleo y nos gustaría discutir más a fondo con usted las oportunidades que ofrece nuestra empresa. Creemos que usted está muy bien calificada para la posición de representante del Servicio de Atención al Cliente, <u>la cual estaba actualmente disponible</u>.
   1

   1
   A (*Ningún cambio*)
   B actualmente disponible
   C que estaba actualmente disponible
   D que está actualmente disponible

   <u>Cada uno de los empleados que ocupan esta posición trabajan</u> a
   2
   tiempo completo. El Sr. Wong es el supervisor de este departamento.

   2
   A (*Ningún cambio*)
   B Cualquiera de los empleados que ocupan esta posición trabajan
   C Cada uno de los empleados que ocupan esta posición trabaja
   D Cualquiera de los empleados que ocupan su posición trabajan

Los <u>empleados y ella han establecido</u>
3
una sólida relación laboral.

3

A (*Ningún cambio*)

B empleados y ellos han establecido

C empleados y él han establecido

D empleados y él ha establecido

<u>Muy raras veces, los empleados del</u>
4
<u>departamento tiene problemas.</u>
4

4

A (*Ningún cambio*)

B Muy raras veces, los empleados
del departamento tienen
problemas.

C A menudo, los empleados del
departamento tienen problemas.

D Muy raras veces, el empleado del
departamento tienen problemas.

Los <u>empleados y el Sr. Wong</u>
5
<u>demuestra una actitud positiva,</u>
5
<u>lo que crea</u> un agradable clima de
5
trabajo.

5

A (*Ningún cambio*)

B empleados y él demuestra una
actitud positiva, lo que crea

C empleados y el Sr. Wong
demuestran una actitud positiva,
lo que crean

D empleados y el Sr. Wong
demuestran una actitud positiva,
lo que crea

3. <u>El Departamento de Servicios</u>
6
<u>Contables de Harbor View están</u>
6
<u>contentos</u>
6

6

A (*Ningún cambio*)

B El Departamento de Servicios
Contables de Harbor View estaban
contentos

C El Departamento de Servicios
Contables de Harbor View está
contento

D El Departamento de Servicios
Contables de Harbor View estaba
contentos

PASE A LA PÁGINA SIGUIENTE ➡

de poder ofrecer un paquete de
₇
beneficios amplios a nuestros
₇
empleados. Seguro de salud,
₇
servicios odontológicos y

servicios oftalmológicos son

provistos a cada empleado y su
₈
familia.
₈

Distintas coberturas de discapacidad,

para períodos cortos y largos,

están también disponibles y serán
₉
opciones populares desde que fueron
₉
añadidas a la oferta de beneficios.
₉

Cualquiera de estos beneficios

se activan a partir del momento de
₁₀
su contratación. La elección de los

beneficios

7

A (*Ningún cambio*)

B de poder ofrecer un paquete de beneficios amplios a sus empleados

C de poder ofrecer un paquete de beneficio amplio a sus empleados

D de poder ofrecer un paquete de beneficios amplios a vuestros empleados

8

A (*Ningún cambio*)

B a cada empleado y sus familias

C para cada empleado y su familia

D para los empleados y su familia

9

A (*Ningún cambio*)

B están también disponibles y son opciones populares desde que fueron añadidas

C está también disponible y fue una opción popular desde que fueron añadidas

D están también disponibles y han sido opciones populares desde que fueron añadidas

10

A (*Ningún cambio*)

B se activa

C comenzó

D comenzaron

que mejor satisfagan <u>las necesidades de su familia es importante</u>. Un
₁₁
representante de la Oficina de Recursos Humanos estará a su disposición para explicarle en detalle todos los beneficios disponibles.

4. Los representantes del Servicio de Atención al Cliente de Harbor View <u>trabaja cinco días a la semana</u> y
₁₂
tienen los fines de semana libres.

Esperamos que todos <u>sus empleados</u>
₁₃
lleguen a la oficina sin demora a las 8:00 horas y que trabajen hasta las 17:00 horas, con una hora de pausa para el almuerzo al mediodía. <u>Cualquiera que necesiten</u> modificar
₁₄
este horario debido a citas o emergencias podrán hacerlo ocasionalmente.

11
A (*Ningún cambio*)
B las necesidades de su familia son importantes
C la necesidad de su familia es importante
D la necesidad de su familia son importantes

12
A (*Ningún cambio*)
B trabajan cinco días a la semana
C trabajaron cinco días a la semana
D trabajan cinco días una semana

13
A (*Ningún cambio*)
B tus empleados
C nuestros empleados
D vuestros empleados

14
A (*Ningún cambio*)
B Cualquiera que necesita
C Cualquiera que necesitaría
D Los empleados que necesiten

PASE A LA PÁGINA SIGUIENTE ➡

5. A la espera de poder discutir

con usted todos los detalles de

la posición de representante del

Servicio de Atención al Cliente,

La saluda atentamente

Wilma Harrington

15 **Si se agregara una línea antes de la firma, ¿cuál de las opciones siguientes sería la correcta?**

A Apreciamos mucho su interés por trabajar en nuestra empresa.

B Además, ofrecemos dos semanas de vacaciones por año.

C ¡Nos vemos pronto!

D El Sr. Wong no estará en su oficina el jueves.

Véanse las respuestas en la página 747.

6 Convenciones de la escritura: aspectos mecánicos

¿Qué es lo que se evalúa?

Las preguntas sobre los aspectos mecánicos de la escritura que se incluyen en el examen *HiSET®* evalúan su conocimiento sobre el uso de mayúsculas, los signos de puntuación y la ortografía. En la prueba de Artes del Lenguaje—Escritura, usted deberá usar ese conocimiento para revisar y editar oraciones. En la Pregunta de ensayo, usted deberá aplicar correctamente estos aspectos mecánicos a la redacción. En este capítulo, se repasarán las reglas sobre el uso de las mayúsculas y se mostrará cómo usar correctamente los signos de puntuación. En los ejercicios, se incluyen algunos errores de ortografía.

Uso de las mayúsculas

Probablemente, usted ya sepa que el nombre de una persona se escribe con mayúscula inicial y que en toda oración la primera palabra se escribe también con mayúscula inicial; sin embargo, hay muchas otras reglas sobre el uso de las mayúsculas. Si bien algunas son bastante simples y usted hasta podría aplicarlas diariamente sin siquiera pensar en ellas, otras podrían confundir hasta a un usuario experimentado de la lengua española.

Nombres propios

Los nombres propios designan a personas, lugares o cosas específicas. Aunque usted no debe usar mayúscula inicial para un nombre común, como *perro*, sí deberá hacerlo en el caso del nombre propio de un perro específico, *Fido*.

La empleada más nueva del departamento, Elena, ocupará la oficina del rincón.

Nosotros hemos vivido en diferentes estados, incluidos Illinois, Pensilvania y Georgia.

Mientras asistíamos a Escuela Superior de Webster, en Washington, visitamos el Monumento a Lincoln, al igual que otros monumentos, durante un viaje de estudios.

Observe que los nombres comunes como *empleada*, *estados*, *monumentos* y *viaje* no llevan mayúscula inicial, pero sí aquellos que se refieren a personas, lugares y cosas específicas.

Tratamientos y títulos nobiliarios

Los tratamientos, títulos nobiliarios, cargos, empleos y dignidades son, en español, nombres comunes y se escriben en minúsculas.

> *Los alumnos dejaron de conversar cuando el profesor Hanks entró en el aula.*

> *El presidente Lincoln sobrevivió a una tentativa de asesinato en Baltimore.*

> *El rey George V heredó el trono en un momento políticamente turbulento.*

Sin embargo, cuando estos tratamientos y títulos se usan en el texto de documentos históricos, leyes, decretos y otros documentos oficiales, o cuando se usan como el equivalente de un nombre propio, llevan mayúscula inicial (*el Rey, el Papa, el Presidente*).

Títulos de trabajos escritos y de otras obras de arte

Los títulos de libros, películas, cuadros, esculturas, piezas musicales, programas de radio o televisión, ponencias, conferencias, etc., llevan mayúscula inicial solo en su primera palabra.

> *Las cuatro estaciones, Cien años de soledad, El ciudadano*

Sin embargo, se escriben con mayúscula todas las palabras de los nombres de publicaciones periódicas o de una colección.

> *El Mercurio, Nueva Revista de Filología Hispánica, Biblioteca Románica Hispánica*

Nombres de organizaciones e instituciones

Los nombres de organizaciones, instituciones, entidades, departamentos y divisiones administrativas, partidos políticos, edificios públicos, clubes, etc., llevan mayúscula inicial en todas sus palabras significativas.

> *Departamento de Estado, la Casa Blanca, Servicio de Publicaciones, Universidad del Estado de California, Facultad de Ingeniería*

Nombres históricos

Los nombres de épocas y edades históricas, los períodos geológicos y los acontecimientos históricos más importantes llevan mayúscula inicial en todas sus palabras significativas.

> *el Cuaternario, la Gran Depresión, la Reforma, la Segunda Guerra Mundial, la Edad Media*

Todos los adjetivos que forman parte del nombre de un imperio van en minúsculas (*Imperio romano, Imperio bizantino*), pero todas las palabras significativas que forman parte del nombre de una revolución llevan mayúscula inicial (*Revolución Industrial, Revolución Cultural*), salvo en los casos en que el adjetivo sea de nacionalidad (*Revolución rusa, Revolución francesa*).

En el caso de nombres de guerras y batallas, se escriben con minúscula las palabras guerra y batalla (*guerra de la Independencia, batalla de las Termópilas, guerra de los Cien Años, guerra de Secesión*), salvo Primera Guerra Mundial y Segunda Guerra Mundial.

Nombres geográficos

Los puntos cardinales (*norte*, *sur*, *oeste*, *este*) no llevan mayúscula inicial, salvo cuando formen parte de un nombre propio (*Corea del Norte*). Las líneas imaginarias que dividen la corteza terrestre se escriben también en minúsculas (*ecuador*, *trópico*, *paralelo*).

Los nombres propios geográficos (continentes, países, ciudades, pueblos, mares, ríos, etc.) llevan mayúscula inicial.

Europa, Alemania, Los Ángeles, mar Mediterráneo, río Hudson

Muchos nombres geográficos van precedidos por un nombre común que los clasifica (mar, río, montaña, sierra, etc.). Esos nombres comunes no forman parte del nombre y se escriben en minúsculas.

el mar Báltico, el río Mississippi, la península de la Florida, el río Grande

Sol, Tierra y *Luna* se escriben con mayúscula inicial solo en contextos astronómicos, cuando se habla claramente de cuerpos celestes. En los demás casos, van en minúsculas. Los nombres de estrellas, constelaciones, planetas y satélites se escriben siempre con mayúscula inicial.

Saturno, Estrella Polar, Osa Mayor

Nombres de estaciones, meses y días

En español, los nombres de las estaciones, los meses y los días se escriben siempre en minúsculas, salvo que formen parte del nombre de festividades, fechas históricas, espacios urbanos, etc.

Viernes Santo; *Primero de Mayo*; *Primavera de Praga*

Uso de los signos de puntuación

Los signos de puntuación se usan para mucho más que para poner punto final a una oración. Cuando se los usa correctamente, ayudan a clarificar el significado del texto. A continuación, se describen los distintos signos de puntuación que usted deberá conocer para el examen HiSET.

El punto

El punto indica gráficamente el final de una oración o frase, de un párrafo o de un texto. Marca una pausa larga. Hay tres tipos diferentes de punto: el *punto y seguido*, que separa dos oraciones que se escriben una a continuación de la otra, es decir, dentro de un mismo párrafo; el *punto y aparte*, que se utiliza al final de un párrafo y separa párrafos entre sí, y el *punto final*, que representa el final de un escrito o texto.

Además, se usa punto detrás de las abreviaturas (*pág.*, por página; *art.*, por artículo).

El punto se escribirá siempre detrás de las comillas, los paréntesis y las rayas de cierre:

"Tú y yo no tenemos ya nada de qué hablar".

En el caso de los paréntesis, el punto deberá ir dentro de los paréntesis si el primer paréntesis va precedido de un punto.

No debe escribirse el punto luego de los signos de cierre de interrogación o de exclamación, aunque con ellos termine la oración (*¡Vamos a llegar tarde por tu culpa!*), salvo en los casos en que los signos de interrogación o de exclamación vayan seguidos de un paréntesis o comillas de cierre (*Me preguntó muy serio: "¿De veras puedo contar contigo?".*).

En la sección de Matemáticas y en toda expresión numérica contenida en este libro, se usa el punto, en lugar de la coma, para separar decimales, como se hace en el idioma inglés.

La coma

La coma marca una pausa breve dentro de una oración o frase. Se usa principalmente para separar palabras o elementos equivalentes dentro de una enumeración, delimitar incisos, cuando se invierte el orden regular de la oración y los complementos preceden al verbo o la oración subordinada precede a la principal, y después de una palabra o frase introductoria. El mayor problema que la gente tiene con las comas es su tendencia a usarlas en exceso. Aprenda cómo usar una coma y úsela solo cuando sea realmente necesaria.

Para separar palabras o elementos equivalentes en una enumeración dentro de una oración:

Aníbal era callado, prudente y cortés.

Estaba preocupado por el bienestar de su familia, por su trabajo, por su salud.

Para delimitar incisos (una coma delante del comienzo del inciso y otra al final):

Los visitantes, agotados por el largo viaje, llegaron al hotel con dos horas de retraso.

Cuando se invierte el orden regular de la oración, ya sea anteponiendo al verbo los complementos circunstanciales (salvo que sean muy cortos), ya sea que la oración subordinada preceda a la principal:

En los días más calurosos del verano pasado, íbamos a bañarnos al río.

Si vas a llegar tarde, no dejes de avisarme.

Detrás de complementos introductorios encabezados por expresiones preposicionales, como *en cuanto a, respecto de, con respecto a, en ese caso, en relación con, con referencia a, a tenor de, a pesar de,* etc.:

En ese caso, nos quedaremos en casa.

A pesar de todo, conseguimos nuestro objetivo.

Detrás de determinadas palabras o frases de transición, como *esto es, es decir, a saber, pues bien, ahora bien, en primer lugar, por un/otro lado, por una/otra parte, en fin, por último, además, con todo, en tal caso, sin embargo, no obstante, por el contrario, en cambio,* etc.:

No obstante, Luis planea ir al museo este fin de semana.

También, detrás de muchos adverbios o expresiones adverbiales que modifican a toda la oración y no solo a uno de sus elementos, como *efectivamente, generalmente, naturalmente, por lo general,* etc.:

Por lo tanto, los que no tengan entrada no podrán ingresar en el recinto; no obstante, podrán seguir el concierto a través de pantallas instaladas en el exterior.

Delante de las conjunciones o expresiones conjuntivas que unen las oraciones incluidas en una oración compuesta, como *pero, mas, aunque, sino (que), de forma que, así que, de manera que,* etc.:

Haz como te parezca, pero luego no digas que no te lo advertí.

Prometiste ir al baile con ella, así que ahora no la puedes dejar plantada.

Para separar el sujeto de los complementos verbales cuando el verbo ha sido mencionado con anterioridad o está sobrentendido:

Su hijo mayor es rubio; el más pequeño, moreno.

Los que no tengan invitación, por aquella otra entrada.

En la sección de Matemáticas y en toda expresión numérica contenida en este libro, se usa la coma, en lugar del punto, para separar las unidades de mil, como se hace en el idioma inglés.

Los dos puntos

Los dos puntos limitan y separan diferentes elementos de la oración y detienen el discurso para llamar la atención sobre lo que sigue. Se usan, comúnmente, delante de enumeraciones, ejemplificaciones o citas textuales.

Así debe ser una buena alimentación: natural, sana y equilibrada.

Hay cosas que no debes olvidar: el pasaporte, por ejemplo.

El punto y coma

El punto y coma se utiliza para señalar en la oración una pausa más larga que la coma e inferior al punto y seguido. Generalmente, se lo usa en enumeraciones en las que ya se ha usado la coma o para unir dos oraciones relacionadas entre sí. De todos los signos de puntuación, el uso del punto y coma es el más subjetivo pues, en algunos casos, podría ser reemplazado por una coma y, en otros, por un punto y seguido.

Mi madre es tendera; la de Sandra, arquitecta; la de Antonio, cirujana.

Se espera que durante el fin de semana haya tormentas; por lo tanto, el pícnic de la escuela se pospone hasta nuevo aviso.

Los signos de interrogación y de exclamación

Los signos de interrogación (¿?) y de exclamación (¡!) sirven para representar en la escritura la entonación interrogativa o exclamativa, respectivamente, de un enunciado. Son signos dobles, pues existe un signo de apertura y otro de cierre, que deben colocarse de forma obligatoria al comienzo y al final del enunciado correspondiente.

¿Quién era? ¿De dónde salió? ¿Te dijo qué quería?

¡Cállate! ¡No quiero volver a verte! ¡Márchate!

Las comillas

Las comillas se utilizan para enmarcar el texto de citas o para referirse al título de un artículo, un poema, un capítulo de un libro, un reportaje o, en general, cualquier parte dependiente dentro de una publicación. El título de la publicación no lleva comillas, pero se escribe en cursiva.

Según El Mercurio, *"las ventas han aumentado un 18% durante el último semestre".*

"Esto no puede seguir así", gritó mi padre dando un puñetazo sobre la mesa.

Los paréntesis

Los paréntesis se usan para insertar en un enunciado una información complementaria o aclaratoria.

Una ONG (organización no gubernamental) ha de ser, por principio, una asociación sin ánimo de lucro.

Toda su familia nació en Guadalajara (México).

Ejemplos

Lea el párrafo siguiente y luego responda las dos preguntas de ejemplo utilizando el método de los seis pasos.

Párr. 1. Muchos alumnos <u>prefieren quemarse las pestañas la noche anterior a la prueba para planificar</u>, estudiar con anticipación y estar preparados. Habíamos leído en clase <u>el poema de Emily Dickinson La Abeja</u>. La mayoría de los alumnos no volvió a leerlo antes del jueves a la noche, sabiendo que la prueba iba a ser en la mañana del viernes.

(1) ... (2) ...

1. **¿Cuál corrección debería introducirse en la oración 1?**

    A (*Ningún cambio*)
    B prefieren quemarse las pestañas la noche posterior a la prueba para planificar
    C prefieren quemarse las pestañas la noche anterior a la prueba a planificar
    D prefieren quemarse las pestañas la noche posterior a la prueba a planificar

Explicación

Primero, lea la oración. Compruebe las concordancias. Como no se usan pronombres en la oración, solo deberá comprobar la concordancia entre el sujeto y el verbo, y el tiempo verbal. El sujeto *alumnos* está en plural, lo mismo que el verbo *prefieren*. Dado que en la oración 1 se describe una creencia general, el presente es el tiempo apropiado para el verbo. Compruebe si hay errores en los aspectos mecánicos de la escritura. No se requieren ni mayúsculas ni signos de puntuación en la parte subrayada. Se hace, sin embargo, un uso incorrecto de la preposición *para*, que deberá ser reemplazada en este caso por la preposición *a*. Si usted no se dio cuenta de ello, no se preocupe porque, probablemente, hubiera notado el error en el paso 6, al leer las opciones de respuesta. Elimine entonces las opciones A y B. Siga al paso 4 y compruebe la estructura de la oración. Esta oración contiene una comparación y una enumeración de acciones; compruebe el paralelismo entre ellas. *Quemarse, planificar, estudiar* y *estar* son verbos que están todos en infinitivo, es decir, en paralelo. A continuación, evalúe la elección de las palabras y, si nada le llama la atención, siga hasta el paso 6, en el que tal vez le resulte más fácil hacer la evaluación comparando las opciones de respuesta. Hay dos opciones (incluida la opción B, que ya ha eliminado) en las que se usa incorrectamente el adjetivo *posterior*, pues el texto se refiere a la noche previa a la prueba. Elimine también la opción D. La opción C es la única que corrige el error original y no crea nuevos errores. **La mejor respuesta es la opción C.**

2. **¿Cuál corrección debería introducirse en la oración 2?**

    A (*Ningún cambio*)
    B el poema de Emily Dickinson, La Abeja
    C el poema de Emily Dickinson, "La abeja"
    D el poema de Emily Dickinson "La abeja"

Explicación

Primero, lea la oración. Compruebe las concordancias. Como no se usan pronombres en la oración, solo deberá comprobar la concordancia entre el sujeto y el verbo, y el tiempo verbal. El sujeto tácito concuerda en número con el verbo habíamos leído, y el tiempo verbal usado, pretérito pluscuamperfecto, corresponde a una acción realizada en el pasado que es anterior a otra acción pasada. Compruebe si hay errores en los aspectos mecánicos de la escritura. Se debe usar mayúscula inicial tanto para los nombres propios como para la primera palabra del nombre del poema. Se usa correctamente la mayúscula inicial en el caso de Emily Dickinson, pero no así en el de La Abeja, puesto que solo la primera palabra del título debe escribirse con mayúscula inicial. Elimine entonces las opciones de respuesta A y B. Además, el nombre del poema debe ir entre comillas, cosa que no sucede en esas opciones. Compruebe el uso de los signos de puntuación. No se debe usar una coma delante del título pues es información importante para la comprensión del significado de la oración. Elimine la opción C. La opción D es la única que no ha sido eliminada. Compruebe que en ella todo esté correcto y selecciónela. **La mejor respuesta es la opción D.**

EJERCICIOS SOBRE ASPECTOS MECÁNICOS DE LA ESCRITURA

Elija la mejor respuesta para cada una de las preguntas siguientes.

Las preguntas 1 a 15 se refieren al pasaje siguiente.

Con el tiempo, muchas nuevas
1
palabras

1

A (*Ningún cambio*)

B A tiempo

C Con el tiempo;

D Con el tiempo

han sido añadidas a nuestra Lengua.
2

2

A (*Ningún cambio*)

B han sido añadidas a vuestra lengua.

C fueron añadidas a nuestra lengua.

D han sido añadidas a nuestra lengua.

Asta hace unos pocos años, nadie
3
había oído hablar de un teléfono
celular.

3

A (*Ningún cambio*)

B Hasta hace unos pocos años,

C Hasta hace unos pocos años;

D Asta hace unos pocos años:

PASE A LA PÁGINA SIGUIENTE ➡

El portal <u>era la habitación donde la</u>
₄
<u>Abuela nos quitaba el abrigo</u> cuando
₄
volvíamos de la escuela.

4

A (*Ningún cambio*)

B era la habitación donde la Abuela nos había quitado el abrigo

C era la habitación donde la abuela nos quitaba el abrigo

D era la habitación donde la Abuela nos quitó el abrigo

<u>Y, una nube se refería solo a algo</u>
₅
<u>que se observaba en el cielo y que</u>
₅
<u>anticipaba posibles lluvias.</u>
₅

5

A (*Ningún cambio*)

B Y, una nube se refería solo a algo que se observaba en el cielo y que anticipaban posibles lluvias.

C Una nube se refería solo a algo que se observaba en el cielo y que anticipaba posibles lluvias.

D Una nube se refería solo a algo que se observaba, en el cielo, y que anticipaba posibles lluvias.

<u>Hoy, el trabajo a distancia es</u> una
₆
posibilidad real

6

A (*Ningún cambio*)

B Hoy, el trabajo a distancia, será

C Hoy el trabajo a distancia es

D Hoy el trabajo a distancia será

<u>para muchos, pero, de la que no se</u>
₇
<u>había oído hablar</u> hasta hace unas
₇
pocas décadas.

7

A (*Ningún cambio*)

B a muchos, pero de la que no se había oído hablar

C para muchos pero de la que no se había oído hablar

D para muchos, pero de la que no se había oído hablar

Trabajo a distancia significa
<u>trabajar desde la casa en lugar de</u>
₈
<u>ir a la oficina por medio de una</u>
₈
<u>computadora</u>.
₈

8

A (*Ningún cambio*)

B trabajar desde la casa, por medio de una computadora, en lugar de ir a la oficina

C trabajar desde la casa, en lugar de ir a la oficina por medio de una computadora

D trabajar desde la casa en lugar de ir a la oficina con una computadora

Gracias a la tecnología actual mucha
₉
gente de todas partes del mundo
puede disfrutar de esta opción de
empleo.

Si bien puede no resultar posible o
₁₀
conveniente para todos el trabajo
₁₀
a distancia ofrece ciertas ventajas.
Los empleados a distancia ahorran
dinero

en vestimenta, gasolina y almuerzo,
₁₁
además, pueden tener un horario
₁₁
flexible y suprimir los viajes.
₁₁

Las empresas también obtendrán
₁₂
beneficios de este arreglo. Los
₁₂
empleados toman menos días de
licencia por enfermedad,

9
A (*Ningún cambio*)
B Gracias a la actual tecnología
C Gracias a la tecnología actual,
D Gracias a tecnologías actuales

10
A (*Ningún cambio*)
B Si bien puede resultar no posible o conveniente para todos
C Si bien no puede resultar posible o conveniente para todos,
D Si bien puede no resultar posible o conveniente para todos,

11
A (*Ningún cambio*)
B en vestimenta, gasolina, y almuerzo, además, pueden tener un horario flexible, y suprimir
C en vestimenta, gasolina y almuerzo; además, pueden tener un horario flexible y suprimir
D en vestimenta, gasolina, y almuerzo; además, pueden tener un horario flexible, y suprimir

12
A (*Ningún cambio*)
B Las empresas también habrán obtenido beneficios de este arreglo.
C Las empresas también obtuvieron beneficios de este arreglo.
D Las empresas también obtienen beneficios de este arreglo.

los gastos en medicinas y por
13
consultas al Doctor disminuyen, y se
13
necesita menos espacio de oficinas.
13

13

A (*Ningún cambio*)

B los gastos en medicinas y por consultas al Doctor disminuye, y se necesita

C los gastos en medicinas y por consultas al doctor disminuye, y se necesita

D los gastos en medicinas y por consultas al doctor disminuyen, y se necesita

A medida que más y más personas
14
adhieran a esta forma menos
14
tradicional de trabajo, se puede
14
esperar que su popularidad
14
aumente.

14

A (*Ningún cambio*)

B A medida que más y más personas adhieran a esta forma, menos tradicional de trabajo, se puede esperar que su popularidad

C A medida que más y más personas adhieran a esta forma menos tradicional de trabajo se puede esperar que su popularidad

D A medida que más y más personas adhieran a esta forma menos tradicional de trabajo, pueden esperar que su popularidad

En el futuro, la mitad de la
15
población podría trabajar a
15
distancia. Esto beneficiará tanto
15
a los empleados como a los
15
empleadores.
15

15 ¿Cuál es la mejor forma de combinar estas dos oraciones?

A En el futuro, la mitad de la población podría trabajar a distancia, pero esto beneficiará tanto a los empleados como a los empleadores.

B En el futuro, la mitad de la población podría trabajar a distancia, y esto beneficiará tanto a los empleados como a los empleadores.

C En el futuro, la mitad de la población podría trabajar a distancia, esto beneficiará tanto a los empleados como a los empleadores.

D En el futuro, la mitad de la población podría trabajar a distancia, y esto beneficiará, tanto a los empleados como a los empleadores.

Véanse las respuestas en la página 747.

7 Facilidad para el lenguaje: estructura de la oración

¿Qué es lo que se evalúa?

Casi un 25 por ciento de las preguntas comprendidas en la prueba de Artes del Lenguaje—Escritura (Preguntas de opción múltiple) del examen *HiSET*® se refiere a la estructura de la oración. Usted no solo deberá reconocer fragmentos de oraciones, oraciones sin la debida separación y la falta de paralelismo en la estructura, sino que también deberá saber qué cambios introducir para corregir esos problemas de estructura de la oración.

En la Pregunta de ensayo de la prueba, usted deberá demostrar su conocimiento sobre la estructura correcta de la oración en la redacción del ensayo. Entonces, considere que este capítulo forma parte también de su preparación para el ensayo. El poder reconocer cuándo la estructura de la oración es correcta y cuándo no lo ayudará en las dos secciones de la prueba.

Cuestiones básicas sobre la estructura de la oración

Como usted ya sabe, una oración expresa un pensamiento completo y está formada por un sujeto y un verbo (predicado). El sujeto es quién o qué realiza la acción. El verbo es la acción que nos dice quién es o qué hace el sujeto.

Joaquín paseaba su perro.

Joaquín es el sujeto, porque es quien realiza la acción. *Paseaba* es el verbo, pues nos dice qué hacía Joaquín, el sujeto.

Cláusulas dependientes e independientes

Una **cláusula** es un grupo de palabras que contiene un sujeto y un verbo. Una **cláusula dependiente** no puede expresar por sí misma un pensamiento completo, a pesar de tener sujeto y verbo. Depende de otra cláusula para poder crear una oración completa.

Después de que Claudia escuchara el timbre

Una **cláusula independiente** no depende de otras cláusulas. Tiene sujeto y verbo, y expresa un pensamiento completo. Es una oración completa.

Elena corrió hasta la puerta para ver por la mirilla.

Sujeto compuesto

Una oración puede tener más de un sujeto.

<u>Ignacio</u> y <u>yo</u> paseamos el perro.

Predicado compuesto

Una oración puede tener también más de un verbo.

Manuela <u>paseó</u> el perro y lo <u>bañó</u>.

Oraciones compuestas

Una oración compuesta está constituida por dos o más cláusulas independientes coordinadas entre sí. Las cláusulas independientes pueden estar coordinadas por conjunciones coordinantes (como *y, pero, ni, o, sin embargo, no obstante*) o por un punto y coma.

Luis no estudió para el examen final, pero igual fue el mejor de la clase.

Luis no estudió para el examen final; sin embargo, fue el mejor de la clase.

Observe que cada una de las cláusulas es independiente y expresa un pensamiento completo. Además, las cláusulas están separadas por una conjunción coordinante o un punto y coma.

Coordinación

La combinación de dos cláusulas independientes con una conjunción coordinante se denomina **coordinación**. La coordinación otorga igual importancia a las dos cláusulas. Esta combinación de ideas no solo permite establecer una estructura de oración variada, sino que también contribuye a que las ideas fluyan más libremente. En algunos casos, se deberá suprimir alguna palabra para evitar una repetición.

Dos oraciones: *Sofía asistirá a la práctica de las porristas. Ella no se quedará a ver el partido.*

Una oración con coordinación: *Sofía asistirá a la práctica de las porristas, pero no se quedará a ver el partido.*

Oraciones complejas

Una oración compleja está constituida por una cláusula independiente unida a una cláusula dependiente por una conjunción o una locución subordinante (como *a pesar de, porque, a menos que, mientras*). La conjunción o locución aparece al comienzo de la cláusula dependiente y destaca la relación de desigualdad entre las dos cláusulas.

Margarita llegó en hora al trabajo <u>a pesar de que</u> el reloj despertador no había sonado esa mañana.

El orden de las cláusulas no tiene importancia; cualquiera puede ser la primera. Cuando la oración comienza con la cláusula dependiente, una coma separa las cláusulas.

<u>A pesar de que</u> el reloj despertador no había sonado esa mañana, Margarita llegó en hora al trabajo.

Recuerde

Recuerde que una conjunción o locución conjuntiva subordinante debe indicar cómo están relacionadas entre sí las dos cláusulas. He aquí algunos ejemplos de conjunciones que muestran distintos tipos de subordinación:

- **Causa y efecto:** porque, ahora que, con el fin de, puesto que, así que
- **Condicional:** si, a menos que, en caso de, a condición de
- **Comparación:** al igual que, aunque, a pesar de que, mientras que
- **Tiempo:** después de que, antes de que, una vez que, luego que, tan pronto como, hasta que

Subordinación

La combinación de dos cláusulas independientes con una conjunción o locución subordinante se denomina **subordinación**. Esta combinación crea una estructura de oración compleja y provoca que una de las cláusulas se convierta en dependiente con respecto a la otra.

Dos oraciones: *Ema piensa comprarse un vestido nuevo. Ella quiere mostrar una apariencia profesional en su entrevista de trabajo el viernes.*

Una oración con subordinación: *Como quiere mostrar una apariencia profesional en su entrevista de trabajo el viernes, Ema piensa comprarse un vestido nuevo.*

Recuerde

Recuerde que, cuando se establece una relación de subordinación, una de las cláusulas pasa a ser dependiente de la otra. Asegúrese de combinar las cláusulas de manera tal que la idea más importante quede en la cláusula independiente y que la idea menos importante quede subordinada a ella.

Oraciones compuestas complejas

Una oración compuesta compleja está constituida por dos o más cláusulas independientes con una o más cláusulas dependientes.

Cada mañana antes del desayuno, <u>Carlos alimenta el ganado</u> y <u>Walter recoge los huevos</u>.

Esta oración comienza con una cláusula dependiente introductoria y está seguida de dos cláusulas independientes, coordinadas por la conjunción *y*.

Errores comunes en la estructura de la oración

Oraciones sin separación

Como en las oraciones compuestas y compuestas complejas, las oraciones sin separación incluyen dos cláusulas independientes. La diferencia es que las oraciones sin separación no están combinadas de forma apropiada. Las cláusulas colisionan una con otra.

Incorrecto: *Olivia ha tomado clases de ballet desde que era muy pequeña ella es ahora una bailarina extraordinaria.*

Hay cuatro formas de corregir una oración sin separación:

1. Convertir la oración sin separación en dos oraciones separadas. Se añade, simplemente, un punto y seguido al final de la primera cláusula.

   Olivia ha tomado clases de ballet desde que era muy pequeña. Ella es ahora una bailarina extraordinaria.

2. Crear una oración compuesta añadiendo un punto y coma al final de la primera cláusula para separar las dos ideas. Esto solo se puede hacer si las dos ideas están muy relacionadas.

   Olivia ha tomado clases de ballet desde que era muy pequeña; ella es ahora una bailarina extraordinaria.

3. Crear una oración compuesta añadiendo una conjunción coordinante al final de la primera cláusula. Puede que haya que suprimir alguna palabra para evitar redundancias.

   Olivia ha tomado clases de ballet desde que era muy pequeña y es ahora una bailarina extraordinaria.

4. Subordinar una cláusula a la otra añadiendo una coma y una conjunción o locución subordinante al final de la primera cláusula.

   Olivia ha tomado clases de ballet desde que era muy pequeña, así que es ahora una bailarina extraordinaria.

Oraciones separadas por coma

Como ocurre con las oraciones sin separación, las oraciones separadas por coma también incluyen dos cláusulas independientes. En este caso, una coma las separa, pero esa separación resulta insuficiente.

Incorrecto: *Alfredo alquila una casa cerca del campo de la universidad, está mucho más cómodo que en una habitación de la residencia para estudiantes.*

La única diferencia entre esta oración y una sin separación es la coma. Para corregir este problema, usted puede usar las mismas cuatro formas que usáramos anteriormente.

Alfredo alquila una casa cerca del campo de la universidad. Está mucho más cómodo que en una habitación de la residencia para estudiantes.

Alfredo alquila una casa cerca del campo de la universidad; está mucho más cómodo que en una habitación de la residencia para estudiantes.

Alfredo alquila una casa cerca del campo de la universidad y está mucho más cómodo que en una habitación de la residencia para estudiantes.

Alfredo alquila una casa cerca del campo de la universidad, así que está mucho más cómodo que en una habitación de la residencia para estudiantes.

Fragmentos de oraciones

Un fragmento de oración es un grupo de palabras que parece una oración, pero que no lo es. En un fragmento, falta el sujeto o el verbo. Puede que se trate también de una cláusula dependiente que no expresa un pensamiento completo.

Falta el sujeto: *Preparar huevos revueltos y tocino para el desayuno*

Falta el verbo: *La mayoría de los empleados de este departamento*

Cláusula dependiente (pensamiento incompleto): *A pesar de que el mercado de valores subió considerablemente ayer*

Una vez que usted identifique qué hace que un grupo de palabras sea un fragmento de oración, el error es fácil de corregir.

Ana preparó huevos revueltos y tocino para el desayuno.

La mayoría de los empleados de este departamento trabaja mucho.

A pesar de que el mercado de valores subió considerablemente ayer, no tengo pensado realizar nuevas inversiones por ahora.

Reglas para el uso de modificadores

Los **modificadores**, incluidos los adjetivos y los adverbios, son palabras o frases que proporcionan detalles que clarifican o agregan información a una oración.

Los adjetivos modifican a los nombres.

*Yo me puse la camisa **azul**.*

El adjetivo *azul* modifica al nombre *camisa*.

Los adverbios modifican a los verbos, los adjetivos y otros adverbios.

*Martina bostezaba **ininterrumpidamente**.*

El adverbio *ininterrumpidamente* modifica al verbo *bostezaba*.

Tu paraguas es muy bonito.

El adverbio *muy* modifica al adjetivo *bonito* (que modifica al nombre *paraguas*).

Victoria regresó más rápido que lo previsto.

El adverbio *más* modifica al adverbio *rápido*.

Lo importante con el uso de los modificadores es que debe quedar claro qué es lo que se pretende modificar. Por lo general, el modificador debería colocarse al lado de la palabra a la que modifica.

Modificadores mal colocados

Los **modificadores mal colocados** pueden crear confusión. Si bien usted puede llegar a adivinar cuál es el objeto modificado, el mensaje contenido en la oración resulta vago cuando el modificador no está colocado próximo a la palabra que modifica.

Incorrecto: *Después de haber sido lanzada al aire, la cocinera consiguió atrapar la masa de pizza.*

¿Qué fue lo que fue lanzado al aire? Probablemente, la masa de la pizza, pero la construcción de la oración hace que parezca que fue la cocinera. Para clarificar el significado de la oración, se pueden hacer varias cosas. Se podría convertir la frase modificadora en una cláusula dependiente. Se podrían también reordenar las palabras de manera tal que la frase modificadora quedase al lado de la palabra que supuestamente describe.

Después de haber lanzado la masa de pizza al aire, la cocinera consiguió atraparla.

Después de que la cocinera hubiera lanzado la masa de pizza al aire, ella consiguió atraparla.

Paralelismo

Cuando se incluye una enumeración de ideas o se establece una comparación en una oración, los elementos enumerados o comparados deberán ser escritos usando una forma gramatical similar, es decir, en paralelo. El **paralelismo** no solo contribuye a que la redacción sea más fluida, sino que también permite expresar las ideas claramente.

Incorrecto: *Nicolás compró su pasaje de tren, encontrará su asiento y está leyendo el diario antes de que el tren dejara la estación.*

En esta oración se usan tres tiempos verbales diferentes: el pretérito perfecto simple, el futuro y el presente. Para establecer el paralelismo, todos los verbos deberán estar en el mismo tiempo verbal.

Nicolás compró su pasaje de tren, encontró un asiento y comenzó a leer el diario antes de que el tren dejara la estación.

Incorrecto: *Laura pasó sus vacaciones en un crucero, en la playa y fue a Nueva York.*

En la oración se enumeran lugares en los que Laura estuvo. Dos de esos lugares están precedidos por la preposición *en*, pero el tercero no. La clave del paralelismo es la consistencia.

Laura pasó sus vacaciones en un crucero, en la playa y en Nueva York.

Incorrecto: *A Andrea le gusta el brócoli más que yo.*

Esta oración contiene una comparación. Su significado no queda claro por la falta de una estructura en paralelo. De acuerdo a la manera en que está estructurada la oración, dice que a Andrea le gusta el brócoli más que lo que le gusta el escritor. Como esa probablemente no era la intención del escritor, se debe establecer correctamente la comparación.

A Andrea le gusta el brócoli más de lo que me gusta a mí.

Ejemplos

Las siguientes son dos preguntas de ejemplo similares a las que usted encontrará en la prueba real. Recuerde que en ella deberá leer pasajes que contienen varios párrafos. Con el único propósito de práctica, se usará solo un párrafo para este ejemplo.

Párrafo 1. Todos los sábados, Patricia <u>limpia su casa y luego prepara la cena</u> para su familia y sus huéspedes. Hoy, Patricia planea preparar estofado de pollo para cuando Omar venga a cenar. Omar no come carne vacuna.

1. **¿Cuál corrección deberá introducirse en la oración?**

   A   (*Ningún cambio*)

   B   limpiando su casa y luego preparando la cena

   C   para limpiar su casa y luego preparar la cena

   D   limpiando su casa y luego preparó la cena

Explicación

Primero, lea la oración. Compruebe las concordancias. En esta oración ni el sujeto ni el verbo principal están subrayados, pero hay otros dos verbos que sí lo están: *limpia* y *prepara*. No se usan pronombres, así que deberá prestar mucha atención solo a las cuestiones verbales. El tiempo verbal debe ser el presente puesto que se trata de una acción que se repite *todos los sábados*. El tiempo verbal usado es, entonces, el correcto. No hay problemas en los aspectos mecánicos de la escritura, así que siga al paso 4 y compruebe la estructura de la oración. Son dos acciones que se desarrollan y que deberán estar en paralelo. Para corregir el problema, usted podría escribir *limpia* y *prepara* o *pasa limpiando* y *preparando*; las dos soluciones son correctas, pues ambas mantienen el paralelismo. Elimine las opciones A y D. En la opción C se usan las formas del infinitivo (*limpiar* y *preparar*), lo que no tiene sentido en el contexto de esta oración. Elimine la opción C. Como la única opción restante es B, léala y asegúrese de que soluciona el problema sin crear otros nuevos. **La mejor respuesta es la opción B.**

2. **¿Cuál sería la mejor forma de combinar estas oraciones?**

   A   Hoy, Patricia planea preparar estofado de pollo para cuando Omar venga a cenar, Omar no come carne vacuna.

   B   Hoy, Patricia planea preparar estofado de pollo para cuando Omar venga a cenar, así Omar no come carne vacuna.

   C   Hoy, Patricia planea preparar estofado de pollo para cuando Omar venga a cenar porque él no come carne vacuna.

   D   Hoy, Omar no come carne vacuna y Patricia planea preparar estofado de pollo para cuando él venga a cenar.

Explicación

Su tarea es aquí combinar las dos oraciones en una. Esto quiere decir que no encontrará errores gramaticales en las oraciones que usted debe corregir. Por el contrario, deberá prestar mucha atención para no crear errores gramaticales en la oración combinada. Primero, lea las dos oraciones. Patricia preparará estofado de pollo para Omar, y Omar no come carne vacuna. ¿Cómo combinar estas dos ideas? Una forma lógica de conectarlas es decir que Patricia preparará estofado de pollo para Omar *porque* él no come carne vacuna. Hay otras formas de expresar la misma idea, pero usted ya sabe que deberá buscar entre las opciones. Siga al paso 6 y lea cada una de las respuestas. En la opción A, las dos oraciones están incorrectamente separadas por una coma. En la opción B se usa la locución *así que*, que no tiene el mismo significado de *porque*. La opción B da la impresión de que Patricia está tratando de evitar que Omar coma carne vacuna, en lugar de ser amable y respetar sus preferencias. Elimine la opción B. La opción C subordina correctamente la segunda oración a la primera, conservando el significado deseado. La opción D modifica radicalmente el significado de la oración al conectar el modificador *hoy* con *Omar no come carne vacuna*. Elimine la opción D. **La mejor respuesta es la opción C.**

EJERCICIOS SOBRE ESTRUCTURA DE LA ORACIÓN

Elija la mejor respuesta para cada una de las preguntas siguientes.

Las preguntas 1 a 15 se refieren al pasaje siguiente.

1. En algún momento de su vida, <u>la mayoría de la gente deberá rellenar una solicitud de empleo.</u>

1

A (*Ningún cambio*)

B la mayoría de la gente debía rellenar una solicitud de empleo.

C ¿la mayoría de la gente deberá rellenar una solicitud de empleo?

D la mayoría de la gente deben rellenar una solicitud de empleo.

Esto puede provocar <u>sentimientos de entusiasmo, temor y de estar preocupado.</u> Usted

2

A (*Ningún cambio*)

B sentimientos de estar entusiasmado, temor y de estar preocupado.

C sentimientos de entusiasmo, temeroso y de estar preocupado.

D sentimientos de entusiasmo, temor y preocupación.

<u>podría ponerse nervioso, ya que estar</u> bien preparado puede ayudarlo para que la experiencia resulte positiva.

3

A (*Ningún cambio*)

B podría ponerse nervioso, porque estar

C podría ponerse nervioso, pero estar

D podría ponerse nervioso, puesto que estar

2. <u>Si usted piensa en completar la</u>
4
<u>solicitud en el lugar del empleo.</u>
4

Es una buena idea llevar <u>su propia</u>
5
<u>lapicera nunca rellene</u> una solicitud
5
con lápiz.

<u>Tinta azul o negra.</u> Si lleva
6

su <u>propia lapicera. Usted parecerá</u>
7
mejor preparado que si tiene que
pedir una prestada. La mayoría de las
solicitudes

4 ¿Cuál de las oraciones siguientes completa mejor este fragmento de oración?

A (*Ningún cambio*)

B Si usted piensa en completar la solicitud en el lugar del empleo, asegúrese de llevar consigo todo lo que pueda necesitar.

C Si usted piensa en completar la solicitud en el lugar del empleo, durante el horario de trabajo

D Si usted piensa en completar la solicitud en el lugar del empleo; es importante estar preparado para este proceso.

5

A (*Ningún cambio*)

B su propia lapicera, nunca rellene

C su propia lapicera; nunca rellene

D su propia lapicera, o nunca rellene

6

A (*Ningún cambio*)

B Tinta azul o negra;

C Tinta azul o negra le dará un toque profesional.

D Tinta azul o negra, que son colores oscuros.

7 ¿Cuál es la mejor forma de reformular la parte subrayada de las oraciones?

A propia lapicera, usted parecerá,

B propia lapicera, usted parecerá

C propia lapicera; usted parecerá

D propia lapicera usted parecerá

PASE A LA PÁGINA SIGUIENTE ➡

requiere que usted <u>complete</u>
8
<u>información personal, tenga a</u>
8
<u>mano su número de seguro social</u>
8
<u>y la dirección de sus domicilios</u>
8
anteriores. Si ha tenido

8

A (*Ningún cambio*)

B complete información personal, tenga a mano su número de seguro social, y la dirección de sus domicilios

C complete información personal. Tenga a mano su número de seguro social y la dirección de sus domicilios

D complete información personal; tenga a mano su número de seguro social y la dirección de sus domicilios

otros trabajos <u>en el pasado, deberá</u>
9
<u>proporcionar</u> información sobre su
9
historia laboral. Usted podría tener
que

9

A (*Ningún cambio*)

B en el pasado; deberá proporcionar

C en el pasado deberá proporcionar

D en el pasado. Usted deberá proporcionar

presentar <u>los nombres de sus</u>
10
<u>supervisores, las direcciones de las</u>
10
<u>empresas y cuándo trabajó</u> con cada
10
uno de ellos.

10

A (*Ningún cambio*)

B los nombres de sus supervisores, las direcciones de las empresas, y cuándo trabajó

C los nombres de sus supervisores, las direcciones de las empresas y las fechas en que trabajó

D los nombres de sus supervisores, las direcciones de las empresas y cuándo había trabajado

3. Muchos empleadores potenciales requerirán también una lista de tres <u>referencias personales. Lleve por escrito una lista de las personas</u> que podrá citar.
                                          11

Incluya a <u>profesores, previos empleadores, amigos respetables, o que no sean miembros de su familia.</u> Asegúrese, por anticipado, de que las personas
                  12

<u>están dispuestas a dar una referencia positiva en la lista.</u>
                              13

11 **¿Cuál es la mejor forma de reformular la parte subrayada de las oraciones?**

A referencias personales así que lleve por escrito una lista de las personas

B referencias personales, así que lleve por escrito una lista de las personas

C referencias personales; antes lleve por escrito una lista de las personas

D referencias personales, y lleve por escrito una lista de las personas

12

A (*Ningún cambio*)

B profesores, y previos empleadores, amigos respetables, o que no sean miembros de su familia

C profesores, previos empleadores, amigos respetables, y que no sean miembros de su familia

D profesores, previos empleadores, amigos respetables, pero no miembros de su familia

13

A (*Ningún cambio*)

B están dispuestas en la lista a dar una referencia positiva

C en la lista están dispuestas a dar una referencia positiva

D están dispuestas a dar una referencia positiva, que están en la lista

PASE A LA PÁGINA SIGUIENTE ➡

4. <u>Una vez completada prolijamente, al</u>
<u>supervisor deberá serle entregada la</u>
<u>solicitud</u>. Dejarla sobre un mostrador
de servicios, una mesa o un escritorio

14

A (*Ningún cambio*)

B Una vez completada prolijamente, la solicitud deberá serle entregada al supervisor.

C Una vez que complete prolijamente, la solicitud deberá serle entregada al supervisor.

D Una vez haya completado prolijamente, al supervisor deberá serle entregada la solicitud.

no garantiza que <u>la solicitud llegue</u>
<u>a las manos apropiadas para su</u>
<u>revisión</u>.

15

A (*Ningún cambio*)

B la solicitud, sin embargo, llegue a las manos apropiadas para su revisión

C la solicitud llegue a las manos apropiadas, para su revisión

D las manos apropiadas revisarán la aplicación

Véanse las respuestas en la página 747.

8 Organización de las ideas

¿Qué es lo que se evalúa?

La forma en que se organiza una redacción ayuda a los lectores a comprender el significado del texto. Recuerde cuando usted era un niño. Entonces, sabía que las palabras *érase una vez* significaban que un cuento estaba por comenzar. También sabía que cada cuento tenía un comienzo, una parte central y un final, y que la palabra *fin* representaba el final del cuento. Ahora, los materiales que usted lee son un poco más complicados que eso; sin embargo, todavía puede esperar ciertas cosas en la lectura que le facilitarán su comprensión.

En este capítulo, usted repasará y practicará la forma correcta de organizar una redacción a fin de maximizar su comprensión. En las Preguntas de opción múltiple de la prueba de Artes del Lenguaje—Escritura del examen *HiSET*®, se espera que usted pueda reconocer una redacción bien organizada e introducir las correcciones que harán que el texto resulte más eficaz.

Organización eficaz

De la misma manera que un buen cuento contiene un principio, una parte central y un final, un buen escrito de no ficción contiene una introducción, un cuerpo y una conclusión. La introducción es, tal como su nombre lo indica, la parte en la que se introduce el tema o la idea. El cuerpo es la parte donde se explica el tema o la idea a través de hechos y ejemplos. La conclusión es la parte en la que se resume la idea, reafirmando, a menudo, el punto principal que se introdujo al comienzo del ensayo.

Generalmente, los párrafos son los bloques sobre los que se construyen las secciones del ensayo. Para poder comprender la organización de un pasaje entero, usted deberá aprender, primero, qué constituye un buen párrafo.

Párrafos sólidos

Supongamos que usted quiere escribir un párrafo eficaz sobre lectores de libros digitales, esos aparatos electrónicos de mano que permiten la lectura de prácticamente cualquier libro de una biblioteca sobre una pantalla del tamaño de un libro pequeño. Veamos qué es lo que usted deberá incluir en ese párrafo.

Idea principal

Las oraciones contenidas en el párrafo deberán estar centradas en la misma idea. La **idea principal** de un párrafo es el mensaje más importante que el escritor quiere transmitir. Cada párrafo debería contener una sola idea principal; el resto de las oraciones debería ayudar al lector a entender claramente ese concepto clave. Esta podría ser la idea principal del párrafo: *Los lectores de libros digitales son un medio popular de acceso a la información.*

Oración temática

La **oración temática** expresa la idea principal del párrafo. Por lo general, se trata de la primera o la última oración; no obstante, puede ir en cualquier lugar dentro del párrafo. El propósito de la oración temática es proporcionar a los lectores una idea sobre el tema que el párrafo trata. No tiene por intención brindar toda la información importante sobre la idea principal. Para la Pregunta de ensayo de la prueba de Artes del Lenguaje—Escritura, se recomienda incluir la oración temática de cada párrafo como primera oración del párrafo. Esto permitirá que el lector entienda rápidamente la idea principal. Este podría ser un ejemplo de oración temática para el párrafo sobre lectores de libros digitales: *En los últimos pocos años, muchas empresas han presentado sus versiones de lectores de libros digitales, que se han convertido en un medio popular de acceso a la información.*

Detalles de apoyo

Mientras que el propósito de la oración temática es presentar la idea principal, el propósito del resto de las oraciones es proporcionar los **detalles de apoyo**. Ellos consisten en datos, detalles, definiciones o ejemplos que ayudan a explicar o probar la idea principal. Los detalles completan la imagen que el lector necesita para entender el punto principal que el escritor trata de transmitir. Estos son dos ejemplos de detalles de apoyo para el párrafo considerado:

Los lectores de libros digitales son más pequeños y livianos que los libros tradicionales en papel, y en algunas escuelas ya están siendo utilizados en reemplazo de los libros de texto tradicionales.

Un solo lector de libros digitales permite el acceso a innumerables libros y ofrece la oportunidad de empezar a leer un libro de ficción o de no ficción seleccionado en cuestión de minutos.

Resumen de la exposición

Después de proporcionar los detalles de apoyo, el párrafo deberá relacionar la información con la idea principal del ensayo. La mejor forma de hacerlo es a través de un **resumen de la exposición** al final del párrafo. Esta oración es básicamente una reafirmación de la oración temática, que destaca la relevancia que tiene para la tesis general. Este es un ejemplo de resumen de la exposición para ser incluido en el párrafo:

Debido a todas estas ventajas, el uso de lectores de libros digitales está aumentando rápidamente.

Estructuras organizativas

Existen muchas formas de organizar la información entre las que los autores pueden elegir. Las estructuras organizativas dependen del tipo de información incluida y del propósito del escrito. El uso de estructuras organizativas apropiadas ayuda a los lectores a comprender mejor las ideas incluidas en los párrafos.

Orden cronológico

El orden cronológico permite establecer la secuencia en que ocurrieron los eventos. Esto es muy importante cuando la secuencia real en que las acciones se produjeron —o la secuencia de los pasos en un proceso— tiene importancia para la comprensión del lector. Dependiendo de cuál sea el mensaje del pasaje, los eventos pueden ser presentados en un orden cronológico inverso, comenzando por el más reciente y retrocediendo luego en el tiempo.

Orden de importancia

Cuando se usa este tipo de estructura organizativa en un pasaje, la información puede ser presentada en una de las dos formas siguientes. En la primera, la idea principal es presentada al comienzo, seguida de la segunda idea más importante, y así sucesivamente. El pasaje finaliza con la idea que el autor piensa que tiene menor importancia. La ventaja de este tipo de organización es que la información más importante atrae la atención del lector desde el comienzo.

En la segunda, la idea menos importante es presentada primero, y las ideas siguientes van aumentando en importancia hacia el final del pasaje, donde se presenta la idea principal. La ventaja de este tipo de organización es que se deja abierta al lector la reflexión sobre la idea principal, idea que es la más reciente en su memoria.

Comparación y contraste

Este tipo de estructura organizativa destaca las similitudes y las diferencias entre personas, ideas u objetos. Esto puede lograrse describiendo completamente el primer elemento y luego haciendo lo mismo con el segundo. Por ejemplo, en un ensayo que compara y contrasta la situación en Hawaii con la de Bermudas, se puede presentar, primero, toda la información sobre una isla y, luego, toda la información sobre la otra.

Otra forma de establecer una estructura organizativa de comparación y contraste es analizar cómo un atributo particular está relacionado con cada uno de los objetos, y luego analizar cómo los objetos están relacionados con un segundo atributo, y así sucesivamente. En el ejemplo anterior, en un párrafo se podrá analizar la ubicación geográfica de Hawaii y de Bermudas; en el párrafo siguiente, el clima en cada isla; y en un tercer párrafo, los atractivos turísticos de cada una.

Causa y efecto

Una estructura organizativa de causa y efecto señala cómo una idea o un evento impacta en otra u otro.

Recuerde

> Recuerde que un solo evento puede ser la causa de otros muchos. Del mismo modo, muchas causas pueden provocar el mismo resultado. Por ejemplo, el efecto de olvidarse de activar la alarma del reloj despertador puede provocar que usted deba suprimir el desayuno, no pueda compartir el vehículo con otros y llegue tarde a la escuela o a la oficina. Esa sola causa puede producir por sí misma los tres efectos descritos. Por otra parte, estudiar mucho, responder las preguntas de práctica y leer con atención cada uno de los capítulos de este libro lo pueden llevar al éxito en el examen HiSET. En este caso, tres causas pueden provocar un solo efecto positivo.

Problema y solución

En este tipo de estructura organizativa, se plantea un problema y, luego, se analizan una o varias soluciones posibles. Si solo se propone una solución, los párrafos del cuerpo del escrito se concentran en la descripción de los beneficios de esa solución.

Pregunta y respuesta

En este tipo de estructura organizativa, se formula una pregunta que va seguida de una respuesta. Un ensayo puede incluir varios conjuntos de preguntas y respuestas. Este tipo de estructura es, por lo general, fácil de reconocer.

Palabras o frases de transición

Las **palabras o frases de transición** ayudan a organizar eficazmente un escrito estableciendo un orden correcto de ideas o destacando las relaciones existentes entre ellas. Las diferentes palabras o frases de transición sirven a diferentes propósitos. En el examen HiSET, se le pedirá que seleccione la palabra o frase que permita mejorar la redacción de un pasaje. Los siguientes son ejemplos que señalan diferentes tipos de relación en un escrito.

Causa y efecto: *por consiguiente, por lo tanto, como resultado de, en consecuencia, así que, puesto*

Comparación: *además de, tanto… como, en común, del mismo modo, de manera similar*

Contraste: *a pesar de, sin embargo, no obstante, por otra parte, aun así, más bien, pero*

Ejemplificación: *por ejemplo, de hecho, especialmente*

Adición: *también, asimismo, además, adicionalmente*

Tiempo o secuencia: *primero, finalmente, inicialmente, mientras tanto, a continuación, anteriormente, luego, hasta*

Pasos para responder las preguntas

En el caso de las preguntas relacionadas con la organización eficaz de un pasaje, los seis pasos son ligeramente diferentes. En lugar de concentrarse en la gramática, los aspectos mecánicos de la escritura y otros detalles, el foco está puesto en el conjunto. Los siguientes son los seis pasos que lo ayudarán a responder las preguntas.

Pasos para identificar una organización eficaz

Paso 1: Lea el pasaje.

Paso 2: Lea la pregunta.

Paso 3: Identifique la idea principal y los detalles de apoyo.

Paso 4: Identifique la estructura organizativa.

Paso 5: Identifique las palabras o frases de transición.

Paso 6: Elija la mejor corrección.

Paso 1: Lea el pasaje

Usted ya debería haber adquirido el hábito de leer el pasaje, por lo que recordar este paso no le resultará difícil. Lea con cuidado el pasaje entero.

Paso 2: Lea la pregunta

Después de leer el párrafo, usted podría tener ya algunas ideas sobre las correcciones que se deberían introducir para mejorar la redacción, pero lea antes la pregunta sin mirar las opciones de respuesta. Descubra la parte exacta a la que la pregunta se refiere. Entonces, relea no solo la oración o sección mencionada en la pregunta, sino también las oraciones que la rodean en el pasaje. Esto lo ayudará a ubicar la oración o el párrafo en el contexto del pasaje completo. La organización se refiere, por lo general, a un párrafo o a una sección extensa del texto. No trate de responder las preguntas centrándose solo en una palabra u oración aislada. Le resultará más fácil efectuar la revisión si considera la información en su contexto.

Paso 3: Identifique la idea principal y los detalles de apoyo

A medida que avance en su lectura, trate de identificar la idea principal y los detalles de apoyo. Preste atención al orden en que son presentadas las ideas. Recuerde que lo que usted está leyendo no es un pasaje perfecto. De hecho, ha sido escrito con errores a propósito, ya que la finalidad de la prueba es encontrar los errores y corregirlos. Considere cuáles oraciones encajan en el escrito y cuáles no. Considere, también, cuáles parecen estar en el orden correcto y cuáles no. Considere, por último, cuáles párrafos contienen una idea principal clara y cuáles no.

Según el contexto de la pregunta, usted podría tener que identificar la idea principal de todo el pasaje o de un párrafo específico. Lea con cuidado, encuentre el punto principal que el autor quiere transmitir y busque información y detalles que respalden este concepto clave.

Paso 4: Identifique la estructura organizativa

Durante su lectura del pasaje imperfecto, trate de identificar la estructura organizativa usada por el autor, o que este trató de usar. Una vez que la haya descubierto, usted sabrá qué información deberá buscar. Por ejemplo, si en el pasaje se usa una estructura organizativa de causa y efecto, deberá identificar la causa y averiguar qué sucedió como consecuencia de esa acción o ese evento. Si los efectos no están claros, esa podría ser una corrección que deberá introducir en el texto cuando responda las preguntas sobre el pasaje.

Paso 5: Identifique las palabras o frases de transición

Hay muchas razones por las que será conveniente que usted identifique las palabras o frases de transición en este paso. Primero, la identificación de las palabras o frases de transición le permitirá relacionar la información contenida en el pasaje. Esto, a su vez, lo ayudará a clarificar esa información. Segundo, las palabras o frases de transición pueden brindarle una clave sobre el tipo de estructura organizativa utilizada. Tercero, si usted no puede identificar suficientes palabras o frases de transición como para comprender la información o la estructura organizativa, eso demostraría que el texto necesita mejoras. En ese caso, decida cuáles palabras o frases de transición podrían resultarle de utilidad si tuviera que responder una pregunta relacionada con esta cuestión.

Paso 6: Elija la mejor corrección

Por último, lea todas las opciones de respuesta. No se detenga si encuentra una respuesta que parece posible; podría no ser la mejor elección ni la corrección más eficaz. La única forma de estar seguro de que cualquiera de las opciones es la mejor respuesta es saber qué dice cada una de ellas.

Una vez que haya leído todas las opciones, elija la mejor corrección. Lea la sección del pasaje con la corrección incorporada para asegurarse de que su elección ha sido la correcta.

Ejemplos

Las siguientes son dos preguntas de ejemplo similares a las que usted encontrará en la prueba real. No se olvide de usar los seis pasos para identificar una organización eficaz.

Durante los últimos años, la popularidad de las escuelas virtuales ha aumentado considerablemente a través del aprendizaje en línea. Las escuelas virtuales tienen tanto defensores como opositores, y existen decididamente tanto ventajas como desventajas en estos foros de enseñanza no tradicionales.

Línea

5   *La flexibilidad que ofrecen es considerada como uno de los grandes beneficios de las escuelas virtuales. Muchos programas permiten a los alumnos aprender a su propio ritmo y establecer sus propios horarios. Esto les da la oportunidad de completar la tarea escolar en su tiempo libre, después del trabajo o los deportes. Esta flexibilidad les permite también estudiar en las horas del día en que están mejor dispuestos para aprender.*

10   *Muchos alumnos que se dedican al deporte profesionalmente encuentran que esto es una gran ventaja.*

Las escuelas virtuales no ofrecen el mismo tipo de socialización al que los alumnos están expuestos en las aulas tradicionales. Si bien los alumnos interactúan con otros alumnos y con profesores a través de la computadora, no tienen el contacto cara a cara

15   *que experimentan los alumnos tradicionales. Muchos educadores están de acuerdo en que el aprendizaje en cooperación con otros es esencial para preparar a los niños para la vida en sociedad, especialmente, en el trabajo. Los tipos de interacción que ofrece el aprendizaje virtual son distintos de los tipos de interacción que los alumnos experimentan cuando se relacionan con otras personas en el mundo que los rodea.*

20   *Aunque es poco probable que las escuelas virtuales reemplacen algún día a las aulas tradicionales, las escuelas de algunos distritos han comenzado a requerir a los alumnos que tomen por lo menos algunos cursos en línea antes de su graduación. Existen, sin duda, algunas desventajas en este tipo de cursos. Sin embargo, también existen ventajas que deben ser consideradas.*

1. **¿Cuál de las correcciones siguientes representa una mejora en la redacción del segundo párrafo?**

    A   Elimine la última oración.

    B   Coloque la última oración a continuación de la primera oración.

    C   Coloque la primera oración al final del párrafo.

    D   Coloque la última oración a continuación de la tercera oración.

Explicación

Primero, lea el pasaje. Lea la pregunta. Puesto que la pregunta está centrada en el segundo párrafo, relea ese párrafo. Trate de encontrar la idea principal y los detalles de apoyo del párrafo. La idea principal es que las escuelas virtuales ofrecen flexibilidad. Los detalles de apoyo son los siguientes: los alumnos pueden aprender a su propio ritmo, establecer sus propios horarios y aprender en las horas del día en que están mejor dispuestos para ello. Identifique la estructura organizativa. En el pasaje entero se comparan y contrastan las ventajas y desventajas de las escuelas virtuales. En el párrafo se enumeran los detalles por orden de importancia. Busque palabras o frases de transición. Encontrará la palabra *también*. Elija la mejor corrección. La última oración analiza la flexibilidad de las escuelas virtuales en relación con los deportes. Tendría más sentido colocar esta oración a continuación de la tercera oración, que introduce la idea de un horario para los deportes. **La mejor respuesta es la opción D.**

Oración subrayada: *Las escuelas virtuales no ofrecen el mismo tipo de socialización al que los alumnos están expuestos en las aulas tradicionales.*

2. **¿Cuál de las correcciones siguientes representa una mejora en la redacción de la oración subrayada?**

    A   Agregue *Por otra parte,* al comienzo de la oración.

    B   Agregue *Además,* al comienzo de la oración.

    C   Coloque la oración al final del segundo párrafo.

    D   Coloque la oración al final del tercer párrafo.

Explicación

Ya ha leído el pasaje, así que lea directamente la pregunta. Puesto que la pregunta se centra en la primera oración del tercer párrafo, repase el segundo párrafo y relea el tercer párrafo. Busque la idea principal y los detalles de apoyo del tercer párrafo. La idea principal es que las escuelas virtuales no ofrecen los mismos beneficios de socialización que las escuelas tradicionales. Los detalles de apoyo son los siguientes: los alumnos no tienen contacto cara a cara, los educadores piensan que el aprendizaje compartido es esencial y los alumnos que participan del aprendizaje virtual tienen una interacción diferente de la que tendrían en el mundo real. Identifique la estructura organizativa. En el pasaje entero se comparan y contrastan las ventajas y desventajas de las escuelas virtuales. Este párrafo se centra en las desventajas. Busque las palabras o frases de transición. En este párrafo encontrará las palabras *si bien*. Elija la mejor corrección. La oración subrayada es la primera del tercer párrafo, y en este párrafo se desplaza la atención de las ventajas descritas en el segundo párrafo a las desventajas. Se necesita una palabra o frase de transición que marque el cambio de dirección para poder hacer ese desplazamiento. Las opciones A y B agregan palabras o frases de transición, pero la opción B indica una continuidad en la dirección. **La mejor respuesta es la opción A.**

EJERCICIOS SOBRE ORGANIZACIÓN DE LAS IDEAS

Elija la mejor respuesta para cada una de las preguntas siguientes.

Las preguntas 1 a 9 se refieren al pasaje siguiente.

(1) Aunque muchos niños pueden decir qué es lo que les gustaría ser cuando sean grandes, la elección de una carrera profesional es una decisión de gran importancia. (2) A menudo, las personas titubean entre varias opciones antes de decidirse por un trabajo que es el correcto. (3) Antes de tomar semejante decisión, son muchos los factores que se deben considerar.

(4) A todos nos gusta más hacer ciertas cosas que otras. (5) Alguien a quien le gusta trabajar con los animales podría considerar una carrera en medicina veterinaria, mientras que otro que es alérgico a los perros debería considerar otras opciones. (6) La mayoría de los perros debe ir al veterinario para realizar controles periódicos. (7) Una carrera como entrenador o profesor de educación física podría ser una buena opción para una persona que disfruta de la vida al aire libre y de la actividad, mientras que no lo sería para alguien que evita estar bajo los rayos del sol.

(8) A continuación, se deberá considerar el grado de educación necesario. (9) Algunas carreras requieren un diploma de escuela superior, mientras que otras requieren educación universitaria. (10) Es importante pensar sobre ello, puesto que aquel que no es un buen alumno se sentirá probablemente frustrado por la duración de los estudios en ciertas carreras.

(11) Por otra parte, asistir cuatro años a la universidad y luego ir a la facultad de derecho para recibirse de abogado puede resultar atrayente para aquellos alumnos a los que les gusta estudiar. (12) Además de la duración de los estudios necesarios para completar una carrera, el tipo de clases requeridas deberá ser también considerado. (13) Una carrera en contabilidad requerirá cursar una cantidad de materias sobre matemáticas en la universidad. (14) Si bien esto puede resultar muy divertido para algunas personas, otras temblarán ante la sola idea de tener que estudiar números durante cuatro años.

(15) Luego, también deberá pensarse en las metas del estilo de vida. (16) Aunque algunas de esas metas podrían ser monetarias, otras podrían estar relacionadas con el ocio y la vida en familia. (17) Por supuesto, algunas carreras ofrecerán pagas más elevadas que otras. (18) Sin embargo, esas mismas carreras podrían requerir más horas de trabajo, horarios menos flexibles y una mayor exigencia sobre el tiempo personal. (19) Es importante poder establecer un equilibrio entre la paga y uno mismo. (20) Algunas personas prefieren trabajar de noche, los fines de semana y los días feriados a fin de obtener una paga más elevada, mientras que otras eligen tener horarios de trabajo más convencionales y una paga menor para disponer de más tiempo con la

35 *familia. (21) No existe un trabajo único que sea apropiado para todos. (22) La elección de una carrera profesional es una decisión muy personal. (23) Si usted elige una carrera que requiere estudios universitarios, asegúrese de presentar con tiempo suficiente su solicitud. (24) Lo más importante es considerar con atención todos y cada uno de los factores para garantizar que se ha elegido la mejor opción.*

1. **¿Cuál de las oraciones siguientes resultaría más eficaz al comienzo del segundo párrafo?**

    A Segundo, es importante pensar acerca de qué tipo de cosas uno podría disfrutar.

    B Primero, los intereses, el talento y los pasatiempos de cada uno deberán ser tomados en consideración.

    C Las personas deberán pensar acerca de qué tipos de trabajos les interesarían.

    D Es más, diferentes carreras satisfarán a diferentes personas.

2. **¿Cuál de las correcciones siguientes mejoraría la eficacia del segundo párrafo?**

    A Suprima la oración 6.

    B Suprima la oración 7.

    C Invierta el orden de las oraciones 5 y 6.

    D Coloque la oración 4 al final del párrafo.

3. **¿Cuál de las palabras o frases de transición siguientes debería ser agregada al comienzo de la oración 13?**

    A Sin embargo,

    B Además,

    C Como consecuencia de

    D Por ejemplo,

4. **Para mejorar la eficacia del pasaje, se podría crear un nuevo párrafo que empezara con**

    A la oración 21

    B la oración 7

    C la oración 10

    D la oración 13

5. **¿Cuál de las correcciones siguientes debería ser introducida en la oración 15?**

    A Reemplace *Luego* por *De la misma forma*.

    B Reemplace *Luego* por *Por último*.

    C Reemplace *también* por *además*.

    D Reemplace *también* por *sin embargo*.

6. **¿Cuál de las correcciones siguientes mejoraría la eficacia de este pasaje?**

    A Suprima la oración 16.

    B Suprima la oración 17.

    C Coloque la oración 1 al final del primer párrafo.

    D Coloque la oración 11 al final del cuarto párrafo.

7. **¿Cuál de las oraciones siguientes podría ser suprimida para mejorar la eficacia del párrafo final?**

   A   La oración 18

   B   La oración 20

   C   La oración 23

   D   La oración 24

8. **¿Cuál de las oraciones siguientes podría ser agregada para mejorar el segundo párrafo?**

   A   Si bien los perros son una de las mascotas preferidas, muchas personas prefieren tener un gato.

   B   Alguien a quien le gusta hacer ejercicio podría también disfrutar de un trabajo como entrenador personal.

   C   Estas personas deberían tener la precaución de usar un protector solar cuando estén afuera.

   D   Algunos veterinarios están de guardia para emergencias durante el fin de semana.

9. **¿A cuál párrafo debería ser agregada la oración siguiente?**

   Alguien que planee realizar estudios de medicina debería estar preparado para tomar cursos de ciencia, como biología, química y anatomía.

   A   Al primer párrafo

   B   Al segundo párrafo

   C   Al cuarto párrafo

   D   Al quinto párrafo

Las preguntas 10 a 15 se refieren al pasaje siguiente.

(1) Existen tres elementos principales en la vida de un académico: la investigación y la publicación de trabajos, la enseñanza y la prestación de servicios. (2) Cada uno de ellos tiene su importancia, pero la investigación (y la publicación) es de lejos el más importante. (3) Para un nuevo académico, la vida se centra alrededor de una sola cosa: asegurarse la permanencia en el cargo. (4) Los académicos disponen de poco tiempo para la vida social.

(5) El adagio "publicar o morir" parece ser la regla en la mayoría de los colegios superiores y universidades. (6) La excelencia en la enseñanza y en la prestación de servicios, aunque admirable, no asegura la permanencia en el cargo. (7) Un nuevo miembro del profesorado tiene seis años antes de la revisión de permanencia y deberá emplear inteligentemente ese tiempo. (8) La investigación y la preparación de trabajos llevan tiempo, y publicar esos trabajos puede llevar todavía más. (9) Los investigadores que aspiren a conseguir la permanencia en el cargo deberán centrarse en la preparación de trabajos más pequeños, en lugar de en un gran proyecto que podría llevar años completar. (10) Los investigadores pueden leer sus trabajos en conferencias, preparar reseñas para revistas profesionales y escribir artículos para revistas o periódicos, pero nada luce más en el momento de la revisión de permanencia que el haber publicado numerosos trabajos en las revistas profesionales más reconocidas.

(11) Se espera que los miembros del profesorado presten servicios en diversos comités del departamento y de toda la universidad. (12) La membresía de estos comités incluye

la asistencia a reuniones y eventos, la escucha respetuosa de ideas de otros miembros y la contribución de sus propias ideas cuando resulte oportuno. (13) El tercer elemento de la vida de un académico es la prestación de servicios. (14) Un académico que aspire a conseguir la permanencia en el cargo no debería faltar nunca a una reunión, un evento
25   cultural o social auspiciado por su departamento y, si se le solicita, debería participar en un comité de toda la universidad.

(15) La enseñanza es otro elemento importante en la vida de un académico. (16) Las evaluaciones de los estudiantes y de los otros profesores afectan las decisiones sobre permanencia, así que este elemento no debe ser descuidado. (17) Primero, el trabajo
30   principal de todo profesor es motivar y comprometer a sus alumnos. (18) Segundo, deberá ser organizado. (19) Deberá usar ejemplos concretos y ser capaz de adaptar sus explicaciones a los diferentes estilos de aprendizaje de sus alumnos. (20) Por último, deberá ser capaz de ofrecer una reseña de un tema y no solo detalles. (21) Deberá mostrar
35   cómo se puede resumir la información y cómo ese resumen afecta a todo el tema.

(22) Estos tres elementos constituyen la vida profesional de un académico, tanto antes como después de la revisión de permanencia. (23) Después de conseguir la permanencia, puede que la presión disminuya, pero el trabajo no cambia. (24) Un profesor experimentado puede perfeccionar su forma de enseñar y puede que
40   muchos alumnos lo elijan como tutor. (25) Podría suceder que también le soliciten su participación en comités más importantes. (26) A medida que el académico aumente su conocimiento sobre la materia, podrá ser capaz de publicar trabajos más eruditos y, ya sin la presión de conseguir la permanencia, dedicarle más tiempo a un solo proyecto.

10. **¿Cuál de las correcciones siguientes mejorará la eficacia del primer párrafo?**
   A   Suprima la oración 2.
   B   Suprima las oraciones 2 y 3.
   C   Suprima la oración 4.
   D   Coloque la oración 5 al final del primer párrafo.

11. **¿Cuál de las oraciones siguientes podría ser agregada al final del segundo párrafo para mejorarlo?**
   A   "Publicar o morir" es una regla injusta que las universidades imponen a sus profesores.
   B   Deben hacer todo esto mientras enseñan y prestan servicios.
   C   Un académico debe hacerse tiempo para la investigación sacrificando su preparación para las clases.
   D   La prestación de servicios no es tan importante como la investigación y la publicación de trabajos, pero también debe hacerse.

12. **¿Cuál de las palabras o frases de transición siguientes debería agregarse al comienzo de la oración 19 para mejorarla?**
   A   Por ejemplo,
   B   Por lo tanto,
   C   Como consecuencia de
   D   Tercero,

13. **¿Cuál de las correcciones siguientes mejoraría la eficacia del tercer párrafo?**

   A   Coloque la oración 13 al comienzo del párrafo.

   B   Invierta el orden de las oraciones 12 y 13.

   C   Suprima la oración 14.

   D   Coloque la oración 14 al comienzo del párrafo.

14. **¿Cuál de las correcciones siguientes mejoraría la eficacia de este pasaje?**

   A   Invierta el orden del segundo párrafo y el tercer párrafo.

   B   Invierta el orden del tercer párrafo y el cuarto párrafo.

   C   Invierta el orden del segundo párrafo y el cuarto párrafo.

   D   Combine el tercer párrafo con el cuarto párrafo.

15. **¿Cuál de las oraciones siguientes podría ser agregada al final del último párrafo para mejorarlo?**

   A   Los detalles puede que cambien, pero la vida académica será siempre una vida de investigación, enseñanza y servicio.

   B   La enseñanza debería ocupar el lugar más importante, pero, desafortunadamente, no es el caso.

   C   Sin publicaciones, la permanencia en el cargo resultaría imposible de conseguir.

   D   Puesto que la meta académica de más importancia es conseguir la permanencia, la investigación debería ser el foco primario.

Véanse las respuestas en la página 747.

9 Preparación para el ensayo del examen *HiSET*®

La Pregunta de ensayo de la prueba de Artes del Lenguaje—Escritura del examen *HiSET*® consiste en la redacción de un ensayo argumentativo sobre un tema conocido. Usted recibirá instrucciones y el tema para desarrollar, deberá analizar dos pasajes, cada uno de los cuales representará una opinión contrapuesta de una cuestión, y tendrá que planificar, escribir y revisar su ensayo. No se espera que el ensayo sea un trabajo de investigación. El tema tratará sobre una cuestión de interés general y, probablemente, se le pedirá que exprese su opinión al respecto, que use ejemplos y evidencia contenidos en los pasajes y su propio conocimiento y experiencia para respaldarla. La calificación del ensayo no estará basada en una respuesta "correcta", sino en cuán bien usted desarrolle su ensayo y respalde su opinión.

¿Qué es lo que se evalúa?

El ensayo será calificado de acuerdo con un sistema de calificaciones de seis puntos, lo que significa que usted podrá obtener puntos según demuestre en su respuesta el dominio de las características de redacción siguientes. Cuanto mejor desarrolle cada una de las características, más alta será la calificación que obtendrá.

- **Respuesta a las instrucciones y el tema.** Para obtener la calificación más alta posible, su ensayo deberá incluir una idea principal claramente centrada en las instrucciones y el tema dados.
- **Organización de las ideas**. Su ensayo deberá demostrar una estructura organizativa lógica, que incluya una introducción y una conclusión; párrafos lógicos, y palabras y frases de transición eficaces.
- **Desarrollo y detalles**. Un ensayo que obtiene una calificación de seis puntos es un ensayo bien desarrollado, que incluye detalles de apoyo relevantes y ejemplos que respaldan la idea principal del texto.
- **Convenciones de la escritura.** Usted deberá aplicar en su ensayo, de manera consistente y con exactitud, las reglas referidas a la estructura de la oración, la gramática, el uso de las mayúsculas, los signos de puntuación y la ortografía.
- **Facilidad para el lenguaje**. En su ensayo, deberá incluir palabras precisas y estructuras de la oración variadas que expresen claramente sus ideas.

Las partes del ensayo

Como usted ha aprendido en el capítulo anterior, sobre organización de las ideas, un buen ensayo incluye una introducción, un cuerpo y una conclusión.

Introducción

La introducción es el primer párrafo del ensayo. El propósito de este párrafo es atraer la atención del lector, introducir el tema y expresar la idea principal de todo el pasaje. En un ensayo, la idea principal se presenta en una oración denominada declaración de tesis, que se coloca, por lo general, al final de la introducción. Expresa la idea que se examinará en el ensayo.

> **Recuerde**
>
> Recuerde que su calificación dependerá de cuán bien aborde las instrucciones del ensayo. Asegúrese de que su declaración de tesis se refiera claramente a las ideas que se le pide que examine y que exprese su opinión sobre el tema. Si fuera posible, repita en su declaración de tesis algunas de las palabras usadas en las instrucciones. De este modo, y respaldando su declaración de tesis en el cuerpo del texto, usted deberá ser capaz de mantenerse en el tema y responder con claridad a las instrucciones dadas.

Cuerpo

El cuerpo del ensayo es la parte donde se presentan todos los detalles de apoyo. Si imaginamos el examen como un sándwich, la introducción y la conclusión representarían el pan, y el cuerpo representaría el contenido. Todos los hechos, ejemplos, definiciones y explicaciones que respaldan la declaración de tesis se encuentran en el cuerpo del ensayo.

No existe un número mágico de párrafos que el ensayo deba incluir. Cuarenta y cinco minutos no es mucho tiempo, por lo que el ensayo que redacte en el examen HiSET estará de alguna manera limitado en su extensión. Las instrucciones serán lo suficientemente claras como para que usted sea capaz de abordarlas completamente en ese tiempo.

Teniendo esto presente, su ensayo deberá incluir, probablemente, alrededor de cinco párrafos: uno para la introducción, tres para el cuerpo y uno para la conclusión. Por supuesto, usted podría necesitar más de tres párrafos para desarrollar completamente la información incluida en el cuerpo de su ensayo, lo que está bien. Para la mayoría de los temas, cinco párrafos serán, por lo general, suficientes.

Cada párrafo del cuerpo contendrá una idea principal que respalde su declaración de tesis. Las oraciones restantes en cada párrafo respaldarán la idea principal del párrafo. Comience cada párrafo con una oración temática que exprese la idea principal de ese párrafo.

Puesto que se trata de un ensayo argumentativo, su opinión deberá estar respaldada por evidencia contenida en los pasajes, o por experiencias y observaciones propias. Cada párrafo del cuerpo deberá presentar una razón por la que usted cree que su opinión es correcta y contener evidencia que la respalde. Usted deberá reconocer contraargumentos y explicar por qué su posición es más sólida que la respaldada por esos contraargumentos. Deberá obtener evidencia de los pasajes dados, pero podrá usar evidencia adicional de otras fuentes para respaldar su posición.

> **Recuerde**
>
> Recuerde que parte de su calificación en esta parte de la prueba dependerá de cuán bien desarrolle sus ideas. El cuerpo del ensayo es donde se obtendrán esos puntos. Asegúrese de que la idea principal de cada párrafo representa una razón, un hecho o un ejemplo que ayuda a explicar su declaración de tesis. Asegúrese también de que cada párrafo incluye suficiente información para probar la idea principal. Responda a todas las preguntas posibles sobre la idea principal: *quién, qué, dónde, cuándo, por qué* y *cómo*.

Conclusión

El último párrafo del ensayo es la conclusión. En este párrafo, se deberá reafirmar la idea principal presentada en su declaración de tesis, recordándole al lector su respuesta a las instrucciones recibidas. La conclusión debería aportar una percepción de cierre; los lectores deberían sentir que el ensayo está completo. El párrafo de conclusión debería lograr que los lectores sepan que ese es el final, sin decirlo expresamente.

Pasos para escribir el ensayo

Los siguientes son los seis pasos para escribir un ensayo eficaz.

> **Pasos para escribir un ensayo**
>
> **Paso 1:** Lea las instrucciones.
>
> **Paso 2:** Determine su idea principal.
>
> **Paso 3:** Elija sus detalles de apoyo.
>
> **Paso 4:** Escriba el borrador.
>
> **Paso 5:** Revise el borrador.
>
> **Paso 6:** Edite el ensayo.

Paso 1: Lea las instrucciones

Las instrucciones para el ensayo no se presentan en forma de pregunta, como *¿Cuál es su color favorito?* Las instrucciones, por lo general, incluyen varias oraciones, acompañadas de una directiva sobre el tema que usted deberá desarrollar. Léalas con cuidado, para comprender exactamente qué información se le pide que incluya. Si usted descubre en la mitad del ensayo que malinterpretó las instrucciones, probablemente ya no tenga tiempo de volver atrás y empezar de nuevo, así que preste mucha atención cuando las lea. (Si le parece conveniente, léalas dos veces.) Haga todo lo necesario para estar seguro de que usted ha comprendido exactamente lo que se le pide que escriba.

Busque en las instrucciones palabras clave. Esto lo puede ayudar a centrarse en qué escribirá y en cómo lo hará. Busque verbos como *explique* o *respalde*. También busque palabras o frases que especifiquen lo que se deberá incluir, como *describa los puntos fuertes y débiles,* o *tres razones.*

Para ayudarlo a aprender los pasos para escribir el ensayo, he aquí un ejemplo de instrucciones:

Escriba un ensayo en el que usted explique su propia posición sobre la cuestión de si se debe permitir que los alumnos de escuela superior usen fuentes de Internet para trabajos de investigación.

Asegúrese de usar la evidencia contenida en los pasajes dados, así como razones específicas y ejemplos de su propia experiencia y conocimiento, para respaldar su posición. Recuerde que cada posición existe en el contexto de una discusión más amplia de la cuestión, por lo que su ensayo deberá, como mínimo, reconocer la existencia de posiciones alternativas o contrapuestas. Cuando haya terminado su ensayo, revise la redacción y compruebe la ortografía, el uso de los signos de puntuación y la gramática.

Podría serle de utilidad describir las instrucciones con sus propias palabras. Esto lo puede ayudar a centrarse en qué exactamente deberá escribir. Las instrucciones podrían ser descritas así: ¿Debería permitírseles a los alumnos de escuela superior usar fuentes de Internet para trabajos de investigación?

Paso 2: Determine su idea principal

Antes de comenzar a escribir, usted deberá pensar sobre qué información desearía incluir y planificar cómo organizarla del modo más eficaz. El primer paso de la planificación será la determinación de la idea principal de su ensayo: su posición sobre el tema.

La idea principal debería estar directamente relacionada con los requisitos especificados en las instrucciones. Para asegurarse de que usted está abordando el tema de forma directa, pruebe a usar algunas de las palabras contenidas en las instrucciones en su idea principal. Esto le permitirá seguir por el buen camino. Recuerde: no hay una sola forma correcta de escribir la declaración de tesis para todos los ensayos. Si diez personas deben escribir ensayos eficaces basándose en las mismas instrucciones, probablemente escriban diez declaraciones de tesis diferentes. Lo más importante es estar seguro de que su declaración de tesis aborda la cuestión planteada en las instrucciones y es algo que usted puede respaldar adecuadamente.

Ejemplo de declaración de tesis: *Los alumnos de escuela superior deben ser autorizados a usar fuentes de Internet para sus trabajos de investigación.*

Paso 3: Elija sus detalles de apoyo

Los detalles que usted elija deberán proporcionar un sólido respaldo a la idea u opinión dada en su declaración de tesis. Esos hechos, ejemplos y opiniones deberán explicar claramente la idea principal del ensayo y convencer a los lectores de que su posición es la más fuerte.

Antes de comenzar a escribir, usted deberá decidir qué detalles de apoyo resultarán más eficaces en su ensayo. Comience barajando ideas sobre una lista de posibilidades; luego, elija unos tres detalles de apoyo para ser incluidos. Cada uno de estos detalles de apoyo deberá convertirse en la idea principal de un párrafo del cuerpo del ensayo. Asegúrese de haber elegido ideas sobre las que pueda escribir varias oraciones. Además, elija las tres que expliquen mejor su declaración de tesis.

Ejemplo de detalles de apoyo: *En el mundo real, los investigadores usan Internet; existen más fuentes disponibles en Internet; en Internet hay fuentes que usted no encontrará en la biblioteca pública del barrio; Internet ofrece un rango más amplio de opiniones; es más fácil acceder a una computadora que andar recorriendo bibliotecas públicas.*

Si usted ha elegido más de tres ideas como detalles de apoyo, como ocurre en el ejemplo anterior, elija aquellas tres que expliquen mejor su declaración de tesis a los lectores. Luego repase las ideas restantes y vea si algunas de ellas están estrechamente relacionadas con las tres principales. Si así fuera, usted podría usarlas como respaldo en alguno de los párrafos. Por ejemplo, supongamos que uno de sus detalles de apoyo más sólidos es *existen más fuentes disponibles en Internet.* Otras ideas en la lista, como *en Internet hay fuentes que usted no encontrará en la biblioteca pública del barrio* o *Internet ofrece un rango más amplio de opiniones*, pueden ser incluidas en un párrafo donde se afirme que Internet ofrece una mayor cantidad de fuentes.

Una vez que usted haya elegido los detalles de apoyo, deberá determinar la forma de organizarlos más eficazmente. Usted podría presentar sus argumentos por orden de importancia o desde el más obvio al menos obvio.

Recuerde

Recuerde que la planificación y cualquier bosquejo del ensayo deberán ser realizados sobre papel borrador. Solo el ensayo propiamente dicho deberá ser entregado. La buena noticia aquí es que usted no tendrá que trabajar ordenadamente mientras completa los pasos 2 y 3; podrá tachar lo que desee, dibujar organizadores gráficos y usar flechas para indicar movimientos de información. La mala noticia es que usted deberá trabajar rápidamente para poder volcar todas esas ideas sobre la página en que deberá presentar el ensayo. Puede que usted haya escrito excelentes ideas sobre el papel borrador, pero solo contarán si llegan a formar parte de su ensayo final.

Paso 4: Escriba el borrador

Aquí es donde comienza el ensayo propiamente dicho. Empiece por escribir una introducción que sea lo suficientemente interesante como para predisponer a los lectores a escuchar lo que usted tiene que decir. Incluya su declaración de tesis en este primer párrafo.

Ejemplo de introducción

El propósito de la escuela superior es preparar a sus alumnos para el futuro, ya sea en la universidad o en un lugar de trabajo. Definitivamente, el futuro incluye el uso de Internet. Por ello, debemos enseñar a los alumnos a usar Internet, y esto incluye permitirles usar las fuentes que encuentren en Internet para sus trabajos de investigación de escuela superior. Internet proporciona abundante información que no se encuentra disponible en ninguna otra parte y resulta un medio cómodo para aquellos alumnos muy ocupados.

Luego empiece a escribir el cuerpo del ensayo. Cada uno de los detalles de apoyo elegidos en el paso 3 deberá constituirse ahora en la idea principal de su propio párrafo.

Incluya suficientes ejemplos, hechos, detalles y explicaciones sobre cada idea principal que justifiquen plenamente el porqué de su inclusión. Recuerde que deberá ordenar los párrafos de acuerdo con la estructura organizativa que sea más eficaz para el tipo de ensayo que usted está escribiendo. Incluya palabras o frases de transición apropiadas para pasar de un párrafo a otro.

Ejemplo de párrafo del cuerpo

Como lo señala el autor del primer pasaje, existe mucha más información sobre un tema disponible a través de las fuentes en Internet que la que un alumno pueda encontrar en la biblioteca pública del barrio. No solo hay más fuentes en Internet; también se presentan múltiples puntos de vista, y el alumno puede beneficiarse del análisis de una cuestión desde diferentes ángulos. Por supuesto, como lo advierte el segundo autor, algunas de esas fuentes no son respetables. Esto no es, sin embargo, un obstáculo, sino más bien una posibilidad de aprendizaje. Los maestros pueden enseñarles a sus alumnos cómo evaluar las fuentes, habilidad que les será de mucha utilidad en el futuro.

Por último, escriba la conclusión. Recuerde que deberá repasar su declaración de tesis y redondear el ensayo de forma tal que los lectores sientan que usted ha abarcado el tema por completo.

Ejemplo de conclusión

A pesar de los desafíos, los alumnos de escuela superior se beneficiarán más si se los autoriza a usar fuentes de Internet para sus trabajos de investigación. La necesidad de tener que filtrar datos provenientes de múltiples fuentes y puntos de vista les permitirá aprender a evaluar la información y desarrollar habilidades que podrán usar para el resto de sus carreras.

Paso 5: Revise el borrador

Una vez que haya finalizado el borrador, tómese unos pocos minutos para leer detenidamente su ensayo. Formúlese preguntas como estas: *¿Tiene sentido? ¿Podrían algunos detalles adicionales ayudar a explicar mejor esta idea? ¿Respaldan todas las oraciones la idea principal?*

A medida que avance en la lectura, trate de determinar los lugares donde un poco más de información o detalles adicionales podrían hacer que el texto resultara más eficaz. Agregue palabras, clarifique ideas y reorganice información para mejorar el ensayo. Suprima toda información que no sea pertinente ni tampoco relevante.

Paso 6: Edite el ensayo

Editar no es lo mismo que revisar. La revisión se refiere a la claridad y a la organización, a todo el conjunto. La edición, por el contrario, trata de los detalles. Durante la edición, usted deberá aplicar todas las reglas que aprendió sobre gramática, uso de mayúsculas, signos de puntuación y ortografía. Compruebe con cuidado su redacción para asegurarse de que ha aplicado correctamente estas convenciones. Introduzca los cambios necesarios. Recuerde que los errores en los aspectos mecánicos y en las convenciones de la escritura pueden tener consecuencias sobre la calidad de la redacción, así como en la capacidad del lector de comprender claramente sus ideas, y que esos errores pueden afectar su calificación.

Recuerde

Recuerde que usted dispondrá de 45 minutos para completar esta parte de la prueba. Esto significa que tendrá 45 minutos para planificar, preparar el borrador, revisar y editar su ensayo. Si bien puede parecerle que tiene mucho tiempo, usted deberá distribuir esos minutos inteligentemente para asegurarse de tener tiempo suficiente para poder completar cada uno de los seis pasos. La siguiente es una guía sobre cómo podría asignar el tiempo dado para completar el ensayo.

- **Paso 1:** Lea las instrucciones—2 minutos.
- **Paso 2:** Determine su idea principal—3 minutos.
- **Paso 3:** Elija sus detalles de apoyo—5 minutos.
- **Paso 4:** Escriba el borrador—25 minutos.
- **Paso 5:** Revise el borrador—5 minutos.
- **Paso 6:** Edite el ensayo—5 minutos.

Controle el tiempo que necesita para completar los ejercicios de práctica de este libro. Al principio, trate de aplicar la guía anterior para distribuir su tiempo. Después, personalice el plan de acuerdo con sus propias necesidades. Si usted descubre que necesita algo más de tiempo para planificar la redacción, por ejemplo, asígnele un par de minutos adicionales a esa actividad y quíteselos a la redacción del borrador. Independientemente de la forma en que decida distribuir los minutos, usted deberá asegurarse de que tiene tiempo suficiente para completar la redacción y de que le quedan un par de minutos para hacer una comprobación final de su trabajo.

Ejemplo

A continuación, usted encontrará dos pasajes en los que los autores proponen diferentes perspectivas sobre una cuestión de importancia. Lea los dos pasajes detenidamente, y tome nota de los puntos fuertes y débiles de cada análisis. Luego, escriba un ensayo en el que explique su opinión sobre la cuestión.

Las ventajas y desventajas enumeradas en los recuadros siguientes han sido extraídas de un folleto publicado por una organización de salud pública.

Ventajas

1. Los Centros para el Control y la Prevención de Enfermedades (CDC) recomiendan que usted reciba una vacuna anual contra la gripe, a menos que sea alérgico a la vacuna. Las vacunas contra la gripe salvan vidas. Más de 200,000 personas son hospitalizadas por la gripe cada año en los Estados Unidos, y alrededor de 36,000 mueren por causa de la gripe o por causas relacionadas con ella.

2. La idea de que la vacuna puede provocar la gripe es un mito. Es cierto que la vacuna contra la gripe contiene variedades del virus, pero estas no pueden provocarle la enfermedad. La vacuna contra la gripe está hecha con una forma totalmente inactivada del virus. El atomizador nasal usado para la vacunación

(Continúa)

contra la gripe contiene una forma severamente debilitada del virus. Ninguno de los dos tipos de vacuna representa un riesgo para usted de contraer la enfermedad.

3. Los efectos secundarios de la vacuna son despreciables en la mayoría de los casos. Algunos padres pueden estar preocupados por la probable conexión de la vacuna con el autismo en los niños. Esto es un mito. Se rumoreaba que un conservante que se usaba en la preparación de las vacunas, el tiomersal, podía provocar el autismo, pero el estudio que dio origen a ese rumor fue completamente desacreditado. Muchos estudios posteriores han demostrado que no existe relación alguna entre las vacunas que contienen tiomersal y el autismo. La mayoría de las vacunas que se aplican a los niños en los Estados Unidos no contienen tiomersal, y los adultos también pueden solicitar que se les apliquen vacunas libres de tiomersal.

4. No hay razones para no recibir la vacuna contra la gripe. Son seguras y salvan vidas. Las vacunas contra la gripe son fáciles de conseguir. Usted ni siquiera necesita ir especialmente al consultorio de su médico para ser vacunado. En la mayoría de las farmacias, le aplicarán la vacuna, sin cita previa, a un módico precio, y los seguros de salud a menudo le cubrirán el costo. Protéjase y proteja a los que lo rodean vacunándose contra la gripe este año.

Desventajas

1. La vacuna contra la gripe no es para todos. Las vacunas contra la gripe no son seguras para algunas personas, especialmente si son alérgicas al huevo. La vacuna es cultivada dentro de huevos de gallina y puede representar un verdadero riesgo. Asegúrese de consultar primero con un médico antes de recibir la vacuna. Además, la vacuna contra la gripe puede tener efectos secundarios.

2. La mayor razón para no recibir la vacuna es que no es 100% eficaz. En un estudio reciente se informó que su eficacia era de solo el 59% en adultos sanos. La vacunación anual contra la gripe puede que lo proteja de la variedad del virus dominante este año, pero lamentablemente no lo protegerá de todos los otros virus que podrían andar dando vueltas por allí. Debido a que los virus se modifican cada año, las vacunas deben ser reformuladas anualmente para tener efecto. Esto significa que usted deberá vacunarse todos los años durante la temporada de la gripe, e incluso así no tendrá garantía de que la vacuna lo protegerá contra todas las variedades de gripe de esa temporada.

Escriba un ensayo en el que explique su propia posición sobre la cuestión de las vacunas contra la gripe.

Asegúrese de usar la evidencia contenida en los pasajes dados, así como razones específicas y ejemplos de su propia experiencia y conocimiento, para respaldar su posición. Recuerde que cada posición existe en el contexto de una discusión más amplia de la cuestión, por lo que su ensayo deberá, como mínimo, reconocer la existencia de posiciones alternativas o contrapuestas. Cuando haya terminado su ensayo, revise la redacción y compruebe la ortografía, el uso de los signos de puntuación y la gramática.

Ejemplo de respuesta

Los dos artículos que analizan las ventajas y desventajas contienen, ambos, puntos válidos, pero creo que el artículo que argumenta en favor de la vacunación contra la gripe está mejor respaldado por la evidencia. A menos que la persona sea alérgica a la vacuna, yo le recomendaría que se vacunara anualmente contra la gripe.

Los Centros para el Control y la Prevención de Enfermedades (CDC) recomiendan la vacunación anual para toda persona a partir de los seis meses de edad. Los CDC se preocupan por la salud pública. Representan la opinión de los expertos sobre la cuestión, a la que debería prestársele atención. El primer artículo describe también buenas razones por las que deberíamos hacerles caso a los CDC. La afirmación más importante que se hace en el artículo es que la vacunación contra la gripe salva vidas. Muchos de nosotros hemos tenido gripe y tal vez pensemos que no es para tanto. Uno se enferma, se queda en la casa unos pocos días, no tiene que ir ni a la escuela ni al trabajo y descansa mientras mira sus películas favoritas o duerme la siesta. Uno está de nuevo repuesto en un abrir y cerrar de ojos. Eso ocurre en el mejor de los casos. Más de 200,000 personas son hospitalizadas y 36,000 mueren por la gripe cada año, solo en los Estados Unidos. Estas estadísticas son específicas y relevantes para la cuestión que se analiza, y refuerzan la idea de que la vacuna puede salvar vidas. Incluso si usted es joven y está sano y puede sobrevivir la gripe, usted puede contagiar a otros. ¿Qué pasaría, por ejemplo, si usted contagia a su abuela y ella muere? No creo que quiera correr ese riesgo.

Otro punto importante que menciona el primer artículo es que la vacuna es segura. En el pasado, algunos padres temían que existiera una conexión entre las vacunas y el autismo. Como lo señala el artículo, el estudio que estableció esa conexión ha sido completamente desacreditado y nuevos estudios han demostrado que no existe relación alguna entre las vacunas y el autismo. Incluso si el tiomersal hubiera sido causa del autismo, el preservante no se usa más en la preparación de vacunas para niños. Estos hechos deberían atenuar los temores de los padres sobre la vacunación de sus hijos. Cualquier padre que esté todavía preocupado puede confirmar estos hechos e investigar más la cuestión. Hubiera sido mejor disponer de más detalles sobre los estudios de seguridad, pero el artículo ha hecho un buen trabajo al abordar la principal preocupación. Por supuesto, a aquellas personas que son alérgicas al huevo, la vacuna podría provocarles severas reacciones adversas y no debería serles aplicada. Para el resto de nosotros, no es una preocupación.

No obstante, el segundo artículo destaca una cuestión válida. Si la vacuna no es 100% eficaz, ¿para qué tomarnos la molestia? El artículo cita un estudio que muestra que, en un año, la vacuna resultó eficaz en solo el 59% de los adultos sanos vacunados. En otras palabras, aun en el caso de que todos hayan recibido la vacuna, alrededor del 40% contrajo la enfermedad o tuvo síntomas relacionados con ella. La vacuna puede que no lo proteja contra todas las variedades del virus en un año dado. Esto puede que lo disuada de recibir la vacuna, pero yo no encuentro que este argumento sea convincente. La información corresponde a solo un año. ¿Es representativa? ¿Qué pasaría si ese año fuera solo un mal año? Incluso si la protección típica fuera del 59%, 59% es mejor que 0% de protección sin la vacuna. Cuando uno considera la cantidad de personas que son hospitalizadas y que mueren cada año, creo que alguna protección es mejor que nada.

En conclusión, la posición que defiende la vacunación anual contra la gripe es más convincente. Hace una mejor argumentación, con afirmaciones válidas y evidencia más sólida, sobre el punto de que la vacuna es segura y salva vidas. Si eso es posible, lo mejor es protegerse y recibir la vacuna contra la gripe.

EJERCICIOS SOBRE LA REDACCIÓN DEL ENSAYO

Ahora es su turno de poner en práctica toda la información recibida. Lea las instrucciones siguientes y aplique los seis pasos para escribir un ensayo eficaz en el examen HiSET. Consígase un temporizador y prográmelo para 45 minutos. Cuando esté listo para empezar, ponga en funcionamiento el temporizador y comience por el paso 1, es decir, lea las instrucciones. Si usted finaliza antes de que el temporizador se detenga, vuelva atrás y compruebe su trabajo. Si el temporizador suena antes de que usted finalice su ensayo, deténgase y vea hasta dónde ha llegado. Luego continúe y finalice el ensayo. Cerciórese de haber aplicado todos los seis pasos durante la práctica, independientemente del tiempo que le lleve.

A continuación, usted encontrará dos pasajes en los que los autores proponen diferentes perspectivas sobre una cuestión de importancia. Lea los dos pasajes detenidamente, y tome nota de los puntos fuertes y débiles de cada análisis. Luego, escriba un ensayo en el que explique su opinión sobre la cuestión.

Los artículos siguientes, que tratan sobre una propuesta de establecer un programa de uso compartido de bicicletas en Tulsa, Oklahoma, fueron publicados en la sección de opinión de un diario local.

El uso compartido de bicicletas es el futuro en Tulsa

1. En Tulsa, el tráfico ha aumentado a tal punto que mucha gente pasa horas de su valioso tiempo encerrada en su automóvil. Tulsa es una ciudad muy linda, llena de mejores cosas para hacer que quedar atrapado en una congestión de tráfico. A nuestros ciudadanos les preocupan las cuestiones relacionadas con el medioambiente, y un programa de uso compartido de bicicletas podría reducir considerablemente las emisiones de carbono y toda la polución producida por los automóviles en la ciudad. ¡Y no mencionemos el alivio que un programa de esa naturaleza traería de los altos precios de la gasolina!

2. Tulsa es una ciudad que crece rápidamente, y nuestra reputación de pensadores de futuro y de medioambientalistas está aquí en juego. Los programas de uso compartido de bicicletas en Texas y en Arizona, al igual que en otras partes de Oklahoma, muestran que esos programas pueden ser exitosos. Con una reducción del tráfico, podremos apoyar a nuestra población sin afectar el medioambiente. En muchas ciudades, el programa de uso compartido de bicicletas se ha convertido en un componente crítico de una vida urbana sana y sostenible.

3. Las bicicletas que se usarán para el programa son de fácil manejo. Son algo más pesadas que las bicicletas que usted encontrará en un negocio de bicicletas, pero cualquiera que tenga una mediana experiencia en movilizarse sobre dos ruedas podrá conducir sin problemas estas robustas bicicletas. Son cómodas y fáciles de adaptar, así que cualquiera puede conducirlas. Conseguir que más personas se trasladen en bicicleta no solo ayudará al medioambiente, sino que también contribuirá a mejorar la salud de la gente. Andar en bicicleta es un gran ejercicio.

El uso compartido de bicicletas es un derroche

1. Los programas de uso compartido de bicicletas son adecuados para ir al trabajo si usted vive cerca del lugar de trabajo, pero para la mayoría de los habitantes de Tulsa no tiene mucho sentido. Algunas de las mejores partes de Tulsa y las vistas más espectaculares de los alrededores quedan lejos del centro. Si usted quiere usar una bicicleta para algo que no sea un viaje corto al trabajo, no encontrará ningún atractivo en participar del programa de uso compartido de bicicletas.

2. Este programa costará demasiado dinero. El establecimiento de este programa le costará a la ciudad de Tulsa 1.1 millones de dólares, sin contar los costos operativos anuales de 100,000 dólares. El presupuesto de nuestra ciudad acaba de ser reducido debido al déficit que arrastra, ¡y el estado está en recesión! Seguro, podemos solicitar una subvención federal, pero no hay garantías de que sea concedida y el proceso lleva su tiempo. Si dispusiéramos de esa cantidad de dinero, ¿no sería mejor gastarla de otro modo? Algunas de nuestras escuelas están en peligro de tener que cerrar sus puertas, muchos de nuestros parques necesitan cuidados y atención, y el desempleo es aquí muy alto.

3. Existen muchas otras razones por las que este programa es una mala idea, pero la confiabilidad es una de las más importantes. El clima puede afectar cualquier viaje en bicicleta. Si usted se compromete a participar en un programa de uso compartido de bicicletas y no tiene otro medio confiable de transporte, la lluvia, el aguanieve o la nieve podrían arruinar completamente su esfuerzo. El invierno en Tulsa no es ideal para andar en bicicleta, y en verano tenemos muchos días con temperaturas por encima de los 100 grados. A nadie le gusta andar en bicicleta en esas condiciones. Estas bicicletas serán un derroche de dólares de la recaudación impositiva y tendrán muy poco uso.

Escriba un ensayo en el que explique su propia posición sobre la cuestión del programa de uso compartido de bicicletas.

Asegúrese de usar la evidencia contenida en los pasajes dados, así como razones específicas y ejemplos de su propia experiencia y conocimiento, para respaldar su posición. Recuerde que cada posición existe en el contexto de una discusión más amplia de la cuestión, por lo que su ensayo deberá, como mínimo, reconocer la existencia de posiciones alternativas o contrapuestas. Cuando haya terminado su ensayo, revise la redacción y compruebe la ortografía, el uso de los signos de puntuación y la gramática.

Escribir un ensayo de práctica como este puede ser muy instructivo. Usted podría haberse dado cuenta de que el límite de 45 minutos no es el adecuado para sus necesidades. Usted podría haber descubierto que no tiene problemas para elegir la idea principal y los detalles de apoyo. Si usted encontró algunas áreas en las que necesitaría algo más de práctica o de repaso, vuelva atrás a la sección correspondiente de este libro. Por ejemplo, si usted tiene dudas sobre dónde colocar las comas en su ensayo, vuelva a la sección en la que se explica el uso de los signos de puntuación.

Ahora, repase otra vez las instrucciones para el ensayo y relea lo que ha escrito. Hágalo con sentido crítico. ¿Se mantuvo en tema? ¿Explica cada parte de su ensayo por qué su opinión es más sólida que la otra posición? ¿Ha incluido suficientes razones que demuestren por qué su posición es la mejor? Si así no fuera, vuelva atrás e introduzca todas las correcciones que considere necesarias para mejorar el ensayo.

Veamos un segundo tema de práctica. En esta oportunidad, trate de perfeccionar su control del tiempo y sus procedimientos para mejorar su rendimiento.

A continuación, usted encontrará dos pasajes en los que los autores proponen diferentes perspectivas sobre una cuestión de importancia. Lea los dos pasajes detenidamente, y tome nota de los puntos fuertes y débiles de cada análisis. Luego, escriba un ensayo en el que explique su opinión sobre la cuestión.

Los artículos siguientes, que tratan sobre el uso de los teléfonos celulares, fueron publicados en una revista de una sociedad de debates.

Los teléfonos celulares son peligrosos

1. Más de 300 millones de estadounidenses usan habitualmente teléfonos celulares. Pero ¿son peligrosos estos teléfonos? Dicho en pocas palabras: sí. Por producir radiaciones que causan cáncer y provocar trágicos accidentes de auto, los teléfonos celulares son peligrosos y deberían ser usados con precaución.

2. Muchos estudios evaluados por sus pares han demostrado que existen conexiones entre el uso de los teléfonos celulares y un aumento en el riesgo de desarrollar tumores cerebrales. Un estudio sueco de 2013 sobre usuarios de teléfonos celulares encontró una conexión entre el uso del teléfono celular y el desarrollo de gliomas, un tipo común de tumor cerebral, y de neuromas acústicos, un tipo de tumor no canceroso de crecimiento lento que se desarrolla sobre el nervio que conecta el oído con el cerebro. Otro estudio, realizado en 2009, informó que el uso prolongado de teléfonos celulares durante 10 o más años se correlacionaba con un riesgo casi doble de desarrollar gliomas en el mismo lado de la cabeza en que el usuario apoyaba el teléfono.

3. Aparte de causar cáncer, el uso de los teléfonos celulares en autos es peligroso. Es más probable que se produzca un accidente cuando el conductor está hablando por el teléfono celular, incluso si lo hace a través de dispositivos manos libres. La National Highway Traffic Safety Administration (NHTSA) ha informado que el 25% de todos los accidentes de tránsito es resultado de la distracción del conductor, incluido el uso de los teléfonos celulares. Las personas que hablan por teléfono celular son tan peligrosas como los conductores ebrios. Investigadores de la Universidad de Utah descubrieron que el uso del teléfono celular provoca un impedimento equivalente al que provoca un contenido de alcohol en sangre de 0.08%. Los dispositivos manos libres tampoco ayudan, porque el problema es la distracción mental.

Los teléfonos celulares no son peligrosos

1. Muchas de las preocupaciones sobre el uso de los teléfonos celulares están basadas en el hecho de que estos teléfonos usan radiación de radiofrecuencia (RF). Cuando la gente escucha la palabra "radiación", sus mentes la asocian automáticamente con "cáncer". Sin embargo, los temores son infundados. A diferencia de la radiación ionizante de los rayos X y la luz ultravioleta, que pueden dañar el ADN y provocar cáncer, la radiación de los teléfonos celulares es una radiación no ionizante y carece de la energía necesaria para provocar cáncer. La misma radiación de radiofrecuencia es usada por radios, televisores, computadoras portátiles, tabletas y teléfonos inalámbricos de línea fija.

2. Es más, todos sabemos que hablar por un teléfono celular mientras se conduce es peligroso, ¿no es cierto? ¡No! Según el Instituto Cato, un grupo de reflexión libertario sin afiliación política, otras distracciones, como comer, beber, sintonizar la radio y hablar con otros ocupantes del vehículo, son responsables de más accidentes que los ocasionados por el uso del teléfono celular. De hecho, los teléfonos celulares son responsables de menos del 1% de los accidentes de tránsito.

3. La próxima vez que usted lea o escuche algo sobre los peligros del uso de teléfonos celulares, tómelo con pinzas. No piense que la radiación de radiofrecuencia le está destruyendo su cerebro. Y si tiene que hacer una llamada mientras conduce, asegúrese de mantener la vista sobre la ruta y su cabeza centrada en la conducción, y todo debería salir bien.

Escriba un ensayo en el que explique su propia posición sobre la cuestión de la peligrosidad de los teléfonos celulares.

Asegúrese de usar la evidencia contenida en los pasajes dados, así como razones específicas y ejemplos de su propia experiencia y conocimiento, para respaldar su posición. Recuerde que cada posición existe en el contexto de una discusión más amplia de la cuestión, por lo que su ensayo deberá, como mínimo, reconocer la existencia de posiciones alternativas o contrapuestas. Cuando haya terminado su ensayo, revise la redacción y compruebe la ortografía, el uso de los signos de puntuación y la gramática.

Parte IV
Estudios Sociales

10 La prueba de Estudios Sociales

La prueba de Estudios Sociales del examen *HiSET*® es una prueba de preguntas de opción múltiple estructurada en una sola parte. Usted tendrá disponibles 70 minutos para responder un total de 50 preguntas en las áreas de historia mundial y de los Estados Unidos de América, educación cívica y gobierno, economía y geografía. Algunas preguntas estarán basadas en pasajes de lectura que contengan un máximo de 250 palabras. Otras estarán basadas en materiales gráficos, como mapas, tablas, ilustraciones, diagramas, caricaturas políticas o gráficas. Algunas preguntas combinarán un pasaje de lectura con algún material gráfico.

Para responder las preguntas, usted deberá demostrar la capacidad de comprender, replantear, resumir y realizar inferencias basándose en la información contenida en un pasaje, un documento, una cita o una ilustración. La buena noticia es que usted no tendrá que recordar todo lo que haya aprendido sobre estudios sociales. No obstante, deberá confiar en lo que usted ya sabe acerca de los conceptos y eventos más importantes en el campo de los estudios sociales y combinar esa información con los hechos y datos mencionados en cada pregunta.

Cada uno de los capítulos 11 a 15 trata sobre un área de la prueba de Estudios Sociales: Historia mundial, Historia de los Estados Unidos de América, Educación cívica y gobierno, Economía, y Geografía.

Pasos para responder las preguntas

Como ocurre en cada prueba del examen HiSET, existen algunos pasos que usted deberá seguir para abordar las preguntas. Para la prueba de Estudios Sociales, estos son los pasos que usted deberá seguir para encontrar la respuesta correcta:

> ### Pasos para responder las preguntas de Estudios Sociales
>
> **Paso 1:** Lea toda la información.
>
> **Paso 2:** Identifique la pregunta.
>
> **Paso 3:** Subraye las palabras y frases clave.
>
> **Paso 4:** Determine los significados.
>
> **Paso 5:** Piense en lo que usted ya sabe.
>
> **Paso 6:** Elija la mejor respuesta.

Paso 1: Lea toda la información

El primer paso para responder correctamente una pregunta es leer detenidamente toda la información. Puesto que muchas de las preguntas en esta prueba incluyen material gráfico, la lectura incluirá títulos, epígrafes, claves, gráficas y leyendas, además de los pasajes y las preguntas propiamente dichas. Asegúrese de prestar atención también a todo el contenido de ilustraciones, dibujos, fotos y caricaturas.

> **Recuerde**
>
> Recuerde que ciertos tipos de preguntas sobre estudios sociales dependerán probablemente más que otras de las ayudas visuales. Por ejemplo, usted encontrará más gráficas relacionadas con las preguntas de economía y educación cívica que con las preguntas relacionadas con las otras áreas de los estudios sociales, y más mapas relacionados con las preguntas de geografía que con cualquier otro tipo de preguntas.

Paso 2: Identifique la pregunta

Después de leer todo el material disponible, asegúrese de comprender exactamente qué es lo que se le pregunta. Por ejemplo, usted deberá identificar qué sucedió durante un acontecimiento histórico dado, cuáles fueron las causas que lo motivaron o qué ocurrió después. Lea con cuidado la pregunta y determine qué información se le pide que explique. Podría ser de utilidad tratar de reformular la pregunta con sus propias palabras para asegurarse de que la ha comprendido.

Paso 3: Subraye las palabras y frases clave

Ahora que usted sabe qué es lo que se le pregunta, vuelva atrás, repase el pasaje y el material gráfico, y trate de encontrar palabras, fechas, frases o hechos clave que sean pertinentes. Por ejemplo, si la pregunta se refiere a utensilios provenientes de la antigua civilización egipcia, subraye la palabra *utensilios*, al igual que todo ejemplo que sea mencionado. Si la pregunta se refiere a quién descubrió los utensilios o a cuándo fueron encontrados, busque también nombres y fechas relevantes. Durante la prueba, usted leerá descripciones de muchos hechos en un período relativamente corto de tiempo. Es muy probable que confunda la información contenida en un pasaje con la de otro. Tómese algunos segundos adicionales para buscar la información importante y asegurarse de que usted se está centrando en los hechos correctos.

Paso 4: Determine los significados

Como usted ya lo sabe, habrá momentos en que las palabras o frases usadas en un pasaje de lectura le resultarán desconocidas. En una prueba cronometrada, es importante que esa situación no lo frustre. Primero, écheles una mirada a las palabras que desconoce y luego trate de usar claves de contexto para descubrir su significado. Piense en qué tiene sentido en el contexto de la oración o el pasaje considerados. Busque pistas en la oración o en las oraciones que la rodean que puedan brindar claves acerca del significado de las palabras o frases. Podría encontrar una definición o un ejemplo que le resulten útiles.

Si esto no lo ayudara, descomponga la palabra desconocida en sus partes y vea si la raíz de la palabra, el prefijo o el sufijo le resultan familiares. ¿Conoce usted alguna palabra que tenga una raíz similar? Si así fuera, vea si ello le da idea de cuál podría ser el significado de la palabra considerada. Recuerde todos los trucos que aprendió en la escuela elemental y media, y úselos ahora. También, repase la parte V de este libro, que trata sobre la comprensión de la lectura. Allí se describen varias habilidades de lectura que pueden resultarle de ayuda en situaciones en que usted se enfrente con palabras desconocidas.

Paso 5: Piense en lo que usted ya sabe

Después de leer todo lo que está a su alcance, de identificar la pregunta que se le formula y de determinar el significado de las palabras que desconoce, piense en lo que ya sabe sobre el tema. Recuerde que algunas de las preguntas requerirán cierta consideración de su parte. En otras palabras, las respuestas puede que no estén contenidas en el pasaje. Trate de establecer relaciones entre sus conocimientos previos y los hechos presentados en la prueba. Esto resultará especialmente importante en el análisis de las caricaturas políticas. Es probable que necesite usar claves de contexto y su conocimiento previo de los acontecimientos representados y de la época en que se publicó la caricatura para responder las preguntas.

Paso 6: Elija la mejor respuesta

La palabra clave en este último paso es *mejor*. Más de una opción de respuesta podría ser correcta, al menos parcialmente, así que asegúrese de leer bien todas las opciones. Su tarea consiste en elegir solo la mejor opción de respuesta.

Caricaturas políticas

El análisis de una caricatura política requiere de habilidades adicionales. A continuación, se presentan algunos consejos para ayudarlo a aplicar los seis pasos a este tipo de preguntas. No hay cambios en los pasos 1 y 2.

Paso 3: Subraye las palabras y frases clave

Céntrese en las palabras contenidas en la caricatura. La propia pregunta podría darle cierta información de antecedentes sobre la caricatura y, por lo general, hay también un epígrafe. Léalos detenidamente. Luego busque cualquier leyenda que el autor haya incluido en la caricatura. Las leyendas le permitirán identificar los diferentes elementos de la caricatura. A menudo, las leyendas van acompañadas de símbolos, lo que nos lleva al paso 4.

Paso 4: Determine los significados

En el caso de las caricaturas, esto significa que usted deberá determinar el significado de la caricatura en su conjunto y de los elementos individuales. Observe la caricatura en su conjunto e identifique cada uno de los variados elementos visuales. Esto incluye el fondo, las personas, los animales y los objetos. Tome nota de cuál elemento de la caricatura ha sido destacado. Por lo general, se tratará de una exageración o distorsión de una persona o de un objeto con la intención de producir un efecto gracioso. La ironía es una característica de las caricaturas políticas. Busque símbolos bien conocidos, como un águila que represente a los Estados Unidos o una paloma que represente la paz. Considere cómo los elementos visuales interactúan entre sí. Si aparece una persona, ¿qué es lo que está haciendo?

Paso 5: Piense en lo que usted ya sabe

Este es el paso en el que su conocimiento previo de la época y de los acontecimientos representados desempeña un papel importante. Muchos caricaturistas utilizan analogías para comparar dos cosas cuando el tema es complejo y difícil de entender. Por ejemplo, si el Tío Sam aparece quemando dinero, esto significa que para el artista el gasto del gobierno es ineficiente. Una vez que usted haya completado este paso, resuma lo que sabe y trate de expresar el mensaje de la caricatura en una oración. ¿Qué es lo que el caricaturista está tratando de decir? No hay cambios en el paso 6.

Ejemplos

Para mostrar cómo se aplican los pasos, he aquí una pregunta de ejemplo referida a la historia de los Estados Unidos:

Anne Hutchinson fue juzgada, condenada y desterrada de la colonia de Massachusetts Bay por herejía en 1637. Durante el juicio, el gobernador Winthrop y los otros jueces la acusaron de seducir a otros con sus opiniones religiosas, de vanidad y de desconocer el lugar que le correspondía a la mujer en la sociedad puritana. Posteriormente, Winthrop intensificó el vilipendio de Hutchinson, llamándola "instrumento de Satán" y comparándola con la "prostituta de Babilonia". Vista a través de los ojos de estos hombres, Hutchinson parecía prácticamente un demonio. No obstante, tenía muchos seguidores, tanto hombres como mujeres. Ella había establecido lazos personales muy cercanos con su familia, con sus compañeros de oración y con las mujeres a las que ayudaba en sus tareas de parto. Las únicas palabras que se conservan de ella se encuentran en las transcripciones del juicio, registradas por hombres. En las transcripciones, se aprecia que ella prueba ser un digno adversario legal, que hace guantes verbales con sus jueces. Les pide que le digan específicamente qué leyes había violado, que presenten pruebas de sus supuestas palabras y les exige un juramento formal a los ministros. Hutchinson centra su defensa en las diferencias entre la disertación pública y privada, y defiende su derecho a expresarse. Su habilidad obligó a que Winthrop tuviera que cambiar varias veces los cargos en su contra, pero el veredicto ya estaba decidido probablemente antes de que el juicio diera comienzo. Las autoridades masculinas necesitaban eliminar la amenaza que ella representaba para su doctrina de trabajo y el control que ellos ejercían sobre las posibilidades de expresión en la colonia.

1. **¿Cuál de las afirmaciones siguientes representa la inferencia más correcta del pasaje?**

   A Algunas personas apoyaban a Anne Hutchinson en la colonia de Massachusetts Bay.

   B Anne Hutchinson fue enviada a prisión luego de ser juzgada en 1637.

   C El gobernador Winthrop tenía un resentimiento especial contra Hutchinson.

   D Hutchinson fue la primera mujer llevada a juicio en las colonias americanas.

Explicación

Paso 1: Lea toda la información

Paso 2: Identifique la pregunta

La pregunta pide que usted *infiera* algo sobre el pasaje. Esto significa que usted deberá leer las opciones de respuesta y decidir cuál de ellas está respaldada por la evidencia contenida en el pasaje. No significa que las otras opciones sean falsas. Usted podría encontrar opciones que sean irrelevantes o que estén fuera del ámbito del pasaje. Asegúrese de que la opción que usted elija sea verdadera, basándose en lo que haya leído en el pasaje.

Paso 3: Subraye las palabras y frases clave

Usted necesita determinar cuál opción de respuesta contiene información exacta. Puesto que en las opciones se mencionan nombres y fechas, trate de encontrarlos en el pasaje. También debería tomar nota de las palabras *apoyaban*, *enviada a prisión*, *resentimiento especial* y *primera mujer*, y comprobar si esas palabras, u otras similares, son usadas en el pasaje.

Paso 4: Determine los significados

Las palabras *vilipendio* y *disertación*, y la expresión *hace guantes* puede que le resulten desconocidas. Écheles un vistazo a las secciones del pasaje en donde se mencionan.

> *Winthrop intensificó el <u>vilipendio</u> de Hutchinson, llamándola "instrumento de Satán"*

Esto muestra que Winthrop dijo cosas que mostraban su desprecio por Hutchinson. *Vilipendio* probablemente signifique algo parecido a insulto.

> *… ella prueba ser un digno adversario legal, que <u>hace guantes</u> verbales con sus jueces. Les pide que le digan específicamente qué leyes había violado, que presenten pruebas de sus supuestas palabras y les exige un juramento formal a los ministros.*

¿Qué fue lo que hizo Hutchinson durante su juicio? Ella luchó contra los jueces, discutiendo con ellos y cuestionándolos. *Hacía guantes* probablemente signifique algo relacionado con pelear.

> *… centra su defensa en las diferencias entre la <u>disertación</u> pública y privada, y defiende su derecho a expresarse.*

Puesto que Hutchinson está defendiendo su derecho a expresarse, debe estar hablando aquí sobre la expresión. Ella dice, entonces, que hay una diferencia entre expresarse en público y hacerlo en privado. *Disertación* probablemente signifique algo relacionado con expresión o expresarse.

Paso 5: Piense en lo que usted ya sabe

Incluso si usted no recuerda nada sobre Anne Hutchinson, probablemente sí recuerde algo sobre la sociedad puritana en la época de las colonias americanas. Considere todo lo que ha aprendido, escuchado o leído sobre los puritanos en el pasado. Use esta información, junto con toda la información contenida en el pasaje, para completar el paso 6.

Paso 6: Elija la mejor respuesta

De acuerdo con el pasaje, la opción A es la mejor respuesta. En el pasaje no se dice que Hutchinson fuera enviada a prisión después del juicio, sino que fue desterrada de la colonia, así que puede eliminar la opción B. En el pasaje tampoco se dice que ella haya sido la primera mujer sometida a juicio, así que también puede eliminar la opción D. La opción C puede resultar tentadora pues del pasaje se desprende que a Winthrop no le caía bien Hutchinson, pero en el pasaje no se dice que ello fuera por algún motivo personal. Usted no sabe ni siquiera si él la conocía antes del juicio. El pasaje sí dice que ella tenía muchos seguidores y que había establecido lazos personales muy cercanos con ellos, por lo que se puede inferir que algunas personas la apoyaban. **La mejor respuesta es la opción A.**

Ahora, pruebe a aplicar los seis pasos a una pregunta basada en una gráfica.

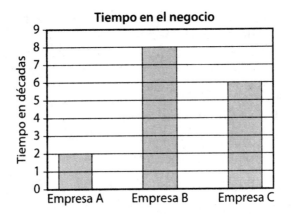

2. **¿Cuánto más tiempo que la empresa A lleva la empresa C realizando negocios?**

   A 4 años

   B 30 años

   (C) 40 años

   D 60 años

Explicación

Paso 1: Lea toda la información

Asegúrese de leer toda la información relacionada con la pregunta. Esto significa no solo el pasaje, sino también la ayuda visual. Si una ilustración incluye un epígrafe, léalo. Si una caricatura política incluye un diálogo, léalo. Es muy tentador asumir que usted conoce el tipo de información contenida en una gráfica y dejar de leer los títulos, las leyendas y la clave para ahorrar tiempo, pero, si se toma unos segundos adicionales para hacerlo, la diferencia en la comprensión de los datos será tremenda. Por ejemplo, si usted no hubiera leído la leyenda sobre el eje de las y, ¿cómo podría saber qué significan los incrementos en que se muestran los datos?

Por haber leído las leyendas en esta gráfica, usted sabe que la empresa A ha realizado negocios durante dos décadas, es decir, 20 años, y que la empresa C lo ha hecho durante seis décadas, es decir, 60 años. Conocer toda la información hace una gran diferencia. Asegúrese de que ha dedicado el tiempo necesario para leer toda la información disponible antes de intentar responder cualquier pregunta de la prueba de Estudios Sociales en el examen HiSET.

Paso 2: Identifique la pregunta

Una vez que haya leído cada detalle de la información disponible, incluida la pregunta propiamente dicha, determine exactamente qué se le pregunta. Trate de reformular la pregunta con sus propias palabras para estar seguro de que ha comprendido claramente la tarea. Esta pregunta es básicamente un problema de sustracción. Preguntar cuánto más tiempo que la empresa A lleva la empresa C es lo mismo que decir C menos A.

Paso 3: Subraye las palabras y frases clave

¿Cuáles son los hechos o detalles más importantes? ¿Qué información necesitará para poder responder la pregunta? Busque esas palabras o frases en el pasaje o en la gráfica, así puede identificarlas rápidamente cuando elija la mejor respuesta.

Paso 4: Determine los significados

¿Hay palabras en el pasaje, la pregunta o las opciones de respuesta cuyo significado usted desconoce? Si así fuera, busque claves en la información disponible que le permitan descubrir ese significado. En el caso de esta pregunta, usted no debería tener problemas.

Paso 5: Piense en lo que usted ya sabe

Ahora, piense en la información que le ha sido suministrada y descubra lo que usted ya sabe. Probablemente, usted haya visto con anterioridad una gráfica de barras y sepa cómo leerla perfectamente. Combine su conocimiento previo con las ideas incluidas en la prueba para entender mejor el tema que se debate.

Paso 6: Elija la mejor respuesta

Antes de responder la pregunta, reléala una vez más y haga lo mismo con las opciones de respuesta. Luego, elija la respuesta que conteste de forma más completa y mejor la pregunta. Si la empresa C lleva 60 años realizando negocios y la empresa A lleva 20 años, la diferencia es 40 años. La opción C es la mejor respuesta.

Practique ahora los pasos con una caricatura política.

Caricatura hecha por Bernhard Gillam, 1888, *Judge Magazine.*

Nota: El texto que aparece en la caricatura dice: (*arriba*) El libre comercio hará que los bienes cuesten menos, pero también reducirá tanto los salarios de los trabajadores estadounidenses que no podrán comprarlos; (*sobre la cuchilla*) Libre comercio, hecho en Inglaterra; (*sobre los huevos*) Ropas, Prosperidad, Buen vivir, Buenos salarios, Buena casa; (*sobre la gansa*) PROTECCIÓN; (*al pie*) La gansa que pone los huevos de oro. El político demócrata le dice al trabajador: "Mata a la gansa y obtén tus huevos inmediatamente".

3. **En la caricatura, la leyenda PROTECCIÓN sobre la gansa se refiere a un arancel a las importaciones. ¿Qué efectos tiene un arancel?**

   A   Aumenta los salarios de los trabajadores y así los beneficia.

   B   Agrega un arancel a las importaciones y aumenta su precio.

   C   Elimina los gravámenes a las importaciones y reduce los precios.

   D   Congela los precios y así beneficia a los consumidores.

Explicación

Paso 1: Lea toda la información

Lea el epígrafe (*al pie*) para enterarse de que la caricatura representa a un político demócrata, el hombre con la galera, diciéndole a un trabajador que el libre comercio es como matar a la gansa de los huevos de oro y obtener todos los huevos a la vez.

El texto sobre el fondo (*arriba*) dice que el libre comercio hará que los bienes cuesten menos, pero que también reducirá tanto los salarios de los trabajadores estadounidenses que no podrán comprarlos. La cuchilla en la mano del político dice *Libre comercio* y *Hecho en Inglaterra*. La leyenda sobre la gansa dice *PROTECCIÓN*, y sobre los huevos dice *ropas, prosperidad, buenos salarios, buen vivir* y *buena casa*.

Paso 2: Identifique la pregunta

En este caso, lo único que deberá hacer es descubrir para qué sirve un arancel a la importación.

Paso 3: Subraye las palabras y frases clave

La cuchilla en la mano del político dice *Libre comercio* y se la ofrece al trabajador para que mate a la gansa de la *PROTECCIÓN*. El trabajador tiene sobre su regazo la cesta con los huevos de oro, que tienen las leyendas de *ropas, prosperidad, buenos salarios, buen vivir* y *buena casa*. En el epígrafe, se dice que el político es un demócrata.

Paso 4: Determine los significados

Trate de descubrir qué representan los símbolos. El caricaturista ha hecho una analogía entre el establecimiento del libre comercio (con pocos o ningún arancel a las importaciones) y la muerte de la gansa que pone los huevos de oro. El trabajador no tendrá, entonces, más huevos en el futuro, y perderá sus *ropas, buenos salarios, prosperidad, buena vida* y *buena casa*.

Paso 5: Piense en lo que usted ya sabe

Usted debería haber aprendido en sus estudios lo que es un arancel, así que podría recordar que un arancel es un impuesto que se aplica a los bienes importados. Los aranceles fueron el tema principal de la campaña presidencial de 1888. El presidente Cleveland, demócrata, que se presentaba para su reelección, argumentó con firmeza en favor de una reducción de los aranceles y del libre comercio. El candidato republicano, Benjamin Harrison, defendió un aumento de los aranceles. El caricaturista toma esta última posición, de que el establecimiento del libre comercio terminará por matar a la gansa que pone los huevos de oro de *ropas, buenos salarios, prosperidad, buena vida* y *buena casa*. El mensaje final de la caricatura es que el libre comercio terminará perjudicando al trabajador.

Paso 6: Elija la mejor respuesta

Antes de elegir una respuesta, lea atentamente todas las opciones. Elija aquella que contenga la respuesta más completa y mejor a la pregunta. Un arancel es un impuesto o gravamen que se impone a las importaciones de bienes. El arancel hace que el precio de los bienes importados resulte más alto. **La mejor respuesta es la opción B**.

11 Historia mundial

E n este capítulo, se repasarán los diferentes tipos de preguntas relacionadas con la historia mundial que usted encontrará en el examen *HiSET*®. Tenga presente que algunas preguntas abarcarán más de un área de estudios sociales. Por ejemplo, una pregunta sobre la Declaración de Independencia no solo está relacionada con un acontecimiento importante de la historia de los Estados Unidos, sino también con el gobierno del país.

Puede que parezca imposible prepararse para una prueba que podría incluir cualquier evento desde el comienzo de la historia. Sin embargo, usted ha estado aprendiendo sobre la historia mundial desde que era un niño pequeño. Solo necesitará refrescar su memoria acerca de algunos de esos acontecimientos y aprender sobre los que le resulten desconocidos. No deberá leer libros de historia de principio a fin, pero deberá conocer algunos eventos y temas importantes que estarán incluidos en la prueba.

¿Qué es lo que se evalúa?

Aproximadamente, un 35 por ciento de las preguntas de la prueba de Estudios Sociales del examen HiSET trata sobre la historia mundial y de los Estados Unidos, desde las primeras y antiguas civilizaciones en adelante. Es un período considerable de tiempo para conocerlo en detalle, pero tenga en cuenta que usted no necesitará recordar todos los hechos sobre esos acontecimientos; usted simplemente deberá leer o revisar la información dada en la prueba y considerarla en relación con lo que usted sabe de historia.

A medida que revise libros de texto, materiales de biblioteca y revistas de noticias, preste mucha atención a los temas enumerados en las listas siguientes. Tenga presente que no se trata de una lista completa de todos los temas que podrá encontrar en la prueba. Solo se sugieren algunos pocos temas que podrían ser abordados en las preguntas. Además, los temas están presentados por orden alfabético, no por importancia histórica ni cronológicamente. Durante su estudio, agregue a las listas cualquier otro tema sobre el que usted quiera aprender más.

Civilizaciones y países

- Antiguas civilizaciones egipcias
- Descubrimiento de América
- Dinastías chinas
- Imperios griego y romano
- Nuevas democracias en África, Asia y América del Sur
- Revolución francesa

Religiones

- Catolicismo
- Cristianismo
- Cruzadas
- Judaísmo
- Reforma

Eras, edades y períodos históricos

- Edad de Piedra
- Edad Media
- Era de los descubrimientos
- Ilustración
- Renacimiento
- Revolución Industrial
- Temprana Edad Media
- Urbanización

Líderes, exploradores y figuras significativas de la historia

- John Cabot
- Julio César
- Cristóbal Colón
- Leif Eriksson
- Gandhi
- Martín Lutero
- Karl Marx
- Napoleón
- Pedro el Grande
- Ponce de León
- Américo Vespucio

Guerras y revoluciones

- Conflicto coreano
- Guerra de los Cien Años
- Guerra Fría
- Liga de Naciones
- Naciones Unidas
- Primera Guerra Mundial
- Revolución rusa y la aparición del comunismo
- Segunda Guerra Mundial

Documentos y tratados

- Carta Magna
- Tratado de Versalles

Ejemplos

Las siguientes son dos preguntas de ejemplo que tratan sobre la historia mundial. Ambas están basadas en el pasaje siguiente.

Julio César es conocido como uno de los más grandes líderes militares de la historia, que incluso declaró en una oportunidad que sería dictador de por vida. A comienzos de los años 60 AEC, se convirtió en un gobernante líder en Roma, junto a Pompeyo el Grande y a Craso, con quienes formó el primer triunvirato. Colectivamente, los tres controlaron la región por algunos años, hasta que Craso murió y los otros dos triunviros comenzaron una guerra civil entre ellos. Al año siguiente, después de varias batallas, César derrotó a su antiguo compañero de gobierno. Alrededor de 45 AEC, César había obtenido múltiples victorias a lo largo del Mediterráneo, aunque su alegría duraría poco. Fue asesinado por enemigos políticos en 44 AEC.

1. **Según el pasaje, ¿cuál de las afirmaciones siguientes es cierta?**

   A César gobernó Roma como dictador en solitario durante los años 60 AEC.

   B César y Pompeyo el Grande gobernaron Roma juntos en igualdad de condiciones.

   C César gobernó todo el Mediterráneo como dictador durante varias décadas.

   D César, Pompeyo el Grande y Craso formaron un comité de tres gobernantes en igualdad de condiciones.

Explicación

Primero, lea toda la información. Luego, identifique la pregunta. En la pregunta se le pide que lea las opciones de respuesta y decida cuál de ellas está respaldada por evidencia contenida en el pasaje. Busque palabras y frases clave. Tome nota de los nombres, las fechas y los lugares mencionados en el pasaje. Determine el significado de aquellas palabras que le sean desconocidas. La palabra *triunvirato* podría resultarle desconocida, así que use la información contenida en el texto que la rodea para descubrir su significado. Échele un vistazo a esta sección del pasaje:

… se convirtió en un gobernante líder en Roma, junto a Pompeyo el Grande y a Craso, con quienes formó el primer <u>triunvirato</u>. Colectivamente, los tres controlaron la región por algunos años…

Esto demuestra que César gobernó junto a otras dos personas. Colectivamente, ellos controlaron la región. Además, usted podría saber que el prefijo tri- significa "tres". Un triunvirato probablemente sea un grupo de tres gobernantes que trabajan juntos en la conducción de una región. Piense en lo que usted ya sabe; considere todo lo que usted aprendió, escuchó y leyó sobre Julio César en el pasado. Use esta información, junto con la información contenida en el pasaje, para completar el paso 6. Evalúe las opciones de respuesta basándose en la información suministrada en el párrafo. Si bien César gobernó Roma durante los años 60 AEC, lo hizo con otras dos personas, lo que elimina la opción A. Además, puesto que los tres gobernaban en igualdad de condiciones, la opción de respuesta B no es la mejor respuesta, ya que solo menciona a dos de los gobernantes. Aunque llegó a conquistar una buena parte del Mediterráneo, César fue asesinado poco tiempo después, lo que hace que la opción C sea incorrecta. La opción D afirma correctamente que César, junto a Pompeyo el Grande y a Craso, formó parte de un comité de tres gobernantes en igualdad de condiciones. **La mejor respuesta es la opción D.**

2. **Basándose en la información contenida en el pasaje, ¿qué conclusión puede extraerse?**

    A   César y Pompeyo el Grande no estaban de acuerdo en la mejor forma de gobernar Roma.

    B   César enfrentó a Pompeyo el Grande con el propósito de convertirse en el único gobernador de Roma.

    C   Craso era el más experimentado y más popular de los líderes romanos.

    D   La muerte de Craso provocó el conflicto entre los líderes de Roma de ese momento.

Explicación

Usted ya leyó toda la información contenida en el pasaje para responder la primera pregunta, así que asegúrese de leer y comprender lo que se le solicita en esta pregunta. En ella, se le pide que extraiga una conclusión basándose en el pasaje. Para ello, deberá leer, como también lo hiciera en la pregunta anterior, las opciones de respuesta y determinar cuál de ellas está respaldada en el pasaje. Puesto que se le pide que extraiga una conclusión, es probable que la mejor respuesta no aparezca directamente en el pasaje, sino que esté respaldada por la información contenida en él. Usted ya ha tomado nota de las palabras y frases clave, y ha determinado el significado de las palabras que desconocía. Use lo que ha aprendido, escuchado o leído sobre Julio César, junto con la información contenida en el pasaje, para completar el paso 6. Evalúe las opciones de respuesta basándose en la información del pasaje. En el pasaje no se discuten ni la visión de César ni la de Pompeyo sobre cómo debería ser gobernada Roma, pero usted puede suponer que no estaban de acuerdo por el hecho de haber librado una guerra después de la muerte de Craso. Conservemos la opción A por el momento, pero analicemos las otras para ver si hay alguna que sea mejor. La opción B está directamente respaldada en el pasaje. Usted sabe que César y Pompeyo se enfrentaron en una guerra civil, así que esta es una opción mejor que A. Elimine la opción A. En el pasaje no se proporciona ninguna información sobre Craso, con excepción de que formó parte del triunvirato hasta su muerte. No hay respaldo alguno para la opción C. La opción D resulta tentadora, pero el pasaje no dice que la muerte de Craso *provocó* la guerra civil. Elimine la opción D. **La mejor respuesta es la opción B**.

EJERCICIOS SOBRE HISTORIA MUNDIAL

Elija la mejor respuesta para cada una de las preguntas siguientes.

Use la información siguiente para responder las preguntas 1 a 3.

El apartheid fue un sistema de segregación racial en Sudáfrica impuesto por el gobierno del Partido Nacional de 1948 a 1994. Las personas fueron clasificadas en cuatro grupos raciales: negras, blancas, de color e indias. Bajo este sistema, los

Línea

5

blancos tenían el nivel de vida más alto de África, comparable al nivel del que disfrutaban los países europeos. Los negros tenían un nivel de vida mucho más bajo cualquiera fuese el tipo de medición que se realizara: ingresos, educación, alojamiento, expectativa de vida, etc. (la mortalidad infantil era del 40% en las áreas rurales, mientras que la de los blancos era del 2.7%). El gobierno estableció

"territorios tribales" como forma de separar a los 9 millones de negros de los blancos,
10 *basados en una clasificación por tribus (decidida por el gobierno de los blancos).*
Esto trajo como consecuencia el traslado forzoso de los negros a sus "territorios
tribales". Conforme pasaba el tiempo, 3.5 millones de personas no blancas fueron
forzadas a abandonar sus hogares para establecerse en estas áreas segregadas. Los
habitantes de estos territorios tribales solo tenían derechos políticos en esos territorios
15 *y los no blancos no podían actuar como representantes políticos. A los no blancos*
se les quitó, además, la ciudadanía sudafricana, y se les otorgaron pasaportes para
poder entrar en Sudáfrica. Los blancos eran los dueños de casi todas las tierras
industriales, agrícolas y residenciales de buena calidad. Estaba legalmente prohibido
tener relaciones sexuales y contraer matrimonio entre personas de diferentes razas.
20 *La oposición al apartheid en el extranjero incluyó boicots, sanciones económicas*
y suspensión de inversiones. La oposición dentro de Sudáfrica tomó la forma de
huelgas, marchas, protestas y sabotajes. Esta oposición fue combatida con una dura
represión por el gobierno. Finalmente, el presidente de Klerk inició las negociaciones
para poner fin al apartheid, que culminaron en 1994 con la elección democrática de
25 *Nelson Mandela y el Congreso Nacional Africano.*

1. **¿Cuál de los beneficios siguientes representa una ventaja otorgada a los blancos, pero no a los no blancos, por el apartheid?**
   A   Tierras gratuitas para el desarrollo
   B   La posibilidad de contraer matrimonio con cualquier persona de cualquier raza
   C   Cuidados médicos provistos por el gobierno
   D   El derecho de poder viajar libremente dentro de Sudáfrica

2. **¿Cuál de las afirmaciones siguientes puede ser inferida a partir del pasaje?**
   A   Los no blancos se trasladaron a los "territorios tribales" cuando estos fueron creados.
   B   Muchos negros no quisieron ser reubicados en los "territorios tribales".
   C   Todo aquel que no se trasladó a su "territorio tribal" fue enviado a prisión.
   D   Más no blancos fueron reubicados que autorizados a permanecer en el lugar donde vivían.

3. **Basándose en la información contenida en el pasaje, ¿cuál de las medidas siguientes probablemente fue aplicada por un gobierno extranjero o una organización internacional para demostrar su oposición al apartheid en Sudáfrica?**
   A   Las Naciones Unidas aprobaron un embargo a la venta de armas a Sudáfrica.
   B   Nigeria envió tropas a Johannesburgo para enfrentar al ejército sudafricano.
   C   Los diplomáticos de los Estados Unidos fueron retirados de Sudáfrica.
   D   Se les negó a los representantes del gobierno sudafricano la entrada a otros países africanos.

Use la información siguiente para responder las preguntas 4 a 6.

La Reforma, una rebelión fundamentalmente religiosa ocurrida durante el siglo XVI,
es una de las grandes revoluciones de todos los tiempos y provocó cambios que se
extendieron más allá del alcance de la iglesia. De hecho, es considerada un punto de
Línea *inflexión en la historia. Este gran y por momentos despiadado conflicto dividió a los*
5 *cristianos de Europa occidental en dos grupos separados: protestantes y católicos. Antes*

de que esto sucediera, el catolicismo romano era la única religión en Europa occidental. La Iglesia católica había sido muy poderosa, a pesar de su insistencia en que nadie más tenía la autoridad para interpretar la Biblia.

10 *Martín Lutero, un monje sajón, había sido influido por la obra de un sacerdote del siglo XIV, John Wycliffe, quien creía que las personas debían tener la posibilidad de interpretar la Biblia por sí mismas. Como Wycliffe, Lutero también desarrolló ideas que contradecían a las de la Iglesia y se convirtió en el líder de la Reforma en Alemania. Otros eruditos lo ayudaron a diseminar sus ideas, algunos alentando el estudio del griego y el hebreo, otros agregando nuevas ideas a las predicadas por Lutero. La Reforma*

15 *fue apoyada en otros países por aquellos que tenían ideas similares, y pronto aparecieron nuevas iglesias. Por ejemplo, los trabajos de Juan Calvino apoyaron la fundación de las Iglesias presbiteriana y reformada en Ginebra, que se convirtió en la sede mundial de estas iglesias.*

La religión no fue la única causa que provocó la Reforma, aunque muchos pensaban
20 *que los problemas políticos y sociales fueron estimulados por el apoyo de los líderes religiosos. Como consecuencia de la pérdida de la unidad religiosa existente hasta ese momento, la gente empezó, por primera vez, a considerar sus propios intereses religiosos, y ese fue el comienzo de la Edad Moderna.*

4. **Después de la Reforma, comenzaron a aparecer nuevos problemas políticos, sociales y económicos. ¿De qué forma el conflicto religioso impulsó otras cuestiones fuera de la Iglesia?**

   A   La Iglesia alentó a la gente a rebelarse en los ámbitos social y político, además de a tomar posición contra la religión.

   B   Todos los líderes políticos anteriores a la Reforma habían sido miembros de la Iglesia, así que no era fácil decidir a cuál de los nuevos líderes religiosos debían apoyar.

   C   Los diversos intereses religiosos de las personas comenzaron a afectar otras áreas de su pensamiento, lo cual provocó también la aparición de nuevas ideas sociales y políticas.

   D   Puesto que la Iglesia había sido tan poderosa antes de la Reforma, la falta de apoyo le provocó problemas económicos y financieros.

5. **¿De qué forma el aprendizaje de un nuevo idioma impulsó el cambio religioso?**

   A   Todos los líderes religiosos predicaban en idiomas diferentes del alemán.

   B   Solo los líderes religiosos alemanes habían podido estudiar la Biblia hasta ese momento.

   C   El conocimiento de griego y de hebreo le permitió a la gente estudiar la Biblia en su idioma original.

   D   El aprendizaje del griego y del hebreo le permitió a la gente hablar con líderes religiosos que solo hablaban esos idiomas.

6. **Basándose en el pasaje, ¿qué inferencia puede hacerse?**

   A   Los líderes religiosos eran las únicas personas satisfechas con el rol destacado que desempeñaba la Iglesia antes de la Reforma.

   B   En toda Europa occidental, las personas se mostraban descontentas con la Iglesia antes de la Reforma.

   C   Sin la influencia de Martín Lutero, la Reforma nunca se hubiera realizado.

   D   La reforma apareció de golpe y fue consecuencia de las acciones aisladas de unas pocas personas.

Use la información siguiente para responder las preguntas 7 a 9.

En la primera parte del siglo XX, los líderes de Alemania pensaban que lo mejor era tomar partido por la mayoría en cualquier conflicto entre las cinco potencias europeas y mantener relaciones pacíficas con Rusia. Sin embargo, cuando un nuevo

Línea *líder tomó el poder de los reinos de Alemania, este rehusó mantener la relación*
5 *del país con Rusia, y dejó a Alemania con un único aliado europeo, el Imperio austrohúngaro, el más débil de los cinco.*

En 1914, Austria le declaró la guerra a Serbia como consecuencia del asesinato del heredero al trono del Imperio austrohúngaro por un simpatizante serbio. Como aliado
10 *de Serbia, Rusia se vio forzada a participar del conflicto. Del mismo modo, Alemania, como aliado de Austria, entró en guerra con Rusia. Francia y Gran Bretaña formaban parte de una alianza con Rusia, que también los llevó a participar en el conflicto. Esto trajo como resultado que prácticamente todo el continente entrara en guerra. Francia, Gran Bretaña y Rusia, por el Tratado de Londres, acordaron no firmar la*
15 *paz individualmente con los Poderes Centrales, y a partir de entonces, los tres países y aquellos otros que los apoyaban fueron conocidos como los Aliados.*

Aunque los enfrentamientos se produjeron principalmente en suelo europeo, esta guerra es llamada Primera Guerra Mundial. En algún momento, participaron en ella 27 países. Si bien los Estados Unidos permanecieron neutrales al comienzo de
20 *la guerra, suministraron una cantidad considerable de alimentos y armas a Gran Bretaña y a Francia. De hecho, las exportaciones de los Estados Unidos a estos países se cuadruplicaron durante los dos primeros años de la guerra. Alemania usó submarinos para impedir que los Estados Unidos exportaran estos suministros y, más tarde, alentó a México para que participara de la guerra contra los Estados Unidos. Como consecuencia*
25 *de estos actos, el Congreso de los Estados Unidos le declaró la guerra a Alemania en 1917, y los Estados Unidos entraron oficialmente en la Gran Guerra.*

7. **¿Sobre la base de qué hecho puede inferirse que los Estados Unidos se beneficiaron de la Primera Guerra Mundial?**

   A   Aumentaron las exportaciones a todos los países europeos.

   B   Se fortalecieron las relaciones con Alemania.

   C   Una economía industrial reemplazó a una economía agrícola.

   D   La industria se desarrolló como consecuencia de la producción de suministros para los Aliados.

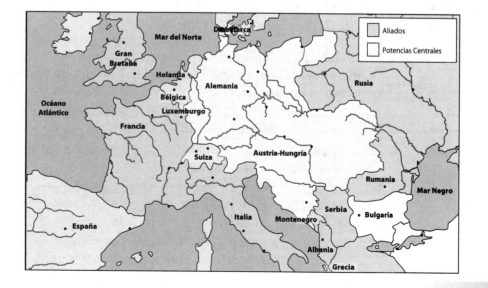

8. **Basándose en el pasaje y en el mapa, ¿cuál de las conclusiones siguientes puede extraerse?**

   A   Suiza permaneció neutral durante toda la guerra.

   B   Dinamarca y Rusia debieron hacer frente a los mismos esfuerzos de guerra.

   C   Serbia y Grecia aportaron la misma cantidad de tropas.

   D   España no participó en la guerra por su lejanía geográfica de Rusia.

9. **¿Por qué se llamó la Gran Guerra a la Primera Guerra Mundial?**

   A   Porque duró muchos años

   B   Porque participaron en ella tantos países

   C   Porque cada país en el mundo tomó parte

   D   Porque la guerra se disputó tanto por tierra como por mar

Use la información siguiente para responder las preguntas 10 a 12.

Desde el comienzo de la civilización, la agricultura ha desempeñado un rol clave en el establecimiento de asentamientos permanentes. El desarrollo de las técnicas de cultivo permitió que la gente permaneciera en una zona sin tener que desplazar a sus familias, sus pertenencias y sus rebaños en búsqueda de alimentos. Las comunidades comenzaron a desarrollarse en zonas donde la provisión de agua podía ser usada para riego.

Línea

5

10. **¿Cuál de las afirmaciones siguientes explica mejor el rol de la agricultura en el desarrollo de asentamientos permanentes?**

    A   La posibilidad de cultivar sus propios alimentos permitió que las personas se asentaran en una zona.

    B   El compartir intereses comunes le proporcionó a la gente la sensación de pertenencia a una comunidad.

    C   La gente podía utilizar la madera de los bosques para construir sus casas.

    D   El desarrollo de la agricultura proporcionó trabajo e ingresos a los colonos.

11. **¿En cuáles zonas se desarrollaron las primeras grandes civilizaciones?**

    A   En los valles secos

    B   En los climas fríos

    C   En las montañas

    D   En las cercanías de ríos y arroyos

12. **A medida que las comunidades se desarrollaban, mayores cantidades de alimentos estuvieron disponibles. Basándose en esta información, ¿qué conclusión puede extraerse?**

    A   Los agricultores pudieron dedicar menos tiempo al trabajo porque tenían alimentos suficientes.

    B   La gente abandonó el cultivo de sus propios alimentos y unió esfuerzos para desarrollar cultivos comunitarios.

    C   Las comunidades tuvieron alimentos suficientes para mantener a los trabajadores que no eran agricultores, lo que permitió el crecimiento de ciudades más grandes y de su población.

    D   La importancia de la agricultura para la civilización disminuyó, y la gente empezó a interesarse en el aprendizaje de otros oficios.

En 1835, Thomas Macaulay escribió el ensayo titulado "Sobre la educación en la India" para el Consejo Británico de la India, en el cual afirma que los individuos indios deberían ser educados en inglés por dos razones básicas: racismo imperialista
Línea *y conveniencia política. Primero, declara la inutilidad de las lenguas nativas, que son*
5 *"tan pobres y rudas que, hasta tanto no sean enriquecidas desde algún otro distrito, no resultará fácil traducir trabajos valiosos a ellas". Esta afirmación presupone que no existen trabajos valiosos en esas lenguas nativas y que esas lenguas carecen de la sofisticación suficiente para expresar trabajos valiosos. Macaulay dice que, ya que no es posible educar a los nativos en su propia lengua, el gobierno británico debe elegir*
10 *una lengua extranjera en la que educarlos. Puesto que el inglés es superior a todas las otras lenguas, insta a que este sea usado.*

La segunda razón básica para la proposición de Macaulay es la aplicación práctica del imperialismo. Puesto que la clase dirigente de la India ya ha aprendido el inglés, resultará más fácil continuar en esa dirección. Macaulay propone la creación de una
15 *clase de intérpretes instruidos, "una clase de personas de origen y color indios, pero de gustos ingleses, en opiniones, moral e intelecto". Estos intérpretes pueden interceder con las masas en representación de los británicos. Al separar a través de la educación y el progreso económico a estos "delegados coloniales" del resto de la población, Gran Bretaña espera alcanzar el propósito práctico de comunicar la ideología de la*
20 *superioridad británica y mantener a la masa de la población dócil y obediente.*

13. **¿Cuál de las inferencias siguientes, extraídas del pasaje, resulta la más apropiada?**

A Antes de 1835, el inglés era la lengua dominante en la India.

B Antes de 1835, solo la clase alta dirigente de la India sabía leer y escribir.

C Antes de 1835, no se habían publicado libros en una lengua nativa.

D Antes de 1835, existían múltiples lenguas habladas en la India.

14. **La expresión "delegado colonial" significa en este contexto, probablemente,**

A una persona que sirve como intermediario entre personas de diferentes culturas

B una persona que habla muchos idiomas

C alguien que ha emigrado de su tierra natal

D alguien que ha abandonado su propia cultura en favor de otra

15. **¿Cuál de las afirmaciones siguientes representa uno de los argumentos que Macaulay usó en favor de que la educación en la India sea realizada en inglés?**

A La mayoría de la gente en la India ya hablaba inglés.

B Las personas de clase alta de la India ya habían estudiado inglés.

C Era más fácil encontrar maestros que hablaran inglés.

D Todo el material existente había sido publicado en inglés.

Véanse las respuestas en la página 748.

12 Historia de los Estados Unidos de América

Aproximadamente, un 35 por ciento de las preguntas de la prueba de Estudios Sociales del examen *HiSET*® trata sobre la historia de los Estados Unidos y la historia mundial. Como ya se ha dicho, usted no necesitará recordar todos los hechos de la historia estadounidense; no obstante, deberá relacionar lo que ya conoce con los pasajes y el material gráfico que se presentan en la prueba.

Recuerde

Recuerde que las preguntas sobre la historia de los Estados Unidos pueden estar relacionadas con otras áreas de los estudios sociales que aparecen en la prueba: historia mundial, educación cívica y gobierno, economía o geografía. Si usted está familiarizado con la información, el área en la que esté categorizado el tema es irrelevante.

¿Qué es lo que se evalúa?

Aunque es imposible saber exactamente qué preguntas aparecerán en la prueba, habrá probablemente por lo menos una pregunta sobre la *Declaración de Independencia*, los *Documentos Federalistas*, la *Constitución de los Estados Unidos*, o un caso emblemático del Tribunal Supremo. Durante su estudio, asegúrese de repasar cada una de estas áreas.

A medida que revise libros de texto, materiales de biblioteca, revistas de noticias e Internet, preste mucha atención a los temas enumerados en las listas siguientes. Tenga presente que no se trata de una lista completa de todos los temas que podrá encontrar en la prueba. Solo se sugieren algunos pocos nombres de personas, acontecimientos y documentos que usted deberá conocer. Los temas están presentados por orden alfabético, no por importancia histórica ni cronológicamente. Durante su estudio, agregue a las listas cualquier otro tema sobre el que usted quiera aprender más.

Períodos y acontecimientos históricos

- Asentamientos
- Colonización
- Compra de Luisiana

- Estados Confederados de América
- Expansión
- Felices años veinte (años locos)
- Gran Depresión
- Guerra de 1812
- Guerra de Secesión (*Civil War*)
- Guerra de Vietnam
- Guerra hispano-estadounidense
- Los Estados Unidos contemporáneos
- Los franceses y las guerras indias americanas
- Motín del té de Boston (*Boston Tea Party*)
- Nueva nación
- Pearl Harbor
- Primera Guerra Mundial y Segunda Guerra Mundial
- Reconstrucción
- Revolución
- Revolución Industrial
- Secesión
- Surgimiento de los Estados Unidos modernos
- Urbanización
- Watergate

Líderes, exploradores y figuras significativas de la historia

- Abolicionistas
- Americanos nativos
- Congreso Continental
- Cristóbal Colón
- Dred Scott
- Hernando de Soto
- Lealistas (guerra de la Independencia)
- Lewis y Clark
- Paul Revere
- Peregrinos
- Presidentes, pasados y presente
- Robert E. Lee
- Thomas Paine

Documentos

- Acuerdos SALT
- Artículos de la Constitución
- Casos emblemáticos del Tribunal Supremo
- Constitución de los Estados Unidos
- Declaración de Independencia
- Doctrina Monroe
- Ley de Sellos
- Leyes de Townshend
- Leyes Intolerables
- Documentos Federalistas
- Proclamación de Emancipación
- *Sentido Común*
- Tratado de Ginebra

Conceptos y creencias

- Aislacionismo
- Aranceles
- Cuerpo de Paz
- Destino manifiesto
- Federalismo
- Progresismo
- Soberanía popular
- Sufragio

Ejemplos

Las siguientes son dos preguntas de ejemplo que tratan sobre la historia de los Estados Unidos. Las dos preguntas se refieren al pasaje que sigue.

En 1773 y en 1774, el Parlamento británico promulgó varias medidas sobre las colonias estadounidenses. La primera de ellas fue la Ley del Puerto de Boston, que clausuraba el puerto hasta tanto no se hiciera un resarcimiento por el té destruido durante el Motín del té de Boston. A continuación, se impuso la Ley de Gobierno de Massachusetts, que daba por terminados los acuerdos incluidos en la carta existente de la colonia y requería la aprobación de cualquier reunión en la ciudad. La Ley de Administración de la Justicia protegió a los oficiales británicos que habían sido acusados de serios delitos en sus tareas de hacer cumplir la ley, y les permitió elegir ser juzgados en Inglaterra o en otra colonia. La cuarta de estas medidas fue la Ley Coercitiva, que establecía nuevos arreglos que permitían la permanencia de tropas británicas en casas de estadounidenses ocupadas.

Línea

5

10

1. **¿Qué conclusión se puede extraer del pasaje?**

   A Los británicos deseaban mantener el control sobre las colonias estadounidenses.

   B Los británicos procuraban ayudar a que las colonias pudieran establecer sus propias leyes.

   C Las colonias estadounidenses querían que los británicos los asistieran en la aprobación de nuevas leyes.

   D El Parlamento había reconocido inmediatamente a las colonias como un país independiente.

Explicación

Primero, lea toda la información. Identifique la pregunta: *¿Qué conclusión puede ser extraída del pasaje?* Basándose en la información contenida en el pasaje, usted deberá descubrir cuál de las afirmaciones es posiblemente cierta. Subraye las palabras y frases claves. Puesto que el pasaje trata sobre las medidas promulgadas por el Parlamento, usted deberá subrayar cada una de ellas. La comprensión clara de estas medidas le permitirá determinar cuál de las opciones de respuesta representa la mejor conclusión. Determine el significado de las palabras desconocidas. Si el significado de la palabra Parlamento le es desconocido, use la información contenida en el pasaje para determinarlo.

En 1773 y en 1774, el Parlamento británico promulgó varias medidas sobre las colonias estadounidenses.

Puesto que el Parlamento podía establecer reglas para las colonias, debe tratarse de un grupo legislativo. Ahora, piense en lo que ya sabe. Probablemente, usted ya sepa que las colonias fueron establecidas por personas que deseaban constituir su propio país y alejarse del control británico. Lea las opciones de respuesta y vea cuál de ellas está mejor respaldada por la evidencia. De acuerdo con el pasaje, la opción A es la mejor respuesta. Todos los hechos descritos representan formas de mantener algún tipo de control del Parlamento sobre lo que acontecía en las colonias. **La mejor respuesta es la opción A.**

2.   **¿Cuándo fueron puestas en vigor estas leyes?**
   A   Antes de que se constituyeran las colonias
   B   Antes de que los peregrinos arribaran a América
   C   Después de la aprobación de la Constitución de los Estados Unidos
   D   Antes de la firma de la Declaración de Independencia

Explicación

Usted ya ha leído el pasaje, así que identifique ahora la pregunta: ¿Cuándo fueron puestas en vigor estas leyes? Usted debe descubrir cuándo las leyes del Parlamento entraron en vigor, lo que resulta fácil pues el pasaje dice: *En 1773 y en 1774, el Parlamento británico promulgó varias medidas sobre las colonias estadounidenses.* Sin embargo, si echa un vistazo rápido a las opciones de respuesta, encontrará que la pregunta no se refiere a ningún año, sino a un período de tiempo relacionado con otros eventos. Para responderla, necesitará encontrar claves en el pasaje y usar lo que usted ya sabe sobre el tema. Subraye las palabras y frases claves. Puesto que el pasaje trata de cuándo fueron promulgadas las medidas por el Parlamento, usted deberá subrayar todos los eventos mencionados. Encontrará que la primera ley es una respuesta al Motín del té de Boston, así que sabe entonces que las leyes fueron promulgadas después de ocurrido el Motín. El pasaje discute el tema de las tropas británicas y los colonos, lo que quiere decir que es antes de la Revolución de las Trece Colonias (*American Revolution*), durante el período colonial. Esto elimina las opciones A y B. Ahora, vuelva a pensar sobre lo que usted ya sabe. Probablemente sepa que la Constitución fue escrita después de la Revolución, lo que elimina la opción C. La firma de la Declaración de Independencia provocó la Revolución, así que estas leyes del Parlamento fueron aprobadas antes de ello. **La mejor respuesta es la opción D.**

EJERCICIOS SOBRE HISTORIA DE LOS ESTADOS UNIDOS DE AMÉRICA

Elija la mejor respuesta para cada una de las preguntas siguientes.

1.   **Tisquantum, o Squanto, es conocido por**
   A   haber ayudado a los colonos en sus enfrentamientos con los británicos durante la Revolución de las Trece Colonias
   B   haber enfrentado a las tropas del general Custer en la batalla de Little Big Horn
   C   haber asistido a los peregrinos durante su primer invierno en América del Norte
   D   haber fundado la Confederación Iroquesa (las Cinco Naciones)

Durante cientos de años, las naciones europeas se fijaron como objetivo el establecimiento de asentamientos en América como medio para aumentar su riqueza y expandir su influencia por todo el mundo. España fue la primera nación europea en establecer exitosamente un asentamiento en el territorio de lo que ahora se conoce como los Estados Unidos. Poco tiempo después, los intentos de Inglaterra de poblar esta nueva tierra también tuvieron éxito. Muchos de los que arribaron habían elegido abandonar su tierra natal en búsqueda de la libertad religiosa. Los colonos ingleses de Massachusetts y de Virginia recibieron ayuda de los americanos nativos, que les enseñaron cómo cultivar granos, como fuente de alimentos, y tabaco, como fuente de ingresos.

Línea

5

1492	1565	1607	1620	1770
Colón llega a América	España funda una colonia en Florida	Primera colonia inglesa, fundada en Jamestown, Virginia	Los peregrinos arriban y fundan una colonia en Plymouth, Massachusetts	Más de 2 millones de personas viven en las Trece Colonias británicas

2. **¿Cuál de las colonias siguientes fue fundada primero?**

    A   La colonia española de Florida

    B   La colonia inglesa de Jamestown

    C   La colonia inglesa de Plymouth

    D   La colonia española de La Española

3. **Basándose en el pasaje, ¿qué afirmación puede hacerse?**

    A   Colón llegó a América antes de que los americanos nativos lo hicieran.

    B   Los peregrinos fundaron la primera colonia británica exitosa en América.

    C   Virginia fue sede del primer asentamiento europeo en América del Norte.

    D   Los americanos nativos vivían en las nuevas tierras antes de la llegada de los europeos.

Las Trece Colonias británicas

4. **Basándose en los detalles que se muestran en el mapa, ¿qué puede decirse de las colonias?**

A   Las primeras colonias se asentaron en el norte, y los nuevos asentamientos se produjeron hacia el sur de aquellas.

B   Muchos de los primeros asentamientos se establecieron cerca de la costa de las nuevas tierras.

C   Cada colonia ocupó un área igual de tierra.

D   La mayoría de los asentamientos estaba ubicada en las colonias del sur.

5. **¿Cuál de los fines siguientes NO fue una razón por la que los países europeos querían establecer asentamientos en América?**

A   Para expandir la riqueza

B   Para aumentar su poder

C   Para diseminar la religión organizada

D   Para fortalecer la influencia mundial

Use el fragmento siguiente de la *Declaración de Independencia* para responder las preguntas 6 a 8.

Sostenemos como evidentes estas verdades: que todos los hombres son creados iguales; que son dotados por su Creador de ciertos derechos inalienables; que entre estos están la vida, la libertad y la búsqueda de la felicidad.—Que para garantizar estos derechos

Línea

se instituyen entre los hombres los gobiernos, que derivan sus poderes legítimos del

5   consentimiento de los gobernados.— Que cuandoquiera que una forma de gobierno se haga destructora de estos principios, el pueblo tiene el derecho a reformarla o abolirla e instituir un nuevo gobierno que se funde en dichos principios, y a organizar sus poderes en la forma que a su juicio ofrecerá las mayores probabilidades de alcanzar su seguridad y felicidad. La prudencia, claro está, aconsejará que no se cambie por

10   motivos leves y transitorios gobiernos de antiguo establecidos; y, en efecto, toda la experiencia ha demostrado que la humanidad está más dispuesta a padecer, mientras los males sean tolerables, que a hacerse justicia aboliendo las formas a que está acostumbrada. Pero cuando una larga serie de abusos y usurpaciones, dirigida invariablemente al mismo objetivo, demuestra el designio de someter al pueblo a un

15   despotismo absoluto, es su derecho, es su deber, derrocar ese gobierno y establecer nuevos resguardos para su futura seguridad.—Tal ha sido el paciente sufrimiento de estas colonias; tal es ahora la necesidad que las obliga a reformar su anterior sistema de gobierno. La historia del actual Rey de la Gran Bretaña es una historia de repetidos agravios y usurpaciones, encaminados todos directamente hacia el establecimiento de

20   una tiranía absoluta sobre estos estados.

6. **La *Declaración de Independencia* fue firmada en 1776. Según este documento, ¿cuál de las siguientes prácticas de la época contradecía las convicciones de los Estados Unidos?**

A   El voto de las mujeres

B   La posesión de esclavos

C   La libertad religiosa

D   La educación pública gratuita

7. **¿Cuál de las afirmaciones siguientes respalda la idea principal de la *Declaración de Independencia*?**

A   Los ciudadanos tienen el derecho de que su voz sea escuchada por el gobierno.

B   Solo ciertas personas tienen el derecho de perseguir la libertad y la felicidad.

C   La gente tiene la responsabilidad de ser leal a los líderes de su país.

D   Los líderes deben tener la capacidad de establecer leyes y hacerlas cumplir según mejor convenga.

8. Según el documento, ¿de dónde proviene el poder del gobierno?

    A   De la fortaleza de su ejército

    B   Del derecho divino de los reyes

    C   De las personas a las que gobierna y que están de acuerdo en ser gobernadas

    D   De la sabiduría de sus líderes

Use la información siguiente para responder las preguntas 9 a 11.

Durante la guerra de Secesión (Civil War), el presidente Lincoln publicó la Proclamación de Emancipación, una orden presidencial que declaraba que todos los esclavos retenidos en los estados que se encontraban en rebelión contra la Unión

Línea

5

debían ser liberados en un plazo de 100 días. Puesto que esos estados no estaban bajo el control de la Unión en ese momento, la Proclamación no puso en libertad a nadie. No obstante, a medida que esos estados iban siendo recapturados, los esclavos de esas regiones recuperaban la libertad.

Al proclamar el final anticipado de la esclavitud, la Proclamación de Emancipación convirtió el objetivo de la guerra en una batalla contra la esclavitud. Aunque estaba

10

totalmente en contra de la esclavitud, el Presidente fue muy cauteloso desde el comienzo del conflicto en encuadrar el propósito de la guerra como la restauración de la Unión y no la abolición de la esclavitud. Esta orden histórica también establecía que los hombres negros podrían servir en el ejército y en la armada de la Unión. Después de la publicación de la Proclamación, unos 180,000 afroestadounidenses se alistaron en el

15

ejército de la Unión, y unos 18,000 adicionales se unieron a la armada.

9. ¿Cuál de las afirmaciones siguientes representa una opinión, y no un hecho, sobre la guerra de Secesión?

    A   La liberación de los esclavos cambió el objetivo de la guerra.

    B   Los afroestadounidenses deberían haber podido luchar desde el comienzo de la guerra.

    C   Muchos afroestadounidenses estaban ansiosos por participar en los esfuerzos de la guerra.

    D   La Unión aspiraba a recuperar el control de los estados que se habían separado.

10. Basándose en la información contenida en el pasaje, ¿qué inferencia puede hacerse?

    A   Todos los habitantes de los estados del norte compartían las convicciones de Lincoln sobre la esclavitud.

    B   La Proclamación de Emancipación fue una orden presidencial y no una ley, pues la esclavitud ya era inconstitucional.

    C   Lincoln quería que los afroestadounidenses permanecieran en la esclavitud por algunos meses más.

    D   En un comienzo, Lincoln tuvo el temor de que los ciudadanos no apoyaran una guerra con el objetivo de liberar a los esclavos.

11. **En el momento de la guerra de Secesión, Gran Bretaña estaba en contra de la esclavitud. ¿Cuál de las afirmaciones siguientes NO representa un efecto de la Proclamación de Emancipación?**

   A   La opinión británica sobre los estados de la Confederación tuvo un impacto negativo.

   B   El intento de secesión de la Confederación no fue visto por los británicos como un intento de obtener la libertad, sino como el deseo de mantener la esclavitud.

   C   Las tensiones políticas se incrementaron entre la Unión y muchos países europeos.

   D   Los estados de la Confederación fueron vistos como una nación esclavista y dejaron de recibir ayuda extranjera.

12. **La Gran Depresión se produjo como consecuencia de la caída de la bolsa en 1929, y afectó el gasto de los consumidores, las inversiones y la industria. Aumentó el desempleo, que alcanzó a 15 millones de estadounidenses que perdieron su trabajo. En los Estados Unidos, casi la mitad de los bancos quebró. ¿Cuál de los acontecimientos siguientes contribuyó a la recuperación de la economía estadounidense?**

   A   La Segunda Guerra Mundial

   B   El ataque de Pearl Harbor

   C   La guerra de Vietnam

   D   La Primera Guerra Mundial

Use la información siguiente para responder las preguntas 13 a 15.

La mentalidad puritana alentaba el trabajo duro por una recompensa. A diferencia de los escritos de John Smith, que describía a América como la tierra de la abundancia, donde cualquier persona podía trabajar poco y ganar mucho, los escritos de Edward

Línea

5 *Winslow no les quitaban importancia a las dificultades. Winslow reconoce que América es una tierra fértil, pero no se refiere al éxito como algo fácil de obtener. Describe en detalle las dificultades que los peregrinos tuvieron que enfrentar con el clima y la falta de alimentos. En un comienzo, los peregrinos eran "débiles" e "inexpertos" y no estaban preparados, pero gracias al trabajo duro y a su relación comercial con los indios pudieron construir una sociedad. Advierte a los ingleses que tuvieran la intención de*

10 *emigrar sobre los desafíos que les esperaban. Las características de un colono exitoso se han convertido en partes integrales de la identidad estadounidense. Winslow describe la imagen de lo que ha pasado a llamarse el "sueño americano". Si trabaja duro, usted puede alcanzar el éxito. Deberá ser capaz de llevarse bien con otros y estar dispuesto a vivir austeramente al comienzo, pero con su esfuerzo (y la providencia de Dios), los*

15 *Estados Unidos pueden ser la tierra de la abundancia.*

13. **¿Cuál de las afirmaciones siguientes se ha convertido en parte de la "identidad estadounidense"?**

   A   Mudarse a un nuevo lugar en búsqueda de la riqueza fácil

   B   Confiar en otras personas para poder sobrevivir

   C   Quitarles a otros para beneficiarse uno mismo

   D   Trabajar duro para alcanzar la prosperidad

14. **¿Cuál de las afirmaciones siguientes puede inferirse de la información contenida en el pasaje?**

   A   Tanto Winslow como Smith promocionaban la vida fácil en el Nuevo Mundo.

   B   La imagen de la vida que describía Winslow colisionaba, en algunos aspectos, con la imagen presentada por Smith.

   C   En sus escritos, Smith ignoraba todas las dificultades de la vida en las colonias.

   D   Winslow y Smith fueron las únicas dos personas que escribieron sobre la vida en el Nuevo Mundo.

15. **¿A quién dirigía probablemente sus escritos Edward Winslow?**

   A   A los ingleses que estaban considerando la posibilidad de desplazarse a las colonias

   B   A su mujer y sus hijos, que habían quedado en Inglaterra

   C   A los peregrinos de otras colonias

   D   A las tribus nativas del Nuevo Mundo

Véanse las respuestas en la página 748.

13 Educación cívica y gobierno

Las preguntas relacionadas con educación cívica y gobierno constituirán alrededor del 35 por ciento de las preguntas de la prueba de Estudios Sociales del examen *HiSET®*. En esas preguntas, se abordarán temas de política, gobierno, financiación del sistema político, la relación de los Estados Unidos con otros países y el rol importante que desempeñan los ciudadanos en la democracia de los Estados Unidos. Como se mencionó en el capítulo anterior, al menos una pregunta de la prueba tratará sobre la *Constitución de los Estados Unidos*, la *Carta de Derechos*, una decisión emblemática del Tribunal Supremo, la *Declaración de Independencia* o los *Documentos Federalistas*. Estas preguntas pueden ser consideradas tanto preguntas sobre historia como preguntas sobre educación cívica y gobierno. En cualquier caso, será importante que usted esté familiarizado con los documentos. También se le formularán preguntas sobre documentos prácticos, como formularios de impuestos, guías para el votante, órdenes públicas o discursos políticos. Recuerde que usted deberá demostrar su capacidad no solo de comprender la información, sino también de aplicar, analizar y evaluar esa información.

¿Qué es lo que se evalúa?

A medida que avance en sus estudios para la prueba de Estudios Sociales del examen HiSET, asegúrese de repasar la información relacionada con los temas enumerados en este capítulo. Como se dijo anteriormente, las listas que se proporcionan en este libro no son completas y solo sugieren temas que usted debería conocer antes del día de la prueba. Cualquier tema relacionado con educación cívica y gobierno puede aparecer en la prueba, independientemente de que se lo mencione o no en las listas siguientes. Considere las listas como un punto de partida. Recuerde que deberá combinar su conocimiento previo de educación cívica y gobierno con la información que se le proporcione para responder las preguntas de la prueba en forma completa.

Usted podrá repasar sus viejos libros de texto, hacer una visita a la biblioteca, explorar la Web, mirar las noticias y hojear algunos buenos diarios y revistas de noticias. Familiarícese con temas relacionados con educación cívica y gobierno. Los temas de las listas están presentados por orden alfabético, no por importancia histórica ni cronológicamente. Durante su estudio, agregue a las listas cualquier otro tema sobre el que usted quiera aprender más.

Conceptos y términos

- Cámara de Representantes
- Censo
- Ciudadanía

- Concejos de gobierno municipal colegiados
- Concejos de gobierno municipal con alcalde
- Congreso
- Democracia
- Derecho divino
- Dictadura
- Espectro político
- Federalismo
- Grupos de interés
- Grupos de presión política
- Inmigración y naturalización
- Juez presidente del Tribunal Supremo
- Monarquía
- Oligarquía
- Partidos políticos
- Poderes del Gobierno de los Estados Unidos
- Proceso electoral y voto
- Restricción judicial
- Revisión judicial
- Senado
- Sistema de controles y contrapesos
- Tribunal Supremo
- Veto
- Voto popular

Legislación y casos emblemáticos del Tribunal Supremo

- *Brown vs. Junta de Educación*
- *Cooper vs. Aaron*
- *Dred Scott vs. Sandford*
- *Estados Unidos vs. Nixon*
- *Gibbons vs. Ogden*
- *Gideon vs. Wainwright*
- *Hazelwood vs. Kuhlmeier*
- *Korematsu vs. Estados Unidos*
- *Ley de Derechos Civiles de 1957*
- *Mapp vs. Ohio*
- *Marbury vs. Madison*
- *McCulloch vs. Maryland*
- *Miranda vs. Arizona*
- *Nueva Jersey vs. T.L.O.*
- *Plessy vs. Ferguson*
- *Regentes de la Universidad de California vs. Bakke*
- *Roe vs. Wade*
- *Terry vs. Ohio*
- *Texas vs. Johnson*
- *Tinker vs. Des Moines*

Documentos

- Carta de Derechos
- Constitución de los Estados Unidos y las enmiendas

- Declaración de Independencia
- Discursos políticos
- Documentos Federalistas

Documentos prácticos

- Formulario de registro de votantes
- Formularios de impuestos
- Manual de instrucciones para votar
- Manual para obtener la licencia de conducir

Ejemplos

Las siguientes son dos preguntas de ejemplo sobre educación cívica y gobierno.

1. **En 1954, el Tribunal Supremo decidió sobre *Brown vs. Junta de Educación*, caso que había cuestionado la decisión establecida en 1896 en el caso *Plessy vs. Ferguson*. El caso de 1954 fue sustanciado contra el sistema escolar de Topeka, Kansas, por la NAACP. ¿Cuál de las afirmaciones siguientes resume mejor la decisión sobre el caso?**

   A Las escuelas separadas son intrínsecamente desiguales.

   B Las escuelas segregadas por raza son separadas, pero iguales.

   C La Primera Enmienda permite el lenguaje obsceno en las escuelas.

   D El rezo obligatorio impuesto por la escuela está protegido por la Primera Enmienda en las escuelas públicas.

Explicación

Primero, lea la información. Identifique la pregunta: *¿Cuál de las afirmaciones siguientes resume mejor la decisión sobre el caso?* En otras palabras, ¿cuál fue el resultado del caso? Busque palabras y frases clave. Para responder esta pregunta, es importante tomar nota de la fecha y de quién participó en la decisión. La información clave que deberá ser subrayada incluye: *1954, sistema escolar de Topeka, Kansas,* y *NAACP*. Determine el significado de las palabras desconocidas. Las palabras *intrínsecamente* y *segregadas* probablemente le resulten desconocidas. *Intrínsecamente* está usada como adjetivo y modifica a *desigual*. La palabra significa "básicamente"; sin embargo, la omisión de un adjetivo no modifica necesariamente el significado de la oración. Si usted no pudo determinar su significado, podrá de todas maneras comprender la opción de respuesta A: Las escuelas separadas son desiguales. En la opción B, las palabras *raza* y *separadas* son clave para comprender el significado de *segregadas*. Usted probablemente sepa que en 1954 los alumnos estaban separados por raza, así que podrá inferir que segregadas significa "separadas". Ahora, piense en lo que ya sabe. Probablemente ya sepa que en 1954 era un problema que los alumnos fueran asignados a las escuelas según el color de su piel. Probablemente también sepa que NAACP es la Asociación Nacional para el Progreso de las Personas de Color, y que su meta era alcanzar la igualdad de todos los ciudadanos, independientemente de su raza. Elija la mejor respuesta. En 1954, la NAACP cuestionó la constitucionalidad de que las escuelas fueran segregadas. Hoy, como resultado de una decisión del Tribunal Supremo, los alumnos no están más separados por raza. La opción A es la que mejor resume la decisión. **La mejor respuesta es la opción A.**

Form **1040**

Department of the Treasury—Internal Revenue Service (99)

U.S. Individual Income Tax Return **2015** OMB No. 1545-0074 IRS Use Only—Do not write or staple in this space.

For the year Jan. 1–Dec. 31, 2015, or other tax year beginning , 2015, ending , 20 | See separate instructions.

Your first name and initial	Last name	Your social security number

If a joint return, spouse's first name and initial	Last name	Spouse's social security number

Home address (number and street). If you have a P.O. box, see instructions.	Apt. no.	▲ Make sure the SSN(s) above and on line 6c are correct.

City, town or post office, state, and ZIP code. If you have a foreign address, also complete spaces below (see instructions).

Presidential Election Campaign
Check here if you, or your spouse if filing jointly, want $3 to go to this fund. Checking a box below will not change your tax or refund. ☐ You ☐ Spouse

Foreign country name	Foreign province/state/county	Foreign postal code

Filing Status

Check only one box.

1 ☐ Single
2 ☐ Married filing jointly (even if only one had income)
3 ☐ Married filing separately. Enter spouse's SSN above and full name here. ▶
4 ☐ Head of household (with qualifying person). (See instructions.) If the qualifying person is a child but not your dependent, enter this child's name here. ▶
5 ☐ Qualifying widow(er) with dependent child

Exemptions

6a ☐ **Yourself.** If someone can claim you as a dependent, **do not** check box 6a . . . . .
b ☐ **Spouse** . . . .

c Dependents:

(1) First name Last name	(2) Dependent's social security number	(3) Dependent's relationship to you	(4) ✓ if child under age 17 qualifying for child tax credit (see instructions)
			☐
			☐
			☐
			☐

If more than four dependents, see instructions and check here ▶ ☐

Boxes checked on 6a and 6b _____
No. of children on 6c who:
• lived with you _____
• did not live with you due to divorce or separation (see instructions) _____
Dependents on 6c not entered above _____
Add numbers on lines above ▶ _____

d Total number of exemptions claimed . . . .

Income

Attach Form(s) W-2 here. Also attach Forms W-2G and 1099-R if tax was withheld.

If you did not get a W-2, see instructions.

7	Wages, salaries, tips, etc. Attach Form(s) W-2	7	
8a	**Taxable** interest. Attach Schedule B if required	8a	
b	Tax-exempt interest. **Do not** include on line 8a . .	8b			
9a	Ordinary dividends. Attach Schedule B if required	9a	
b	Qualified dividends	9b			
10	Taxable refunds, credits, or offsets of state and local income taxes . . .	10	
11	Alimony received	11	
12	Business income or (loss). Attach Schedule C or C-EZ	12	
13	Capital gain or (loss). Attach Schedule D if required. If not required, check here ▶ ☐	13	
14	Other gains or (losses). Attach Form 4797	14	
15a	IRA distributions . 15a		b Taxable amount . . .	15b	
16a	Pensions and annuities 16a		b Taxable amount . . .	16b	
17	Rental real estate, royalties, partnerships, S corporations, trusts, etc. Attach Schedule E	17	
18	Farm income or (loss). Attach Schedule F	18	
19	Unemployment compensation	19	
20a	Social security benefits 20a		b Taxable amount . . .	20b	
21	Other income. List type and amount _____	21	
22	Combine the amounts in the far right column for lines 7 through 21. This is your **total income** ▶	22	

Adjusted Gross Income

23	Educator expenses	23		
24	Certain business expenses of reservists, performing artists, and fee-basis government officials. Attach Form 2106 or 2106-EZ	24		
25	Health savings account deduction. Attach Form 8889 .	25		
26	Moving expenses. Attach Form 3903	26		
27	Deductible part of self-employment tax. Attach Schedule SE .	27		
28	Self-employed SEP, SIMPLE, and qualified plans . .	28		
29	Self-employed health insurance deduction	29		
30	Penalty on early withdrawal of savings	30		
31a	Alimony paid b Recipient's SSN ▶	31a		
32	IRA deduction	32		
33	Student loan interest deduction	33		
34	Tuition and fees. Attach Form 8917	34		
35	Domestic production activities deduction. Attach Form 8903	35		
36	Add lines 23 through 35	36		
37	Subtract line 36 from line 22. This is your **adjusted gross income** . . . . . ▶	37		

For Disclosure, Privacy Act, and Paperwork Reduction Act Notice, see separate instructions. Cat. No. 11320B Form **1040** (2015)

El ejemplo siguiente se refiere a este formulario de impuesto a los ingresos del Servicio de Impuestos Internos (IRS).

2. **¿Cuál de las afirmaciones siguientes NO es verdadera?**

    A   El impuesto a los ingresos debe ser pagado por los intereses obtenidos de inversiones.

    B   Las personas desempleadas no deben pagar el impuesto a los ingresos.

    C   Los maestros de escuela pueden deducir algunos de los costos de los materiales de trabajo para el aula.

    D   Una camarera debe pagar el impuesto a los ingresos sobre su salario por hora y sobre todas las propinas recibidas.

Explicación

Primero, lea toda la información. Identifique la pregunta: *¿Cuál de las afirmaciones siguientes no es cierta?* En este caso, deberá buscar una opción de respuesta que no sea cierta. Subraye las palabras y frases clave. Puesto que usted debe determinar cuáles opciones son verdaderas y cuál no lo es, subraye las frases clave en las opciones de respuesta, como *los intereses obtenidos de inversiones (interest earned on investments, 8a), personas desempleadas (unemployed compensation, 19), maestros de escuela (educators expenses, 23)* y *propinas (wages salaries, tips, 7)*. Busque en el formulario de impuestos esas frases en inglés. Determine el significado de las palabras que le resulten desconocidas. Probablemente, no encuentre ninguna en las opciones de respuesta. Ahora, piense en lo que usted ya sabe sobre el pago de impuestos. Es probable que usted ya sepa que las personas pagan impuestos sobre sus ingresos, pero podría preguntarse si una persona desempleada debe pagar impuestos. Compruébelo en el formulario. En la sección de Ingresos (*Income*), aparece en la lista la compensación por desempleo (*unemployment compensation*, 19), por lo que se deberán pagar impuestos por esos ingresos. Entonces, la opción de respuesta B es falsa. **La mejor respuesta es la opción B**.

EJERCICIOS SOBRE EDUCACIÓN CÍVICA Y GOBIERNO

Elija la mejor respuesta para cada una de las preguntas siguientes.

1. **¿Cuál de los poderes siguientes NO representa un poder del Gobierno de los Estados Unidos?**

    A   El poder legislativo

    B   El poder judicial

    C   El poder corporativo

    D   El poder ejecutivo

Nueva Jersey
Solicitud de Inscripción de Votantes

76

Escriba en imprenta con tinta y letra clara. Toda la información es obligatoria a menos que esté marcada como opcional.

	PARA USO OFICIAL EXCLUSIVO
1 Marque las casillas que correspondan: ☐ Inscripción nueva ☐ Cambio de dirección ☐ Afiliación a partido político ☐ Cambio de nombre ☐ Actualización de firma o cambio a no afiliación	Secretario
2 ¿Es ciudadano estadounidense.? ☐ Sí ☐ No *(Si responde No, NO llene este formulario)* ¿Tiene 17 años de edad como mínimo? ☐ Sí ☐ No *(Si responde No, NO complete este formulario)*	Nro. de inscripción:
3 Apellido / Primer nombre / Segundo nombre o inicial / Sufijo *(Jr., Sr., III)*	Sello de hora de oficina
4 Fecha de nacimiento (Mes/Dia/Año)	
5 Número de licencia de conducir de NJ o Número de tarjeta de identificación para no conductores de MVC / Si usted NO tiene licencia de conducir de NJ o tarjeta de identificación para no conductores de MVC, indique los últimos 4 dígitos de su número de Seguro Social	
☐ "Juro o declaro que NO tengo licencia de conducir de NJ, tarjeta de identificación para no conductores de MVC ni número de Seguro Social".	
6 Domicilio *(NO use Apartado Postal)* / Apto. / Municipalidad / Condado / Estado / Código Postal	
7 Dirección de envío, si es diferente a la anterior / Apto. / Municipalidad / Condado / Estado / Código Postal	
8 Última dirección donde está inscrito para votar *(NO use Apartado Postal)* / Apto. / Municipalidad / Condado / Estado / Código Postal	☐ por correo ☐ en persona
9 Nombre anterior si efectúa cambio de nombre / a. Número de teléfono durante el día *(opcional)* _____ b. Dirección de correo electrónico *(opcional)* _____	
10 ¿Desea declarar la afiliación a un partido político? *(opcional)* ☐ Sí, el nombre del partido es _____. ☐ No, no deseo afiliarme a ningún partido político.	

11 Sexo ☐ Femenino ☐ Masculino	**Declaración** -Juro o declaro que: ● Soy ciudadano de los EE.UU. ● Vivo en el domicilio indicado arriba ● Tengo al menos 17 años de edad y entiendo que no puedo votar hasta que haya cumplido 18 años de edad.	● Habré residido en el Estado y condado al menos 30 días antes de las próximas elecciones ● No estoy en libertad condicional, vigilada o cumpliendo una condena debido a un delito grave conforme a una ley federal o estatal	● Entiendo que toda inscripción falsa o fraudulenta puede someterme a una multa de hasta $15.000, prisión de hasta 5 años o ambas, conforme a R.S. 19:34-1

Firma: Firme o coloque una marca e indique la fecha en la línea a continuación	Si el solicitante no puede llenar este formulario, escriba el nombre y dirección de la persona que lo completó.
X _____ Fecha _____	Nombre _____ Fecha _____ Domicilio _____

Instrucciones importantes para las secciones 5, 6 y 10

5) Solicitantes que envíen este formulario por correo y se inscriban para votar por primera vez: Si no tiene la información que se requiere en la sección 5 o la información que usted suministra no se puede verificar, se le pedirá que proporcione una COPIA de un documento de identidad con fotografía válido y vigente o un documento con su nombre y domicilio actual para evitar tener que presentar el documento de identidad en el centro de votación.

Nota: *Los números de identidad son confidenciales y ningún organismo de gobierno los divulgará. Toda persona que utilice dichos números ilegalmente estará sujeta a sanciones penales.*

6) Si usted está desamparado, puede completar la sección 6 e indicar un punto de contacto o el lugar donde pasa la mayor parte del tiempo.

10) Usted puede declarar una afiliación a un partido político o declarar no estar afiliado a ninguno, independientemente de cualquier afiliación partidaria anterior. Si usted es un votante que anteriormente se había afiliado a un partido y ahora desea cambiar de afiliación partidaria o anular la afiliación, debe presentar este formulario antes de los 55 días previos a las elecciones primarias a fin de votar en dichas elecciones. La sección 10 es OPCIONAL y no afectará la aceptación de su solicitud de inscripción de votante.

¿Necesita más información? Marque las casillas a continuación si desea recibir más información acerca de:

☐ votación por correo
☐ cómo ser auxiliar electoral

☐ acceso al centro de votación
☐ cómo votar si tiene una discapacidad, incluso impedimento visual

☐ material electoral disponible en este otro idioma:
_____

Para obtener más información, visite **Elections.NJ.gov** o llame a la línea gratuita **1-877-NJVOTER** (1-877-658-6837)

NJ Division of Elections 03/02/16

Use la información contenida en el formulario de inscripción de votantes para responder las preguntas 2 a 4.

2. **Según el formulario, ¿cuál de las afirmaciones siguientes es verdadera?**

    A   Solo los ciudadanos de los Estados Unidos son elegibles para votar.

    B   Solo los residentes nacidos en los Estados Unidos pueden votar.

    C   Los ciudadanos de Nueva Jersey deben tener la licencia de conducir actualizada para poder votar.

    D   Los ciudadanos de Nueva Jersey deben tener 18 años o más antes de registrarse para votar.

3. **¿Cuál de los grupos de personas siguientes NO puede registrarse para votar?**

    A   Las personas con discapacidades

    B   Las personas que no tienen un domicilio

    C   Las personas que se encuentran en libertad condicional

    D   Las personas que no hablan inglés

4. **¿Cuál es la mejor forma de obtener información confiable sobre la votación en Nueva Jersey?**

    A   Preguntarle a un amigo o a un vecino

    B   Llamar al 1-800-CANVOTE

    C   Concurrir a un centro de votación el día de la elección

    D   Visitar el sitio web Elections.NJ.gov

La *Constitución de los Estados Unidos* fue escrita en 1787. Desde entonces, algunas partes del documento han sido enmendadas o reemplazadas. Lea el fragmento siguiente y responda luego las preguntas 5 a 7.

La Cámara de Representantes estará formada por miembros elegidos cada dos años por los habitantes de los diversos Estados, y los electores deberán poseer en cada Estado las condiciones requeridas para los electores de la rama más numerosa de la legislatura local.

Línea

5   *No será representante ninguna persona que no haya cumplido 25 años de edad y sido ciudadano de los Estados Unidos durante siete años, y que no sea habitante del Estado en el cual se le designe, al tiempo de la elección.*

Los representantes y los impuestos directos se prorratearán entre los distintos Estados que formen parte de esta Unión, de acuerdo con su población respectiva, la cual se determinará sumando al número total de personas libres, inclusive las obligadas

10 *a prestar servicios durante cierto término de años y excluyendo a los indios no sujetos al pago de contribuciones, las tres quintas partes de todas las personas restantes. El recuento deberá hacerse efectivamente dentro de los tres años siguientes a la primera sesión del Congreso de los Estados Unidos y en lo sucesivo cada 10 años, en la forma que dicho cuerpo disponga por medio de una ley. El número de representantes no excederá*

15 *de uno por cada 30 mil habitantes con tal que cada Estado cuente con un representante cuando menos; y hasta que se efectúe dicho recuento, el Estado de Nuevo Hampshire tendrá derecho a elegir tres; Massachusetts, ocho; Rhode Island y las Plantaciones de Providence, uno; Connecticut, cinco; Nueva York, seis; Nueva Jersey, cuatro; Pensilvania, ocho; Delaware, uno; Maryland, seis; Virginia, diez; Carolina del Norte,*

20 *cinco; Carolina del Sur, cinco, y Georgia, tres.*

5. **¿Cuál estado tenía la mayor población en el momento en que fue escrita la Constitución de los Estados Unidos?**

   A Virginia

   B Nuevo Hampshire

   C Nueva York

   D Pensilvania

6. **Según el documento, ¿cuál de las afirmaciones siguientes es verdadera?**

   A Los varones podían participar en la Cámara de Representantes tan pronto como llegaran de Inglaterra.

   B Los esclavos contaban como tres quintas partes de una persona.

   C Los residentes debían tener 25 años para poder votar.

   D Cada estado era responsable de un monto igual de impuestos.

7. **¿Cuál de los requisitos siguientes NO era un requisito para ser representante?**

   A Los representantes debían vivir en el estado al tiempo de la elección.

   B Los representantes debían tener 25 años como mínimo.

   C Los representantes debían haber vivido en los Estados Unidos al menos siete años.

   D Los representantes debían ser varones.

Use la información contenida en la tabla siguiente para responder las preguntas 8 y 9.

Carta de Derechos	
Enmienda	**Resumen**
I	Garantiza las libertades de religión, de expresión y de prensa, y de reunión y petición al gobierno para la reparación de agravios.
II	Otorga el derecho de portar armas.
III	Establece que los ciudadanos no pueden ser forzados a alojar militares en sus casas en tiempos de paz.
IV	Garantiza protección contra pesquisas y aprehensiones arbitrarias sin orden judicial.
V	Establece los derechos de los ciudadanos acusados de delitos.
VI	Describe los derechos de los ciudadanos con respecto a juicios y jurados.
VII	Otorga el derecho a ser juzgado ante jurado en los casos que trate un tribunal federal civil.
VIII	Ofrece protección contra "castigo cruel e inusual" y contra fianzas excesivas.
IX	Establece que los derechos no enumerados específicamente en la Constitución deben ser también respetados.
X	Explica que los poderes que no han sido otorgados al gobierno federal quedan reservados a los estados o al pueblo.

8. Después de ser acusado de un delito, Clarence Earl Gideon le solicitó al juez que le proporcionara un abogado sin costo, pues no podía pagarlo. El juez le denegó el pedido, así que Gideon recurrió al Tribunal Supremo. ¿Cuál de las enmiendas aplicó el Tribunal Supremo en el caso *Gideon vs. Wainwright* (1963) al decidir que los defendidos indigentes debían ser provistos de representación legal sin tener que pagar por ella?

   A La Cuarta Enmienda

   B La Quinta Enmienda

   C La Sexta Enmienda

   D La Séptima Enmienda

9. En el caso *Tinker vs. Des Moines* (1969), el Tribunal Supremo decidió en favor de Mary Beth Tinker y su hermano, quienes llevaban puestos brazaletes negros a la escuela en protesta por la guerra de Vietnam. Los administradores de la escuela temían que pudieran causar desórdenes y prohibieron a los alumnos expresar su oposición de esa manera. El Tribunal Supremo decidió que las acciones de los hermanos Tinker estaban protegidas por

   A la Primera Enmienda

   B la Segunda Enmienda

   C la Tercera Enmienda

   D la Novena Enmienda

10. En los Estados Unidos, el Presidente es electo por el colegio electoral. ¿Qué tipo de sistema político es este?

   A Una anarquía

   B Una democracia

   C Una dictadura

   D Una monarquía

11. La reina Elizabeth II comenzó su reinado de Inglaterra a la edad de 25 años, después de la muerte de su padre, el rey George VI. ¿Qué sistema político se aplica en su país?

   A Una oligarquía

   B Una democracia

   C Una dictadura

   D Una monarquía

RESTRICCIONES DEL PERMISO PARA MENORES

Su permiso no es válido hasta que comience su entrenamiento de manejo. Su instructor lo firmará para validarlo. Usted debe practicar con un conductor que tenga una licencia válida de California: padres, tutor legal, instructor de manejo, cónyuge o con un adulto de 25 años de edad o mayor. Esta persona deberá sentarse lo suficientemente cerca de usted como para poder tomar control del vehículo en cualquier momento. Un permiso provisional no le permite manejar solo, ni siquiera para acudir a una oficina del DMV para tomar su examen práctico de manejo.

REQUISITOS DE LICENCIA DE MANEJAR PARA MENORES

Usted deberá:

- Tener por lo menos 16 años.
- Comprobar que ha terminado ambos cursos, uno de educación vial y otro de entrenamiento de manejo.
- Haber tenido el permiso de instrucción de California o de otro estado por lo menos seis meses.
- Proveer la firma de su(s) padre(s) o tutor(es) legal(es) en el permiso de instrucción estableciendo que usted ha completado 50 horas supervisadas de práctica de manejo (10 horas de manejo de noche) tal como se indica en la *Guía de Entrenamiento para Padres y Jóvenes de California* (DL 603); vea el sitio de Internet para jóvenes en **www.dmv.ca.gov/teenweb/**, o bien llame al 1-800-777-0133 para solicitar esta guía.
- Aprobar el examen práctico de manejo; tiene tres oportunidades para pasar este examen mientras su permiso sea válido; si no aprueba el examen práctico de manejo, deberá volver a pagar por el segundo y subsiguiente examen y esperar dos semanas antes de volver a tomarlo.

Una vez que tenga la licencia de manejar provisional puede manejar **sin acompañante** mientras no haya tenido ningún choque o infracción de tránsito.

Cuando cumpla 18 años de edad, terminará la condición "provisional" de su licencia de manejar. Puede quedarse con la licencia provisional con fotografía o pagar para obtener un duplicado de licencia de manejar que no incluya la palabra "provisional".

Durante los primeros 12 meses después de obtener su licencia no puede manejar entre las 11:00 p.m. y 5:00 a.m. y no puede transportar pasajeros menores de 20 años de edad, a menos que vaya acompañado por un padre o tutor legal que tenga licencia de manejar, o un conductor de 25 años de edad o mayor, o un instructor de manejo autorizado o certificado.

EXCEPCIONES A LAS RESTRICCIONES DE LA LICENCIA DE MANEJAR PARA MENORES

La ley permite las siguientes excepciones cuando no haya otro medio de transporte razonable y sea necesario que usted maneje. Debe llevar consigo una nota firmada explicando la necesidad de manejar y la fecha en que tal necesidad terminará para cualquiera de las siguientes excepciones (los menores emancipados están excluidos de este requisito):

- Necesidad médica para manejar cuando no sean adecuadas otras alternativas razonables de transporte; la nota deberá estar firmada por un médico con el diagnóstico y la fecha probable de recuperación.
- Escuela o actividad escolar autorizada; la nota deberá firmarla el director de la escuela, decano o persona designada.
- Necesidad por razones de empleo y necesidad de manejar un vehículo como parte de su trabajo; la nota deberá estar firmada por el empleador verificando el empleo.
- Necesidad de trasladar a un miembro inmediato de su familia; se exige una nota firmada por su(s) padre(s) o tutor(es) legal(es) estableciendo la razón y fecha probable en que tal necesidad terminará.

Use la información contenida en el fragmento anterior del *Manual del Automovilista de California de 2012* para responder las preguntas 12 y 13.

12. **Basándose en la información contenida en el fragmento, ¿qué suposición puede hacerse?**

   A   Los conductores deben tener al menos 25 años para conducir solos un auto.

   B   Después de obtener una licencia de conducir de California, los menores tienen los mismos privilegios de conducción que los adultos.

   C   Se requiere que todo menor de menos 18 años de edad que quiera obtener una licencia de conducir haya asistido a un curso de conducción.

   D   Los alumnos de escuela superior podrán compartir un vehículo para ir y volver de la escuela siempre que el conductor tenga al menos 16 años de edad y su licencia de conducir.

13. **¿Cuál de las excepciones siguientes a las reglas podrá aplicarse a los conductores menores?**

   A El conductor es un trabajador agrícola que está realizando sus tareas.

   B El conductor está en vías de obtener una licencia permanente de conducir para adultos.

   C El conductor debe concurrir de prisa a un hospital para visitar a un familiar enfermo.

   D El conductor tiene una nota firmada por un médico en la que se certifica una necesidad médica de conducir.

Martin Luther King Jr. pronunció su discurso "Yo tengo un sueño" el 28 de agosto de 1963 ante el Monumento a Lincoln en Washington, D.C. Lea el fragmento del discurso siguiente y responda luego las preguntas 14 y 15.

Y a medida que marchamos, debemos hacer la promesa de marchar siempre hacia adelante. No podemos volver atrás. Hay quienes preguntan a los partidarios de los derechos civiles "¿Cuándo quedarán satisfechos?". Nunca podremos quedar satisfechos

Línea

5 *mientras los negros seamos víctimas de los indescriptibles horrores de la brutalidad de la policía. Nunca podremos estar satisfechos mientras nuestros cuerpos, fatigados de tanto viajar, no puedan alojarse en los moteles de las carreteras y en los hoteles de las ciudades. No podremos quedar satisfechos mientras los negros solo podamos trasladarnos de un gueto pequeño a un gueto más grande. Nunca podremos estar satisfechos mientras se prive a nuestros niños de su propia identidad y se les robe la*

10 *dignidad con signos que dicen "Solo para blancos". Nunca podremos quedar satisfechos mientras un negro de Mississippi no pueda votar y un negro de Nueva York considere que no hay por qué votar. No, no; no estamos satisfechos y no quedaremos satisfechos hasta que la justicia ruede como el agua y la rectitud como una poderosa corriente.*

14. **¿Cuál de las injusticias raciales siguientes NO fue citada por King en su discurso?**

   A Niños que eligen jugar solo con niños de su misma raza

   B Negros que no pueden alojarse en los moteles de las carreteras y en los hoteles que usan los blancos

   C No están, o simplemente no se sienten, representados políticamente

   D Negros que son víctimas de la violencia de las autoridades

15. **¿Para quién pide King justicia e igualdad?**

   A Para las generaciones futuras

   B Para toda la gente, independientemente de su raza

   C Para los negros que son segregados en el Sur

   D Para las personas que han sido injustamente encarceladas

Véanse las respuestas en la página 748.

14 Economía

Una definición de *economía* es el estudio de "bienes y servicios". Otra es "el aspecto financiero de cualquier cosa". Básicamente, la economía se ocupa de cuestiones de dinero. Alrededor de un 20 por ciento de las preguntas de la prueba de Estudios Sociales del examen *HiSET*® estará dedicado a evaluar esta área de aprendizaje.

Créalo o no, usted trabaja con la economía todos los días. Por ejemplo, cuando compra el último par de pantalones vaqueros en las liquidaciones de una gran tienda y un puñado de otros compradores se va con las manos vacías, ese es un ejemplo de la ley de oferta y demanda. También es parte del estudio de bienes y servicios. Cuando usted advierte que la cantidad de dinero que tiene en su cartera no le alcanza para comprar el par de pantalones vaqueros y un cinturón que hace juego, ese es un ejemplo del aspecto financiero de cualquier cosa. La economía está por todas partes.

Como usted ya lo sabe, para responder las preguntas de la prueba de Estudios Sociales del examen HiSET, deberá combinar su conocimiento y experiencias propias de la economía con la información y el material gráfico proporcionados. Recuerde que usted deberá demostrar su capacidad no solo de comprender la información, sino también de analizarla, reformularla, resumirla y de hacer inferencias sobre la base de los datos.

En este capítulo, usted practicará distintos tipos de preguntas sobre economía que podría encontrar en la prueba. Para prepararse eficazmente, asegúrese de repasar cualquier información sobre economía que aparezca en sus libros de texto. Los periódicos son también una buena fuente de material sobre el tema. Internet, las revistas de noticias y la televisión pueden ser, asimismo, fuentes valiosas de información.

¿Qué es lo que se evalúa?

Las preguntas de la prueba sobre economía podrían abarcar un amplio rango de asuntos. Familiarícese con la comprensión del razonamiento económico, los diferentes tipos de sistemas económicos, la forma en que las empresas operan en un sistema de libre mercado, las instituciones financieras, el rol que el gobierno desempeña en la economía, la fuerza laboral, la producción, los consumidores, los mercados globales y el comercio exterior. Las listas siguientes sugieren algunos temas que deberá repasar; no obstante, cualquier tema relacionado con la economía podría aparecer en la prueba. Comience por repasar las ideas enumeradas en las listas. Los temas de las listas están presentados por orden alfabético, no por importancia. Durante su estudio, agregue a las listas cualquier otro concepto económico importante o interesante sobre el que usted quiera profundizar.

Recuerde que los documentos prácticos, como formularios de impuestos, resúmenes de cuenta bancaria, formularios sobre beneficios laborales y contratos podrían estar incluidos en la prueba. Asegúrese de no tener problemas para trabajar con estos documentos de todos los días.

Tipos de sistemas económicos

- Capitalismo
- Comunismo
- Economías mixtas
- Socialismo

Economía y gobierno

- Ley antimonopolios de Sherman
- Ley de Oportunidad Económica
- Leyes sobre el salario mínimo
- Leyes sobre el trabajo infantil

Términos económicos relacionados con bienes y servicios

- Capital
- Comercio electrónico
- Consumidores
- Demanda
- Economía de libre mercado
- Equilibrio
- Escasez
- Excedente
- Fuerza laboral
- Producción
- Recursos naturales

Términos económicos relacionados con las finanzas

- Déficit de gastos
- Deflación
- Dinero
- Econometría
- Espiral inflacionaria
- Excedente presupuestario
- Gastos de lujo
- Gastos fijos
- Gastos flexibles
- Índice de precios al consumidor
- Inflación
- Junta de Gobernadores de la Reserva Federal
- Política fiscal
- Presupuesto equilibrado
- Producto interno bruto (PIB)
- Producto nacional bruto (PNB)
- Tasa de descuento
- Tasa de reservas

Recuerde

Recuerde que las preguntas sobre economía probablemente incluyan gráficas. Asegúrese de ser capaz de leer los datos que contienen. Échele una mirada rápida al capítulo 32 de este libro para refrescar sus conocimientos sobre análisis de datos.

Ejemplos

Las siguientes son dos preguntas de ejemplo sobre cuestiones económicas.

1. **La oferta y la demanda actúan juntas para determinar el precio de mercado de los bienes. La gráfica muestra la oferta y la demanda de un producto X.**

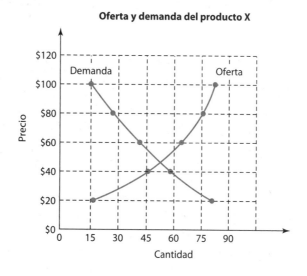

Según la gráfica, ¿cuál es el precio de mercado del producto X?

A $20

B $45

C $50

D $100

Explicación

Primero, lea toda la información, incluida la contenida en la gráfica. Identifique la pregunta: *¿A qué precio la oferta es igual a la demanda?* Usted deberá buscar el número sobre las curvas donde se intersectan la oferta y la demanda del producto. Busque palabras y frases clave. La información necesaria para resolver este problema se halla en la gráfica. Subraye las leyendas *Precio* y *Cantidad* sobre los ejes, y las leyendas *Oferta* y *Demanda* sobre cada curva. Determine el significado de las palabras desconocidas. Supongamos que la expresión *precio de mercado* le resulta desconocida. La información expresa que la oferta y la demanda actúan juntas para determinar el precio de mercado. Échele una mirada a la gráfica para ver cómo la oferta y la demanda actúan juntas, y observe que las curvas se encuentran en el punto en que la cantidad y el precio están en equilibrio, así que el *precio de mercado* es el punto en el que la oferta y la demanda están en equilibrio. Piense en lo que usted ya sabe. ¿Qué ha aprendido, escuchado o leído sobre oferta y demanda y precio de mercado en el pasado? Use esa información, combinada con la información expresada en la declaración y la gráfica, para completar el paso 6. Elija la mejor respuesta. La oferta y la demanda están en equilibrio en el punto que representa $45. **La mejor respuesta es la opción B**.

La pregunta siguiente está basada también en la gráfica anterior.

2. **Basándose en la gráfica, ¿cuál de las afirmaciones siguientes es verdadera?**

   A   Se vendería una menor cantidad del producto si su precio fuera inferior a $40.

   B   Cuando el precio es menor, la demanda también es menor.

   C   Cuando la oferta es mayor, el precio también es mayor.

   D   Cuando el precio aumenta, la demanda disminuye.

Explicación

Primero, lea toda la información, incluso la contenida en la gráfica. Identifique la pregunta: *Basándose en la gráfica, ¿cuál de las siguientes afirmaciones es verdadera?* Usted deberá leer las opciones de respuesta para determinar si son verdaderas o falsas (o desconocidas), y elegirá aquella que sea verdadera. Ya ha subrayado las palabras o frases clave, y probablemente no haya palabras desconocidas en esta pregunta. Piense en lo que ya sabe. ¿Qué ha aprendido, escuchado o leído sobre oferta y demanda y precio de mercado en el pasado? Use esa información, combinada con la información expresada en la declaración y la gráfica, para completar el paso 6. Elija la mejor respuesta. Todas las cuatro opciones de respuesta tratan de cambios en el precio, y tres de ellas se refieren a la demanda, así que céntrese en la curva de la demanda y observe qué sucede cuando el precio disminuye. La demanda aumenta. Elimine las opciones A y B. Cuando el precio aumenta la demanda disminuye. La opción D expresa correctamente esta relación. **La mejor respuesta es la opción D**.

EJERCICIOS SOBRE ECONOMÍA

Elija la mejor respuesta para cada una de las preguntas siguientes.

"La misma mentalidad burguesa que alaba la división del trabajo productivo, la anexión de por vida del trabajador a una operación parcial y la subordinación incondicional del trabajador especializado, y las alaba como una organización del trabajo que aumenta

Línea

la productividad, denuncia también a los gritos toda clase de control social deliberado

5   y de regulación del proceso social de producción, y lo denuncia como una invasión a los derechos inviolables de propiedad, a la libertad y a la capacidad de autodeterminación del individuo capitalista. Es característico que los inspirados apologistas del sistema de fábricas no puedan encontrar nada peor que decir de cualquier propuesta que promueva la organización general del trabajo, que esta transformará a toda la sociedad en una

10   fábrica". Karl Marx, *El capital*.

1. **Según Marx, el capitalismo sostiene que**

   A   la división del trabajo en fábricas aumenta la eficacia y la productividad

   B   los trabajadores son una parte poco importante del sistema de fábricas

   C   las fábricas representan la mejor manera de producir todo tipo de productos

   D   el trabajo de baja cualificación afecta el derecho a la libertad de las personas

2. **Después de una campaña de propaganda exitosa, aumenta la demanda de cierto producto. ¿Cuál de las consecuencias siguientes podría anticiparse?**

   A   Una disminución en las ventas del producto

   B   Un aumento de la oferta

   C   Una disminución del precio de mercado

   D   Un aumento del precio de mercado

Use la información siguiente para responder las preguntas 3 a 5.

En 1964, el presidente Johnson aprobó la Ley de Oportunidad Económica, que establecía la Oficina de Oportunidad Económica para ayudar a combatir la pobreza. En la Ley de Oportunidad Económica se declaraba: "Es política de los Estados Unidos eliminar en este país la paradoja de la pobreza en medio de la abundancia brindando, a todos, la oportunidad de educarse y capacitarse, la oportunidad de trabajar y la oportunidad de vivir con dignidad y decencia". Así fue como esta ley pasó a ser conocida como "la guerra contra la pobreza".

Línea

5

Esta ley fue la primera medida de muchas contra la pobreza tomadas por el gobierno de los Estados Unidos durante la década de 1960. Con este primer paso, se estableció una serie de programas que permitían a las comunidades el acceso a fondos federales y a ayuda profesional para erradicar las causas de la pobreza. Si bien ofrecía servicios de salud y préstamos, los programas educativos constituyeron el eje de la ley. En uno de esos programas, Head Start, se inscribieron más de medio millón de niños en edad preescolar durante el primer verano de operaciones, y el programa proporcionó a niños de familias carenciadas servicios de salud, beneficios sociales y capacitación académica. La ley también apoyó a los National Youth Corps, los Job Corps y el Upward Bound, programas todos relacionados con la educación y que ofrecían capacitación en el trabajo para enfrentar las elevadas tasas de desempleo entre los adolescentes provenientes de familias de bajos ingresos.

10

15

Al año siguiente, la ley fue enmendada a fin de incluir la creación de oficinas a nivel estatal para respaldar la oportunidad económica y alentar a los gobiernos a que participaran en la guerra contra la pobreza.

20

3. **Basándose en la información contenida en el pasaje, ¿qué inferencia puede hacerse?**

   A   Los adolescentes no buscaban trabajo.

   B   El presidente Johnson consideró que la educación era la clave para erradicar la pobreza.

   C   Los niños insuficientemente educados eran la causa de la pobreza en la nación.

   D   El presidente Johnson debería asumir toda la responsabilidad por la erradicación de la pobreza.

4. Después de la firma de la Ley de Oportunidad Económica, el presidente Johnson declaró: *"Esta no es en ningún sentido una propuesta cínica para aprovecharse de los pobres con la promesa de una limosna o un subsidio. Nosotros sabemos —lo aprendimos hace mucho tiempo— que esa no es una respuesta. La medida que espera mi firma esta mañana ofrece una respuesta, implícita en el título de la ley, una respuesta de oportunidad. Porque el propósito de la Ley de Oportunidad Económica de 1964 es ofrecer una oportunidad, no un sedante".* Basándose en esta declaración, ¿qué inferencia puede hacerse?

   A Las personas provenientes de familias de bajos ingresos habían tenido suficientes oportunidades, pero no habían sacado provecho de ellas.

   B Esta era la primera vez que el gobierno hacía algo para ayudar a aquellos que eran víctimas de la pobreza.

   C El presidente Johnson creía que los programas anteriores no habían hecho lo suficiente para resolver los problemas subyacentes que ocasionaban la pobreza.

   D El presidente Johnson creía que los programas que ofrecían ayuda económica a las familias de bajos ingresos eran suficientes.

5. **¿Qué fue lo que realmente hizo la Ley de Oportunidad Económica?**

   A Proporcionó educación y capacitación en el empleo a los adolescentes.

   B Ofreció empleos a ciudadanos desempleados.

   C Eliminó la pobreza de los Estados Unidos.

   D Proporcionó hogares y alimentos a aquellos que enfrentaban situaciones de pobreza.

Use la información siguiente para responder las preguntas 6 a 8.

La familia Hernández compró una nueva casa. Consiguió un préstamo hipotecario a 30 años por un monto de $100,000 a una tasa del 6 por ciento de interés. El programa de amortizaciones muestra la cantidad de capital e intereses que deberá pagar durante la duración del crédito.

Pagos	*Total anual*	*Capital pagado*	*Intereses pagados*	*Balance*
Año 1 (1-12)	$57,194.61	$1,228.00	$5,967.00	$98,771.99
Año 2 (13-24)	$57,194.61	$1,304.00	$5,891.00	$97,468.24
Año 3 (25-36)	$57,194.61	$1,384.00	$5,810.00	$96,034.07
Año 4 (37-48)	$57,194.61	$1,470.00	$5,725.00	$94,614.53
Año 5 (49-60)	$57,194.61	$1,560.00	$5,634.00	$93,054.36
Año 6 (61-72)	$57,194.61	$1,656.00	$5,538.00	$91,397.95
Año 7 (73-84)	$57,194.61	$1,759.00	$5,436.00	$89,639.39
Año 8 (85-96)	$57,194.61	$1,867.00	$5,328.00	$87,772.35
Año 9 (97-108)	$57,194.61	$1,982.00	$5,212.00	$85,790.17
Año 10 (109-120)	$57,194.61	$2,104.00	$5,090.00	$83,685.72
Año 11 (121-132)	$57,194.61	$2,234.00	$4,960.00	$81,451.48
Año 12 (133-144)	$57,194.61	$2,372.00	$4,823.00	$79,079.44

(Continúa)

Pagos	Total anual	Capital pagado	Intereses pagados	Balance
Año 13 (145-156)	$57,194.61	$2,518.00	$4,676.00	$76,561.09
Año 14 (157-168)	$57,194.61	$2,674.00	$4,521.00	$73,887.42
Año 15 (169-180)	$57,194.61	$2,839.00	$4,356.00	$71,048.84
Año 16 (181-192)	$57,194.61	$3,014.00	$4,181.00	$68,035.19
Año 17 (193-204)	$57,194.61	$3,200.00	$3,995.00	$64,835.66
Año 18 (205-216)	$57,194.61	$3,397.00	$3,798.00	$61,438.79
Año 19 (217-228)	$57,194.61	$3,606.00	$3,588.00	$57,832.40
Año 20 (229-240)	$57,194.61	$3,829.00	$3,366.00	$54,003.59
Año 21 (241-252)	$57,194.61	$4,065.00	$3,130.00	$49,938.62
Año 22 (253-264)	$57,194.61	$4,316.00	$2,879.00	$45,622.93
Año 23 (265-276)	$57,194.61	$4,582.00	$2,613.00	$41,041.06
Año 24 (277-288)	$57,194.61	$4,864.00	$2,330.00	$36,176.59
Año 25 (289-300)	$57,194.61	$5,165.00	$2,030.00	$31,012.09
Año 26 (301-312)	$57,194.61	$5,483.00	$1,712.00	$25,529.05
Año 27 (313-324)	$57,194.61	$5,821.00	$1,373.00	$19,707.84
Año 28 (325-336)	$57,194.61	$6,180.00	$1,014.00	$13,527.58
Año 29 (337-348)	$57,194.61	$6,561.00	$633.00	$6,966.14
Año 30 (349-360)	$57,194.61	$6,966.00	$228.00	$50.00
Totales	$215,838.19	$100,000.00	$115,838.19	

6. **¿Cuánto capital habrá pagado la familia al final del quinto año?**

    A $1,560.00

    B $5,385.47

    C $5,634.00

    (D) $6,945.64

7. **¿Cuántos intereses habrá pagado la familia durante toda la duración del préstamo?**

    A $6,000.00

    B $15,838.19

    C $100,000.00

    (D) $115,838.19

8. **Basándose en la tabla anterior, ¿cuál de las afirmaciones siguientes es verdadera?**

    A   Durante los primeros diez años, el monto de los intereses pagados cada mes era aproximadamente el doble de la cantidad de capital.

    (B) Aproximadamente un cuarto del capital será pagado durante los cuatro últimos años del préstamo.

    C   La cantidad total de intereses pagados durante la duración del préstamo será igual al 6 por ciento de la cantidad total de capital pagado.

    D   Después de los primeros 15 años de pagos, aproximadamente la mitad del total del préstamo habrá sido repagado.

9. El término *capitalismo* se refiere a un tipo de sistema económico que incluye la propiedad privada y la operación del total, o de la mayoría, de los medios de producción para la obtención de beneficios. ¿Cuál de las expresiones siguientes está asociada con el capitalismo?

A Fascismo

B Propiedad del estado

C Libre mercado

D Equidad social

10. El Sistema de la Reserva Federal fue establecido en 1913 como el sistema bancario central de los Estados Unidos por la Ley de la Reserva Federal, en parte como consecuencia del pánico financiero desatado en el país. Los propósitos de la ley eran maximizar las posibilidades de empleo, proporcionar estabilidad en los precios, moderar las tasas de interés de largo plazo y establecer en los Estados Unidos un sistema financiero más robusto. Sin embargo, estas metas han sido expandidas para abarcar una cantidad de otros objetivos, que incluyen la posibilidad de influir sobre las condiciones financieras y de crédito, la protección de los derechos de crédito de los consumidores y la provisión de servicios financieros no solo a bancos, sino también al gobierno. Basándose en esta información, y también en sus conocimientos, ¿cuál de las afirmaciones siguientes es verdadera?

A La idea de un sistema bancario central se aplica solo en los Estados Unidos.

B Problemas financieros generalizados afectaron a los Estados Unidos durante los últimos años del siglo XIX y los primeros años del siglo XX.

C El establecimiento de la Reserva Federal ha eliminado las crisis financieras en los Estados Unidos.

D El sistema bancario de los Estados Unidos ha permanecido estable y seguro desde que el país alcanzara su independencia.

Use la información siguiente para responder la pregunta 11.

Gráfica del producto interno bruto (PIB) de los Estados Unidos

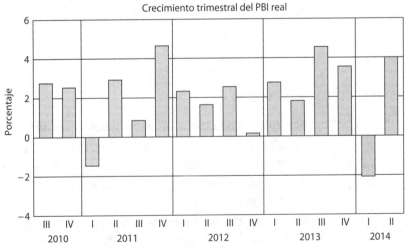

El crecimiento del PIB real se mide a precios constantes ajustados anualmente.

11. **Basándose en la información contenida en la gráfica, ¿cuál de las afirmaciones siguientes es verdadera?**

   A   Durante el primer trimestre de 2014, el PIB cayó más de lo que nunca antes había disminuido.

   B   El PIB crece y cae de forma regular.

   C   Durante los dos primeros trimestres de 2014, el PIB cayó y creció.

   D   El PIB permaneció constante durante 2013.

12. **La microeconomía se ocupa de**

   A   los agregados económicos

   B   el comportamiento de la industria

   C   la política económica nacional

   D   el comportamiento de los consumidores individuales

13. **El estudio de la inflación es parte de**

   A   la macroeconomía

   B   la microeconomía

   C   la economía normativa

   D   la economía descriptiva

14. **¿Cuál de las opciones siguientes NO representa uno de los cuatro tipos de sistemas económicos?**

   A   La economía tradicional

   B   La microeconomía

   C   La economía de mercado

   D   La economía planificada

15. **¿Cuál de las opciones siguientes describe un costo de oportunidad?**

   A   Algo que se descarta cuando uno hace una elección

   B   Un costo que no puede ser evitado

   C   El costo que se incurre por demorar una decisión

   D   El descuento por unidad que se recibe cuando se compran múltiples unidades

Véanse las respuestas en la página 748.

15 Geografía

Para muchas personas, la palabra *geografía* trae el recuerdo de globos terráqueos giratorios y mapas desplegables en el frente de un aula. Estas representaciones geográficas serán, sin duda, estudiadas en la clase de geografía, pero esta área de los estudios sociales abarca mucho más que el simple estudio de mapas. La geografía comprende también el estudio de las características físicas de nuestro planeta, incluidos los cuerpos de agua, las montañas, el clima y el impacto que tienen estos sobre nuestras vidas.

Alrededor de un 10 por ciento de las preguntas incluidas en la prueba de Estudios Sociales del examen *HiSET*® está dedicado a evaluar su comprensión de la geografía. Se le formularán preguntas sobre lugares y regiones, sistemas físicos, el medio ambiente y la sociedad, y las aplicaciones de la geografía.

¿Qué es lo que se evalúa?

Las preguntas de geografía abarcan un amplio rango de temas. Si bien no se le pedirá que identifique la capital de Tayikistán, usted deberá estar familiarizado con el uso de una variedad de tipos de mapas y entender las características de cada uno de ellos. Resultará también importante que comprenda cómo las características geográficas impactan sobre otros factores, como el clima, la población y las relaciones internacionales. Las listas siguientes incluyen unos pocos temas para repasar. Tenga en cuenta que estas listas solo incluyen sugerencias y no pretenden en modo alguno ser completas. Los temas de las listas están presentados por orden alfabético y no por orden de importancia. Repase la información contenida en los libros de texto. Preste atención a los conceptos geográficos que aparezcan en las revistas. Piense en cómo la geografía ha afectado acontecimientos históricos en el pasado y en cómo los afecta en la actualidad. Durante su estudio, agregue a las listas cualquier otro concepto geográfico importante o interesante sobre el que usted quiera profundizar.

Mapas y publicaciones

- Almanaques geográficos
- Atlas
- Mapas climáticos
- Mapas cónicos
- Mapas de proyección de Mercator
- Mapas de proyección gnomónica
- Mapas económicos o de recursos

- Mapas físicos
- Mapas políticos
- Mapas temáticos
- Mapas topográficos

Vocabulario geográfico

- Clave
- Ecuador
- Hemisferios
- Husos horarios
- Isolíneas
- Latitud
- Leyenda
- Longitud
- Primer meridiano

Características geográficas

- Clima
- Colinas
- Llanuras
- Mesetas
- Montañas
- Nivel del mar

Recuerde

Recuerde que las preguntas sobre geografía probablemente incluyan mapas. Asegúrese de ser capaz de leer la información que contienen los diferentes tipos de mapas. Busque en libros, revistas y periódicos. Tome nota de las características de cada uno. Preste mucha atención a la clave y al tipo de información que contiene.

Ejemplos

Las siguientes son dos preguntas de ejemplo sobre geografía.

1. **Julio está realizando un viaje de negocios. La ubicación actual de su avión es aproximadamente 9.5° N de latitud y 43° E de longitud. ¿Sobre cuál de los lugares siguientes se encuentra en este momento?**

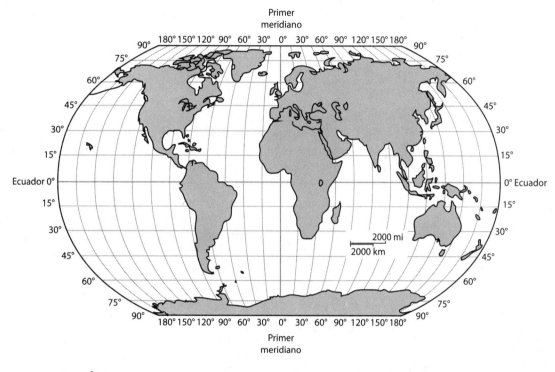

A África   **C** Europa

B El océano Atlántico   **D** El océano Pacífico

Explicación

Primero, lea toda la información disponible, incluida la contenida en el mapa. Identifique la pregunta: *¿Qué ubicación se encuentra situada a aproximadamente 9.5° N de latitud y 43° E de longitud?* Usted deberá marcar la latitud y la longitud sobre el mapa y ver dónde queda ese punto. Busque palabras o frases clave. La información que usted necesita para resolver este problema son las coordenadas geográficas del lugar, es decir, *9.5° N de latitud y 43° E de longitud.* Determine el significado de las palabras o frases que desconoce. Supongamos que usted no recuerda la dirección en que se miden la latitud y la longitud. La letra N en 9.5° N de latitud puede ser considerada una clave de que la latitud está al norte del ecuador. La letra E en 43° E de longitud puede ser considerada una clave de que la longitud está al este del primer meridiano. Piense en lo que usted ya sabe. En el pasado, podría haber aprendido algún truco para saber en qué dirección se miden las líneas de latitud y longitud. Por ejemplo, podrían haberle enseñado que las líneas de longitud miden la altura, como forma de recordar que esas líneas son verticales. En ese caso, las líneas de latitud representarían el ancho, es decir, correrían horizontalmente. Probablemente, usted recuerde el nombre de los océanos y continentes, lo que tiene su importancia porque en el mapa no hay ninguna leyenda sobre los continentes ni tampoco sobre los cuerpos de agua. Cualquier cosa que sepa sobre el tema le será de utilidad para responder la pregunta. Elija la mejor respuesta. El punto dado está situado aproximadamente 10° al norte del ecuador y a 45° al este del primer meridiano, así que debe estar sobre África. **La mejor respuesta es la opción A.**

2. **¿Cuál de los puntos siguientes indica una ubicación en los Estados Unidos?**

   A   17° N de latitud y 88° O de longitud

   B   34° S de latitud y 92° O de longitud

   C   40° N de latitud y 72° E de longitud

   D   67° N de latitud y 153° O de longitud

Explicación

Primero, lea toda la información disponible, incluida la contenida en el mapa. Identifique la pregunta: *¿Cuál de los puntos siguientes indica una ubicación en los Estados Unidos?* Usted deberá marcar sobre el mapa la latitud y la longitud de los puntos dados y ver cuál de ellos está ubicado en los Estados Unidos. Subraye las palabras o frases clave, en este caso las coordenadas geográficas en las opciones de respuesta. Usted debería conocer los términos latitud y longitud, y haber repasado cómo se miden. Elija la mejor respuesta. Marque cada uno de los puntos sobre el mapa y encontrará que la ubicación del punto correspondiente a la opción D queda en alguna parte de Alaska. **La mejor respuesta es la opción D.**

EJERCICIOS SOBRE GEOGRAFÍA

Elija la mejor respuesta para cada una de las preguntas siguientes.

1. **¿Cuál de los tipos de clima siguientes NO se encuentra en la parte continental de los Estados Unidos?**

   A   Áreas templadas con inviernos fríos y húmedos, y veranos secos

   B   Regiones secas con muy pocas precipitaciones

   C   Regiones polares con temperaturas raramente por encima del punto de congelamiento

   D   Áreas continentales con inviernos fríos y veranos cálidos y secos

2. **Muchos países de todo el mundo exportan petróleo. Arabia Saudita y Rusia exportan la mayor cantidad: le corresponden casi ocho millones de barriles por día a Arabia Saudita y más de seis millones de barriles por día a Rusia. Basándose en la información contenida en el mapa, ¿qué inferencia puede hacerse?**

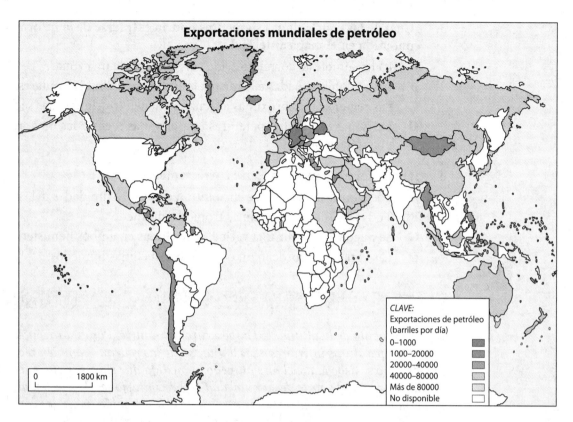

Exportaciones mundiales de petróleo

CLAVE:
Exportaciones de petróleo
(barriles por día)
0–1000
1000–20000
20000–40000
40000–80000
Más de 80000
No disponible

0   1800 km

A   Islandia exporta menos petróleo por día que Australia.
B   Hay muy poco petróleo en América del Sur.
C   La economía de África depende de sus exportaciones de petróleo.
D   La mayoría del petróleo en el mundo proviene de Europa.

Use la información contenida en el mapa siguiente para responder las preguntas 3 y 4.

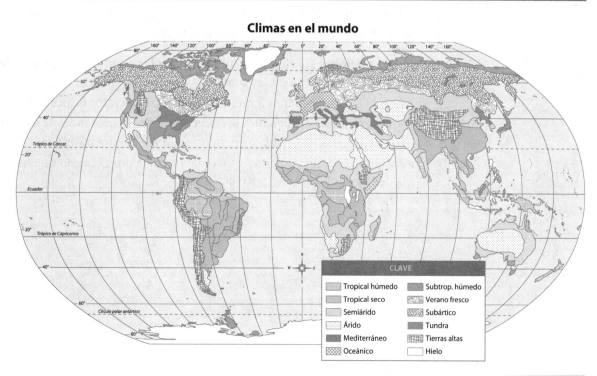

Climas en el mundo

CLAVE

Tropical húmedo   Subtrop. húmedo
Tropical seco   Verano fresco
Semiárido   Subártico
Árido   Tundra
Mediterráneo   Tierras altas
Oceánico   Hielo

3. **¿Cuál de las conclusiones siguientes podría extraerse de la información contenida en el mapa anterior?**

    A   La longitud está correlacionada con el clima de una zona.

    B   Las regiones situadas a la misma latitud tienen climas similares.

    C   Las regiones más próximas al ecuador tienen los climas más secos.

    D   Las zonas con las temperaturas más elevadas reciben las menores precipitaciones.

4. **¿Qué inferencia puede hacerse correctamente?**

    A   Los climas áridos solo se encuentran en las proximidades del ecuador.

    B   Todas las islas tienen climas tropicales húmedos.

    C   Se puede encontrar una variedad de climas en ambos hemisferios.

    D   Las zonas que bordean un océano tienen climas húmedos.

Use la información contenida en el pasaje siguiente para responder las preguntas 5 y 6.

Con el aumento de la altitud, la temperatura disminuye. Por esta razón, las montañas tienen temperaturas inferiores a las llanuras que las rodean. También reciben más lluvias. Esto se debe a que el aire húmedo, a medida que sube por encima de la montaña, se enfría y convierte parte de su humedad en precipitaciones. De hecho, algunas cimas de las montañas están cubiertas de nieve todo el año debido más a las condiciones climáticas asociadas con la altitud que al clima de las zonas que las rodean.

5. **Basándose en esta información, ¿qué conclusión puede extraerse?**

    A   Los valles situados en zonas montañosas tienen climas fríos.

    B   Las llanuras que rodean a las montañas tienen, por lo general, climas secos y áridos.

    C   Los desiertos no se encuentran en las mismas zonas geográficas que las montañas.

    D   El clima de un lado de la montaña puede ser lluvioso, mientras que en el otro lado puede que las condiciones sean de sequía.

6. **¿Cuál de las opciones siguientes describe mejor las condiciones de la vida de las plantas que se encuentran en las montañas o cerca de ellas?**

    A   Los picos de las montañas a menudo tienen pastos ralos o rocas desnudas.

    B   Bosques extensos y exuberantes se encuentran cerca de los picos de las montañas.

    C   Árboles delgados y escasos se encuentran al pie de una montaña.

    D   Las montañas están cubiertas en su mayor parte por rocas, lo que hace que la vida de las plantas resulte poco común.

Use la información siguiente para responder las preguntas 7 a 10.

El mayor bosque tropical húmedo del mundo está situado en el Amazonas. En esta zona llueve aproximadamente 200 días por año, lo que representa unas 100 pulgadas anuales. Además, el río Amazonas y sus más de 1,000 afluentes recorren la región.

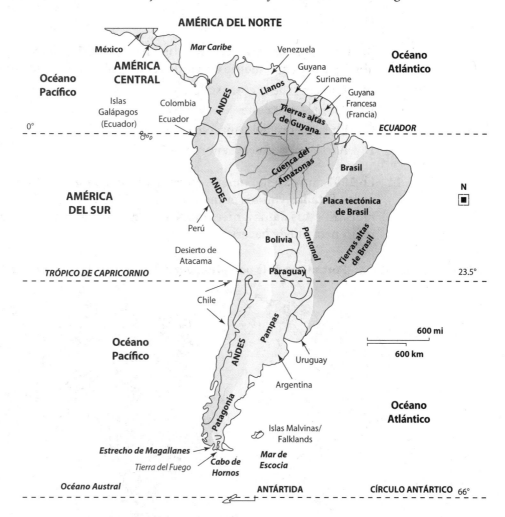

7.   **¿Qué conclusión puede extraerse sobre esta región?**

   A   Las zonas más bajas de América del Sur están situadas cerca de la costa del Pacífico.

   B   La cantidad de lluvia caída es comparable en todas las zonas del continente.

   C   La mayoría de las regiones costeras de América del Sur están al nivel del mar.

   D   En la cordillera de los Andes tiene su nacimiento la mayor parte de los ríos en América del Sur.

8.   **¿Cuál de las afirmaciones siguientes sobre el desierto de Atacama es verdadera?**

   A   Está ubicado en el Uruguay

   B   Está ubicado en la cordillera de los Andes

   C   Está ubicado sobre el ecuador y tiene clima cálido

   D   Es parte de la cuenca del Amazonas y tiene clima húmedo

9. **¿Cuántas millas de longitud tiene aproximadamente la cadena montañosa de los Andes?**

   A   600 millas

   B   1,000 millas

   C   2,000 millas

   D   4,500 millas

10. **Basándose en las características físicas de América del Sur, ¿dónde estarán ubicadas probablemente las ciudades más altamente pobladas?**

    A   A lo largo de la costa sudoeste

    B   Sobre la costa este

    C   En la cuenca del Amazonas

    D   A lo largo de la costa noroeste

11. **En 2007, aproximadamente entre el 10 y el 20 por ciento de los residentes en los Estados Unidos eran menores de 15 años de edad. El mapa siguiente muestra estos datos a nivel mundial. Basándose en esta información, ¿qué inferencia puede hacerse?**

Porcentaje de la población por debajo de los 15 años de edad (2007)

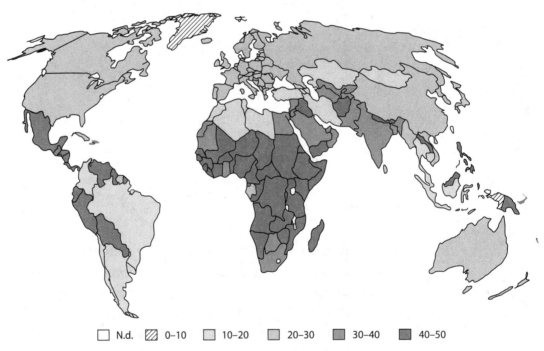

N.d.   0–10   10–20   20–30   30–40   40–50

   A   La expectativa de vida en muchos países africanos es menor que en la mayor parte del resto del mundo.

   B   La tasa anual de nacimientos en la mayor parte de Europa es mayor que la tasa de mortalidad en la misma región.

   C   Hay más residentes adolescentes que ancianos en la mayor parte de América Central.

   D   La cantidad promedio de hijos por familia es mayor en los Estados Unidos que en América del Sur.

12. **El vuelo de Marcela desde Anchorage, Alaska, parte a las 15:00 horas, hora del lugar, y llega a Dallas aproximadamente seis horas más tarde. ¿Qué hora será aproximadamente en Dallas cuando aterrice el avión?**

Mapa de los husos horarios mundiales

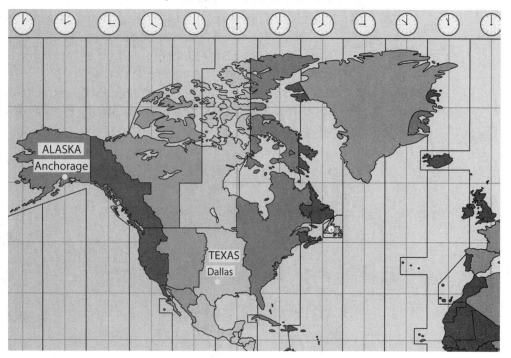

A   9:00 horas

B   11:00 horas

C   17:00 horas

D   21:00 horas

13. **La teoría de Beringia sostiene que originariamente existió un puente de tierra que conectaba América del Norte con Asia. ¿Cuál de las afirmaciones siguientes es una prueba que respalda la teoría?**

A   La primera migración humana de Asia a América del Norte se produjo entre 14,000 y 20,000 años atrás.

B   Ciertas marcas genéticas de los americanos nativos se encuentran también en los habitantes actuales del sur de Siberia.

C   Ningún fósil de restos humanos ha sido encontrado en la zona en la que se supone habría estado el puente de tierra.

D   Los núcleos de sedimentos provenientes del estrecho de Bering, datados entre 15,000 y 30,000 años atrás, contienen esporas de arbustos que no se encuentran en la actualidad en esa región.

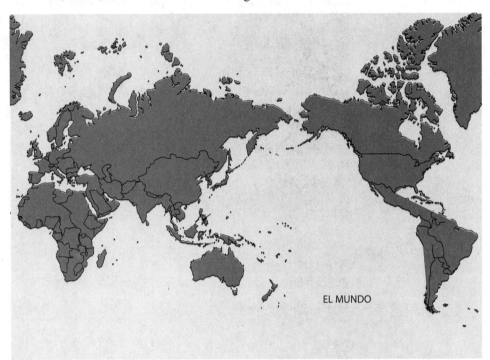

EL MUNDO

14. **El mapa anterior es un ejemplo de**

A   un mapa de recursos

B   un mapa cónico

C   un mapa de proyección de Mercator

D   un mapa topográfico

15. **¿Cuál de los términos siguientes representa la formación que se encuentra cuando un río confluye en un brazo del mar?**

A   Delta

B   Estuario

C   Sandur

D   Berma

Véanse las respuestas en la página 749.

Parte V
Ciencia

16 La prueba de Ciencia

En los capítulos siguientes, se examinará información relacionada con la prueba de Ciencia del examen *HiSET*®. Esta prueba consistirá en 50 preguntas que abarcarán conceptos científicos básicos referidos a las ciencias de la vida y la biología, ciencias de la Tierra y el espacio, química y física. Usted dispondrá de 1 hora y 20 minutos para completar la prueba. Muchas de las preguntas incluirán algún tipo de ayuda visual, como ilustraciones, tablas, gráficas o diagramas. En algunas preguntas, se evaluará su comprensión de la información proporcionada en un pasaje o en el material gráfico. Para responder otras preguntas, usted deberá reformular o resumir datos, evaluar información, identificar supuestos relacionados con el material y hacer juicios o hipótesis basados en hechos. También, podría ser necesario que usted relacione la información con su conocimiento previo sobre el tema.

Pasos para responder las preguntas

Para la prueba de Ciencia, estos son los pasos que usted deberá seguir para encontrar la respuesta correcta:

Pasos para responder las preguntas de Ciencia

Paso 1: Lea toda la información.

Paso 2: Identifique la pregunta.

Paso 3: Subraye las palabras y frases clave.

Paso 4: Determine los significados.

Paso 5: Piense en lo que usted ya sabe.

Paso 6: Elija la mejor respuesta.

Paso 1: Lea toda la información

El primer paso para responder correctamente una pregunta es leer detenidamente toda la información. Esto incluye la información contenida en los pasajes, las gráficas, los diagramas, otros materiales gráficos, las tablas y los epígrafes, así como la pregunta y las opciones de respuesta.

Algunas personas prefieren leer la pregunta antes de leer el pasaje. Esto les permite saber cuál es la información que necesitarán para responder la pregunta y les da la posibilidad de buscar esa información durante la lectura. Lo importante es asegurarse de que usted ha leído toda la información con atención, independientemente del método que haya decidido usar.

Paso 2: Identifique la pregunta

Después de haber leído todo el material disponible, el próximo paso es determinar exactamente qué es lo que se le pregunta. Trate de reformular la pregunta con sus propias palabras. Esto podría serle de utilidad para asegurarse de que ha comprendido lo que se le pregunta.

Paso 3: Subraye las palabras y frases clave

Ahora, identifique los hechos y la información que sean necesarios para responder la pregunta. Vuelva atrás y repase el pasaje y el material gráfico y trate de encontrar palabras, frases, hechos pertinentes y otras ideas que sean clave para elegir la respuesta correcta. Esto le permitirá centrar su atención en las ideas más importantes y lo ayudará a identificarlas al momento de tener que elegir la respuesta.

Paso 4: Determine los significados

Como usted ya lo sabe, habrá palabras o frases del pasaje de lectura que le resultarán desconocidas. Busque pistas en la oración o las oraciones que las rodean, que podrían contener una definición, una explicación o un ejemplo útiles para determinar el significado de las palabras que desconoce. Esas claves de contexto podrían darle pistas excelentes.

Si esto no lo ayudara, descomponga la palabra desconocida en sus partes y vea si la raíz de la palabra, el prefijo o el sufijo le resultan familiares. ¿Conoce usted alguna palabra que tenga una raíz similar? Si así fuera, vea si ello le da una idea de cuál podría ser el significado de la palabra en el pasaje.

Paso 5: Piense en lo que usted ya sabe

Usted ha venido aprendiendo ciencia desde el jardín de infancia, o incluso desde antes. Cuando lea información sobre la prueba de Ciencia del examen HiSET, piense en cómo está relacionada con lo que usted ya sabe. La combinación de la nueva información con su conocimiento previo podría serle de utilidad para comprender totalmente el tema.

Paso 6: Elija la mejor respuesta

Antes de elegir la mejor respuesta, relea la pregunta y lea, detenidamente, cada una de las opciones de respuesta. Varias de las opciones podrían resultar aceptables. La clave es elegir la única respuesta que conteste de la forma más completa la pregunta formulada.

Ejemplos

Las siguientes son dos preguntas de ejemplo que muestran cómo aplicar el método de los seis pasos.

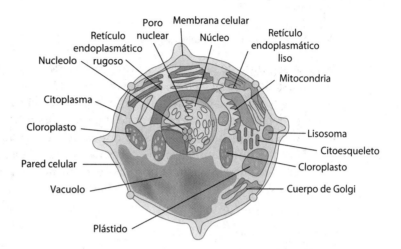

Use el diagrama de una célula de una planta para responder la pregunta.

1. **¿Cuál es la función de la pared celular?**

   A   Producir proteínas

   B   Convertir la energía solar en energía química

   C   Proteger y proporcionar apoyo a la célula

   D   Asimilar el dióxido de carbono

Explicación

Paso 1: Lea toda la información

Esto incluye todas las leyendas del diagrama y la pregunta.

Paso 2: Identifique la pregunta

La pregunta requiere que usted sepa cuál es la función de la pared celular.

Paso 3: Subraye las palabras y frases clave

En el diagrama, subraye la leyenda que corresponde a la pared celular y observe a qué estructura se refiere.

Paso 4: Determine los significados

Determine el significado de los términos que desconozca. Si bien puede que haya muchos términos en el diagrama que usted desconozca, el único relevante para la pregunta es *pared celular*, y usted probablemente conozca el significado de esas palabras.

Paso 5: Piense en lo que usted ya sabe

Piense en lo que ya sabe sobre las células de las plantas y su estructura. Usted podría saber cuál es la función de la pared celular.

Paso 6: Elija la mejor respuesta

Incluso en el caso de que usted no tenga un conocimiento previo de la función de la pared celular, podrá observar el diagrama y descubrir que la pared celular envuelve completamente a la célula, como un cascarón. Una pared sirve, por lo general, de protección, y ese es también el caso de la pared celular. **La mejor respuesta es la opción C.**

Veamos un segundo ejemplo.

2. **La segunda de las leyes del movimiento de Newton dice que la relación entre la masa de un objeto (m), su aceleración ($\vec{a}$) y la fuerza que se le aplica ($\vec{F}$) es igual a: $\vec{F} = m\vec{a}$. La aceleración y la fuerza aplicada son vectores (tal como lo indican las flechas colocadas encima de a y F). En esta ley, la dirección del vector de la fuerza aplicada es la misma que la del vector de la aceleración. Si el auto de Elena se queda sin gasolina cerca de la entrada a la estación de servicio y ella debe empujarlo hasta la bomba de gasolina, ¿a qué velocidad podrá empujar el auto si este tiene una masa de 1,000 kg y ella aplica una fuerza de 50 N?**

    A   0.05 m/s/s

    B   .5 m/s/s

    C   5 m/s/s

    D   20 m/s/s

Explicación

Paso 1: Lea toda la información

En este caso, toda la información está en la pregunta, así que puede completar los pasos 1 y 2 al mismo tiempo.

Paso 2: Identifique la pregunta

Aquí deberá calcular la velocidad aplicando la fórmula de Newton.

Paso 3: Subraye las palabras y frases clave

Las palabras clave están dadas: la fórmula, la masa y la fuerza.

Paso 4: Determine los significados

Aunque haya términos en el diagrama que usted desconozca, lo único que deberá hacer es reemplazar en la fórmula m y $\vec{a}$ por sus valores. Para ello deberá saber qué representa cada variable, y la pregunta dice que $\vec{F}$ es fuerza, m es masa y $\vec{a}$ es aceleración.

Paso 5: Piense en lo que usted ya sabe

Puede que usted haya aplicado esta fórmula de física con anterioridad, pero si ese no fuera el caso, muy probablemente habrá resuelto problemas de álgebra, y este no es diferente.

Paso 6: Elija la mejor respuesta

Sustituya los valores dados en la fórmula. 50N = 1000 kg × a. Divida 50 por 1000 para resolver a. Elija la mejor respuesta. La aceleración es .05 m/s/s. **La mejor respuesta es la opción A.**

17 Ciencias de la vida

Alrededor del 50 por ciento de las preguntas de la prueba de Ciencia del examen *HiSET*® se refiere a ciencias de la vida, o biología. Básicamente, se le preguntará sobre los seres vivientes, incluidos los humanos, las plantas y los animales. Es importante que usted comprenda los conceptos de célula, herencia, interdependencia de los organismos y comportamiento de los organismos. Este capítulo analizará algunos de los conceptos que probablemente encuentre en la prueba.

¿Qué es lo que se evalúa?

Las preguntas sobre ciencias de la vida abarcarán un amplio rango de temas. Las siguientes son listas de temas sugeridos que usted deberá entender antes de la prueba. Tenga presente que estas listas no son completas; no obstante, la comprensión de estos temas lo llevará por el camino correcto. Los temas de las listas están presentados por orden alfabético y no por orden de importancia.

Además de los temas relacionados con las ciencias de la vida, las listas incluyen temas de investigación científica. Usted probablemente haya aprendido este procedimiento cuando realizó experimentos de ciencia en la escuela o cuando completó en su casa un proyecto para la feria de ciencia, así que la mayoría de los conceptos le resultarán conocidos. Las preguntas sobre investigación científica podrán referirse a cualquier área de ciencia, no solo a las ciencias de la vida.

Para prepararse para la prueba, vea los programas de televisión en los que se discutan temas relacionados con la ciencia y la salud. Lea en los periódicos y revistas los artículos referidos a las ciencias de la vida. Échele un vistazo a los ingredientes enumerados en las etiquetas de los alimentos que tiene en su cocina. Piense en cómo su vida cotidiana es afectada por las enfermedades y las mejoras en tecnología médica; esté atento a los acontecimientos actuales. Mientras investiga y estudia, agregue temas que le parezcan interesantes o importantes a las listas de sugerencias.

Investigación científica (el método científico)

- Experimento
- Grupo de control
- Hipótesis
- Prueba experimental
- Resultado
- Variable dependiente
- Variable independiente

Células

- Anafase
- Aparato de Golgi
- Célula
- Células animales
- Células de plantas
- Células diploides
- Células haploides
- Citoplasma
- Cromosoma
- Difusión
- Gametos
- Meiosis
- Membrana celular

- Metafase
- Mitocondria
- Mitosis
- Núcleo
- Nucleolo
- Orgánulos
- Osmosis
- Pared celular
- Profase
- Retícula endoplasmática
- Transporte activo
- Telofase

Cuerpo humano

- Alveolos
- Aorta
- Arterias
- Articulaciones de pivote
- Articulación de rótula
- Articulaciones en bisagra
- Articulaciones fibrosas
- Articulaciones sinoviales
- Axones
- Capilares
- Cerebelo
- Cerebro
- Corazón
- Dendritas
- Diafragma
- Encéfalo
- Enzimas
- Epiglotis
- Esófago
- Glándulas
- Glóbulos blancos
- Glóbulos rojos
- Hígado
- Hormonas
- Intestinos
- Ligamentos
- Lóbulo occipital
- Lóbulo temporal
- Médula espinal

- Médula ósea
- Músculos cardíacos
- Músculos involuntarios
- Músculos lisos
- Músculos voluntarios
- Nervios sensores
- Páncreas
- Plaquetas
- Plasma
- Sangre
- Sentidos
- Sinapsis
- Sistema circulatorio
- Sistema digestivo
- Sistema endocrino
- Sistema esquelético
- Sistema excretor o urinario
- Sistema muscular
- Sistema nervioso
- Sistema reproductivo
- Sistema respiratorio
- Tendones
- Tráquea
- Tubos bronquiales
- Válvula
- Venas
- Ventrículo
- Vesícula

Animales

- Anfibios
- Artrópodos
- Aves
- De sangre caliente
- De sangre fría
- Esponjas
- Exoesqueleto
- Gusanos
- Invertebrados
- Mamíferos
- Medusa
- Moluscos
- Peces
- Reptiles
- Vertebrados

Recuerde

Recuerde que parte del vocabulario en estas listas está relacionado con más de un tema. Por ejemplo, *mamíferos* está enumerado bajo el título "Animales". Sin embargo, puesto que los seres humanos son mamíferos, la palabra está relacionada también con los seres humanos. Del mismo modo, *corazón* y *cerebro* están enumerados bajo el título "El cuerpo humano", pero los animales también tienen corazón y cerebro. Lo importante es, más allá de dónde estén enumeradas las palabras, que usted comprenda cada una de ellas.

Plantas

- Aminoácidos
- Caroteno
- Ciclo del nitrógeno
- Clorofila
- Cloroplastos
- Esporas
- Estambres
- Fertilización
- Floema
- Flores
- Fotosíntesis
- Gametofito
- Germinación
- Glucosa
- Helechos
- Hoja
- Hongos
- Musgo
- Nitratos
- Nitrogenasa
- Nitrógeno
- Nódulos
- Pistilo
- Plantas no vasculares
- Plantas vasculares
- Polen
- Raíces
- Respiración celular
- Tallo
- Xantofila
- Xilema

Organismos

- Clase
- Especies
- Eucariota
- Familia
- Filo
- Género
- Orden
- Organismos multicelulares
- Organismos simples
- Organismos unicelulares
- Procariota
- Reino

Herencia

- ADN
- ARN
- Clonación
- Cromosomas
- Enfermedad genética
- Especie
- Gemelos
- Gen dominante
- Genes
- Genética
- Gen recesivo
- Mellizos
- Herencia
- Mitosis
- Mutación

Ecosistemas y nutrientes

- Cadena alimentaria
- Calorías
- Carbohidratos
- Ciclo del carbono
- Consumidores
- Consumidores primarios
- Consumidores secundarios
- Consumidores terciarios
- Descomponedores
- Descomposición
- Dióxido de carbono
- Ecosistema
- Glucagón
- Grasas
- Hábitat
- Insulina
- Minerales
- Nutrientes
- Oxígeno
- Población
- Productores
- Proteínas
- Red alimentaria
- Respiración
- Vitaminas

Comportamientos

- Autoconservación
- Comportamiento aprendido
- Instinto
- Reflejo

Salud

- Asimilación
- Ciclo de vida
- Cuestiones hereditarias
- Defensas médicas
- Digestión
- Enfermedades ambientales
- Enfermedades no infecciosas
- Enfermedades relacionadas con la edad
- Infección
- Inflamación
- Inmunidad adquirida
- Inmunización
- Inmunodeficiencia
- Regulación
- Salud pública
- Sistema inmunológico

Vocabulario general

- Adaptación
- Teoría creacionista
- Darwinismo
- Diversidad
- Energía
- Interdependencia
- Selección natural
- Teoría evolucionista

Ejemplos

Las siguientes son dos preguntas de ejemplo sobre ciencias de la vida.

1. **Para la feria de ciencia de la escuela, Andrea quería determinar la cantidad óptima de agua que necesitan las plantas de caléndula. Plantó la misma cantidad de semillas en cada una de 30 macetas. Dividió las macetas en tres grupos de 10 macetas cada uno, y rotuló los grupos como A, B y C. Regó las plantas del grupo A todos los días, las del grupo B, dos veces por semana, y las del grupo C, una vez por semana. Las plantas recibieron una cantidad de agua igual cada vez. Andrea predijo que las plantas regadas todos los días iban a ser las más altas al final del mes. ¿Cuál de las condiciones siguientes podría NO ser necesaria para validar el experimento?**

   A El uso de macetas del mismo tamaño

   B La inclusión de un grupo de control

   C El uso del mismo tipo de suelo en todas las macetas

   D El control sobre la cantidad de luz solar que recibían las plantas

Explicación

Primero, lea toda la información disponible e identifique la pregunta. En este caso, deberá elegir una condición que no es necesaria para el experimento. Subraye las palabras y frases clave. En esta pregunta, será importante subrayar la palabra NO. Ignorar esta palabra cambiaría totalmente lo que se pregunta. Determine el significado de las palabras desconocidas. Supongamos que usted desconoce el significado de la palabra *óptima*. ¿Qué otra palabra tiene una raíz similar? *Optimismo* significa ver el lado "más favorable" de las cosas; *optimizar* es buscar la "mejor manera" de hacer algo. Teniendo en cuenta estos significados y el contexto en que la palabra es usada, usted puede suponer que *óptima* probablemente signifique "la mejor" o "la más favorable". Piense en lo que usted ya sabe. ¿Qué ha aprendido sobre la investigación científica? Para poner a prueba una variable, todas las otras condiciones deberán permanecer iguales. En consecuencia, las opciones de respuesta A, C y D representan condiciones necesarias. Elija la mejor respuesta. Puesto que se someten a la prueba tres horarios de riego diferentes no es necesario un grupo de control. **La mejor respuesta es la opción B.**

El ejemplo siguiente está basado en el experimento anterior. Use la información disponible, así como su conocimiento previo, para responder la pregunta.

2. **El programa de riego de Andrea usado en el experimento es**

   A la variable dependiente

   B la hipótesis

   C la variable independiente

   D el resultado

Explicación

Primero, lea toda la información disponible e identifique la pregunta. En este caso, deberá elegir la opción de respuesta que describe el rol que desempeña el programa de riego en el experimento. Busque palabras y frases clave, por ejemplo, *programa de riego*. Determine el significado de las palabras que usted desconoce. Si no sabe qué es una *hipótesis*, piense en la raíz *tesis*. Usted sabe que en un ensayo la tesis representa la idea principal, así que una hipótesis sería algo similar a la idea que Andrea está tratando de probar. Piense en lo que ya sabe. ¿Qué ha aprendido sobre la investigación científica? Todo experimento intenta responder una pregunta. Las variables, como su nombre lo indica, son cosas que cambian. Andrea cambia la frecuencia de riego, así que el programa de riego es una variable. Una variable dependiente es el resultado o el efecto del experimento, y una variable independiente es su causa o su origen. Andrea cambia la causa al variar el programa de riego para ver qué efecto producirá. Elija la mejor respuesta. La opción C describe una causa que provoca un cambio. **La mejor respuesta es la opción C.**

EJERCICIOS SOBRE CIENCIAS DE LA VIDA

Elija la mejor respuesta para cada una de las preguntas siguientes.

Use la información contenida en los pasajes y la tabla siguientes para responder las preguntas 1 a 5.

Los Centros de Control y Prevención de las Enfermedades (CDC) recomiendan que los niños en los Estados Unidos reciban ciertas vacunas a determinadas edades. Varias de estas vacunas se repiten a intervalos específicos entre el nacimiento y los seis años. Muchas de las enfermedades contra las que son vacunados hoy los niños representaron serios problemas para la salud en el pasado; desde que comenzaron las vacunaciones (inmunizaciones), algunas de esas enfermedades se redujeron en un 100 por ciento. Por ejemplo, en los años previos a la introducción de la vacuna contra las paperas, se informó de 503,000 casos anuales. En 2007, se produjeron solo 43 casos de esta enfermedad. (Véase la tabla siguiente.)

Calendario de inmunización recomendado para personas de 0 a 6 años—Estados Unidos 2013
Para quienes se atrasen o comiencen más tarde, ver calendario de recuperación

Vacuna ▼ Edad ►	Naci-miento	1 mes	2 meses	4 meses	6 meses	12 meses	15 meses	18 meses	19–23 meses	2–3 años	4–6 años
Hepatitis B	1a. dosis	2a. dosis				3a. dosis					
Rotavirus			1a. dosis	2a. dosis	ver nota 2						
Difteria, tétano, tos ferina			1a. dosis	2a. dosis	3a. dosis		4a. dosis				5a. dosis
Haemophilus influenza tipo b			1a. dosis	2a. dosis	ver nota 5	3a. o 4a. dosis					
Antineumocócica combinada			1a. dosis	2a. dosis	3a. dosis	4a. dosis					
Antipoliomielítica inactivada			1a. dosis	2a. dosis		3a. dosis					4a. dosis
Influenza						Vacunación anual					
Sarampión, paperas, rubéola						1a. dosis					2a. dosis
Varicela						1a. dosis					2a. dosis
Hepatitis A						Serie de dos dosis				Serie de dos dosis	
Antimeningocócica						ver nota 13					

Rango de edades recomendadas para todos los niños

Rango de edades recomendadas para ciertos grupos de alto riesgo

Rango de edades recomendadas para inmunización por omisión

1. **Según la información contenida en la tabla anterior, ¿cuál de las afirmaciones siguientes representa la inferencia más apropiada?**

    A   Los niños reciben la vacuna contra la varicela en las mismas fechas que las que reciben la vacuna contra el sarampión, las paperas y la rubéola.

    B   Los niños reciben la vacuna contra el rotavirus en las mismas fechas que las que reciben la vacuna antineumocócica combinada.

    C   Todos los niños reciben la vacuna antimeningocócica entre los dos meses y los seis años de edad.

    D   La vacuna contra la influenza no es administrada a los niños en grupos de alto riesgo.

2. **Según la información contenida en la tabla anterior, ¿cuál de las afirmaciones siguientes es verdadera?**

    A   Los niños reciben la vacuna contra el rotavirus una vez entre los 2 meses y 6 meses de edad.

    B   Todos los niños deben recibir la vacuna antimeningocócica entre los dos meses y los seis años de edad.

    C   Los niños son vacunados contra la difteria, el tétano y la tos ferina cuatro veces antes de cumplir dos años de edad.

    D   La vacuna contra la hepatitis B debe ser repetida a los 6, 12, 15 y 18 meses de edad.

3. **Un paciente recibe la misma vacuna cada invierno. Según la tabla, ¿qué enfermedad previene esta vacuna?**

    A   La hepatitis A

    B   La influenza

    C   El neumococo

    D   La varicela

La difteria, una enfermedad infecciosa provocada por bacterias alojadas en la boca y la garganta, provoca en los pacientes dolores de garganta, así como fiebre y escalofríos. Sin tratamiento adecuado, puede provocar complicaciones que incluyen insuficiencias cardíacas y la parálisis. Puede resultar mortal en aproximadamente un 10 por ciento de los casos, y ha sido una de las causas mayores de muertes infantiles. En fecha tan reciente como la década de 1920, alrededor de 15,000 personas morían de difteria cada año.

4. **¿Qué suposición puede hacerse sobre esta enfermedad?**

    A   Más personas mueren de difteria en la actualidad que hace 100 años.

    B   La vacuna contra la difteria ha eliminado los dolores de garganta entre los niños.

    C   La difteria representó la preocupación más seria en cuestiones de salud en la década de 1920.

    D   El uso generalizado de la vacuna contra la difteria ha reducido considerablemente el riesgo de contraer la enfermedad.

La tos ferina, conocida también como coqueluche o tos convulsa, parece en principio un resfrío común; sin embargo, después de unas pocas semanas, provoca violentos ataques de tos en los pacientes y puede ocasionar neumonía, convulsiones e infecciones cerebrales. En algunos casos, hasta puede resultar mortal. Se transmite a través del aire de una persona a la otra, pero puede ser prevenida con la vacunación.

5. **¿Qué tipo de enfermedad es la tos ferina?**

   A   Una enfermedad relacionada con la edad

   B   Una enfermedad ambiental

   C   Una enfermedad hereditaria

   D   Una enfermedad infecciosa

Use la información contenida en el diagrama siguiente para responder las preguntas 6 y 7.

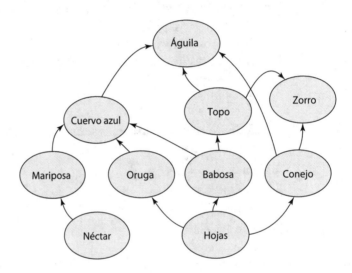

6. **¿Cuál es el rol desempeñado por el topo en la red alimentaria anterior?**

   A   Consumidor secundario

   B   Descomponedor

   C   Consumidor terciario

   D   Consumidor primario

7. **¿En cuál de las relaciones descritas en el diagrama se transmite la mayor cantidad de energía?**

   A   Oruga-cuervo azul

   B   Néctar-mariposa

   C   Conejo-águila

   D   Topo-águila

El comportamiento es el modo en que los organismos interactúan con otros organismos y con el medio ambiente. Tanto en las personas como en los animales, el comportamiento ocurre en respuesta a un estímulo externo, un estímulo interno o ambos. Algunos comportamientos son innatos, o inherentes. Estos comportamientos innatos incluyen los reflejos y los instintos. Otros comportamientos son aprendidos como consecuencia de experiencias.

8.   ¿Cuál de los siguientes es un ejemplo de reflejo?

    A   Una persona que parpadea cuando le arrojan algo hacia ella

    B   Un bebe que gatea sobre el piso antes de empezar a caminar

    C   Un pájaro que recoge materiales para construir su nido

    D   Un perro que ladra cuando escucha el timbre

9.   ¿A cuál parte de la flor pertenecen la antera y el filamento?

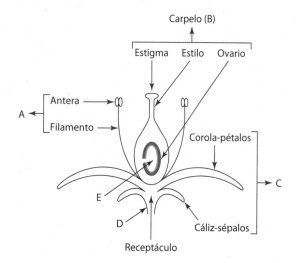

    A   El óvulo

    B   El pedúnculo

    C   El estambre

    D   El pistilo

El cerebro controla casi todo lo que hace el cuerpo, esté usted despierto o dormido. El cerebro está compuesto por cinco partes principales. El telencéfalo es la parte más grande y representa aproximadamente el 85 por ciento del peso del cerebro. Es responsable de nuestro pensamiento, la memoria de corto y largo alcance, el razonamiento y los músculos voluntarios. Está dividido en dos mitades: la mitad derecha, que controla el lado izquierdo del cuerpo, y la mitad izquierda, que controla el lado derecho del cuerpo.

El cerebelo está ubicado en la parte de atrás del cerebro y debajo del telencéfalo. Tiene un tamaño aproximadamente ocho veces menor que el del telencéfalo. Esta parte del cerebro controla el equilibrio, el movimiento y la coordinación. Por debajo del telencéfalo y en frente del cerebelo, está el tronco del encéfalo, que conecta al cerebro con la médula espinal. Es responsable de funciones como la respiración, la digestión, la circulación y el control de los músculos involuntarios, incluidos el corazón y el estómago.

La glándula pituitaria tiene el tamaño de una arveja y es responsable de poner en libertad las hormonas que el cuerpo necesita. Las hormonas son responsables de muchas cosas, incluidos el crecimiento y el metabolismo. El hipotálamo es la parte del cerebro que regula la temperatura corporal. Reacciones como la transpiración o los escalofríos son intentos por controlar la temperatura y ayudar a recuperar los valores normales.

10. **¿Qué parte del cerebro controla las actividades necesarias para andar en bicicleta?**

    A La glándula pituitaria

    B El cerebelo

    C El telencéfalo

    D El hipotálamo

Use la información contenida en el pasaje siguiente para responder las preguntas 11 a 13.

En genética, las leyes de la herencia de Mendel incluyen la ley de segregación de los caracteres (primera ley) y la ley de independencia de los caracteres (segunda ley). La ley de segregación de los caracteres establece que cada individuo contiene un par de alelos para cada rasgo particular (gen) que se segregan o separan durante la producción de gametos en la división celular (células diploides). Esto significa que cada gameto va a contener un solo alelo para cada gen. Esto permite que los alelos materno y paterno se combinen en el descendiente. El descendiente recibe su propio par de alelos del gen de ese rasgo al heredar conjuntos de cromosomas análogos de los organismos de sus padres. Las interacciones entre los alelos en un solo lugar se denominan dominancia, y la dominancia influye en la forma en que el descendiente expresa ese rasgo (por ejemplo, el color y la altura de una planta, o el color del pelaje de un animal).

La ley de independencia de los caracteres (segunda ley) establece que los genes separados de rasgos separados son transmitidos independientemente unos de otros de padres a hijos. Es decir, la selección biológica de un gen particular del par de genes de un rasgo que se transmite de padres a hijos no tiene nada que ver con la selección del gen de otro rasgo. Más precisamente, la ley establece que los alelos de diferentes genes se agrupan independientemente unos de otros durante la formación de gametos. Aunque los experimentos de Mendel de mezclar un rasgo tuvieron como resultado siempre una razón de 3:1 entre fenotipos dominantes y recesivos, sus experimentos mezclando dos rasgos (cruzamiento dihíbrido) resultaron en razones de 9:3:3:1. Pero cada uno de los genes es heredado independientemente con una razón fenotípica de 3:1. Mendel concluyó que diferentes rasgos son heredados independientemente unos de otros, así que no hay relación, por ejemplo, entre la longitud de la cola y el color de un gato. En realidad, esto es cierto solo para genes que no están relacionados unos con otros.

11. **El rasgo físico expresado de un organismo, como el color de su cabello o la forma de su nariz, se denomina**

    A genotipo

    B fenotipo

    C citosol

    D gameto

12. **Si el alelo correspondiente a una vaina de color verde (G) es dominante sobre el alelo correspondiente a una vaina de color amarillo (g), ¿cuál de los genotipos siguientes tendrá una planta con vainas amarillas?**

   A   GG

   B   Gg

   C   gg

   D   gG

13. **En un cruzamiento dihíbrido, la razón esperada en la generación F2 es de**

   A   4:1

   B   3:1

   C   9:3:3:1

   D   1:3

Use la información contenida en el pasaje y el diagrama siguientes para responder las preguntas 14 y 15.

La mitosis, o división somática de la célula, tiene cuatro pasos: profase, metafase, anafase y telofase. Durante la interfase, los cromosomas se dispersan en el núcleo y aparecen como una red de hilos o filamentos largos y delgados, llamada cromatina. Los cromosomas se duplican para formar pares idénticos de cromosomas hermanos, o cromátidas; el ADN de los cromosomas solo se sintetiza durante la interfase. Durante la profase, las dos cromátidas permanecen unidas una con otra en una región llamada centrómero, pero cada una de ellas se contrae en un cuerpo enrollado apretadamente. El núcleo y, en la mayoría de los casos, la envoltura nuclear se rompen y desaparecen, y el huso acromático comienza a formarse. En las células animales, los centriolos se separan y se desplazan, y manojos de fibras dispuestas en forma de radios, llamados ásteres, aparecen a su alrededor. En las células de las plantas, el huso acromático aparece sin centriolos. Durante la metafase, los cromosomas se congregan en un plano intermedio entre los dos extremos hacia el que el huso cromático se reduce. Este plano es llamado plano ecuatorial y marca el lugar por el que se dividirá toda la célula cuando se complete la división del núcleo. Los extremos del huso acromático son los polos hacia los que migrarán las cromátidas, y las cromátidas están pegadas a las fibras del huso cromático en los centrómeros. Durante la anafase, las dos cromátidas de cada cromosoma se desplazan a los polos opuestos. Durante la telofase, nuevas envolturas nucleares se forman alrededor de los dos grupos de cromosomas hijos, los nuevos nucleolos empiezan a aparecer y, por último, las fibras del huso acromático desaparecen. La citocinesis, que puede empezar a producirse antes o después de que se complete la mitosis, separa finalmente a los núcleos hijos en dos nuevas células hijas individuales.

14. **¿Durante cuál fase de la mitosis se forma el huso acromático?**

   A   La metafase

   B   La anafase

   C   La profase

   D   La telofase

15. ¿Cuál de las fases de la mitosis se muestra en el diagrama siguiente?

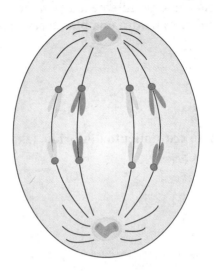

A   La profase

B   La anafase

C   La telofase

D   La metafase

Véanse las respuestas en la página 749.

18 Ciencias de la Tierra y el espacio

Alrededor del 25 por ciento de las preguntas de la prueba de Ciencia del examen *HiSET®* se refiere a las ciencias de la Tierra y el espacio. En esta sección de la prueba, usted encontrará preguntas relacionadas con geología, meteorología, oceanografía, paleontología, geoquímica, ecología y ciencia del medio ambiente. Al combinar su conocimiento previo con la información contenida en los pasajes y ayudas visuales de la prueba, estará en condiciones de demostrar su capacidad de comprender, analizar, resumir y aplicar conceptos de las ciencias de la Tierra y el espacio.

¿Qué es lo que se evalúa?

Las preguntas sobre ciencias de la Tierra y el espacio abarcan un amplio rango de temas. Las listas siguientes incluyen temas sugeridos para el estudio. Tenga presente que estas listas no son completas; cualquier idea relacionada con nuestro planeta y el espacio puede aparecer en la prueba. Esto comprende un mundo entero de temas posibles. Los temas de las listas están presentados por orden alfabético y no por orden de importancia. Para prepararse para la prueba, familiarícese con las ideas que aquí se presentan. Mientras vea programas de televisión relacionados con la ciencia y la salud, lea artículos en diarios y revistas y repase sus libros de texto sobre ciencia, agregue cualquier idea importante o interesante a las enumeradas en las listas.

La Tierra

- Atmósfera
- Calentamiento global
- Ciclo del agua
- Corteza
- Desplazamiento continental
- Efecto invernadero
- Eje
- Estratosfera
- Exosfera
- Fosa oceánica
- Glaciares
- Hidrosfera
- Ionosfera
- Líneas de falla
- Magma
- Manto
- Mesosfera
- Minerales
- Núcleo
- Ozono
- Pangea
- Placas tectónicas
- Rocas ígneas
- Rocas metamórficas
- Rocas sedimentarias
- Rotación
- Subducción
- Termosfera
- Tiempo geológico
- Traslación
- Troposfera
- Volcanes

Clima y desastres naturales

- Cirro (nubes)
- Clima
- Condensación
- Corriente del Golfo
- Corrimientos de tierra
- Cumulonimbo (nubes)
- Cúmulo (nubes)
- Efecto Coriolis
- Escala de Richter
- Escorrentías
- Estaciones
- Evaporación
- Frente
- Frente cálido
- Frente estacionario
- Frente frío
- Humedad
- Humedad relativa
- Huracán
- Inundación
- Ondas sísmicas
- Precipitaciones
- Presión atmosférica
- Presión barométrica
- Estrato (nubes)
- Temperatura
- Terremoto
- Tsunami
- Vientos

Medio ambiente

- Conservación
- Contaminación ambiental (polución)
- Contaminación del agua
- Contaminación de los suelos
- Desechos peligrosos
- Disposición de desechos sólidos
- Prevención de la extinción
- Protección de la biodiversidad
- Reciclado
- Recursos naturales renovables
- Recursos naturales no renovables

Cambios en la Tierra

- Abrasión
- Deposición
- Deslizamiento
- Erosión
- Erosión eólica
- Erosión gravitacional
- Erosión hídrica
- Exfoliación
- Fósiles
- Meteorización química
- Lixiviación
- Meteorización
- Meteorización física

El espacio

- Agujero negro
- Años luz
- Asteroides
- Astronomía
- Cometas
- Cuásares
- Cúmulo abierto
- Cúmulo globular
- Estrella
- Estrellas azules
- Estrellas de neutrones
- Estrellas enanas blancas
- Estrellas enanas negras
- Estrellas gigantes
- Estrellas rojas gigantes
- Galaxia elíptica
- Galaxia espiral
- Galaxias
- Galaxias irregulares
- Gravedad
- Meteoros
- NASA
- Naves y satélites espaciales
- Nebulosa solar
- Nebulosas
- Novas
- Nubes gaseosas
- Planetas
- Planetas interiores
- Planetas exteriores
- Púlsar (estrella)
- Satélite

- Sistema solar
- Sol
- Supernovas

- Teoría copernicana
- Vía Láctea (galaxia)

La Luna

- Eclipse lunar
- Eclipse solar
- Fases
- Mareas

- Mareas muertas
- Mareas vivas
- Órbita

Teorías

- Teoría de la Gran Explosión
- Teoría del universo abierto

- Teoría del universo cerrado
- Teoría del universo plano

Ejemplos

Las siguientes son dos preguntas de ejemplo sobre las ciencias de la Tierra y el espacio.

La estructura física de la Tierra incluye tres capas básicas. En el centro, el planeta es sólido, con un núcleo interno muy denso rodeado de un núcleo externo líquido. El núcleo externo, que contiene hierro, gira a la vez que el planeta rota, generando un campo magnético a medida que fluye. Juntos, los núcleos interno y externo tienen un espesor de aproximadamente 2,200 millas y constituyen un tercio de la masa de la Tierra.

El núcleo está cubierto por una capa llamada manto. Es semisólida y, aunque no es la capa más caliente del planeta, es tan caliente que una parte de la roca en esta capa está fundida. Esta roca fluye lentamente, de forma similar al asfalto caliente.

El manto está cubierto por una capa externa rígida, la corteza. Esta capa tiene un grosor de aproximadamente 25 millas debajo de los continentes y de 4 millas debajo de los océanos, y es relativamente delgada si la comparamos con las otras dos. La parte superior del manto es más fría que las partes más profundas, y se combina con la delgada corteza terrestre para formar la litosfera. Esta capa se ha roto en partes llamadas placas tectónicas, que se mueven constantemente por estar flotando sobre una capa de roca fundida.

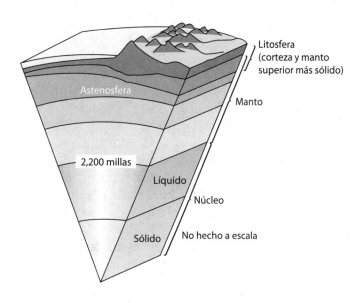

277

1. **¿Cuál de las capas de la Tierra es responsable de que la aguja de la brújula apunte siempre hacia el norte?**

   A La corteza

   B El núcleo externo

   C La litosfera

   D El manto

Explicación

Primero, lea toda la información disponible, incluida la información contenida en el diagrama. Identifique la pregunta, que puede ser reformulada así: *¿Qué capa afecta a la brújula?* Busque palabras y frases clave. Para poder responder la pregunta, es importante comprender qué pasa en cada una de las capas, así que tomar nota de la información sobre las capas será de ayuda. Puesto que la aguja de la brújula apunta hacia el norte magnético, toda información sobre magnetismo puede ser útil. Determine el significado de las palabras que desconozca. La palabra *litosfera* podría serle desconocida. Claves en la oración, así como en la oración siguiente, proporcionan una definición de la palabra. Échele otro vistazo:

> La <u>parte superior del manto</u> es más fría que las partes más profundas, y <u>se combina con la delgada corteza terrestre para formar la litosfera.</u> *Esta capa se ha roto en partes llamadas placas tectónicas, <u>que se mueven constantemente</u> por estar flotando sobre una capa de roca fundida.*

La litosfera es la parte superior del manto más la corteza. Piense en lo que usted ya sabe. ¿Qué sabe acerca del funcionamiento de la brújula? Probablemente, sepa que la brújula depende del magnetismo para indicar la dirección. Elija la mejor respuesta. Puesto que usted sabe que la brújula depende del campo magnético de la Tierra, y en el pasaje se afirma que el núcleo externo genera el campo magnético, usted puede concluir que la opción de respuesta D es la correcta. **La mejor respuesta es la opción D.**

2. **¿Debajo de cuál de los lugares siguientes tiene más grosor la corteza terrestre?**

   A El monte Everest

   B El océano Atlántico

   C El Gran Cañón

   D El desierto de Mojave

Explicación

Primero, lea toda la información disponible, incluida la información contenida en el diagrama. Identifique la pregunta, que puede ser reformulada así: *¿Dónde es más gruesa la corteza?* Busque palabras y frases clave. Esta pregunta solo se refiere a la corteza, o litosfera, así que tome nota de esos términos y del lugar dónde aparecen. Además, busque cualquier cosa referida al grosor. Determine el significado de las palabras que desconozca. Probablemente, no haya palabras desconocidas en esta parte. Piense en lo que ya sabe. ¿Dónde será más gruesa la corteza? Probablemente, usted se dé cuenta de que en las zonas más altas la corteza será más gruesa. Combine este conocimiento con lo que el pasaje dice sobre el grosor de la corteza:

> El manto está cubierto por una capa externa rígida, la corteza. Esta capa tiene un grosor de aproximadamente 25 millas debajo de los continentes y de 4 millas debajo de los océanos, y es relativamente delgada si la comparamos con las otras dos.

La corteza es más delgada debajo de los océanos y más gruesa debajo de las montañas más altas. Usted también puede observarlo en el diagrama. Elija la mejor respuesta. La opción A es la única que menciona una montaña. **La mejor respuesta es la opción A.**

EJERCICIOS SOBRE CIENCIAS DE LA TIERRA Y EL ESPACIO

Elija la mejor respuesta para cada una de las preguntas siguientes.

1. **¿De qué tipo de erosión se formó el Gran Cañón?**
    A   De la erosión gravitacional
    B   De la meteorización física
    C   De la erosión hídrica
    D   De la erosión eólica

Use la información contenida en el pasaje y el mapa siguientes para responder las preguntas 2 y 3.

Entre los años 1980 y 2010, los Estados Unidos experimentaron 99 desastres naturales con daños de más de mil millones de dólares cada uno. El costo total de estos eventos ascendió a más de 725 mil millones de dólares.

En marzo de 2010, se produjeron inundaciones en varios estados de la región del noreste. Durante los dos meses siguientes, varios estados de la región del sur medio sufrieron los efectos del tiempo severo, tornados e inundaciones. Ese otoño, Arizona fue víctima de un tiempo inusualmente severo. En 2005, los huracanes Dennis, Katrina, Rita y Wilma azotaron varios estados, mientras que la región del oeste medio sufrió sequías en primavera y verano. El año 2004 también trajo consigo una buena cantidad de huracanes, incluidos Charley, Frances, Ivan y Jeanne. Antes de esto, un solo huracán de mil millones de dólares azotó al país en 2003, otro en 2001 y uno más en 1999.

La región del noroeste de Texas experimentó severos desastres naturales durante seis años entre 1999 y 2010; sin embargo, no informó de ninguno entre los años 1980 y 1999. Del mismo modo, Illinois informó de ocho desastres por inundación entre 1999 y 2009, y ninguno en los 20 años anteriores a ese período.

Desastres naturales de un millardo (mil millones) de dólares, 1980–2010

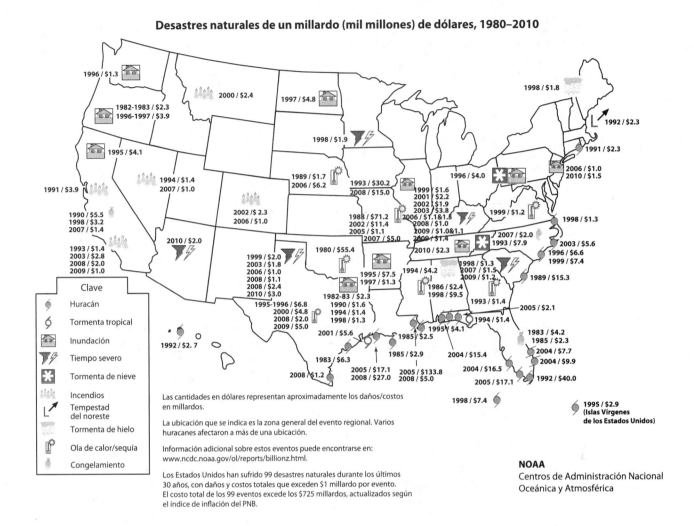

Las cantidades en dólares representan aproximadamente los daños/costos en millardos.

La ubicación que se indica es la zona general del evento regional. Varios huracanes afectaron a más de una ubicación.

Información adicional sobre estos eventos puede encontrarse en: www.ncdc.noaa.gov/ol/reports/billionz.html.

Los Estados Unidos han sufrido 99 desastres naturales durante los últimos 30 años, con daños y costos totales que exceden $1 millardo por evento. El costo total de los 99 eventos excede los $725 millardos, actualizados según el índice de inflación del PNB.

NOAA
Centros de Administración Nacional
Oceánica y Atmosférica

2. **¿Qué generalización puede hacerse basándose en estos datos?**

   A   Las inundaciones se producen por lo general en las zonas costeras.

   B   El daño provocado por las tormentas de nieve es más severo en los estados de la región del noreste.

   C   Los estados de la región del noreste tienen más posibilidades de sufrir daños de alto costo como consecuencia del congelamiento.

   D   Los huracanes severos son generalmente más frecuentes en las costas del Golfo y del Atlántico.

3. **¿Qué afirmación NO puede ser respaldada por la información proporcionada?**

   A   Los patrones de tiempo severo son consistentes de un año a otro en cualquiera de las regiones consideradas.

   B   Las tormentas de nieve y las nevascas tienen menos probabilidades de causar daños de alto costo que la mayoría de los otros desastres naturales.

   C   Las tormentas tropicales, aunque no tan severas como los huracanes, tienen el potencial de provocar daños de costo más alto.

   D   La mayoría de las regiones en los Estados Unidos fue afectada al menos por un desastre natural importante durante el período comprendido en el informe.

Use la información contenida en el pasaje siguiente para responder las preguntas 4 a 6.

Durante siglos, la gente ha estado fascinada por nuestra luna. La Luna, único satélite natural de la Tierra, orbita nuestro planeta una vez cada 29 días y medio. No tiene luz propia y solo refleja la luz solar en su superficie. Al girar alrededor de la Tierra, la Luna cambia de posición con respecto al Sol y atraviesa por una serie de fases, durante las que diferentes partes del satélite son visibles desde la Tierra. La luna nueva no puede ser observada desde la Tierra, puesto que su lado iluminado no apunta hacia ella. Sin embargo, podemos observar las otras fases: luna nueva visible, cuarto creciente, luna gibosa creciente, luna llena, luna gibosa menguante, cuarto menguante y luna menguante. A continuación de la luna nueva, cada fase nos permite observar una porción más grande de la Luna hasta llegar a la fase de luna llena, durante la que el satélite es visible en su totalidad. A partir de entonces, cada fase muestra una porción menor de la Luna hasta llegar a su desaparición total en la fase de luna nueva.

Ocasionalmente, la Luna queda a la sombra de nuestro planeta y se oscurece casi completamente. Ese eclipse lunar puede ser parcial o total, y puede durar desde menos de media hora hasta varias horas. Un eclipse solo puede producirse durante la fase de luna llena y solo si la Luna pasa a través de una parte de la sombra de la Tierra. Cuando la Luna pasa entre el Sol y nuestro planeta, esto causa un tipo diferente de eclipse, conocido como eclipse solar. A diferencia del eclipse lunar, este eclipse solo se produce durante la fase de luna nueva. Cuando esto sucede, la sombra de la Luna se proyecta sobre la Tierra, y podemos observar solo una parte del Sol.

La interacción gravitatoria entre la Luna y la Tierra es responsable de las mareas en los grandes cuerpos de agua de nuestro planeta. La atracción gravitatoria de la Luna es más fuerte en el lado de la Tierra más cercano al satélite. Esto provoca que el agua de los océanos se abulte hacia la Luna. La Tierra, atraída a su vez hacia la Luna, también provoca un abultamiento de las aguas en el lado opuesto del planeta.

Diferentes circunstancias causan diferentes tipos de mareas. Las mareas vivas ocurren cuando la Tierra, el Sol y la Luna están alineados. Estas mareas son particularmente fuertes porque tanto el Sol como la Luna ejercen fuerzas gravitatorias que actúan sobre ellas. Ocurren durante las fases de luna llena y luna nueva. Las mareas vivas que ocurren durante el perigeo son inusualmente altas, y se producen cuando la Luna se encuentra muy próxima a nuestro planeta durante la fase de luna nueva. Esta situación solo se presenta una vez cada año y medio. Las mareas muertas son las más débiles, y ocurren cuando la Luna, el Sol y la Tierra forman un ángulo recto, con la Tierra como vértice. Esto sucede durante las fases de cuarto creciente y cuarto menguante.

4. **Observe el diagrama siguiente. ¿Qué es lo que muestra el diagrama?**

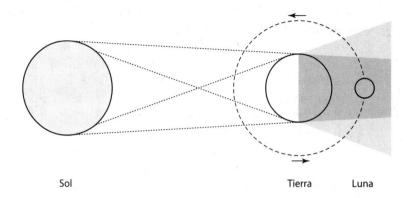

Sol   Tierra   Luna

- **A** Un cuarto creciente
- **B** Un eclipse lunar
- **C** Una luna nueva
- **D** Un eclipse solar

5. **¿Qué conclusión puede extraerse?**
- **A** Las mareas se producen a la misma hora todos los días.
- **B** Las mareas vivas solo se producen durante la primavera.
- **C** La fuerza gravitatoria de la Luna solo impacta el agua de los océanos.
- **D** Existen diferencias en el alcance de las mareas que ocurren en diferentes lugares.

6. **¿Cuál de las afirmaciones siguientes representa una opinión y no un hecho?**
- **A** El tiempo durante el que un eclipse es observable puede variar.
- **B** Las fases de la Luna se producen en ciclos recurrentes.
- **C** Ciertos tipos de mareas están asociados con las fases de la Luna.
- **D** Un eclipse lunar es más interesante para observar que un eclipse solar.

7. ¿Cuál de las afirmaciones siguientes resume mejor la información contenida en el diagrama?

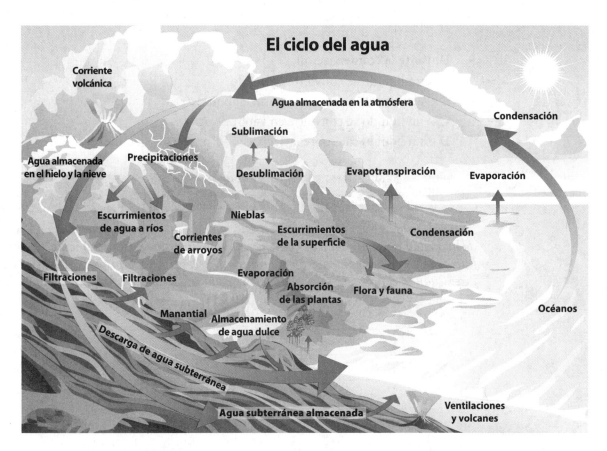

El ciclo del agua

Corriente volcánica

Agua almacenada en la atmósfera

Condensación

Sublimación

Precipitaciones

Desublimación

Evapotranspiración

Evaporación

Agua almacenada en el hielo y la nieve

Escurrimientos de agua a ríos

Nieblas

Escurrimientos de la superficie

Condensación

Corrientes de arroyos

Filtraciones

Filtraciones

Evaporación

Absorción de las plantas

Flora y fauna

Océanos

Manantial

Almacenamiento de agua dulce

Descarga de agua subterránea

Agua subterránea almacenada

Ventilaciones y volcanes

A El Sol calienta el agua de la Tierra, provocando que parte de ella se convierta en vapor en el aire. Las corrientes ascendentes de aire transportan el vapor hacia la atmósfera, donde temperaturas más frías hacen que el vapor se condense y forme nubes. Las corrientes de aire transportan las nubes, que retornan el agua a la Tierra en forma de lluvia, hielo o nieve.

B El agua en los océanos y corrientes de la Tierra es calentada por el Sol. El agua caliente se evapora, convirtiéndose en vapor de agua en el aire. A medida que el agua encuentra temperaturas más elevadas en la atmósfera, el vapor forma nubes. Las nubes producen precipitaciones que retornan el agua a la Tierra como condensación.

C La energía solar provoca que el agua se condense. Luego se evapora y forma vapor de agua en la atmósfera. Las temperaturas más frías hacen que el vapor se transforme en condensación, que se recoge en nubes. Las nubes son transportadas alrededor de la Tierra y devuelven el agua a la Tierra como precipitaciones.

D La energía del Sol calienta el agua en la superficie de los océanos. Esto ocasiona que parte de esta agua se convierta en vapor, que es transportado a la atmósfera por corrientes ascendentes de aire. El vapor encuentra aire más frío en la atmósfera y se precipita en forma de nubes y niebla. El viento transporta las nubes. A medida que la precipitación se calienta, forma condensación.

8. ¿Cuál de las palabras siguientes NO representa un tipo de precipitación?

A Hielo

B Nieve

C Flora

D Lluvia

9. **Durante la condensación,**

A un líquido se convierte en sólido

B el vapor de agua se convierte en líquido

C un líquido se convierte en vapor de agua

D un líquido cae sobre la Tierra en forma de lluvia o nieve

Use la información contenida en el pasaje y la gráfica siguientes para responder las preguntas 10 a 13.

La humedad relativa indica cuánta humedad hay en el aire comparada con la cantidad de humedad que el aire puede contener a esa temperatura. Generalmente, la cantidad de humedad en el aire es menor que la cantidad necesaria para provocar la saturación del aire. Cuando el aire está saturado, la humedad relativa está próxima al 100 por ciento.

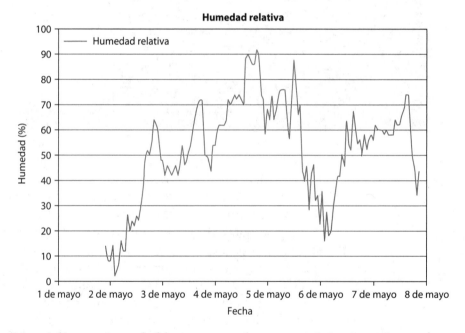

10. ¿En qué día es más probable que se produzcan precipitaciones?

A 2 de mayo

B 3 de mayo

C 4 de mayo

D 5 de mayo

11. **Supongamos que la temperatura hubiera sido 15 grados más alta el 8 de mayo que lo que se informó originalmente. ¿Qué habría ocurrido?**

    A   La humedad relativa hubiera disminuido

    B   La humedad relativa hubiera aumentado

    C   La humedad relativa no hubiera experimentado cambios

    D   La humedad relativa hubiera sido del 100 por ciento

12. **¿Cuál de las afirmaciones siguientes es verdadera?**

    A   La nieve va acompañada de un 100 por ciento de humedad relativa.

    B   Un clima seco tiene, por lo general, un 100 por ciento de humedad relativa.

    C   La niebla y la lluvia van acompañadas de un 100 por ciento de humedad relativa.

    D   La humedad relativa permanece constante durante todo el día.

13. **¿En cuál día se experimentó el mayor cambio en la humedad relativa?**

    A   2 de mayo

    B   3 de mayo

    C   4 de mayo

    D   5 de mayo

Use la información contenida en el mapa siguiente para responder las preguntas 14 y 15.

14. Las zonas de subducción son lugares de la litosfera terrestre (la corteza más la parte no convectiva del manto superior) donde se produce el hundimiento por convección de bloques de mayor densidad por debajo de bloques de menor densidad. Las zonas de subducción existen en los puntos de convergencia entre bordes de placas oceánicas diferentes. El bloque descendente —la placa que se hunde— es empujado hacia abajo por el borde delantero de la otra placa. La placa del Pacífico se hunde por debajo de la placa de América del Norte (compuesta de dos secciones: la continental y la oceánica). ¿Cuál de los accidentes geográficos siguientes se encuentra en esta zona de subducción?

    A   El Gran Valle del Rift del este africano

    B   La fosa de las Aleutianas

    C   La dorsal Mesoatlántica

    D   La falla Alpina de Nueva Zelandia

15. ¿Qué causó la formación de la cordillera del Himalaya?

    A   La colisión de la placa Indoaustraliana con la placa de Eurasia

    B   La subducción de la placa Indoaustraliana por debajo de la placa de Eurasia

    C   La subducción de la placa de Eurasia por debajo de la placa Indoaustraliana

    D   La destrucción de la placa Indoaustraliana por la placa de Eurasia

Véanse las respuestas en la página 749.

19 Ciencias físicas: química

Como usted ya sabe, la prueba de Ciencia del examen *HiSET*® comprende un total de 50 preguntas. Aproximadamente un 28 por ciento de ellas estará relacionado con las ciencias físicas. De esas preguntas, algunas estarán centradas en química y otras estarán centradas en física. En este capítulo, se repasarán los tipos de información que usted deberá conocer para responder las preguntas sobre química.

¿Qué es lo que se evalúa?

Para responder las preguntas sobre química de la prueba de Ciencia del examen HiSET, usted deberá confiar en su conocimiento acerca de los átomos, la estructura y las propiedades de la materia y las reacciones químicas. Las listas siguientes incluyen sugerencias sobre los temas que deberá repasar antes de la prueba. Los temas de las listas están presentados por orden alfabético y no por orden de importancia. Combinar su propio conocimiento sobre el tema con la información proporcionada lo ayudará a comprender el material y elegir la mejor respuesta para cada pregunta.

No necesitará memorizar la tabla periódica de los elementos, pero deberá estar familiarizado con ella lo suficiente como para saber usarla. Lo mismo es cierto para toda otra información relacionada con la química. No se le pedirá que recuerde hechos, pero deberá ser capaz de aplicar los conceptos a fin de analizar información, resolver problemas y hacer juicios.

Mientras repase sus libros de texto, lea revistas científicas y consulte Internet, agregue cualquier idea importante o interesante a las enumeradas en las listas.

Estructura del átomo

- Alotropía
- Átomo
- Compuesto
- Electrón
- Elemento
- Enlace covalente
- Enlace iónico
- Enlace químico
- Fisión nuclear

- Fórmula química
- Fuerza eléctrica
- Fuerza nuclear
- Ion
- Isobara
- Isótopo
- Masa atómica
- Ley periódica
- Metales

- Molécula
- Neutrón
- No metales
- Núcleo
- Número atómico
- Protón

- Radiactividad
- Semimetales
- Símbolo
- Tabla periódica de los elementos
- Teoría atómica

Química y seres vivos

- Carbono
- Hidrocarbonos
- Orgánico

- Química orgánica
- Polímero

Materia

- Ácidos
- Aireación
- Alcalinidad
- Aleaciones
- Amalgama
- Bases
- Cambio físico
- Cambio químico
- Cloración
- Compuestos
- Condensar
- Congelamiento
- Destilado

- Filtrado
- Fundir
- Hervir
- Gas
- Líquido
- Materia
- Mezcla
- Oxidación
- Plasma
- Sólido
- Solución
- Soluto
- Sublimación

Cambios

- Activación de la energía
- Cambio físico
- Cambio nuclear
- Cambio químico
- Catalizador
- Ciclo de Carnot
- Ecuación química
- Enlace
- Enlace covalente

- Ley de conservación de la materia
- Plásticos
- Polímeros
- Productos
- Reacción de combinación
- Reacción de descomposición
- Reacción química
- Reactivos
- Velocidad de reacción química

Recuerde

Recuerde que preguntas relacionadas con la investigación científica pueden aparecer en referencia a cualquier tema de ciencia. Asegúrese de que conoce bien este procedimiento.

Ejemplos

Las siguientes son dos preguntas de ejemplo sobre química.

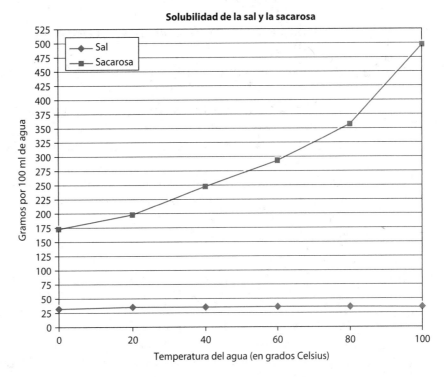

Solubilidad de la sal y la sacarosa

1. **Tanto la sacarosa (azúcar) como la sal se disuelven en agua. La temperatura del agua determina la cantidad de cada soluto que puede ser disuelta. Una vez que cierta cantidad de soluto se disuelve en el agua, el agua se satura, lo que significa que no podrán ser disueltas en la solución cantidades adicionales de sal o azúcar. Aproximadamente, ¿cuántos gramos de azúcar saturarán 100 ml de agua a una temperatura de 40 grados Celsius?**

   A   45 g

   B   100 g

   C   175 g

   D   250 g

Explicación

Primero, lea toda la información. Identifique la pregunta, que puede ser reformulada así: *¿Cuántos gramos de sacarosa se disolverán en el agua a 40 °C?* Subraye las palabras y frases clave. La información que usted necesita para responder esta pregunta está contenida en la gráfica. Identifique la línea que representa la sacarosa, y subraye el valor que corresponde a los 40 °C. Determine el significado de las palabras que desconozca. Supongamos que usted desconoce la palabra *soluto*. La oración que introduce esta palabra explica que el soluto puede ser disuelto. La oración anterior dice que la sacarosa y la sal pueden disolverse en agua. Estos son ejemplos de solutos. Usando estos indicios, usted puede determinar que un soluto es algo que puede disolverse. Piense en lo que ya sabe. ¿Qué sabe acerca de disolver azúcar en agua? Use esta información para ayudarlo a determinar la mejor respuesta a la pregunta. Elija la mejor respuesta. Puesto que el valor 250 g está marcado exactamente arriba de 40 °C en el eje horizontal, **la mejor respuesta es la opción D**.

La pregunta siguiente está basada en la misma información y en la gráfica anterior. Úselas, al igual que su conocimiento previo, para responder la pregunta.

2. **¿Cuál de las conclusiones siguientes sería correcta de acuerdo con los datos disponibles?**

   A   Cuando la temperatura del agua aumenta, la cantidad de sacarosa que puede ser disuelta disminuye.

   B   Un aumento de la temperatura del agua aumenta considerablemente la cantidad de sal que puede ser disuelta.

   C   Cuando la temperatura del agua aumenta, la cantidad de sacarosa que puede ser disuelta aumenta también.

   D   Un aumento de la temperatura del agua hasta los 100 °C también aumenta la cantidad de sal que puede ser disuelta en un 100 por ciento.

Explicación

Primero, lea toda la información. Identifique la pregunta. En este caso, usted buscará una opción de respuesta que esté respaldada por la gráfica. Busque las palabras y frases clave. La información que usted necesita para responder la pregunta está en la gráfica. Identifique la línea que representa la sacarosa y la línea que representa la sal. Ya debería haber determinado el significado de las palabras desconocidas en la pregunta anterior. Piense en lo que ya sabe. ¿Qué sabe acerca de la disolución de azúcar o sal en agua? Si usted toma su café o té con azúcar, sabrá que el azúcar se disuelve más rápido en el agua caliente. ¿Qué sabe acerca de cómo leer una gráfica de líneas? Use esta información para determinar la mejor respuesta. La opción C está respaldada por los datos de la gráfica, mientras que las opciones A, B y D no lo están. **La mejor respuesta es la opción C.**

EJERCICIOS SOBRE CIENCIAS FÍSICAS: QUÍMICA

Elija la mejor respuesta para cada una de las preguntas siguientes.

1. **Los compuestos orgánicos, como lípidos, carbohidratos, proteínas y ácidos nucleicos, son ejemplos de compuestos moleculares. Son no metales enlazados el uno con el otro. ¿Cuál de los siguientes NO es un compuesto orgánico?**

   A H_2O (agua)

   B   HCl (cloruro de hidrógeno)

   C   MgO (óxido de magnesio)

   D CH_4 (metano)

Tanto la sacarosa (azúcar) como la sal se disuelven en agua. La temperatura del agua determina la cantidad de cada soluto que puede ser disuelta. Una vez que cierta cantidad de soluto se disuelve en el agua, el agua se satura, lo que significa que no podrán ser disueltas en la solución cantidades adicionales de sal o azúcar.

	Peso de la sustancia que se disuelve en agua a diferentes temperaturas (en gramos)				
Sustancia	20 °C	40 °C	60 °C	80 °C	100 °C
Azúcar	240	300	360	380	410
Sal	35	36	37	38	39

2. **Basándose en la información anterior, ¿cuál de las afirmaciones siguientes es verdadera?**

   A   A cualquier temperatura, la cantidad de sacarosa que se disuelve en 100 ml de agua es 10 veces mayor que la cantidad de sal que se disuelve en esa misma cantidad de agua.

   B   Todos los solutos tienen una tasa de saturación igual cuando la temperatura del agua alcanza cierto punto.

   C   La cantidad de sacarosa que se disuelve en agua hirviendo es aproximadamente 10 veces mayor que la cantidad de sal que se disuelve en la misma agua.

   D   La cantidad de sacarosa que se disuelve en agua fría es aproximadamente igual a la cantidad de sal que se disuelve en la misma agua.

Use la información contenida en el diagrama siguiente para responder las preguntas 3 a 5.

Molécula de azúcar (sacarosa)

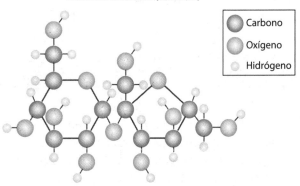

Carbono
Oxígeno
Hidrógeno

3. **El diagrama muestra una molécula de sacarosa (azúcar). ¿Cuál de las siguientes fórmulas representa la fórmula química de la sacarosa?**

   A $C_6H_{11}O_5$

   B $C_{12}H_{22}O_{11}$

   C $Ca_6H_{11}O_5$

   D $Ca_{12}H_{22}O_{11}$

4. **¿Cuál de las afirmaciones siguientes es verdadera?**

   A   Hay más átomos de oxígeno que de carbono.

   B   Hay dos veces más átomos de hidrógeno que de carbono.

   C   Si las cantidades de átomos de carbono, oxígeno e hidrógeno fueran reducidas cada una en una unidad, esa molécula seguiría siendo de sacarosa.

   D   Hay más átomos de carbono que de oxígeno.

5. **¿Cuál de las palabras siguientes describe mejor a la sacarosa?**

   A Átomo

   B Compuesto

   C Elemento

   D Mezcla

6. **La unidad de magnesio más pequeña que conserva todas sus propiedades es**

   A un átomo

   B un electrón

   C un ion

   D un protón

7. **Mario usa un hacha para partir un tronco de roble. ¿Qué tipo de cambio produce?**

   A Un cambio atómico

   B Un cambio químico

   C Un cambio físico

   D Un cambio eléctrico

8. **Mario prende fuego al leño de roble para iniciar una fogata. ¿Qué tipo de cambio produce?**

   A Un cambio atómico

   B Un cambio químico

   C Un cambio eléctrico

   D Un cambio nuclear

Use la información contenida en el pasaje y la tabla siguientes para responder las preguntas 9 a 13.

La tabla periódica de los elementos ordena los elementos según su número atómico, lo que, por lo general, también los ordena por su masa atómica. Las filas de la tabla se denominan períodos. La cantidad de electrones en cada período aumenta a medida que nos movemos hacia abajo en la tabla. Las columnas de la tabla se denominan grupos. Los elementos en el grupo 8A son conocidos como gases nobles porque no tienen olor ni color, son monoatómicos y tienen muy baja reactividad química.

Cada elemento está definido por la cantidad de protones en el átomo. Esto se llama número atómico. El hidrógeno tiene un número atómico de 1, lo que indica que un solo átomo de este elemento contiene un solo protón. El peso atómico estándar de cada elemento es igual a la masa promedio del elemento. El número atómico y el peso atómico aparecen en la tabla junto al símbolo del elemento. Como se muestra en la tabla, el peso atómico del hidrógeno es de 1.008. La cantidad promedio de electrones puede determinarse calculando la diferencia entre el número atómico y el peso atómico.

Tabla periódica de los elementos

1	2	3	4	5	6	7	8	9	10	11	12	13	14	15	16	17	18
1 **H** Hidrógeno 1.008																	2 **He** Helio 4.003
3 **Li** Litio 6.941	4 **Be** Berilio 9.012											5 **B** Boro 10.811	6 **C** Carbono 12.011	7 **N** Nitrógeno 14.007	8 **O** Oxígeno 15.999	9 **F** Flúor 18.998	10 **Ne** Neón 20.180
11 **Na** Sodio 22.990	12 **Mg** Magnesio 24.305											13 **Al** Aluminio 26.982	14 **Si** Silicio 28.086	15 **P** Fósforo 30.974	16 **S** Azufre 32.066	17 **Cl** Cloro 35.453	18 **Ar** Argón 39.948
19 **K** Potasio 39.098	20 **Ca** Calcio 40.078	21 **Sc** Escandio 44.956	22 **Ti** Titanio 47.88	23 **V** Vanadio 50.942	24 **Cr** Cromo 51.996	25 **Mn** Manganeso 54.938	26 **Fe** Hierro 55.933	27 **Co** Cobalto 58.933	28 **Ni** Níquel 58.693	29 **Cu** Cobre 63.546	30 **Zn** Zinc 65.39	31 **Ga** Galio 69.732	32 **Ge** Germanio 72.61	33 **As** Arsénico 74.922	34 **Se** Selenio 78.09	35 **Br** Bromo 79.904	36 **Kr** Kriptón 84.80
37 **Rb** Rubidio 84.468	38 **Sr** Estroncio 87.62	39 **Y** Itrio 88.906	40 **Zr** Zirconio 91.224	41 **Nb** Niobio 92.906	42 **Mo** Molibdeno 95.94	43 **Tc** Tecnecio 98.907	44 **Ru** Rutenio 101.07	45 **Rh** Rodio 102.906	46 **Pd** Paladio 106.42	47 **Ag** Plata 107.868	48 **Cd** Cadmio 112.411	49 **In** Indio 114.818	50 **Sn** Estaño 118.71	51 **Sb** Antimonio 121.760	52 **Te** Telurio 127.6	53 **I** Yodo 126.904	54 **Xe** Xenón 131.29
55 **Cs** Cesio 132.905	56 **Ba** Bario 137.327	57-71 Lantánido	72 **Hf** Hafnio 178.49	73 **Ta** Tantalio 180.948	74 **W** Wolframio 183.85	75 **Re** Renio 186.207	76 **Os** Osmio 190.23	77 **Ir** Iridio 192.22	78 **Pt** Platino 195.08	79 **Au** Oro 196.967	80 **Hg** Mercurio 200.59	81 **Tl** Talio 204.383	82 **Pb** Plomo 207.2	83 **Bi** Bismuto 208.980	84 **Po** Polonio [208.982]	85 **At** Astato 209.987	86 **Rn** Radón 222.018
87 **Fr** Francio 223.020	88 **Ra** Radio 226.025	89-103 Actínido	104 **Rf** Rutherfordio [261]	105 **Db** Dubnio [262]	106 **Sg** Seaborgio [266]	107 **Bh** Bohrio [264]	108 **Hs** Hassio [269]	109 **Mt** Meitnerio [268]	110 **Ds** Darmstadtio [269]	111 **Rg** Roentgenio [272]	112 **Cn** Copernicio [277]	113 **Uut** Ununtrio desconocido	114 **Fl** Flerovio [289]	115 **Uup** Ununpentio desconocido	116 **Lv** Livermorio [298]	117 **Uus** Ununseptio desconocido	118 **Uuo** Ununoctio desconocido

Lantánidos

57 **La** Lantano 138.906	58 **Ce** Cerio 140.115	59 **Pr** Praseodimio 140.908	60 **Nd** Neodimio 144.24	61 **Pm** Prometio 144.913	62 **Sm** Samario 150.36	63 **Eu** Europio 151.966	64 **Gd** Gadolinio 157.25	65 **Tb** Terbio 158.925	66 **Dy** Disprosio 162.50	67 **Ho** Holmio 164.930	68 **Er** Erbio 167.26	69 **Tm** Tulio 168.934	70 **Yb** Iterbio 173.04	71 **Lu** Lutecio 174.967

Actínidos

89 **Ac** Actinio 227.028	90 **Th** Torio 232.038	91 **Pa** Protactinio 231.036	92 **U** Uranio 238.029	93 **Np** Neptunio 237.048	94 **Pu** Plutonio 244.064	95 **Am** Americio 243.061	96 **Cm** Curio 247.070	97 **Bk** Berkelio 247.070	98 **Cf** Californio 251.080	99 **Es** Einstenio [254]	100 **Fm** Fermio 257.095	101 **Md** Mendelevio 258.1	102 **No** Nobelio 259.101	103 **Lr** Laurencio [262]

9. **¿Cuál de los elementos siguientes tiene un peso atómico aproximado de 7?**

   A   El berilio

   B   El boro

   C   El flúor

   D   El litio

10. **¿Cuántos neutrones contiene aproximadamente un átomo promedio de hierro?**

   A   26

   B   29.85

   C   55.85

   D   77

11. **La fórmula química de la sal de mesa es NaCl. ¿Qué elementos contiene la sal de mesa?**

   A   Sodio y carbono

   B   Sodio y cloro

   C   Nitrógeno y cloro

   D   Nitrógeno, actínico y litio

12. **¿Qué puede inferirse de la tabla?**

    A   Un átomo de sodio tiene una masa más grande que un átomo de carbono.

    B   Un átomo de sodio tiene más electrones que un átomo de calcio.

    C   Un átomo de nitrógeno tiene más electrones que un átomo de xenón.

    D   Un átomo de nitrógeno tiene una masa más grande que un átomo de xenón.

13. **¿Cuál de los elementos siguientes NO es un gas noble?**

    A   El kriptón

    B   El argón

    C   El cloro

    D   El helio

14. **En una receta, se combinan canela y azúcar. ¿Qué es lo que se produce cuando se combinan estos ingredientes?**

    A   Un átomo

    B   Un compuesto

    C   Un producto químico

    D   Una mezcla

15. **La ley de conservación de la materia explica que, durante un cambio químico ordinario, la cantidad de materia no aumenta ni disminuye. ¿Cuál de las afirmaciones siguientes explica mejor esta ley?**

    A   Los diferentes átomos se combinan para crear nuevas moléculas.

    B   Una porción de la materia se destruye cuando cambia de forma.

    C   No se crean ni se destruyen átomos en una reacción química.

    D   La masa atómica es mayor en los átomos con números atómicos más grandes.

Véanse las respuestas en la página 749.

20 Ciencias físicas: física

Aproximadamente un 28 por ciento de las preguntas de la prueba de Ciencia del examen *HiSET*® estará relacionado con las ciencias físicas. Algunas de las preguntas estarán centradas en química y el resto tratará sobre temas de física. En este capítulo, se repasarán los tipos de información que usted deberá conocer para responder las preguntas sobre física.

La física estudia las propiedades y el comportamiento de la materia, la energía, las fuerzas y el movimiento. En el examen HiSET, usted encontrará preguntas sobre las diferentes formas de la energía, el movimiento y las fuerzas, la conservación de la energía y cómo esta interactúa con la materia. Recuerde que deberá complementar con conocimientos de física propios la información suministrada en el examen para poder responder mejor las preguntas.

¿Qué es lo que se evalúa?

Una cantidad de conceptos está relacionada con la materia, la energía, las fuerzas y el movimiento. Las listas siguientes incluyen sugerencias sobre los temas que deberá repasar antes de la prueba. Los temas de las listas están presentados por orden alfabético y no por orden de importancia. La buena noticia es que usted probablemente reconocerá muchas de estas ideas, incluso si no hubiera tomado nunca una clase de física propiamente dicha. Por ejemplo, es probable que usted haya oído hablar de Isaac Newton, incluso si física no fuera su tema favorito. También es probable que recuerde haber aprendido algo sobre sólidos, líquidos y gases en la escuela primaria. Puede que descubra que sabe más de física de lo que se imaginaba.

Para refrescar su memoria sobre algunos temas enumerados en las listas, repase sus libros de texto, lea sobre estas ideas en los periódicos y en revistas de calidad, busque artículos relacionados en Internet y mantenga sus ojos abiertos cuando mire televisión para encontrar información relacionada con la física. Mientras repase, agregue cualquier idea pertinente o información importante a los temas enumerados en las listas.

Energía

- Caloría
- Campos magnéticos
- Conservación de la energía
- Convección
- Corriente alterna
- Corriente directa
- Difracción
- Efecto Doppler
- Electricidad
- Electricidad estática
- Energía
- Energía calórica

- Energía cinética
- Energía de vapor
- Energía electromagnética
- Energía eólica
- Energía geotérmica
- Energía lumínica
- Energía magnética
- Energía mecánica
- Energía nuclear
- Energía potencial
- Energía rotatoria
- Energía solar
- Entropía
- Escala Celsius (centígrada)
- Escala Fahrenheit
- Frecuencia
- Interacción entre la energía y la materia
- Interferencia
- Longitud de onda

- Magnetismo
- Onda
- Onda longitudinal
- Onda transversal
- Onda ultrasónica
- Ondas de radio
- Polarización
- Polos
- Potencia hidroeléctrica
- Potencia nuclear
- Radiación
- Rayos gamma
- Rayos infrarrojos
- Rayos ultravioletas
- Reflexión
- Refracción
- Sonido
- Transferencia de energía
- Unidad térmica británica
- Valle de una onda

Materia

- Brillo
- Conductividad calórica
- Conductividad eléctrica
- Conductor
- Corriente eléctrica
- Ductilidad
- Electromagnetismo
- Gas
- Líquido

- Maleabilidad
- Masa
- Peso
- Plasma
- Sólido
- Temperatura
- Vida media
- Viscosidad

Leyes y teorías físicas

- Ley de acción y reacción
- Ley de gravitación universal
- Ley de inercia
- Ley de interacción
- Ley de la aceleración

- Ley de la fuerza aplicada
- Teoría cinética de la materia
- Teoría de las partículas de la luz
- Teoría de las ondas de la luz

Recuerde

Recuerde que usted no deberá recitar las leyes físicas o dar definiciones, pero deberá ser capaz de aplicar los conceptos. Teniendo esto en cuenta, no dedique mucho tiempo a la memorización de cosas como la ley de conservación de la energía. Asegúrese de entender de qué trata y de poder aplicar los principios que contiene.

Fuerza, trabajo y máquinas

- Fuerza
- Fuerza centrípeta
- Fuerza eléctrica
- Fuerza gravitacional
- Fuerza magnética
- Fuerza nuclear
- Fulcro

- Palanca
- Polea
- Potencia
- Rueda y eje
- Sinergia
- Trabajo

Movimiento

- Aceleración
- Acción
- Desplazamiento
- Distancia
- Momento
- Posición y movimiento de objetos

- Presión
- Propiedades de los objetos y materiales
- Reacción
- Resistencia
- Velocidad

Rozamiento

- Rozamiento en un medio fluido
- Rozamiento estático

- Rozamiento por deslizamiento
- Rozamiento por rodamiento

Ejemplos

Las siguientes son dos preguntas de ejemplo sobre física.

1. **Las palancas, los planos inclinados y las poleas son todos ejemplos de máquinas simples. La palanca gira alrededor de un punto de apoyo y se usa para mover o levantar un objeto aplicando una fuerza en el extremo opuesto. ¿Cuál de los objetos siguientes NO es un ejemplo de palanca?**

   A Una barreta

   B Un tenedor

   C Unas tijeras

   D Un tornillo

Explicación

Primero, lea toda la información disponible e identifique la pregunta. En principio, tres de los objetos mencionados en las opciones de respuesta son palancas. ¿Cuál no lo es? Busque las palabras y frases clave. La definición de *palanca* es importante para comprender la información. La palabra *no* también es importante. Determine el significado de las palabras que desconozca. Supongamos que el día de la prueba usted no recuerda qué es una *palanca*. La segunda oración del pasaje ofrece una definición de la palabra. ¿Qué sucedería si esa definición no estuviera incluida? ¿Qué podría hacer usted entonces? Piense en las opciones de respuesta. Tres son palancas, y una no. Usted podría determinar cuál no lo es comparando los objetos entre sí. Piense en lo que ya sabe. ¿Cuál es la primera idea que le viene a la mente cuando piensa en una palanca? Puede que imagine un balancín (sube y baja) en un parque infantil o una barreta abriendo bruscamente una puerta. En los dos casos, un peso en un extremo de la barra levanta un peso en el extremo opuesto. Use este ejemplo para determinar cuáles de las opciones de respuesta representan un modo acción similar y cuál no. Elija la mejor respuesta. Una barreta, un tenedor y las tijeras se mueven todos al aplicar una fuerza en uno de sus extremos. Un tornillo, no. **La mejor respuesta es la opción D.**

Use la información sobre palancas proporcionada en la pregunta 1 y la información del diagrama siguiente para responder la pregunta 2 sobre una máquina simple.

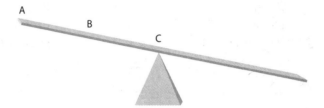

2. **¿Cuál de las afirmaciones siguientes sobre la palanca es verdadera?**
   A   La fuerza en el diagrama es aplicada en el punto B.
   B   El fulcro en el diagrama está ubicado en el punto A.
   C   El fulcro en el diagrama está ubicado en el punto C.
   D   La fuerza en el diagrama es aplicada en el punto A.

Explicación

Primero, lea toda la información disponible e identifique la pregunta. ¿Cuál de las opciones de respuesta es una afirmación verdadera? Subraye las palabras o frases clave. La definición de *palanca* es importante para responder la pregunta. Tome nota de los puntos marcados en el diagrama. Determine el significado de las palabras que desconozca. Si *fulcro* le resulta desconocida, use el contexto para descubrir su definición. La barra tiene dos extremos y un punto en el que se encuentra con la base triangular. Probablemente el fulcro sea ese único punto central. Piense en lo que ya sabe. El diagrama parece un balancín. La persona más liviana debería estar sentada sobre el punto A, mientras que la más pesada, en el extremo opuesto. El punto de apoyo, o fulcro, es el punto C. Use el diagrama para determinar cuál de las opciones de respuesta es verdadera. Elija la mejor respuesta. **La mejor respuesta es la opción C.**

Recuerde

Recuerde que el propósito de las preguntas de práctica que se presentan en este libro es familiarizarlo con el tipo de preguntas que encontrará en el examen HiSET, ayudarlo a descubrir qué temas conoce a fondo y alertarlo sobre los conceptos a los que deberá dedicarles más tiempo de estudio. Si usted elige una respuesta incorrecta para las preguntas de práctica, use esa experiencia como una oportunidad de aprendizaje. Tómese el tiempo necesario y vuelva a repasar el tema.

EJERCICIOS SOBRE CIENCIAS FÍSICAS: FÍSICA

Elija la mejor respuesta para cada una de las preguntas siguientes.

1. **Si una barra magnética se rompe en dos partes, cada una de esas partes**
    A   deja de ser magnética
    B   tiene un solo polo magnético
    C   tiene dos polos magnéticos
    D   tiene una carga eléctrica neta

2. **En el diagrama, se usa una polea para levantar un peso de 1,000 libras. ¿Cuál de las afirmaciones siguientes es verdadera?**

    A   El peso puede ser levantado usando una fuerza de 500 libras.
    B   El peso puede ser levantado usando una fuerza de 100 libras.
    C   Si se agrega una segunda polea, el peso podrá ser levantado usando una fuerza de 500 libras.
    D   Si se agrega una segunda polea, el peso podrá ser levantado usando una fuerza de 100 libras.

Use la información contenida en el pasaje y la gráfica siguientes para responder las preguntas 3 a 5.

Los Estados Unidos usan una combinación de combustibles fósiles, recursos renovables, energía nuclear y de importaciones netas de electricidad como fuentes de energía. La gráfica muestra los porcentajes de energía usados de cada fuente en 2008, según informes de la Agencia de Información Energética de los Estados Unidos.

Uso de la energía en los Estados Unidos—2008

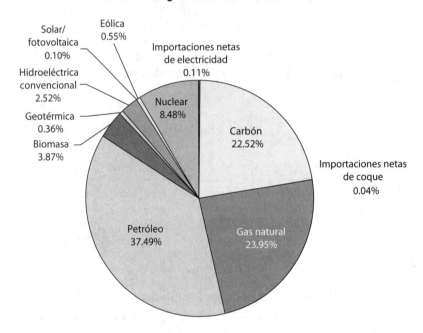

3. Los combustibles fósiles incluyen el carbón, las importaciones netas de coque, el gas natural y el petróleo. ¿Qué porcentaje aproximado del total de la energía usada en los Estados Unidos provino de combustibles fósiles?

   A 24%

   B 37%

   C 47%

   D 84%

4. Según la gráfica, ¿qué porcentaje aproximado del total de la energía usada en los Estados Unidos provino de fuentes renovables?

   A 4%

   B 7%

   C 10%

   D 19%

5. **En 2008, el 39.9% de la energía de Maine provino de fuentes renovables. Basándose en esta información y en la contenida en la gráfica anterior, ¿qué inferencia puede hacerse?**

A Maine depende más de las fuentes renovables de energía que la mayoría de los otros estados.

B El uso de energía renovable en Maine fue el más bajo de la nación.

C Los combustibles fósiles estaban más disponibles en Maine que en otros estados.

D En Maine, se usó una cantidad mayor de fuentes renovables de energía que de combustibles fósiles.

Use la información contenida en el pasaje siguiente para responder las preguntas 6 a 8.

Isaac Newton es ampliamente conocido por sus observaciones sobre las manzanas cayendo de un árbol y su consiguiente ley de gravitación universal. La ley explica que dos objetos ejercen una fuerza gravitatoria de atracción entre sí. La dirección de esta fuerza está situada sobre la línea que une los centros de los objetos, y la magnitud de la fuerza es directamente proporcional al producto de las masas de los objetos e inversamente proporcional al cuadrado de la distancia que los separa. Esta explicación de la gravedad es solo una de las contribuciones que el científico aportó a nuestra comprensión del mundo que nos rodea.

Newton también enunció varias otras leyes que son centrales para el estudio de la física. En 1686, presentó sus tres leyes del movimiento. La primera de ellas, a menudo llamada ley de la inercia, establece que todo objeto en estado de reposo o de movimiento uniforme permanecerá en ese estado a menos que se aplique sobre él una fuerza externa. La segunda ley del movimiento explica que la tasa de cambio del momento de un objeto es directamente proporcional a la fuerza resultante que actúa sobre él. La relación se expresa en la ecuación: $F = ma$, donde F representa la fuerza, m representa la masa y a representa la aceleración. La tercera ley del movimiento de Newton establece que por cada acción existe una reacción igual y de sentido contrario.

Además de su trabajo con la gravitación y el movimiento, Newton también ha sido reconocido por su ley del enfriamiento, que establece que la tasa de cambio de temperatura de un objeto es proporcional a la diferencia entre su propia temperatura y la temperatura del medio que lo rodea. En otras palabras, la tasa a la que un objeto caliente se enfría depende de su temperatura y de la temperatura que lo rodea.

6. ¿Cuál de las leyes de Newton está representada en el diagrama del cohete?

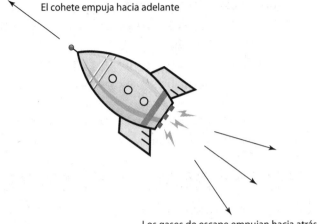

El cohete empuja hacia adelante

Los gases de escape empujan hacia atrás

A   La ley de gravitación
B   La primera ley del movimiento
C   La segunda ley del movimiento
D   La tercera ley del movimiento

7. La cantidad de fuerza necesaria para elevar un aeroplano es diferente de la cantidad de fuerza que es necesaria para lanzar un cohete. ¿Cuál de las leyes de Newton ejemplifica esta situación?
A   La ley de gravitación
B   La primera ley del movimiento
C   La segunda ley del movimiento
D   La tercera ley del movimiento

8. Un plato de enchiladas es retirado de un horno caliente y colocado sobre el mostrador para que se enfríe. ¿Cuál de los factores siguientes afecta la velocidad a la que se enfrían las enchiladas?
A   La cantidad de tiempo que las enchiladas estuvieron en el horno
B   El tipo de soporte que se usa para retirar el plato del horno
C   La temperatura del mostrador sobre el que se colocan las enchiladas
D   El tipo de horno utilizado

9. Muchas de las tareas diarias requieren un cambio de energía de un tipo a otro. ¿Qué tipo de cambio de energía ocurre cuando se usa una plancha para alisar la ropa antes de ir al trabajo o a la escuela?
A   De energía mecánica a energía calórica
B   De energía calórica a energía eléctrica
C   De energía eléctrica a energía calórica
D   De energía química a energía calórica

10. **El universo, al igual que todo lo que contiene, está compuesto de materia y energía. La materia puede presentarse como sólido, líquido, gas u, ocasionalmente, plasma. ¿Cuál de las afirmaciones siguientes sobre la interacción entre materia y energía es verdadera?**

   A   A medida que se agrega energía a la materia, el movimiento de las moléculas aumenta.

   B   La cantidad de energía en la materia permanece en un estado constante.

   C   La materia resulta afectada por el tipo de energía agregada, no por la cantidad.

   D   A medida que se agrega energía a la materia, el movimiento de las moléculas disminuye.

Use la información contenida en el pasaje siguiente para responder las preguntas 11 y 12.

El rozamiento es una fuerza que actúa sobre las superficies de los objetos y que se opone al movimiento. Hay varios tipos de rozamiento. El rozamiento estático se opone al movimiento de un objeto estacionario sobre una superficie. El rozamiento por deslizamiento se produce cuando dos superficies se deslizan una contra la otra y depende del peso de los objetos en movimiento, el tipo y la textura de las superficies y de cualquier tipo de adhesión temporaria entre las dos. El rozamiento por rodamiento ocurre cuando un objeto rueda sobre la superficie de otro y se le opone menos resistencia que en el rozamiento por deslizamiento. El rozamiento en un medio fluido se produce cuando un objeto se mueve a través de un medio fluido, como un gas o un líquido.

11. **Un ciervo aparece de golpe en la ruta y obliga al conductor de un auto a frenar bruscamente. ¿Qué tipo de rozamiento se produce cuando el auto patina hasta detenerse?**

   A   Rozamiento en un medio fluido

   B   Rozamiento estático

   C   Rozamiento por rodamiento

   D   Rozamiento por deslizamiento

12. **¿Qué tipo de rozamiento se produce cuando un pájaro vuela por el aire o cuando bancos de peces nadan en el agua?**

   A   Rozamiento en un medio fluido

   B   Rozamiento estático

   C   Rozamiento por rodamiento

   D   Rozamiento por deslizamiento

13. **El origen del campo magnético de la Tierra es probablemente**

   A   una extensa zona de hierro magnético en Arizona

   B   el hierro magnético que existe en el centro del núcleo de nuestro planeta

   C   el movimiento de partículas cargadas en las capas externas del núcleo derretido de nuestro planeta

   D   el alineamiento de los planetas en relación con el Sol

14. **Si un objeto se halla polarizado eléctricamente, entonces**

   A   el objeto está magnetizado

   B   el objeto tiene una carga eléctrica neta

   C   las cargas en el objeto se han reordenado

   D   el objeto es un conductor parcial

15. **¿Cómo se denomina una onda en la que las partículas individuales de un medio vibran perpendicularmente a la dirección en que la onda se desplaza?**

   A   Onda longitudinal

   B   Onda transversal

   C   Onda de partículas

   D   Onda armónica

Véanse las respuestas en la página 750.

Parte VI
Artes del Lenguaje—Lectura

21 La prueba de Artes del Lenguaje— Lectura

En los capítulos siguientes, se examinará información relacionada con la prueba de Artes del Lenguaje—Lectura del examen *HiSET®*.

En esta prueba, usted deberá leer pasajes y luego responder preguntas basadas en la información contenida en el texto. El 60 por ciento de esos pasajes consistirá en textos literarios. Algunos de ellos serán en prosa, y otros serán poemas. Prosa significa, en realidad, toda forma de expresión no sujeta a las reglas del verso. Básicamente, los pasajes en prosa están escritos en párrafos, de estilo normal y cotidiano. Algunos de los pasajes contendrán textos de ficción, mientras que otros consistirán en textos de no ficción, informativos.

Es probable que en la prueba se le presente un par de pasajes breves sobre temas similares, seguidos de preguntas específicas referidas a cada pasaje, así como también preguntas referidas a ambos en conjunto. En las preguntas referidas a los dos pasajes, se le pedirá que los compare o contraste.

Las preguntas de comprensión que encontrará en el examen HiSET irán más allá de la simple transcripción de la información contenida explícitamente en el texto. Usted deberá aplicar, analizar y sintetizar ideas para demostrar que ha comprendido perfectamente lo que ha leído.

Recuerde

Tenga presente que las estrategias de comprensión que se discuten para las preguntas de Artes del Lenguaje—Lectura no se aplican a un solo estilo de escritura. Lo que usted lea en el capítulo dedicado a la poesía también podrá serle de utilidad cuando deba responder preguntas sobre prosa de no ficción. Del mismo modo, lo que usted aprenda en el capítulo sobre prosa de no ficción podrá serle asimismo de utilidad para responder las preguntas sobre prosa de ficción.

Pasos para responder las preguntas

Estos son los pasos que usted deberá seguir para responder las preguntas de la prueba de Artes del Lenguaje—Lectura del examen HiSET.

Pasos para responder las preguntas de la prueba de Artes del Lenguaje—Lectura

Paso 1: Lea todas las preguntas.

Paso 2: Lea el pasaje.

Paso 3: Relea la pregunta que deberá responder.

Paso 4: Responda la pregunta usando sus propias palabras.

Paso 5: Lea atentamente cada opción de respuesta.

Paso 6: Elija la mejor opción de respuesta.

Paso 1: Lea todas las preguntas

Antes de leer el pasaje, lea todas las preguntas. Esto le permitirá encontrar durante su lectura la información necesaria en el texto para responderlas.

Paso 2: Lea el pasaje

Lea atentamente el pasaje. La comprensión del material es fundamental para poder responder correctamente las preguntas y obtener la mejor calificación posible en la prueba. Tómese el tiempo necesario. Lea cada palabra. Recuerde que deberá usar su conocimiento sobre raíces, prefijos y sufijos para determinar el significado de aquellas palabras incluidas en el pasaje que desconozca. Si al finalizar una oración o un párrafo no le queda claro su significado, vuelva atrás y reléalos.

Paso 3: Relea la pregunta que deberá responder

Aunque ya haya leído todas las preguntas antes de haber leído el pasaje, lea las preguntas otra vez, una por una, a medida que se disponga a responderlas. Lea atentamente cada pregunta para estar seguro de que ha entendido exactamente lo que se le pregunta. No mire todavía las opciones de respuesta para esa pregunta.

Paso 4: Responda la pregunta usando sus propias palabras

Descubra cuál es la respuesta correcta sin mirar las opciones de respuesta dadas. Piense en lo que leyó; luego vuelva atrás y encuentre la respuesta en el pasaje. Para responder completamente la pregunta, podría ser necesario que usted sintetice información contenida en varias partes del pasaje. Asegúrese de que su respuesta esté basada en el material suministrado.

Paso 5: Lea atentamente cada opción de respuesta

Ahora que usted ya conoce la respuesta correcta a la pregunta, lea las opciones de respuesta. Varias respuestas podrían incluir información correcta o ser parcialmente correctas, así que asegúrese de leer todas cuidadosamente e identificar las diferencias entre ellas.

Paso 6: Elija la mejor opción de respuesta

Elija la opción de respuesta que más se aproxime a la respuesta que definió en el paso 5. Usted podría pensar que más de una de las opciones son correctas, pero deberá elegir la que mejor y más completamente responda la pregunta.

Ejemplos

Los siguientes son dos pasajes de ejemplo de la prueba de Artes del Lenguaje—Lectura que muestran cómo se aplican los pasos. El primero es un pasaje de no ficción y el segundo está compuesto de dos pasajes de prosa de ficción.

El pasaje siguiente fue escrito en un diario como respuesta a la pregunta: ¿Cuál fue el mejor trabajo de redacción que alguna vez le hayan asignado?

El mejor trabajo de redacción que me fue asignado consistió en un trabajo de un semestre de duración en mi último curso de inglés en la escuela superior. Nuestra maestra, la señora Schulte, nos pidió que escribiéramos en un diario a lo largo de todo

Línea
5
el semestre. Al comienzo de cada clase, disponíamos de quince minutos para escribir en él, algunas veces sobre un tema que ella nos asignaba y otras sobre lo que quisiéramos. Sus temas eran siempre divertidos. Recuerdo uno de ellos en el que nos teníamos que imaginar que éramos un tenedor en un lavavajillas y debíamos describir lo que sucedía a nuestro alrededor. A veces ella traía una caricatura sin título y debíamos recrear toda la escena. También nos dejaba traer artículos propios de periódicos y revistas y,

10
a veces, usar uno de ellos como punto de partida. Desde un principio, nos explicó que el propósito del diario era simplemente darnos un lugar para desarrollar ideas. No íbamos a ser calificados por la calidad o cantidad, así que no había presión de escribir algo brillante o piezas pulidas. Debíamos divertirnos y ser creativos, y cuando llegara el momento de escribir nuestro trabajo semestral, tal vez podríamos encontrar algo en

15
el diario que quisiéramos desarrollar aún más. Sin la presión de las calificaciones, me sentí libre de parecer un tonto, de escribir cualquier cosa que me viniese a la cabeza, y algunas de las cosas que escribí resultaron muy buenas. Terminé preparando mi trabajo semestral sobre ideas que había generado en el diario, y creo que eso me dio una ventaja. Cuando entregué el diario al final del semestre, no tuve ningún temor por la calificación.

20
Había cumplido con las instrucciones recibidas en todos los casos, así que eso era todo lo que necesitaba. Cuando la señora Schulte me devolvió el diario, me sorprendió ver la cantidad de comentarios que había hecho. Pensé que solo lo miraría por encima para ver si habíamos hecho la tarea, pero puso mucho más en él. Escribió comentarios agradables acerca de las cosas que ella pensaba que yo podría desarrollar en ensayos o poemas.

25
Ese trabajo fue tan bueno y me permitió generar tantas buenas ideas en un ambiente libre de calificaciones que volví a él varias veces durante mis años de universidad para desenterrar ideas.

1. **¿Qué influencia podría haber tenido en el sentimiento de la autora del trabajo si el diario hubiera sido calificado?**

   A Nada hubiera cambiado.

   B La autora se hubiera sentido presionada a escribir más y a usar las convenciones propias de la lengua.

   C La autora hubiera sido más creativa.

   D La autora hubiera copiado material de sus compañeros de clase con el propósito de obtener una calificación más alta.

Explicación

Paso 1: Lea todas las preguntas

Hay dos preguntas sobre este pasaje, así que lea ambas preguntas para saber qué deberá buscar cuando lea el pasaje.

Paso 2: Lea el pasaje

Lea la oración de introducción y luego lea el pasaje completo atentamente.

Paso 3: Relea la pregunta que deberá responder

Relea la pregunta 1: ¿Qué influencia podría haber tenido en el sentimiento de la autora del trabajo si el diario hubiera sido calificado?

Paso 4: Responda la pregunta usando sus propias palabras

La autora menciona haberse sentido libre y no haber sentido ninguna presión de escribir algo brillante o pulido. Si el trabajo hubiera sido calificado, probablemente se hubiese sentido limitada y presionada para hacerlo bien y escribir correctamente.

Paso 5: Lea atentamente cada opción de respuesta

De las opciones de respuesta, la opción B expresa mejor la respuesta elaborada en el paso 4.

Paso 6: Elija la mejor opción de respuesta

La mejor respuesta es la opción B.

Veamos un ejemplo más del mismo pasaje.

Relea la última oración del pasaje: *Ese trabajo fue tan bueno y me permitió generar tantas buenas ideas en un ambiente libre de calificaciones que volví a él varias veces durante mis años de universidad para desenterrar ideas.*

2. **¿Qué significado tenga probablemente la palabra *desenterrar* en el contexto del pasaje?**

   A Quitar la tierra de encima

   B Cavar debajo del suelo

   C Usar un recurso natural

   D Extraer información valiosa

Explicación

Paso 1: Lea todas las preguntas

Usted ya debería haber completado este paso para responder la pregunta 1, así que no es necesario que lo vuelva a hacer.

Paso 2: Lea el pasaje

Otra vez, usted ya debería haber completado este paso para responder la pregunta 1, así que continúe al paso 3.

Paso 3: Relea la pregunta que deberá responder

Relea la pregunta 2: ¿Qué significado probablemente tenga la palabra *desenterrar* en el contexto del pasaje?

Paso 4: Responda la pregunta usando sus propias palabras

La autora dice que podría usar las ideas del diario para escribir su trabajo semestral y que el escribirlo le ha generado muchas buenas ideas. Y que volvió a usarlo en la universidad *para extraer más ideas*. En este contexto, *desenterrar* significa *extraer ideas*.

Paso 5: Lea atentamente cada opción de respuesta

Asegúrese de que las otras definiciones de la palabra *desenterrar* no lo distraigan. Céntrese en lo que está buscando.

Paso 6: Elija la mejor opción de respuesta

La mejor respuesta es la opción D.

Los siguientes son dos pasajes de prosa de ficción sobre un tema similar. Lea los dos pasajes y responda las preguntas correspondientes.

Pasaje 1

"La esfinge de Tebas (Massachusetts)"

De Edward Plunkett, Lord Dunsany

Había una mujer que vivía en una ciudad construida de acero y que tenía todo lo que el dinero puede comprar; tenía oro y dividendos, trenes y casas, y mascotas con las que jugar, pero no tenía una esfinge.

Línea
5
Así que les suplicó que le trajeran una esfinge viva; y por eso ellos fueron a ver colecciones de animales, y luego a los bosques y a lugares desérticos, y no pudieron encontrar ninguna esfinge.

Y ella tal vez se hubiera contentado con un león pequeño, pero una mujer que ella conocía ya tenía uno, así que tuvieron que buscar otra vez una esfinge por todo el mundo.

10 *Y no hallaron ninguna.*

Pero no eran hombres a los que se podía confundir fácilmente, y una noche, por fin, encontraron una esfinge en el desierto, mientras contemplaban las ruinas de un templo cuyos dioses habían sido devorados por la esfinge hacía ya cientos de años, cuando el hambre había hecho presa de ella. Y encadenaron a la esfinge, que permaneció quieta
15 *con una inmovilidad ominosa, y la llevaron con ellos hacia el oeste y la trajeron a casa.*

Y así fue como la esfinge llegó a la ciudad construida de acero.

Y la mujer estaba muy contenta de poseer una esfinge; pero un día, mientras la miraba fija y largamente a los ojos, la esfinge le propuso suavemente un acertijo.

Y la mujer no pudo resolverlo y murió.

20 *Y la esfinge ha vuelto a quedarse en silencio y nadie sabe qué es lo que hará.*

Pasaje 2

Fragmento de "El juicio de Midas"

De Josephine Preston Peabody

Entre los devotos de Pan, se encontraba un tal Midas, que tenía una historia extraña. Alguna vez rey de gran riqueza, se había hecho amigo de Dionisio, el dios del vino; y cuando este le pidió que eligiera algún buen regalo en retorno, Midas le suplicó que

Línea
5 *le otorgara el poder de convertir en oro todo lo que tocara. Dionisio sonrió levemente cuando escuchó tan ridículo pedido, pero decidió concedérselo.*

A los dos días, el rey Midas comprendió el secreto de esa sonrisa, y le rogó al dios que le quitara el don que le había regalado, que era un maleficio. Midas había tocado todo lo que le pertenecía, ¡y menudo deleite tenía de sus posesiones! Su palacio era tan amarillo como hogar como el diente de león para la abeja, pero ni la mitad de dulce. Fila tras fila

10 *de árboles tiesos y dorados adornaban su jardín, y ya no sabían lo que era una brisa cuando la escuchaban. Cuando el rey se sentó a comer, su banquete se convirtió en un tesoro incomible. Aprendió que un rey puede pasar hambre, y descubrió que el oro no puede reemplazar los regalos vivos y cálidos de la Tierra.*

Generosamente, Dionisio le quitó el hechizo, pero desde ese día el rey Midas detestó

15 *tanto el oro que eligió vivir alejado de la opulencia, entre bosques y campos. Aun allí, no pudo evitar el infortunio.*

1. **¿Qué palabra describe mejor el tono del primer pasaje?**
   - A Informal
   - B Recatado
   - C Burlón
   - D Distante

2. **¿Qué efecto tiene sobre los lectores el fragmento siguiente del primer pasaje?**

   "*… pero un día, mientras la miraba fija y largamente a los ojos, la esfinge le propuso suavemente un acertijo*".
   - A Alienta a los lectores a hacer realidad sus sueños
   - B Hace que los lectores sientan pena por la mujer
   - C Crea una sensación de misterio
   - D Infunde una sensación de temor y horror entre los lectores

3. **¿Cuál de las respuestas siguientes describe mejor el propósito de la autora del segundo pasaje?**
   - A Entretener y persuadir
   - B Informar y persuadir
   - C Solo persuadir
   - D Solo entretener

4. **¿Cuál de los temas siguientes aparece en ambos pasajes?**
   - A El oro no puede reemplazar los regalos de la Tierra.
   - B Tenga cuidado con lo que desee.
   - C Uno no puede controlar a las bestias con poderes mágicos ni a los dioses.
   - D La muerte le llega a toda la gente, sea rica o pobre.

5. **¿Desde qué perspectiva se relata cada pasaje?**

   A   Tercera persona, con conocimiento limitado; tercera persona omnisciente

   B   Primera persona; primera persona

   C   Tercera persona omnisciente; tercera persona omnisciente

   D   Tercera persona omnisciente; primera persona

Explicación: pregunta 1

Paso 1: Lea todas las preguntas

Hay cinco preguntas sobre estos pasajes, así que lea todas las preguntas para saber qué deberá buscar cuando lea el pasaje.

Paso 2: Lea los pasajes

Lea la oración de introducción y luego lea atentamente cada pasaje.

Paso 3: Relea la pregunta que deberá responder

Relea la pregunta 1: ¿Qué palabra describe mejor el tono del primer pasaje?

Paso 4: Responda la pregunta usando sus propias palabras

El primer pasaje está escrito en tercera persona. La historia es contada sin emoción y desde una perspectiva alejada.

Paso 5: Lea atentamente cada opción de respuesta

De las cuatro opciones de respuesta, la opción D expresa mejor el tono descrito en el paso 4.

Paso 6: Elija la mejor opción de respuesta

La mejor respuesta es la opción D.

Explicación: pregunta 2

Usted ya debería haber completado los pasos 1 y 2. Continúe al paso 3.

Paso 3: Relea la pregunta que deberá responder

Relea la pregunta 2: ¿Qué efecto tiene sobre los lectores el fragmento siguiente del primer pasaje? "… *pero un día, mientras la miraba fija y largamente a los ojos, la esfinge le propuso suavemente un acertijo*".

Paso 4: Responda la pregunta usando sus propias palabras

El fragmento crea tensión y es misterioso. La esfinge es una criatura mitológica animada. Ha sido descrita como una criatura que devora dioses y que debe ser encadenada. Aquí, habla suavemente. El contraste preanuncia un cambio de rumbo en la historia.

Paso 5: Lea atentamente cada opción de respuesta

La opción A no puede ser correcta porque el pasaje demuestra que hacer realidad los sueños no siempre termina bien. Las opciones B y D son, tal vez, consecuencia del final de la historia, pero en el fragmento analizado nada malo ha sucedido todavía. La opción C es la más cercana a lo descrito en el paso 4.

Paso 6: Elija la mejor opción de respuesta

La mejor respuesta es la opción C.

Explicación: pregunta 3

Usted ya debería haber completado los pasos 1 y 2. Continúe al paso 3.

Paso 3: Relea la pregunta que deberá responder

Relea la pregunta 3: ¿Cuál de las respuestas siguientes describe mejor el propósito de la autora del segundo pasaje?

Paso 4: Responda la pregunta usando sus propias palabras

El segundo pasaje narra una historia que es entretenida, pero que contiene también un fuerte mensaje: tenga cuidado con lo que desee. Midas pensó que sería más rico y feliz, pero destruyó cada cosa que tocó.

Paso 5: Lea atentamente cada opción de respuesta

De las cuatro opciones de respuesta, la opción A expresa mejor la respuesta elaborada en el paso 4. La opción B es incorrecta porque la autora, de hecho, no trata de informarle al lector sobre los peligros de solicitarles favores a los dioses. Las opciones C y D resultan demasiado limitadas.

Paso 6: Elija la mejor opción de respuesta

La mejor respuesta es la opción A.

Explicación: pregunta 4

Usted ya debería haber completado los pasos 1 y 2. Continúe al paso 3.

Paso 3: Relea la pregunta que deberá responder

Relea la pregunta 4: ¿Cuál de los temas siguientes aparece en ambos pasajes?

Paso 4: Responda la pregunta usando sus propias palabras

Los dos pasajes tratan el mismo tema central: tenga cuidado con lo que desee. En ambos casos, la persona consigue lo que ha deseado, pero con resultado desastroso.

Paso 5: Lea atentamente cada opción de respuesta

De las cuatro opciones de respuesta, la opción B expresa mejor el tema en común.

Paso 6: Elija la mejor opción de respuesta

La mejor respuesta es la opción B.

Explicación: pregunta 5

Usted ya debería haber completado los pasos 1 y 2. Continúe al paso 3.

Paso 3: Relea la pregunta que deberá responder

Relea la pregunta 5: ¿Desde qué perspectiva se relata cada pasaje?

Paso 4: Responda la pregunta usando sus propias palabras

El primer pasaje está escrito en tercera persona. Puesto que el autor parece conocer los pensamientos y sentimientos de la mujer, se trata de una tercera persona omnisciente. Lo mismo ocurre en el segundo pasaje, así que en ambos casos se trata de una tercera persona omnisciente.

Paso 5: Lea atentamente cada opción de respuesta

De las cuatro opciones de respuesta, la opción C es la única que describe correctamente los puntos de vista analizados en el paso 4.

Paso 6: Elija la mejor opción de respuesta

La mejor respuesta es la opción C.

22 Comprensión de la lectura: prosa de ficción

¿Qué es lo que se evalúa?

Alrededor del 60 por ciento de las preguntas de la prueba de Artes del Lenguaje—Lectura del examen *HiSET®* consistirá en textos literarios. Los pasajes de prosa de ficción son relatos escritos usando párrafos normales. Usted deberá demostrar que no solo ha comprendido el texto que ha leído, sino también deberá poder aplicar, analizar y sintetizar las ideas contenidas en él.

Los pasajes de prosa de ficción contendrán entre 400 y 600 palabras, y representarán una amplia variedad de temas en géneros múltiples, que variarán en propósito y estilo. Después de cada pasaje, usted encontrará de cuatro a ocho preguntas de comprensión de opción múltiple. Deberá elegir la mejor respuesta basándose en la información suministrada en el pasaje.

Estrategias de comprensión

Cuando usted lee un periódico o una revista, lo hace para aprender o informarse sobre un tema o un acontecimiento. Cuando lee una novela, lo hace para saber qué pasa a continuación en la historia. Cuando lea un pasaje en el examen HiSET, lo hará con el fin de contestar correctamente las preguntas. El propósito de toda lectura es obtener información. Las siguientes son unas pocas estrategias que lo ayudarán a maximizar el resultado de su lectura y a comprender plenamente el material leído.

Descubrir el propósito del autor

Saber por qué ha sido escrito un pasaje puede serle de utilidad para entender el texto. Un autor escribe normalmente una obra para entretener, informar o persuadir. El propósito de la mayoría de los pasajes de prosa de ficción es entretener, aunque algunos han sido escritos para persuadir. El propósito de los pasajes de prosa de no ficción es generalmente informar, aunque algunos han sido escritos también para persuadir. La elección del autor de las palabras usadas, así como de los hechos y opiniones que incluye, puede proporcionar claves sobre el propósito del escrito.

Para entretener: La luz de la luna plateada se reflejaba sobre la superficie del lago.

Para informar: La distancia promedio de la Luna a la Tierra es de 385,000 km.

Para persuadir: La nave espacial no deberá ser enviada otra vez a la Luna porque el peligro supera cualquier beneficio potencial.

Hacer predicciones basadas en el texto

Considerando la información contenida en el texto, y pensando en lo que podría suceder a continuación, los lectores son capaces de aumentar su comprensión de un pasaje. Estas predicciones pueden estar basadas en acontecimientos que ya han ocurrido en el pasaje, en los títulos y encabezamientos, y en el material gráfico, como ilustraciones, gráficas o diagramas.

Comprender el tema

El tema de una historia es el mensaje subyacente que el autor trata de expresar. Por lo general, en lugar de ser expresado en forma explícita, el tema se insinúa a través de las creencias y actitudes descritas en el pasaje, que conducen a una idea particular o a una conclusión.

Muchos de los temas se refieren a la sociedad o a la naturaleza humana. Teniendo en cuenta las palabras y acciones de los personajes, las ideas que se repiten a lo largo del relato y las opiniones sugeridas, usted puede descifrar la "lección de vida" que el autor del pasaje desea transmitirle. Los siguientes son temas comunes.

La belleza está en su interior.

No se dé por vencido ante una situación difícil.

Es importante aceptar a la gente con sus diferencias.

Sintetizar la información

Sintetizar significa reunir y combinar información de más de una fuente o de más de un lugar dentro de una sola fuente. Recopilar ideas de esta forma lleva a una comprensión más profunda del tema.

Uno de los tipos de pregunta que aparecen en la prueba de Artes del Lenguaje— Lectura del examen HiSET es una pregunta de síntesis de respuesta extensa. En este tipo de pregunta, se le suministrará una pieza de información adicional en la pregunta. Usted deberá considerar esta nueva información, además de lo que lea en el pasaje, para elegir la mejor respuesta a la pregunta.

Determinar el punto de vista

El tipo de información contenida en un pasaje depende del punto de vista desde el cual se cuenta la historia. Una historia escrita en **primera persona** es relatada por uno de los personajes. Por lo tanto, los lectores experimentan los acontecimientos a través de los ojos de ese personaje. En otras palabras, los lectores solo conocen los pensamientos y sentimientos de ese personaje. Solo están informados de los acontecimientos en los que participa el personaje que cuenta la historia. Los pronombres de primera persona, como *yo*, *me*, *mí* y *nosotros*, evidencian este punto de vista.

Cuando llegamos al museo, me dirigí directamente a la gran escultura del jardín.

Una historia escrita en **tercera persona** es relatada por un narrador. Puesto que el narrador no participa de la historia, en lugar de ser un personaje incluido en la acción, conoce los pensamientos, sentimientos y acciones de todos los personajes. Los pronombres de tercera persona, como *él*, *ella*, *ellos*, *ellas* y *se*, evidencian este punto de vista.

> *Cuando Carolina llegó al museo con su familia, se dirigió directamente a la gran escultura del jardín.*

Determinar el significado de las palabras

Todos los pasajes de lectura incluidos en el examen HiSET corresponden a un nivel de lectura para adultos. Puede que en ellos encuentre algunas palabras que no le resulten conocidas. Su comprensión del pasaje dependerá de su capacidad de entender todas las palabras incluidas en el pasaje, así que necesitará de sus habilidades para descubrir el significado de las palabras desconocidas.

Claves de contexto

Otras palabras o frases en el mismo pasaje podrían proporcionarle indicios sobre el significado de una palabra desconocida. Busque sinónimos, antónimos, ejemplos y definiciones. Podrían encontrarse en la misma oración de la palabra que usted desea definir, o en las oraciones precedentes o posteriores.

> *Después de solo escuchar los primeros segundos de su <u>fabricada</u> explicación sobre lo que había sucedido, supimos que toda la historia había sido <u>inventada</u>. Por otra parte, la historia de Felipe era completamente <u>cierta</u>.*

La definición de *fabricada* aparece un poco más adelante en la misma oración. Su antónimo (*cierta*), en la oración siguiente.

> *La señorita Bermúdez no sabía bien cuál de sus obras maestras <u>culinarias</u> debía presentar al concurso. Sus amigos le habían alabado mucho tanto su <u>pastel de ananá y coco</u> como su <u>estofado de ternera</u>.*

En esta oración, los ejemplos de obras *culinarias* sugieren que la palabra está relacionada con el arte de la cocina.

Palabras de significado múltiple

Muchas palabras en nuestra lengua tienen más de un significado. Para determinar cuál de ellos tenía en mente el autor en una oración específica, preste mucha atención a cómo ha sido usada la palabra en el pasaje.

> *El cirujano le solicitó a su ayudante que le alcanzara el <u>instrumental</u>.*

> *La pieza <u>instrumental</u> fue decididamente lo mejor del concierto.*

Raíces, prefijos y sufijos

La raíz es la parte de una palabra de la que esta deriva su significado. A menudo, el significado de una palabra desconocida puede determinarse a partir de otra palabra que contenga la misma raíz y cuyo significado es conocido. Palabras como *desorden* y *ordenanza* tienen la misma raíz de *ordenar*. Reconocer esta similitud puede serle útil para determinar el significado de estas palabras.

Un **prefijo** se coloca al comienzo de la palabra para modificar su significado; un **sufijo** se coloca al final de la palabra para alterar su significado.

des + orden; orden + anza; orden + ar

La identificación de raíces, prefijos y sufijos —y el conocimiento de su significado— puede ayudarlo a determinar el significado de una palabra desconocida en un pasaje. Una lista de algunos prefijos y sufijos se presenta a continuación. Esta lista no es en modo alguno completa; son muchos los prefijos y sufijos que pueden agregarse a las palabras. Son solo unos pocos ejemplos de cómo la adición de un prefijo o un sufijo a la raíz de una palabra puede cambiar su significado.

Prefijos	Sufijos
a-: anormal (negación)	*-ario*: empresario (profesión)
des-: desabastecimiento (falta de)	*-ción*: prohibición (acción y efecto)
extra-: extraordinario (fuera de)	*-ismo*: socialismo (sistema)
re-: repensar (repetición)	*-itis*: apendicitis (inflamación)
sub-: submundo (debajo)	*-ura*: bravura (cualidad)

Ejemplos

Las siguientes son dos preguntas de ejemplo que muestran cómo se aplican los seis pasos a un pasaje de prosa de ficción.

¿Encontrarán la pieza perfecta?

Ding, dong.

La campanilla pequeña y sin lustre sonó al tiempo que abríamos la puerta y entrábamos en la tienda. De alguna manera, parecía apropiado que la anticuada campanilla fijada al marco de la puerta no hubiera sido reemplazada por un carillón electrónico más moderno para anunciar la entrada de visitantes al comercio de antigüedades. Nuestra búsqueda de piezas con que amueblar la casa de la hacienda nos había llevado hasta este destino. En cuanto entramos, nos pareció que habíamos encontrado el lugar adecuado.

Las paredes de la abarrotada tienda estaban forradas de pesados cofres, cómodas y armarios, de pie uno al lado de otro, como pesados soldados de madera. El tamaño de las grandes piezas de mobiliario parecía desproporcionado en la pequeña habitación. Lentamente, pasamos caminando al lado de cada uno de los muebles, frotando nuestras manos sobre maderas añejas, abriendo cajones, examinando descoloridos pomos y herrajes. Después, llegamos hasta un oscuro aparador de madera de cerezo para guardar porcelana y nos quedamos petrificados. Unos pocos segundos pasaron antes de que me diera cuenta de que estaba conteniendo mi aliento. El aparador era del color exacto de la mesa de comedor de la abuela. Alrededor de los bordes tenía una talla decorativa que era idéntica a la talla que tenían sobre el respaldo las sillas del comedor. Lentamente, caminamos hacia la increíble pieza, que resultaría el complemento ideal para los muebles que ya había en la casa. Era perfecto. A pesar de sus años, no se veía un solo rasguño en ninguna parte del asombroso gabinete.

Línea

5

10

15

20

1. **Lea esta oración del tercer párrafo:**

    El tamaño de las grandes piezas de mobiliario parecía <u>desproporcionado</u> con el de la pequeña habitación.

    ¿Cuál es el significado de la palabra *desproporcionado* en este contexto?

    A   comparable con

    B   más pequeño que

    C   igual que

    D   inadecuado para

Explicación

Primero, lea todas las preguntas correspondientes a este pasaje. Hay dos: la primera se refiere al significado de la palabra *desproporcionado* y la segunda, a qué ocurrirá después del final del pasaje. Tenga presentes estas preguntas mientras continúa al paso 2. Lea el pasaje atentamente. Relea la pregunta que deberá responder: ¿Cuál es el significado de *desproporcionado* en este contexto? Responda la pregunta con sus propias palabras. Si la habitación es pequeña y los muebles son grandes, el mobiliario parece no ser el apropiado para la pequeña habitación o estar fuera de lugar. Además, la raíz de la palabra *desproporcionado* es *proporción*, que significa, entre otras cosas, "concordancia en tamaño". El prefijo *des-* significa negación o falta de. Entonces, *desproporcionado* significa que "no concuerda en tamaño". ¿Tiene sentido esto en el contexto del pasaje? Sí, porque el gran mobiliario no concuerda en tamaño con el de la pequeña habitación. Lea atentamente cada opción de respuesta y luego elija la mejor. La opción D significa lo mismo que "no concuerda en tamaño". **La mejor respuesta es la opción D.**

2. **¿Qué es *lo más probable* que ocurra a continuación?**

    A   Comprarán el aparador para la porcelana.

    B   Regresarán a la tienda otro día.

    C   Reemplazarán la mesa y las sillas del comedor.

    D   Seguirán buscando en otra tienda de antigüedades.

Explicación

Usted ya ha leído las dos preguntas y el pasaje completo, así que continúe al paso 3. Relea la pregunta que deberá responder: ¿Qué es lo más probable que ocurra a continuación? Responda la pregunta con sus propias palabras. Si el aparador es tan perfecto, lo más probable es que lo compren. Lea atentamente cada opción de respuesta. La opción A es la que tiene más sentido considerando la reacción de los narradores al ver el aparador. **La mejor respuesta es la opción A.**

EJERCICIOS SOBRE PROSA DE FICCIÓN

Elija la mejor respuesta para cada una de las preguntas siguientes.

Las preguntas 1 a 9 se refieren al pasaje siguiente.

Como ocurría la mayoría de los días a esa hora, los alumnos deambulaban por el patio interior empollando para la prueba de la tarde, preparándose para el almuerzo y el encuentro con amigos o, simplemente, relajándose a la sombra de los frondosos

Línea
5

robles. Considerando la cantidad de alumnos presentes, el nivel de ruido permanecía sorprendentemente bajo. Las carcajadas y el parloteo podían escucharse, pero el sonido no estaba ni cerca de lo que puede considerarse perturbador.

Un joven comenzó a tocar discretamente su guitarra en un rincón del césped. A su lado, dos amigos continuaron leyendo sus libros de texto, mientras la música flotaba en el aire a su alrededor. A los pocos minutos, otro joven comenzó también a tocar su guitarra y se

10

encaminó en dirección al primero. Los dos intercambiaron sonrisas y, sin mediar una sola palabra, el solo de guitarra se convirtió en un dúo. Alrededor de ellos, los alumnos empezaron a levantar la vista de sus computadoras portátiles. Una pareja de alumnos caminó lentamente hacia el lugar desde donde provenía la música para poder escucharla mejor.

Algunos acordes después, una joven mujer con una flauta en su mano se acercó

15

a los dos jóvenes, les sonrió y se llevó el instrumento a sus labios. El dúo se convirtió en un trío, y más alumnos se juntaron. Después, sin intercambiar una sola palabra, se sumaron al trío un clarinete, un bongó y una armónica. El concierto impromptu comenzó a atraer a una muchedumbre, tan espontánea como la propia música. Las armonías de los instrumentos eclipsaban a los planes de estudio, a medida que casi todos

20

los alumnos que estaban sobre el césped se reunían cerca de los músicos.

La canción inicial se transformó en un popurrí, que combinaba una serie de melodías muy conocidas, una tras otra. Un profesor, en camino a su despacho, advirtió a la muchedumbre y fue a investigar. En cuanto escuchó la música, se detuvo. Una mirada inquisidora se apoderó de sus ojos, al tiempo que agitaba su cabeza al ritmo de la

25

música y sus pies seguían precisamente el compás.

Unos minutos después, la música se apagó y los alumnos aplaudieron con entusiasmo. Los músicos sonrieron y se dieron la mano unos a otros, mientras los integrantes de la muchedumbre retornaban lentamente a sus rutinas. El profesor se dirigió ansiosamente a los músicos y se presentó ante ellos. El grupo de los seis alumnos, que nunca antes se

30

habían reunido, formó un círculo y escuchó al hombre cuyas palabras tendrían un fuerte impacto sobre ellos en los años por venir.

1. **¿Cuál sería el mejor título para esta pieza?**

   A El nacimiento de la banda

   B Cuando muere la música

   C El estudio puede esperar

   D Guitarras en el patio interior

2. **¿Cuál es el significado de la palabra *empollando* en la primera oración?**

   A estudiando intensamente

   B encubando huevos

   C abarrotándose en un espacio reducido

   D apiñándose

3. ¿Cuál sería el propósito *más probable* del autor para escribir este pasaje?

   A   Contar una historia sobre hechos reales

   B   Entretener con el relato de una historia que nunca ocurrió

   C   Persuadir a los lectores para que tomen clases de música

   D   Informar a los lectores sobre los distintos instrumentos musicales

4. Relea esta oración del tercer párrafo:

   El concierto impromptu *comenzó a atraer a una muchedumbre, tan espontánea como la propia música.*

   ¿Qué significa la palabra *impromptu* en el contexto de esta oración?

   A   opacado

   B   armonioso

   C   instrumental

   D   improvisado

5. Relea esta oración del tercer párrafo:

   Las armonías de los instrumentos eclipsaban *a los planes de estudio, a medida que casi todos los alumnos que estaban sobre el césped se reunían cerca de los músicos.*

   ¿Cuál es el significado de la palabra *eclipsaban* en esta oración?

   A   El ensombrecimiento de un objeto impidiendo que reciba la luz

   B   Una declinación en la condición social o el poder

   C   La ocultación parcial o total del Sol o la Luna

   D   Una disminución en la importancia de algo ante la aparición de otra cosa más importante

6. Relea estas oraciones del párrafo cuarto:

   La canción inicial se transformó en un popurrí, *que combinaba una serie de melodías muy conocidas, una tras otra. Un profesor, en camino a su despacho, advirtió a la muchedumbre y fue a investigar.*

   ¿Cuál es el significado de la palabra popurrí?

   A   una reunión

   B   una mezcla

   C   algo reconocible

   D   algo irreconocible

7. ¿Cuál es el significado de la palabra *inquisidora* en el cuarto párrafo?

   A   fija y atenta

   B   vidriosa

   C   brillante

   D   desinteresada

8. **El profesor es el director de la banda de la escuela y jefe del Departamento de Artes Escénicas. ¿Cuál sería el motivo *más probable* de su conversación con los alumnos?**

   A Pedirles que no interrumpan el estudio de los otros alumnos

   B Sugerirles nombres de vocalistas que podrían cantar con ellos

   C Alentarlos a que participen en los programas musicales de la escuela

   D Preguntarles si le permitirían unirse al grupo la próxima vez que se reúnan a tocar sus instrumentos

9. **¿Qué es lo *más probable* que ocurra a continuación?**

   A Los músicos planearán encontrarse otra vez para tocar juntos sus instrumentos.

   B Los alumnos les pedirán que toquen música durante la pausa del almuerzo al día siguiente.

   C El grupo decidirá que el concierto fue un acontecimiento irrepetible y no tocarán más juntos.

   D La muchedumbre no se reunirá de nuevo sobre el césped la próxima vez que los músicos toquen sus instrumentos.

Las preguntas 10 a 15 se refieren al fragmento siguiente de *Utopía*, de Tomás Moro.

La agricultura es una ocupación universalmente tan conocida entre ellos que no hay persona, hombre o mujer, que la desconozca. Esto se les inculca desde su más tierna edad; teóricamente, en la escuela, y prácticamente en unos campos que están junto a la ciudad,

Línea

5 y no sólo mirando a otros, sino también ejercitándolos en ello. Además de la agricultura, que es tan común para todos ellos, cada uno se ejercita en otro oficio distinto, como trabajar la lana o el lino, la albañilería, la herrería, la carpintería y demás artes manuales, puesto que no existe profesión que no sea apreciada por ellos… En general, el hijo sigue la profesión del padre, ya que casi siempre la naturaleza le inclina a ello;

pero si el genio de cualquier hombre tiene inclinación decidida por otra profesión, es

10 trasladado por adopción a otra familia que trabaje en aquella tarea a la que se siente inclinado. En estos casos interviene no solamente el padre natural, sino también el magistrado, que cuida de que el padre adoptivo sea hombre honrado y serio. Y si alguno se ha instruido bien en una profesión y desea aprender otra, también se le permite, se organiza de la misma manera que en el caso anterior, y cuando las conoce bien se aplica

15 a aquella que es más de su gusto, a menos que haya una necesidad pública por la otra… Dividen el día y la noche en veinticuatro horas, dedicando seis horas diarias al trabajo, tres antes del almuerzo, y otras tres horas después. Luego toman una cena liviana. A las ocho, contadas a partir del mediodía, se retiran a dormir durante ocho horas. El resto de su tiempo, aparte del que toman para trabajar, comer y dormir, cada uno lo

20 emplea según su discreción; pero no de manera que se disipe en excesos y holgazanerías, sino que libre de su trabajo se ocupe en algún ejercicio honesto de su elección, que es en la mayoría de los casos la lectura. Es costumbre que haya disertaciones públicas todos los días antes del amanecer; a las que nadie está obligado a asistir salvo los que están encargados y escogidos para cuidar de la literatura. Además de estos,

25 concurre voluntariamente gente de todo estado, tanto hombres como mujeres, a oír las disertaciones de una clase u otra, cada uno según sus aficiones y según su profesión. Pero si otros, cuyo temperamento no los inclina a la contemplación, eligen emplear ese tiempo en su profesión, no se les prohíbe, antes bien se les alaba como hombres que cuidan de

su país. Después de la cena tienen una hora de recreo, que en verano transcurre en los
30 *jardines, y en invierno en las grandes salas que se emplean como comedores colectivos, donde se entretienen entre sí, oyendo música o haciendo tertulia. No entienden mucho el juego de los dados ni otros juegos tan tontos y dañinos... Los magistrados nunca emplean a la gente en trabajos innecesarios, pues el fin supremo de la constitución es regular el trabajo para fines públicos y otorgar todo el tiempo que sea necesario para la*
35 *mejora de su mente, en la que ellos creen consiste la felicidad de la vida.*

10. ¿Qué trabajo es común a toda la gente de Utopía?

    A   El tejido de paños

    B   Las tareas de cocina

    C   El cuidado del ganado

    D   Las tareas de agricultura

11. ¿Qué juego es descrito como tonto?

    A   Los dados

    B   El ajedrez

    C   El pillapilla (la roña)

    D   Los juegos de lucha

12. Si un hombre es carpintero, ¿cuál será *muy probablemente* la profesión de su hijo?

    A   Magistrado

    B   Carpintero

    C   Agricultor

    D   La que el hijo elija

13. ¿Cuál de las actividades siguientes representa la mayor alegría en la vida para un ciudadano de Utopía?

    A   Tener y criar un hijo

    B   Trabajar en los campos, cultivando su propia comida

    C   Aprender sobre algún tema desconocido para aumentar su conocimiento

    D   Leer una obra de ficción sobre una tierra lejana

14. Relea esta parte del pasaje:

... pero si el genio de cualquier hombre tiene inclinación decidida por otra profesión, es <u>trasladado</u> por adopción a otra familia que trabaje en aquella tarea a la que se siente inclinado.

La palabra *trasladado* significa aproximadamente

    A   Traducir algo de una lengua a otra

    B   Cambiar de una forma a otra

    C   Llevar a alguien de un lugar a otro

    D   Reenviar o retransmitir

15. **¿Cuál de las actividades siguientes NO realizaría un ciudadano de Utopía durante la hora que sigue a la cena liviana?**

   A   Tocar música

   B   Apostar

   C   Cuidar el jardín

   D   Escuchar música

Véanse las respuestas en la página 750.

23 Comprensión de la lectura: poesía

Alrededor del 60 por ciento de las preguntas de la prueba de Artes del Lenguaje—Lectura del examen *HiSET®* consistirá en textos de ficción. Por lo menos uno de esos textos, que deberá leer y sobre el que deberá responder preguntas, se tratará de un poema. En este capítulo, se repasarán varias habilidades de comprensión que lo ayudarán a comprender cualquier poema que pueda encontrar. Tenga presente que algunas de las estrategias de comprensión que se analizan en este capítulo también podrían serle de utilidad para la comprensión de otras formas de literatura.

¿Qué es lo que se evalúa?

Existen muchas diferencias entre la poesía y la prosa. Un poema está organizado, por lo general, en líneas o frases cortas agrupadas en estrofas. Cada línea del poema puede o no expresar una idea completa; a menudo, una sola idea se desarrolla en varias líneas. La prosa, por el contrario, incluye oraciones que están agrupadas en párrafos. Cada oración, por definición, expresa una idea completa. El lenguaje figurado, la cantidad de sílabas, las palabras en rima y el ritmo son características comunes de la poesía que serán evaluadas en la prueba.

Estrategias de comprensión

Usted podría suponer que los poemas son más breves que los pasajes de prosa, pero ese no es, en realidad, el caso. Algunos poemas pueden ser tan extensos como una novela. Por ejemplo, la famosa obra de Shakespeare *Romeo y Julieta*, que generalmente se estudia durante semanas enteras en la escuela superior, es un poema. El *Mahabharata*, texto sagrado de la India, en verdad, es el poema más extenso del mundo y contiene más de 1.8 millones de palabras.

No solo la poesía parece diferente a la prosa, y suena distinta a esta, sino que también la interpretación de la poesía difiere considerablemente de la interpretación de otras formas literarias. Para ayudarlo, a continuación se examinan algunas características de la poesía que deberá tener presente al analizar un poema y tratar de comprender su estructura y significado.

Estrofas

Los poemas están escritos en líneas cortas o frases (versos) organizadas en grupos llamados **estrofas**. Cada estrofa está separada del resto del poema por un espacio. Los poemas pueden contener cualquier cantidad de estrofas.

> ### Recuerde
>
> Recuerde que, a diferencia de las oraciones, que terminan en un punto, las líneas de un poema no necesariamente expresan una idea completa. En otras palabras, usted no deberá interrumpir la lectura al final de una línea y asumir que se trata de una idea completa. Puede que cada línea comience con una inicial mayúscula, pero eso no indica que se trate del comienzo de una nueva oración o idea. Lea una línea y luego continúe con la siguiente hasta llegar a un signo de puntuación final o al fin de la estrofa, para asegurarse de que ha leído la idea completa.

Ritmo

El **ritmo** —o acentuación— es el patrón musical —o compás— que es creado por las sílabas. El ritmo de un poema influye en el sentimiento asociado a la pieza. Los ritmos más ligeros tienden a sugerir sentimientos más vivaces y animados, mientras que los ritmos más lentos sugieren sentimientos de calma y, tal vez, hasta sombríos.

Rima

Los poemas pueden contener o no palabras que rimen al final de las líneas. Cuando un poema tiene **rima**, las palabras de sonido similar están organizadas siguiendo un patrón. Por ejemplo, las palabras al final de líneas alternativas o al final de cada tercera línea pueden rimar. El patrón de palabras que riman constituye la **estructura rítmica**.

Veamos un ejemplo de estructura rítmica extraído del poema "La Araucana", de Alonso Ercilla y Zúñiga. Se asigna la letra A a la primera línea del poema; se les asigna también la letra A a todas las líneas que riman con ella. Se asigna la letra B a la próxima línea que *no* rima con A y a todas las líneas que riman con B. Se asigna la letra C a la próxima línea que *no* rima ni con A ni con B y a todas las líneas que riman con C, y así sucesivamente.

No las damas, amor, no gentilezas (A)
de caballeros canto enamorados; (B)
ni las muestras, regalos y ternezas (A)
de amorosos afectos y cuidados; (B)
mas el valor, los gestos, las proezas (A)
de aquellos españoles esforzados (B)
que a la cerviz de Arauco no domada (C)
pusieron duro yugo por la espada. (C)

La estructura rítmica de esta estrofa es ABABABCC y muestra que las líneas a las que se les ha signado la letra A riman entre sí, al igual que lo hacen las líneas a las que se les han asignado las letras B y C.

Atmósfera y tono

La atmósfera es el sentimiento o la emoción que genera el poema en el lector, y es creado por las palabras y detalles elegidos por el autor. Veamos las dos descripciones siguientes de una misma situación. La primera sugiere buen humor, animación o excitación. La segunda, malos presagios, incomodidad y nerviosismo.

Después de ser presentado, Malcolm atravesó el escenario a los brincos hasta llegar al podio, acompañado de las aclamaciones y los aplausos de sus simpatizantes.

Después de ser presentado, Malcolm atravesó fatigosamente el escenario hasta llegar al podio, rendido ante el escándalo provocado por la audiencia.

El **tono** también es creado por las palabras y los detalles que el autor usa; se refiere a la postura del autor sobre el tema.

El contagioso entusiasmo de la muchedumbre continuó manifestándose hasta mucho después de que el orador completara su victoriosa marcha hacia el podio para pronunciar otro discurso inolvidable.

El estridente ruido de la muchedumbre se prolongó demasiado tiempo, a pesar de que el orador ya se encontraba en el podio dispuesto a pronunciar un discurso que no sería distinto del sonido de una uña sobre el pizarrón.

> ### Recuerde
>
> Recuerde que la **atmósfera** se refiere a las emociones que provoca el pasaje en el *lector*. La atmósfera puede transmitir misterio, romanticismo, seriedad, liviandad, melancolía u otros cientos de sentimientos que usted pueda experimentar.
>
> El **tono** se refiere a la postura del *autor*. El tono puede ser sarcástico, gracioso, de disgusto, sombrío o reflejar cualquier otra postura que usted pueda imaginar.

Lenguaje figurado

El lenguaje figurado contribuye a que la literatura sea más descriptiva al asignarles a las palabras significados diferentes de los habituales. Esta estrategia permite crear una imagen en su mente y aumentar la comprensión del texto. Los siguientes son varios ejemplos comunes de lenguaje figurado.

Hipérbole

Una exageración, que puede ser usada con humor, es una **hipérbole**. Este tipo de lenguaje es empleado para poner énfasis en algo o producir algún efecto, más que para brindar una explicación literal.

Adriana hizo de postre su famoso y kilométrico pastel de chocolate.

El equipo de música sonaba tan fuerte que podía escucharse desde los pueblos vecinos.

Modismo

Un **modismo** es una expresión que tiene un significado diferente del que corresponde a las palabras que lo componen.

Con el vestido que le regaló a su madre, María sí que <u>ha dado en el clavo</u>.

El significado literal de *dar en el clavo* es dar un golpe sobre un clavo con el propósito de introducirlo en alguna superficie, y no tiene nada que ver con el vestido del regalo. Sin embargo, el significado figurado del modismo es *acertar*, y eso es lo que ha hecho María.

Metáfora

Una **metáfora** es una comparación entre dos elementos diferentes que comparten alguna característica que permite la sustitución del uno por el otro, pasando del lenguaje literal al figurado.

Los ojos de Mauricio eran dos estrellas cuando vio que ella entraba en el café.

Los ojos de Mauricio no se convirtieron, en realidad, en dos estrellas. Se trata simplemente de un modo más imaginativo de decir: "Mauricio estaba contento de verla".

Símil o comparación

Un **símil** o **comparación** es una forma de expresar una semejanza o similitud en términos comparativos. Por lo general, se usa la palabra *como* para introducir la comparación.

Cuando se conocieron los resultados de la elección, el candidato de la oposición estaba más contento que unas castañuelas.

Los ancianos continuaban sentados en el banco, quietos como estatuas.

Personificación

A veces, se atribuyen características humanas a las cosas inanimadas o abstractas para enriquecer una descripción. Este tipo de lenguaje figurado se denomina personificación.

Las olas bailaban sobre la superficie del lago.

El jardín estaba contento porque llovía.

Contradicción

La **contradicción**, u oxímoron, consiste en usar dos conceptos de significado opuesto en una sola expresión, lo que fuerza al lector o al interlocutor a comprender el sentido de este nuevo concepto.

Vísteme despacio que tengo prisa.

El amor es hielo abrasador, es fuego helado, / es herida que duele y no se siente…

Sinestesia

La **sinestesia** es una asociación de elementos procedentes de los sentidos físicos (externos) con sensaciones internas (sentimientos), una mezcla de sensaciones auditivas, visuales, gustativas, olfativas y táctiles.

Es de oro el silencio. La tarde es de cristales.

Suave como el silbido de media tarde de verano.

Aliteración

La **aliteración** es una repetición de sonidos en un verso u oración con fines expresivos. Los sonidos repetidos se encuentran, a menudo, al comienzo de las palabras o en las sílabas acentuadas. Existen dos tipos de aliteración: la asonancia y la consonancia.

La **asonancia** es una repetición del sonido de las vocales en una palabra a partir de la sílaba acentuada.

Al llegar la medianoche / y romper en llanto el <u>Niño</u>, / las cien bestias despertaron / y el establo se <u>hizo vivo</u>…

La **consonancia** es una repetición del sonido tanto de las vocales como de las consonantes en la terminación de las palabras a partir de la sílaba acentuada.

A un panal de rica mi<u>el</u> / dos mil moscas acud<u>ieron</u> / que por golosas mur<u>ieron</u> / presas de patas en <u>él</u>.

Estilo

El tipo de lenguaje que usa un autor determina el estilo del pasaje o el poema. El estilo apropiado está determinado por el propósito del texto, el público al que está destinado y la atmósfera que el escritor desea recrear.

El **estilo formal** se usa, a menudo, para documentos de trabajo y tareas de la escuela, así como para pasajes o poemas que tratan sobre asuntos importantes o sombríos. Palabras complejas y lenguaje técnico pueden estar incluidos en el texto.

Durante el semestre actual, los alumnos inscritos en la cátedra de Literatura griega antigua deberán investigar la historia de la poesía y poemas recientes que sirvan de ejemplo de pentámetros yámbicos y hexámetros dactílicos.

El **estilo informal** usa palabras y contiene información destinadas para prácticamente cualquier público.

Emily Dickinson fue una famosa poetisa nacida en 1830 en Massachusetts. Escribió cerca de 2,000 poemas. Solo una docena de ellos fue publicada cuando todavía estaba viva.

El **estilo coloquial** usa palabras que normalmente se emplean cuando uno habla con un amigo. De hecho, el texto suena como una conversación.

¡Hoy leí un poema increíble! Estaba colgado en la pared de esa tienda nueva en el centro comercial, tú sabes, la que queda al lado del patio de comidas. El poema estaba escrito en un papel que parecía viejo y estaba en un marco genial. El tipo de la tienda dijo que iban a hacer unas rebajas buenísimas la semana que viene. ¡Seguro que voy!

Uso de las palabras

Un factor que contribuye a definir el estilo de un poema o un pasaje es la elección de palabras que hace el escritor para definir el tono y expresar sus ideas. El **uso de las palabras** puede alterar la impresión que usted recibe del texto. Observe cómo el uso de las palabras afecta a los ejemplos siguientes.

Gloria solicitó hacer una tarea de créditos adicionales para mejorar su calificación final.

Gloria suplicó que le permitieran hacer una tarea de créditos adicionales para mejorar su calificación final.

Ejemplos

Las siguientes son dos preguntas de ejemplo sobre poesía. Lea el siguiente poema de Sor Juana Inés de la Cruz.

"Al que ingrato me deja, busco amante"

Al que ingrato me deja, busco amante;
al que amante me sigue, dejo ingrata;
constante adoro a quien mi amor maltrata,
maltrato a quien mi amor busca constante.

Línea

5 Al que trato de amor, hallo diamante,
y soy diamante al que de amor me trata,
triunfante quiero ver al que me mata
y mato al que me quiere ver triunfante.

Si a este pago, padece mi deseo;
10 si ruego a aquel, mi pundonor enojo;
de entrambos modos infeliz me veo.

Pero yo, por mejor partido, escojo;
de quien no quiero, ser violento empleo;
que, de quien no me quiere, vil despojo.

1. **¿Qué palabra expresa *mejor* la atmósfera del poema?**

   A   Ensueño

   B   Contradicción

   C   Deseo

   D   Melancolía

Explicación

Primero, lea todas las preguntas sobre el poema. Leer las preguntas por anticipado le permitirá advertir qué información deberá buscar en el texto cuando lea el poema. ¿Deberá buscar ejemplos de aliteración? ¿Deberá identificar la atmósfera o el tono? Una vez más, trate de sacar provecho de todos los recursos a su alcance. Use las preguntas para concentrar su atención en qué información y qué técnicas serán las más importantes.

Luego, lea atentamente el poema, teniendo presentes las preguntas que se le formulan. Recuerde que no deberá leer el poema línea por línea; más bien, léalo desde el comienzo de una idea hasta el final de esa idea. Una sola idea puede ser expresada en varias líneas. Para una mejor comprensión del poema, céntrese en la identificación de ideas completas mientras lee. Preste atención a la puntuación. Como en la lectura de textos en prosa, la puntuación puede ser de utilidad para separar ideas y evitar que estas se yuxtapongan. Haga una pausa donde encuentre una coma o un punto y coma. Deténgase donde encuentre un punto. Tenga cuidado de no hacer una pausa o detenerse donde no haya signos de puntuación, incluso si ha llegado al final de una línea. También, preste atención al ritmo. El ritmo permite establecer la atmósfera expresada por el poema. Puede que le resulte útil leer poesía en voz alta para seguir el ritmo; no obstante, usted no podrá leer los poemas en voz alta durante la prueba, y deberá hacerlo solo en su cabeza. Practique esta técnica durante las semanas y los meses anteriores a la prueba. Preste atención al lenguaje figurado, y léalo con suficiente cuidado como para poder recrear en su mente la imagen que el poeta tenía pensada. Esto le permitirá entender exactamente lo que el autor o la autora describen en el poema.

Relea la primera pregunta sobre el poema y respóndala usando sus propias palabras. Regrese siempre al poema para comprobar su respuesta. Explíquese a usted mismo por qué su respuesta es correcta, y asegúrese de que responde por completo a la pregunta.

1.   **¿Qué palabra expresa mejor la atmósfera del poema?**

En este caso, usted deberá encontrar ejemplos que permitan establecer cuál es la atmósfera que expresa el poema. *Al que ingrato me deja, busco amante; / al que amante me sigue, dejo ingrata; y triunfante quiero ver al que me mata / y mato al que me quiere ver triunfante* son dos ejemplos claros de contradicciones.

Por último, lea las opciones de respuesta y vea cuál de ellas corresponde mejor a su respuesta. Recuerde que las opciones de respuesta incorrectas están basadas en errores e ideas equivocadas comunes de los candidatos. Analice cada opción de respuesta y trate de explicarse a usted mismo por qué no es la mejor respuesta. Luego, asegúrese de que la opción que elija es la mejor respuesta. **La mejor respuesta es la opción B.**

2.   **¿Cuál de los esquemas siguientes representa la estructura rítmica de los dos cuartetos?**

   A   AABB

   B   ABAB

   C   ABBA

   D   ABCD

Explicación

Puesto que usted ya ha leído las preguntas y el poema, asegúrese de comprender qué es lo que se le pregunta. Para poder determinar la estructura rítmica, asigne la letra A a la primera línea del poema y a todas las líneas que riman con ella. Asigne la letra B a la próxima línea que no rima con A y a todas las líneas que riman con B. Asigne la letra C a la próxima línea que no rima ni con A ni con B y a todas las líneas que riman con C. Asigne la letra D a la próxima línea que no rima ni con A ni con B ni con C y a todas las líneas que riman con D. Como se le pregunta solo por los dos cuartetos, ABBA representa la estructura rítmica buscada. **La mejor respuesta es la opción C.**

EJERCICIOS SOBRE POESÍA

Elija la mejor respuesta para cada una de las preguntas siguientes.

Las preguntas 1 a 6 se refieren al poema siguiente de Federico García Lorca, extraído de *Romancero gitano* y dedicado a Conchita García Lorca.

"Romance de la luna, luna"

La luna vino a la fragua
con su polisón de nardos.
El niño la mira, mira.
El niño la está mirando.

Línea
5   En el aire conmovido
mueve la luna sus brazos
y enseña, lúbrica y pura,
sus senos de duro estaño.

Huye luna, luna, luna.
10 Si vinieran los gitanos,
harían con tu corazón
collares y anillos blancos.

Niño, déjame que baile.
Cuando vengan los gitanos,
15 te encontrarán sobre el yunque
con los ojillos cerrados.

Huye luna, luna, luna,
que ya siento sus caballos.
Niño, déjame, no pises
20 mi blancor almidonado.

El jinete se acercaba
tocando el tambor del llano.
Dentro de la fragua el niño,
tiene los ojos cerrados.

25 Por el olivar venían,
bronce y sueño, los gitanos.
Las cabezas levantadas
y los ojos entornados.

Cómo canta la zumaya,
30 ¡ay, cómo canta en el árbol!
Por el cielo va la luna
con un niño de la mano.

Dentro de la fragua lloran,
dando gritos, los gitanos.
5   El aire la vela, vela.
El aire la está velando.

1.   **¿Cuál es el esquema de la rima del poema?**
   A   Rima asonante en los versos pares
   B   Rima consonante en los versos pares
   C   Rima asonante en los versos impares
   D   Rima consonante en los versos impares

2.   **¿Cuál de las palabras siguientes representa *mejor* la idea principal del poema?**
   A   Soledad
   B   Muerte
   C   Seducción
   D   Inocencia

3.   **¿Cuál de los versos siguientes contiene un ejemplo de personificación?**
   A   Si vinieran los gitanos
   B   El jinete se acercaba
   C   dando gritos, los gitanos
   D   La luna vino a la fragua

4.   **¿Cuál de los versos siguientes forma parte de una rima asonante?**
   A   Huye luna, luna, luna
   B   harían con tu corazón
   C   con un niño de la mano.
   D   Por el olivar venían,

5.   **¿Cómo se siente el niño frente a la aparición de la luna?**
   A   Cautivado
   B   Asustado
   C   Feliz
   D   Incrédulo

6.   **¿Cuál de los versos siguientes contiene un ejemplo de metáfora?**
   A   que ya siento sus caballos
   B   El jinete se acercaba
   C   tocando el tambor del llano
   D   Dentro de la fragua lloran

Las preguntas 7 a 10 se refieren al poema siguiente de Luis Cernuda, extraído de *Desolación de la quimera*.

"Peregrino"

¿Volver? Vuelva el que tenga,
tras largos años, tras un largo viaje,
cansancio del camino y la codicia
de su tierra, su casa, sus amigos.
Del amor que al regreso fiel le espere.

Mas ¿tú? ¿volver? Regresar no piensas,
sino seguir libre adelante,
disponible por siempre, mozo o viejo,
sin hijo que te busque, como a Ulises,
sin Ítaca que aguarde y sin Penélope.

Sigue, sigue adelante y no regreses,
fiel hasta el fin del camino y tu vida,
no eches de menos un destino más fácil,
tus pies sobre la tierra antes no hollada,
tus ojos frente a lo antes nunca visto.

Línea 5, 10, 15 (marcadores de línea en el margen)

7. **¿Cuál de los versos siguientes contiene un ejemplo de símil?**

    A   sin hijo que te busque, como a Ulises

    B   sino seguir libre adelante

    C   fiel hasta el fin del camino y la vida

    D   tus ojos frente a lo antes nunca visto

8. **¿Cuál de los versos siguientes contiene un ejemplo de metáfora?**

    A   Mas ¿tú? ¿volver? Regresar no piensas,

    B   sigue, sigue adelante y no regreses,

    C   tus pies sobre la tierra antes no hollada,

    D   disponible por siempre, mozo o viejo,

9. **¿Cuál es el dilema que enfrenta el poeta?**

    A   Entre la familia o los amigos

    B   Entre la juventud o la vejez

    C   Entre el cansancio o la codicia

    D   Entre el regreso o la errancia

10. **¿Cuál de las palabras siguientes representa *mejor* la idea principal del poema?**

    A   Búsqueda

    B   Duda

    C   Aventura

    D   Exilio

"Sinfonía en gris mayor"

El mar como un vasto cristal azogado
refleja la lámina de un cielo de zinc;
lejanas bandadas de pájaros manchan
el fondo bruñido de pálido gris.

Línea

5   El sol como un vidrio redondo y opaco
con paso de enfermo camina al cenit;
el viento marino descansa en la sombra
teniendo de almohada su negro clarín.

Las ondas que mueven su vientre de plomo
10   debajo del muelle parecen gemir.
Sentado en un cable, fumando su pipa,
está un marinero pensando en las playas
de un vago, lejano, brumoso país.

Es viejo ese lobo. Tostaron su cara
15   los rayos de fuego del sol del Brasil;
los recios tifones del mar de la China
le han visto bebiendo su frasco de gin.

La espuma impregnada de yodo y salitre
ha tiempo conoce su roja nariz,
20   sus crespos cabellos, sus bíceps de atleta,
su gorra de lona, su blusa de dril.

En medio del humo que forma el tabaco
ve el viejo el lejano, brumoso país,
a donde una tarde caliente y dorada
25   tendidas las velas partió el bergantín...

La siesta del trópico. El lobo se aduerme.
Ya todo lo envuelve la gama del gris.
Parece que un suave y enorme esfumino
del curvo horizonte borrara el confín.

30   La siesta del trópico. La vieja cigarra
ensaya su ronca guitarra senil,
y el grillo preludia un solo monótono
en la única cuerda que está en su violín.

11. ¿Qué tipo de lenguaje figurado se usa en el verso "El sol como un vidrio redondo y opaco"?

    A   La hipérbole

    B   La metáfora

    C   El símil

    D   La sinestesia

12. ¿Desde qué perspectiva se relata el poema?

    A   Tercera persona omnisciente

    B   Tercera persona con conocimiento limitado

    C   Segunda persona

    D   Primera persona con conocimiento limitado

13. ¿Cuál de las parejas de versos siguientes representa un ejemplo de rima asonante?

    A   Versos 23 a 25

    B   Versos 1 y 2

    C   Versos 8 y 9

    D   Versos 18 y 19

14. ¿Qué tipo de lenguaje figurado se usa en el título del poema?

    A   La personificación

    B   La sinestesia

    C   La hipérbole

    D   La contradicción

15. ¿Cuál de las expresiones siguientes representa *mejor* la idea principal del poema?

    A   La tristeza de un joven marinero

    B   La admiración del paisaje marino

    C   El viejo y el mar

    D   La nostalgia de un viejo marinero

Véanse las respuestas en la página 750.

24 Comprensión de la lectura: textos informativos

¿Qué es lo que se evalúa?

Como usted ya lo sabe, alrededor del 60 por ciento de las preguntas de la prueba de Artes del Lenguaje—Lectura del examen *HiSET*® consistirá en textos de ficción. Esto significa que el 40 por ciento restante estará compuesto de textos informativos; es decir, pasajes de no ficción, o fácticos. La selección podrá incluir textos en forma de memorias, ensayos, bosquejos biográficos o editoriales. Usted también tendrá que leer documentos legales, manuales y otros tipos de comunicaciones de trabajo.

Después de leerlos, usted deberá responder preguntas que evaluarán su comprensión del material. Para ello, podría tener que hacer inferencias, resumir información, identificar las relaciones entre ideas e interpretar el texto. En este capítulo, usted aprenderá algunas estrategias de comprensión que lo ayudarán a obtener la mejor calificación en esta sección.

Los textos de no ficción difieren de los de ficción en muchas maneras. Por ejemplo, puesto que el propósito de los textos de no ficción es, por lo general, compartir información, usted no encontrará en ellos los elementos característicos de una historia, habituales en los pasajes de ficción. Una verdadera historia sobre una persona real casi siempre incluye personajes y un argumento; sin embargo, usted no los encontrará en una crítica literaria, un manual para empleados o una declaración de principios de una empresa.

Teniendo esto presente, el reconocimiento de otras características de los textos de no ficción puede facilitar su comprensión del material. Las siguientes son algunas de las habilidades que le serán de utilidad.

Identificar la idea principal y los detalles de apoyo

Usted ya sabe que la idea principal y los detalles de apoyo son esenciales en todo escrito. El poder reconocerlos en un pasaje de no ficción lo puede ayudar a organizar la información y a comprender mejor el texto analizado.

La **idea principal** es el asunto más importante que el autor quiere transmitir. Es el mensaje central del texto, la sola idea más importante que el autor quiere que usted obtenga del pasaje. En realidad, el compartir la idea principal es el motivo por el que el autor escribe una pieza de no ficción.

Los **detalles de apoyo** son los hechos, ejemplos y definiciones que el autor usa para explicar la idea principal, para que usted pueda comprender claramente el elemento más importante de la información.

Para identificar la idea principal, usted deberá reconocer primero el tema del pasaje. El **tema** es de lo que trata el pasaje y, por lo general, puede identificarse con una sola palabra o con un par de ellas. Por ejemplo, el *código de vestimenta* puede ser un tema.

Una vez que usted haya reconocido el tema, pregúntese cuál es la idea sobre ese tema que para el autor podría haber sido tan importante como para escribir un pasaje sobre ella. La idea principal es una oración completa y explica lo que el autor desea compartir sobre el tema.

Se requerirá a los empleados que sigan las directrices contenidas en el nuevo código de vestimenta.

Después de identificar la idea principal, busque detalles que la respalden.

Todos los empleados deberán vestir zapatos cerrados. No se permitirá el uso de pantalón vaquero. Los empleados varones deberán vestir camisas con cuello.

Cada párrafo de un pasaje de no ficción contiene su propia idea principal, que es generalmente uno de los detalles de apoyo contenidos en todo el párrafo. Por ejemplo, analicemos el párrafo siguiente. Uno de los detalles de apoyo sobre el nuevo código de vestimenta es la idea principal de este párrafo, que respalda la idea principal de todo el pasaje.

Los empleados varones deberán vestir camisas con cuello. Estas camisas podrán ser de cuello volcado o abotonadas, y podrán ser de mangas cortas o largas. Los varones podrán vestir corbatas con estas camisas; sin embargo, el uso de corbata no será obligatorio.

Diferenciar hechos de opiniones

Los **hechos** son afirmaciones verdaderas que pueden probarse o verificarse. Los textos informativos contendrán sobre todo hechos.

Todos los empleados de la empresa tienen al menos 18 años de edad.

Las **opiniones** son puntos de vista personales que no pueden ser verificados.

Todo el mundo debería haber tenido alguna experiencia de trabajo antes de cumplir 16 años de edad.

Ser capaz de diferenciar entre hechos y opiniones puede ayudar a los lectores a evaluar la importancia de las afirmaciones. En un texto de no ficción, los hechos proporcionan la información sobre el tema; las opiniones expresan lo que el autor siente acerca de ellas.

Sintetizar la información

El poder reformular la información más importante del pasaje con sus propias palabras le permitirá demostrar cuán bien comprendió lo que ha leído. Cuando sintetice información, asegúrese de incluir la idea principal y los detalles clave, puesto que estos son los hechos más pertinentes. Una síntesis del ejemplo de código de vestimenta podría ser la siguiente:

El código de vestimenta requiere que los empleados varones usen camisas con cuello; todos, varones y mujeres, deberán vestir zapatos cerrados y no podrán usar pantalón vaquero.

Hacer inferencias

Hacer inferencias es similar a extraer conclusiones. Los autores sugerirán información sin presentarla explícitamente. Los lectores deberán considerar luego la información contenida en el texto, además de sus propios conocimientos y experiencias, y leer entre líneas para poder comprender completamente su significado. La clave para hacer inferencias es enfocarse en las ideas insinuadas y en evitar las adivinanzas.

Reconocer la estructura organizativa

Como se discutiera en el capítulo 8, un texto puede ser organizado de muchas maneras, dependiendo del tipo de información que se comparta y del propósito del pasaje. Reconocer la estructura organizativa, o la forma en que el escritor decide presentar la información, puede ayudarlo a identificar qué tipo de información probablemente encontrará en el texto y cuál será la información en la que deberá concentrarse mientras lea. La forma en que está organizada la información expresa cómo las ideas están relacionadas.

Relación de causa y efecto

Cuando se usa una estructura de **causa y efecto**, el autor se centra en la relación entre las ideas o los acontecimientos. Un acontecimiento que hace que algo más suceda es una **causa**; el acontecimiento o los acontecimientos resultantes son los **efectos**. Cuando se discuta una causa en un pasaje, usted deberá buscar los efectos. Si reconoce los efectos, lea para descubrir por qué pasaron.

Clasificación

Algunos autores eligen agrupar las ideas relacionadas en una estructura de **clasificación**. La información se presenta de manera tal que está categorizada según similitudes. Cuando usted reconozca este tipo de estructura en un pasaje, deberá buscar varias ideas que tengan algo en común y luego otro conjunto de ideas que también tengan algo en común.

Comparación y contraste

Una estructura de **comparación y contraste** se centra en similitudes y diferencias entre los temas que se discuten. Cuando reconozca que el autor está usando este tipo de estructura, usted deberá buscar las características en que los temas se parecen y en las que se diferencian.

Los autores pueden usar esta estructura de dos maneras. Pueden describir completamente el primer tema y luego hacer lo mismo con el segundo. Esto se conoce como **comparación completa**. O, por el contrario, pueden usar la estructura de **comparación parte por parte**, en la que primero se compara un aspecto de ambos temas, luego se compara otro, y así sucesivamente.

Descripción

Una **descripción** es exactamente lo que su nombre indica: se presenta un tema y se describen sus características. El reconocimiento de esta estructura es una alerta de que usted debe anticipar la presencia de hechos y detalles que expliquen y aclaren el tema.

Problema y solución

Cuando se usa una estructura de **problema y solución**, se introduce primero un problema; luego se discuten la forma o las formas de resolverlo. Cuando encuentre este tipo de estructura, deberá enfocarse en el problema y buscar las posibles soluciones.

Secuencia

Una **secuencia** es el orden en el que son presentados las ideas y los acontecimientos en el pasaje. **Orden cronológico** significa que la secuencia de ideas y acontecimientos es presentada cronológicamente. **Orden de importancia** significa que las ideas y los acontecimientos son presentados según su grado de importancia. En algunos pasajes, se presentan primero los más importantes y luego los de importancia menor; en otros, ocurre lo opuesto: primero se presentan las ideas y los acontecimientos de menor importancia y luego los de mayor.

Recuerde

Recuerde que leer por placer es distinto de leer para informarse. Cuando lea para informarse, su propósito deberá ser aprender algo o encontrar hechos. Para hacerlo, deberá centrarse en los detalles durante su lectura. Compruebe el grado de comprensión adquirido deteniéndose periódicamente para pensar sobre cuán bien ha entendido el pasaje. Si no está seguro de alguna información o no entiende completamente el texto, vuelva atrás y relea la sección que le resultó confusa. Continuar leyendo cuando no esté 100 por ciento seguro de la información anterior podría impedirle también la comprensión completa del resto del pasaje.

Ejemplos

Las siguientes son dos preguntas de ejemplo sobre un pasaje de no ficción. Aplique el método de los seis pasos para responder cada pregunta.

¿Cómo brinda protección una especie a otra?

El pastor de Anatolia es una raza de perros guardianes originaria de zonas de Turquía y Asia Menor. Estos perros de gran tamaño son conocidos por su fantástica vista y su agudo sentido del oído, así como por su dedicación al rebaño. Estas cualidades

Línea

5 *les han permitido convertirse en protectores de una especie en extinción que ha sido tradicionalmente su enemigo: los guepardos.*

La cantidad de guepardos se ha reducido en aproximadamente un *noventa por ciento* desde 1900, y solo han sobrevivido entre 10,000 y 12,000 en todo el mundo. Una de las razones para esta desaparición del animal más rápido del mundo ha sido su forma de alimentación, que está basada en la ingestión del ganado que encuentra en las zonas
10 donde habita. Como consecuencia de ello, los granjeros mataban a los guepardos para proteger a sus rebaños.

Los pastores de Anatolia han sido usados para proteger al ganado desde hace cientos de años. En 1994, un programa de preservación de los guepardos a través de la protección de los rebaños con pastores de Anatolia introdujo los perros en Namibia
15 con el propósito de que protegieran a los rebaños de los granjeros sin hacer daño a sus predadores, los guepardos. Los cachorros de pastor de Anatolia fueron criados juntos con el ganado. Cuando los guepardos o cualquier otro animal amenazaban al rebaño, los perros ladraban para ahuyentar a los intrusos, que entonces huían.

En la actualidad, ya no se mata a los guepardos por atacar al ganado. Y el ganado ya
20 no es más presa de los guepardos. Al proteger a su rebaño, el pastor de Anatolia también está protegiendo al guepardo.

1. **¿Cuál de las afirmaciones siguientes representa *muy probablemente* la opinión del autor?**

   A Debería impedirse, por cualquier medio que fuera necesario, que los predadores ataquen al ganado.

   B Los guepardos son el predador más peligroso de los que atacan a los rebaños de los granjeros.

   C Los pastores de Anatolia protegen a los rebaños con los que se han criado.

   D La compra de un pastor de Anatolia sería una inversión sabia para los granjeros.

Explicación

Primero, lea todas las preguntas referidas al pasaje (hay dos). Luego lea el pasaje atentamente, buscando la idea principal y los detalles de apoyo. Relea la pregunta que deberá responder: ¿Cuál de las afirmaciones siguientes representa muy probablemente la opinión del autor? En ella se le pide que infiera cuál de las afirmaciones representa una opinión con la que el autor probablemente estaría de acuerdo. La respuesta correcta no será un hecho, incluso si la afirmación es verdadera. Responda la pregunta con sus propias palabras. El autor parece pensar que los perros son un buen recurso para proteger a los rebaños. Parece también creer que el comportamiento de los perros beneficia a los guepardos y a los granjeros. Lea atentamente cada opción de respuesta y luego elija la mejor. La opción de respuesta D refleja las ideas desarrolladas en los pasos anteriores. **La mejor respuesta es la opción D.**

2. **¿Cuál de las afirmaciones siguientes *no* establece correctamente una relación de causa y efecto mencionada en el pasaje?**

   A Hay más perros en África como consecuencia del aumento de la cantidad de guepardos.

   B Los alimentos que los guepardos necesitaban eran insuficientes; por ello, comenzaron a merodear los rebaños de los granjeros.

   C La cantidad de guepardos ha aumentado porque los perros no los matan cuando se acercan a los rebaños.

   D Las poblaciones de guepardos ya no están en disminución porque los felinos no se exponen más a situaciones potencialmente mortales.

Explicación

Usted ya debería haber leído todas las preguntas y el pasaje propiamente dicho. Relea la pregunta que deberá responder: ¿Cuál de las afirmaciones siguientes NO establece correctamente una relación de causa y efecto mencionada en el pasaje? La pregunta le pide que encuentre la opción de respuesta que no refleja una relación de causa y efecto del pasaje. Responda la pregunta con sus propias palabras. Para ello, repase las relaciones de causa y efecto que fueron mencionadas en el pasaje. Usted deberá eliminar esas opciones de respuesta. Las opciones B, C y D todas describen las razones por las que la población de guepardos no se encuentra más en extinción. La opción A no representa una relación correcta; la cantidad de perros está aumentando debido al programa de preservación. **La mejor respuesta es la opción A.**

EJERCICIOS SOBRE TEXTOS INFORMATIVOS

Elija la mejor respuesta para cada una de las preguntas siguientes.

Las preguntas 1 a 7 se refieren al pasaje siguiente.

¿Cómo afectarán a los empleados estos cambios?

A: *Todos los empleados*

De: *Dwayne Callahan, director de Recursos Humanos*

Como ustedes saben, nuestra empresa ha cambiado recientemente de administración. Muchos cambios se producirán como consecuencia de esta restructuración. Muchos de ellos afectarán a nuestras líneas de productos. Otros varios cambios los afectarán a ustedes, nuestros valiosos empleados.

Línea

5 *Primero, se pondrá en práctica un nuevo sistema de evaluación el primer día del mes próximo. De acuerdo con este nuevo sistema, el desempeño de los empleados será revisado trimestralmente. Cada empleado deberá completar una lista de autoevaluación antes de participar en una reunión con un grupo de tres representantes de la administración. Durante la reunión, el equipo discutirá la lista de autoevaluación, así*

10 *como el progreso realizado por el empleado en la consecución de las metas de desempeño y las observaciones de su supervisor directo. El desempeño del empleado será calificado sobre una escala de cinco puntos, siendo cinco la máxima calificación. Los empleados que obtengan una calificación ejemplar recibirán un aumento en el salario por hora.*

Otro cambio consistirá en la aplicación de un sistema de bonificaciones basado en las

15 *encuestas sobre satisfacción del cliente. Cada trimestre, el departamento que obtenga las calificaciones más altas en estas encuestas será recompensado. Cada empleado del departamento que obtenga las calificaciones más altas recibirá una bonificación basada en la cantidad de horas trabajadas durante ese período de tiempo. Este es un modo justo de determinar el monto de la bonificación que corresponda a cada empleado.*

20 *El último cambio que tenemos el agrado de comunicarles es la adición de tres días de vacaciones pagadas por año. Las directrices actuales para solicitar vacaciones seguirán en vigor. Estos días adicionales estarán disponibles inmediatamente.*

Apreciamos mucho su compromiso durante el cambio de administración reciente. Contamos los días que faltan para la aplicación de estos cambios para nuestros

25 *empleados y confiamos en que tendrán un efecto positivo sobre el personal.*

1. **¿Cuál es la estructura organizativa que se usa en todo el pasaje?**

   A   Orden cronológico

   B   Clasificación

   C   Causa y efecto

   D   Orden de importancia

2. **¿Cuál es la estructura organizativa que se usa en el segundo párrafo?**

   A   Descripción

   B   Clasificación

   C   Problema y solución

   D   Pregunta y respuesta

3. **¿Cuál es la idea principal del pasaje?**

   A   Se otorgará tiempo adicional de vacaciones pagadas.

   B   La empresa ha cambiado recientemente de administración.

   C   Los empleados estarán sujetos a un nuevo sistema de evaluación.

   D   Los cambios que se avecinan en la empresa afectarán al personal.

4. **¿Cuál de las afirmaciones siguientes podría ser inferida de la lectura de la sección?**

   A   Las encuestas sobre satisfacción del cliente solo son usadas en algunos departamentos.

   B   Los empleados con calificaciones más bajas no recibirán un aumento del salario.

   C   Los empleados con calificaciones inadecuadas en sus evaluaciones serán despedidos.

   D   Aquellos empleados que trabajan en los departamentos más grandes tienen más posibilidades de obtener bonificaciones.

5. **¿Cuál de las afirmaciones siguientes contenidas en el pasaje representa una opinión?**

   A   Como ustedes saben, nuestra empresa ha cambiado recientemente de administración.

   B   Otros varios cambios los afectarán a ustedes, nuestros valiosos empleados.

   C   Cada empleado deberá completar una lista de autoevaluación antes de participar en una reunión con un grupo de tres representantes de la administración.

   D   Este es un modo justo de determinar el monto de la bonificación que corresponda a cada empleado.

6. **¿Cuál de las afirmaciones siguientes resume el contenido del pasaje?**

   A   Tres días adicionales de vacaciones pagadas estarán inmediatamente a disposición de todos los empleados.

   B   Los empleados tendrán la posibilidad de obtener bonificaciones si su departamento recibe las mejores calificaciones en las encuestas de satisfacción del cliente.

   C   Muchos de estos cambios afectarán nuestras líneas de productos; sin embargo habrá también otros varios cambios que los afectarán a ustedes, nuestros valiosos empleados.

   D   Los cambios que se avecinan, que afectarán a los empleados, incluyen un nuevo sistema de evaluación, una oportunidad de obtener bonificaciones y un aumento del tiempo de vacaciones.

7. **¿Cuál de las afirmaciones siguientes representa un hecho que podría ser inferido de la información contenida en el pasaje?**

   A   El nuevo sistema de evaluación significará una mejora respecto del plan actual.

   B   Los cambios que se aplicarán tienen el potencial de beneficiar a los empleados.

   C   Todos los empleados obtendrán una bonificación por una calificación positiva en las encuestas de satisfacción al cliente.

   D   Los empleados podrán tomar vacaciones cuando mejor les convenga.

Las preguntas 8 a 15 se refieren al pasaje siguiente.

Molière está considerado como uno de los grandes escritores de comedia de la literatura occidental. La comedia tiene su origen en el teatro griego y describe, en esencia, un conflicto entre dos sociedades diferentes. La comedia incluye, típicamente, elementos

Línea
5

de sorpresa, incongruencia, ironía dramática, repetición y los efectos de expectativas contrapuestas. Las obras de Molière integran todos estos elementos en una sátira mordaz. Molière creó, fundamentalmente, un nuevo estilo de comedia, que estaba basado en una doble visión de lo normal y lo anormal. Yuxtapuso ideas opuestas con un propósito humorístico. Sus sátiras políticas también tenían sus raíces en el teatro griego, e hicieron que se lo considerara un maestro de la sátira. Sus obras Le Misanthrope,

10

Tartuffe, Dom Juan *y* Le Malade imaginaire *continúan siendo algunas de las piezas más representadas en el teatro moderno.*

El nombre verdadero de Molière era Jean-Baptiste Poquelin, y había nacido en 1673 en una familia adinerada de París. Estudió derecho en el Collège de Clermont, pero abandonó sus estudios y trabajó trece años como actor. Molière comenzó a escribir obras

15

de teatro mientras actuaba. Sus primeras obras combinaban la tradicional comedia francesa de sus contemporáneos con elementos de la Commedia dell'Arte italiana. Su protector, Phillippe I, duque de Orleáns, hermano de Louis XIV, consiguió permiso para que Molière hiciera una representación de gala de una de sus obras ante el rey en el Louvre. El rey se divirtió mucho con Le Docteur amoureux *y lo autorizó a presentar sus*

20

piezas en el teatro Petit-Bourbon. Allí se hizo famoso representando sus obras ante la sociedad parisina. Se le otorgó una pensión real y se convirtió en el autor teatral oficial de la corte.

Molière, sin embargo, no tuvo éxito ni con los críticos ni con la Iglesia católica romana. Tartuffe *fue condenada por la Iglesia por su ataque a la hipocresía religiosa.*

25 *Fueron prohibidas tanto su representación como la de* Dom Juan. *Molière tuvo el cuidado de no mofarse nunca de la monarquía, y continuó recibiendo el apoyo del rey. En 1666, escribió* Le Misanthrope, *que tuvo poco éxito en su época, pero que ahora es considerada como su obra maestra más refinada. Molière sufría de tuberculosis pulmonar y colapsó durante una representación de* Le Malade imaginaire. *Pudo*
30 *terminar la función, pero murió más tarde, esa misma noche, de una hemorragia.*

8. **Relea esta oración del pasaje:**

Yuxtapuso ideas opuestas con un propósito humorístico.

¿Qué significa la palabra *yuxtapuso*?

A   Usó

B   Dio vida a

C   Colocó juntas

D   Ridiculizó

9. **¿Dónde se encontraba Molière cuando colapsó?**

A   Asistiendo a una representación

B   Durmiendo en su cama

C   Actuando en una de sus obras

D   Conduciendo un carruaje

10. **¿Cuál es la idea principal del pasaje?**

A   Molière fue un gran autor teatral de comedias.

B   Molière fue injustamente condenado por la Iglesia católica.

C   Sin el apoyo del rey, un autor teatral no podía tener éxito.

D   Molière fue más reconocido después de su muerte que durante su vida.

11. **Relea la sección del pasaje siguiente:**

Sus obras Le Misanthrope, Tartuffe, Dom Juan *y* Le Malade imaginaire *continúan siendo algunas de las piezas más representadas en el teatro moderno.*

El nombre verdadero de Molière era Jean-Baptiste Poquelin, y había nacido en 1673 en una familia adinerada de París.

¿Cuál de las afirmaciones siguientes puede inferirse de la lectura de esta sección?

A   Molière escribió solo cuatro obras famosas.

B   Molière escribió en francés.

C   Molière no tuvo que trabajar porque era rico.

D   Las obras de Molière no fueron populares hasta el tiempo moderno.

12. **¿Quién o quiénes NO apreciaron las obras de Molière?**

A   Los críticos de teatro

B   El duque de Orleáns

C   El rey Louis XIV

D   La sociedad parisina

13. **¿Con cuál de los géneros teatrales siguientes combinó Molière en sus primeras obras la comedia francesa?**

    A   El teatro griego de comedia

    B   La sátira política

    C   La Commedia dell'Arte italiana

    D   La farsa romana

14. **¿Cuál de las afirmaciones siguientes puede ser inferida de la información contenida en el pasaje?**

    A   Molière abandonó sus estudios en el Collège de Clermont.

    B   Molière quería ser actor porque su padre había sido un actor.

    C   Molière trató de hacer enfadar a los jerarcas de la Iglesia.

    D   Molière no quería ser abogado.

15. **¿Cuál de los grupos siguientes nunca fue satirizado en las obras de Molière?**

    A   Los ministros del gobierno

    B   El clero

    C   La realeza

    D   Los miembros de la alta sociedad

Véanse las respuestas en la página 750.

Parte VII
Matemáticas

25 La prueba de Matemáticas

La prueba de Matemáticas del examen *HiSET*® comprende 50 preguntas de opción múltiple, que usted deberá responder en 90 minutos.

Números y operaciones numéricas: Esta sección incluye las propiedades de las operaciones, vectores, matrices, números reales y complejos, exponentes, raíces, razones, proporciones y porcentajes.

Mediciones y geometría: Esta sección incluye los atributos mensurables de los objetos, las herramientas apropiadas y las técnicas de medición, las propiedades de las figuras geométricas, teoremas de rectas y triángulos, perímetros, área de superficie, volumen, longitud y ángulos.

Análisis de datos, probabilidad y estadística: Esta sección incluye la probabilidad de eventos, relaciones entre rectas, medidas de tendencia central y de dispersión, comprensión de las relaciones entre eventos, recolección de datos, principios del cálculo y aspectos de la distribución.

Conceptos algebraicos: Esta sección incluye el análisis de situaciones y estructuras matemáticas usando símbolos algebraicos, comprensión de patrones, funciones, desigualdades, resolución de problemas, tasas de cambio e intersecciones.

Usted deberá ser capaz de comprender los conceptos y procedimientos matemáticos, analizar e interpretar información, sintetizar datos y resolver problemas.

Pasos para responder las preguntas

Estos son los seis pasos que usted deberá seguir para responder las preguntas de la prueba de Matemáticas del examen HiSET.

Pasos para responder las preguntas de la prueba de Matemáticas

Paso 1: Lea el problema.

Paso 2: Determine qué es lo que se pregunta.

Paso 3: Identifique la información pertinente.

Paso 4: Decida qué operación u operaciones realizará.

Paso 5: Resuelva el problema.

Paso 6: Compruebe su trabajo y elija la mejor respuesta.

Paso 1: Lea el problema

La mayoría de las preguntas de la prueba de Matemáticas del examen HiSET son problemas verbales. Como debería hacerlo con cualquier otro tipo de preguntas que incluya palabras, lea todo con mucho cuidado. Preste atención a palabras como *no* o *excepto*, que podrían cambiar completamente el sentido de la pregunta.

Paso 2: Determine qué es lo que se pregunta

Después de leer el problema, asegúrese de haber comprendido la pregunta que se le formula. Por ejemplo, la pregunta podría mencionar un artículo que está en rebaja. La pregunta podría pedirle que determine el precio del artículo en rebaja, el precio original, el monto del impuesto a las ventas, el precio total (incluido el impuesto), el monto del descuento o el costo total de la compra de varios artículos semejantes. Cerciórese de que ha entendido exactamente lo que la pregunta pide.

Paso 3: Identifique la información pertinente

Puede que algunos problemas matemáticos incluyan más información que la que se necesita para resolver el problema. Para resolver correctamente un problema, usted deberá determinar cuáles piezas de información son importantes y cuáles no. Cuando el problema incluya la palabra *suma*, podría resultar tentador sumar todos los números que usted encuentre. Sin embargo, es posible que números innecesarios hayan sido incluidos en el problema. Si en la suma incluyera estos números, obtendría una respuesta incorrecta.

Una vez que haya comprendido lo que la pregunta pide, usted debería ser capaz de determinar qué información será necesaria para resolver el problema. Relea la pregunta, subrayando o haciendo un círculo sobre los números o la información que necesitará para encontrar la respuesta correcta. Tache toda la información que no va a usar.

Paso 4: Decida qué operación u operaciones realizará

Busque palabras clave en la pregunta que ofrezcan indicios sobre qué operación u operaciones se requerirán para resolver el problema. No todos los problemas son directos. Piense en lo que se pregunta y decida qué operación u operaciones realizará.

Paso 5: Resuelva el problema

Use las reglas sobre el orden de las operaciones para resolver el problema. Asegúrese de escribir cada paso mientras trabaja. Esto no solo lo ayudará a usar el procedimiento correcto, sino que le permitirá ahorrar tiempo en caso de que descubra que ha cometido un error. En lugar de tener que volver a empezar desde el comienzo, podrá ver dónde se produjo el error y revisar la solución del problema a partir de allí.

Paso 6: Compruebe su trabajo y elija la mejor respuesta

Una vez que haya resuelto el problema matemático, vuelva atrás y compruebe su trabajo. Repase los pasos que ha usado, asegúrese de haber aplicado correctamente las reglas sobre el orden de las operaciones y cerciórese de haber realizado todas las operaciones correctamente. Es muy fácil cometer errores por descuido cuando uno debe trabajar apurado. Pasar por alto un signo negativo, no agrupar correctamente los números en un problema de adición o sustracción o invertir la base y el exponente pueden tener consecuencias importantes para su respuesta.

Luego, piense en el problema y determine si su respuesta es o no razonable. Por ejemplo, si la pregunta pide que se encuentre el precio de un artículo con el impuesto incluido, una respuesta razonable es un precio un poco más elevado que el costo original. Asimismo, si su respuesta es el *doble* del costo original, su respuesta no es razonable.

Recuerde

Recuerde que aunque su respuesta figure entre las opciones de respuesta puede que no sea correcta. Las opciones incorrectas están basadas en errores e ideas equivocadas comunes. Reflejan respuestas equivocadas que los candidatos podrían probablemente obtener. Incluso si su respuesta aparece entre las opciones, deberá comprobar otra vez su trabajo.

Ejemplos

Las siguientes son dos preguntas de ejemplo que muestran cómo se aplican los seis pasos para responder una pregunta.

1. **Una librería realiza una venta con rebajas de tres días de duración, que ofrece un descuento del 20 por ciento en todos los artículos. Alex encuentra varios libros de su autor favorito en rebaja a $14.75 cada uno. ¿Cuál es el precio final de cuatro libros, incluido el 6 por ciento de impuesto a las ventas?**

   A $46.91

   B $50.03

   C $59.00

   D $60.77

   E $62.54

Explicación

Paso 1: Lea el problema

Paso 2: Determine qué es lo que se pregunta

Encuentre el costo final de los cuatro libros, incluido el impuesto.

Paso 3: Identifique la información pertinente

Usted necesita saber que cada libro cuesta $14.75, que Alex quiere cuatro libros y que el impuesto es del 6 por ciento. Usted no necesita saber que se trata de una venta con rebajas de tres días de duración ni que los artículos tienen un descuento del 20 por ciento, puesto que el precio rebajado ya está dado. Así debería quedar el problema si usted subraya la información importante y tacha las ideas innecesarias: Alex encuentra varios libros de su autor favorito en rebaja a $14.75 cada uno. ¿Cuál es el precio final de cuatro libros, incluido el 6 por ciento de impuesto a las ventas?

Paso 4: Decida qué operación u operaciones realizará

Usted deberá multiplicar primero $14.75 por 4 para determinar el precio de los libros, y luego multiplicar el resultado por 1.06 para determinar el precio con el impuesto incluido.

Paso 5: Resuelva el problema

$14.75 $\times$ 4 = $59.00

$59.00 $\times$ 1.06 = $62.54

Paso 6: Compruebe su trabajo y elija la mejor respuesta

La mejor respuesta es la opción E.

Veamos otro ejemplo.

2. **Una caja contiene solo 4 canicas blancas y 6 canicas negras. Si Linda elige al azar una canica de la caja, ¿cuál es la probabilidad de que esa canica sea negra?**

    A   2/5
    B   3/5
    C   2/3
    D   4/5
    E   3/2

Explicación

Paso 1: Lea el problema

Paso 2: Determine qué es lo que se pregunta

La probabilidad de elegir una canica negra.

Paso 3: Identifique la información pertinente

Usted necesita saber que hay 6 canicas negras y 4 canicas blancas, es decir, un total de 10 canicas.

Paso 4: Decida qué operación u operaciones realizará

Para encontrar la probabilidad de elegir al azar una canica negra, usted deberá dividir la cantidad de canicas negras por la cantidad total de canicas.

Paso 5: Resuelva el problema

$$6 \div 10 = \frac{6}{10} = \frac{3}{5}$$

Paso 6: Compruebe su trabajo y elija la mejor respuesta

La mejor respuesta es la opción B.

26 Números y operaciones numéricas: números enteros

Las preguntas relacionadas con los números y las operaciones numéricas comprenden aproximadamente el 25 por ciento de las preguntas de la prueba de Matemáticas del examen *HiSET*®. En los capítulos 26 a 31, se presenta información referida a los números y las operaciones numéricas. En este capítulo, se repasarán los números enteros, las operaciones, los exponentes y las raíces. Los **números enteros** comprenden todos los números, positivos y negativos, que no son fracciones ni decimales. Las **operaciones** incluyen la *adición*, la *sustracción*, la *multiplicación* y la *división*. En este capítulo, se repasarán estas operaciones entre números que no son fracciones ni decimales.

¿Qué es lo que se evalúa?

Conceptos relacionados con los números enteros

Números pares son aquellos números que son divisibles por 2: 2, 4, 6, 8, 10, 12, 14… y el 0.

Números impares son aquellos números que no son divisibles en partes iguales por 2: 1, 3, 5, 7, 9, 11, 13, 15…

Números consecutivos son aquellos que siguen uno al otro en la recta numérica: 5, 6, 7, 8…

Un **número primo** es aquel que tiene solo dos factores distintos: 1 y el propio número. Por ejemplo, 3 es un número primo porque sus únicos factores son 1 y 3. Otros ejemplos de números primos son: 5, 7, 11, 13, 17… Observe que 1 no es un número primo porque no tiene dos factores *distintos*.

Un **número compuesto** es aquel que tiene más de dos factores distintos. Por ejemplo, 4 es un número compuesto porque puede ser dividido en partes iguales por 1, 2 y 4; 12 es un número compuesto porque puede ser dividido en partes iguales por 1, 2, 3, 4, 6 y 12.

Factores son números por los cuales se pueden dividir otros números en partes iguales. Por ejemplo, los factores de 10 son 1, 2, 5 y 10, porque 10 puede ser dividido en partes iguales por esos números.

Operaciones

Las cuatro operaciones básicas usadas en matemáticas son la adición, la sustracción, la multiplicación y la división.

Adición

Los números que se añaden en una adición se denominan **sumandos**; el resultado de la adición es la **suma**.

$$3 + 2 = 5$$

En este ejemplo, 3 y 2 son los sumandos y 5 es la suma.

Expresiones clave como *en total*, *todos juntos, cuántos más* y *más* sugieren, a menudo, que para resolver el problema deberá aplicarse la adición.

Sustracción

El resultado de la sustracción es la **resta**. Las otras dos palabras referidas a la sustracción que usted encontrará son **sustraendo** y **minuendo**. En un problema de sustracción, el minuendo es la cantidad que se tiene y el sustraendo, la cantidad que se quita de él.

$$7 - 4 = 3$$

En este ejemplo, 3 es la resta.

Expresiones clave como *la diferencia, cuántos quedan* y *menos* sugieren, a menudo, que para resolver el problema deberá aplicarse la sustracción.

Multiplicación

Los números que se multiplican se denominan **factores**; el resultado de la multiplicación es el **producto**.

$$5 \times 6 = 30$$

En este ejemplo, 5 y 6 son los factores y 30 es el producto.

Expresiones clave como *por* y *veces* sugieren, a menudo, que para resolver el problema deberá aplicarse la multiplicación.

División

El número que se divide es el **dividendo**; el número por el que se divide es el **divisor**; el resultado de la división es el **cociente**.

$$24 \div 3 = 8$$

En este ejemplo, 24 es el dividendo, 3 es el divisor y 8 es el cociente.

Expresiones clave como *en promedio, partes iguales* y *cuántas partes* sugieren, a menudo, que para resolver el problema deberá aplicarse la división.

Exponentes y raíces

Un **exponente** es un pequeño número posicionado más arriba y a la derecha de otro número; indica la repetición de una multiplicación. Por ejemplo, 4^3 se lee "cuatro a la tercera potencia". En este caso, 4 es la **base** y 3 es el exponente. El exponente indica cuántas veces la base deberá ser multiplicada por sí misma: $4^3 = 4 \times 4 \times 4 = 64$.

Cuando el exponente es 2, se dice que el número está elevado al *cuadrado*. Por ejemplo, 7^2 se lee como "siete al cuadrado". Los **cuadrados perfectos** son números que resultan de multiplicar un número por sí mismo. Los cuadrados perfectos son el producto de dos factores idénticos.

$$2^2 = 2 \times 2 = 4$$
$$3^2 = 3 \times 3 = 9$$
$$4^2 = 4 \times 4 = 16$$
$$5^2 = 5 \times 5 = 25$$

Y así sucesivamente. Números como 4, 9, 16 y 25 son cuadrados.

Lo opuesto de los exponentes son las **raíces**. La **raíz cuadrada** es el número que multiplicado por sí mismo será igual al número dado: $36 = 6^2$. Puesto que $6 \times 6 = 36$, 6 es la raíz cuadrada de 36. El símbolo $\sqrt{}$ indica una raíz cuadrada: $\sqrt{36} = 6$.

En la calculadora que le será entregada durante la prueba, deberá presionar la tecla $\sqrt{}$ para encontrar las raíces.

Orden de las operaciones

Para resolver algunos problemas matemáticos, se deberá realizar más de una operación. En esos casos, se deberán realizar las operaciones en una secuencia apropiada. El **orden de las operaciones** es el conjunto de reglas que establece la secuencia en la que esas operaciones deben ser realizadas.

- Paréntesis
- Exponentes
- Multiplicación, de izquierda a derecha
- División, de izquierda a derecha
- Adición, de izquierda a derecha
- Sustracción, de izquierda a derecha

Ejemplos

Las siguientes son dos preguntas de ejemplo sobre números enteros y operaciones.

1. **El museo de arte exhibió una muestra especial durante el último fin de semana. Las entradas costaban $15 cada una. El sábado, 462 personas asistieron a la muestra, y el domingo, 513 personas. ¿Cuál de las operaciones siguientes muestra el monto total en dólares de las entradas vendidas durante los dos días?**

   A $15 + 462 + 513$

   B $15 \times 462 + 513$

   C $15 (462 + 513)$

   D $462 + 513 \times 15$

   E $(462 \times 15) + 513$

Explicación

Primero, lea el problema. Determine la información pertinente. Usted necesita saber el precio de las entradas y la cantidad de personas que asistieron a la muestra. Decida qué operación u operaciones realizará. En este caso, usted deberá multiplicar el precio de la entrada por la cantidad total de entradas vendidas. Como en las opciones de respuesta no se muestra el monto total en dólares, sino las operaciones usadas para obtenerlo, no será necesario realizar la operación. Solo deberá formularla: 15 (462 + 513). **La mejor respuesta es la opción C.**

2. **¿Entre qué par de números se encuentra la raíz cuadrada de 2,975?**

    A   50 y 60

    B   60 y 70

    C   70 y 80

    D   80 y 90

    E   90 y 100

Explicación

Primero, lea el problema. Determine la información pertinente: raíz cuadrada y 2,975. Decida qué operación u operaciones realizará: la raíz cuadrada. Resuelva el problema. Puesto que se le pide que estime la raíz cuadrada, usted deberá hacerlo por uno de los métodos siguientes. 1) Entrar el número 2,975 en su calculadora y presionar la tecla de raíz cuadrada; esto le dará un resultado de 54.54. 2) Estimar la raíz cuadrada; si $50^2 = 2,500$ y $60^2 = 3,600$, la raíz cuadrada de 2,975 estará entre 50 y 60. De cualquiera de los dos modos, **la mejor respuesta es la opción A.**

EJERCICIOS SOBRE NÚMEROS ENTEROS

Elija la mejor respuesta para cada una de las preguntas siguientes.

1. **Esta semana, Laura trabajó 40 horas de tiempo regular y 3 horas adicionales. Si ella percibe $12.00 por hora regular y una vez y media esa cantidad por hora adicional, ¿cuánto dinero obtuvo Laura esta semana?**

    A $480

    B $516

    C $534

    D $552

    E $774

2. **¿Cuál de las expresiones siguientes tiene como resultado un *producto*?**

    A   12(8)

    B   25 − 17

    C $\sqrt{64}$

    D   81 ÷ 9

    E   15 + 13

3. ¿Cuál de las expresiones siguientes es igual a $144 \div (9 - 3)$?

   A $6 \times 2 + 1$

   B $4 + 5 \times 4$

   C $36 \div 2 - 2$

   D $2 \times (12 + 4)$

   E $36 \div (5 - 2)$

4. Florencia está por comprar una máquina de lavar, que cuesta $1,479. Puede pagar todo el precio al momento de la compra o hacer un pago inicial de $250 y pagar cuotas mensuales de $125 durante un año. ¿Cuánto más le costará la máquina de lavar si decide pagarla en cuotas?

   A $21

   B $102

   C $229

   D $271

   E $3,021

5. Evalúe la expresión $7 + 8(15 - 9)^2$.

   A 8,100

   B 2,311

   C 540

   D 295

   E 70

6. Carlos compró en una liquidación un escritorio para computadora por $485 y una silla por $199. El escritorio costaba originalmente $350 más que el precio que Carlos pagó. ¿Cuál era el precio original del escritorio?

   A $835

   B $684

   C $450

   D $334

   E $135

Las preguntas 7 y 8 se refieren a la información siguiente.

Los propietarios de un complejo de apartamentos tomaron un préstamo de $35,000 para remodelar algunas unidades. Pusieron alfombras nuevas en 12 unidades por $975 cada una y compraron nuevos electrodomésticos para 8 unidades por $1,350 cada uno. Además, pintaron el interior de 15 unidades.

7. ¿Cuánto dinero del préstamo les queda a los propietarios después de haber comprado las alfombras y los electrodomésticos?

   A $22,500

   B $16,400

   C $12,500

   D $11,700

   E $10,800

8. Los propietarios pagaron un total de $2,460 por la pintura. Si la misma cantidad de pintura se gastó en cada uno de los departamentos, ¿cuál fue el costo de la pintura por unidad?

A $70.29

B $129

C $164

D $205

E $307.50

9. El viernes, sábado y domingo, un teatro vendió 665 entradas por día para una película recientemente estrenada. El teatro vendió 220 entradas menos por día de lunes a jueves. ¿Cuál de las expresiones siguientes permitirá averiguar la cantidad total de entradas vendidas en el período de los siete días?

A $3 \times 665 + 4 \times 665 - 220$

B $3 \times 665 + 4(665 - 220)$

C $3 \times 665 + 4 \times 220$

D $7 \times (665 - 220)$

E $7 \times 665 - 220$

10. Un chef compró 26 libras de carne vacuna, 38 libras de pollo y 16 libras de cerdo. Preparó la misma cantidad de comida para cada una de cuatro fiestas. ¿Cuál de los procedimientos descritos a continuación permite calcular la cantidad de carne servida en cada fiesta?

A   Sume 26, 38 y 16; luego divida por 4.

B   Sume 26 y 38; luego sume 16 dividido por 4.

C   Sume 26, 38 y 16; luego reste 4.

D   Divida 26 y 38 por 4; luego sume 16.

E   Multiplique 26, 38 y 16 por 4.

Véanse las respuestas en la página 751.

27 Números y operaciones numéricas: sentido numérico

¿Qué es lo que se evalúa?

En este capítulo, se repasarán algunas cosas sobre cómo funcionan los números. Como usted ya sabe, la posición en la que aparece un dígito en un número afecta su valor; en ocasiones, una estimación puede ser suficiente y una respuesta exacta no es necesaria. Habilidades de comprensión como estas, y la capacidad de aplicarlas, serán muy importantes para que usted alcance el mejor resultado en la prueba de Matemáticas del examen *HiSET®*.

Clasificación de los números

Números naturales

Los **números naturales** son aquellos que usted utiliza cuando cuenta, comenzando por 1: 1, 2, 3, 4, 5…

Números enteros

Los **números enteros** son aquellos que incluyen todos los números naturales, los números negativos y el cero: $-5, -4, -3, -2, -1, 0, 1, 2, 3, 4, 5…$

Números racionales

Los **números racionales** representan la división de un número entero por otro número entero distinto de cero. Los números racionales pueden escribirse como fracciones o razones, e incluyen decimales, decimales periódicos y decimales exactos. Veamos algunos ejemplos de números racionales: 7/8, 3¼, 0.721, 0.592592592…, 8.3.

Números irracionales

Los números racionales pueden escribirse como fracciones. Los **números irracionales**, por el contrario, no pueden ser escritos como fracciones. Las raíces cuadradas que no son cuadrados perfectos son números irracionales. Los decimales que no son exactos o periódicos también son números irracionales. Veamos algunos ejemplos de números irracionales: $\sqrt{5}$, 0.325487… , π.

Números reales

Los **números reales** son todos aquellos que ocupan una posición sobre la recta numérica, e incluyen a todos los números racionales e irracionales: -17.5, 0.26, 0.59204…, 5/6, $\sqrt{23}$.

Valor posicional

La posición que cada dígito ocupa en un número determina su **valor posicional**. Veamos la posición del dígito 4 en cada uno de los números siguientes:

2<u>4</u>

<u>4</u>7

<u>4</u>91

En 24, el 4 ocupa la posición de las unidades y su valor es 4. En 47, ocupa la posición de las decenas y su valor es 4 decenas, es decir, 40. En 491, ocupa la posición de las centenas y su valor es 4 centenas, es decir, 400.

De derecha a izquierda, estos son los valores posicionales de los dígitos en un número:

Unidad
Decena
Centena
Unidad de mil
Decena de mil
Centena de mil
Unidad de millón
Decena de millón
Centena de millón
Unidad de mil millones

Esto significa que el valor del 4 en 5,3<u>4</u>8,912 es de cuatro decenas de mil, es decir, 40,000.

Redondeo de números

Cuando se redondea un número, el número redondeado termina en cero. Para redondear un número a la decena más próxima, por ejemplo, encuentre la decena a la que ese número está más próximo (10, 20, 30, 40, 50 y así sucesivamente). Cada valor posicional a la derecha de la decena estará ocupado por un cero. Por ejemplo, 58 redondeado a la decena más próxima es 60, pues 60 es la decena más próxima a 58 sobre la recta numérica.

Para redondear un número a la centena más próxima, encuentre la centena a la que ese número está más próximo (0, 100, 200, 300 y así sucesivamente). Cada valor posicional a la derecha de la centena estará ocupado por un cero, es decir, las decenas y las unidades. Por ejemplo, 732 redondeado a la centena más próxima es 700, pues 732 está más próximo a 700 que a 800 sobre la recta numérica. Para redondear un número, subraye el dígito en la posición a la cual se redondeará. Por ejemplo, cuando redondee a la decena más próxima, subraye el dígito que ocupa la posición de la decena. Cuando redondee a la centena más próxima, subraye el dígito que ocupa la posición de la centena. Luego observe el dígito más próximo a la derecha del dígito subrayado. Si el número es menor que 5, no modifique el dígito subrayado. Si el número a la derecha es 5 o mayor que 5, redondee hacia arriba aumentando en 1 el dígito subrayado. Reemplace todos los dígitos hacia la derecha del dígito subrayado por ceros.

Redondee 82,764 a la unidad de mil más próxima.

Subraye el dígito que ocupa la posición a la que está redondeando.

8<u>2</u>,764

Observe el dígito más próximo a la derecha, que en este ejemplo es 7. Puesto que 7 es mayor que 5, modifique el dígito subrayado agregándole 1. Luego reemplace las centenas, decenas y unidades por ceros.

8<u>3</u>,000

Estimaciones

Supongamos que usted asiste a un concierto en una sala con capacidad para 3,000 personas. El concierto estaba casi totalmente vendido. Usted puede hacer una apreciación fundamentada y decir que había aproximadamente 2,800 personas. Esta no es una cantidad exacta; usted no contó cada persona que estaba en la sala. Esta cantidad es una **estimación**, o un valor aproximado. A veces, es suficiente con una estimación y no se necesita conocer la respuesta exacta.

Una forma de realizar una estimación es redondear el número que tiene el mayor valor posicional (estimación basada en el primer dígito desde la izquierda). Por ejemplo, el mayor valor posicional de 26,983 es la decena de mil. Usando este método, la estimación redondeará este número a la decena de mil más próxima, es decir, 30,000.

Recuerde

Recuerde que una estimación puede serle de utilidad al evaluar la razonabilidad de una respuesta calculada. Después de realizar las operaciones para encontrar una respuesta exacta, usted puede estimar aproximadamente el resultado que debería obtener y asegurarse de que su respuesta sea la correcta.

Propiedades numéricas

Usted probablemente haya aprendido sobre las propiedades numéricas en la escuela primaria, pero ya ha pasado mucho tiempo y podría haber olvidado todo sobre ellas. La buena noticia es que, tal vez sin darse cuenta, usted usa esas reglas matemáticas sin siquiera pensar en ellas.

Propiedad conmutativa de la adición

Básicamente, esta regla establece que el orden de los sumandos no altera la suma.

$$a + b = b + a$$
$$3 + 5 = 5 + 3$$

Los dos lados suman 8, así que el orden de los sumandos no hizo ninguna diferencia. Lo mismo resulta cierto cuando se suma una lista más grande de números.

Propiedad conmutativa de la multiplicación

Al igual que la propiedad conmutativa de la adición, esta regla establece que el orden de los factores no altera el producto. En otras palabras, los números pueden estar en cualquier orden en una multiplicación.

$$a \times b = b \times a$$
$$2 \times 6 = 6 \times 2$$

El producto de los dos lados es igual a 12, así que no tiene importancia cuál factor aparece primero. De nuevo, esto también resulta cierto cuando se multiplican tres, cuatro, cinco o incluso más números.

Propiedad asociativa de la adición

Esta regla se refiere al hecho de que los sumandos pueden ser agrupados, o asociados, de cualquier forma sin alterar el resultado de la suma.

$$(a + b) + c = a + (b + c)$$
$$(5 + 2) + 8 = 5 + (2 + 8)$$

La forma en que están agrupados los sumandos en el lado izquierdo, $(5 + 2) + 8$, resulta en $7 + 8$. Supongamos que usted prefiere agrupar sumandos cuya suma sea igual a 10. Agrupando el 2 y el 8, como ocurre en el lado derecho, usted puede sumar $5 + 10$.

Propiedad asociativa de la multiplicación

Al igual que la propiedad asociativa de la adición, la regla para la multiplicación establece que los factores pueden ser agrupados en cualquier orden.

$$(a \times b) \times c = a \times (b \times c)$$
$$(17 \times 25) \times 4$$

Para multiplicar 17×25, usted probablemente deberá escribir los factores y resolver el problema por el método largo. Usando la propiedad asociativa de la multiplicación, usted puede reagrupar los números:

$$17 \times (25 \times 4)$$

Usted ya sabe que $25 \times 4 = 100$, así que al agrupar los factores de esta manera podrá primero multiplicarlos y luego multiplicar 17×100.

$$17 \times (25 \times 4) = 17 \times 100 = 1,700$$

Al agrupar los factores de forma diferente, un problema de multiplicación larga se convirtió en uno que se podía resolver mentalmente.

Propiedad distributiva de la adición

Esta regla de la adición comprende operaciones de adición y multiplicación. Básicamente, significa que la multiplicación se distribuye sobre cada sumando.

$$a(b + c) = ab + ac$$

Como se puede observar en el lado izquierdo de la ecuación, a es multiplicado por la suma de $(b + c)$. En el lado derecho, a es multiplicado primero por b y luego por c, y se suman los productos.

$$5(7 + 4) = 5 \times 7 + 5 \times 4$$
$$5(11) = 35 + 20$$
$$55 = 55$$

Propiedad distributiva de la sustracción

Esta propiedad es esencialmente la misma que la anterior, con la única diferencia que comprende operaciones de multiplicación y sustracción.

$$a(b - c) = ab - ac$$
$$8(6 - 4) = 8 \times 6 - 8 \times 4$$
$$8(2) = 48 - 32$$
$$16 = 16$$

Al aplicar esta propiedad, usted puede sustraer primero y luego multiplicar la resta de 8 o multiplicar ambos números por 8 y luego realizar la sustracción entre los productos.

Secuencias de números

Una **secuencia de números** es una lista de números que siguen un patrón u orden particular. En la secuencia siguiente, por ejemplo, cada número es tres unidades más grande que el número anterior: 2, 5, 8, 11, 14.

Para determinar qué número sigue en una secuencia, o serie de números, usted deberá determinar el patrón de la secuencia. Asegúrese de que el patrón resulte aplicable a toda la secuencia.

Ejemplos

Los siguientes son dos preguntas de ejemplo sobre el sentido numérico.

1. **¿Cuál es el número que sigue en la secuencia 1, 4, 9, 16, 25?**

   A   28

   B   30

   C   34

   D   36

   E   49

Explicación

Lea el problema y determine qué es lo que se pregunta. En este caso, usted debe encontrar el número que sigue en la secuencia. Identifique la información pertinente y las palabras clave. La palabra *secuencia* es importante y el patrón numérico lo es también. Decida qué operación u operaciones realizará. Usted necesita encontrar qué patrón ha sido usado en la secuencia para pasar de un número a otro. Cada uno de los números es un cuadrado perfecto: 1 es el cuadrado de 1; 4 es el cuadrado de 2; 9 es el cuadrado de 3, y así sucesivamente. Puesto que 25 es el cuadrado de 5, usted deberá encontrar el cuadrado de 6. Resuelva el problema. $6^2 = 36$. Compruebe su trabajo y elija la mejor respuesta. **La mejor respuesta es la opción D**.

2. **En el número 5,972,341, ¿cuál es el dígito que ocupa la posición de las centenas de mil?**

   A 2

   B 3

   C 5

   D 7

   E 9

Explicación

Lea el problema y determine qué es lo que se pregunta. En este caso, usted debe identificar el dígito que ocupa la posición de la centena de mil. Identifique la información pertinente y las palabras clave. Las palabras *centenas de mil* son importantes, al igual que el número mismo. Decida qué operación u operaciones realizará. Usted necesita determinar el valor posicional de los dígitos. Resuelva el problema. 1 ocupa la posición de las unidades; 4, la de las decenas; 3, la de las centenas; 2, la de las unidades de mil; 7, la de las decenas de mil; y 9, la de las centenas de mil. Compruebe su trabajo y elija la mejor respuesta. **La mejor respuesta es la opción E**.

EJERCICIOS SOBRE SENTIDO NUMÉRICO

Elija la mejor respuesta para cada una de las preguntas siguientes.

1. **¿Cuál de las siguientes es la mejor estimación de la suma de 2,402 + 101,873 + 75,601?**

   A 170,000

   B 182,000

   C 193,000

   D 200,000

   E 203,000

Las preguntas 2 y 3 se refieren a la información siguiente.

La distancia que recorre la Tierra en su órbita alrededor del Sol es de 92,956,050 millas.

2. **¿Cuál es el valor posicional del dígito subrayado?**

   92,956,050

   A Dos

   B Dos centenas

   C Dos unidades de mil

   D Dos unidades de millón

   E Dos centenas de millón

3. ¿Cuál es la distancia que recorre la Tierra en su órbita alrededor del Sol, redondeada a la centena de mil más próxima?

    A   90,000,000
    B   92,000,000
    C   93,000,000
    D   95,000,000
    E   1,000,000,000

Las preguntas 4 y 5 se refieren a la información siguiente.

La tabla siguiente muestra la cantidad de empleados que una empresa tuvo cada año entre 2006 y 2010.

Año	Empleados
2006	13
2007	39
2008	117
2009	351
2010	1,053

4. Si se mantiene el patrón, ¿cuántos empleados tendrá la empresa en 2011?

    A   1,404
    B   1,755
    C   2,106
    D   3,159
    E   9,477

5. ¿Cuál es la mejor estimación de cuántos empleados tendrá la empresa en 2013 si se mantiene el patrón?

    A   10,000
    B   30,000
    C   50,000
    D   70,000
    E   90,000

6. ¿Cuál de los números siguientes es un ejemplo de un número racional que es además un número entero y natural?

    A   47
    B $\sqrt{23}$
    C   3/8
    D   0.25
    E -1.9

7. **¿Cuál de las expresiones siguientes es igual a 15(24 − 18)?**

   A $15 \times 24 - 15 \times 18$

   B $18 \times 15 - 24 \times 15$

   C $15 \times 24 - 18$

   D $18(24 - 15)$

   E $15(18 - 24)$

8. **¿Entre cuáles de los pares de números siguientes está ubicado el resultado de la operación (43,987 + 12,302) − 27,546?**

   A   80,000 y 85,000

   B   55,000 y 60,000

   C   25,000 y 30,000

   D   15,000 y 20,000

   E   0 y 5,000

9. **¿Cuál de las expresiones siguientes describe con exactitud al número $\sqrt{95}$?**

   A   Real y racional

   B   Real e irracional

   C   Racional y natural

   D   Entero y racional

   E   Natural e irracional

10. **¿Cuál de las expresiones siguientes es igual a (23 + 17) + 31?**

   A $(23 + 31) + (17 + 31)$

   B $23 + 17 + 31 + 17$

   C $(23 + 17) \times 31$

   D $23 + (31 + 17)$

   E $31 + 17 \times 23$

Véanse las respuestas en la página 751.

28 Números y operaciones numéricas: números decimales

Como usted sabe, los números enteros representan cantidades enteras. Los **números decimales**, por el contrario, representan las partes de un todo. Aunque no se dé cuenta, usted usa probablemente decimales todos los días. Una soda de la máquina expendedora de refrescos puede costarle $1.25, o puede que cargue 14.6 galones de gasolina en su auto. Esas cantidades son números decimales.

En este capítulo, se repasarán los conocimientos que usted necesitará para tener éxito en las preguntas sobre números decimales de la prueba de Matemáticas del examen *HiSET*®.

¿Qué es lo que se evalúa?

Un número decimal puede incluir tanto un número entero como un decimal, como se muestra en el ejemplo precedente de los 14.6 galones de gasolina. El número entero está separado del decimal, o el número que indica las partes, por un punto decimal. Los números a la izquierda del punto decimal representan el número entero. Los dígitos a la derecha del punto decimal ocupan las posiciones de valor decimales.

En los 14.6 galones de gasolina, hay 14 galones enteros de gas; como el 6 está a la derecha del punto decimal, representa una parte de un galón de gasolina. Uno de los temas sobre los que podría ser evaluado en la prueba es el valor posicional decimal.

Valor posicional decimal

Al igual que los dígitos en los números enteros, que cada uno tiene un valor posicional, los valores de los dígitos en los números decimales tienen un valor que depende de su posición. Veamos el valor del 5 en cada uno de los números decimales siguientes.

1.<u>5</u>
3.8<u>5</u>
0.47<u>5</u>

En 1.5, el 5 ocupa la posición de los décimos, lo que le da un valor de cinco décimos, o 0.5. En 3.85, el 5 ocupa la posición de los centésimos, lo que le da un valor de 5 centésimos, o 0.05. En 0.475 el 5 ocupa la posición de los milésimos, lo que le da un valor de 5 milésimos, o 0.005.

A continuación, se presenta, de izquierda a derecha, el valor posicional de los dígitos ubicados a la derecha del punto decimal en un número.

Décimos
Centésimos
Milésimos
Diezmilésimos
Cienmilésimos

El valor de cada posición sigue el mismo patrón que los valores posicionales de los dígitos en los números enteros.

Lectura y escritura de números decimales

Cuando lea un número decimal, preste atención al valor posicional del último dígito.

0.54 se lee cincuenta y cuatro centésimos.

0.927 se lee novecientos veintisiete milésimos.

Si se incluyen un número entero y un decimal, lea primero el número entero, agregue *y* por el punto decimal, y luego lea el decimal de acuerdo con su valor posicional. Use ceros para marcar posiciones cuando sea necesario.

273.9 se lee doscientos setenta y tres y nueve décimos.

1,804.0236 se lee mil ochocientos cuatro y doscientos treinta y seis diezmilésimos.

El valor posicional también es clave para escribir números decimales. Escriba el último dígito en la posición del valor correspondiente, y use ceros para marcar posiciones cuando sea necesario.

Escriba cuatrocientos veinte y diecisiete milésimos en su versión numérica.

Usted ya sabe cómo escribir un número entero, así que concéntrese en el decimal. *Y* representa la posición del punto decimal. El 7 en *diecisiete* es el último dígito y ocupa la posición de los milésimos, que está ubicada tres posiciones a la derecha del punto decimal.

420.017

Redondeo de decimales

Redondear decimales es, básicamente, lo mismo que redondear números enteros. Subraye el dígito que representa el valor posicional al cual se hará el redondeo. Luego observe el dígito ubicado a la derecha del dígito subrayado. Si el número ubicado a la derecha es menor que 5, deje el número subrayado como está. Si el número ubicado a la derecha es 5 o mayor que 5, agregue 1 al número subrayado.

La diferencia entre redondear números enteros y decimales es que, al redondear un número entero, todos los dígitos a la derecha del dígito subrayado son reemplazados por ceros, mientras que cuando se redondean decimales, todos los dígitos a la derecha del número subrayado se eliminan.

Redondee 2,361 a la centena más próxima.
2,<u>3</u>61 redondeado a la centena más próxima es 2,400.

Redondee 0.2361 al centésimo más próximo.
0.2<u>3</u>61 redondeado al centésimo más próximo es 0.24.

Operaciones con decimales

Las operaciones de adición, sustracción, multiplicación y división con decimales son bastante parecidas a las mismas operaciones con números enteros. Solo deberá recordar que existen algunas pocas, pero importantes, diferencias.

Adición y sustracción de decimales

Cuando sume números decimales, asegúrese de alinear los puntos decimales en cada uno de los sumandos y en la suma. Cuando reste números decimales, asegúrese también de alinear los puntos decimales en el minuendo, el sustraendo y la resta. En otras palabras, asegúrese de que todos los puntos decimales estén alineados. Luego sume y reste como de costumbre.

$$
\begin{array}{r}
24.901 \\
5.76 \\
+\ 308.7236 \\
\hline
339.386
\end{array}
\qquad
\begin{array}{r}
65.13 \\
-\ 7.926 \\
\hline
57.204
\end{array}
$$

Multiplicación de decimales

La multiplicación de números decimales se hace de la misma forma que con los números enteros. La única diferencia es la posición del punto decimal en el producto.

Una vez multiplicados los factores, usted deberá sumar la cantidad de dígitos a la derecha del punto decimal en cada uno de los factores. Luego, coloque el punto decimal en el producto de manera tal que queden a su derecha tantos dígitos como haya en el total obtenido en la suma anterior. Veamos el ejemplo siguiente. Hay tres dígitos a la derecha del punto decimal en el primer factor y dos dígitos a la derecha del punto decimal en el segundo factor. Puesto que $3 + 2 = 5$, deberá haber cinco dígitos a la derecha del punto decimal en el producto.

$$
\begin{array}{r}
4.697 \\
\times\ 1.18 \\
\hline
5.54246
\end{array}
$$

División de decimales

Al igual que en el caso de la multiplicación de números decimales, la división de números digitales es similar a la división de números enteros, con la única diferencia de la posición del punto decimal. Primero, si el divisor tiene un punto decimal, muévalo hacia la derecha todas las posiciones necesarias hasta convertir al divisor en un número entero. Luego, mueva el punto decimal del dividendo hacia la derecha tantas posiciones como las que lo movió en el divisor. Si el dividendo no tuviera suficientes dígitos para mover el punto decimal las posiciones necesarias, agregue ceros al final del número.

Una vez que los puntos decimales hayan sido movidos, realice la división como siempre. Asegúrese de colocar el punto decimal en el cociente directamente sobre su posición en el dividendo.

Veamos el ejemplo siguiente. Observe que el punto decimal en el divisor 4.36 deberá ser movido dos posiciones hacia la derecha para convertir al divisor en un número entero, 436. Esto significa que el punto decimal en el dividendo deberá ser movido dos posiciones. Luego de mover el punto decimal, el dividendo queda convertido en 19,707.2.

$$
4.36\overline{)197.072}
$$

Mueva el punto decimal dos posiciones hacia la derecha en el divisor y el dividendo, y luego resuelva.

$$\begin{array}{r} 45.2 \\ 436{\overline{\smash{\big)}\,19707.2}} \end{array}$$

Recuerde

Recuerde que el divisor debe ser siempre un número entero; por el contrario, el dividendo puede no serlo. El dividendo y el cociente pueden tener un punto decimal. Solo el divisor no puede tener un punto decimal.

Números decimales y notación científica

La **notación científica** es un medio de escribir cantidades extremadamente grandes o extremadamente pequeñas usando un número decimal elevado a una potencia (exponente) de 10.

Notación científica de números grandes

En la notación científica, el número decimal debe estar entre 1 y 10, así que el primer paso para escribir un número grande de esta forma es mover el punto decimal hacia la izquierda hasta que el número sea mayor que 1 y menor que 10. Cuente la cantidad de posiciones que ha movido el punto decimal y use ese número como exponente al lado del número 10.

Escriba 496,000,000,000 en notación científica.

Primero, mueva el punto decimal hasta crear un número entre 1 y 10. Cuente la cantidad de posiciones que ha movido el punto decimal.

4.96000000000

El punto decimal ha sido movido 11 posiciones, así que el exponente al lado de la potencia de 10 será 11.

4.96×10^{11}

Notación científica de números pequeños

Existen solo dos diferencias entre la escritura de números grandes y la escritura de números pequeños. Primero, cuando mueva el punto decimal, hágalo hacia la derecha, en lugar de hacia la izquierda, para crear un número entre 1 y 10. Segundo, después de contar la cantidad de posiciones que ha movido el punto decimal, escriba ese número como exponente negativo, en lugar de positivo.

Escriba 0.0000032 en notación científica.

Mueva el punto decimal hacia la derecha y cuente la cantidad de posiciones que lo ha movido.

000003.2

El punto decimal ha sido movido seis posiciones, así que el exponente al lado de la potencia de 10 será −6.

3.2×10^{-6}

Ejemplos

Las siguientes son dos preguntas de ejemplo sobre números decimales.

1. **Cuando Isabel recibió el estado de cuenta de su tarjeta de crédito de este mes, debía un saldo de $385.92. Hizo un pago de $127.13 y luego la usó para comprar un par de zapatos de $64.76 y una chaqueta de $84.79. ¿Cuál es el nuevo saldo de la tarjeta de crédito?**

   A $258.79

   B $323.58

   C $385.92

   D $408.34

   E $450.68

Explicación

Lea el problema y determine qué es lo que se pregunta. En este caso, ¿cuál es el nuevo saldo de la tarjeta de crédito? Identifique la información pertinente. El saldo inicial era de $385.92, el pago de Isabel fue de $127.13 y las dos compras fueron de $64.76 y $84.79. Decida qué operación u operaciones realizará. No hay palabras clave que sugieran qué operación deberá realizar; no obstante, usted sabe que cuando efectúa un pago reduce el saldo de la tarjeta de crédito. Por el contrario, cuando hace compras aumenta el saldo. Reste primero el pago del saldo inicial, y luego súmele el precio de las compras. Resuelva el problema.

$$\$385.92 - \$127 = \$258.79$$
$$\$258.79 + \$64.76 + \$84.79 = \$408.34$$

Compruebe su trabajo y elija la mejor respuesta. **La mejor respuesta es la opción D**.

2. **El propietario de una empresa de taxis compró un total de 189.48 galones de gasolina. Si puso una cantidad igual de gasolina en cada una de sus 12 unidades, ¿cuántos galones de gasolina usó en cada auto, redondeando al décimo más próximo?**

   A   15.7

   B   15.79

   C   15.8

   D   22.7

   E   22.73

Explicación

Lea el problema y determine qué es lo que se pregunta. En este caso, ¿cuántos galones de gasolina usó en cada auto, redondeando al décimo más próximo? Identifique la información pertinente. El total de galones fue de 189.48 y había 12 autos. Además, subraye la expresión *redondeando al décimo más próximo*, para completar los detalles de importancia. Decida qué operación u operaciones realizará. Usted deberá dividir la cantidad total de gasolina por 12 y luego redondear la respuesta al décimo más próximo. Resuelva el problema.

$$189.84 \div 12 = 15.79$$

15.79 redondeado al décimo más próximo es 15.8. Compruebe su trabajo y elija la mejor respuesta. **La mejor respuesta es la opción C**.

EJERCICIOS SOBRE NÚMEROS DECIMALES

Elija la mejor respuesta para cada una de las preguntas siguientes.

1. Si 20 chicles cuestan $5.00, ¿cuál es la mayor cantidad de chicles que Fernando podrá comprar con $7.40?

    A   28

    B   29

    C   30

    D   32

    E   40

2. ¿Cuál es el valor de 7 en el número 25.3479?

    A   Siete décimos

    B   Siete centésimos

    C   Siete milésimos

    D   Siete diezmilésimos

    E   Siete cienmilésimos

3. El salón de la casa de Teresa tiene 4.76 metros de longitud. Ella compró una alfombra que tiene 5.2 metros de longitud. ¿Cuántos metros de la alfombra deberá cortar Teresa para que esta quede perfectamente bien en el salón?

    A   0.24

    B   0.26

    C   0.44

    D   1.74

    E   4.24

4. La velocidad de la luz es de 300,000,000 metros por segundo. ¿Cómo se escribe este número usando la notación científica?

    A 0.3×10^9

    B 0.3×10^{-7}

    C 3.0×10^7

    D 3×10^8

    E 3×10^{-8}

5. ¿Cómo se escribe en forma decimal cuatrocientos dieciséis mil, setecientos diez y ochenta y dos milésimos?

    A   416,710.0082

    B   416,710.082

    C   416,710.82

    D   416,782

    E   482,000

6. La última semana, llegaron tres paquetes que pesaban 6.09 kg, 10.8 kg y 0.72 kg. Esta semana, llegaron otros dos paquetes que pesaban 3.147 kg cada uno. ¿Cuál es el peso total de los paquetes, redondeado al centésimo más próximo?

   A 24.7

   B 23.91

   C 23.90

   D 20.76

   E 20.75

7. En un viaje de cuatro días de duración, Lara condujo un total de 677.6 millas y usó 30.25 galones de gasolina. ¿Cuántas millas por galón pudo recorrer?

   A 51.24

   B 22.4

   C 16.9

   D 8.96

   E 2.24

8. Una tienda de provisiones para mascotas compra una bolsa de 20 libras de alimento para perros por $3.78 y la vende a $9.49. ¿Cuál es la ganancia de la tienda si vende 35 bolsas de ese alimento?

   A $199.85

   B $189.80

   C $142.35

   D $132.30

   E $114.20

9. Un restaurante usa 0.47 libras de carne molida en cada hamburguesa y 0.53 libras en cada porción de pastel de carne. ¿Cuántas libras de carne se necesitarán para hacer 180 hamburguesas?

   A 8.46

   B 9.54

   C 77.4

   D 84.6

   E 95.4

10. ¿Cuál de los números siguientes representa novecientos treinta y cinco diezmilésimos?

   A 0.00935

   B 0.0935

   C 90035

   D 0.00935

   E 0.00935

Véanse las respuestas en la página 751.

29 Números y operaciones numéricas: fracciones

¿Qué es lo que se evalúa?

Las fracciones son parte de su vida diaria. Usted pone un cuarto de taza de manteca en la receta de galletas de chocolate. Mira su programa favorito de televisión durante media hora. Camina cinco octavos de milla para ir al mercado. Las fracciones representan las partes de un número entero. En la prueba de Matemáticas del examen *HiSET*®, algunas de las preguntas estarán referidas al trabajo con fracciones. En este capítulo, se repasarán los procedimientos de adición, sustracción, multiplicación y división de fracciones y se examinará la conversión de fracciones en decimales.

Como los decimales, **las fracciones** describen también las partes de un todo. El **denominador** es el número inferior en una fracción, y expresa cuántas partes iguales constituyen el todo. El **numerador** es el número superior, y determina cuántas partes iguales del todo representa la fracción. Por ejemplo, la fracción $\frac{1}{4}$ representa una parte de un total de cuatro. Si un amigo suyo come tres porciones de una pizza que tiene un total de ocho porciones, entonces habrá comido $\frac{3}{8}$ de la pizza.

Fracciones propias

Las **fracciones propias** tienen un numerador que es menor que el denominador. Estas fracciones representan una porción de un todo único: $\frac{1}{3}, \frac{7}{8}, \frac{5}{12}$.

Fracciones impropias

Las fracciones impropias tienen un numerador que es igual o mayor que el denominador. Cuando el numerador es mayor que el denominador, la fracción representa más que el todo. En otras palabras, las fracciones impropias expresan, por lo menos, un todo y una parte de otro: $\frac{10}{3}, \frac{7}{5}, \frac{13}{9}$.

Cuando el numerador es igual al denominador, la fracción impropia es igual a 1. Por ejemplo, supongamos que usted tiene $\frac{4}{4}$ de un dólar en su bolsillo. El denominador expresa que el dólar está dividido en cuatro partes iguales, como cuatro cuartos. El numerador expresa que usted tiene cuatro de esas partes iguales, es decir cuatro cuartos. Si usted tiene todas las partes de las cuatro partes iguales, tiene el todo. Siempre que el numerador y el denominador son iguales, la fracción es igual a 1: $\frac{8}{8} = 1$; $\frac{12}{12} = 1$.

Números mixtos

Un **número mixto** está compuesto por un número entero y una fracción. Representa uno o más todos y una porción de otro, como $1\frac{1}{2}$, $3\frac{4}{5}$, $5\frac{1}{3}$.

Fracciones equivalentes

Las fracciones que representan cantidades iguales se denominan **fracciones equivalentes**. A continuación, se presentan varias estrategias para encontrar fracciones equivalentes.

Conversión de números mixtos en fracciones impropias

En ocasiones, los números mixtos deberán ser convertidos en fracciones impropias. A menudo, es más fácil sumar o restar fracciones impropias que números mixtos. También los números mixtos pueden ser convertidos en fracciones impropias antes de multiplicar o dividir. Para convertir un número mixto en una fracción impropia, multiplique el denominador por el número entero y luego sume el producto al numerador.

Convierta $4\frac{3}{8}$ en una fracción impropia.

Multiplique el denominador por el número entero; luego, sume el producto al numerador.

$$4 \times 8 = 32$$

$$32 + 3 = 35$$

$$\frac{35}{8} = 4\frac{3}{8}$$

Conversión de fracciones impropias en números mixtos

Para convertir una fracción impropia en número mixto, divida el numerador por el denominador. El cociente representa la parte del número entero del número mixto. El resto representa el numerador de la parte de la fracción. El denominador es el mismo que en la fracción impropia original.

Convierta $\dfrac{26}{7}$ en un número mixto.

Divida el numerador por el denominador.

$26 \div 7 = 3$, con un resto de 5.

El cociente, 3, se convierte en la parte del número entero del número mixto. El resto, 5, se convierte en el numerador de la parte de la fracción.

$$\frac{26}{7} = 3\frac{5}{7}$$

Reducción de fracciones

Reducir fracciones significa, simplemente, usar números más pequeños para expresar la misma cantidad. Puesto que la fracción reducida representa la misma cantidad que la original, las dos fracciones son iguales. Veamos los cuadrados siguientes. El primero muestra $\dfrac{2}{4}$ sombreados. El segundo muestra $\dfrac{1}{2}$ sombreado. Observe que las porciones sombreadas en ambos cuadrados son iguales. Esto significa que $\dfrac{2}{4} = \dfrac{1}{2}$.

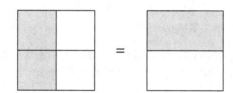

Para reducir una fracción, divida tanto el numerador como el denominador por un factor común. En otras palabras, por un número que esté contenido en ambos igualmente.

Reduzca $\dfrac{16}{24}$.

Puesto que 8 es un factor de 16 y 24, divida ambos números por 8.

$$\frac{16}{24} = \frac{16 \div 8}{24 \div 8} = \frac{2}{3}$$

Entonces, $\dfrac{16}{24} = \dfrac{2}{3}$.

Denominador común

Antes de sumar o restar fracciones, estas deberán tener un denominador común, es decir, que el número inferior de todas las fracciones deberá ser el mismo. Para determinar el denominador común, usted deberá encontrar el número más pequeño que sea divisible por todos los denominadores. Comience probando con el mayor denominador. ¿Es posible dividirlo en partes iguales por los otros denominadores? Si no fuera posible, enumere mentalmente los múltiplos del mayor denominador y compruebe si los otros denominadores son también factores de alguno de esos números. Por ejemplo, observe los denominadores de $\frac{2}{3}$ y $\frac{4}{5}$. El mayor denominador es 5, pero 3 no es un factor de 5. Enumere los múltiplos de 5. Diez es múltiplo de 5, pero 3 tampoco es un factor de 10. El próximo múltiplo de 5 es 15. Como 3 es un factor de 15, úselo como denominador común para las dos fracciones.

Una vez encontrado el denominador común, multiplique el numerador y denominador de cada fracción por el número que permita obtener como producto el denominador común. Veamos el ejemplo siguiente. Recuerde que el común denominador será 15.

Encuentre el mínimo común denominador de $\frac{2}{3}$ y $\frac{4}{5}$.

$$\frac{2}{3} \times \frac{5}{5} = \frac{10}{15}$$

$$\frac{4}{5} \times \frac{3}{3} = \frac{12}{15}$$

Operaciones con fracciones

En la prueba de Matemáticas del examen HiSET, usted deberá ser capaz de sumar, restar, multiplicar y dividir fracciones.

Adición y sustracción de fracciones

Para sumar o restar fracciones, estas deberán tener el mismo denominador. Primero, habrá que encontrar el denominador común, y luego, sumar o restar los numeradores. El denominador común será el denominador de la suma o resta.

$$\frac{3}{8} + \frac{5}{6} =$$

$$\left(\frac{3}{8} \times \frac{3}{3} \right) \times \left(\frac{5}{6} \times \frac{4}{4} \right) =$$

$$\frac{9}{24} + \frac{20}{24} = \frac{29}{24}$$

$$\frac{29}{24} = 1\frac{5}{24}$$

Observe que en el ejemplo los sumandos tienen denominadores de 8 y 6. El número más pequeño que es divisible por 8 y 6 es 24, así que 24 será el denominador común.

Para convertir $\dfrac{3}{8}$ en una fracción equivalente con 24 de denominador, multiplique el numerador y el denominador por 3, puesto que el producto de 3 por el denominador (8) es igual a 24. Como $\dfrac{3}{3}$ es igual a 1, multiplicar la fracción por $\dfrac{3}{3}$ no altera su valor. Multiplique el segundo sumando, $\dfrac{5}{6}$ por $\dfrac{4}{4}$ para crear una fracción equivalente con 24 de denominador.

Después de encontrar el denominador común, los sumandos $\dfrac{3}{8}$ y $\dfrac{5}{6}$ se convirtieron en $\dfrac{9}{24}$ y $\dfrac{20}{24}$.

Sume los numeradores $9 + 20$. El numerador de la suma es 29 y su denominador es 24.

La suma es, entonces, $\dfrac{29}{24}$. Esta es una fracción impropia y es equivalente a $1\dfrac{5}{24}$.

$$\frac{2}{3} - \frac{5}{18} =$$

$$\left(\frac{2}{3} \times \frac{6}{6}\right) - \frac{5}{18} =$$

$$\frac{12}{18} - \frac{5}{18} = \frac{7}{18}$$

Recuerde

Recuerde que, si no encuentra su respuesta entre las opciones, es posible que deba escribirla en términos más simples. Las fracciones impropias deberán ser escritas como números mixtos, y las fracciones propias deberán ser simplificadas o reducidas.

Cuando deba sumar o restar números mixtos, conviértalos primero en fracciones impropias y luego encuentre el denominador común. Luego, sume o reste los numeradores.

Multiplicación de fracciones

Los pasos para multiplicar fracciones son mucho más fáciles que los pasos para sumar o restar. Primero, multiplique los numeradores, y luego, los denominadores. No es necesario encontrar un denominador común. Recuerde que podría ser necesario convertir el producto en términos más simples. En otras palabras, reduzca la fracción después de haber obtenido la respuesta.

$$\frac{2}{5} \times \frac{3}{8} =$$

$$\frac{2}{5} \times \frac{3}{8} = \frac{6}{40}$$

$$\frac{6}{40} = \frac{3}{20}$$

Al igual que en otras operaciones con fracciones, convierta los números mixtos en fracciones impropias antes de multiplicar. Simplifique el producto.

$$2\frac{7}{9} \times 4\frac{1}{2} =$$

$$2\frac{7}{9} \times 4\frac{1}{2} = \frac{25}{9} \times \frac{9}{2} = \frac{225}{18} = \frac{25}{2} = 12\frac{1}{2}$$

División de fracciones

La división de fracciones es una operación bastante sencilla. Simplemente, mantenga la primera fracción tal como está; invierta la fracción que sigue al signo de división; y luego multiplique. <u>Nota</u>: la fracción que se invierte es siempre la que sigue al signo de división.

$$\frac{7}{12} \div \frac{3}{4} =$$

$$\frac{7}{12} \times \frac{4}{3} = \frac{28}{36} = \frac{7}{9}$$

Operaciones con fracciones y números enteros

A veces, será necesario sumar, restar, multiplicar o dividir una fracción y un número entero. Para hacerlo, deberá convertir el número entero en fracción.

Para convertir un número entero en fracción, cree una fracción con el número entero como numerador y con el número 1 como denominador.

Por ejemplo, 25 se convierte en $\frac{25}{1}$. Luego, realice la operación como lo haría con las fracciones.

$$36 \div 2\frac{1}{4} =$$

$$36 \div 2\frac{1}{4} = \frac{36}{1} \div \frac{9}{4} = \frac{36}{1} \times \frac{4}{9} = \frac{144}{9} = 16$$

Fracciones y decimales

Como usted sabe, tanto las fracciones como los decimales representan partes de un todo. A veces, será necesario convertir una fracción en decimal o viceversa.

Conversión de fracciones en decimales

La barra de fracción, esa línea que separa los números en una fracción, representa una división. Para convertir una fracción en decimal, divida el numerador por el denominador.

Escriba $\dfrac{1}{4}$ como decimal.

$$1 \div 4 = 0.25$$

Conversión de decimales en fracciones

Para convertir un decimal en fracción, usted deberá recordar el valor posicional del decimal. Primero, escriba los dígitos en las posiciones decimales como numerador. Elimine el punto decimal y escríbalos como número entero. Luego, observe cuántos dígitos hay a la derecha del punto decimal y determine qué valor posicional será representado. Escriba el número como denominador. Por ejemplo, dos dígitos a la derecha del punto decimal representan centésimos, así que el denominador de la fracción será 100.

Escriba 0.247 como fracción.

$$0.247 = \frac{247}{1,000}$$

Observe el ejemplo precedente. Los dígitos 247 están incluidos en el número decimal, así que se convierten en el numerador de la fracción. Hay tres dígitos a la derecha del punto decimal, lo que corresponde a la posición de los milésimos. Por lo tanto, el denominador de la fracción será 1,000.

Si hay dígitos incluidos a la izquierda del punto decimal, el decimal se convierte en un número mixto. Los dígitos a la izquierda del punto decimal se convierten en el número entero, y los ubicados a la derecha, en la fracción.

Escriba 9.7 como fracción.

$$9.7 = 9\frac{7}{10}$$

Ejemplos

Las siguientes son dos preguntas de ejemplo sobre fracciones.

1. **Catalina planea servir a sus invitados una taza de té caliente de especias que requiere $\frac{1}{8}$ de cucharadita de canela y $1\frac{1}{2}$ cucharaditas de azúcar. ¿Cuánto más de azúcar que de canela usará para preparar seis tazas de té?**

   A $\quad 8\frac{1}{4}$ cucharaditas

   B $\quad 8\frac{7}{8}$ cucharaditas

   C $\quad 9$ cucharaditas

   D $\quad 9\frac{3}{4}$ cucharaditas

   E $\quad 10$ cucharaditas

Explicación

Lea el problema y determine qué es lo que se pregunta. En este caso, ¿cuánto más de azúcar que de canela usará para preparar seis tazas de té? Identifique la información pertinente. Cada taza de té requiere $\frac{1}{8}$ de cucharadita de canela y $1\frac{1}{2}$ cucharaditas de azúcar. Decida qué operación u operaciones realizará. Primero, para saber cuánta canela y cuánta azúcar se usa, multiplique cada cantidad por el número de tazas. Las palabras *cuánto más* indican que usted deberá restar estas cantidades. Resuelva el problema.

$$\frac{1}{8}\times 6=\frac{1}{8}\times\frac{6}{1}=\frac{6}{8}\text{ de cucharadita de canela}$$

$$1\frac{1}{2}\times 6=\frac{3}{2}\times\frac{6}{1}=\frac{18}{2}=9\text{ cucharaditas de azúcar}$$

$$9-\frac{6}{8}=\left(\frac{9}{1}\times\frac{8}{8}\right)-\frac{6}{8}=\frac{72}{8}-\frac{6}{8}=\frac{66}{8}=8\frac{2}{8}=8\frac{1}{4}$$

Compruebe su trabajo y elija la mejor respuesta. **La mejor respuesta es la opción A.**

2. En el mercado, Lucrecia compró $4\frac{1}{2}$ libras de melocotones, $2\frac{1}{8}$ libras de ciruelas y $\frac{1}{2}$ galón de leche. ¿Cuál de las cantidades siguientes representa el total de libras de fruta que compró?

A $6\frac{3}{8}$

B $7\frac{1}{8}$

C $7\frac{5}{8}$

D $\frac{50}{8}$

E $\frac{53}{8}$

Explicación

Lea el problema y determine qué es lo que se pregunta. En este caso, ¿cuál de las cantidades siguientes representa el total de libras de fruta que ella compró? Identifique la información pertinente. Lucrecia compró melocotones y ciruelas. No incluya la leche, porque no es una fruta. Decida qué operación u operaciones realizará. Usted deberá sumar las cantidades de melocotones y ciruelas. Para hacerlo, deberá convertir los números mixtos en fracciones impropias y encontrar un denominador común. Resuelva el problema.

$$4\frac{1}{2} = \frac{9}{2} \text{ libras de melocotones}$$

$$2\frac{1}{8} = \frac{17}{8} \text{ libras de ciruelas}$$

Use 8 como denominador común. $\frac{9}{2} \times \frac{4}{4} = \frac{36}{8}$ libras de melocotones

$$\frac{36}{8} + \frac{17}{8} = \frac{53}{8} \text{ libras de fruta}$$

Compruebe su trabajo y elija la mejor respuesta. **La mejor respuesta es la opción** E.

EJERCICIOS SOBRE FRACCIONES

Elija la mejor respuesta para cada una de las preguntas siguientes.

1. Si se prepara una solución de ácido hidroclorhídrico que contiene $\frac{2}{3}$ de agua, ¿qué cantidad de agua se necesitará para preparar 36 onzas de ácido hidroclorhídrico?

   A   24

   B   26

   C   28

   D   30

   E   32

2. ¿En cuál de las sumas siguientes se obtendrá un resultado mayor que 2?

   A $\frac{3}{4}+1\frac{1}{8}$

   B $\frac{8}{6}+\frac{9}{12}$

   C $\frac{13}{20}+\frac{11}{12}$

   D $\frac{15}{16}+\frac{3}{7}$

   E $\frac{2}{9}+1\frac{1}{6}$

3. Leticia hizo cinco entregas para su empleador.

   Entrega A = 0.7 milla

   Entrega B = $\frac{5}{8}$ de milla

   Entrega C = 0.45 milla

   Entrega D = $\frac{6}{10}$ de milla

   Entrega E = $\frac{3}{4}$ de milla

   ¿Cuál de las series siguientes está ordenada de la menor distancia recorrida a la mayor?

   A   A, D, B, C, E

   B   C, A, D, B, E

   C   C, D, B, A, E

   D   E, A, B, D, C

   E   E, C, B, D, A

4. Kevin preparó $4\frac{1}{2}$ libras de dulce, que quiere dividir en partes iguales entre seis amigos. Asumiendo que regala todo el dulce preparado, ¿cuántas libras de dulce recibirá cada amigo?

   A $\frac{1}{6}$

   B $\frac{2}{3}$

   C $\frac{3}{4}$

   D $\frac{5}{6}$

   E $\frac{7}{12}$

5. En la mañana del lunes, $\frac{1}{12}$ de todos los empleados de una oficina llamaron para avisar que estaban enfermos. Durante el día, $\frac{4}{15}$ de los empleados se retiraron temprano. ¿Qué fracción del total de empleados permanecía en la oficina al finalizar el día?

   A $\frac{2}{3}$

   B $\frac{7}{12}$

   C $\frac{7}{20}$

   D $\frac{13}{20}$

   E $\frac{33}{40}$

6. En un estudio, se les preguntó a doscientas personas sobre cuál de las estaciones del año era su preferida. Entre quienes participaron en el estudio, $\frac{1}{8}$ eligió la primavera, $\frac{2}{5}$ eligieron el verano y $\frac{3}{10}$ eligieron el otoño. El resto de los entrevistados eligió el invierno. ¿Cuántas personas entrevistadas eligieron el invierno como su estación favorita?

    A   25

    B   35

    C   60

    D   70

    E   80

7. ¿Cuál de las expresiones es igual a $\frac{-34}{-85}$?

    A -0.4

    B $\frac{-2}{5}$

    C 0.04

    D $\frac{2}{5}$

    E $\frac{5}{2}$

Recuerde

Recuerde que la barra de fracción es un signo de división. Las mismas reglas para la división de números positivos y negativos se aplican tanto a las fracciones como a los números enteros.

8. Un panadero usa $\frac{42}{3}$ de tazas de harina para preparar una receta de galletas.

    Si tiene 36 tazas de harina, ¿cuál es la mayor cantidad de veces que puede preparar esa receta?

    A   2

    B   3

    C   4

    D   5

    E   6

9. Elena usó $5\frac{1}{8}$ libras de granos de café para preparar café para los participantes en un seminario de negocios organizado por su empresa. Si pagó $7.84 por libra de granos, ¿cuál es el costo del café que ella sirvió?

   A $39.20

   B $39.98

   C $40.18

   D $40.61

   E $45.47

10. Evalúe $\left(\dfrac{3}{5}\right)^3$.

   A $\dfrac{9}{25}$

   B $\dfrac{27}{125}$

   C $\dfrac{81}{125}$

   D $1\dfrac{4}{5}$

   E $5\dfrac{2}{5}$

Véanse las respuestas en la página 751.

30 Números y operaciones numéricas: porcentajes

Los porcentajes, al igual que las fracciones y los decimales, describen partes de un todo. La diferencia es que en el caso de los porcentajes se refieren siempre a partes de 100. En este capítulo, se repasará cómo resolver problemas que incluyen porcentajes, así como también la forma en que se relacionan los porcentajes con las fracciones y los decimales. Usted también se familiarizará con la forma en que se evalúan los porcentajes en la prueba de Matemáticas del examen *HiSET*®.

¿Qué es lo que se evalúa?

Porcentaje significa "por 100". En otras palabras, 64% significa 64 de 100. Si en un modelo se muestran 100 cuadrados, y 64 de esos 100 cuadrados están sombreados, esto significa que el 64% de los cuadrados está sombreado.

Supongamos que el 100% de los alumnos está planeando ir al viaje de fin de curso del último año. Esto significa que 100 de cada 100 alumnos estarán preparando sus valijas. Todos, la clase entera, irán. 100% es igual a un todo.

$$72 \text{ de } 100 = 72\%$$
$$100 \text{ de } 100 = 100\%$$

Los porcentajes pueden ser mayores que 100. Si a usted le otorgaran un aumento de sueldo en su trabajo, su sueldo podría ser un 115% de lo que era el año anterior. Esto significa que usted cobraría 100% de lo que cobraba el año anterior más el aumento del 15%.

Del mismo modo, los porcentajes pueden ser menores que 1. Por ejemplo, un estudio podría mostrar que 0.3% de los empleados piensan que ellos ganan demasiado dinero. Esto es menos que el 1% de los empleados entrevistados. El decimal indica que el número es menor que 1.

Decimales y porcentajes

Los decimales y porcentajes pueden convertirse fácilmente de una forma en la otra. Para convertir un decimal en un porcentaje, mueva simplemente el punto decimal dos posiciones hacia la derecha y agregue el signo de porcentaje.

Convierta 0.23 en un porcentaje.

0.23 = 23%

Asegúrese de mover el punto decimal dos posiciones hacia la derecha pero de no eliminarlo. Si bien es cierto que el punto decimal no es necesario cuando los números originales incluyen solo dos dígitos a la derecha del punto decimal, no sucede lo mismo cuando hay más dígitos.

Convierta 0.547 en un porcentaje.

0.547 = 54.7%

También, preste atención cuando haya solo un dígito a la derecha del punto decimal en el número original. Puesto que los porcentajes son partes de 100, el decimal deberá ser modificado para que tenga un dígito en la posición de los centésimos. Cuando solo haya un dígito a la derecha del punto decimal, agregue un cero en la posición de los centésimos y mueva luego el punto decimal.

Convierta 0.7 en un porcentaje.

0.7 = 0.70 = 70%

Para convertir un porcentaje en decimal, elimine el signo de porcentaje y mueva el punto decimal dos posiciones hacia la izquierda.

Convierta 91% en un decimal.

91% = 0.91

Convierta 120% en un decimal.

120% = 1.20 = 1.2

Recuerde que el punto decimal deberá ser movido dos posiciones hacia la izquierda, así que, en algunos casos, usted deberá agregar uno o más ceros.

Convierta 3% en un decimal.

3% = 0.03

Convierta 0.8% en un decimal.

0.8% = 0.008

Fracciones y porcentajes

Puesto que tanto las fracciones como los porcentajes expresan las partes de un todo, las fracciones pueden convertirse en porcentajes y viceversa. Para convertir un porcentaje en una fracción, elimine el signo de porcentaje. Luego, escriba el número como numerador de una fracción que tiene un denominador de 100. Por último, reduzca la fracción.

Convierta 85% en una fracción.

$$85\% = \frac{85}{100}$$

$$\frac{85}{100} = \frac{17}{20}$$

Para convertir una fracción en un porcentaje, siga el mismo procedimiento que para convertir una fracción en decimal: divida el numerador por el denominador. Luego, en lugar del punto decimal, escriba el signo de porcentaje.

Convierta $\dfrac{3}{4}$ en un porcentaje.

$$\dfrac{3}{4} = 3 \div 4$$

$$3 \div 4 = 0.75 = 75\%$$

Otra vez, preste atención cuando el cociente incluya solo un dígito. Un dígito a la derecha del punto decimal significa décimos, no centésimos. Los porcentajes siempre son partes de 100, así que cuando convierta fracciones en decimales y luego en porcentajes, deberá haber siempre dos dígitos a la derecha del punto decimal.

Convierta $\dfrac{7}{10}$ en un porcentaje.

$$\dfrac{7}{10} = 0.7 = 0.70 = 70\%$$

Problemas con porcentajes

La mayoría de las preguntas de la prueba de Matemáticas del examen HiSET son problemas verbales. Los siguientes son algunos de los conocimientos que usted necesitará para resolver problemas verbales que incluyan porcentajes.

Calcular el porcentaje de un número

Cuando en un problema verbal de la prueba de Matemáticas del examen HiSET se le pida que calcule el porcentaje de un número, usted deberá convertir el porcentaje en decimal y luego multiplicar.

Cuatrocientas personas asistieron a la función de *ballet*. De ellas, el 72% eran mujeres. ¿Cuántas mujeres asistieron a la función?

Calcule el 72% de 400.
72% = 0.72
0.72 × 400 = 288

Calcule el porcentaje que un número representa de otro número

En algunas preguntas, puede que se le pida que calcule qué porcentaje de un número representa otro número.

En una caja que contiene 500 circuitos, 25 circuitos no funcionan. ¿Qué porcentaje de los circuitos son defectuosos?

Para resolver este problema, cree una fracción con la parte como numerador y el todo como denominador. En el ejemplo, 25 es la parte y 500 es el todo.

$$\dfrac{25}{500}$$

Luego, reduzca la fracción y conviértala en un porcentaje.

$$\frac{25}{500} = \frac{1}{20}$$

$$\frac{1}{20} = 0.05$$

$$0.05 = 5\%$$

Calcular un número a partir de un porcentaje dado

En algunas otras preguntas, podría dársele un porcentaje y pedirle que calcule el número original.

Sesenta y tres por ciento de los libros retirados ayer de las bibliotecas públicas eran obras de ficción. Si la cantidad de libros de ficción elegidos fue de 315, ¿cuál fue el total de libros retirados?

Para resolver este problema, primero, convierta el porcentaje en un decimal o una fracción.

$$63\% = 0.63$$

Luego, divida el número por el decimal o la fracción.

$$315 \div 0.63 = 500$$

El número total de libros retirados fue de 500.

Calcular la tasa de cambio

La tasa de cambio compara una nueva cantidad con una cantidad original.

De acuerdo con un censo reciente, la población de Kingwood es de 18,000 habitantes. El censo previo, de hace 10 años, mostraba que la población era de 15,000 habitantes. ¿En qué porcentaje aumentó la población?

Para resolver problemas de tasa de cambio, primero, determine cuál ha sido el cambio ocurrido.

$$18,000 - 15,000 = 3,000$$

Luego, divida la cantidad del cambio por la cantidad original. Escriba el cociente como un porcentaje.

$$3,000 \div 15,000 = 0.2 = 20\%$$

Calcular el interés

Usted probablemente sepa que *interés* es el pago que hace un banco por el uso de dinero, por ejemplo, la cantidad que usted obtiene en una cuenta de ahorros. Es también el cargo que se paga por pedir dinero prestado, como la tarifa que se paga mensualmente en un crédito o en una tarjeta de crédito. El interés es un porcentaje del dinero en la cuenta de ahorros o un porcentaje de la cantidad del préstamo.

La fórmula siguiente se usa para calcular el interés.

$$\text{Interés} = \text{capital} \times \text{tasa} \times \text{tiempo}$$

Capital es la cantidad de dinero que está en la cuenta o la cantidad de dinero obtenida de un préstamo. La *tasa* es el porcentaje de interés. El *tiempo* es la duración del tiempo en que el capital está ahorrado o ha sido prestado, y, por lo general, se mide en años. Por ejemplo, usted podría pedir dinero prestado para la compra de un auto por un período de cinco años. En otras palabras, usted devolverá el dinero en ese período de tiempo.

Recuerde

Recuerde que, si se necesita una fórmula para resolver un problema en la prueba de Matemáticas del examen HiSET, esa fórmula estará incluida en la pregunta propiamente dicha. No es necesario memorizar una fórmula; no obstante, usted deberá estar familiarizado con su uso. Las fórmulas también se suministran en los cuadernillos de la prueba como referencia.

Use la fórmula para resolver un problema sobre interés.

Para comprar un auto nuevo, Magdalena tomó un préstamo de $16,500, que pagará en cinco años. Su tasa de interés anual es 7.2%. ¿Cuál es el monto total de interés que ella deberá pagar por el auto?

Para resolver este problema, reemplace en la fórmula cada uno de los factores por su valor. Asegúrese de convertir el interés en un decimal.

$$\text{Interés} = \text{capital} \times \text{tasa} \times \text{tiempo}$$
$$\text{Interés} = 16{,}500 \times 0.072 \times 5 = 5{,}940$$

Magdalena deberá pagar $5,940 de interés por el préstamo en un período de cinco años.

Ejemplos

Las siguientes son dos preguntas de ejemplo sobre porcentajes.

1. **Ana compró muebles para la sala por $4,250. Hizo un pago inicial del 10% y financió el saldo a tres años al 9.5% de interés. ¿Cuánto pagará Ana de interés por mes, redondeado al centavo más próximo?**

    A $30.28

    B $31.88

    C $33.65

    D $90.84

    E $100.94

Explicación

Lea el problema y determine qué es lo que se pregunta. En este caso, ¿cuánto pagará Ana de interés por mes, redondeado al centavo más próximo? Identifique la información pertinente. El precio original de $4,250, el pago inicial del 10%, el interés de 9.5% y las palabras *por mes* son datos para recordar. Decida qué operación u operaciones realizará. Use la fórmula de interés, que es capital × tasa × tiempo. Para conocer el capital, calcule el 10% de $4,250 y réstelo del precio original.

Convierta la tasa de interés en un decimal. El tiempo será $\frac{1}{12}$, puesto que usted necesita saber cuál es el interés por mes, no la duración total del préstamo. Resuelva el problema.

$$\$4{,}250 \times 10\% = \$4{,}250 \times 0.1 = \$425\text{, el pago inicial}$$
$$\$4{,}250 - \$425 = \$3{,}825\text{, el capital}$$
$$\text{Interés} = \$3{,}825 \times 0.095 \times \frac{1}{12} = \$30.28$$

Compruebe su trabajo y elija la mejor respuesta. **La mejor respuesta es la opción A.**

2. **A la universidad local concurren aproximadamente 12,500 alumnos. Según los registros escolares, 2,200 alumnos estudian historia. ¿Qué porcentaje de alumnos se graduará en historia?**

A   4.7%

B   5.7%

C   14.9%

D   15.7%

E   17.6%

Explicación

Lea el problema y determine qué es lo que se pregunta. En este caso, ¿qué porcentaje de alumnos se graduará en historia? Identifique la información pertinente. El número total de alumnos y el número de alumnos de historia. Decida qué operación u operaciones realizará. Usted deberá encontrar el porcentaje del total. Resuelva el problema.

$$\frac{2200}{12500} = \frac{22}{125} = .176$$

$$.176 = 17.6\%$$

Compruebe su trabajo y elija la mejor respuesta. **La mejor respuesta es la opción E.**

EJERCICIOS SOBRE PORCENTAJES

Elija la mejor respuesta para cada una de las preguntas siguientes.

1. **Normalmente, el precio de un reloj es $30. Si está rebajado un 30%, ¿cuál es el nuevo precio del reloj?**

A $9

B $21

C $24

D $27

E $29

2. **¿Cuál de las fracciones siguientes es igual a 16%?**

A $\dfrac{1}{6}$

B $\dfrac{1}{16}$

C $\dfrac{4}{25}$

D $\dfrac{16}{25}$

E $\dfrac{12}{50}$

Las preguntas 3 y 4 se refieren a la información siguiente.

Rodolfo abrió una cuenta de ahorros con un depósito de $4,500. La cuenta paga un interés simple de 3%.

3. Si Rodolfo no hace más depósitos ni realiza retiros, ¿cuánto dinero tendrá en la cuenta al cabo de dos años?

    A $4,527

    B $4,635

    C $4,680

    D $4,774

    E $4,905

4. Al final del segundo año, Rodolfo hace un depósito de $300. ¿Cuánto dinero habrá en la cuenta al cabo del tercer año?

    A $4,652.10

    B $4,770

    C $4,922.10

    D $5,070

    E $5,226.27

5. Gabriela obtuvo una calificación de 82% en su examen final de matemáticas. Ella respondió 123 preguntas correctamente. ¿Cuántas preguntas había en el examen?

    A   101

    B   150

    C   189

    D   205

    E   223

6. Una franquicia de autos vendió 4,120 automóviles durante el último año. Aproximadamente, el 58% de los vehículos vendidos eran usados, y el resto eran nuevos. ¿Alrededor de cuántos autos nuevos vendió la franquicia?

    A   174

    B   238

    C   1,730

    D   2,390

    E   3,882

7. Durante los últimos cuatro años, 5,620 alumnos se han graduado de la Escuela Superior de Lakeville. Después de graduarse, el 70% de esos alumnos fue a la universidad. ¿Cuántos de los alumnos graduados fueron a la universidad?

    A   393

    B   802

    C   3,934

    D   4,375

    E   5,227

8. Un par de botas que normalmente se vende a $65.00 está rebajado un 20%. ¿Cuál es el precio final de las botas, incluido el 6% del impuesto a las ventas?

   A $47.70

   B $48.10

   C $52.00

   D $55.12

   E $55.90

9. Débora terminó su primer maratón en aproximadamente 5.2 horas. Ella pudo terminar su maratón más reciente en 3.9 horas. ¿En qué porcentaje disminuyó su tiempo?

   A 25%

   B 30%

   C 33%

   D 40%

   E 75%

10. Un estudio mostró que $\frac{3}{8}$ de los clientes de una librería preferían leer ediciones de tapa dura y que el 21.6% de los clientes prefería leer libros de tapa blanda. Los restantes clientes no mostraron ninguna preferencia. ¿Qué porcentaje de los clientes no tenía preferencia ni por las ediciones de tapa dura ni por los libros de tapa blanda?

    A 37.5%

    B 40.9%

    C 48.2%

    D 51.8%

    E 59.1%

Véanse las respuestas en la página 751.

31 Números y operaciones numéricas: relaciones entre números

Las relaciones entre números abarcan prácticamente todas las áreas de las matemáticas y son, también, parte de su vida de todos los días. Cuando conduce su auto, usted presta mucha atención a cuántas millas por hora ha recorrido. Este número en su velocímetro representa una relación entre números. Cuando dice que respondió correctamente 8 de 10 preguntas en un cuestionario, usted se está refiriendo a otra relación entre números. En este capítulo, se repasarán algunos de los conocimientos sobre relaciones entre números que necesitará para responder las preguntas de la prueba de Matemáticas del examen *HiSET*®.

¿Qué es lo que se evalúa?

Razones

Las **razones** comparan dos números usando palabras, números o fracciones. Supongamos que usted tiene 6 manzanas y 8 bananas en un bol para frutas. La razón entre manzanas y bananas es de 6 a 8. Puesto que la palabra *manzanas* fue citada primero en el enunciado, el número de manzanas también aparece primero en la razón. Como la palabra *bananas* fue citada en segundo lugar, el número de bananas aparece en el segundo lugar en la razón.

Cómo escribir una razón

Las razones pueden ser escritas usando dos puntos entre los números. La razón entre manzanas y bananas es 6 a 8 o 6:8. Observe que los números permanecen en el mismo orden en que aparecen en el enunciado.

Otra forma de escribir una razón es como fracción. La razón entre manzanas y bananas también puede ser escrita como $\frac{6}{8}$. Observe que esto es diferente de una fracción, pues la cantidad total de frutas no se expresa en el denominador. El denominador en la razón entre manzanas y bananas es la cantidad de bananas.

Hay 3 empleados y 12 clientes en una tienda. ¿Cuál es la razón entre empleados y clientes?

La razón entre empleados y clientes es 3 a 12.

La respuesta también puede ser escrita en una de las otras formas.

$$3:12$$

$$\frac{3}{12}$$

Supongamos que en el ejemplo precedente se hubiera preguntado por la razón entre los empleados y el número total de personas en la tienda. En este caso, el denominador sería el total, porque de ello informa la razón. Para resolver esta razón, deberá encontrar la suma de empleados y clientes, que representa el total de personas.

La razón entre empleados y el número total de personas en la tienda es $\frac{3}{15}$.

Como ocurre con las fracciones, las razones pueden ser simplificadas.

La razón entre los empleados y los clientes es $\frac{3}{12}$ o $\frac{1}{4}$.

La razón entre los empleados y los clientes es 3:12 o 1:4.

Resolución de problemas con razones

Veamos el problema siguiente con razones.

En una tienda de videos, la razón entre los videos vendidos en DVD y en Blu-ray es 3:7. Si la tienda vende 90 películas, ¿cuántas de esas películas estarán en DVD?

La razón explica que por cada 3 videos en DVD vendidos se venden otros 7 en Blu-ray. La fracción $\frac{3}{10}$ muestra que de cada 10 videos vendidos 3 están en DVD. Esta fracción puede ser usada para averiguar cuántos videos en DVD fueron vendidos sobre un total de 90 películas.

$$\frac{3}{10} \times 90 = \frac{270}{10} = 27$$

Esto significa que de las 90 películas vendidas, 27 eran videos en DVD. También significa que las 63 películas restantes estaban en Blu-ray. Compruebe otra vez esta razón.

La razón entre videos en DVD y Blu-ray vendidos fue 27:63.

$$27:63 = 3:7$$

Proporciones

Una **proporción** es una ecuación que expresa que dos razones son equivalentes, por ejemplo, $\frac{3}{4} = \frac{6}{8}$. En el ejemplo, los **términos**, o **elementos**, de la proporción son $\frac{3}{4}$ y $\frac{6}{8}$. Una forma de comprobar que los términos de una proporción son iguales es multiplicarlos cruzado. Para multiplicar cruzado los términos del ejemplo $\frac{3}{4}$ y $\frac{6}{8}$, primero multiplique 3×8 y luego 4×6. Puesto que los dos productos son iguales, las razones también lo son. Entonces, la proporción es verdadera.

Resolución de problemas con proporciones

A veces, puede que uno de los valores en una razón no sea conocido. La resolución de la proporción revela ese valor desconocido.

$$\frac{x}{15} = \frac{1}{5}$$

Para encontrar el valor faltante, multiplique cruzado los términos.

$$x \times 5 = 15 \times 1$$
$$5x = 15$$

Usted sabe que $5 \times 3 = 15$, así que el valor desconocido es 3. Escriba la proporción usando este valor y asegúrese de que las razones son iguales.

$$\frac{3}{15} = \frac{1}{5}$$

Como estas razones son iguales, entonces forman una proporción.

Comparación de números

Una forma de comparar números es determinar si uno de los números es **mayor que**, **menor que** o **igual a** otro. Como usted sabe, 10 es mayor que 4. Se puede comparar estos números usando el símbolo que significa *mayor que*.

10 es mayor que 4

$$10 > 4$$

Como usted sabe también, 15 es menor que 25. Esto se puede representar usando el símbolo *menor que*.

15 es menor que 25

$$15 < 25$$

Cuando dos números son iguales, use el signo de igual para representar la relación.

$$(3 + 2) = 5$$

Recuerde

Recuerde que los símbolos *mayor que* y *menor que* se abren siempre hacia el número más grande. Rememore sus días en la escuela primaria, cuando el maestro le explicaba que el símbolo parecía la boca de un caimán a punto de comerse el número más grande.

Números primos y compuestos

Los números pueden ser clasificados según la cantidad de factores que tienen. Los números mayores que 1 y que tienen solo dos factores distintos (1 y el propio número) se denominan **números primos**. Por ejemplo, puesto que los únicos números que pueden multiplicarse entre sí y dar un producto igual a 5 son 1 y 5, 5 es un número primo. Veamos la lista de números primos siguiente. La lista podría continuar, pero estos son los números primos entre 0 y 100. No se incluye el número 1 porque no es mayor que 1 ni puede dividirse por dos factores distintos.

Números primos entre 0 y 100

2, 3, 5, 7, 11, 13, 17, 19, 23, 29, 31, 37, 41, 43, 47, 53, 59, 61, 67, 71, 73, 79, 83, 89, 97

Observe que el único número primo par es 2. Dos tiene como factores solo a 1 y 2, pero todos los demás números pares tienen también a 2 como factor, así que no son primos. Los números que no son primos se denominan números compuestos.

Los **números compuestos** tienen más de dos factores. Por ejemplo, los factores de 10 son 1, 2, 5 y 10. Entonces, 10 es un número compuesto. Para determinar si un número es primo o compuesto, determine si es divisible por otro número. Recuerde que todos los números pares son divisibles por 2. Todos los números que tienen un 5 en la posición de las unidades son divisibles por 5. Todos los números que tienen un 0 en la posición de las unidades son divisibles por 10. Otro truco es que todos los números en los que la suma de sus dígitos da por resultado un múltiplo de 3 son divisibles por 3. Del mismo modo, todos los números en los que la suma de sus dígitos da por resultado un múltiplo de 9 son divisibles por 9. Estos pequeños trucos no lo ayudarán a determinar si cualquier número es primo o no, pero representan, al menos, un punto de partida.

3,574 es par, entonces es divisible por 2.

495 tiene un 5 en la posición de las unidades, entonces es divisible por 5.

29,470 tiene un 0 en la posición de las unidades, entonces es divisible por 10.

474 es divisible por 3 pues la suma de sus dígitos $(4 + 7 + 4)$ es 15, que es múltiplo de 3.

657 es divisible por 9 porque la suma de sus dígitos $(6 + 5 + 7)$ es 18, que es múltiplo de 9.

Máximo factor común

El número más grande que es un factor de dos o más números dados se denomina **máximo factor común**, o máximo común divisor. Para encontrarlo, prepare una lista de todos los números primos que son factores de cada número. Luego, identifique cuáles son los factores que tienen en común todos los números y multiplíquelos.

¿Cuál es el máximo factor común de 30 y 75?

Primero, prepare una lista de los números primos que son factores de cada uno:

Números primos factores de 30: $2 \times 3 \times 5$
Números primos factores de 75: $3 \times 5 \times 5$

Segundo, identifique los factores que tienen en común:

Números primos factores de 30: $2 \times \underline{3} \times \underline{5}$
Números primos factores de 75: $\underline{3} \times \underline{5} \times 5$

Tercero, multiplique los factores que tienen en común:

$$3 \times 5 = 15$$

El máximo factor común de 30 y 75 es 15. En otras palabras, el número más grande que es factor tanto de 30 como de 75 es 15.

Mínimo común múltiplo

Los **múltiplos** son números que pueden ser divididos en partes iguales por un número particular. Por ejemplo, 5, 10, 15, 20 y 25 son múltiplos de 5 porque pueden ser divididos en partes iguales por 5.

¿Qué números son múltiplos de 7?
7, 14, 21, 28, 35, 42...

Un **múltiplo común** es un múltiplo que dos o más números tienen en común. Por ejemplo, 36 es un múltiplo común de 4 y 6, pues es divisible en partes iguales por ambos números.

El **mínimo común múltiplo** es el menor número que es múltiplo común de dos o más números. Para encontrar el mínimo común múltiplo, prepare una lista de los múltiplos de cada número. Luego, encuentre el menor número que aparezca en todas las listas.

¿Cuál es el mínimo común múltiplo de 8 y 12?
Múltiplos de 8: 8, 16, 24, 32, 40, 48, 56, 64, 72, 80, 88, 96...
Múltiplos de 12: 12, 24, 36, 48, 60, 72, 84, 96, 108, 120...

Puesto que 24 es el menor número que es común a las dos listas de múltiplos, es el mínimo común múltiplo de 8 y 12.

Recuerde

Recuerde que dos números pueden tener en común varios múltiplos. Por ejemplo, 48 y 96 también son múltiplos de 8 y 12. No obstante, el mínimo común múltiplo es el menor número que es un múltiplo común de ambos números.

Ejemplos

Las siguientes son dos preguntas de ejemplo sobre las relaciones entre números.

1. **En el tercer cuestionario de matemáticas del semestre, Félix respondió correctamente 28 preguntas y tuvo 7 respuestas equivocadas. ¿Cuál es la razón entre la cantidad de preguntas que respondió correctamente y el total de preguntas en el cuestionario?**

   A   1:4

   B   1:5

   C   4:1

   D   4:5

   E   5:4

Explicación

Lea el problema y determine qué es lo que se pregunta. En este caso, ¿cuál es la razón entre la cantidad de preguntas que respondió correctamente y el total de preguntas en el cuestionario? Identifique la información pertinente. Las frases *respondió correctamente 28 preguntas*, *tuvo 7 respuestas equivocadas* y *la razón entre la cantidad de preguntas que respondió correctamente y el total de preguntas* son importantes. Decida qué operación u operaciones realizará. Primero, encuentre el total de respuestas correctas y, luego, la cantidad total de preguntas. Escriba esos números como una razón y simplifíquela. Resuelva el problema.

Número de respuestas correctas: 28
Número total de preguntas: $28 + 7 = 35$

Compruebe su trabajo y elija la mejor respuesta. **La mejor respuesta es la opción D**.

2. **¿Cuál es el mínimo común múltiplo de 16 y 40?**

   A   640
   B   160
   C   80
   D   8
   E   4

Explicación

Lea el problema y determine qué es lo que se pregunta. En este caso, ¿cuál es el mínimo común múltiplo de 16 y 40? Identifique la información pertinente. La frase *mínimo común múltiplo* y los números *16* y *40* son importantes. Decida qué operación u operaciones realizará. Primero, escriba los primeros múltiplos de 16, y luego, haga lo mismo con los primeros múltiplos de 40. Continúe hasta encontrar uno que tengan en común. Resuelva el problema.

Múltiplos de 16: 16, 32, 48, 64, 80…
Múltiplos de 40: 40, 80…
Mínimo común múltiplo: 80

Compruebe su trabajo y elija la mejor respuesta. **La mejor respuesta es la opción C**.

EJERCICIOS SOBRE RELACIONES ENTRE NÚMEROS

Elija la mejor respuesta para cada una de las preguntas siguientes.

1. **Si 3 bolígrafos cuestan $0.80, ¿cuánto costarán 12 bolígrafos?**

   A $3.20
   B $4.80
   C $6.40
   D $8.00
   E $9.60

2. La familia Ramírez le pagó a un empleado de mantenimiento $930 por 60 horas de trabajo en una propiedad de alquiler. A esta tasa, ¿cuánto deberá pagarle por 24 horas de trabajo en su domicilio particular?

   A $154

   B $155

   C $362.50

   D $372

   E $387.50

3. ¿Cuál es el máximo factor común de 56 y 84?

   A   7

   B   14

   C   28

   D   168

   E   336

4. Un cine vendió 112 entradas para alumnos y 144 entradas para adultos en una función de matiné de una película recientemente estrenada. ¿Cuál de las razones siguientes es igual a la razón entre la cantidad de entradas para alumnos y la cantidad de entradas para adultos vendidas?

   A   7:9

   B   7:16

   C   9:7

   D   9:16

   E   16:9

5. La razón entre hombres y mujeres en una conferencia de negocios fue de 3:7. ¿Cuántas mujeres asistieron a la conferencia si en ella había un total de 420 hombres?

   A   840

   B   980

   C   1,260

   D   2,520

   E   2,940

6. ¿Cuál es el mínimo común múltiplo de 18 y 45?

   A   3

   B   9

   C   90

   D   180

   E   810

7. ¿Cuál de las expresiones siguientes compara correctamente el mayor número primo menor que 50 y el mayor número compuesto menor que 50?

    A $47 < 48$

    B $47 < 49$

    C $47 > 49$

    D $48 < 49$

    E $48 > 49$

8. El museo de arte obtendrá \$6.75 por cada \$10 recaudados durante un remate a beneficio. ¿Cuál de las razones siguientes muestra la razón entre los ingresos obtenidos por el museo y la cantidad total recaudada?

    A $13:27$

    B $13:40$

    C $27:40$

    D $27:67$

    E $40:67$

9. ¿Cuál de los números siguientes representa la suma del mayor número primo que es factor de 60 y el menor número primo que es factor de 18?

    A   7

    B   6

    C   5

    D   4

    E   3

10. Si una mezcla de pinturas contiene 3 partes de azul, 1 parte de blanco y 2 partes de verde, ¿cuánta pintura verde se necesitará para obtener 18 galones de la mezcla?

    A   1

    B   2

    C   3

    D   5

    E   6

Véanse las respuestas en la página 751.

32 Mediciones y geometría: unidades de medida

Piense en los números que usted usa todos los días. El medio galón de leche en el frigorífico, las pesas de 10 libras que levantó en el gimnasio y las tres millas que condujo hasta el trabajo. Todo esto requiere algún tipo de medición. Algunas de las preguntas de la prueba de Matemáticas del examen *HiSET*® incluirán también mediciones.

En este capítulo, se repasarán tanto las unidades estándar como las unidades métricas de medida, así como las conversiones entre ellas, y se examinarán las unidades usadas para la longitud, el peso, la capacidad y el tiempo.

¿Qué es lo que se evalúa?

Unidades estándar

En los Estados Unidos, las unidades de medida más comúnmente usadas se denominan **unidades estándar**, también conocidas como **unidades tradicionales**. Estas unidades incluyen, entre otras, las pulgadas, los pies, las onzas, las tazas, las libras y los galones. Usted deberá aprender las unidades estándar de medida y comprender cómo están relacionadas unas con otras.

Longitud

Para medir la longitud o distancia en unidades estándar, use **pulgadas**, **pies**, **yardas** y **millas**.

12 pulgadas = 1 pie
3 pies = 1 yarda
1,760 yardas = 1 milla
5,280 pies = 1 milla

Capacidad

La capacidad mide el volumen, o qué cantidad de algo puede ser contenida en él. Mida la capacidad usando **onzas**, **tazas**, **pintas**, **cuartos** y **galones**.

8 onzas = 1 taza
2 tazas = 1 pinta
2 pintas = 1 cuarto
4 cuartos = 1 galón

Recuerde

Recuerde que las equivalencias entre unidades de medida podrían no estar enumeradas en la prueba. Esto significa que usted deberá memorizar cuántas onzas hay en una taza, cuántas yardas hay en una milla y todas las otras conversiones comunes que se mencionan en esta sección.

Peso

El peso mide la masa. Las unidades estándar usadas para medir el peso son las **onzas**, las **libras** y las **toneladas**.

16 onzas = 1 libra
2,000 libras = 1 tonelada

Tiempo

Las unidades estándar de tiempo son los **segundos**, los **minutos**, las **horas**, los **días**, las **semanas**, los **meses** y los **años**.

60 segundos = 1 minuto
60 minutos = 1 hora
24 horas = 1 día
7 días = 1 semana
52 semanas = 1 año
12 meses = 1 año
365 días = 1 año

Conversión de unidades estándar

Convertir unidades significa cambiar de una unidad de medida a otra. Por ejemplo, para encontrar cuántas onzas hay en 2 libras, usted deberá realizar una conversión. Para encontrar cuántos pies hay en 10 millas, usted también deberá realizar una conversión.

Para convertir una unidad más grande en una más pequeña, multiplique por la cantidad de unidades pequeñas contenidas en la unidad más grande.

Convierta 6 pies en pulgadas.

Como los pies son más grandes que las pulgadas, multiplique el número de pies por la cantidad de pulgadas que hay en un pie.

6 pies $= 6 \times 12$ pulgadas
6 pies $= 72$ pulgadas

Para convertir una unidad pequeña en una más grande, divida por la cantidad de unidades más pequeñas contenidas en la unidad más grande.

Convierta 56 onzas en tazas.

Como las onzas son más pequeñas que las tazas, divida el número de onzas por la cantidad de onzas que hay en una taza.

56 onzas $\div$ 8 onzas $= 7$ tazas

Operaciones con unidades de medida

A veces, es necesario sumar, restar, multiplicar o dividir unidades de medida.

Adición

Para sumar unidades de medida, primero, sume las unidades semejantes. Luego, convierta las unidades de medida en su forma más simple.
Sume 4 libras 12 onzas y 5 libras 11 onzas.

$$\begin{array}{r} 4 \text{ libras } 12 \text{ onzas} \\ + 5 \text{ libras } 11 \text{ onzas} \\ \hline 9 \text{ libras } 23 \text{ onzas} \end{array}$$

Ahora, convierta las 23 onzas en libras.

$23 \div 16 = 1$ libra 7 onzas

Escriba la suma de los pesos en su forma más simple.

9 libras 23 onzas $=$ 9 libras $+$ 1 libra 7 onzas $=$ 10 libras 7 onzas

Sustracción

Para restar unidades de medida, primero, reste las unidades semejantes, reagrupándolas de ser necesario. Luego, convierta las unidades de medida en su forma más simple.
Reste 3 pies 10 pulgadas de 5 pies 7 pulgadas.

$$\begin{array}{r} 5 \text{ pies } 7 \text{ pulgadas} \\ - 3 \text{ pies } 10 \text{ pulgadas} \\ \hline \end{array}$$

Puesto que usted no puede restar 10 pulgadas de 7 pulgadas, reagrupe 1 pie en pulgadas.

5 pies 7 pulgadas $=$ 4 pies 19 pulgadas

Ahora, reste las unidades semejantes.

$$\begin{array}{r} 4 \text{ pies } 19 \text{ pulgadas} \\ - 3 \text{ pies } 10 \text{ pulgadas} \\ \hline 1 \text{ pie } 9 \text{ pulgadas} \end{array}$$

Multiplicación

Para multiplicar unidades de medida, primero, multiplique cada unidad y, luego, convierta las unidades de medida en su forma más simple.

Multiplique $4\frac{3}{4}$ tazas $\times$ 5.

$$\begin{array}{rr} \text{4 tazas} & \text{6 onzas} \\ & \times\ 5 \\ \hline \text{20 tazas} & \text{30 onzas} \end{array}$$

Ahora, convierta las 30 onzas en tazas, pues esa sería la forma más simple.

30 onzas $\div$ 8 onzas = 3 tazas 6 onzas

Escriba la respuesta en su forma más simple.

20 tazas 30 onzas = 20 tazas + 3 tazas 6 onzas = 23 tazas 6 onzas

División

Para dividir unidades de medida, lo más fácil es convertir todas las cantidades a la misma unidad de medida y, luego, dividir. Por ejemplo, para dividir 7 libras 8 onzas por 6, usted podría convertir todas las unidades en libras o, si prefiere, en onzas. Recuerde que 1 libra es igual a 16 onzas. Esto significa que, en este caso, resultará bastante fácil hacer la conversión a libras porque 7 libras 8 onzas equivalen a 7.5 libras. Por lo general, lo más fácil es expresar todo en la menor unidad de medida en común. Como en 1 libra hay 16 onzas, esto significa que 7 libras son equivalentes a 7×16, es decir, 112. Luego, sume 8 a 112. Entonces, las 7 libras 8 onzas se convierten en un total de 120 onzas.

Divida 7 libras 8 onzas por 6.

$$7 \times 16 = 112$$
$$112 + 8 = 120$$

$$\begin{array}{r} 20 \\ 6)\overline{120} \text{ onzas} \\ \underline{-12} \\ 00 \\ \underline{-0} \\ 00 \end{array}$$

La respuesta correcta es 20 onzas.

Unidades métricas

Las unidades métricas están basadas en el sistema decimal de medidas, en el que cada unidad de medida representa una potencia de 10; cada unidad de medida es 10 veces más grande que la menor unidad de medida más próxima y 10 veces más pequeña que la mayor unidad de medida más próxima. Tomemos, por ejemplo, un centímetro. Un centímetro (la centésima parte de un metro) es más grande que un milímetro, la menor unidad de medida más próxima. ¿Cuántas veces más grande? Diez veces más grande. Hay 10 milímetros en cada centímetro. La mayor unidad de medida más próxima al centímetro es un decímetro (la décima parte de un metro). ¿Cuántas veces más grande es un decímetro que un centímetro? Diez veces más grande. Hay 10 centímetros en un decímetro. Las siguientes son las unidades métricas de medida más comunes.

Longitud

El **metro** es la unidad métrica que se usa para medir la longitud o distancia. Un metro es ligeramente más grande que una yarda.

1 metro = alrededor de 39 pulgadas

Capacidad

El **litro** es la unidad métrica que se usa para medir la capacidad líquida. Un litro es ligeramente más grande que un cuarto.

1 litro = algo más de 1 cuarto

Peso

Los **gramos** son unidades de medida muy pequeñas que se usan para medir el peso. Un clip pesa aproximadamente 1 gramo.

28 gramos = 1 onza

Metros, litros y gramos

El sistema métrico está basado en el metro, el litro y el gramo. Los prefijos que se agregan a cada una de estas unidades indican cuántas de ellas son. La siguiente es una lista de los prefijos.

Kilo (k) = 1,000 veces la unidad de base
Hecto (h) = 100 veces la unidad de base
Deca (da) = 10 veces la unidad de base

Unidad de base (metro (m), litro (l) y gramo (g))

Deci (d) = $\dfrac{1}{10}$ de la unidad de base

Centi (c) = $\dfrac{1}{100}$ de la unidad de base

Mili (m) = $\dfrac{1}{1000}$ de la unidad de base

Veamos el valor asociado con cada prefijo. El valor de kilo, por ejemplo, es 1,000. Esto significa que cuando se agrega este prefijo a una unidad, como metro, la unidad es multiplicada por 1,000. Entonces, 1 kilómetro es igual a 1,000 metros. Un centímetro, por otra parte, es igual a $\dfrac{1}{100}$ de un metro.

1 kilómetro = 1,000 metros
1 metro = 100 centímetros
1 kilogramo = 1,000 gramos
1 litro = 1,000 mililitros

Conversión de unidades métricas

La conversión de unidades métricas se realiza mediante el desplazamiento del punto decimal. La clave para convertir unidades métricas es saber cuántas posiciones, y en qué dirección, deberá moverse el punto decimal. La conversión de unidades más grandes en unidades más pequeñas es lo mismo que multiplicarlas por 10; la conversión de unidades más pequeñas en unidades más grandes es lo mismo que dividirlas por 10.

Para convertir una unidad más grande en una más pequeña, mueva el punto decimal hacia la derecha. Para convertir una unidad más pequeña en una más grande, mueva el punto decimal hacia la izquierda.

Veamos el diagrama siguiente.

kilo	hecto	deca	Unidad (metro, litro, gramo)	deci	centi	mili

Busque el prefijo que corresponda a la unidad original, luego cuente cuántas posiciones habrá que recorrer para llegar a la nueva unidad. Mueva el punto decimal la misma cantidad de posiciones en la misma dirección.

Convierta 1,500 centímetros en metros.

En el diagrama, comience en *centi*, pues la unidad original es centímetros. Cuente la cantidad de posiciones que hay hasta la nueva unidad, que es *metros*.

kilo	hecto	deca	Unidad (**metro**, litro, gramo)	deci	**centi**	mili

Puesto que pasar de centímetros a metros implica recorrer dos posiciones hacia la izquierda, mueva el punto decimal también dos posiciones hacia la izquierda.

$$1{,}500 \text{ centímetros} = 15 \text{ metros}$$

Otra forma de convertir unidades de base en otras unidades métricas es usando la multiplicación. Observe otra vez la lista de prefijos.

Kilo (k) = 1,000 veces la unidad de base
Hecto (h) = 100 veces la unidad de base
Deca (da) = 10 veces la unidad de base

Unidad de base (metro (m), litro (l) y gramo (g))

Deci (d) = $\dfrac{1}{10}$ de la unidad de base

Centi (c) = $\dfrac{1}{100}$ de la unidad de base

Mili (m) = $\dfrac{1}{1000}$ de la unidad de base

Convierta 5 litros en mililitros.

Según la lista un mililitro es $\dfrac{1}{1000}$ de un litro, así que para pasar de unidad más grande a otra más pequeña, multiplique por 1,000.

$$5 \times 1{,}000 = 5{,}000$$
$$5 \text{ l} = 5{,}000 \text{ ml}$$

Ejemplos

Las siguientes son dos preguntas de ejemplo sobre unidades de medida.

1. **La entrada a las oficinas de la empresa WINK, Inc. está a 660 pies del buzón de la oficina de correos ubicada en la esquina. ¿A qué fracción de milla se encuentra la puerta de entrada del buzón?**

   A $\dfrac{1}{2}$

   B $\dfrac{1}{4}$

   C $\dfrac{1}{8}$

   D $\dfrac{1}{12}$

   E $\dfrac{3}{4}$

Explicación

Lea el problema y determine qué es lo que se pregunta. En este caso, ¿a qué fracción de milla se encuentra la puerta de entrada del buzón? Identifique la información pertinente. Subraye *660 pies* y la frase *fracción de milla*. Decida qué operación u operaciones realizará. Divida 660 por la cantidad total de pies comprendidos en una milla. Luego, convierta la respuesta en fracción. Resuelva el problema.

$$660 \text{ pies} \div 5{,}280 = 0.125$$

$$0.125 = \frac{12.5}{100} = \frac{1}{8}$$

Compruebe su trabajo y elija la mejor respuesta. **La mejor respuesta es la opción C.**

2. **La señora Smith cocinó una carne asada que pesaba 3.5 kilogramos. Su familia comió un total de 750 gramos en la cena, y ella usó 300 gramos de la carne asada para preparar sándwiches el día siguiente. ¿Cuál es el peso en gramos de la carne asada sobrante?**

   A 3,500

   B 3,350

   C 3,200

   D 2,750

   E 2,450

Explicación

Lea el problema y determine qué es lo que se pregunta. En este caso, ¿cuál es el peso en gramos de la carne asada sobrante? Identifique la información pertinente. Subraye *3.5 kilogramos*, *750 gramos* y *300 gramos*. Decida qué operación u operaciones realizará.

Convierta 3.5 kilogramos en gramos. Reste 750 gramos y 300 gramos. Resuelva el problema.

1 kilogramo = 1,000 gramos, entonces 3.5 kilogramos = 3,500 gramos
3,500 – 750 – 300 = 2,450

Compruebe su trabajo y elija la mejor respuesta. **La mejor respuesta es la opción E.**

EJERCICIOS SOBRE UNIDADES DE MEDIDA

Elija la mejor respuesta para cada una de las preguntas siguientes.

1. **A la Escuela Primaria de Woodland Hills, asisten 1,200 alumnos. De ellos, aproximadamente 600 toman el autobús para regresar a sus casas. El 50% de los alumnos que no toman el autobús regresa a sus casas en bicicleta. ¿Cuántos alumnos aproximadamente regresan a sus casas en bicicleta?**

   A   100

   B   200

   C   300

   D   400

   E   500

2. **La longitud del signo ubicado enfrente de la oficina del doctor Peñalva es de 75 pulgadas. ¿Cuál es la longitud del signo en pies?**

   A   6.25

   B   6.5

   C   6.75

   D   7.25

   E   7.5

3. **Omar compró manzanas que tenían un peso total de 88 onzas. El precio de las manzanas era $1.90 por libra. ¿Cuánto pagó Omar por las manzanas?**

   A $9.28

   B $10.45

   C $13.93

   D $16.72

   E $20.90

4. **Una receta de ponche requiere 750 mililitros de jugo de ananá, 875 mililitros de jugo de arándanos, 625 mililitros de jugo de naranja y 3 litros de *ginger-ale*. ¿Cuántos litros de ponche se pueden preparar con esta receta?**

   A   2.25

   B   2.55

   C   3.25

   D   5.25

   E   5.75

5. Ernesto estuvo 2 horas mirando una película en televisión. Durante ese tiempo, pasaron 42 minutos de anuncios comerciales. ¿Qué porcentaje de tiempo estuvo Eduardo mirando anuncios comerciales?

   A   17.5%

   B   21%

   C   24%

   D   28.5%

   E   35%

6. Para pintar el interior de su casa, Guillermo compró 3 galones de pintura amarilla, 2 cuartos de pintura marrón y 3 cuartos de pintura blanca. Usó, en total, 7 cuartos para pintar las habitaciones. ¿Cuánta pintura le sobró?

   A   1 galón 1 cuarto

   B   1 galón 3 cuartos

   C   2 galones 1 cuarto

   D   2 galones 2 cuartos

   E   2 galones 3 cuartos

7. La longitud de un mapa del libro de geografía de Camila es de 12 centímetros. ¿Cuál es la longitud del mapa en milímetros?

   A   0.12 mm

   B   1.2 mm

   C   120 mm

   D   1,200 mm

   E   12,000 mm

8. Para coser cada vestido para una obra de teatro, una costurera usa 3 yardas 10 pulgadas de tela. ¿Cuánta tela necesitará para coser 9 vestidos iguales?

   A   27 yardas 10 pulgadas

   B   27 yardas 19 pulgadas

   C   28.75 yardas

   D   29.5 yardas

   E   30 yardas

9. Si 12 pulgadas equivalen a un pie, ¿cuántas pulgadas hay en 7.5 pies?

   A   92

   B   90

   C   84

   D   42

   E   19

10. Un cuadro sobre una pared tiene una altura de 36 pulgadas. Hay un espacio de 42 pulgadas debajo del cuadro y otro de 66 pulgadas arriba del cuadro. ¿Cuántos pies de altura tiene la pared?

A   3

B   8

C   12

D   14.4

E   144

Véanse las respuestas en la página 752.

33 Mediciones y geometría: geometría

La **geometría** es la rama de las matemáticas que se ocupa del estudio de las rectas, los ángulos y las formas. Usted no solo deberá ser capaz de reconocer cada uno de estos conceptos, sino que también deberá comprender cómo se relacionan entre sí y cómo se pueden medir varios aspectos de cada uno. En este capítulo, se repasarán los conocimientos geométricos que usted necesitará para la prueba de Matemáticas del examen *HiSET®*.

¿Qué es lo que se evalúa?

Rectas

El **punto** es una ubicación específica en el espacio y no tiene ni longitud ni ancho. En geometría, los puntos se identifican con letras. Una **recta** es una colección de puntos que continúa indefinidamente en ambas direcciones. A menudo, se la designa definiendo dos de los puntos que atraviesa.

Observe que los extremos de la recta contienen flechas. Estas flechas indican que la recta continúa en ambas direcciones. Puesto que la recta pasa por los puntos A y B, podría designársela como recta AB, o simplemente $\overrightarrow{AB}$. También podría designársela con una letra minúscula, como la que aparece en uno de sus extremos (k).

Segmentos de recta

Los **segmentos de recta** tienen dos puntos definidos en sus extremos. Cada extremo de la recta se indica con un punto.

Este segmento de recta se designa como JK, o simplemente $\overline{JK}$.

Semirrectas

Una **semirrecta** tiene un punto de origen específico y continúa indefinidamente en la dirección opuesta. El origen está indicado por un punto, y el otro extremo tiene una flecha, que muestra que la semirrecta continúa indefinidamente en esa dirección, como se observa en la semirrecta XY, o $\overrightarrow{XY}$.

Rectas paralelas

Las **rectas paralelas** permanecen a la misma distancia en todos sus puntos. En otras palabras, nunca se cruzan.

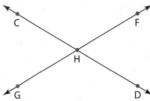

Intersección de dos rectas

Una **intersección de dos rectas** se produce cuando las rectas se cruzan en un punto en común.

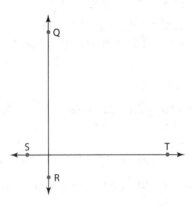

En el ejemplo anterior, la recta CD y la recta FG se cruzan en el punto H.

Rectas perpendiculares

Las **rectas perpendiculares** se cruzan formando un ángulo de 90 grados, que corresponde a la forma de la letra L. En el ejemplo siguiente, las rectas QR y ST son perpendiculares.

Recuerde

Recuerde que, al igual que las rectas, los segmentos de recta y las semirrectas pueden también ser paralelos, ser perpendiculares o cruzarse.

Ángulos

Un **ángulo** está formado por dos rectas, segmentos de recta o semirrectas que se cortan. El punto de intersección se denomina **vértice**. Veamos el ángulo siguiente.

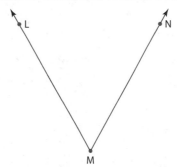

Las semirrectas ML y MN se cortan en el punto M, que es el vértice. El ángulo formado puede ser designado como ángulo LMN o ángulo *m*. Si se usa el símbolo de ángulo, las expresiones quedarían así: $\angle$LMN o $\angle$*m*.

Los ángulos se miden en grados. Un círculo mide 360 grados, y los ángulos se miden de acuerdo a la porción de círculo que representan. Por ejemplo, una línea recta representa un ángulo de 180 grados, pues divide al círculo en dos. Un cuarto de círculo equivale a un ángulo recto.

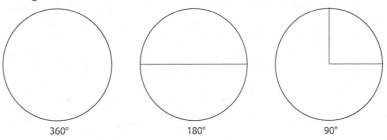

360°   180°   90°

Ángulos rectos

Un **ángulo recto** es un ángulo de 90 grados, que tiene la forma de la letra L. El pequeño símbolo cuadrado indica que el ángulo mide 90 grados.

Ángulos agudos

Un **ángulo agudo** es todo ángulo que mide menos de 90 grados. Observe que un ángulo agudo es más estrecho que un ángulo recto.

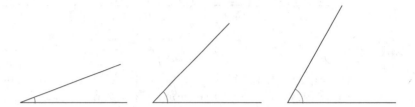

Ángulos obtusos

Un **ángulo obtuso** es todo ángulo que mide más de 90 grados. Observe que un ángulo obtuso es más amplio que un ángulo recto.

Ángulos reflejos

Un **ángulo reflejo** es todo ángulo que mide más de 180 grados. En otras palabras, que es más grande que el ángulo formado por una recta.

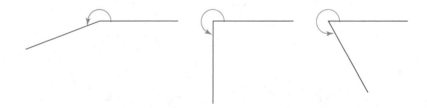

Ángulos adyacentes

Los ángulos que tiene un lado en común se denominan **ángulos adyacentes**. En el ejemplo siguiente, los ángulos *m* y *n* son adyacentes.

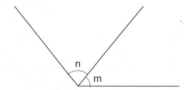

Ángulos complementarios

Los ángulos cuya suma es igual a 90 grados se denominan **ángulos complementarios**, lo que significa que, considerados juntos, crean un ángulo recto. Veamos los ángulos complementarios siguientes. El ángulo *a* mide 20 grados, y el ángulo *b* mide 70 grados. Puesto que 20 + 70 = 90, estos ángulos son complementarios.

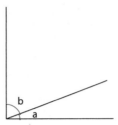

Ángulos suplementarios

Los ángulos cuya suma es igual a 180 grados se denominan **ángulos suplementarios**, lo que significa que, considerados juntos, crean una recta. Veamos los ángulos suplementarios siguientes. El ángulo *c* mide 145 grados, y el ángulo *d* mide 35 grados. Puesto que 145 + 35 = 180, estos ángulos son suplementarios.

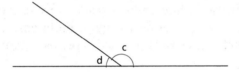

Ángulos opuestos por el vértice

Cuando dos rectas se cruzan, forman ángulos. Los ángulos que se encuentran enfrentados se denominan **ángulos opuestos por el vértice**. Tienen la misma medida.

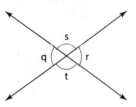

En este ejemplo, el ángulo *q* y el ángulo *r* son ángulos opuestos por el vértice. Ambos miden 70 grados. Del mismo modo, los ángulos *s* y *t* también son ángulos opuestos por el vértice, y ambos miden 110 grados.

Ángulos correspondientes

Cuando dos rectas paralelas son cruzadas por una **recta transversal** forman ocho ángulos. Los pares de ángulos que ocupan la misma posición relativa se denominan **ángulos correspondientes** y tienen la misma medida.

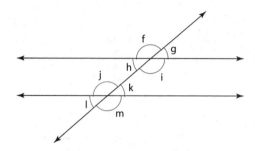

En este ejemplo, los ángulos *f* y *j* son correspondientes, pues ocupan la misma posición relativa a la recta transversal. Por ello, tienen la misma medida. Del mismo modo, los ángulos *g* y *k* son correspondientes, al igual que los ángulos *h* y *l* y los ángulos *i* y *m*.

Figuras bidimensionales

Las figuras bidimensionales están formadas por una combinación de puntos, rectas y ángulos. Muchas de las figuras bidimensionales son polígonos, es decir, figuras geométricas cerradas con lados rectos. Veamos algunos ejemplos de polígonos.

Triángulos

Los triángulos son polígonos que tienen tres lados y tres ángulos. La suma de los ángulos interiores de cualquier triángulo es igual a 180 grados.

Un **triángulo equilátero** tiene sus tres lados iguales y cada uno de sus ángulos mide 60 grados. La pequeña marca que cruza cada uno de sus lados significa que la longitud de los lados es la misma.

Un **triángulo isósceles** tiene dos lados iguales y dos ángulos también iguales.

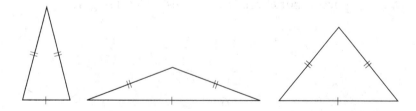

Un **triángulo escaleno** no tiene lados ni ángulos iguales.

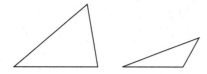

Un **triángulo rectángulo** tiene un ángulo recto. El lado opuesto al ángulo recto se denomina **hipotenusa**. Es el lado de mayor longitud del triángulo.

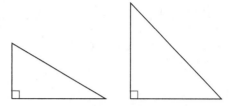

Todos los ángulos de un **triángulo acutángulo** miden menos de 90 grados. Los triángulos equiláteros son acutángulos porque todos sus ángulos miden 60 grados.

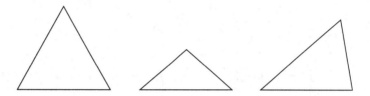

Un **triángulo obtusángulo** tiene un ángulo obtuso.

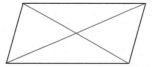

Cuadriláteros

Los polígonos que tienen cuatro lados y cuatro ángulos se denominan **cuadriláteros**. La suma de los ángulos interiores de cualquier cuadrilátero es igual a 360 grados. Veamos algunos ejemplos de cuadriláteros.

Un **paralelogramo** es un cuadrilátero cuyos lados opuestos paralelos y sus ángulos opuestos son iguales.

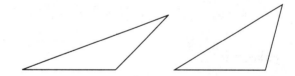

Un **rectángulo** es un cuadrilátero cuyos lados opuestos son iguales y sus cuatro ángulos son rectos. Los rectángulos son un tipo de paralelogramo.

Un **cuadrado** es un cuadrilátero cuyos cuatro lados son iguales y sus cuatro ángulos son rectos. Los cuadrados son ejemplos tanto de rectángulos como de paralelogramos.

Un **rombo** es un cuadrilátero cuyos cuatro lados son iguales. Puesto que el cuadrado tiene también sus cuatro lados iguales es un ejemplo de rombo.

Un **trapezoide** es un cuadrilátero que tiene un solo par de lados paralelos.

Otros polígonos

Los triángulos y los cuadriláteros representan los tipos más comunes de polígonos que usted encontrará en la prueba de Matemáticas del examen HiSET; no obstante, existen otros tipos de polígonos con los que debería estar familiarizado. Los polígonos con cinco lados y cinco ángulos se denominan **pentágonos**. Aquellos que tienen seis lados y seis ángulos se denominan **hexágonos**, y aquellos con ocho lados y ocho ángulos se denominan **octógonos**.

Pentágono   Hexágono   Octógono

Círculos

Los **círculos** son también figuras bidimensionales, pero que, a diferencia de los triángulos y los cuadriláteros, no son polígonos porque no tienen lados rectos. Por definición, un círculo es una figura plana cuyos puntos se encuentran todos a la misma distancia del centro.

La distancia del centro a cualquiera de esos puntos se llama **radio**. La distancia de un lado del círculo al otro, pasando por el centro, se denomina **diámetro**. Veamos los círculos siguientes. El segmento de recta AB representa el radio; el segmento de recta CD representa el diámetro. El diámetro tiene una longitud que es igual a dos veces la del radio.

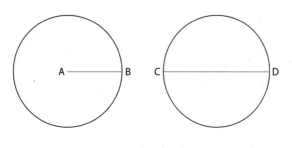

Semejanza y congruencia

Las figuras que tienen la misma forma pero diferente tamaño son **semejantes**. Veamos los triángulos rectángulos siguientes. Los ángulos correspondientes, o aquellos que se encuentran en la misma posición, tienen la misma medida. El segundo triángulo es más pequeño que el primero; sin embargo, la longitud de los lados es proporcional. Estos triángulos son un ejemplo de figuras semejantes.

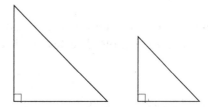

Los lados correspondientes de las figuras pueden ser escritos como una proporción para determinar las medidas desconocidas.

Las figuras que tienen la misma forma y el mismo tamaño son **congruentes**. Como los paralelogramos siguientes tienen ángulos de igual medida y lados de igual longitud, son congruentes.

Las figuras podrían ser giradas en diferentes direcciones y seguir siendo congruentes.

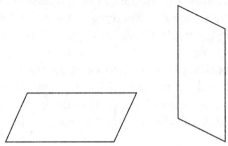

Figuras tridimensionales

Las figuras tridimensionales se denominan **cuerpos sólidos**. Algunos cuerpos sólidos tienen lados planos que se llaman **caras**. Veamos algunos de los cuerpos sólidos geométricos más comunes.

Prisma rectangular

Un **prisma rectangular** es un cuerpo sólido que tiene seis caras, cada una de las cuales tiene la forma de un rectángulo. Por ejemplo, una caja de zapatos es un ejemplo de prisma rectangular.

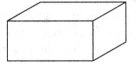

Cubo

Un **cubo** tiene seis caras en forma de cuadrado, todas las cuales son iguales. Un dado de seis caras es un ejemplo de este tipo de cuerpo sólido.

Pirámide cuadrangular

Una **pirámide cuadrangular** tiene una base que es un cuadrado y cuatro caras en forma de triángulo.

Cilindro

Un **cilindro** tiene dos bases paralelas que son círculos. Los lados curvos son perpendiculares a las bases. Una lata de sopa es un ejemplo de cilindro.

Cono

Un **cono** tiene una base circular; los lados están formados por una superficie curva conectada a un vértice. Como usted puede ver, el cono de un helado y un sombrerito puntiagudo de una fiesta de cumpleaños son ejemplos de conos.

Ejemplos

Las siguientes son dos preguntas de ejemplo sobre geometría.
Observe el diagrama siguiente.

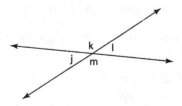

1. **La medida del ángulo *j* es 37.5 grados. ¿Cuál es la medida del ángulo *k*?**

    A 37.5 grados

    B 52.5 grados

    C 142.5 grados

    D 152.5 grados

    E 322.5 grados

Explicación

Lea el problema y determine qué es lo que se pregunta. En este caso, ¿cuál es la medida del ángulo k? Identifique la información pertinente. La medida del ángulo j es 37.5 grados. Puesto que también es importante la ubicación de los ángulos j y k, haga un círculo sobre cada ángulo en la figura. Decida qué operación u operaciones realizará. Como se trata de ángulos suplementarios, reste la medida del ángulo j de 180 grados. Resuelva el problema.

$$180 - 37.5 = 142.5 \text{ grados}$$

Compruebe su trabajo y elija la mejor respuesta. **La mejor respuesta es la opción C.**

2. **Un triángulo rectángulo tiene un ángulo que mide 63 grados. ¿Cuál es la medida del tercer ángulo?**

   A   27
   B   54
   C   63
   D   117
   E   207

Explicación

Lea el problema y determine qué es lo que se pregunta. En este caso, ¿cuál es la medida del tercer ángulo? Identifique la información pertinente. La medida de un ángulo es 63 grados. Subraye la expresión *triángulo rectángulo*. Decida qué operación u operaciones realizará. Los ángulos interiores de un triángulo rectángulo suman 180 grados, así que reste el ángulo recto y el ángulo de 63 grados de 180. Resuelva el problema.

$$180 - 90 - 63 = 27 \text{ grados}$$

Compruebe su trabajo y elija la mejor respuesta. **La mejor respuesta es la opción A.**

EJERCICIOS SOBRE GEOMETRÍA

Elija la mejor respuesta para cada una de las preguntas siguientes.

1. **¿Cuál es la suma de los ángulos interiores de un hexágono?**

   A   90 grados
   B   180 grados
   C   270 grados
   D   360 grados
   E   720 grados

2. **¿Cuál es el complemento de un ángulo de 75 grados?**

   A   15 grados
   B   75 grados
   C   90 grados
   D   165 grados
   E   285 grados

3. **La medida del ∠*y* es 60 grados. Si el ∠*z* y el ∠*y* son ángulos opuestos por el vértice, ¿cuál es la medida del ∠*z*?**

    A   30 grados

    B   60 grados

    C   90 grados

    D   120 grados

    E   180 grados

4. **Observe la figura siguiente, que contiene dos rectas paralelas verticales cruzadas por una recta transversal. La medida del ∠*c* es 65 grados.**

    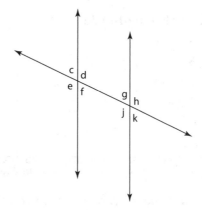

    ¿Cuál de las afirmaciones siguientes es verdadera?

    A   ∠*d* = 65 grados

    B   ∠*h* = 65 grados

    C   ∠*j* = 115 grados

    D   ∠*k* = 115 grados

    E   ∠*e* = 125 grados

5. **El diseño de las tarjetas de visita de Franco es un paralelogramo.**

    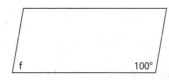

    ¿Cuál es la medida del ángulo *f*?

    A   40 grados

    B   80 grados

    C   90 grados

    D   100 grados

    E   260 grados

6. Las dos velas del barco de Miguel son triángulos semejantes, como se muestra en la figura siguiente.

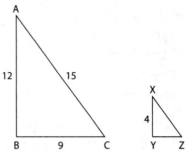

¿Cuál es la longitud de $\overline{XZ}$?

A   3

B   5

C   7

D   12

E   15

Las preguntas 7 y 8 se refieren a la información siguiente.

En la figura siguiente, el segmento de recta ST es un diámetro del círculo, y el segmento QR es un radio. El segmento de recta RU es también un radio. La medida del $\angle QRS$ es 62 grados.

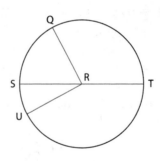

7. ¿Cuál es la medida del $\angle QRT$?

A   28 grados

B   90 grados

C   118 grados

D   128 grados

E   180 grados

8. En la figura, el ∠QRU es un ángulo recto. ¿Cuál es la medida del ∠SRU?

   A   118 grados

   B   90 grados

   C   31 grados

   D   28 grados

   E   18 grados

9. Se colocará un nuevo piso de madera dura en un clóset rectangular de 5 pies por 8 pies. La madera cuesta $3.40 por pie cuadrado. ¿Cuánto costará la madera para el piso del clóset?

   A $11.76

   B $44.20

   C $136.00

   D $283.00

   E $417.00

10. ¿Cuál de los polígonos siguientes tiene ocho lados?

   A   Hexágono

   B   Cuadrilátero

   C   Octógono

   D   Pentágono

   E   Heptágono

Véanse las respuestas en la página 752.

34 Análisis de datos, probabilidad y estadística: estadística

Usted probablemente ya haya leído material de investigación que contenía hechos y cifras, como que la apertura promedio de las alas de un águila calva es entre 80 y 90 pulgadas, o que el ingreso promedio en Dover, Massachusetts, es más de $143,000 por año. Hechos y cifras como estos son materia de estudio de la rama de las matemáticas denominada **estadística**, que se ocupa de analizar e interpretar datos numéricos basados en muestras y poblaciones.

En este capítulo, se repasarán las definiciones y conocimientos que usted necesitará para responder las preguntas sobre estadística y análisis de datos de la prueba de Matemáticas del examen *HiSET®*. Al igual que con otros tipos de preguntas, usted deberá aplicar algunos de los otros conocimientos matemáticos que haya aprendido para responder estas preguntas. De ser necesario, repase los números enteros, las operaciones, las estimaciones y los decimales. Estos temas son importantes para la comprensión de la estadística.

¿Qué es lo que se evalúa?

Población

Una **población** es un grupo completo de personas u objetos sobre los que se consideran datos. Para generalizar sobre una población específica, a menudo se recoge o estudia una muestra; por ejemplo, todos los árboles en un bosque particular, todos los alumnos varones que asisten a determinada universidad, todos los empleados de una empresa dada o todos los residentes de los Estados Unidos.

Muestra

Una **muestra** es un grupo más pequeño seleccionado entre una población. Se usa una muestra cuando la población es muy grande para estudiar cada uno de sus elementos. Por ejemplo, para determinar la edad promedio de los residentes de una ciudad dada, *algunas* edades de las personas se registran y analizan. Resultaría difícil y demandaría mucho tiempo, si ello fuera posible, registrar esta información de cada residente. La porción de la población que se usa para recoger la información es la *muestra*. El grupo completo, que incluiría a todos los residentes en la ciudad, es la *población*. Para que un estudio resulte preciso, la muestra debe ser representativa de toda la población.

Muestra aleatoria

Una **muestra aleatoria** es, a menudo, la mejor forma de asegurar que un estudio sea representativo de la población total, a pesar de que existen muchos problemas con las muestras aleatorias, sobre todo si son pequeñas. Una muestra aleatoria es una muestra en la que cada individuo u objeto de la población total tiene la misma probabilidad de ser seleccionado.

Muestra parcial

Se considera que una muestra es **parcial** cuando algunos miembros de la población no están representados en ella o cuando ciertos miembros tienen más probabilidades de estar incluidos que otros. Supongamos que usted desea conocer qué es lo que opina la población de alumnos de una escuela superior sobre un aumento del presupuesto para el programa de música. Si solo se incluyen en el estudio los miembros de la banda, la muestra resultará parcial, pues no será representativa de la población de toda la escuela.

Muestra imparcial

Se considera que una muestra es **imparcial** cuando cada miembro de la población total ha sido seleccionado por características que no le son inherentes. Por ejemplo, una mujer no puede ser seleccionada solo porque es mujer, o un niño por ser niño. Puede que esto no parezca muy diferente de lo que es una muestra aleatoria, pero lo es. Piénselo de esta forma: las personas encargadas del estudio que tratan de obtener una muestra imparcial hacen un esfuerzo para no considerar determinadas características. En el ejemplo sobre el presupuesto para el programa escolar de música, una muestra imparcial incluirá a algunos miembros de la banda, algunos alumnos que participan en el programa de actividades deportivas y algunos alumnos que no participan en las actividades que se realizan después del horario escolar.

Rango

El **rango** de un conjunto de datos es la diferencia entre el valor más alto y el valor más bajo del conjunto. Supongamos que sus calificaciones en los cuestionarios de matemáticas de este semestre fueron 100 por ciento, 92 por ciento, 87 por ciento y 98 por ciento. El valor más alto es 100 por ciento, y el valor más bajo es 87 por ciento. El rango de sus calificaciones en los cuestionarios es 13.

Valor atípico

Un **valor atípico** es un valor muy diferente del resto del conjunto de datos. Estos valores pueden afectar las mediciones de tendencia central. Por ejemplo, supongamos que usted quiere conocer la calificación promedio en una prueba de los alumnos del curso de matemáticas. Quince de los alumnos obtuvieron en la prueba calificaciones entre 85 por ciento y 95 por ciento; un alumno obtuvo 37 por ciento. Esta calificación es un valor atípico. Si se lo incluyera en el informe sobre la calificación promedio, disminuiría considerablemente el promedio de los alumnos del curso.

Medidas de tendencia central

Las **medidas de tendencia central** representan el corazón de la estadística. Básicamente, son diferentes formas de informar sobre los valores centrales de un conjunto de datos. Estas medidas son la *media*, la *mediana* y la *moda*.

Media

Cuando pensamos en el promedio de un conjunto de datos, nos estamos refiriendo, por lo general, a la **media** aritmética. Para encontrar la media, sume los valores en un conjunto de datos y divida la suma por la cantidad total de sumandos.

Ejemplo: las edades de las personas que viven en la casa de Jaqueline son: 17, 12, 47, 50 y 14.

¿Cuál es la media de las edades de las personas que viven en su casa?

Para encontrar la media, sume, primero, las edades.

$$17 + 12 + 47 + 50 + 14 = 140$$

Luego, divida la suma por la cantidad de valores en el conjunto de datos. Puesto que hay cinco edades, divida el total por 5.

$$140 \div 5 = 28$$

La media de las edades de las personas que viven con Jaqueline es 28 años. Observe que, en realidad, nadie en la casa tiene 28 años. La media puede ser, o no, uno de los valores del conjunto de datos.

Mediana

La **mediana** es el número que ocupa el lugar del medio en un conjunto de datos. Para determinar la mediana, ordene, primero, los datos de menor a mayor. Luego, encuentre el valor que corresponda al medio de la lista.

Pablo retiró cinco libros de la biblioteca pública para preparar un informe de investigación. La cantidad de páginas de cada libro era: 147, 653, 812, 92 y 281. ¿Cuál es la mediana de la cantidad de páginas en los libros?

Primero, ordene los valores de menor a mayor.

92, 147, 281, 653, 812

Luego, encuentre el número en el medio de la lista.

92, 147, <u>281</u>, 653, 812

Como hay cinco valores, el tercer valor es el valor del medio. Esto significa que la mediana es 281.

Encontrar la mediana en un conjunto de datos que contiene una cantidad impar de valores es bastante fácil. Si el conjunto contiene una cantidad par de valores, ordene los valores de menor a mayor, identifique los dos valores en el medio del conjunto, súmelos y divida la suma por dos.

Encuentre la mediana del conjunto de datos siguientes.

73, 10, 82, 141, 155, 26

Primero, ordene los valores de menor a mayor.

10, 26, 73, 82, 141, 155

Luego, puesto que se trata de una cantidad par de valores, identifique los dos que están en el medio de la lista.

10, 26, <u>73</u>, <u>82</u>, 141, 155

Sume estos números y divida su suma por 2.

$$73 + 82 = 155$$
$$155 \div 2 = 77.5$$

La mediana del conjunto de datos es 77.5. Observe que 77.5 no representa a ninguno de los números incluidos en el conjunto de datos. Cuando el conjunto incluye una cantidad impar de valores, la mediana es uno de los números del conjunto. Sin embargo, cuando el conjunto incluye una cantidad par de valores, la mediana puede que no esté incluida en el conjunto.

Moda

La **moda** es el valor que aparece con más frecuencia en un conjunto de datos. Para determinar la moda, busque los valores que aparecen más de una vez. Le resultará más sencillo hacerlo si ordena, primero, los valores de menor a mayor.

Durante las últimas dos semanas, Delfina viajó por cuestiones de trabajo cada día. La cantidad de millas que recorrió por día fue: 72, 61, 25, 61, 43, 92, 84, 50, 71, 55.

¿Cuál es la moda de este conjunto de datos?

Primero, ordene los datos de menor a mayor.

25, 43, 50, 55, 61, 61, 71, 72, 84, 92

Luego, busque cualquier número que aparezca más de una vez en la lista.

Puesto que 61 aparece más veces que los otros números en la lista, 61 es la moda de este conjunto de datos.

Si más de un valor aparece en la lista más de una vez, la moda es el valor que aparece con más frecuencia.

¿Cuál es la moda del conjunto de datos siguientes?

68, 42, 30, 21, 42, 64, 21, 35, 30, 21, 40

Primero, ordene los valores de menor a mayor.

21, 21, 21, 30, 30, 35, 40, 42, 42, 64, 68

Luego, identifique los números que aparezcan más de una vez en la lista.

<u>21, 21, 21</u>, <u>30, 30</u>, 35, 40, <u>42, 42</u>, 64, 68

Tres números aparecen más de una vez en el conjunto: 21, 30 y 42. Puesto que 21 aparece tres veces y 30 y 42 solo dos, la moda de este conjunto de datos es 21.

Si dos o más números aparecen una cantidad igual de veces, el conjunto tendrá más de una moda.

¿Cuál es la moda del conjunto de datos siguientes?

43, 80, 43, 91, 52, 43, 91, 75, 67, 91, 75

Primero, ordene los valores de menor a mayor.

43, 43, 43, 52, 67, 75, 75, 80, 91, 91, 91

Luego, identifique los números que aparezcan más de una vez en la lista.

<u>43, 43, 43</u>, 52, 67, <u>75, 75</u>, 80, <u>91, 91, 91</u>

Observe que 75 aparece dos veces, pero 43 y 91 aparecen cada uno tres veces. Por ello, este conjunto de datos es bimodal, es decir, tiene dos modas (43 y 91).

A diferencia de la media y la mediana, la moda representa a un número que aparece en el conjunto.

Ejemplos

Las siguientes son dos preguntas de ejemplo sobre estadística.

1. **Durante los últimos seis meses, la factura de electricidad de Marcos ha sido, aproximadamente, de $174, $215, $183, $198, $225 y $192. ¿Cuál fue la media de sus pagos mensuales durante ese tiempo?**

   A $195.00

   B $197.83

   C $199.00

   D $201.71

   E $202.60

Explicación

Lea el problema y determine qué es lo que se pregunta. En este caso, ¿cuál fue la media de sus pagos mensuales durante ese tiempo? Identifique la información pertinente. Usted necesita saber el monto de cada factura: $174, $215, $183, $198, $225 y $192. Usted necesita también comprender el significado de la palabra *media*. Decida qué operación u operaciones realizará. Para encontrar la media, sume, primero, los montos de las facturas de electricidad. Luego, divida la suma por 6, pues esa es la cantidad de sumandos que tiene. Resuelva el problema.

$$174 + 215 + 183 + 198 + 225 + 192 = 1{,}187$$

$$1{,}187 \div 6 = \$197.83$$

Compruebe su trabajo y elija la mejor respuesta. **La mejor respuesta es la opción B**.

2. **Andrea corre una milla todas las tardes. En los últimos cuatro días, sus tiempos han sido: 6 minutos 12 segundos, 5 minutos 34 segundos, 6 minutos 50 segundos y 7 minutos 3 segundos. ¿Cuál es la mediana de los tiempos que ha empleado para recorrer la milla?**

   A   6 minutos 12 segundos

   B   6 minutos 19 segundos

   C   6 minutos 25 segundos

   D   6 minutos 31 segundos

   E   6 minutos 50 segundos

Explicación

Lea el problema y determine qué es lo que se pregunta. En este caso, ¿cuál es la mediana de los tiempos que ha empleado para recorrer la milla? Identifique la información pertinente. Usted necesita saber los tiempos que empleó cada día. Usted necesita también comprender el significado de la palabra *mediana*. Decida qué operación u operaciones realizará. Para encontrar la mediana, ordene los tiempos empleados de menor a mayor. Como hay cuatro tiempos, sume los dos del medio y divida la suma por 2. Resuelva el problema.

5 minutos 34 segundos, 6 minutos 12 segundos, 6 minutos 50 segundos, 7 minutos 3 segundos

Los dos tiempos del medio son: 6 minutos 12 segundos y 6 minutos 50 segundos. Puesto que los dos tiempos son de más de 6 minutos, efectúe el promedio solo de los segundos.

$$12 + 50 = 62$$
$$62 \div 2 = 31$$

Entonces, la mediana es 6 minutos 31 segundos.

Compruebe su trabajo y elija la mejor respuesta. **La mejor respuesta es la opción D**.

EJERCICIOS SOBRE ESTADÍSTICA

Elija la mejor respuesta para cada una de las preguntas siguientes.

Las preguntas 1 a 3 se refieren a la información siguiente.

La tabla siguiente muestra cuántos galones de gasolina usó Mercedes cada mes.

Mes	Galones de gasolina
Febrero	53.5
Marzo	48.7
Abril	61.9
Mayo	54.8
Junio	82.3
Julio	45.6

1. **¿Cuál es la media de la cantidad de galones que usó Mercedes?**
   A   57.8
   B   54.8
   C   54.2
   D   53.5
   E   52.9

2. **¿Cuál es la mediana de este conjunto de datos?**
   A   53.5
   B   54.15
   C   54.8
   D   55
   E   61.9

3. **¿Cuál es el rango de este conjunto de datos?**
   A   4.8
   B   7.9
   C   16.3
   D   36.7
   E   54.1

Las preguntas 4 a 6 se refieren a la información siguiente.

Las ofertas ganadoras en la subasta de arte fueron: $250, $170, $225, $185, $160, $250, $995 y $215.

4. **¿Cuál fue la mediana de las ofertas ganadoras?**

   A $215

   B $220

   C $250

   D $172.50

   E $306.25

5. **¿Cuál es la moda del conjunto de datos?**

   A $172.50

   B $215

   C $250

   D $306.25

   E $835

6. **¿Cuál será el resultado de eliminar el valor atípico del conjunto de datos?**

   A   La moda de los datos aumentará.

   B   La media de los datos aumentará.

   C   La media de los datos disminuirá.

   D   La mediana de los datos aumentará.

   E   La moda de los datos disminuirá.

7. **Gabriel quiere realizar un estudio sobre la opinión de la gente acerca de si los restaurantes del patio de comidas en un centro comercial ofrecen suficientes opciones de comida saludable. ¿Cuál sería probablemente la mejor manera de encontrar una muestra aleatoria imparcial para su estudio?**

   A   Preguntarle a cada quinta persona que está haciendo fila en el patio de comidas

   B   Preguntarles a los hombres que están haciendo compras en la tienda de comidas saludables

   C   Hablar con todas las personas que están comiendo en este momento en el patio de comidas

   D   Hablar con cada décima persona que entra al centro comercial

   E   Preguntarles a las mujeres que están haciendo compras en el centro comercial

8. **Mientras estaba en el centro comercial, Eugenia compró dos blusas que estaban en rebaja por $18.95 cada una, un suéter por $25.70 y tres camisetas por $12.50 cada una. ¿Cuál es la media de los precios que pagó Eugenia por cada artículo?**

   A $12.50

   B $13.20

   C $15.73

   D $16.85

   E $19.05

Las preguntas 9 y 10 se refieren a la tabla siguiente.

Cantidad de alumnos	Calificación en la prueba
2	100
3	90
3	80
1	55

9. ¿Cuál es la media de las calificaciones?

   A   85

   B   84.75

   C   83

   D   82

   E   81.25

10. ¿Cuál sería la media si el valor atípico fuera excluido?

    A   90

    B   88.75

    C   87

    D   85

    E   81.25

Véanse las respuestas en la página 752.

35 Análisis de datos, probabilidad y estadística: probabilidad

Determinar la posibilidad de que ocurra un evento es la base de la probabilidad. Aunque no se dé cuenta de ello, usted usa posiblemente la probabilidad de manera regular. Cuando usted lanza al aire una moneda para decidir quién paga la cuenta de la cena, compra un billete de lotería o participa en un sorteo, está usando la probabilidad.

Algunas de las preguntas de la prueba de Matemáticas del examen *HiSET*® se refieren a la probabilidad. En este capítulo, se repasarán las definiciones y estrategias que usted necesitará para tener éxito en la prueba de Matemáticas.

¿Qué es lo que se evalúa?

Probabilidad es el cálculo de las posibilidades que existen de que algo se cumpla o suceda. Un evento cuya ocurrencia está garantizada es un **evento seguro**. Por ejemplo, es seguro que la Tierra continuará orbitando alrededor del Sol todo el día de hoy. Por el contrario, un evento que no tiene ninguna posibilidad de ocurrir es un **evento imposible**. Por ejemplo, no hay ninguna posibilidad de que el Sol orbite alrededor de la Tierra mañana. Es imposible.

Algunas definiciones adicionales lo ayudarán a entender el concepto de probabilidad.

Experimento

Probablemente, usted haya realizado experimentos en la escuela primaria. En matemáticas, también se realizan experimentos. En cuestiones de probabilidad, un experimento significa una situación controlada y repetible que incluye probabilidad o azar.

Arrojar un dado, lanzar al aire una moneda o extraer un nombre de un sombrero en un sorteo son ejemplos de experimentos. Cada uno representa una situación de probabilidad. Cuando se arroja un dado, hay una probabilidad de que salga un 1. Hay también una misma probabilidad de que salga un 2, un 3, un 4, un 5 o un 6.

Evento

En probabilidad, un **evento** es un conjunto de posibles resultados a los que se les ha asignado una probabilidad. Supongamos que usted quiere que cuando arroje el dado salga un 3. En ese caso, el evento sería que el dado cayera con la cara del 3 para arriba. Si usted quiere que cuando arroje el dado salga un número mayor que 4, el evento sería que el lado cayera con la cara del 5 o del 6 para arriba.

Resultado

El **resultado** es uno de los posibles resultados de la realización de un experimento de probabilidad una sola vez. Como usted sabe, los posibles resultados de arrojar un dado son 1, 2, 3, 4, 5 y 6. Los posibles resultados de lanzar al aire una moneda son cara o cruz. El posible resultado de extraer un nombre de un sombrero dependerá de la cantidad de personas que hayan participado en el sorteo.

Cuando el resultado de arrojar un dado o lanzar al aire la moneda sea el que usted esperaba, se tratará de un **resultado favorable**. Si usted eligió cruz cuando la moneda estaba en el aire, y la moneda cayó con la cruz para arriba, ha obtenido un resultado favorable.

Espacio muestral

El conjunto de todos los resultados posibles de un evento se denomina **espacio muestral**, o espacio de muestreo. El espacio muestral de arrojar un dado de seis caras es {1, 2, 3, 4, 5, 6}. Observe que se enumeran todos los posibles resultados de arrojar un dado, y que la lista está escrita entre llaves.

Determinación de la probabilidad

Para determinar la probabilidad, o posibilidad, de que ocurra un evento, use la fórmula siguiente:

$$\text{Probabilidad del evento} = \frac{\text{cantidad de resultados favorables}}{\text{cantidad total de resultados posibles}}$$

La siguiente es una versión abreviada de esta fórmula. En ella, p representa la probabilidad, y A representa un evento particular.

$$p(A) = \frac{\text{cantidad de resultados favorables}}{\text{cantidad total de resultados posibles}}$$

La probabilidad puede ser expresada como una razón, un porcentaje o una fracción. Un resultado seguro, o uno que tiene una probabilidad de ocurrir del 100 por ciento, tiene una probabilidad de 1. Un resultado imposible, o uno que no puede ocurrir, tiene una probabilidad de 0. La probabilidad de todos los otros eventos está comprendida en el rango de valores ubicado entre 0 y 1.

Veamos la ruleta siguiente.

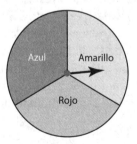

Observe que los sectores de la ruleta son iguales. Esto significa que hay una posibilidad igual de que se detenga en cualquiera de los tres colores. Encuentre la probabilidad de que se detenga en el sector amarillo. Puesto que el detenerse en el sector amarillo representa el único resultado favorable para este evento, 1 es la cantidad de resultados favorables. Como podría detenerse tanto en el sector amarillo como en el rojo y en el azul, 3 es la cantidad de resultados posibles.

$$p(\text{amarillo}) = \frac{\text{cantidad de resultados favorables}}{\text{cantidad total de resultados posibles}}$$

$$p(\text{amarillo}) = \frac{1}{3}$$

La probabilidad de que se detenga en el sector amarillo es $\frac{1}{3}$.

¿Cuál es la probabilidad de que se detenga sobre un color primario?

$$p(\text{color primario}) = \frac{\text{cantidad de resultados favorables}}{\text{cantidad total de resultados posibles}}$$

$$p(\text{color primario}) = \frac{3}{3} = 1$$

La probabilidad de que se detenga sobre un color primario es 1. Este es un evento seguro, porque existe un 100 por ciento de posibilidades de que se obtenga este resultado.

¿Cuál es la probabilidad de que se detenga en el sector verde?

$$p(\text{verde}) = \frac{\text{cantidad de resultados favorables}}{\text{cantidad total de resultados posibles}}$$

$$p(\text{verde}) = \frac{0}{3}$$

La probabilidad de que se detenga en el sector verde es 0 porque el resultado es imposible.

Cuando la probabilidad de que un evento ocurra es mayor que 50 por ciento, el evento se considera **probable**. En otras palabras, existe una buena posibilidad de que suceda. Cuando el pronóstico del tiempo dice que hay un 75 por ciento de posibilidades de que llueva, usted sabe que hay muchas posibilidades de que esto suceda; es posible que llueva.

Por el contrario, cuando la probabilidad de que un evento ocurra es menor que 50 por ciento, existe una pequeña posibilidad de que suceda, y el evento se considera **improbable**. Cuando usted arroja un dado una sola vez, es improbable que salga un 2. Es posible; sin embargo, la probabilidad de que ello ocurra es $\frac{1}{6}$, así que es improbable.

Cuando dos eventos tienen la misma probabilidad de ocurrir, los eventos son **igualmente probables**. Volvamos a la ruleta. Es igualmente posible que la ruleta se detenga en el sector amarillo que en el azul pues la probabilidad de cada evento es $\frac{1}{3}$.

Probabilidad independiente

Hasta ahora, los eventos considerados comprendían solo la probabilidad independiente, es decir, la probabilidad de que un evento ocurriera no dependía del resultado de un evento previo.

Supongamos que usted lanza al aire la moneda dos veces. El resultado del primer lanzamiento no tiene nada que ver con el del segundo. La probabilidad del segundo evento no es afectada por el resultado del primero.

Probabilidad dependiente

Algunos eventos incluyen la **probabilidad dependiente**, en la que el resultado de un evento depende del resultado de otro previo. Supongamos que usted tiene una baraja francesa de 52 cartas y da vuelta dos de ellas. Cuando da vuelta la primera, la probabilidad de obtener el as de picas es $\frac{1}{52}$. Sin embargo, cuando da vuelta la segunda, ya no quedan 52 cartas en la baraja; hay solo 51. La probabilidad de obtener el as de picas en el segundo caso es, entonces, $\frac{1}{51}$. La probabilidad del segundo evento ha sido afectada por el resultado del primero.

Recuerde

Recuerde que, si en la pregunta se dice que el evento ocurre *con reemplazo*, los eventos son independientes. La frase *con reemplazo* significa que cualquier carta que se haya sacado de la baraja, cualquier canica que se haya extraído de una bolsa o cualquier nombre que se haya retirado de un sombrero ha sido reemplazado, o colocado de nuevo, después del experimento. Si hubo reemplazo, el resultado del primer evento no afecta más al resultado del segundo.

Volvamos al ejemplo de la baraja francesa. Si la primera carta que se da vuelta se devuelve a la baraja, la probabilidad de obtener un as de picas la segunda vez sigue siendo $\frac{1}{52}$, la misma que en el primer caso, pues hay otra vez 52 cartas en la baraja. La probabilidad no cambió de un evento al otro.

Eventos mutuamente excluyentes

Los eventos que no pueden ocurrir al mismo tiempo se consideran **mutuamente excluyentes**. Supongamos que usted va a dar vuelta una única carta de una baraja francesa. Que esa carta sea de corazones y una reina *no* son mutuamente excluyentes porque los dos eventos pueden ocurrir al mismo tiempo. Sin embargo, usted no podrá obtener un corazón y un trébol al mismo tiempo; estos eventos serían mutuamente excluyentes.

Volvamos a la ruleta. La ruleta podría detenerse sobre un color primario y en el sector rojo, así que estos eventos no son mutuamente excluyentes; pueden ocurrir al mismo tiempo. Sin embargo, la ruleta no podrá detenerse al mismo tiempo sobre los sectores azul y rojo, pues son eventos mutuamente excluyentes, es decir, no pueden ocurrir simultáneamente.

Ejemplos

Las siguientes son dos preguntas de ejemplo sobre probabilidad.

1. **Beatriz tiene 2 guantes rojos, 6 guantes negros y 8 guantes grises en su cajón. Ella mete la mano en el cajón, sin mirar, y saca un guante negro. ¿Cuál es la probabilidad de que el segundo guante que saque sea también negro, sin el reemplazo del primer guante elegido?**

   A $\dfrac{1}{3}$

   B $\dfrac{5}{6}$

   C $\dfrac{3}{8}$

   D $\dfrac{1}{15}$

   E $\dfrac{1}{16}$

Explicación

Lea el problema y determine qué es lo que se pregunta. En este caso, ¿cuál es la probabilidad de que el segundo guante que saque sea también negro, sin el reemplazo del primer guante elegido? Identifique la información pertinente. Hay 2 guantes rojos, 6 guantes negros y 8 guantes grises en el cajón. Beatriz saca un guante negro. Decida qué operación u operaciones realizará. Encuentre, primero, la cantidad de guantes negros que quedan en el cajón. Luego, encuentre la cantidad total de guantes que quedan en el cajón. Divida la cantidad de guantes negros por la cantidad total de guantes. Resuelva el problema.

$$p(\text{guante negro}) = \frac{\text{cantidad de resultados favorables}}{\text{cantidad total de resultados posibles}}$$

$$p(\text{guante negro}) = \frac{5}{15}$$

$$\frac{5}{15} = \frac{1}{3}$$

Compruebe su trabajo y elija la mejor respuesta. **La mejor respuesta es la opción A.**

2. **Una caja de bombillas eléctricas contiene 60 bombillas. Durante el envío, 18 de esas bombillas se rompen. ¿Cuál es la probabilidad de elegir al azar una bombilla intacta?**

   A $\dfrac{3}{7}$

   B $\dfrac{3}{10}$

   C $\dfrac{7}{10}$

   D $\dfrac{1}{18}$

   E $\dfrac{1}{60}$

Explicación

Lea el problema y determine qué es lo que se pregunta. En este caso, ¿cuál es la probabilidad de elegir al azar una bombilla intacta? Identifique la información pertinente. Usted necesita saber la cantidad de bombillas intactas y la cantidad total de bombillas. Decida qué operación u operaciones realizará. Reste, primero, la cantidad de bombillas rotas del total de bombillas para obtener la cantidad de bombillas intactas. Luego, divida la cantidad de bombillas intactas por la cantidad total de bombillas. Resuelva el problema.

$$60 - 18 = 42$$

$$\frac{42}{60} = \frac{7}{10}$$

Compruebe su trabajo y elija la mejor respuesta. **La mejor respuesta es la opción C.**

EJERCICIOS SOBRE PROBABILIDAD

Elija la mejor respuesta para cada una de las preguntas siguientes.

1. **¿Cuál es la probabilidad de NO obtener un 3 cuando se arroja un dado de seis caras?**

   A $\dfrac{1}{6}$

   B $\dfrac{1}{4}$

   C $\dfrac{1}{3}$

   D $\dfrac{1}{2}$

   E $\dfrac{5}{6}$

Las preguntas 2 a 5 se refieren a la información siguiente.

Una bolsa contiene 3 canicas rojas, 5 canicas verdes, 3 canicas azules y 7 canicas violetas.

2. **¿Cuál es la probabilidad de extraer al azar una canica violeta de la bolsa?**

   A $\dfrac{1}{7}$

   B $\dfrac{1}{11}$

   C $\dfrac{1}{18}$

   D $\dfrac{7}{11}$

   E $\dfrac{7}{18}$

3. Arturo extrajo una canica violeta de la bolsa y no la reemplazó. ¿Cuál es la probabilidad de que extraiga a continuación una canica roja?

    A $\dfrac{1}{6}$

    B $\dfrac{1}{18}$

    C $\dfrac{3}{17}$

    D $\dfrac{6}{11}$

    E $\dfrac{6}{17}$

4. ¿Cuál es el espacio muestral del experimento?

    A   {rojo, verde, azul, violeta}

    B   {verde, azul, violeta}

    C   {rojo, verde, azul}

    D   {rojo, rojo, rojo}

    E   {violeta}

5. ¿Cuál de estos dos eventos son igualmente probables?

    A   Extraer una canica violeta y extraer una canica de un color primario

    B   Extraer una canica roja y extraer una canica de un color primario

    C   Extraer una canica violeta y extraer una canica verde

    D   Extraer una canica azul o extraer una canica verde

    E   Extraer una canica roja o extraer una canica azul

6. Colin escribió su nombre en un pedazo de papel y cortó las letras de tal manera que cada letra quedó en un pedazo diferente. Colocó todos los pedazos en una bolsa y extrajo una letra sin mirar. ¿Cuál es la probabilidad de que haya extraído la letra *n*?

    A $\dfrac{1}{6}$

    B $\dfrac{1}{5}$

    C $\dfrac{1}{3}$

    D $\dfrac{1}{6}$

    E $\dfrac{1}{8}$

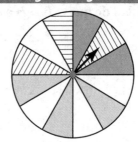

7. **Víctor hizo girar la ruleta una vez. ¿Cuál de las afirmaciones siguientes es verdadera?**

   A   Es imposible que la flecha se detenga sobre un sector rayado.

   B   Es improbable que la flecha se detenga sobre un sector no rayado.

   C   Es seguro que la flecha se detendrá sobre un sector azul oscuro o uno azul claro.

   D   Es probable que la flecha se detenga sobre un sector azul claro o uno blanco.

   E   Es igualmente probable que la flecha se detenga sobre un sector rayado o uno azul oscuro.

8. **¿Cuál es la probabilidad de que la flecha se detenga sobre un sector rayado o uno azul claro?**

   A $\dfrac{1}{4}$

   B $\dfrac{1}{3}$

   C $\dfrac{1}{2}$

   D $\dfrac{2}{3}$

   E $\dfrac{3}{2}$

9. **Catorce hombres y seis mujeres participaron en una rifa. ¿Cuál es la probabilidad de que el tercer nombre extraído sea el de una mujer si los dos primeros nombres fueron ambos de hombre?**

   A $\dfrac{1}{2}$

   B $\dfrac{1}{3}$

   C $\dfrac{1}{6}$

   D $\dfrac{3}{7}$

   E $\dfrac{3}{10}$

10. Carlos arrojó dos dados idénticos de seis caras, con sus caras numeradas de 1 a 6. ¿Cuál es la probabilidad de que el valor total obtenido haya sido igual o menor que 9?

A   90%

B   83%

C   66%

D   30%

E   25%

Véanse las respuestas en la página 752.

36 Análisis de datos, probabilidad y estadística: análisis de datos

S i alguna vez consultó una tabla sobre el pronóstico del tiempo o examinó una gráfica en un libro de texto para encontrar alguna información, entonces usted ha usado información de una representación de datos. Algunas de las preguntas de la prueba de Matemáticas del examen *HiSET*® requerirán que usted analice e interprete datos presentados en diversas formas, como gráficas o tablas. En este capítulo, se repasarán las gráficas de barras, gráficas circulares (o de sectores), gráficas de líneas y tablas, y se examinarán algunas estrategias para descubrir el significado de la información contenida en cada tipo de representación gráfica.

¿Qué es lo que se evalúa?

A menudo, el análisis de datos abarca algo más que la simple identificación de información sobre una gráfica. Para responder preguntas sobre el análisis de datos, usted deberá usar algunos conocimientos ya repasados en este libro, que incluyen números enteros y operaciones numéricas, porcentajes y medidas de tendencia central.

Las tablas y las gráficas son tipos de representaciones gráficas. Por lo general, son usadas para organizar y representar grandes cantidades de datos de un modo fácil de interpretar, comparar y analizar. Cada representación gráfica es diferente y es usada para registrar tipos de datos diferentes.

Tablas

Una **tabla** presenta la información en filas y columnas. Una diferencia entre una tabla y una gráfica es que la tabla presenta información exacta, mientras que los datos en una gráfica pueden ser estimados o redondeados para simplificarlos.

Para interpretar la información presentada en una tabla, preste mucha atención al encabezamiento de cada columna, que indica el tipo de información que se presenta. Veamos el ejemplo siguiente.

Según la tabla, ¿cuánto más llovió en Garden City que en Denver en el mes de marzo?

Ciudad	Lluvias promedio en enero	Lluvias promedio en febrero	Lluvias promedio en marzo
Denver, CO	0.64 pulgada	0.73 pulgada	1.88 pulgadas
Miami, FL	2.09 pulgadas	2.42 pulgadas	3.0 pulgadas
Garden City, NY	3.62 pulgadas	3.17 pulgadas	4.35 pulgadas

Primero, observe el encabezamiento de cada columna que presenta las lluvias promedio para el mes de marzo. Luego, encuentre las filas que muestran los datos de Garden City y Denver.

Ciudad	Lluvias promedio en enero	Lluvias promedio en febrero	Lluvias promedio en marzo
Denver, CO	0.64 pulgada	0.73 pulgada	<u>1.88 pulgadas</u>
Miami, FL	2.09 pulgadas	2.42 pulgadas	3.0 pulgadas
Garden City, NY	3.62 pulgadas	3.17 pulgadas	<u>4.35 pulgadas</u>

A continuación, determine qué estrategia usará para resolver el problema. Puesto que la pregunta se refiere a *cuánto más llovió*, reste para encontrar la diferencia.

$$4.35 - 1.88 = 2.47$$

Durante el mes de marzo, llovió 2.47 pulgadas más en Garden City que en Denver.

Gráficas de barras

Las **gráficas de barras** organizan la información a lo largo del eje vertical y el eje horizontal. Las barras de la gráfica pueden ser verticales u horizontales. A menudo, las barras se usan para comparar cantidades. Una de sus ventajas, al igual que en otros tipos de gráficas, es que la información puede ser interpretada visualmente.

Como en las tablas, es importante leer el título de la gráfica, así como el texto sobre cada eje, y observar la escala que se ha usado para la representación. Por ejemplo, ¿cómo se presenta la información numérica: en unidades, en miles o en millones?

Veamos la gráfica de barras siguiente.

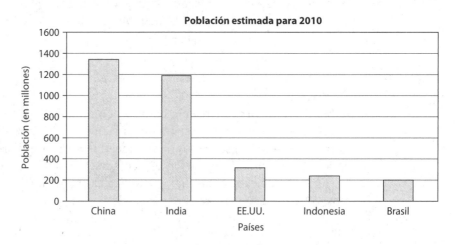

Observe que, a simple vista, se puede comparar fácilmente la población de los cinco países. Observe el eje de las *y*, o eje vertical. Indica que los datos están registrados en millones. Como mencionáramos anteriormente, los datos representados en una gráfica pueden haber sido redondeados y requerir una estimación para poder interpretarlos. Por ejemplo, la población estimada para los Estados Unidos para el año 2010 fue de 309,975,000. Observando la gráfica, usted podría estimarla en algo más de 300 millones, pero con este tipo de representación no se pretende que usted pueda determinar una cantidad exacta.

Use la gráfica de barras anterior para responder esta pregunta de ejemplo.

¿Qué país tiene una población que es aproximadamente cinco veces la de Indonesia?

Primero, encuentre la población de Indonesia. Puesto que la barra que indica la población de Indonesia supera ligeramente la marca de los 200 millones, usted puede estimarla en alrededor de 230 millones. Ahora, determine qué número representaría cinco veces esa cantidad.

$$230 \text{ millones} \times 5 = 1,150 \text{ millones}$$

Busque la marca que representa 1,150 millones sobre el eje vertical. Estaría ubicada un poco por debajo de la marca que representa 1,200 millones. Como la barra de la India llega prácticamente hasta esa marca, usted puede determinar que la población de la India es aproximadamente cinco veces la de Indonesia.

Gráficas de líneas

Las **gráficas de líneas** se usan para mostrar tendencias, patrones o cambios con el tiempo. Cada punto de la línea representa un valor sobre ambos ejes, el eje de las *x* y el eje de las *y*. Como ocurre con otros tipos de representaciones gráficas, es importante leer el título de la gráfica, así como el texto sobre cada eje, y observar la escala que se ha usado para la representación.

Veamos la gráfica de líneas siguiente.

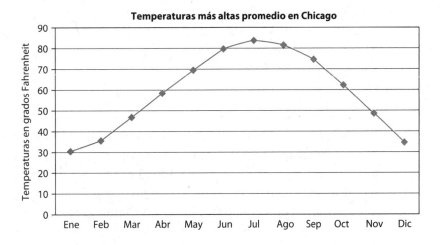

La gráfica muestra claramente que las temperaturas más bajas en Chicago se registran durante el mes de enero, y que las más altas se registran durante los meses de julio y agosto. Muestra, además, información más específica, como el hecho de que la temperatura más alta promedio en el mes de enero es aproximadamente de 30°F y que aumenta 5° el mes siguiente.

Algunas gráficas representan más de un conjunto de datos a la vez, como sucede en la gráfica siguiente.

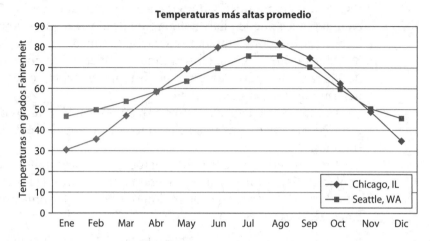

Esta gráfica incluye el mismo conjunto de datos sobre las temperaturas más altas promedio en Chicago; sin embargo, también incluye las temperaturas más altas promedio en Seattle, Washington. Una representación gráfica como esta permite una rápida comparación de las temperaturas en las dos ciudades. Use esta gráfica para responder la pregunta siguiente.

¿Durante cuáles meses del año parecen ser iguales las temperaturas más altas promedio en Chicago y Seattle?

Primero, vea cuáles son los puntos en que las líneas se cruzan. Luego, determine si los símbolos de cada ciudad parecen ocupar la misma posición sobre la gráfica. Observe los símbolos de cada ciudad que corresponden a los meses de octubre y noviembre. Estos símbolos parecen indicar que las temperaturas promedio son similares; sin embargo, la temperatura en Chicago parece ser ligeramente más alta en el mes de octubre y ligeramente más baja en el mes de noviembre.

Ahora, observe los puntos correspondientes al mes de abril. Estos parecen representar el mismo número, lo que significa que la temperatura es la misma en ambas ciudades durante este mes. Las temperaturas más altas promedio en Chicago y Seattle parecen ser iguales en el mes de abril.

Recuerde

Recuerde que algunos tipos de representación gráfica pueden incluir información adicional en una clave, o leyenda, como la que se observa en la parte inferior derecha de la gráfica anterior. Asegúrese de leer siempre toda la información disponible. Sin haber leído la clave de esta gráfica, por ejemplo, hubiera resultado muy difícil determinar qué línea representaba a cada ciudad.

Gráficas circulares

Una **gráfica circular**, también llamada *de sectores* o *de pastel*, representa una cantidad total, y cada sector, o porción, representa un porcentaje de ese total. La suma de los sectores es igual a 100 por ciento. Este tipo de representación gráfica permite determinar fácilmente qué porcentaje del total representa cada grupo. Una vez más, en lugar de presentar números exactos, los datos son presentados como porcentajes. Veamos la gráfica circular siguiente. Puesto que el sector más pequeño corresponde a la categoría *Alumnos de cuarto año*, usted sabe que esta es la clase más pequeña. Del mismo modo, como el sector más grande corresponde a la categoría *Alumnos de primer año*, sabe también que esta es la clase más grande.

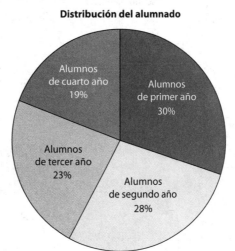

Distribución del alumnado

Alumnos de cuarto año 19%

Alumnos de primer año 30%

Alumnos de tercer año 23%

Alumnos de segundo año 28%

La gráfica representa la distribución del alumnado en la Escuela Superior de Bellville. Si la cantidad total de alumnos que asisten a clases es de 960, ¿cuántos alumnos cursan el primer año?

Según la gráfica, el 30% de los alumnos corresponde a alumnos del primer año. Multiplique la cantidad total de alumnos por 30% para encontrar la cantidad de alumnos de primer año que asisten a la escuela.

$$30\% \text{ de } 960 =$$
$$0.3 \times 960 = 288$$

288 alumnos cursan el primer año.

Ejemplos

Las siguientes son dos preguntas de ejemplo sobre análisis de datos.

1. **La gráfica siguiente muestra los gastos mensuales de Daniela. Según la gráfica, ¿cuál es la razón entre sus gastos en auto y renta y su presupuesto total?**

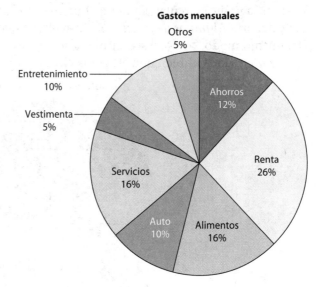

Gastos mensuales

A $\dfrac{1}{10}$

B $\dfrac{1}{26}$

C $\dfrac{5}{13}$

D $\dfrac{9}{25}$

E $\dfrac{13}{50}$

Explicación

Lea el problema y determine qué es lo que se pregunta. En este caso, ¿cuál es la razón entre sus gastos en auto y renta y su presupuesto total? Identifique la información pertinente. Auto = 10%, renta = 26% y presupuesto total = 100%. Decida qué operación u operaciones realizará. Primero, encuentre la suma de los gastos en auto y en renta. Luego, establezca una razón entre esa suma, como numerador, y el total del presupuesto, como denominador. Simplifique la razón. Resuelva el problema.

$$\text{auto} + \text{renta} = 10 + 26 = 36$$

$$\frac{36}{100}$$

$$\frac{9}{25}$$

Compruebe su trabajo y elija la mejor respuesta. **La mejor respuesta es la opción D**.

Use la misma gráfica circular para responder la pregunta siguiente.

2. **Si Daniela gana $4,500 por mes, ¿cuánto suman sus gastos anuales en renta?**

   A $1,700

   B $2,600

   C $11,700

   D $14,040

   E $26,000

Explicación

Lea el problema y determine qué es lo que se pregunta. En este caso, ¿cuánto suman sus gastos anuales en renta? Identifique la información pertinente. La renta representa el 26% del total. Decida qué operación u operaciones realizará. Primero, multiplique su sueldo mensual por 12 meses. Luego, encuentre el 26% del sueldo anual. Resuelva el problema.

$$4,500 \times 12 = 54,000 \text{ de sueldo anual}$$

$$54,000 \times 0.26 = 14,040 \text{ de gastos en renta}$$

Compruebe su trabajo y elija la mejor respuesta. **La mejor respuesta es la opción D**.

EJERCICIOS SOBRE ANÁLISIS DE DATOS

Elija la mejor respuesta para cada una de las preguntas siguientes.

Las preguntas 1 a 3 se refieren a la gráfica siguiente.

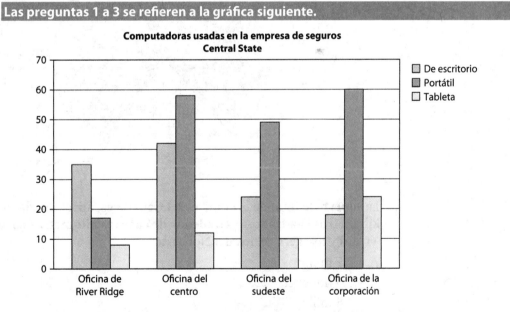

1. **Aproximadamente, ¿qué porcentaje de las computadoras usadas en River Ridge corresponde a computadoras portátiles?**

   A   8%

   B   17%

   C   30%

   D   40%

   E   60%

2. **¿Alrededor de cuántas más tabletas hay en la oficina de la corporación que en la oficina del sudeste?**

A   6

B   10

C   14

D   20

E   24

3. **Aproximadamente, ¿cuántas computadoras están en uso en toda la empresa?**

A   50

B   120

C   180

D   300

E   350

Las preguntas 4 a 6 se refieren a la gráfica siguiente.

Superficie de las tierras de las provincias y territorios del Canadá

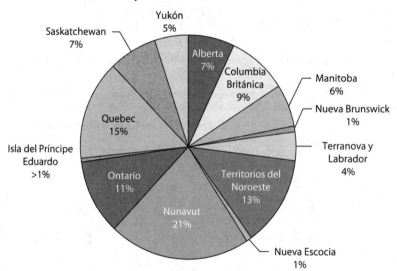

4. **La superficie total de las tierras del Canadá es, aproximadamente, 9,984,670 kilómetros cuadrados. ¿Alrededor de cuántos kilómetros cuadrados ocupan el Yukón y los Territorios del Noroeste?**

A   0.5 millón

B   1.3 millones

C   1.8 millones

D   2 millones

E   5 millones

5. La superficie total de las tierras del Canadá es, aproximadamente, de 9,984,670 kilómetros cuadrados. ¿Cuántos kilómetros cuadrados más ocupa la superficie de Nunavut que la de Quebec?

   A   0.6 millón

   B   1.5 millones

   C   2.1 millones

   D   6 millones

   E   15 millones

6. ¿Cuál de las combinaciones de territorios siguientes ocupa aproximadamente un cuarto de la superficie total de las tierras del Canadá?

   A   Terranova y Labrador

   B   Nunavut, Ontario y Quebec

   C   Territorios del Noroeste y Alberta

   D   Saskatchewan, Ontario y Nunavut

   E   Nunavut, Terranova y Labrador

Las preguntas 7 y 8 se refieren a la información siguiente.

Durante el primer mes en operaciones, una nueva franquicia de venta de autos registró cómo cada uno de sus clientes se enteró de la existencia de su negocio.

	Semana 1	Semana 2	Semana 3	Semana 4
Televisión	20	22	18	34
Internet	15	19	26	28
Periódico	12	35	32	29
Correo	9	12	23	16
Otros	14	7	30	41

7. Durante el primer mes, ¿cuántos clientes se enteraron de la existencia de la nueva franquicia por Internet?

   A   15

   B   28

   C   70

   D   88

   E   94

8. ¿Qué porcentaje de clientes se enteró de la existencia de la empresa a través de los periódicos durante la tercera semana?

   A   33.3%

   B   24.8%

   C   20.2%

   D   19.7%

   E   17.8%

Las preguntas 9 y 10 se refieren a la gráfica siguiente.

La empresa Countryside Computer Services inició sus negocios en 2004. La gráfica muestra el beneficio anual de la empresa durante los primeros años en operaciones.

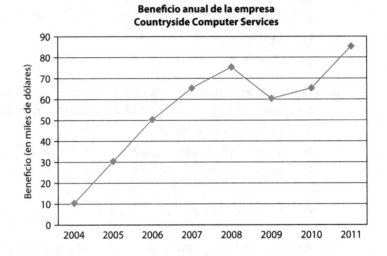

Beneficio anual de la empresa
Countryside Computer Services

9. **¿En cuánto se incrementaron los beneficios entre 2005 y 2006?**

   A $2,000

   B $5,000

   C $20,000

   D $30,000

   E $50,000

10. **¿Cuál fue la media de los beneficios anuales de la empresa durante este período?**

   A $55,000

   B $65,000

   C $70,000

   D $75,000

   E $85,000

Véanse las respuestas en la página 752.

37 Conceptos algebraicos

Álgebra es la rama de las matemáticas que se ocupa de los valores desconocidos, representados, a menudo, por letras. Para determinar los valores de estas letras, usted deberá usar muchos de los conocimientos que ha repasado en capítulos anteriores, que incluyen operaciones numéricas, fracciones, exponentes y decimales.

Variable

Las letras o símbolos que representan valores desconocidos se denominan **variables**. En la ecuación $5 + x = 8$, la letra x representa el valor desconocido. A veces, se usa más de una variable en un problema dado. En este caso, cada variable representa un valor diferente.

$$4m - 3t + 7 = 16$$

En este ejemplo, m y t son variables, y cada una representa un valor desconocido.

Constante

Los números o valores que son conocidos se denominan **constantes**. A menudo, las constantes y las variables aparecen juntas.

$$4m - 3t + 7 = 16$$

En este ejemplo, 7 y 16 son constantes.

Coeficientes

Cuando un número y una variable aparecen uno al lado de la otra, sin ningún signo de operación que los separe, se multiplican entre sí. Por ejemplo, $3t$ significa, en realidad, 3 *multiplicado por t*. El número que es parte del término que contiene un número y una variable se denomina **coeficiente**.

$$4m - 3t + 7 = 16$$

En este ejemplo, 4 y 3 son coeficientes.

Términos algebraicos

Cualquier variable, constante, o multiplicación o división de un número con una variable se denomina **término algebraico**.

$$8y$$
$$125z$$
$$9k^2$$

Expresiones algebraicas

Una *expresión* es una frase matemática que combina números y operaciones, y, algunas veces, variables. Una **expresión algebraica** combina números, operaciones y, al menos, una variable.

$$5cd + 7 - \frac{a}{2}$$

En una expresión algebraica, los términos están separados por los signos más y menos.

En este ejemplo, hay tres términos. El primero es $5cd$, el segundo es 7 y el tercero es $\frac{a}{2}$.

¿Qué es lo que se evalúa?

Evaluación de expresiones algebraicas

En una expresión algebraica, cada variable representa un valor desconocido. Para **evaluar expresiones algebraicas**, reemplace cada variable por su valor numérico y, luego, evalúe la expresión numérica. Básicamente, sustituya el valor de cada variable y, luego, encuentre el valor de la expresión.

Evalúe $7s + 9t - 3a^2$ cuando s es igual a 5, t es igual a 4 y a es igual a 2.

$$7(5) + 9(4) - 3(2)^2 =$$
$$35 + 36 - 3(4) =$$
$$35 + 36 - 12 =$$
$$71 - 12 = 59$$
$$59$$

Simplificación de expresiones algebraicas

Simplificar una expresión significa combinar sus términos semejantes. Es decir, usted deberá combinar términos que contienen la misma variable y combinar las constantes.

Simplifique $6a + 7 - a + 5$.

Reorganice los términos de manera tal que los términos semejantes queden juntos. Conserve juntos el término con el signo que lo precede.

$$6a + 7 - a + 5$$
$$6a - a + 7 + 5$$
$$5a + 12$$

Recuerde

Recuerde que cuando una variable no tiene coeficiente su coeficiente es igual a 1. Entonces, x es lo mismo que $1x$.

Para combinar los términos, las variables deben ser exactamente las mismas.

Simplifique $5a + 3ab + 2a + 3$.

$$5a + 2a + 3ab + 3$$
$$7a + 3ab + 3$$

Para simplificar cualquier expresión que contenga paréntesis, use la propiedad distributiva y, luego, combine los términos.

$$4x + 7(x + 5)$$
$$4x + 7x + 35$$
$$11x + 35$$

Resolución de ecuaciones

La diferencia entre una **ecuación** y una expresión es que la primera incluye un signo igual. Básicamente, una ecuación expresa que dos cantidades son iguales entre sí.

$$5y = 15$$
$$4 + 7b = 25$$
$$3x + 12 = 28 - x$$

La **solución** de una ecuación es el valor de la variable que hace que la ecuación resulte verdadera. Consideremos el primero de los ejemplos anteriores, $5y = 15$. Como usted ya sabe, $5y$ significa, en realidad, $5 \times y$. Y como sabe también $5 \times 3 = 15$. Esto le indica que el valor de y en la ecuación es 3. La solución es $y = 3$, pues este valor la hace verdadera.

$$5y = 15$$
$$5(3) = 15$$
$$y = 3$$

Cuando resuelve una ecuación, usted encuentra la solución, o el valor, de cada variable. Para poder hacerlo, usted deberá aislar la variable, lo que significa dejarla sola de un lado del signo igual.

Recuerde que las expresiones a ambos lados del signo son iguales. Cualquier cambio que introduzca en un lado de la ecuación para aislar la variable deberá replicarlo del otro lado para que los lados sigan siendo iguales.

Para resolver una ecuación que comprenda una sola operación, use la operación inversa en los dos lados. Recuerde que las operaciones inversas son las contrarias; la adición y la sustracción son operaciones inversas, como también lo son la multiplicación y la división.

$$t - 8 = 2$$

Como el ejemplo comprende una sustracción, entonces realice una adición en ambos lados de la ecuación.

$$t - 8 = 2$$
$$t - 8 + 8 = 2 + 8$$
$$t = 10$$

La solución es $t = 10$.

A menudo, las ecuaciones comprenden más de una operación. En ese caso, realice cualquier operación de adición o sustracción y, luego, realice cualquier multiplicación o división. Veamos el ejemplo siguiente.

$$6x + 12 = 42$$

Para resolver la ecuación, usted deberá aislar la x. Observe que el primer término comprende una multiplicación y que se suma el segundo término. Para aislar la variable, use operaciones inversas. Recuerde que la división es la operación inversa de la multiplicación, y que la sustracción es la inversa de la adición. Comience por restar el término que se suma.

$$6x + 12 - 12 = 42 - 12$$
$$6x = 30$$

Puesto que ha restado 12 de los dos lados, estos se mantienen iguales, y la ecuación sigue siendo verdadera. Ahora, use la división para "deshacer" la multiplicación.

$$6x \div 6 = 30 \div 6$$
$$x = 5$$

La solución de la ecuación es $x = 5$. Para comprobar su trabajo, sustituya el valor de la variable en la ecuación original y asegúrese de que resulta verdadera.

$$6x + 12 = 42$$
$$6(5) + 12 = 42$$
$$30 + 12 = 42$$
$$42 = 42$$

Cuando haya variables en los dos lados de la ecuación, combine los términos semejantes agrupando las variables en un mismo lado. Luego, resuelva la ecuación como de costumbre.

$$7 + 4s = s + 22$$

Aísle la variable s en el lado izquierdo de la ecuación restándola de ambos lados. Luego, agrupe las constantes en el lado derecho de la ecuación restando 7 de ambos lados.

$$7 + 4s = s + 22$$
$$7 + 4s - s = s + 22 - s$$
$$7 + 3s = 22$$
$$7 - 7 + 3s = 22 - 7$$
$$3s = 15$$
$$\frac{3s}{3} = \frac{15}{3}$$
$$s = 5$$

Recuerde

Recuerde que puede resultar más fácil agrupar las variables del lado de la ecuación que contenga la variable con el coeficiente más grande. De esta manera, evitará tener que trabajar con números negativos.

Resolución de desigualdades

Las **desigualdades** son expresiones que muestran que dos cantidades no son iguales. Incluyen uno de los símbolos siguientes en lugar del signo igual.

$>$ significa es mayor que

$<$ significa es menor que

$\geq$ significa es mayor o igual a

$\leq$ significa es menor o igual a

Las desigualdades se resuelven de la misma manera que las ecuaciones, con una excepción. Cuando se divide una desigualdad por un número negativo, la dirección del símbolo se invierte. Esto quiere decir que, si usted tiene que dividir los dos lados de la desigualdad por -2, por ejemplo, el símbolo *menor que* se convierte en el signo *mayor que*, y viceversa.

$$4g - 6 > 14$$
$$4g - 6 + 6 > 14 + 6$$
$$4g > 20$$
$$\frac{4g}{4} > \frac{20}{4}$$
$$g > 5$$

El valor de g es mayor que 5.

En el ejemplo siguiente, observe que el símbolo se invierte cuando se divide por un número negativo.

$$-3h - 8 \leq 16$$
$$-3h - 8 + 8 \leq 16 + 8$$
$$-3h \leq 24$$
$$\frac{-3h}{-3} \leq \frac{24}{-3}$$
$$h \geq -8$$

Resolución de problemas verbales

Para resolver problemas verbales, es necesario convertir la información en una expresión algebraica. Para ello, elija una variable que represente el valor desconocido. Luego, busque palabras clave que puedan indicar la operación que usted deberá realizar.

El cuadrado de un número reducido en 6 es mayor que 4.

Use x para expresar la variable. La frase *el cuadrado de un número reducido en 6* indica una sustracción. *Es mayor que* indica una desigualdad.

$$x^2 - 6 > 4$$

Ahora, resuelva la desigualdad.

$$x^2 - 6 > 4$$
$$x^2 - 6 + 6 > 4 + 6$$
$$x^2 > 10$$
$$\sqrt{x^2} > \sqrt{10}$$
$$x > \sqrt{10}$$

Multiplicación de expresiones algebraicas

Para multiplicar las expresiones algebraicas, multiplique los coeficientes y, luego, las variables.

$$5d \times 7e = 35de$$

Cuando las expresiones que se multiplican contengan exponentes, sume los exponentes de los términos semejantes.

$$3a^2 \times 4ac = 12a^3c$$

Como usted ya sabe, algunas expresiones contienen más de un término. Cuando multiplique una expresión de un término por otra que contiene dos o más términos, asegúrese de multiplicar el término único por cada uno de los términos de la segunda expresión.

$$4x(6x^2 + 3xy + 8) = 24x^3 + 12x^2y + 32x$$

Cuando las dos expresiones contengan dos términos (binomios), multiplique los dos términos de la primera expresión por los dos términos de la segunda expresión. Para hacerlo, multiplique los términos en el orden siguiente:

primero $\times$ primero
externo $\times$ externo
interno $\times$ interno
último $\times$ último

Después de multiplicarlos, combine los términos semejantes.

$$(q + 3)\,(q - 6)$$
$$(q \times q)\,(q \times -6)\,(3 \times q)\,(3 \times -6)$$
$$q^2 - 6q + 3q - 18$$
$$q^2 - 3q - 18$$

Factorización

En la multiplicación, los factores son los términos que se multiplican. Para factorizar una expresión, separe los números o términos que han sido multiplicados. La factorización es uno de los métodos para resolver algunos tipos de ecuaciones y expresiones algebraicas.

Una forma de factorizar es encontrar el máximo factor común entre los términos de la expresión. El primer paso es buscar los factores comunes. Luego, se deberá separar esos factores de la expresión.

Factorice la expresión $6m^3 - 21m$.

Puesto que 3 es un factor de ambos coeficientes, sepárelos de la expresión. Como m es un factor de los dos términos, separe también esta variable. Escriba los factores que ha separado fuera de un paréntesis y escriba los valores restantes dentro de él.

$$6m^3 - 21m = 3m(2m^2 - 7)$$

Observe la respuesta, $3m(2m^2 - 7)$. Recuerde que si usted multiplica los términos entre sí el resultado será la expresión original, $6m^3 - 21m$.

A veces, usted deberá factorizar una expresión que tiene cuatro o más términos. Para hacerlo, agrupe los pares de términos que contengan factores comunes.

Luego, factorice los factores comunes de cada par de términos y coloque el factor común delante del término en paréntesis.

Factorice $y^2 + 5y + 4y + 20$.

Separe los términos en pares.

$$y^2 + 5y + 4y + 20 = (y^2 + 5y) + (4y + 20)$$

Luego, separe los factores comunes de ambos pares.

$$y^2 + 5y + 4y + 20 = y(y + 5) + 4(y + 5)$$

Por último, escriba el factor común $(y + 5)$ primero, seguido de los términos que ha factorizado.

$$y(y + 5) + 4(y + 5) = (y + 5)(y + 4)$$

Otra forma de factorizar es invertir el método descrito anteriormente para multiplicar expresiones algebraicas. Esto se aplica cuando las expresiones que contienen dos o tres términos comienzan con un término cuadrado y terminan con una constante, como $x^2 + 6x - 2$.

Comience por determinar cuáles factores deberá multiplicar entre sí para obtener el primer término, o el término con el exponente. Luego, encuentre dos factores que multiplicados entre sí den como resultado el término final y que sumados juntos produzcan el término medio. Preste mucha atención a los signos.

Factorice $k^2 + 3k - 10$.

Puesto que $k \times k = k^2$, k será el primer término en cada par de paréntesis.

$$(k)(k)$$

Ahora, determine qué factores de -10 (la constante) pueden sumarse o restarse para obtener un resultado igual a 3 (el coeficiente del término medio). Puesto que $-2 \times 5 = -10$ y $-2 + 5 = 3$, escriba estos valores dentro de los paréntesis.

$$(k - 2)(k + 5)$$

Ejemplos

Las siguientes son dos preguntas de ejemplo sobre álgebra.

1. **¿Cuál de los valores siguientes NO es un valor de x para la desigualdad $16x - 8 \geq 10x + 28$?**

   A 2

   B 6

   C 8

   D 14

   E 18

Explicación

Lea el problema y determine qué es lo que se pregunta. En este caso, todas las respuestas menos una son soluciones posibles. ¿Cuál de los valores NO es un valor de x para esta desigualdad? Identifique la información pertinente. La palabra *NO* y el símbolo mayor o igual son importantes. Decida qué operación u operaciones realizará. Primero, reste $10x$ de ambos lados para agrupar las variables del lado izquierdo de la desigualdad. Luego, sume 8 a cada lado. Por último, divida los dos lados para aislar la variable. Resuelva el problema.

$$16x - 8 \geq 10x + 28$$
$$16x - 8 - 10x \geq 10x + 28 - 10x$$
$$6x - 8 \geq 28$$
$$6x - 8 + 8 \geq 28 + 8$$
$$6x \geq 36$$
$$\frac{6x}{6} \geq \frac{36}{6}$$
$$x \geq 6$$

Compruebe su trabajo y elija la mejor respuesta. **La mejor respuesta es la opción A**.

2. **¿Cuál de las ecuaciones siguientes muestra que 12 menos 9 veces un número es lo mismo que 28 más 4 veces el mismo número?**

   A $\quad 9 - 12x = 28x + 4$

   B $\quad 9x - 12 = 4x + 28$

   C $\quad 9x - 12 = 28x + 4$

   D $\quad 12 - 9x = 4x + 28$

   E $\quad 12x - 9 = 28 + 4x$

Explicación

Lea el problema y determine qué es lo que se pregunta. En este caso, usted deberá escribir la ecuación. Identifique la información pertinente. Todos los números y sus relaciones son importantes. Decida qué operación u operaciones realizará. *Menos* significa restar; *más* significa sumar; *es lo mismo que* significa es igual a, y *veces* significa multiplicar. Tómese su tiempo y traduzca las palabras en la ecuación que necesita. Recuerde el orden de las operaciones; multiplique antes de sumar o restar. Resuelva el problema.

$$12 - 9x = 28 + 4x$$

Compruebe su trabajo y elija la mejor respuesta. **La mejor respuesta es la opción D**.

EJERCICIOS SOBRE CONCEPTOS ALGEBRAICOS

Elija la mejor respuesta para cada una de las preguntas siguientes.

1. **Alicia es 5 años mayor que su hermano Gregorio. Dentro de tres años, la suma de sus edades será igual a 23. ¿Qué edad tiene Gregorio ahora?**

   A   13

   B   11

   C   9

   D   6

   E   5

2. **Encuentre el valor de y en la ecuación $8y - 7 = 3y + 13$.**

   A $y = 4$

   B $y = 5$

   C $y = 6$

   D $y = 16$

   E $y = 20$

3. **Durante una venta de garaje, Débora obtuvo tres veces más dinero que Antonio. Ana obtuvo $10 más del doble de lo que recibió Débora. Juntas, obtuvieron $150. ¿Cuántos dólares obtuvo Débora?**

   A   14

   B   15

   C   42

   D   84

   E   94

4. **Factorice la expresión $c^2 - 11c + 18$.**

   A $(c^2 - 2)(c - 9)$

   B $(c + 9)(c + 2)$

   C $(c^2 - 9)(c - 2)$

   D $(c + 9)(c - 2)$

   E $(c - 9)(c - 2)$

5. **Jaime compró dos entradas de adultos y tres entradas de niños para el zoológico por $66. Teresa compró seis entradas de adultos por $108. ¿Cuál es el precio de cada entrada de niños?**

   A $10

   B $15

   C $16

   D $18

   E $22

6. Evalúe la expresión $12y^2 - 4z + 7$ cuando $y = 3$ y $z = 2$.

   A   43

   B   51

   C   87

   D   107

   E   123

7. Simplifique $7(r + 5) - 3(r - 8)$.

   A $4r + 11$

   B $4r + 27$

   C $4r + 59$

   D $10r + 11$

   E $10r + 59$

8. Multiplique $(v - 4)(v + 6)$.

   A $v^2 + 2v - 2$

   B $v^2 + 2v - 24$

   C $v^2 - 2v - 24$

   D $v^2 + 10v - 24$

   E $v^2 - 10v - 2$

9. La suma de dos números es 14 y el número más grande es 6 más que el número más pequeño. ¿Cuál es el valor del número más pequeño?

   A   14

   B   8

   C   10

   D   6

   E   4

10. ¿Para cuál de las ecuaciones siguientes es -2 una solución?

   A $-2x = 4$

   B $2y = 4$

   C $x + -3 = -1$

   D $y - 4 = -2$

   E $x^3 - 2 = 2$

Véanse las respuestas en la página 752.

38 Fórmulas matemáticas

Para la prueba de Matemáticas del examen *HiSET*®, se le proporcionará una lista de fórmulas. Si se requiere una fórmula para resolver un problema, la fórmula estará incluida en la misma pregunta. No es necesario memorizar fórmulas, pero usted deberá saber cuándo y cómo usar cada una de ellas.

En este capítulo, se presentarán y repasarán las fórmulas que usted podría tener que usar el día de la prueba. Para su uso, necesitará de muchos de los conocimientos examinados anteriormente, que incluyen números enteros, operaciones numéricas, fracciones, geometría y estadística.

Área

El **área** se refiere a la cantidad de unidades cuadradas que se necesitan para cubrir una superficie. Veamos el rectángulo siguiente. Si consideramos que cada cuadrado que constituye el rectángulo representa una unidad, entonces el área de la figura es igual a 12 unidades, pues son 12 los cuadrados en el rectángulo.

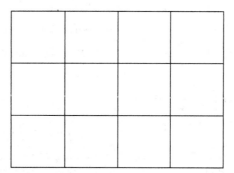

En este caso, usted puede contar fácilmente la cantidad de cuadrados para encontrar el área, pero esto no siempre es posible. Usted necesitará usar fórmulas para encontrar las áreas de varias de las figuras geométricas más comunes.

Área de un cuadrado

$$\text{Área} = \text{lado}^2$$

Para encontrar el área del cuadrado, multiplique la longitud de dos lados entre sí. Como los lados son todos iguales, esto es lo mismo que encontrar el cuadrado de la longitud de un lado.

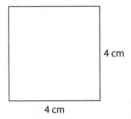

4 cm

4 cm

$$\text{Área} = 4^2$$
$$\text{Área} = 16 \text{ cm}^2$$

El área del cuadrado es 16 centímetros cuadrados, es decir, 16 cm².

Área de un rectángulo

$$\text{Área} = \text{longitud} \times \text{ancho (o base} \times \text{altura)}$$

Para encontrar el área del rectángulo, multiplique la base por la altura de la figura.

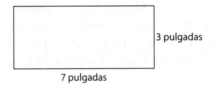

3 pulgadas

7 pulgadas

$$\text{Área} = 7 \text{ pulgadas} \times 3 \text{ pulgadas}$$
$$\text{Área} = 21 \text{ pulgadas cuadradas}$$

Área de un paralelogramo

$$\text{Área} = \text{base} \times \text{altura}$$

Para encontrar el área del paralelogramo, multiplique la longitud de la base por la altura de la figura. Observe la línea de puntos en la figura. Representa la altura del paralelogramo, no la longitud del lado.

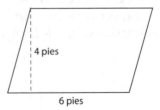

4 pies

6 pies

$$\text{Área} = 6 \text{ pies} \times 4 \text{ pies}$$
$$\text{Área} = 24 \text{ pies cuadrados}$$

Recuerde

Recuerde que en los problemas pueden aparecer medidas que usted no deberá incluir en la fórmula para encontrar el área. Por ejemplo, un diagrama de un paralelogramo puede incluir las medidas correspondientes a la base, la longitud y la altura. Asegúrese de usar las medidas correctas en la fórmula y de ignorar cualquier información adicional.

Área de un triángulo

$$\text{Área} = \frac{1}{2} \times \text{base} \times \text{altura}$$

Para encontrar el área de un triángulo, multiplique por $\frac{1}{2}$ la base y la altura de la figura. Observe la línea de puntos en la figura. Representa la altura del triángulo.

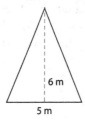

$$\text{Área} = \frac{1}{2} \times 5 \text{ m} \times 6 \text{ m}$$

$$\text{Área} = \frac{1}{2} (30) \text{ m}^2$$

$$\text{Área} = 15 \text{ m}^2$$

Área de un trapezoide

$$\text{Área} = \frac{1}{2} \times (\text{base}_1 + \text{base}_2) \times \text{altura}$$

Un trapezoide tiene dos bases. Estas corresponden a los lados de la figura que son paralelos entre sí. En la fórmula para encontrar el área del trapezoide, una de estas bases se denomina base$_1$ y la otra, base$_2$. No tiene importancia cuál de los lados es denominado base$_1$ y cuál, base$_2$.

Para encontrar el área de un trapezoide, multiplique por $\frac{1}{2}$ la suma de la base$_1$ y la base$_2$ y, luego, por la altura de la figura.

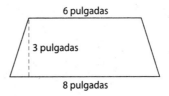

$$\text{Área} = \frac{1}{2} \times (6 \text{ pulgadas} + 8 \text{ pulgadas}) \times 3 \text{ pulgadas}$$

$$\text{Área} = \frac{1}{2} \times (14 \text{ pulgadas}) \times 3 \text{ pulgadas}$$

$$\text{Área} = 7 \text{ pulgadas} \times 3 \text{ pulgadas}$$

$$\text{Área} = 21 \text{ pulgadas cuadradas}$$

Área de un círculo

$$\text{Área} = \pi \times \text{radio}^2$$

En la fórmula para encontrar el área de un círculo, aparece el símbolo de pi. Este símbolo (π) representa la razón entre la circunferencia, o distancia alrededor del círculo, y su diámetro. Pi es igual, aproximadamente, a 3.14.

La fórmula para encontrar el área de un círculo es: área $= \pi \times \text{radio}^2$, aunque su forma abreviada tal vez le resulte más conocida: πr^2. Para usar esta fórmula, multiplique 3.14 por el cuadrado del radio. Como usted sabe, el radio es la distancia desde el centro del círculo a cualquier punto de la circunferencia.

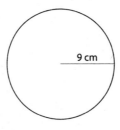

9 cm

$$\text{Área} = \pi \times 9^2$$

$$\text{Área} = \pi \times 81$$

$$\text{Área} = 3.14 \times 81$$

$$\text{Área} = 254.34 \text{ cm}^2$$

Perímetro

El **perímetro** es la distancia alrededor de una figura. Básicamente, es la suma de la longitud de los lados de la figura. A continuación, se presentan las fórmulas que lo ayudarán a determinar esta medida.

Perímetro de un cuadrado

$$\text{Perímetro} = 4 \times \text{lado}$$

Puesto que los lados del cuadrado tienen la misma longitud, multiplique la longitud de uno de ellos por 4 para encontrar el perímetro, o distancia alrededor del cuadrado.

5 pies

$$\text{Perímetro} = 4 \times 5 \text{ pies}$$
$$\text{Perímetro} = 20 \text{ pies}$$

Perímetro de un rectángulo

$$\text{Perímetro} = 2 \times \text{longitud} + 2 \times \text{ancho}$$

Para encontrar el perímetro de un rectángulo, multiplique por 2 la longitud (base) y el ancho (altura) y, luego, sume los productos. Recuerde que, de acuerdo con el orden de las operaciones, la multiplicación deberá realizarse antes que la suma.

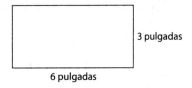

3 pulgadas

6 pulgadas

$$\text{Perímetro} = 2 \times 6 \text{ pulgadas} + 2 \times 3 \text{ pulgadas}$$
$$\text{Perímetro} = 12 \text{ pulgadas} + 6 \text{ pulgadas}$$
$$\text{Perímetro} = 18 \text{ pulgadas}$$

Una fórmula abreviada del perímetro de un rectángulo consiste en multiplicar la suma de la longitud y el ancho por 2.

$$\text{Perímetro} = 2 \, (\text{longitud} + \text{ancho})$$
$$\text{Perímetro} = 2(6 \text{ pulgadas} + 3 \text{ pulgadas})$$
$$\text{Perímetro} = 2(9 \text{ pulgadas})$$
$$\text{Perímetro} = 18 \text{ pulgadas}$$

Perímetro de un triángulo

$$\text{Perímetro} = \text{lado}_1 + \text{lado}_2 + \text{lado}_3$$

Para encontrar el perímetro de un triángulo, sume la longitud de sus lados.

$$\text{Perímetro} = 7 \text{ yardas} + 3 \text{ yardas} + 5 \text{ yardas}$$

$$\text{Perímetro} = 25 \text{ yardas}$$

Circunferencia de un círculo

$$\text{Circunferencia} = \pi \times \text{diámetro}$$

La distancia alrededor del círculo se llama *circunferencia*, en lugar de perímetro. Para encontrar la circunferencia, deberá usar otra vez π, cuyo valor es, aproximadamente, 3.14.

$$\text{Circunferencia} = \pi \times 6 \text{ pulgadas}$$

$$\text{Circunferencia} = 3.14 \times 6 \text{ pulgadas}$$

$$\text{Circunferencia} = 18.84 \text{ pulgadas}$$

Volumen

El **volumen** mide la capacidad; expresa cuánto puede contener un **cuerpo sólido y se** mide en unidades cúbicas. Veamos el cuerpo sólido siguiente.

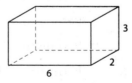

Como usted puede ver, el cuerpo sólido tiene 6 unidades de longitud, **2 unidades** de ancho y 3 unidades de altura. Si usted pudiera contar todas las **unidades que el**

cuerpo sólido contiene, encontraría que el cuerpo sólido tiene una capacidad de 36. Como no es posible hacerlo de esta forma para la mayoría de los cuerpos sólidos, usted necesitará usar fórmulas para determinar estas medidas.

Volumen de un cubo

$$\text{Volumen} = \text{arista}^3$$

Como todos las aristas del cubo son iguales, multiplique esta medida por sí misma tres veces para encontrar el volumen.

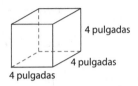

$$\text{Volumen} = 4^3 \text{ pulgadas}$$

$$\text{Volumen} = 64 \text{ pulgadas cúbicas}$$

Volumen de un prisma rectangular

$$\text{Volumen} = \text{longitud} \times \text{ancho} \times \text{altura}$$

Al multiplicar la longitud por el ancho, se obtiene el área de la base. Al multiplicar el área de la base por la altura, se obtiene el volumen.

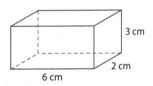

$$\text{Volumen} = 6 \text{ cm} \times 2 \text{ cm} \times 3 \text{ cm}$$

$$\text{Volumen} = 36 \text{ cm}^3$$

Volumen de una pirámide cuadrangular

$$\text{Volumen} = \frac{1}{3} \times (\text{arista de la base})^2 \times \text{altura}$$

La base de una pirámide cuadrangular es un cuadrado. Elevar al cuadrado una arista de la base es lo mismo que encontrar el área de la base. Esta medida se multiplica por $\frac{1}{3}$ y, luego, por la altura.

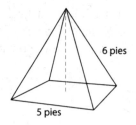

6 pies

5 pies

$$\text{Volumen} = \frac{1}{3} \times (5 \text{ pies})^2 \times 6 \text{ pies}$$

$$\text{Volumen} = \frac{1}{3} \times 25 \text{ pies cuadrados} \times 6 \text{ pies}$$

$$\text{Volumen} = 50 \text{ pies cúbicos}$$

Volumen de un cilindro

$$\text{Volumen} = \pi \times \text{radio}^2 \times \text{altura}$$

Como la base de un cilindro es un círculo, la fórmula para encontrar el volumen de este cuerpo sólido incluye $\pi \times \text{radio}^2$, que permite obtener el área del círculo. Para encontrar el volumen, multiplique el área por la altura.

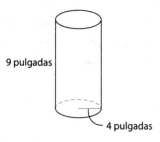

9 pulgadas

4 pulgadas

$$\text{Volumen} = \pi \times (4 \text{ pulgadas})^2 \times 9 \text{ pulgadas}$$

$$\text{Volumen} = 3.14 \times 16 \text{ pulgadas cuadradas} \times 9 \text{ pulgadas}$$

$$\text{Volumen} = 452.16 \text{ pulgadas cúbicas}$$

Volumen de un cono

$$\text{Volumen} = \frac{1}{3} \times \pi \times \text{radio}^2 \times \text{altura}$$

Observe que la única diferencia entre esta fórmula y la del volumen de un cilindro es que en esta usted deberá multiplicar por $\frac{1}{3}$ para encontrar el volumen del cono.

7 cm

3 cm

$$\text{Volumen} = \frac{1}{3} \times \pi \times (3 \text{ cm})^2 \times 7 \text{ cm}$$

$$\text{Volumen} = \frac{1}{3} \times 3.14 \times 9 \text{ cm}^2 \times 7 \text{ cm}$$

$$\text{Volumen} = 65.94 \text{ cm}^3$$

Geometría analítica

La geometría analítica se ocupa de la representación de puntos sobre un plano de coordenadas. Las coordenadas son los números que indican la posición de un punto sobre el plano. La primera coordenada, denominada coordenada x, indica cuántos espacios hacia la izquierda o hacia la derecha de 0 se encuentra el punto sobre el eje horizontal. La segunda coordenada, denominada coordenada y, indica cuántos espacios hacia arriba o hacia abajo de 0 se encuentra el punto sobre el eje vertical. Las coordenadas (3, 2) identifican un punto que se encuentra ubicado 3 espacios hacia la derecha y dos espacios por arriba de 0.

Distancia entre puntos

$$\text{Distancia entre puntos} = \sqrt{(x_2 - x_1)^2 + (y_2 - y_1)^2}$$

En esta fórmula, (x_1, y_1) y (x_2, y_2) son dos puntos sobre el plano. Veamos el plano coordenado siguiente.

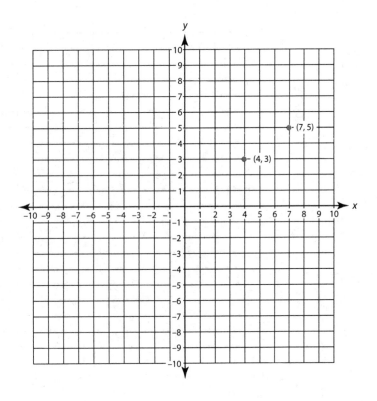

El primer punto marcado es (4, 3) y el segundo es (7, 5). Use la fórmula para encontrar la distancia entre estos puntos. El par ordenado (4, 3) representa (x_1, y_1), y el segundo par (7, 5) representa (x_2, y_2).

$$\text{Distancia entre puntos} = \sqrt{(x_2 - x_1)^2 + (y_2 - y_1)^2}$$

$$\text{Distancia entre puntos} = \sqrt{(7 - 4)^2 + (5 - 3)^2}$$

$$\text{Distancia entre puntos} = \sqrt{(3)^2 + (2)^2}$$

$$\text{Distancia entre puntos} = \sqrt{9 + 4}$$

$$\text{Distancia entre puntos} = \sqrt{13}$$

$$\text{Distancia entre puntos} = 3.6$$

Pendiente de la recta

$$\text{Pendiente de la recta} = \frac{y_2 - y_1}{x_2 - x_1}$$

En esta fórmula, (x_1, y_1) y (x_2, y_2) son dos puntos sobre el plano. Observe otra vez el plano coordenado que usamos anteriormente y encuentre la pendiente de la recta que pasa por los puntos (4, 3) y (7, 5).

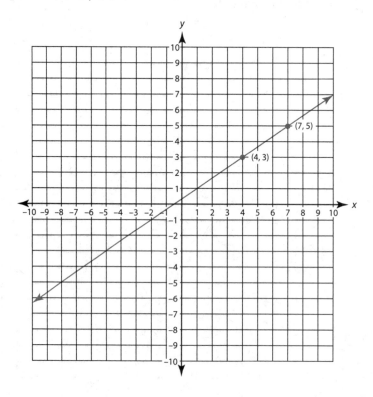

El primer punto marcado es (4, 3) y el segundo es (7, 5). Otra vez, el par ordenado (4, 3) representa (x_1, y_1), y el segundo par (7, 5) representa (x_2, y_2). Use la fórmula para encontrar la pendiente de la recta.

$$\text{Pendiente de la recta} = \frac{y_2 - y_1}{x_2 - x_1}$$

$$\text{Pendiente de la recta} = \frac{5-3}{7-4}$$

$$\text{Pendiente de la recta} = \frac{2}{3}$$

Fórmula de Pitágoras

$$a^2 + b^2 = c^2$$

En esta fórmula, a y b son los catetos de un triángulo rectángulo. Los catetos son los lados que se encuentran para formar el ángulo recto. La hipotenusa, que es el lado opuesto al ángulo recto, está representada por c. La fórmula de Pitágoras, también conocida como teorema de Pitágoras, es usada para determinar la longitud de un lado del triángulo rectángulo cuando se conocen los otros dos.

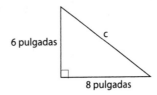

$$6^2 + 8^2 = c^2$$
$$36 + 64 = c^2$$
$$100 = c^2$$
$$\sqrt{100} = \sqrt{c^2}$$
$$10 = c$$

La longitud de la hipotenusa es 10 pulgadas.

Seno, coseno y tangente

Seno, coseno y tangente son las tres funciones trigonométricas más importantes. Se aplican a los triángulos rectángulos.

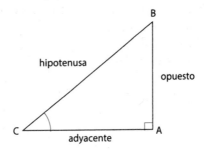

Las fórmulas para calcular el seno, el coseno y la tangente son las siguientes:

$$\text{sen } C = \frac{AB}{CD} = \frac{\text{opuesto}}{\text{hipotenusa}}$$

$$\cos C = \frac{AC}{BC} = \frac{\text{adyacente}}{\text{hipotenusa}}$$

$$\tan C = \frac{AB}{AC} = \frac{\text{opuesto}}{\text{adyacente}}$$

Por ejemplo, veamos el triángulo siguiente.

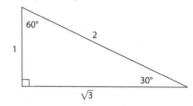

Encuentre el seno, el coseno y la tangente de 30°.

$$\text{sen } 30° = \frac{1}{2} = 0.5$$

$$\cos 30° = \frac{\sqrt{3}}{2} = \frac{1.732}{2} = 0.87$$

$$\tan 30° = \frac{1}{\sqrt{3}} = \frac{1}{1.732} = 0.58$$

Distancia

$$\text{Distancia} = \text{tasa} \times \text{tiempo}$$

Para determinar la distancia, multiplique la tasa, o velocidad, por el tiempo.

Juana se está entrenando para un maratón. Hoy, corrió a una velocidad promedio de 4.2 millas por hora durante 3 horas y 30 minutos. ¿Qué distancia recorrió?

$$\text{Distancia} = 4.2 \times 3.5$$

$$\text{Distancia} = 14.7 \text{ millas}$$

Trabajo

$$\text{Cantidad de trabajo} = \text{tasa} \times \text{tiempo}$$

La fórmula para encontrar la cantidad de trabajo realizado es prácticamente la misma que la fórmula de distancia.

Si Mauricio coloca ladrillos a una tasa de 20 ladrillos por hora, ¿cuántas horas necesitará para completar una pared de ladrillo compuesta de 800 ladrillos?

$$800 = 20 \times x$$

$$x = \frac{800}{20}$$

$$x = 40 \text{ horas}$$

Ejemplos

Las siguientes son dos preguntas de ejemplo sobre algunas de las fórmulas examinadas en este capítulo.

1. **La pista circular de patinaje del centro del pueblo tiene un diámetro de 140 pies. ¿Cuál es el área de la pista?**

   A   15,386 pies cuadrados

   B   21,980 pies cuadrados

   C   43,960 pies cuadrados

   D   61,544 pies cuadrados

   E   87,920 pies cuadrados

Explicación

Lea el problema y determine qué es lo que se pregunta. En este caso, ¿cuál es el área de la pista? Identifique la información pertinente. El diámetro es 140 pies. Decida qué operación u operaciones realizará. Primero, usted deberá saber que el diámetro es igual a dos veces el radio. Luego de encontrar el radio, use la fórmula del área del círculo para calcular el área total. Resuelva el problema.

$$\text{Área} = \pi \times \text{radio}^2$$

$$\text{Radio} = \text{diámetro} \div 2$$

$$\text{Radio} = 140 \text{ pies} \div 2 = 70 \text{ pies}$$

$$\text{Área} = 3.14 \times (70 \text{ pies})^2 = 3.14 \times 4,900 \text{ pies cuadrados} = 15,386 \text{ pies cuadrados}$$

Compruebe su trabajo y elija la mejor respuesta. **La mejor respuesta es la opción A.**

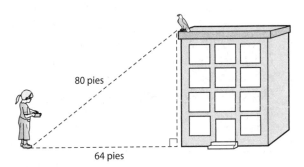

80 pies

64 pies

2. **Mariana quiere fotografiar un águila sentada en el techo de su oficina. Se coloca a 64 pies del edificio, y su distancia hasta el pájaro es 80 pies. ¿Cuál es la altura del edificio?**

   (Teorema de Pitágoras: $a^2 + b^2 = c^2$)

   A   12 pies

   B   32 pies

   C   48 pies

   D   64 pies

   E   102.4 pies

Explicación

Lea el problema y determine qué es lo que se pregunta. En este caso, ¿cuál es la altura del edificio? Identifique la información pertinente. Mariana está a 64 pies del edificio y a 80 pies del pájaro. Decida qué operación u operaciones realizará. El dibujo muestra un triángulo rectángulo, así que deberá usar el teorema de Pitágoras para encontrar la altura del edificio. Resuelva el problema.

$$a^2 + b^2 = c^2$$
$$64^2 + b^2 = 80^2$$
$$4{,}096 + b^2 = 6{,}400$$
$$b^2 = 2{,}304$$
$$b = 48$$

Compruebe su trabajo y elija la mejor respuesta. **La mejor respuesta es la opción C.**

EJERCICIOS SOBRE FÓRMULAS MATEMÁTICAS

Elija la mejor respuesta para cada una de las preguntas siguientes.

1. **¿Cuál es el área de un círculo con un radio igual a 4?**
    (Área = $\pi \times$ radio^2)

    A 4π

    B 8π

    C 12π

    D 16π

    E 24π

2. **Enfrente de la biblioteca pública, hay un cantero de flores de forma rectangular que tiene 35 pies de longitud y 12 pies de ancho. ¿Cuál es la distancia alrededor del cantero de flores?**
    (Perímetro del rectángulo = $2l + 2a$)

    A   37

    B   47

    C   94

    D   188

    E   420

3. Andrés está llenando su refrigerador con agua helada. Si un galón ocupa alrededor de 231 pulgadas cúbicas, ¿cuántos galones, aproximadamente, podrá contener el refrigerador?

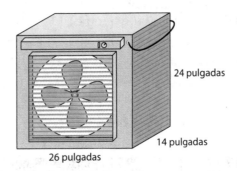

24 pulgadas

14 pulgadas

26 pulgadas

A   12

B   19

C   38

D   76

E   87

4. El área de una alfombra cuadrada es 289 pies cuadrados. ¿Cuál es su perímetro? (Perímetro = 4 × lado)

A   17 pies

B   34 pies

C   68 pies

D   72.25 pies

E   96.33 pies

5. Laura tiene dos recipientes para almacenamiento. Uno es cilíndrico y el otro es cúbico. ¿Cuál es la diferencia de capacidad entre los recipientes, en centímetros cúbicos?
(Volumen del cilindro = $\pi \times radio^2 \times altura$)
(Volumen del cubo = $arista^3$)

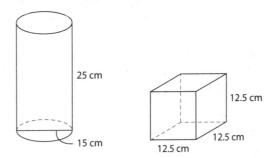

25 cm

12.5 cm

12.5 cm

15 cm

12.5 cm

A $1,953.13 \ cm^3$

B $2,462.5 \ cm^3$

C $4,415.63 \ cm^3$

D $15,709.37 \ cm^3$

E $17,662.5 \ cm^3$

6. **En un viaje de trabajo, Gonzalo recorrió 218 millas antes del almuerzo y 184 millas después. Si su tiempo de conducción total fue de 6 horas y 45 minutos, ¿cuál fue su tasa de velocidad promedio, redondeada al décimo de milla por hora más próximo?**
(Distancia = tasa × tiempo)

A   40.1 millas por hora

B   57.4 millas por hora

C   58.1 millas por hora

D   59.6 millas por hora

E   62.3 millas por hora

Las preguntas 7 y 8 se refieren al plano coordenado siguiente.

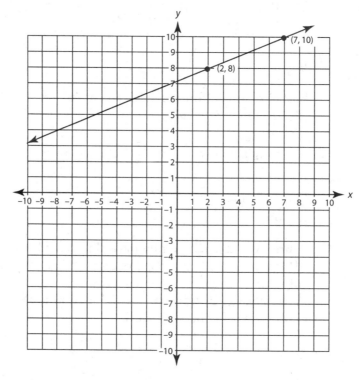

7. **¿Cuál es la distancia entre los puntos en el plano coordenado, redondeada al décimo más próximo?**
(Distancia entre puntos = $\sqrt{(x_2-x_1)^2+(y_2-y_1)^2}$)

A   2.6

B   3.7

C   5.2

D   5.4

E   6.7

8. ¿Cuál es la pendiente de la recta?

$$\left(\text{Pendiente de la recta} = \frac{y_2 - y_1}{x_2 - x_1}\right)$$

A $\dfrac{5}{2}$

B $\dfrac{2}{5}$

C $\dfrac{1}{2}$

D $\dfrac{1}{4}$

E $\dfrac{1}{8}$

9. ¿Cuál es el área de superficie de un cubo con lados de 2 pies?
(Área = lado^2)

A 24 pies cuadrados

B 12 pies cuadrados

C 8 pies cuadrados

D 4 pies cuadrados

E 2 pies cuadrados

10. Eva puede pintar una habitación en 4 horas. Juan puede pintar la misma habitación en 3 horas. ¿Cuánto tiempo les llevará pintar la habitación si lo hacen juntos?
(Trabajo = tasa × tiempo)

A 1.7 horas

B 2 horas

C 3 horas

D 4 horas

E 7 horas

Véanse las respuestas en la página 753.

Parte VIII
Exámenes de práctica

39

Examen de práctica 1 del examen *HiSET*®

Examen de práctica 1 del examen *HiSET*®
Hoja de respuestas
Artes del Lenguaje—Escritura
(Preguntas de opción múltiple)

	A	B	C	D			A	B	C	D
1	□	□	□	□		26	□	□	□	□
2	□	□	□	□		27	□	□	□	□
3	□	□	□	□		28	□	□	□	□
4	□	□	□	□		29	□	□	□	□
5	□	□	□	□		30	□	□	□	□
6	□	□	□	□		31	□	□	□	□
7	□	□	□	□		32	□	□	□	□
8	□	□	□	□		33	□	□	□	□
9	□	□	□	□		34	□	□	□	□
10	□	□	□	□		35	□	□	□	□
11	□	□	□	□		36	□	□	□	□
12	□	□	□	□		37	□	□	□	□
13	□	□	□	□		38	□	□	□	□
14	□	□	□	□		39	□	□	□	□
15	□	□	□	□		40	□	□	□	□
16	□	□	□	□		41	□	□	□	□
17	□	□	□	□		42	□	□	□	□
18	□	□	□	□		43	□	□	□	□
19	□	□	□	□		44	□	□	□	□
20	□	□	□	□		45	□	□	□	□
21	□	□	□	□		46	□	□	□	□
22	□	□	□	□		47	□	□	□	□
23	□	□	□	□		48	□	□	□	□
24	□	□	□	□		49	□	□	□	□
25	□	□	□	□		50	□	□	□	□

ARTES DEL LENGUAJE—ESCRITURA (PREGUNTAS DE OPCIÓN MÚLTIPLE)

50 preguntas

120 minutos (Preguntas de opción múltiple y Pregunta de ensayo)

Instrucciones

En esta prueba, se evalúan algunas de las habilidades requeridas para la revisión de materiales escritos. Los textos seleccionados incluyen informes, cartas y artículos que los alumnos de escuela superior, a menudo, tienen que escribir. Cada selección se presenta dos veces: primero, en un recuadro en formato convencional, y luego, en un formato desplegado con algunas secciones subrayadas y numeradas. Lea rápidamente el texto en el recuadro para tener una idea de su propósito y estilo. Luego continúe con la versión del texto en formato desplegado.

Para cada una de las secciones subrayadas, se presentan cuatro opciones de respuesta en la columna de la derecha. Elija la opción que

- haga que la afirmación sea gramaticalmente correcta;
- exprese la idea de la manera más clara y apropiada;
- emplee palabras que representen más fielmente el estilo y propósito del escrito;
- organice las ideas de manera más eficaz.

En algunos casos, puede que haya más de un problema que corregir o mejorar.

Cuando usted haya decidido cuál opción es la mejor, marque la opción elegida sobre la hoja de respuestas. Si piensa que la versión original subrayada es la mejor, seleccione "*Ningún cambio*". En las preguntas sobre organización, usted probablemente necesitará releer el texto en el recuadro. En las preguntas sobre ortografía, usted deberá indicar cuál de las tres palabras subrayadas está mal escrita, en caso de que contengan errores. Si no contienen errores, seleccione "*Ninguna*".

Trabaje lo más rápido que pueda, pero sin ser descuidado. No dedique demasiado tiempo a alguna pregunta que le resulte muy difícil de responder. Deje esa pregunta y vuelva a ella más tarde, si todavía tiene tiempo disponible. Trate de responder cada pregunta aunque tenga que adivinar la respuesta.

Marque todas sus respuestas en la hoja de respuestas. Proporcione solo una respuesta para cada pregunta y procure que sus marcas sean bien visibles. Si decide cambiar una de sus respuestas, asegúrese de borrar completamente su respuesta inicial. Asegúrese también de que el número de la pregunta que está respondiendo corresponde con el número de la fila de opciones de respuesta que está marcando en su hoja de respuestas.

Lea rápidamente el borrador de artículo en el recuadro siguiente. Luego continúe con la versión del texto en formato desplegado y considere las sugerencias de revisión del texto.

Las preguntas 1 a 8 se refieren al artículo siguiente.

Línea directa para trabajos de excavación

1. Abril es el mes nacional para las excavaciones seguras. Con la llegada de la primavera, la nieve comienza a desaparecer. Los propietarios de casas quieren empezar con sus proyectos al aire libre y esperarán poder terminarlos lo antes posible. Es comprensible.

2. Antes de empezar cualquier proyecto que requieran una excavación, todos los propietarios de casas y contratistas deberán llamar a la línea directa para trabajos de excavación al número de teléfono gratuito: (800) EXCAVAR. De acuerdo con la ley del estado, cualquiera que realice una excavación deberá contactar la línea directa al menos tres días antes de empezar el trabajo. Deberá proporcionar información sobre el tipo de trabajo la ubicación y el tipo de equipo que se usará. La línea directa se pondrá en comunicación con la empresa de servicios. La empresa de servicios luego envió a sus técnicos. Ellos marcarán los cables o caños subterráneos con una pintura en aerosol y banderitas de colores.

3. La línea directa ayuda a evitar daños en las casas. Básicamente asegura que los vecindarios no se queden sin gas o electricidad por períodos prolongados de tiempo. A nivel nacional, cada año se producen más de 200,000 accidentes ocasionados por trabajos de excavación. Estos accidentes podrían prevenirse y por eso es importante que usted llame antes de que excave.

Línea directa para trabajos de excavación

1. Abril es el <u>mes nacional para las</u> <u>excavaciones seguras</u>. Con la llegada
   ₁
   de la primavera, la nieve comienza a desaparecer. Los propietarios de casas quieren empezar con sus

   proyectos al aire libre y <u>esperarán</u>
   <u>poder terminarlos lo antes posible</u>.
   ₂
   Es comprensible.

1

A (*Ningún cambio*)

B mes nacional para las Excavaciones Seguras

C Mes nacional para las Excavaciones seguras

D Mes Nacional para las Excavaciones Seguras

2

A (*Ningún cambio*)

B esperando poder terminarlos lo antes posible

C esperarían poder terminarlos lo antes posible

D esperan poder terminarlos lo antes posible

2. Antes de empezar cualquier proyecto <u>que requieran</u> una excavación, todos
₃
los propietarios de casas y contratistas deberán llamar a la línea directa para trabajos de excavación al número de teléfono gratuito: (800) EXCAVAR. De acuerdo con la ley del estado, cualquiera que realice una excavación deberá contactar la línea directa al menos tres días antes de empezar el trabajo. Deberá proporcionar información sobre <u>el tipo de trabajo la ubicación y el tipo de equipo que se usará</u>. La línea directa se
₄
pondrá en comunicación con la

empresa de servicios. <u>La empresa de servicios luego envió a sus técnicos</u>.
₅
Ellos marcarán los cables o caños subterráneos con una pintura en aerosol y banderitas de colores.

3. La línea directa ayuda a evitar daños en las casas. <u>Básicamente asegura</u>
₆   ₆
que los vecindarios no se queden sin gas o electricidad por períodos prolongados de tiempo. A nivel nacional, cada año <u>se producen más de</u> 200,000 accidentes
₇
ocasionados por trabajos de

3

A (*Ningún cambio*)
B que requiera
C requiriendo
D que requirió

4

A (*Ningún cambio*)
B el tipo de trabajo la ubicación, y el tipo de equipo que se usará
C el tipo de trabajo, la ubicación y el tipo de equipo que se usará
D el tipo de trabajo. La ubicación y el tipo de equipo que se usará

5

A (*Ningún cambio*)
B La empresa de servicios, luego envió a sus técnicos.
C La empresa de servicios luego enviará a sus técnicos.
D La empresa de servicios luego envía a sus técnicos.

6

A (*Ningún cambio*)
B Básicamente, asegura
C Básicamente aseguran
D Básicamente, se aseguran

7

A (*Ningún cambio*)
B se produce más de
C se producen más que
D se producían más de

excavación. Estos accidentes <u>podrían</u>
₈
<u>prevenirse y por eso</u> es importante
₈
que usted llame antes de que excave.

8

A (*Ningún cambio*)

B podrían prevenirse, y por eso

C podría prevenirse y por eso

D serán prevenidos y por eso

Las preguntas 8 a 16 se refieren al artículo siguiente.

Historia de los videojuegos

1. En las décadas de 1950 y 1960, había ingenieros los que, en su tiempo libre, diseñaban juegos para computadoras centrales. Trabajaban en universidades y en centros de investigación. El público general no tenía acceso a esos juegos. El padre de los videojuegos fue Ralph Baer. En 1972, inventó la consola Odyssey. La empresa que la comercializaba era magnavox, y la vendía con un cartucho de 12 juegos.

2. Durante las décadas de 1970 y 1980, aparecieron otros sistemas de consola. El más destacado fue Atari 2600. En 1981, Nintendo sacó a la venta *Donkey Kong*. Fue el primer juego que tubo cuatro niveles diferentes. Más y más juegos los siguieron, incluidos clásicos como *Flight Simulator*, *SimCity* y *Street Fighter 2*. Las consolas se volvieron más grandes y los gráficos más complejos. En 1995, Sony introdujo Playstation, una consola que reproducía juegos de CD con gráficos 3D. Solo en el primer año, se vendieron dos millones de unidades.

3. Las consolas actuales usan distintas técnicas de control del movimiento para que los jugadores interactúen con los personajes del juego. Wii, de Nintendo; Playstation 3, de Sony, y Xbox 360, de Microsoft, permiten a los jugadores disfrutar de series de juegos exitosos como *Super Mario Brothers*, *Halo*, *Grand Theft Auto* y *Legend of Zelda*. Los juegos de la nube, en los que el juego se almacena en un servidor y se transmite directamente a una computadora, están ganando en popularidad. Y los videojuegos ya no son más solo para los niños. Los jugadores de videojuegos de la primera generación habían alcanzado los treinta y cuarenta años de edad.

Historia de los videojuegos

1. A En las décadas de 1950 y 1960,

<u>había ingenieros los que,</u> en su
₉
tiempo libre, diseñaban juegos para

computadoras centrales. Trabajaban

en universidades y en centros de

9

A (*Ningún cambio*)

B había ingenieros los que

C había ingenieros que,

D había ingenieros los cuales,

investigación. <u>El público general</u>
₁₀
<u>no tenía acceso a esos juegos.</u>
₁₀
El padre de los videojuegos fue

Ralph Baer. En 1972, inventó la

consola Odyssey. <u>La empresa que la</u>
₁₁
<u>comercializaba era magnavox,</u> y la
₁₁
vendía con un cartucho de 12 juegos.

2. Durante las décadas de 1970 y

1980, <u>aparecieron</u> otros sistemas
₁₃
de <u>consola</u>. El más destacado fue
₁₃
Atari 2600. En 1981, Nintendo sacó

a la venta *Donkey Kong*. Fue el

primer juego que <u>tubo</u> cuatro niveles
₁₃
diferentes.

**10 ¿Cuál de los grupos de palabras
siguientes haría más eficaz la
revisión de esta oración?**

A (*Ningún cambio*)

B Como consecuencia de ello, el
público

C En lugar de esto, el público

D Sin acceso público

11

A (*Ningún cambio*)

B La empresa que la comercializaba
era Magnavox

C La empresa que la comercializa es
magnavox

D La empresa que la comercializaba,
era Magnavox

12 Relea las oraciones siguientes:

*Durante las décadas de 1970 y 1980,
aparecieron otros sistemas de consola.
El más destacado fue Atari 2600.*

**¿Cuál de los grupos de palabras
siguientes representaría la
combinación más eficaz de estas
oraciones?**

A (*Ningún cambio*)

B aparecieron otros sistemas de
consola y el más destacado podría
ser

C aparecieron otros sistemas de
consola, sin embargo, el más
destacado

D aparecieron otros sistemas de
consola, entre los cuales el más
destacado fue

**13 ¿Cuál de las tres palabras
subrayadas está mal escrita?**

A (*Ninguna*)

B aparecieron

C tubo

D consola

Más y más juegos <u>los siguieron,</u>
₁₄
incluidos clásicos como *Flight Simulator, SimCity* y *Street Fighter 2.* Las consolas se volvieron más grandes y los gráficos más complejos. En 1995, Sony introdujo Playstation, una consola que reproducía juegos de CD con gráficos 3D. Solo en el primer año, se vendieron dos millones de unidades.

3. Las consolas actuales usan distintas técnicas de control del movimiento para que los jugadores interactúen con los personajes del juego. Wii, de Nintendo; Playstation 3, de Sony, y Xbox 360, de Microsoft, permiten a los jugadores disfrutar de series de juegos exitosos como *Super Mario Brothers, Halo, Grand Theft Auto* y *Legend of Zelda*. <u>Los juegos de la nube, en los que el juego se almacena en un servidor y se transmite directamente a una computadora,</u> <u>están ganando</u> en popularidad.

Y los videojuegos ya no son más solo para los niños. Los jugadores de videojuegos de la primera generación <u>habían alcanzado los treinta</u> y ₁₆ cuarenta años de edad.

14

A (*Ningún cambio*)

B los siguió

C lo siguen

D lo siguieron

15

A (*Ningún cambio*)

B Los juegos de la nube, en los que el juego se almacena en un servidor y se transmite directamente a una computadora, estarán ganando

C Los juegos de la nube, cuando el juego se almacena en un servidor y se transmite directamente a una computadora, están ganando

D Los juegos de la nube, en los que el juego se almacena en un servidor y se transmite directamente a una computadora, estaba ganando

16

A (*Ningún cambio*)

B habrán alcanzado los treinta

C están alcanzando los treinta

D alcanzarán los treinta

39 Lucas Ave.
Stillwater, AL 32100
dmays@gmail.org
6 de julio de 2011

Sr. José Méndez
Pegasus Tool & Die Co.
3211 Hwy. 65 S
Stillwater, AL 32100

Estimado Sr. Méndez:

1. Le pido por favor que acepte mi solicitud para la posición de aprendiz de maquinista, que apareció en la edición del lunes del diario *Post Star*. Me gustaría mucho postularme para ese trabajo. Me he graduado en junio en la Escuela Superior de Stillwater. Mientras era alumno de la escuela, tomé el curso de Taller en mi primer año y me encantó. Fui a la escuela primaria también en Stillwater.

2. Aprendí más en Taller que lo que hice en cualquiera de los otros cursos. Mi proyecto consistió en construir un motor a vapor en miniatura. Lo completé al final de ese año escolar con la ayuda del Sr. Mylecrane. Él era mi maestro. Yo siempre disfrutando trabajar con mis manos y aprendo muy rápido. Me gustó especialmente trabajar en el torno el Sr. Mylecrane me dijo que escribiría una carta de recomendación si ello me pudiera ayudar.

3. Incluyo adjunto mi currículum. Hacia el final de la semana, llamaré y veré si puedo organizar una visita. Me gustaría muchísimo poder ver cómo se trabaja en Pegasus y qué tipo de cosas producen allí. Le agradezco su atención. Espero poder concretar su encuentro.

Lo saluda atentamente.

David Mays

39 Lucas Ave.
Stillwater, AL 32100
dmays@gmail.org
6 de julio de 2011

Sr. José Méndez
Pegasus Tool & Die Co.
3211 Hwy. 65 S
Stillwater, AL 32100

Estimado Sr. Méndez:

1. Le pido por favor que acepte

mi <u>solicitud</u> para la posición de
     17
<u>aprendiz</u> de <u>maquinista</u>, que
 17   17
apareció en la edición del lunes del

17 **¿Cuál de las tres palabras subrayadas está mal escrita?**

A (*Ninguna*)

B solicitud

C aprendiz

D maquinista

diario *Post Star*. Me gustaría mucho postularme para ese trabajo. Me he graduado en junio en la Escuela Superior de Stillwater. Mientras era alumno de la escuela, tomé el curso de Taller en mi primer año y me encantó. Fui a la escuela primaria también en Stillwater.

2. Aprendí más en Taller que lo que hice en cualquiera de los otros cursos. Mi proyecto consistió en construir un motor a vapor en miniatura. Lo completé al final de ese año escolar con la ayuda del Sr. Mylecrane. Él era mi maestro.

Yo <u>siempre disfrutando</u> de trabajar
           20
con mis manos y aprendo muy rápido.

Me gustó especialmente trabajar en <u>el torno el Sr. Mylecrane</u> me
           21
dijo que escribiría una carta de recomendación si ello me pudiera ayudar.

3. Incluyo adjunto mi currículum. Hacia el <u>final de la semana, llamaré</u> y
           22
veré si puedo organizar una visita.

18 **¿Cuál de las sugerencias de revisión siguientes debería ser introducida en el párrafo 1?**

A (*Ningún cambio*)

B Elimine la quinta oración.

C Comience un nuevo párrafo después de la cuarta oración.

D Coloque la tercera oración al final del párrafo.

19 **Relea las oraciones siguientes:**

Lo completé al final de ese año escolar con la ayuda del Sr. Mylecrane. Él era mi maestro.

¿Cuál de los grupos de palabras siguientes representaría la combinación más eficaz de estas oraciones?

A del Sr. Mylecrane, mi maestro.

B del Sr. Mylecrane, quien es mi maestro.

C del Sr. Mylecrane, y él era mi maestro.

D del Sr. Mylecrane, como era mi maestro.

20

A (*Ningún cambio*)

B siempre he disfrutado

C siempre habré disfrutado

D siempre disfrutaría

21

A (*Ningún cambio*)

B el torno, el Sr. Mylecrane

C el torno con el Sr. Mylecrane

D el torno. El Sr. Mylecrane

22

A (*Ningún cambio*)

B final de la semana, lo llamaré

C final de la semana, la llamaré

D final de la semana lo llamaré

Me gustaría muchísimo <u>poder ver</u>
₂₃

<u>cómo se trabaja en Pegasus</u> y qué
₂₃

tipo de cosas producen allí.

Le agradezco su atención. Espero

poder concretar <u>su</u> encuentro.
₂₄

Lo saluda atentamente.

David Mays

23

A (*Ningún cambio*)

B poder ver, cómo se trabaja en Pegasus

C poder ver cómo se trabajan en Pegasus

D poder ver cómo se trabaja en pegasus

24

A (*Ningún cambio*)

B tu

C vuestro

D nuestro

Las preguntas 25 a 33 se refieren al artículo siguiente.

Los aviones de reacción: antes y ahora

1. Los aviones de reacción son diferentes de los aviones de hélice, usan los escapes de una turbina de gas como medio de propulsión. El primer avión de reacción, un Heinkel He 178, hizo su primer vuelo en 1939 en Alemania. Los alemanes desarrollaron otros aviones de reacción durante la segunda guerra mundial, pero nunca fueron usados en cantidad durante la guerra ni tampoco producidos en masa. El primer avión de reacción de línea fue el de Havilland Comet. Hizo su viaje inaugural en 1952. El avión tenía capacidad para 78 pasajeros y una velocidad máxima de 500 millas por hora.

2. En 1958, Boeing lanzó el 707. Tenía cuatro motores de reacción montados sobre las alas y una velocidad de 550 millas por hora. El avión tenía una longitud de 128 pies. Con una envergadura de 130 pies y capacidad para 140 personas. Los primeros 707 tenían una autonomía de vuelo de 3,500 millas. Boeing también produjo un avión trimotor en la década de 1960. El avión teniendo tres motores de reacción montados en su parte trasera y fue usado para viajes de corta distancia.

3. En la actualidad, tanto Boeing como Airbus están desarrollando una nueva generación de aviones de fuselaje ancho. Boeing está desarrollando el 787 y Airbus el A-380. Con capacidad para hasta 575 pasajeros, los aviones tendrán 20 pies de ancho, volarán a una velocidad de 650 millas por hora. Tendrán una autonomía de vuelo de más de 8,000 millas. Verdaderamente, los aviones de reacción han progresado mucho en poco tiempo.

4. Otra empresa, Airbus, produjo su primera generación de aviones propulsados a reacción, en 1972, llamados aviones de fuselaje ancho. Denominado A-300, el avión tenía también motores montados sobre las alas, un fuselaje de 177 pies y una envergadura de 147 pies. El avión tenía capacidad para 250 personas, había volado a una velocidad crucero de 567 millas por hora y tenía una autonomía de vuelo de 4,150 millas.

Los aviones de reacción: antes y ahora

1. Los aviones de reacción <u>son diferentes de los aviones de hélice, usan</u> los escapes de una turbina de gas como medio de propulsión. El primer avión de reacción, un Heinkel He 178, hizo su primer vuelo en 1939 en Alemania.

<u>Los alemanes desarrollaron otros aviones de reacción durante la segunda guerra mundial,</u> pero nunca fueron usados en cantidad durante la guerra ni tampoco producidos en masa. El primer avión de reacción de línea fue el de Havilland Comet. Hizo su viaje inaugural en 1952. El avión tenía capacidad para 78 pasajeros y una velocidad máxima de 500 millas por hora.

2. En 1958, Boeing lanzó el 707. Tenía cuatro motores de reacción montados sobre las alas y una velocidad de 550 millas por hora. El avión tenía una <u>longitud de 128 pies. Con</u> una envergadura de 130 pies y capacidad para 140 personas. Los primeros 707 tenían una autonomía de vuelo de 3,500 millas. Boeing también produjo un avión trimotor en la década de 1960.

25

A (*Ningún cambio*)

B son diferentes, de los aviones de hélice, usan

C son diferentes de los aviones de hélice porque usan

D son diferentes de los aviones de hélice usan

26

A (*Ningún cambio*)

B Los alemanes desarrollaron otros aviones de reacción durante la Segunda Guerra Mundial,

C Los de Alemania desarrollaron otros aviones de reacción durante la segunda guerra mundial,

D Los alemanes desarrollaron otros aviones de reacción durante la Segunda guerra mundial,

27

A (*Ningún cambio*)

B longitud de 128 pies con

C longitud de 128 pies: con

D longitud de 128 pies; con

El avión <u>teniendo</u> tres motores
          29
de reacción montados en su parte

trasera y fue usado para viajes de

corta distancia.

3. En la actualidad, tanto Boeing

como Airbus están desarrollando

una nueva generación de aviones

de fuselaje ancho. Boeing está

desarrollando el 787 y Airbus el

A-380. Con capacidad para hasta 575

pasajeros, los aviones tendrán 20 pies

de ancho, volarán a una velocidad

de 650 millas por hora. Tendrán una

autonomía de vuelo de más de 8,000

millas. Verdaderamente, los aviones

de reacción han progresado mucho

en poco tiempo.

28 **¿Cuál de las oraciones siguientes
resultaría más eficaz si se la
insertara al comienzo del párrafo 1?**

A La historia de los viajes en avión
es tan excitante como rica en
acontecimientos.

B Los aviones de hélice eran más
pequeños que los aviones de
reacción y costaban también
menos.

C Un viaje en un avión de reacción
toma menos tiempo que el mismo
viaje en un avión de hélice.

D Los viajes en avión son mucho más
agradables ahora con los aviones de
reacción.

29

A (*Ningún cambio*)

B tenía

C había tenido

D tiene

30 **Relea las oraciones siguientes:**

*Con capacidad para hasta 575
pasajeros, los aviones tendrán 20 pies
de ancho, volarán a una velocidad
de 650 millas por hora. Tendrán una
autonomía de vuelo de más de 8,000
millas.*

**¿Cuál de los grupos de palabras
siguientes representaría la
combinación más eficaz de estas
oraciones?**

A y tendrán una autonomía

B y teniendo una autonomía

C y tenían una autonomía

D además tendrán una autonomía

4. <u>Otra empresa, Airbus, produjo</u>
   ₃₁
   <u>su primera generación de aviones</u>
   ₃₁
   <u>propulsados a reacción, en 1972,</u>
   ₃₁
   <u>llamados aviones de fuselaje ancho.</u>
   ₃₁
   Denominado A-300, el avión tenía

   también motores montados sobre

   las alas, un fuselaje de 177 pies y una

   envergadura de 147 pies.

   El avión tenía capacidad para

   250 personas, <u>había volado</u> a una
   ₃₂
   velocidad crucero de 567 millas por

   hora y tenía una autonomía de vuelo

   de 4,150 millas.

31

A (*Ningún cambio*)

B Otra empresa, Airbus, produjo
   su primera generación de aviones
   propulsados a reacción, llamados
   aviones de fuselaje ancho, en 1972.

C Otra empresa, Airbus, produjo
   la primera generación de aviones
   propulsados a reacción, en 1972,
   llamados aviones de fuselaje ancho.

D Otra empresa, Airbus, produjo
   su primera generación de aviones
   propulsados a reacción, en 1972,
   llamados aviones de ancho fuselaje.

32

A (*Ningún cambio*)

B ha volado

C volando

D volaba

**33 ¿Cuál de las revisiones siguientes
      hará que el artículo resulte más
      eficaz?**

A Coloque el párrafo 3 después del
   párrafo 4.

B Una los párrafos 3 y 4.

C Comience un nuevo párrafo
   después de la segunda oración del
   párrafo 3.

D Una los párrafos 1 y 2.

Las preguntas 34 a 41 se refieren al artículo siguiente.

Tenga cuidado con el fraude por telemarketing

1. Cada año, los consumidores sufren perdiendo por cientos de millones de dólares debido al fraude por telemarketing. Las personas son inducidas por teléfono a enviar dinero a alguien. Al final, nosotros terminamos sin recibir nada a cambio. Las siguientes son algunas señales de alerta de fraude telefónico a las que habrá que prestar atención.

2. Si la persona que llama le dice que usted debe actuar inmediatamente o la oferta expirará esa es una señal de que algo no está bien. O si le dice que no puede permitirse perder una oportunidad de obtener semejantes beneficios, esa es otra señal de fraude. Usted nunca deberá dar su número de tarjeta de crédito o de cuenta bancaria por teléfono.

3. Cuando alguien lo llame por teléfono para venderle algo, pídale la dirección de la página web de la empresa, así puede verificar si estos son lícitos. Solicite referencias de otras personas que hayan sido llamadas anteriormente por el vendedor. Cualquiera que sea la situación, asegúrese de tener algo por escrito antes de acordar el envío de dinero. En síntesis, preste mucha atención a las señales de alerta cuando una persona lo llame por teléfono para tratar de venderle algo. Si la oferta es lejítima, usted puede confiar en el procedimiento. Si usted cree que ha sido víctima de fraude, no se olvide de llamar a las autoridades inmediatamente.

Tenga cuidado con el fraude por telemarketing

1. Cada año, los consumidores <u>están perdiendo por</u> cientos de millones
   ₃₄
   de dólares debido al fraude por telemarketing. Las personas son inducidas por teléfono a enviar dinero a alguien. Al final, <u>nosotros terminamos</u> sin recibir nada a
   ₃₅
   cambio. Las siguientes son algunas señales de alerta de fraude telefónico a las que habrá que prestar atención.

2. Si la persona que llama le dice que usted debe actuar inmediatamente o la oferta <u>expirará esa</u> es una señal
   ₃₆
   de que algo no está bien. O si le dice que no puede permitirse perder una oportunidad de obtener semejantes beneficios, esa es otra señal de fraude.

34

A (*Ningún cambio*)

B han estado perdiendo por

C pierden

D habían perdido

35

A (*Ningún cambio*)

B ella termina

C él termina

D ellas terminan

36

A (*Ningún cambio*)

B expirará, esa

C estará expirando esa

D expirará; esa

Usted <u>nunca deberá dar</u> su número
³⁷
de tarjeta de crédito o de cuenta

bancaria por teléfono.

3. Cuando alguien lo llame por

teléfono para venderle algo, pídale

la dirección de la página web de

la empresa, así puede verificar si

<u>estos son lícitos</u>. Solicite referencias
³⁹
de otras personas que hayan sido

llamadas anteriormente por el

vendedor. Cualquiera que sea la

situación, asegúrese de tener algo

por escrito antes de acordar el envío

de dinero. En síntesis, preste mucha

atención a las señales de alerta

cuando una persona lo llame por

teléfono para tratar de venderle algo.

Si la oferta es <u>lejítima</u>, usted puede
⁴⁰
tener <u>confianza</u> en el <u>procedimiento</u>.
⁴⁰ ⁴⁰
Si usted cree que ha sido víctima de

fraude, no se olvide de llamar a las

autoridades inmediatamente.

37

A (*Ningún cambio*)

B nunca debería dar

C nunca deberá dando

D nunca deberá estar dando

38 ¿Cuál de las oraciones siguientes resultaría más eficaz si se la insertara al comienzo del párrafo 3?

A Lo mejor es tratar con personas que han sido recomendadas por un amigo.

B Nunca suministre información personal a menos que esté seguro de que lo que le proponen sea legal.

C El fraude telefónico es uno de los delitos más maliciosos que existen en el mundo de hoy.

D Existen otros recaudos que usted puede tomar para evitar ser víctima de un fraude.

39

A (*Ningún cambio*)

B este es lícito.

C esos son lícitos.

D esta es lícita.

40 ¿Cuál de las palabras siguientes está mal escrita?

A *Ninguna*   C confianza

B lejítima   D procedimiento

41 ¿Cuál de las revisiones siguientes hará que el párrafo 3 resulte más eficaz?

A Intercambie el orden de la primera y la segunda oraciones.

B Suprima la oración que empieza con *En síntesis*.

C Coloque la oración que empieza con *Si la oferta es lejítima* al comienzo del párrafo.

D Comience un nuevo párrafo con la oración que empieza con *En síntesis*.

Las preguntas 42 a 50 se refieren al correo electrónico siguiente.

Correo electrónico

A: servicioalcliente@bigboxappliance.com
Tema: Cobertura de la garantía
Estimado(a) señor(a):

1. Compré una computadora portátil en su tienda el 12 de febrero de 2009. Era una computadora marca New World. Al mismo tiempo adquirí una garantía extendida por $129. Llevé la computadora de nuevo a la tienda porque el reproductor de DVD no funcionaba correctamente. Un empleado envió la computadora a su servicio de reparaciones, y 10 días más tarde, aproximadamente, la computadora portátil me fue devuelta en condiciones de funcionamiento. No tuve que pagar nada.

2. Ayer, no pude encender la computadora. Llevé de nuevo la computadora a su tienda. El diagnóstico del problema fue que la pantalla tenía un defecto. Se me dijo que el costo de reemplazarlas sería $319 más impuestos. Contesté que yo había comprado una garantía extendida pero el empleado me mostró en su computadora que la garantía había expirado hace seis días.

3. Por supuesto que me enfurecí. El domingo pasado, en una comunicación de su empresa, se anuncia una nueva computadora portátil al precio de $399, que es prácticamente lo que deberé pagar para reparar mi computadora. Nunca fui notificado de que mi garantía expiraría y nunca se me ofreció la oportunidad de extenderla. Creo que Big Box debe asumir su responsabilidad y reparar mi computadora sin ningún cargo. He sido un buen cliente y he realizado muchas compras en su tienda. Espero su respuesta a la brevedad. Por suerte, un amigo me prestó su computadora para poder escribir este mensaje.

Andrea Fox
Celular: (654) 123-4567
foxyg@aol.net

Correo electrónico

A: servicioalcliente@

bigboxappliance.com

Tema: Cobertura de la garantía

Estimado(a) señor(a):

1. Compré una computadora portátil en su tienda el 12 de febrero de 2009. Era una computadora marca New World.

42 Relea las oraciones siguientes:

Compré una computadora portátil en su tienda el 12 de febrero de 2009. Era una computadora marca New World.

¿Cuál de los grupos de palabras siguientes representaría la combinación más eficaz de estas oraciones?

A la que era

B la que acababa de ser producida por

C una computadora portátil marca New World en

D una computadora producida por New World

Al mismo <u>tiempo adquirí</u> una
43
garantía extendida por $129.
Llevé la computadora de nuevo
a la tienda porque el reproductor
de DVD no funcionaba
correctamente. Un empleado envió
la computadora a su servicio de
reparaciones, y 10 días más tarde,
aproximadamente, la computadora
portátil me fue devuelta en
condiciones de funcionamiento.
No tuve que pagar nada.

2. Ayer, no pude encender la
computadora. Llevé de nuevo
la computadora a su tienda. El
diagnóstico del problema fue que
la pantalla tenía un defecto. Se me
dijo que <u>el costo de reemplazarlas</u>
44
<u>sería $319</u> más impuestos.
44

Contesté que yo <u>había comprado</u>
45
<u>una garantía extendida pero</u>
45
el empleado me mostró en su
computadora que la garantía había
expirado hace seis días.

3. Por supuesto que me enfurecí.
El domingo pasado, en una
comunicación de su empresa,
<u>se anuncia</u> una nueva
46
computadora portátil al precio
de $399, que es prácticamente
lo que deberé pagar para

43

A (*Ningún cambio*)

B tiempo; adquirí

C tiempo, adquirí

D tiempo y adquirí

44

A (*Ningún cambio*)

B el costo de hacerlas reemplazar sería $319

C el costo de reemplazarla sería $319

D el costo de reemplazarlos sería $319

45

A (*Ningún cambio*)

B he comprado una garantía extendida pero

C había comprado una garantía extendida, pero

D habré comprado una garantía extendida pero

46

A (*Ningún cambio*)

B se anunciaban

C se anunciará

D se anunciaba

reparar mi computadora. Nunca

<u>fui notificado de que mi garantía</u>
₄₇

<u>expiraría y nunca se me ofrecía</u> la
₄₇

oportunidad de extenderla.

47

A (*Ningún cambio*)

B fui notificado de que mi garantía expiraba y nunca se me ofrecía

C fui notificado de que mi garantía expiraría y nunca se me había ofrecido

D fui notificado de que mi garantía expiraría y nunca se me ofreció

<u>Creo que Big Box debe asumir</u>
₄₈

<u>su responsabilidad</u> y reparar mi
₄₈

computadora sin ningún cargo. He

sido un buen cliente y he realizado

muchas compras en su tienda.

48

A (*Ningún cambio*)

B Creo que Big Box debería estar asumiendo su responsabilidad

C Creo que Big Box asumirá su responsabilidad

D Creo que Big Box debía asumir su responsabilidad

Espero <u>su</u> respuesta a la brevedad.
₄₉
Por suerte, un amigo me prestó su

computadora para poder escribir

este mensaje.

49

A (*Ningún cambio*)

B tu

C nuestra

D vuestra

Andrea Fox

Celular: (654) 123-4567

foxyg@aol.net

50 **¿Cuál de las revisiones siguientes hará que el párrafo 3 resulte más eficaz?**

A Coloque la última oración después de la primera oración.

B Coloque la primera oración justo antes de la última oración.

C Suprima la última oración.

D Agregue esa oración al final del párrafo: *Al menos, él no me defraudó.*

ALTO. Este es el final de las Preguntas de opción múltiple de la prueba de Artes del Lenguaje—Escritura.

RESPUESTAS DE ARTES DEL LENGUAJE—ESCRITURA (PREGUNTAS DE OPCIÓN MÚLTIPLE)

1. **(D)** La opción D es la correcta porque usa mayúscula inicial en todas las palabras que forman el nombre propio.

2. **(D)** La opción D es la correcta porque la acción del verbo *esperan* se realiza en paralelo con la acción del verbo precedente: *quieren*.

3. **(B)** La opción B es la correcta. El sujeto, *proyecto*, está en singular, así que el verbo también debe estarlo.

4. **(C)** La opción C es la correcta porque en ella se coloca una coma entre los términos de una serie.

5. **(C)** La opción C es la correcta porque esta oración se refiere a la información contenida en la oración precedente, cuyo verbo está en futuro imperfecto (*se pondrá*). Para mantener el paralelismo y usar el mismo tiempo verbal, el verbo debe ser *enviará*.

6. **(B)** La opción B es la correcta porque coloca una coma después del adverbio de modo.

7. **(A)** La opción A es la correcta porque el número y el tiempo del verbo son los adecuados y la preposición *de* está correctamente usada en este caso.

8. **(B)** La opción B es la correcta porque en ella se coloca una coma para separar dos cláusulas en una oración compuesta.

9. **(C)** La opción C es la correcta porque *que* es un pronombre relativo que introduce una cláusula que se refiere a un antecedente expreso.

10. **(B)** La opción B es la correcta; la frase de transición *como consecuencia de ello* indica aquí una relación de causa y efecto. Una coma debe seguir a una frase de transición. En la opción C también se usa una frase de transición con una coma, pero en ella se expresa una relación de contraste en lugar de una de causa y efecto.

11. **(B)** La opción B es la correcta porque utiliza la mayúscula para la inicial del nombre de la empresa, Magnavox. La opción D también lo hace, pero incluye una coma innecesaria.

12. **(D)** La opción D combina las dos oraciones de la forma más sucinta, convirtiendo a la segunda en una aposición. La opción B necesita una coma para separar las dos cláusulas independientes, antes de la conjunción *y*. La opción C combina las oraciones de manera inapropiada, pues las palabras de transición *sin embargo* requieren un punto y coma que las preceda.

13. **(C)** La opción C sustituye el homónimo correcto *tuvo* (verbo) por el incorrecto *tubo* (nombre).

14. **(D)** La opción D es la correcta porque sustituye el pronombre en plural (*los*) por su singular (*lo*).

15. **(A)** La oración es correcta tal como ha sido escrita. La opción B es incorrecta porque en ella se sustituye incorrectamente el verbo en presente (*están*) por su futuro imperfecto (*estarán*). En la opción C se reemplaza también

incorrectamente la expresión *en los que*, que indica lugar, por *cuando*, que expresa tiempo. Por último, la opción D es incorrecta porque en ella se modifica el tiempo verbal y se usa la forma singular.

16. **(C)** La opción C es la correcta porque en ella se reemplaza un verbo en un tiempo pasado por uno en presente, pues la acción continúa desarrollándose en este momento.

17. **(A)** La opción A es la correcta porque ninguna de las tres palabras subrayadas contiene faltas de ortografía.

18. **(B)** La opción B elimina correctamente una oración que no respalda la idea principal ni tampoco cumple una función específica en el párrafo.

19. **(A)** La opción A representa la combinación más eficaz pues usa una simple aposición para combinar las dos oraciones.

20. **(B)** La opción B es la correcta porque el verbo está en el tiempo y la forma correctos. El uso del pretérito perfecto compuesto es apropiado para una acción que continúa.

21. **(D)** La opción D separa correctamente con un punto y seguido dos oraciones que carecían de la puntuación adecuada. La opción A es un caso de oraciones yuxtapuestas. La opción B representa un caso de puntuación insuficiente. En la opción C se agrega una preposición que no resuelve el problema.

22. **(B)** La opción B completa el sentido del fragmento de oración al agregar un complemento directo al verbo.

23. **(A)** La oración es correcta tal como ha sido escrita. La opción B agrega una coma innecesaria. La opción C es incorrecta porque se trata aquí de un verbo impersonal, que se usa siempre en tercera persona del singular. La opción D usa minúscula inicial para un nombre propio.

24. **(D)** La opción D es la correcta porque usa el pronombre personal que corresponde a un encuentro entre dos personas cuando una de ellas es el que escribe.

25. **(C)** La opción C agrega la conjunción causal apropiada y necesaria para unir las dos oraciones. La opción D carece de la conjunción necesaria para unir las dos oraciones, que se convierten en yuxtapuestas.

26. **(B)** La opción B es la correcta porque los nombres propios —en este caso, *Segunda Guerra Mundial*— se escriben con mayúscula inicial.

27. **(B)** La opción B une el fragmento con la oración completa que lo precede. Las opciones C y D usan incorrectamente los dos puntos y el punto y coma para conectar el fragmento con la oración precedente.

28. **(A)** La opción A es una oración temática que incorpora información histórica al párrafo 1.

29. **(B)** La opción B corrige el verbo al usar un tiempo pasado que concuerda con el tiempo usado en la oración precedente.

30. **(A)** La opción A combina correctamente las ideas usando una conjunción copulativa y crea un paralelismo con los verbos de la oración precedente.

31. **(B)** La opción B es la correcta porque la aposición, *llamados aviones de fuselaje ancho*, modifica a *los aviones propulsados a reacción*.

32. **(D)** La opción D es la correcta porque establece un paralelismo entre todos los verbos de la oración.

33. **(A)** La opción A es la correcta porque coloca el párrafo que describe lo que está pasando en la actualidad al final del pasaje, lo que hace que el pasaje fluya lógicamente.

34. **(C)** La opción C es la correcta porque reemplaza una forma incorrecta del verbo por la apropiada.

35. **(D)** La opción D es la correcta porque el pronombre personal concuerda con su antecedente en la oración anterior, *las personas*.

36. **(B)** La opción B es la correcta porque en ella se inserta una coma después de la cláusula inicial de una oración compuesta.

37. **(A)** La oración es correcta tal como ha sido escrita. En las opciones restantes, se usan formas incorrectas del verbo.

38. **(D)** La opción D es una oración temática que describe de qué trata el párrafo, así que resultará la más eficaz al comienzo del párrafo.

39. **(D)** La opción D es la correcta porque el pronombre demostrativo se refiere a *empresa*, su antecedente.

40. **(B)** La opción B es la correcta porque la palabra *lejítima* se escribe con *g*.

41. **(D)** La opción D es la correcta porque divide el párrafo en dos temas diferentes: qué hacer cuando una persona llama y la síntesis.

42. **(C)** La opción C es la correcta porque representa la combinación más eficaz. Coloca juntas la computadora y su descripción.

43. **(C)** La opción C es la correcta porque se necesita una coma después de la cláusula inicial.

44. **(C)** La opción C es la correcta porque el pronombre personal, *la*, concuerda con el antecedente, *la pantalla*.

45. **(C)** La opción C es la correcta porque en una oración compuesta se necesita una coma para separar las dos cláusulas.

46. **(D)** La opción D es la correcta porque el verbo debe estar en tiempo pasado y en singular, por ser usado en su forma impersonal.

47. **(D)** La opción D es la correcta porque reemplaza el verbo para que concuerde con *fui notificado* y establece un paralelismo entre ambos.

48. **(A)** La oración es correcta tal como ha sido escrita. Los verbos *creo* y *debe* están en el tiempo verbal correcto y en paralelo.

49. **(A)** La oración es correcta tal como ha sido escrita. *Su* se refiere a la persona a la que está dirigido el mensaje. Ninguna de las otras opciones se refiere solo a ella.

50. **(C)** La opción C es la correcta porque la oración no tiene nada que ver con el tema del párrafo.

Examen de práctica 1 del examen *HiSET*®
Hoja de respuestas
Artes del Lenguaje—Escritura
(Pregunta de ensayo)

ARTES DEL LENGUAJE—ESCRITURA (PREGUNTA DE ENSAYO)

Instrucciones y tema del ensayo

En los recuadros de la página siguiente, se presenta el tema asignado. Usted deberá escribir SOLO sobre el tema asignado.

El ensayo será evaluado sobre la base de

- la presentación centrada en los puntos principales;
- la clara organización;
- el desarrollo específico de sus ideas;
- el control de la estructura de la oración, el uso de los signos de puntuación, la gramática, la elección de palabras y la ortografía.

RECUERDE QUE USTED DEBERÁ COMPLETAR TANTO LAS PREGUNTAS DE OPCIÓN MÚLTIPLE COMO LA PREGUNTA DE ENSAYO PARA OBTENER UNA CALIFICACIÓN EN LA PRUEBA DE ARTES DEL LENGUAJE—ESCRITURA. Para evitar tener que repetir las dos partes de la prueba, asegúrese de

- no dejar páginas en blanco;
- escribir de forma legible <u>en tinta</u>, así los evaluadores pueden leer sin dificultad su escritura;
- escribir sobre el tema asignado. Si usted escribe sobre un tema diferente del asignado, no recibirá calificación alguna en la prueba de Artes del Lenguaje—Escritura;
- escribir su ensayo en las páginas rayadas del cuadernillo separado de respuesta. Solo se calificará lo que se escriba en esas páginas.

La Pregunta de ensayo es una prueba para determinar cuán bien puede usted usar el lenguaje escrito para expresar sus ideas. Al preparar su ensayo, siga los pasos siguientes:

- Lea las INSTRUCCIONES y el TEMA atentamente.
- Planifique su ensayo antes de escribirlo. Use el papel de borrador suministrado para hacer sus notas. Estas notas serán recogidas, pero no calificadas.
- Antes de entregar su ensayo, relea lo que ha escrito e introduzca todos los cambios que le parezcan necesarios para mejorar el ensayo.

Su ensayo deberá tener una extensión suficiente como para permitirle desarrollar el tema adecuadamente.

A continuación, usted encontrará dos pasajes en los que los autores presentan perspectivas contrapuestas sobre una cuestión de importancia. Lea ambos pasajes con atención, tomando nota de los puntos fuertes y débiles de cada propuesta. Luego, escriba un ensayo en el que usted explique su propia posición sobre la cuestión.

Los dos artículos siguientes sobre cuestiones de ética en los zoológicos fueron publicados en la sección de opinión de un periódico local.

Los zoológicos promueven el bienestar de los animales

1. La existencia de los zoológicos es absolutamente aceptable. Los zoológicos modernos hacen hincapié en la educación, y no en el entretenimiento. Alientan a sus visitantes a aprender sobre los animales y sus hábitats naturales, y a asumir un papel activo en su preservación. Ver a un animal en persona es una experiencia mucho más personal y memorable que verlo en un documental sobre la naturaleza.

2. Los zoológicos hacen mucho para proteger y salvar a los animales. Ayudan a rehabilitar a la fauna herida y reciben mascotas exóticas que la gente ya no quiere o no puede hacerse cargo de ellas. Los zoológicos también rescatan a las especies en extinción. Las llevan a un entorno seguro, donde están protegidas de los cazadores furtivos y de los predadores. En la vida silvestre, muchas de las especies en extinción deben hacer frente a la destrucción de su hábitat natural y a la hambruna. En los zoológicos, estos animales viven en réplicas del hábitat natural y son bien alimentados y cuidados. Los zoológicos llegan hasta aumentar las poblaciones amenazadas a través de programas de reproducción y crianza.

Los animales deben estar en libertad

1. Los animales salvajes no deben ser mantenidos en cautiverio en los zoológicos. Está mal sacarlos de su hábitat natural para el entretenimiento del público. Desde el punto de vista de los derechos del animal, no tenemos el derecho de criarlos, capturarlos y confinarlos con otros animales, aun si están en peligro de extinción. El pertenecer a una especie en extinción no significa que esos animales tengan menos derechos.

2. Algunos afirman que los zoológicos aumentan las poblaciones de especies amenazadas a través de sus programas de reproducción y crianza. Sin embargo, la gran mayoría de los programas de reproducción y crianza en cautiverio nunca devuelve los animales a la vida silvestre. Las crías forman parte para siempre de la cadena de zoológicos, circos, zoológicos de mascotas y el comercio de mascotas exóticas que compran, venden e intercambian animales entre sí y los explotan. Las crías de los animales atraen a los visitantes y el dinero, pero este incentivo provoca una superpoblación de crías. Los excedentes de animales se venden no solo a otros zoológicos, sino también a circos, cotos de caza privados e, incluso, a mataderos. Algunos zoológicos matan a los animales sobrantes abiertamente.

3. Una vez en el zoológico, los animales sufren innecesariamente. Sus jaulas son, a menudo, mucho más pequeñas que sus hábitats naturales, lo que les produce padecimientos psicológicos. Los animales en cautiverio sufren de estrés, aburrimiento y confinamiento. Los lazos intergeneracionales se rompen cuando los individuos son vendidos o intercambiados con otros zoológicos, y ninguna jaula o safari para autos puede compararse con la libertad de la vida silvestre.

4. Si la gente quiere ver animales salvajes en la vida real, pueden observarlos en sus hábitats naturales o visitar una reserva animal. Una verdadera reserva no compra, vende ni cría animales, pero recibe mascotas exóticas no deseadas, animales sobrantes de zoológicos o fauna herida que ya no puede sobrevivir en la naturaleza. Las reservas también rehabilitan animales y reciben mascotas exóticas, sin reproducirlos y criarlos, comprarlos ni venderlos como hacen los zoológicos.

Escriba un ensayo en el que explique su propia posición sobre las cuestiones de ética en los zoológicos.

Asegúrese de usar evidencia contenida en los pasajes que se presentan, así como también razones específicas y ejemplos de su propia experiencia y conocimiento, para respaldar su posición. Recuerde que cada posición existe dentro del contexto de una discusión más amplia de la cuestión; por ello, su ensayo debería incluir, como mínimo, el reconocimiento de la existencia de ideas alternativas o contrapuestas. Una vez que haya finalizado su ensayo, revise su redacción para comprobar que no contenga errores de ortografía, puntuación y gramática.

ARTES DEL LENGUAJE—ESCRITURA (PREGUNTA DE ENSAYO)

Todos los ensayos del examen *HiSET*® serán calificados de acuerdo con las pautas de calificación siguientes.

Calificación de	Descripción
1	**Los ensayos en este punto de calificación evidencian un dominio pobre de la escritura de un argumento sobre un tema importante dado utilizando un razonamiento válido y evidencia relevante y suficiente.** La respuesta tiene poco o ningún desarrollo de una postura central o argumentaciones. No se proporciona un contexto correcto ni comprensible del tema para la discusión. La propia postura del escritor frente al problema o las argumentaciones puede no estar clara. Se pueden proporcionar algunas ideas, pero carece de explicaciones de las mismas; solo repite ideas o las ideas se derivan completamente de los textos proporcionados. La respuesta carece de una introducción y de una conclusión y no evidencia ningún entendimiento de la redacción de párrafos. No utiliza transiciones o puede utilizarlas de manera incorrecta. El control del idioma es mínimo. La elección de vocabulario y la estructura de las oraciones son simples. La respuesta carece de estilo formal y de un tono objetivo. Evidencia un dominio mínimo o nulo de las convenciones de la gramática del Español estándar y su uso. Aparecen con frecuencia errores de uso de mayúsculas, puntuación y ortografía.
2	**Los ensayos en este punto de calificación evidencian un dominio limitado de la escritura de un argumento sobre un tema importante dado utilizando un razonamiento válido y evidencia relevante y suficiente.** La respuesta evidencia un desarrollo limitado de una postura central o argumentaciones. Se proporciona un contexto parcialmente correcto o comprensible para la discusión. La postura del escritor sobre el problema o las argumentaciones puede ser poco clara o confusa. Se proporcionan algunas ideas, pero la explicación es escasa o superficial y las partes de la explicación pueden ser repetitivas o excesivamente derivadas de los textos proporcionados, sin interpretación. La introducción y la conclusión tienen un desarrollo mínimo. Algunas ideas relacionadas se encuentran agrupadas mediante la redacción de párrafos que no se pueden utilizar. Se utilizan pocas transiciones. Se demuestra una apertura a las habilidades del idioma. El vocabulario es general y repetitivo. La respuesta tiene estructuras repetitivas en las oraciones u oraciones largas e incontroladas. La respuesta carece de estilo formal y de un tono objetivo.

Calificación de	Descripción

Evidencia un dominio limitado o nulo de las convenciones de la gramática del Español estándar y su uso. Existen numerosos errores de uso de mayúsculas, puntuación y ortografía y pueden interferir con la comprensión.

3

Los ensayos en este punto de calificación evidencian un dominio parcial de la escritura de un argumento sobre un tema importante dado utilizando un razonamiento válido y evidencia relevante y suficiente.

La respuesta evidencia un desarrollo parcial de una postura central o argumentaciones. Se proporciona un breve contexto del tema para la discusión, incluyendo la introducción de un argumento alternativo o contraargumento. La postura del escritor frente al problema o las argumentaciones es evidente. Se proporcionan varias ideas con una explicación limitada o irregular, ofreciendo pocos ejemplos o solamente ejemplos o detalles generales que respalden las ideas. La respuesta utiliza evidencia que proviene de los textos provistos, pero esta información es limitada o utilizada en exceso, mal elegida o tergiversada.

La respuesta tiene una introducción y una conclusión, aunque una de ellas o ambas pueden estar subdesarrolladas. Las ideas están agrupadas en párrafos, aunque la relación entre las ideas puede a veces ser poco clara. Las transiciones son simples y se utilizan de manera inconsistente.

Se demuestra algo de desarrollo en las habilidades del idioma. La elección de vocabulario es general y la respuesta demuestra un poco de variedad en las estructuras de las oraciones, aunque puede haber oraciones un poco largas e incontroladas. La respuesta intenta mantener un estilo formal y un tono objetivo, pero puede fallar en sostenerlos a lo largo de la discusión.

Evidencia un dominio parcial de las convenciones de la gramática del Español estándar y su uso. Los errores en el uso de mayúsculas, la puntuación y la ortografía están presentes de manera regular en toda la respuesta y pueden interferir a veces en la comprensión.

4

Los ensayos en este punto de calificación evidencian un dominio adecuado de la escritura de un argumento sobre un tema importante dado utilizando un razonamiento válido y evidencia relevante y suficiente.

La respuesta evidencia un desarrollo adecuado de una postura central o argumentaciones. Se proporciona un breve contexto del tema para la discusión, incluyendo alguna discusión de un argumento alternativo o contraargumento. La postura del escritor frente al problema o las argumentaciones es clara. Se proporcionan varias ideas con la explicación adecuada; algunos ejemplos o detalles específicos y relevantes apoyan las ideas, incluyendo pruebas pertinentes extraídas selectivamente de los textos provistos y debidamente integradas.

Calificación de	Descripción

Se proporciona una introducción y una conclusión funcionales y claras. Las relaciones entre las ideas se ponen en claro mediante la organización: las transiciones se utilizan de manera consistente, aunque pueden ser simples, y se muestra alguna evidencia de secuencia lógica de ideas. La respuesta utiliza una redacción de párrafos adecuada.

Se demuestra una habilidad adecuada en el uso del lenguaje. Se utiliza un vocabulario un tanto variado y mayormente específico. La respuesta demuestra control de las oraciones con variaciones en la longitud y en la estructura. Se establece un estilo formal y se mantiene un tono objetivo a lo largo de la discusión.

Evidencia un dominio adecuado de las convenciones de la gramática del Español estándar y su uso. Existen algunos errores de uso de mayúsculas, puntuación y ortografía, pero no interfieren con la comprensión.

5   **Los ensayos en este punto de calificación evidencian un dominio fuerte de la escritura de un argumento sobre un tema importante dado utilizando un razonamiento válido y evidencia relevante y suficiente.**

La respuesta evidencia un desarrollo competente de una postura central o argumentaciones. Se proporciona contexto del tema para la discusión, incluyendo una discusión equilibrada de un argumento alternativo o contraargumento. La postura del escritor frente al problema o las argumentaciones es clara y considerada. Se proporcionan varias ideas con una explicación completa; motivos, ejemplos y detalles específicos, relevantes y de alguna manera elaborados respaldan las ideas, incluyendo evidencia clara y relevante extraída de los textos proporcionados e integrada con habilidad.

La introducción y la conclusión son claras y suficientes. Se utiliza una redacción de párrafos clara y adecuada. Se utilizan transiciones variadas y secuencia lógica de ideas de principio a fin para enlazar las principales secciones del texto, crear cohesión y clarificar las relaciones entre las ideas.

La respuesta demuestra habilidades competentes en cuanto al idioma. El vocabulario suele ser preciso y variado. La respuesta utiliza oraciones bien controladas que varían en su longitud y complejidad. Se establece un estilo formal y se mantiene un tono formal de principio a fin. Los contraargumentos se discuten de manera justa, sin prejuicios.

Evidencia un dominio hábil de las convenciones de la gramática del Español estándar y su uso. Aparecen pocos errores de uso de mayúsculas, puntuación y ortografía y la mayoría son superficiales.

Calificación de	Descripción
6	**Los ensayos en este punto de calificación evidencian un dominio superior de la escritura de un argumento sobre un tema importante dado utilizando un razonamiento válido y evidencia relevante y suficiente.**

La respuesta evidencia un desarrollo experto de una postura central o argumentaciones. Se proporciona contexto del tema para la discusión, incluyendo una discusión equilibrada de las fortalezas y limitaciones de un argumento alternativo o contraargumento. La postura del escritor frente al problema o las argumentaciones es clara, considerada y con pequeños matices. Se proporcionan varias ideas con explicación efectiva y exhaustiva; las ideas están respaldadas por motivos, ejemplos y detalles relevantes y completamente elaborados, incluyendo pruebas convincentes extraídas de los textos proporcionados y efectivamente integradas.

Las respuestas tienen una introducción y una conclusión efectiva. La redacción de párrafo utilizada es clara y adecuada, creando un conjunto coherente. Se utilizan transiciones efectivas y secuencia lógica de ideas de principio a fin para enlazar las principales secciones del texto, crear cohesión y aclarar las relaciones entre las argumentaciones y las razones, entre las razones y las pruebas, y entre las argumentaciones y los contraargumentos.

La respuesta demuestra habilidades de alto nivel en cuanto al idioma. El vocabulario es preciso, variado y atractivo. La respuesta varía eficazmente el largo y la complejidad de las oraciones. Se establece un estilo formal y un tono objetivo que realza la efectividad de la respuesta preparada. Los contraargumentos se discuten de manera justa, sin prejuicios.

Evidencia un dominio experto de las convenciones de la gramática del Español estándar y su uso, y la respuesta evidencia un uso sofisticado de la gramática, su uso y mecánicas. Aparecen pocos o ningún error de uso de mayúsculas, puntuación y ortografía.

Ejemplos de oraciones temáticas de excelencia

Si bien alguna gente sostiene que está mal mantener animales en cautiverio en los zoológicos, yo pienso que los beneficios superan a las posibles desventajas.

Sin los zoológicos, la gente no se preocuparía mucho por la preservación y el cuidado de los animales. Desde un punto de vista ético, los zoológicos representan una fuerza positiva en nuestra sociedad y desempeñan un rol vital en la conservación de las especies.

Ejemplos de un uso variado del lenguaje y de detalles que siguen las normas de la Real Academia de la Lengua Española

Como lo menciona el autor del primer artículo, el tener una experiencia personal con un animal es mucho más memorable que ver a un animal en una foto o por televisión.

Si bien es cierto que los zoológicos pueden hacer que las poblaciones amenazadas aumenten a través de programas de reproducción y crianza, esos programas son artificiales y las crías nunca retornan a su hábitat natural. El autor del segundo artículo sostiene que los animales "sobrantes" son vendidos a otros zoológicos, a circos, a cotos de caza e, incluso, a mataderos.

- La organización debe seguir un orden claro y lógico.
- El ensayo debe tener también una conclusión que lo resuma de forma sucinta, como:

Cuando se evalúa toda la evidencia, parece claro que los zoológicos no dañan a los animales; por el contrario, desempeñan un rol vital en su protección.

En conclusión, independientemente de las razones que dan los zoológicos, no está bien mantener a criaturas vivientes confinadas lejos de sus hábitats naturales con el propósito de entretener y educar a los seres humanos.

Examen de práctica 1 del examen *HiSET*®
Hoja de respuestas
Estudios Sociales

	A	B	C	D			A	B	C	D
1	☐	☐	☐	☐		26	☐	☐	☐	☐
2	☐	☐	☐	☐		27	☐	☐	☐	☐
3	☐	☐	☐	☐		28	☐	☐	☐	☐
4	☐	☐	☐	☐		29	☐	☐	☐	☐
5	☐	☐	☐	☐		30	☐	☐	☐	☐
6	☐	☐	☐	☐		31	☐	☐	☐	☐
7	☐	☐	☐	☐		32	☐	☐	☐	☐
8	☐	☐	☐	☐		33	☐	☐	☐	☐
9	☐	☐	☐	☐		34	☐	☐	☐	☐
10	☐	☐	☐	☐		35	☐	☐	☐	☐
11	☐	☐	☐	☐		36	☐	☐	☐	☐
12	☐	☐	☐	☐		37	☐	☐	☐	☐
13	☐	☐	☐	☐		38	☐	☐	☐	☐
14	☐	☐	☐	☐		39	☐	☐	☐	☐
15	☐	☐	☐	☐		40	☐	☐	☐	☐
16	☐	☐	☐	☐		41	☐	☐	☐	☐
17	☐	☐	☐	☐		42	☐	☐	☐	☐
18	☐	☐	☐	☐		43	☐	☐	☐	☐
19	☐	☐	☐	☐		44	☐	☐	☐	☐
20	☐	☐	☐	☐		45	☐	☐	☐	☐
21	☐	☐	☐	☐		46	☐	☐	☐	☐
22	☐	☐	☐	☐		47	☐	☐	☐	☐
23	☐	☐	☐	☐		48	☐	☐	☐	☐
24	☐	☐	☐	☐		49	☐	☐	☐	☐
25	☐	☐	☐	☐		50	☐	☐	☐	☐

ESTUDIOS SOCIALES

50 preguntas

70 minutos

Instrucciones

Esta es una prueba que evalúa algunas de las habilidades requeridas para el análisis de información relacionada con los estudios sociales. Lea cada una de las preguntas y decida luego cuál de las cuatro opciones de respuesta es la más apropiada para esa pregunta. Luego, marque la respuesta elegida sobre la hoja de respuestas. En algunos casos, varias preguntas se referirán a un mismo material. Lea ese material con cuidado y responda luego todas las preguntas.

Trabaje lo más rápido que pueda, pero sin ser descuidado. No dedique demasiado tiempo a alguna pregunta que le resulte difícil de responder. Deje esa pregunta y vuelva a ella más tarde, si todavía tiene tiempo disponible. Trate de responder cada pregunta aunque tenga que adivinar la respuesta.

Marque todas sus respuestas en la hoja de respuestas. Proporcione solo una respuesta para cada pregunta y procure que sus marcas sean bien visibles. Si decide cambiar una de sus respuestas, asegúrese de borrar completamente su respuesta inicial. Asegúrese también de que el número de la pregunta que está respondiendo corresponde con el número de la fila de opciones de respuesta que está marcando en su hoja de respuestas.

Las preguntas 1 y 2 se refieren al pasaje siguiente.

Los juicios de Salem por brujería de 1692 en Massachusetts se iniciaron cuando un grupo de mujeres jóvenes comenzó a tener conductas extrañas, como gritar y retorcerse en posiciones no naturales. La gente del pueblo pensó que las jóvenes estaban siendo víctimas de brujería.

Más de 150 personas inocentes fueron arrestadas y enviadas a prisión por brujería, y como consecuencia de los juicios que se les realizaron, 19 personas fueron ahorcadas. En los años que siguieron, algunos de los acusadores y miembros de los jurados pidieron perdón a la comunidad por sus actos. Las personas que habían sido condenadas pero no ejecutadas pidieron que se revirtieran sus sentencias. Y siglos después, algunos de los descendientes todavía intentan restablecer el buen nombre y honor de sus antepasados.

Estos acontecimientos representan un caso de histeria colectiva, que ocurre cuando una persona exhibe ciertos síntomas, como náusea o dolor de cabeza, y luego otras empiezan a mostrar los mismos síntomas; la causa es psicológica, no se produce por contagio. Los juicios de Salem por brujería son frecuentemente citados como un ejemplo de que también el sistema legal puede cometer errores, como cuando los juicios e interrogatorios están basados en falsas acusaciones. De hecho, en la actualidad se usa la expresión "caza de brujas" para describir acusaciones basadas en el pánico y la paranoia.

1. **¿Cuál de las afirmaciones siguientes representa una opinión, y no un hecho, sobre los juicios de Salem por brujería?**

   A   Las personas en el siglo XVII eran más temerosas de las brujas que las personas en la actualidad.

   B   Los juicios de Salem por brujería se realizaron durante el período colonial.

   C   La histeria colectiva no es provocada ni por infecciones ni por enfermedades.

   D   Los juicios son citados con frecuencia como un ejemplo de un fracaso del sistema legal.

2. **Basándose en el pasaje, se puede asumir que**

   A   las personas de Salem perdonaron a los acusadores y a los jurados

   B   los acontecimientos de 1692 han resonado a través de los años

   C   las jóvenes de la aldea de Salem no se conocían entre sí

   D   los juicios de Salem por brujería representan un momento peligroso en la historia de los Estados Unidos

---

La pregunta 3 se refiere al pasaje siguiente.

La compra de Luisiana en 1803 fue una decisión polémica. Por una parte, la compra fue considerada por algunos como inconstitucional y como una intrusión en el derecho de los estados. Por otra parte, duplicaría el tamaño de los Estados Unidos. El territorio que Francia le ofreció a los Estados Unidos se extendía desde el golfo de México, en el sur, hasta el Canadá, en el norte; y desde las Montañas Rocosas, en el oeste, hasta el río Mississippi, en el este. También proporcionaría un acceso comercial fundamental a los Estados Unidos a través de la ciudad portuaria de Nueva Orleáns. Finalmente, el presidente Thomas Jefferson procedió a su compra, y esto constituyó un momento decisivo de su presidencia y para los Estados Unidos.

3. **El título que mejor expresa la idea principal de este pasaje es**

   A   La compra de Luisiana: la expansión del territorio de los Estados Unidos en el siglo XX

   B   La compra de Luisiana: un punto de inflexión en la relación entre Francia y los Estados Unidos

   C   La compra de Luisiana: cómo California se convirtió en parte de los Estados Unidos

   D   La compra de Luisiana: un momento crucial y controvertido de la historia de los Estados Unidos

---

La pregunta 4 se refiere al pasaje siguiente.

La expedición de Lewis y Clark, que se realizó de 1804 a 1806, fue encabezada por Meriwether Lewis y William Clark. A los exploradores se les fijaron dos metas. La primera fue examinar y documentar las plantas, los animales y el paisaje que encontraran durante la travesía. La segunda fue descubrir las posibilidades económicas de la región y, específicamente, un "canal del Noroeste", por agua, que permitiera la navegación desde la costa este de los Estados Unidos hasta Asia y facilitara el comercio.

   Los exploradores partieron de St. Louis, Missouri; cruzaron las Montañas Rocosas, y llegaron en 1805 hasta la zona que en la actualidad ocupa Oregón. Luego regresaron a la costa este de los Estados Unidos.

A pesar de que los exploradores nunca encontraron el "canal del Noroeste", la expedición resultó todo un éxito. Lewis y Clark trajeron a su regreso información esencial en sus diarios sobre los pueblos, la tierra, las plantas y los animales que encontraron durante sus viajes. Los mapas que ellos crearon —los primeros mapas precisos sobre el Territorio del Noroeste— condujeron a grandes desarrollos económicos, más exploraciones y asentamientos en esas tierras por muchas décadas.

4. **¿Cuál de las oraciones siguientes sintetiza mejor el pasaje anterior?**

   A   Al no poder encontrar el legendario "canal del Noroeste" a Asia, la expedición de Lewis y Clark fue considerada un fracaso y se ordenó al grupo que regresara a Washington, DC.

   B   Después de cruzar las Montañas Rocosas, Lewis y Clark fueron sorprendidos por un severo invierno, y se vieron forzados a asentarse en la región y a vivir con los pueblos indígenas.

   C   Lewis y Clark efectivamente alcanzaron las dos metas de la expedición: documentar con precisión la travesía y abrir el Oeste al desarrollo económico.

   D   La expedición de Lewis y Clark hizo posible que los Estados Unidos le arrebataran a España la mayor parte de los territorios en el Oeste.

La pregunta 5 se refiere a la caricatura siguiente.

Nota: El texto que aparece en la ilustración dice: Hemisferio Oeste y, sobre la galera, Doctrina Monroe.

Esta caricatura de Frank Bellew fue publicada en *Harper's Weekly* el 11 de octubre de 1862. Probablemente, fue publicada en respuesta a la Proclama de Emancipación, en la que Lincoln presentó el ultimátum en que anunciaba que liberaría a todos los esclavos en los territorios en rebelión a menos que esos estados retornaran a la Unión antes del 1 de enero de 1863.

5. La Doctrina Monroe, una política exterior de los Estados Unidas establecida en 1823, proclamaba que "los continentes americanos, por la condición de libres e independientes que han adquirido y mantienen, no deben en lo adelante ser considerados como objetos de una colonización futura por ninguna potencia europea". ¿A quiénes representan las personas que aparecen en la parte superior derecha de la caricatura?

A A los países asiáticos

B A los miembros del Congreso de los Estados Unidos

C A los países europeos

D A los gobernadores de los estados

Las preguntas 6 y 7 se refieren a la caricatura siguiente.

LINCOLN'S LAST WARNING.

"Now, if you don't come down, I'll cut the Tree *from under you.*"

Nota: El texto que aparece en la ilustración dice: Última advertencia de Lincoln. "Si no bajas ahora, cortaré el Árbol que te sostiene". Sobre el árbol dice: Esclavitud.

6. **La persona subida al árbol representa**

A a los colonos del Oeste de los Estados Unidos

B a los estados del Sur

C a los soldados de la Unión

D al general Ulysses Grant

7. **¿Cuál es el tema de esta caricatura?**

   A   La ejecución de los desertores del ejército durante la guerra de Secesión (*Civil War*)

   B   La tenacidad del ejército confederado como oponente

   C   El rechazo de la Confederación a la abolición voluntaria de la esclavitud

   D   La lucha de Lincoln contra los estados del Sur

La pregunta 8 se refiere al pasaje siguiente.

Las tormentas de polvo causaron graves daños en las Grandes Llanuras de los Estados Unidos en la década de 1930. Esto fue consecuencia tanto de la severa sequía como de los muchos años de prácticas agrícolas que no tomaron precauciones, como la rotación de cultivos o la cobertura de los cultivos, contra la erosión provocada por el viento. Los pastos naturales, que normalmente mantienen el suelo en su lugar y retienen la humedad —incluso en períodos de sequía y vientos fuertes—, se perdieron. Esto provocó que los vientos convirtieran ese suelo en gigantescas nubes de polvo que se esparcieron hasta Nueva York y Washington, DC.

Como este desastre natural se produjo en tiempos de la Gran Depresión, mucha gente no pudo encontrar otro trabajo para mantener a sus familias. Cientos de miles de personas huyeron de las ahora inútiles tierras de labranza de Texas y Oklahoma, y de partes de Nuevo México, Colorado y Kansas —el "Cuenco de Polvo", como se lo llamara en esa época— en dirección a otros estados, como California, con la esperanza de encontrar allí trabajo. No obstante, muchas de ellas no tuvieron éxito. A menudo, debieron trasladarse de una zona a otra, recolectando frutos y cultivos en las granjas de otras personas por sueldos muy bajos.

8. **¿Cuál de las afirmaciones siguientes es verdadera según la información suministrada en el primer párrafo?**

   A   La Gran Depresión de 1930 tuvo efectos devastadores en las Grandes Llanuras de los Estados Unidos.

   B   Cultivos esenciales no pudieron ser enviados al resto del país debido a las tormentas de polvo.

   C   La gente de Nueva York y Washington, DC, huyó de las tormentas de polvo y se asentó en las Grandes Llanuras.

   D   Las técnicas agrícolas apropiadas y la vegetación natural son esenciales para mantener el suelo saludable y los cultivos renovables.

Nota: El texto que aparece en la ilustración dice: ¡Nosotras podemos hacerlo! Al pie, a la derecha, dice: Comité de Coordinación de la Producción para la Guerra.

9. **¿Durante qué período fue usado este póster por el gobierno de los Estados Unidos?**

   A   La Reconstrucción

   B   La Guerra de Independencia (*Revolutionary War*)

   C   La Segunda Guerra Mundial

   D   La expansión hacia el Oeste

10. **¿Cuál es la idea principal representada en este póster?**

   A   Las mujeres deberán retornar a sus hogares cuando los hombres regresen de la guerra.

   B   La retaguardia estaría mejor protegida si menos mujeres participaran en la fuerza de trabajo.

   C   Los Estados Unidos ganarán la guerra por sí solos.

   D   Las mujeres son capaces de realizar trabajos que requieren mucha mano de obra que son cruciales para los esfuerzos de guerra.

La pregunta 11 se refiere al pasaje siguiente.

El boicot de autobuses de Montgomery fue una protesta contra la política de segregación racial en el sistema de transporte público de Montgomery, Alabama. En ese tiempo, los afroestadounidenses eran forzados a sentarse en la parte trasera de los autobuses y, si el autobús se llenaba, debían cederles sus asientos a los pasajeros blancos que subieran después de ellos. La protesta comenzó en diciembre de 1955, luego que Rosa Parks, una mujer afroestadounidense, fuera arrestada por no ceder su asiento.

A partir de ese día, los afroestadounidenses de la ciudad dejaron de usar los autobuses. Empezaron a compartir sus autos, tomaron taxis, usaron sus bicicletas o, simplemente, caminaron. La protesta se prolongó y, como los afroestadounidenses constituían la mayoría de los pasajeros, el sistema de transporte de la ciudad enfrentó serias dificultades económicas. Esto puso presión sobre los líderes de la ciudad para resolver la situación. Además, la protesta tuvo repercusiones nacionales después de la participación y posterior arresto de Martin Luther King. Finalmente, la protesta terminó en diciembre de 1956 cuando el Tribunal Supremo confirmó una decisión tomada en julio por un tribunal de distrito, en la que se establecía que el sistema de segregación racial de los autobuses era inconstitucional.

11. **¿Cuál de las afirmaciones siguientes está respaldada por la información contenida en el pasaje?**

   A   Una consecuencia importante de la protesta fue la considerable pérdida económica que experimentó el sistema de transporte de la ciudad.

   B   Las personas que no podían caminar o usar sus bicicletas se vieron obligadas a hacer autostop para poder desplazarse de un lugar a otro de la ciudad.

   C   Muchos conductores de taxis apoyaron a los disidentes, incluso cobrándoles menos de la tarifa básica.

   D   La protesta no fue apoyada por líderes prominentes de los derechos civiles, como Martin Luther King.

La pregunta 12 se refiere al pasaje siguiente.

Aunque en los territorios conquistados por los romanos se hablaban muchas lenguas, la lengua oficial del Imperio romano fue el latín. El latín "clásico", al igual que el griego, era usado en la literatura y la educación. El latín clásico era una lengua oral y escrita, que se enseñaba en las escuelas. No contenía signos de puntuación, letras minúsculas ni separación entre palabras. El latín "vulgar" era hablado comúnmente en la parte occidental del Imperio, pero se lo usaba muy poco para escribir. De hecho, era tan infrecuente su uso que solo un puñado de ejemplos del latín vulgar ha llegado hasta nuestros días. No obstante, el latín vulgar dio origen más tarde a las modernas lenguas romances, como el español, el francés, el italiano y el portugués.

12. **¿Qué inferencia se puede hacer a partir de la información contenida en el pasaje?**

   A   En la parte oriental del Imperio, se hablaba sobre todo el griego.

   B   Todas las lenguas que se hablan en la actualidad derivan del latín.

   C   El uso de signos de puntuación se convirtió en habitual después de la caída del Imperio romano.

   D   El latín vulgar era la lengua preferida por los soldados romanos.

La pregunta 13 se refiere al pasaje siguiente.

En Europa occidental, durante la Edad Media, existió una clase de campesinos que eran llamados siervos. Los siervos vivían en parcelas que eran propiedad de un señor. En esa tierra, los siervos podían realizar cultivos para la alimentación de sus familias y vender los excedentes para obtener un beneficio. Además, el señor protegía a sus siervos de los ladrones de cultivos. A cambio, se esperaba que los siervos trabajaran las tierras del señor. A menudo, debían también pagarle al señor impuestos, una renta o una parte de lo obtenido en su parcela. Los siervos tampoco podían irse del lugar sin la autorización del señor. El régimen de la servidumbre comenzó a declinar en los siglos XV y XVI. Para algunos señores, resultó más beneficioso usar toda su tierra para sus propios cultivos y contratar, en su lugar, a trabajadores temporarios pagados.

13. **La consecuencia práctica del régimen de servidumbre fue que los campesinos**

    A   estaban forzados a dedicarse a los cultivos en lugar de a la cría de ganado

    B   quedaban ligados legal y económicamente a su señor

    C   nunca podían proporcionarle los beneficios de los excedentes al señor

    D   esperaban poder contratar trabajadores temporarios para que los ayudaran

Las preguntas 14 y 15 se refieren al pasaje siguiente.

En 1532, cuando llegó a América del Sur proveniente de España, Francisco Pizarro encontró un Imperio inca devastado por una guerra civil. A mediados del siglo XVI, el Imperio inca se extendía desde lo que es hoy Perú hasta buena parte de Bolivia, Argentina, Chile, Ecuador y Colombia. Unos pocos años antes de la llegada de Pizarro, el emperador inca Huayna Capac había muerto de viruela durante una campaña militar en Colombia. Su muerte desencadenó una guerra de sucesión entre sus hijos, Atahualpa y Huáscar.

Atahualpa no era un legítimo heredero al trono, pues su madre no era inca, pero cuando ocurrió la muerte de su padre él se encontraba en el norte con la mayor parte del ejército del Imperio, que le era leal. Huáscar, el legítimo heredero, estaba en Cuzco, la ciudad capital, y rápidamente se proclamó emperador. Una sangrienta guerra civil tuvo lugar. Huáscar fue capturado finalmente en Cuzco por generales leales a Atahualpa.

Cuando Atahualpa regresaba desde Quito hacia Cuzco para hacerse formalmente cargo del Imperio, se topó con Pizarro en Cajamarca el 15 de noviembre. Al día siguiente, después de un breve encuentro con Pizarro, las fuerzas españolas de menos de 200 hombres capturaron a Atahualpa.

Cuando estaba bajo custodia, Atahualpa ordenó a sus hombres que mataran a Huáscar. También ofreció a sus captores llenar una habitación con oro y plata si Pizarro le perdonaba la vida. Si bien el tesoro le fue entregado a Pizarro, posteriormente Atahualpa fue acusado por los españoles de varios crímenes, incluida la muerte de Huáscar, y ejecutado en agosto de 1533.

14. **¿Cuál de las afirmaciones siguientes sobre Pizarro le resultaría creíble al autor de este pasaje?**

    A   Pizarro no podría haber derrotado a Atahualpa con solo 200 hombres.

    B   La conquista del Imperio inca por Pizarro fue posibilitada por la devastadora guerra civil.

    C   Pizarro fue responsable de la muerte de Huayna Capac.

    D   Pizarro ordenó la muerte de Huáscar para poner fin a la guerra civil.

15. ¿Cuál de las afirmaciones siguientes es una opinión, y no un hecho, sobre el Imperio inca?

    A   Los emperadores incas eran probablemente despiadados con las tribus que conquistaban.

    B   Atahualpa no estaba en Cuzco cuando Pizarro llegó a América del Sur.

    C   Huáscar era el legítimo heredero del emperador Huayna Capac.

    D   Atahualpa estuvo prisionero de Pizarro durante varios meses antes de ser ejecutado.

La pregunta 16 se refiere al pasaje siguiente.

En el atardecer del 16 de diciembre de 1773, un grupo de hombres abordó tres barcos en el puerto de Boston y arrojó 300 baúles de té al agua. Este acontecimiento fue parte del movimiento de resistencia tanto a la East India Company, que controlaba el té que era enviado a las colonias, como a la Ley del Té, que había sido promulgada por el Parlamento inglés en 1773. Algunos de los ciudadanos ingleses que vivían en las colonias se oponían a la Ley del Té porque consideraban que les imponía impuestos aprobados por gente que ellos no habían elegido. La reacción del Parlamento ante el Motín del té fue la de prohibir todo comercio con Boston hasta tanto no se pagara el costo del té destruido, lo que, a su vez, provocó nuevas protestas de los colonos. Finalmente, esto llevó a un acto de sedición más formal y mejor organizado, el Primer Congreso Continental, y al comienzo de la guerra de Independencia de los Estados Unidos.

16. **Basándose en el pasaje, se puede asumir que**

    A   la East India Company nunca fue compensada por el té destruido

    B   el Motín del té de Boston fue un momento significativo para la guerra de Independencia de los Estados Unidos

    C   el Primer Congreso Continental fue un fracaso

    D   el Parlamento no tuvo éxito en sus intentos de prohibir todo comercio con Boston

Nota: El texto que aparece en la ilustración dice: Empleador de mano de obra infantil.

17. ¿Cuál es la idea principal de la caricatura?

   A   El trabajo infantil es opresivo y perjudicial para los niños.

   B   Todos los empleadores de mano de obra infantil son hombres.

   C   Las niñas realizaban tanto trabajo como los niños en las fábricas.

   D   Los niños deberían realizar trabajos que requieran mucha mano de obra antes de cumplir los 12 años de edad.

18. El anillo en la mano sugiere que

   A   el trabajo infantil solo se realiza en los países desarrollados

   B   estos empleadores han adquirido su riqueza gracias a la explotación del trabajo infantil

   C   estos niños trabajan en minas de diamantes

   D   estos niños trabajan para ayudar a sus familias

Las preguntas 19 y 20 se refieren a la caricatura siguiente.

THE GAP IN THE BRIDGE.

Nota: El texto que aparece en la ilustración dice: (*arriba, a la izquierda*) Este puente de la Liga de Naciones fue diseñado por el Presidente de los Estados Unidos de América; (*arriba, a la derecha*) Piedra angular, Estados Unidos de América; (*centro, a la izquierda*) Bélgica-Francia; (*centro, a la derecha*) Inglaterra-Italia; (*abajo, al centro*) La brecha en el puente.

19. **En esta caricatura, la "piedra angular", Estados Unidos de América, sobre la que está recostado el Tío Sam significa que la participación de los Estados Unidos en la Liga de Naciones era**

    A   insignificante

    B   graciosa

    C   optativa

    D   crucial

20. **La postura del Tío Sam en la caricatura sugiere que**

    A   a él no le preocupa el éxito de la Liga de Naciones

    B   está entusiasmado con la posibilidad de contribuir a la Liga de Naciones

    C   está preocupado por el futuro de la Liga de Naciones

    D   está enojado por el estado en que se encuentra la Liga de Naciones

La pregunta 21 se refiere a la tabla siguiente.

País	Población en 2011	Población en 2001	Crecimiento (%) 2001–2011
China	1,336,720,000	1,265,830,000	6%
India	1,210,200,000	1,008,730,000	20%
Estados Unidos	313,230,000	281,420,000	11%
Indonesia	245,610,000	206,260,000	19%
Brasil	203,430,000	172,300,000	18%

21. **Según la tabla, ¿cuál de los países siguientes tiene la tasa de crecimiento de población más alta?**

   A   China

   B   India

   C   Estados Unidos

   D   Indonesia

La pregunta 22 se refiere a la tabla siguiente.

Densidad de población en las seis ciudades más pobladas de los Estados Unidos	
Ciudad	*Cantidad promedio de personas por milla cuadrada*
Ciudad de Nueva York	27,000
San Francisco	18,000
Chicago	12,000
Los Ángeles	6,500
Dallas	3,500
Houston	3,300

22. **Según la tabla, la densidad de población en Chicago es, aproximadamente, el doble de la de**

   A   Ciudad de Nueva York

   B   Dallas

   C   Los Ángeles

   D   San Francisco

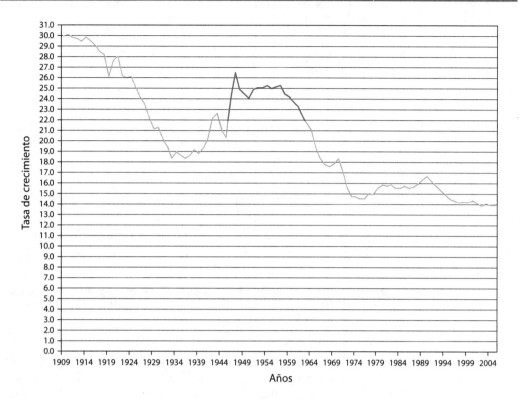

Años

23. **Según la gráfica, la población de los Estados Unidos alcanzó una tasa de crecimiento estable entre los años**

   A 1940 y 1945

   B 1945 y 1950

   C 1950 y 1960

   D 1960 y 1965

   E 1965 y 1970

La pregunta 24 se refiere al pasaje siguiente.

El derrame de petróleo de la plataforma Deepwater Horizon —conocido también como el derrame de British Petroleum (BP)—comenzó en el golfo de México el 20 de abril de 2010, y fue el accidente más grande de la historia de derrames de petróleo. Un géiser de agua marina provocó una explosión en una plataforma de perforación mar adentro, y mató a 11 personas. Dos días más tarde, la unidad perforadora se hundió hasta el lecho marino, y se descubrió que el petróleo se estaba derramando directamente desde la fuente del yacimiento petrolífero. El escape continuó durante 87 días.

Los ejecutivos de BP y los representantes del gobierno de los Estados Unidos procedieron rápidamente a proteger la costa estadounidense del golfo de los efectos perjudiciales del derrame. El petróleo contaminó cientos de millas del litoral de los estados de Luisiana, Mississippi, Alabama y Florida. Miles de especies y hábitats ecológicos frágiles, como los pantanos y los manglares, quedaron cubiertos físicamente por el petróleo. Además, otros productos químicos tóxicos, que podían ser consumidos por los animales o reducir la provisión de oxígeno en las aguas estadounidenses del golfo, fueron liberados durante el derrame.

Los terribles efectos del derrame de petróleo, ocultos y de largo alcance, no son conocidos. Se piensa que llevará décadas recuperar toda la zona estadounidense del golfo.

24. **¿Con cuál de las afirmaciones siguientes estaría probablemente de acuerdo el autor del pasaje?**

    A   La demanda de energía para alimentar a nuestro mundo moderno es más importante que el daño potencial que se pueda ocasionar al medio ambiente.

    B   Las autoridades del gobierno de los Estados Unidos y los ejecutivos de la empresa British Petroleum no estaban preparados para las consecuencias de un accidente de esta magnitud en una plataforma de perforación mar adentro.

    C   La mayoría de los animales y hábitats de la costa estadounidense del Golfo no resultó afectada por el derrame de petróleo.

    D   Otras fuentes de energía, como los parques eólicos, requieren el uso de muchos acres de tierra cultivable y son peligrosos para los pájaros de la zona.

La pregunta 25 se refiere al pasaje siguiente.

Si bien los arrecifes de coral representan una parte diminuta de la superficie de los océanos del mundo, son uno de los ecosistemas más diversos de la Tierra. Los arrecifes son formados por los corales —animales marinos que secretan carbonato de calcio, que constituye la estructura rígida de los arrecifes. Los arrecifes del mundo proporcionan un santuario a millones de criaturas, desde tiburones y tortugas marinas hasta peces, cangrejos, almejas, camarones y esponjas. Los arrecifes del mundo se encuentran en aguas poco profundas y claras en zonas de clima templado, como el Caribe y cerca de las costas de Hawaii y de Australia.

Lamentablemente, los arrecifes de coral son vulnerables a los cambios de temperatura en el agua de los océanos. También están en peligro por la pesca abusiva y la polución, que a menudo trae como resultado la aparición de numerosas algas en los corales y a su alrededor. Una vez que se producen cambios destructivos como los mencionados, es prácticamente imposible que los corales se recuperen, y los daños ocasionados a los arrecifes son permanentes.

25. **¿Cuál de las afirmaciones siguientes parecería ser la mejor síntesis del pasaje precedente?**

    A   Los arrecifes de coral son una importante fuente de energía renovable.

    B   Los arrecifes de coral del mundo necesitan ser protegidos de animales marinos que secretan carbonato de calcio.

    C   Si bien es cierto que los arrecifes de coral pueden estar rebosantes de vida, son también ecosistemas frágiles en peligro de ser dañados permanentemente o de desaparecer.

    D   La única forma de salvar a los arrecifes de coral es prohibir la pesca abusiva.

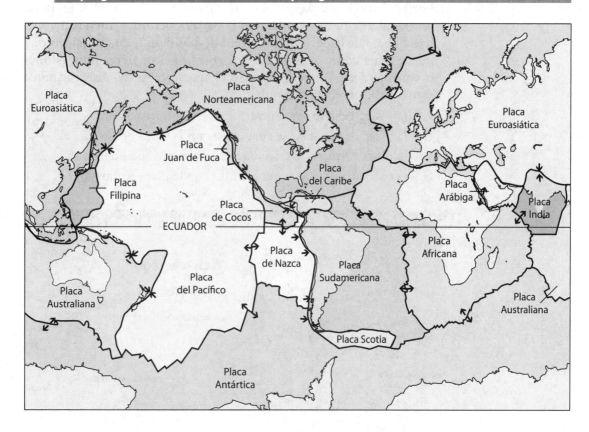

26. **¿Resultado de la fricción entre cuáles de las placas siguientes son los terremotos en países como Chile y Ecuador?**

    A La placa de Nazca y la placa Sudamericana

    B La placa del Pacífico y la placa Australiana

    C La placa Norteamericana y la placa Euroasiática

    D La placa Africana y la placa Sudamericana

27. **Según las flechas marcadas en el mapa, la placa Norteamericana y la placa Euroasiática**

    A se desplazan en la misma dirección

    B se deslizan una contra otra

    C se desplazan una en dirección a la otra

    D se desplazan en direcciones opuestas

28. Una colisión continental se produce cuando las dos placas que se desplazan una en dirección de la otra contienen corteza continental. En lugar de crear una zona de subducción, donde la corteza oceánica, menos densa, es empujada hacia abajo de la corteza continental, más densa, una colisión continental puede tener como consecuencia formaciones de tierra impresionantes, como la cordillera del Himalaya. Según el mapa, se puede observar una colisión continental en el lugar donde

    A   la placa India se encuentra con la placa Euroasiática

    B   la placa del Pacífico se encuentra con la placa de Nazca

    C   la placa Africana se encuentra con la placa Sudamericana

    D   la placa del Pacífico se encuentra con la placa Antártica

Las preguntas 29 y 30 se refieren al diagrama siguiente.

29. Según el diagrama, el agua puede ser almacenada en

    A   el hielo y la nieve

    B   en el suelo

    C   en el agua dulce

    D   en todas las opciones anteriores

30. Las precipitaciones ocurren cuando el agua se desplaza

    A   del suelo a la atmósfera

    B   del almacenamiento subterráneo a los océanos

    C   del hielo y la nieve a las aguas subterráneas

    D   de la atmósfera al suelo

Las preguntas 31 y 32 se refieren a la cita siguiente.

"… los hombres se hallan por naturaleza (…) en un estado de perfecta libertad para que cada uno ordene sus acciones y disponga de sus posesiones y personas como juzgue oportuno, dentro de los límites de la ley de naturaleza, sin pedir permiso ni depender de la voluntad de ningún otro hombre".

—John Locke, *Segundo Tratado sobre el Gobierno Civil.*

31. **¿Cuál de los principios que contribuyeron a la democracia constitucional de los Estados Unidos está representado en esta cita?**

    A   Filosofía de los derechos naturales

    B   Consentimiento de los gobernados

    C   Gobierno de la mayoría

    D   Separación de poderes

32. **¿Cuál de las frases siguientes de la Declaración de Independencia de los Estados Unidos refleja el pensamiento de Locke en la cita precedente?**

    A   "… cuandoquiera que una forma de gobierno se haga destructora de estos principios, el pueblo tiene el derecho a reformarla o abolirla…"

    B   "… los Representantes de los Estados Unidos de América (…) solemnemente hacemos público y declaramos que estas Colonias Unidas son, y deben serlo por derecho, Estados Libres e Independientes…"

    C   "… todos los hombres (…) son dotados por su Creador de ciertos derechos inalienables…"

    D   "… la historia del actual Rey de la Gran Bretaña es una historia de repetidos agravios y usurpaciones…"

Las preguntas 33 a 35 se refieren a la tabla siguiente.

Poderes estatales	Poderes compartidos	Poderes federales
Registro de votantes y realización de elecciones	Aprobación y promulgación de leyes	Impresión de dinero
Formación de gobiernos de condados y municipios	Creación de tribunales	Mantenimiento de un ejército y una armada
Creación y supervisión de escuelas	Imposición de impuestos individuales y comerciales	Gestión de las relaciones con otros países, incluidas la firma de tratados y la declaración de guerra
Otorgamiento de licencias de conducir, matrimoniales y otras actividades	Solicitación de créditos	Regulación del comercio entre estados
Regulación del comercio dentro del estado	Construcción de carreteras y puentes	Establecimiento y administración del sistema de correos
Ratificación de las enmiendas a la Constitución	Otorgamiento de cartas estatutarias a bancos y sociedades	Realización de un censo cada 10 años
		Otorgamiento de patentes y derechos de autor

33. ¿Cuál de las afirmaciones siguientes explica mejor por qué tanto el gobierno federal como los gobiernos estatales tienen el poder de imponer impuestos?

   A   Los políticos generalmente están a favor de los impuestos altos.

   B   Los gobiernos tienen que tener ingresos para poder cumplir con sus funciones.

   C   El sistema estadounidense está basado en la doble imposición.

   D   La imposición de impuestos sin representación es una tiranía.

34. ¿Sobre la base de cuál de los siguientes poderes un acuerdo con el Canadá será tarea del gobierno federal?

   A   Regulación del comercio entre estados

   B   Establecimiento y administración del sistema de correos

   C   Controles y contrapesos

   D   Gestión de las relaciones con otros países

35. ¿Qué principio de la Constitución de los Estados Unidos se pone de manifiesto en la división de poderes entre el gobierno federal y los estatales que se presenta en la tabla anterior?

   A   El federalismo

   B   La separación de poderes

   C   El derecho de las mujeres al voto

   D   La soberanía popular

36. En 1992, el Tribunal Supremo de los Estados Unidos decidió (en el caso *R.A.V. vs. City of St. Paul*) que una ley de Minnesota que prohibía quemar una cruz con el propósito de provocar indignación o resentimiento contra un individuo o grupo sobre la base de su raza, color, religión o género debía ser derogada. ¿Cuál fue la razón más probable de que el Tribunal tomara la decisión de derogar esa ley?

   A   La ley violaba la prohibición de infligir penas crueles y desusadas establecida en la Octava Enmienda.

   B   La ley violaba el derecho al debido proceso legal establecido en la Quinta Enmienda.

   C   La ley violaba el derecho a la libertad de expresión establecido en la Primera Enmienda.

   D   La ley violaba la prohibición de negar la igualdad ante la ley establecida en la Decimocuarta Enmienda.

Las preguntas 37 a 39 se refieren a la tabla siguiente.

La Carta de Derechos

Enmienda	Tema
Primera	Libertad de religión, expresión, prensa, reunión; derecho a peticionar
Segunda	Derecho a la portación de armas
Tercera	Prohibición del alojamiento de tropas en casas privadas
Cuarta	Prohibición de pesquisas y aprehensiones arbitrarias
Quinta	Requerimiento de un gran jurado para casos criminales; prohibición de ser juzgado dos veces por el mismo delito; derecho a no declarar contra sí mismo; derecho al debido proceso
Sexta	Derecho a ser juzgado por un jurado; derecho a un juicio rápido y público; derecho del acusado al careo con testigos; derecho al asesoramiento legal
Séptima	Derecho a ser juzgado por un jurado en casos civiles
Octava	Prohibición de imponer fianzas o multas excesivas; prohibición de infligir penas crueles y desusadas
Novena	Retención por el pueblo de derechos no especificados en la Constitución
Décima	Retención por los estados de derechos no especificados en la Constitución

37. **Según la descripción contenida en la tabla precedente, ¿a cuál de las enmiendas siguientes corresponde este fragmento?**

    "… no se expedirán al efecto mandamientos que no se apoyen en un motivo verosímil, estén corroborados mediante juramento o protesta y describan con particularidad el lugar que deba ser registrado y las personas o cosas que han de ser detenidas o embargadas…"

    A Cuarta Enmienda

    B Quinta Enmienda

    C Sexta Enmienda

    D Novena Enmienda

38. **En 1962, en el caso *Gideon vs. Wainwright*, el Tribunal Supremo de los Estados Unidos decidió que el derecho constitucional a ser representado por un abogado se aplicaba también a los tribunales estatales. ¿En cuál de las enmiendas siguientes basó el Tribunal Supremo su decisión?**

    A Primera Enmienda

    B Cuarta Enmienda

    C Quinta Enmienda

    D Sexta Enmienda

39. En 2014, en el caso *Riley vs. California,* el Tribunal Supremo de los Estados Unidos decidió por unanimidad que la policía no podía realizar pesquisas sobre el contenido de un teléfono celular de un individuo sin una orden judicial. ¿En cuál de las enmiendas siguientes basó el Tribunal Supremo su decisión?

   A   Tercera Enmienda

   B   Cuarta Enmienda

   C   Quinta Enmienda

   D   Séptima Enmienda

La pregunta 40 se refiere al pasaje siguiente.

De acuerdo con la Oficina de Censos de los Estados Unidos, alrededor de 131 millones de personas votaron en las elecciones presidenciales de 2008, un aumento de 5 millones con respecto a 2004. Este aumento incluyó a más de 2 millones de votantes afroestadounidenses, 2 millones más de votantes hispanos y alrededor de 600,000 votantes asiáticos. Además, la concurrencia de los votantes pertenecientes al grupo de entre 18 y 24 años de edad aumentó al 49 por ciento en 2008, comparado con 47 por ciento en 2004. Sin embargo, el aumento en la concurrencia en estos grupos fue compensado por una concurrencia igual o menor entre los otros grupos, como los votantes no hispanos blancos. Esto provocó que la concurrencia general de votantes en 2008 permaneciera estadísticamente sin cambios, en un 64% por ciento, con respecto a la de 2004.

40. ¿Cuál de las afirmaciones siguientes está respaldada por la información contenida en el pasaje precedente?

   A   Las mujeres afroestadounidenses tuvieron la tasa más alta de concurrencia de votantes en la elección de 2008.

   B   La mayor parte del aumento en la concurrencia de votantes se produjo en los estados del Oeste Medio.

   C   Alrededor del 95 por ciento de todos los votantes afroestadounidenses votaron por Barack Obama.

   D   La participación de ciudadanos con derecho a voto entre afroestadounidenses, hispanos y asiáticos aumentó en todos los grupos de 2004 a 2008.

Las preguntas 41 a 43 se refieren a la tabla siguiente.

Sistemas económicos		
Sistema	*Características*	*Beneficios y desventajas*
Economía tradicional	Da respuesta a los problemas económicos primarios basándose en experiencias anteriores	Poca libertad de elección
		Satisface las necesidades básicas de la sociedad, pero para una población limitada
		Usa los recursos bastante eficientemente
		Baja productividad
		Poca innovación
		Poca variedad de bienes y servicios

Sistemas económicos

Sistema	Características	Beneficios y desventajas
Economía de mercado	Los individuos y las empresas dan respuesta a los problemas económicos primarios actuando en defensa de sus intereses	Mucha libertad de elección
		Oportunidades de recompensa, pero con riesgo
		Alta productividad
		Mucha innovación
		Gran variedad de bienes y servicios
		Poca protección contra las falencias del mercado, como monopolio, prácticas desleales, polución, ciclos económicos
Economía planificada	El gobierno da respuesta a los problemas económicos primarios	Baja libertad de elección
		Baja productividad
		Poca innovación
		Relativamente poca variedad de bienes y servicios
		Relativamente baja calidad de bienes y servicios
		Alto grado de seguridad a través de empleo garantizado, seguridad social
Economías mixtas	Los individuos y las empresas dan respuesta a los problemas económicos primarios actuando en defensa de sus intereses, pero el gobierno desempeña un rol en la respuesta a las falencias del mercado	Beneficios de la economía de mercado, pero en niveles ligeramente inferiores (p. ej., menos libertad de elección)
		Reduce los riesgos de la economía de mercado
		Tiene costos para el gobierno

41. **¿Cuál de los siguientes es un beneficio de la economía tradicional?**

    A   Es adecuada solo para una población limitada.

    B   Usa los recursos bastante eficientemente.

    C   La productividad es baja.

    D   La innovación es poca.

42. **¿Cuál de los sistemas económicos tiene baja productividad y poca eficiencia debido a su falta de incentivos y libertad?**

    A   La economía tradicional

    B   La economía de mercado

    C   La economía planificada

    D   La economía mixta

43. ¿Cuál es el sistema económico que tienen los Estados Unidos?

    A   La economía tradicional

    B   La economía de mercado

    C   La economía planificada

    D   La economía mixta

Las preguntas 44 a 46 se refieren al pasaje siguiente.

En un sistema económico capitalista, todas las empresas están en manos de individuos o grupos de individuos (privados), y no del gobierno (público). Los bienes y servicios existen para generar beneficios, y los precios son determinados únicamente por la dinámica de la oferta y la demanda en el mercado. En un sistema económico socialista, los bienes y servicios existen para fines específicos, no para generar beneficios. Las empresas son propiedad pública, y la dinámica de los precios está planificada y controlada en forma centralizada.

Muchas de las economías occidentales de la actualidad combinan elementos del capitalismo y del socialismo. Si bien están basadas generalmente en el capitalismo de libre mercado, también incorporan elementos socialistas. Estos incluyen industrias pertenecientes y administradas por el gobierno, como el transporte, la infraestructura, la educación y los servicios. Existen agencias federales de supervisión de las empresas privadas, cuya actividad también está regulada por leyes sobre el medio ambiente, el trabajo y la seguridad de los productos. Algunas industrias reciben subsidios, es decir, el gobierno establece precios para los bienes y servicios e interfiere en la dinámica natural de precios, oferta y demanda del mercado libre. Muchas economías también incluyen programas administrados por el estado y financiados a través de impuestos, como los beneficios sociales para los pobres y el seguro social para las personas de edad.

44. ¿Cuál de las oraciones siguientes sintetiza la idea principal del pasaje precedente?

    A   Las economías occidentales más modernas pueden ser descritas como economías mixtas, pues no son totalmente capitalistas ni socialistas.

    B   El capitalismo se convirtió en el sistema económico prevalente en el mundo occidental en el siglo XIX.

    C   Es un error de los países occidentales incluir programas administrados por el estado y financiados a través de impuestos como parte de sus sistemas económicos.

    D   Agencias federales como OSHA (Administración de Seguridad y Salud Ocupacional) y FDA (Administración de Alimentos y Medicamentos) son necesarias para asegurar que los ciudadanos estén saludables y seguros.

45. ¿Cuál de los siguientes NO es un ejemplo de subsidio?

    A   Los productores de trigo reciben dinero del gobierno para que exporten su producto al exterior.

    B   El precio de la gasolina es fijado en $2 por galón en todas las estaciones de servicio.

    C   El azúcar está sujeto al impuesto a las ventas en el supermercado.

    D   El precio mínimo del maíz está garantizado a $3.80 por bushel.

46. ¿Qué tienen en común el capitalismo y el socialismo?

    A Los precios son planificados y controlados en forma centralizada.

    B Los dos sistemas se ocupan de la producción de bienes y servicios.

    C Solo se los encuentra en los países occidentales modernos.

    D Ninguno de los beneficios obtenidos está sujeto a impuestos del gobierno.

La pregunta 47 se refiere a la gráfica siguiente.

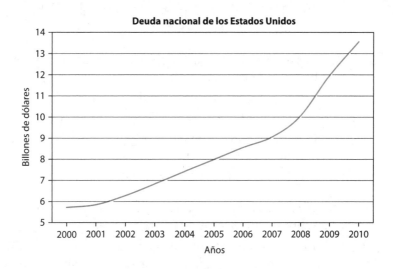

47. ¿En qué año alcanzó al menos $10 billones la deuda nacional de los Estados Unidos?

    A 2000

    B 2002

    C 2004

    D 2008

Las preguntas 48 y 49 se refieren al pasaje siguiente.

La recesión normal que ocurrió después del crac del mercado de valores de 1929 se convirtió en la Gran Depresión por las medidas —o la falta de medidas— tomadas por la Reserva Federal. Después del colapso de algunos grandes bancos, la gente tenía miedo de perder sus ahorros. Como resultado de ello, grandes cantidades de personas se dirigieron a las sucursales de los bancos locales en estado de pánico, y hubo corridas bancarias que hicieron que estos colapsaran. Además, la oferta de dinero en el mercado estadounidense se contrajo de 1929 a 1933. Esta falta de liquidez provocó que las empresas no pudieran obtener nuevos préstamos o renovar los que ya tenían, lo que contribuyó a lentificar el mercado de inversiones y a empeorar la economía. La Reserva Federal podría haber tomado medidas para revertir esta tendencia, como comprar títulos del gobierno o proporcionar fondos de emergencia a los grandes bancos. En lugar de esto, el desempleo se disparó, el consumo se desplomó y la nación cayó en una impresionante y prolongada recesión económica.

48. **El autor de este pasaje afirma que**

   A   la Corporación Federal de Seguro de Depósitos, que garantiza la disponibilidad de los fondos en las cuentas personales en caso de una quiebra de los bancos, es un gran logro

   B   la Reserva Federal no pudo aumentar la oferta de dinero debido a las regulaciones existentes y al patrón oro

   C   la Reserva Federal debería haber vendido bonos del Tesoro para proporcionar liquidez al mercado

   D   si la Reserva Federal hubiese actuado más agresivamente para aumentar la oferta de dinero, se podría haber evitado la Gran Depresión

49. **Basándose en la información contenida en el pasaje precedente, una "corrida bancaria" ocurre cuando**

   A   la gente retira su dinero de los bancos, sacándolo de circulación

   B   el gobierno federal compra bonos del Tesoro

   C   las empresas no pueden obtener nuevos préstamos o renovar los que ya tienen

   D   los precios de bienes y servicios aumentan

50. **¿Cuál de las afirmaciones siguientes representa una opinión, y no un hecho, sobre los sindicatos de trabajadores?**

   A   Los sindicatos de trabajadores usan su poder de negociación colectiva para introducir cambios en los sueldos y en las condiciones de trabajo.

   B   Las huelgas de trabajadores resultan perjudiciales para los empleadores, los consumidores y la economía.

   C   La Junta Nacional de Relaciones Laborales intercede entre las empresas y los trabajadores que no pueden llegar a un acuerdo.

   D   Los sindicatos de trabajadores están obligados a cumplir con sus tareas por ley.

ALTO. Este es el final de la prueba de Estudios Sociales.

RESPUESTAS: ESTUDIOS SOCIALES

1. **(A)** Todas las otras afirmaciones son hechos que están basados en la fecha de los juicios, la definición de *histeria colectiva* y el uso de los juicios por brujería como un ejemplo de uso incorrecto de la autoridad. No hay evidencia en el pasaje de que la gente en el siglo XVII temiera más a las brujas que la gente en la actualidad.

2. **(B)** La última oración del segundo párrafo, así como la última oración del pasaje, ilustra cómo las personas fueron afectadas por los juicios, incluso cientos de años más tarde. Si bien las otras opciones de respuesta podrían ser verdaderas, no pueden ser deducidas de la información suministrada en el pasaje.

3. **(D)** Esta respuesta refleja con más exactitud la idea principal del pasaje, que es que la compra de Luisiana representa una decisión controvertida ("una decisión polémica"), pero también fundamental ("un momento decisivo") en la historia de los Estados Unidos. Las otras opciones no reflejan esta idea. Además, las opciones de respuesta A y C son objetivamente falsas, y no hay indicios en el pasaje sobre el efecto de la compra de Luisiana en las relaciones entre Francia y los Estados Unidos.

4. **(C)** El pasaje describe cuáles eran las metas de la expedición y cómo Lewis y Clark cumplieron con ellas. Las opciones de respuesta A y B son objetivamente falsas, y la opción D no representa una síntesis de todo el pasaje, y no es mencionada en este.

5. **(C)** La Doctrina Monroe establecía que, si las naciones de Europa intentaban colonizar países de América del Norte o de América del Sur, o interferir en sus asuntos, eso sería considerado como un acto de agresión, y los Estados Unidos tendrían que intervenir.

6. **(B)** La fecha en que fue publicada la caricatura (11 de octubre de 1862) y la actitud y las palabras del presidente Lincoln en la imagen indican que el hombre subido al árbol representa a los estados del Sur.

7. **(D)** El árbol al que se ha trepado el hombre simboliza la institución de la esclavitud. El presidente había informado a los estados rebeldes del Sur que, si no se reintegraban a la Unión antes del 1 de enero de 1863, él les otorgaría la libertad a sus esclavos por orden presidencial. El presidente, esencialmente, "cortó el árbol que los sostenía" cuando la Proclama de Emancipación entró en vigor ese día.

8. **(D)** El primer párrafo se refiere a la causa de las severas tormentas de polvo que ocurrieron en la década de 1930. Las opciones de respuesta B y C no son afirmaciones ciertas. La opción A no está basada en los hechos descritos en el primer párrafo, como se pide en la pregunta.

9. **(C)** Este póster se convirtió en el símbolo de las mujeres que trabajaban en la producción durante la Segunda Guerra Mundial. La mujer que aparece en el póster es conocida como Rosita, la remachadora.

10. **(D)** Se necesitaba una fuerza de trabajo numerosa en la retaguardia que fabricara aviones y tanques y que produjera municiones, mientras millones de hombres estadounidenses combatían en Europa y en la región del Pacífico durante la Segunda Guerra Mundial.

11. **(A)** Las opciones de respuesta B y C no pueden ser deducidas del texto del pasaje, y la opción D expresa lo contrario de lo que se dice en el pasaje sobre Martin Luther King. La opción A está respaldada por la afirmación, incluida en el párrafo 2, de que "el sistema de transporte de la ciudad enfrentó serias dificultades económicas" como consecuencia del boicot.

12. **(C)** Puesto que el latín clásico era el único que se escribía y en él no se usaba puntuación, la práctica de añadir puntos, comas y otros signos debe haber aparecido posteriormente. La opción de respuesta B es una afirmación falsa, y las opciones A y D no pueden ser deducidas de la información contenida en el pasaje.

13. **(B)** En la pregunta, se le pide que describa la consecuencia general de la servidumbre para los campesinos. Solo la opción de respuesta B abarca la consecuencia práctica, que era que la vida de los campesinos quedaba atada a la de su señor. Las opciones A y C no pueden ser deducidas de la información contenida en el pasaje, y la opción D es objetivamente falsa.

14. **(B)** Varias afirmaciones en el pasaje describen la guerra civil entre los incas e indican que resultó nefasta para el Imperio. En la primera oración, el autor dice que Pizarro encontró un Imperio inca "devastado" por una guerra civil. Y, al final del segundo párrafo, califica la guerra civil como sangrienta. La opciones de respuesta C y D son objetivamente falsas, y la opción A no puede ser deducida de la información suministrada por el autor.

15. **(A)** El pasaje no proporciona evidencia ni explicaciones sobre cómo los incas conquistaron esas zonas de América del Sur. Las opciones de respuesta B, C y D representan hechos, y forman parte de la información suministrada por el autor.

16. **(B)** Se requiere más información para llegar a las conclusiones de las opciones de respuesta A y D. Si bien puede que sean verdaderas, no pueden deducirse de la información contenida en el pasaje. La opción C queda fuera del alcance del pasaje.

17. **(A)** Al representar a los niños aplastados por el peso de la mano de su empleador, el autor de la caricatura sugiere que los niños son maltratados. La opción de respuesta D expresa una idea que es contraria a la idea principal de la caricatura. Las opciones B y C no pueden ser deducidas de la información suministrada en la ilustración.

18. **(B)** El anillo en la mano del empleador sugiere que este ha tenido éxito financieramente y que, al mismo tiempo, explota a los niños. El artista insinúa que el éxito ha sido posible por el trabajo infantil. El anillo en la mano no da ningún indicio sobre en qué país se realiza el trabajo infantil (opción de respuesta A), dónde trabajan esos niños (opción C) ni por qué lo hacen (opción D).

19. **(D)** Una piedra angular es una piedra en forma de cuña que mantiene en posición a todas las otras piedras de un arco. Por lo tanto, el autor de la caricatura insinúa que el puente, que representa a la Liga de Naciones, se caerá sin la participación de los Estados Unidos. Esto significa que los Estados Unidos desempeñan un rol esencial o "crucial". Las opciones de respuesta A y C sugieren lo contrario de lo que insinúa el artista, mientras que la opción B no tiene sentido en el contexto de la caricatura.

20. **(A)** El Tío Sam es una personificación de los Estados Unidos, tiene una postura relajada y, por ello, parece desinteresado o indiferente acerca del éxito de la Liga de Naciones. Su postura no sugiere que está entusiasmado (opción de respuesta B), preocupado (opción C) o enojado (opción D).

21. **(B)** La India muestra un 20% de crecimiento de la población entre los años 2001 y 2011, el mayor de todas las cinco naciones enumeradas en la tabla.

22. **(C)** Con 12,000 personas por milla cuadrada, la densidad de población promedio de Chicago representa algo menos que el doble de la densidad de población promedio de Los Ángeles.

23. **(C)** La gráfica muestra una tasa de crecimiento constante, o meseta, durante el período de 1950 a 1955. En ese período, la población de los Estados Unidos no aumentó ni disminuyó pronunciadamente. Las opciones de respuesta A y D muestran una reducción acentuada de la población de los Estados Unidos, particularmente pronunciada en el caso de la opción A, de 1940 a 1945, como consecuencia de la Segunda Guerra Mundial. La opción B muestra un aumento pronunciado, comúnmente denominado *baby boom*, que corresponde al regreso a casa de los soldados estadounidenses que participaron en la guerra.

24. **(B)** Únicamente la opción de respuesta B refleja el contenido y el tono del autor del pasaje. Las opciones A y C expresan lo contrario de la idea principal del pasaje y del punto de vista del autor, mientras que la opción D, que trata sobre los parques eólicos, queda fuera del alcance del pasaje.

25. **(C)** La opción de respuesta A es incorrecta porque el pasaje no se refiere a los arrecifes de coral como fuentes de energía renovable. La opción B contiene información falsa, pues son los propios corales los que secretan carbonato de calcio. La opción D tiene un alcance muy limitado. Solo la opción C sintetiza precisamente las ideas principales del pasaje.

26. **(A)** Chile y Ecuador están ubicados sobre la costa oeste del continente sudamericano, que está situado sobre la placa Sudamericana. Según el mapa, la placa de Nazca presiona contra la placa Sudamericana, lo que provoca terremotos en esa parte del mundo.

27. **(D)** Las flechas sobre el mapa muestran que la placa Norteamericana y la placa Euroasiática se desplazan en direcciones diferentes.

28. **(A)** El mapa muestra que en el lugar donde colisiona la placa India con la placa Euroasiática se produce una convergencia de corteza continental. Esta es la razón por la que la cordillera del Himalaya, que contiene la montaña más alta del mundo, y las planicies tibetanas están ubicadas allí.

29. **(D)** El agua puede ser almacenada como hielo y nieve, como agua subterránea o en ríos y lagos, así como en las nubes en la atmósfera.

30. **(D)** La opción de respuesta A describe la condensación; la opción C, las filtraciones; la opción B, las descargas.

31. **(A)** Puesto que "… los hombres se hallan por naturaleza (…) en un estado de perfecta libertad para que cada uno ordene sus acciones y disponga de sus posesiones y personas como juzgue oportuno…", los seres humanos poseen derechos naturales de los que no pueden ser privados. Esta filosofía constituyó uno de los principios fundacionales de la democracia de los Estados Unidos.

32. **(C)** Los "derechos inalienables" descritos en la Declaración de Independencia se derivan de la filosofía de los derechos naturales de Locke.

33. **(B)** Tanto los gobiernos estatales como el gobierno federal tienen numerosas obligaciones, y los gobiernos necesitan ingresos para poder cumplir con sus funciones.

34. **(D)** Un acuerdo comercial entre el Canadá y los Estados Unidos caerá bajo la jurisdicción de la autoridad federal, puesto que el gobierno federal tiene el poder de ocuparse de las relaciones con otros países.

35. **(A)** La separación de poderes entre los gobiernos estatales y el gobierno federal es una manifestación del federalismo, la relación constitucional entre los gobiernos estatales y el gobierno federal de los Estados Unidos.

36. **(C)** La quema de una cruz es considerada un acto de libertad de expresión según la Primera Enmienda.

37. **(A)** La Cuarta Enmienda contiene una prohibición sobre pesquisas y aprehensiones arbitrarias.

38. **(D)** El derecho al asesoramiento legal está garantizado por la Sexta Enmienda, y el Tribunal Supremo decidió que este derecho se aplicaba tanto a los juicios ante tribunales estatales como a los juicios ante tribunales federales.

39. **(B)** La Cuarta Enmienda contiene una prohibición sobre pesquisas y aprehensiones arbitrarias, y el tribunal decidió que esa prohibición se extendía también a los teléfonos celulares.

40. **(D)** Se necesita más información para realizar las afirmaciones formuladas en las opciones de respuesta A y C. Si bien puede que sean probablemente verdaderas, no pueden ser deducidas de la información suministrada en el texto. La opción B queda fuera del alcance del pasaje.

41. **(B)** Según la tabla, una economía tradicional usa los recursos bastante eficientemente. Esto representaría un beneficio.

42. **(C)** Una economía planificada ofrece pocos incentivos y tiene poca libertad de elección, lo que resulta en baja productividad, poca innovación y una relativamente poca variedad de bienes y servicios.

43. **(D)** Los Estados Unidos tienen una economía mixta en la que los individuos dan respuesta a las necesidades económicas primarias, actuando en interés propio, y el gobierno desempeña un rol en la respuesta a las falencias del mercado.

44. **(A)** Esta opción de respuesta sintetiza la idea principal del pasaje, que es que las economías occidentales contienen tanto elementos capitalistas como socialistas. La opción B no puede ser deducida de la información suministrada en el texto, y las opciones C y D tienen un alcance demasiado limitado para representar una síntesis del pasaje.

45. **(C)** El impuesto a las ventas no es un subsidio gubernamental. Es un impuesto —recaudado ya sea por un gobierno estatal, ya sea por el gobierno federal— que los consumidores pagan en el lugar donde se realiza la compra. Las otras opciones son ejemplos de interferencias del gobierno en la dinámica de la oferta y la demanda.

46. **(B)** Tanto en el capitalismo como en el socialismo, se producen y proveen bienes y servicios. Los controles de precios (opción de respuesta A) son una característica solo del socialismo. Las opciones C y D son objetivamente falsas.

47. **(D)** Según la gráfica, la deuda nacional de los Estados Unidos alcanzó al menos $10 billones en 2008.

48. **(D)** El autor del pasaje hace responsable de la Gran Depresión a la Reserva Federal, proporcionando detalles sobre cómo fracasó en detener la recesión y cómo contribuyó a que empeorara y se convirtiera en una depresión. Las opciones de respuesta A y B no pueden ser deducidas de la información suministrada en el texto. La opción C expresa lo contrario de lo que el autor afirma sobre los bonos del Tesoro y los esfuerzos de la Reserva Federal.

49. **(A)** Una corrida bancaria ocurre cuando una gran cantidad de personas decide retirar al mismo tiempo sus fondos de un banco. Como el pasaje lo expresa: "Después del colapso de algunos grandes bancos, la gente tenía miedo de perder sus ahorros. Como resultado de ello, grandes cantidades de personas se dirigieron a las sucursales de los bancos locales en estado de pánico, y hubo corridas bancarias que hicieron que estos colapsaran. Además, la oferta de dinero en el mercado estadounidense se contrajo de 1929 a 1933".

50. **(B)** Esta opción de respuesta no describe honestamente las huelgas de trabajadores y, en cambio, expresa una opinión sobre los efectos que podrían tener. Las opciones A y C representan afirmaciones correctas sobre los sindicatos de trabajadores, mientras que la opción D es objetivamente falsa.

Examen de práctica 1 del examen *HiSET*®
Hoja de respuestas
Ciencia

	A	B	C	D			A	B	C	D
1	☐	☐	☐	☐		26	☐	☐	☐	☐
2	☐	☐	☐	☐		27	☐	☐	☐	☐
3	☐	☐	☐	☐		28	☐	☐	☐	☐
4	☐	☐	☐	☐		29	☐	☐	☐	☐
5	☐	☐	☐	☐		30	☐	☐	☐	☐
6	☐	☐	☐	☐		31	☐	☐	☐	☐
7	☐	☐	☐	☐		32	☐	☐	☐	☐
8	☐	☐	☐	☐		33	☐	☐	☐	☐
9	☐	☐	☐	☐		34	☐	☐	☐	☐
10	☐	☐	☐	☐		35	☐	☐	☐	☐
11	☐	☐	☐	☐		36	☐	☐	☐	☐
12	☐	☐	☐	☐		37	☐	☐	☐	☐
13	☐	☐	☐	☐		38	☐	☐	☐	☐
14	☐	☐	☐	☐		39	☐	☐	☐	☐
15	☐	☐	☐	☐		40	☐	☐	☐	☐
16	☐	☐	☐	☐		41	☐	☐	☐	☐
17	☐	☐	☐	☐		42	☐	☐	☐	☐
18	☐	☐	☐	☐		43	☐	☐	☐	☐
19	☐	☐	☐	☐		44	☐	☐	☐	☐
20	☐	☐	☐	☐		45	☐	☐	☐	☐
21	☐	☐	☐	☐		46	☐	☐	☐	☐
22	☐	☐	☐	☐		47	☐	☐	☐	☐
23	☐	☐	☐	☐		48	☐	☐	☐	☐
24	☐	☐	☐	☐		49	☐	☐	☐	☐
25	☐	☐	☐	☐		50	☐	☐	☐	☐

CIENCIA

50 preguntas

80 minutos

Instrucciones

En esta prueba, se evalúan algunas de las habilidades requeridas para el análisis de información relacionada con la ciencia. Lea cada una de las preguntas y decida luego cuál de las cuatro opciones de respuesta es la más apropiada para esa pregunta. A continuación, marque la respuesta elegida sobre la hoja de respuestas. En algunos casos, varias preguntas se referirán a un mismo material. Lea ese material con cuidado y responda luego todas las preguntas.

Trabaje lo más rápido que pueda pero sin ser descuidado. No dedique demasiado tiempo a alguna pregunta que le resulte difícil de responder. Deje esa pregunta y vuelva a ella más tarde, si todavía tiene tiempo disponible. Trate de responder cada pregunta aunque tenga que adivinar la respuesta.

Marque todas sus respuestas en la hoja de respuestas. Proporcione solo una respuesta para cada pregunta y procure que sus marcas sean bien visibles. Si decide cambiar una de sus respuestas, asegúrese de borrar completamente su respuesta inicial. Asegúrese también de que el número de la pregunta que está respondiendo corresponde con el número de la fila de opciones de respuesta que está marcando en su hoja de respuestas.

1. Un perro está acostado sobre una balanza. El peso del perro es 13 libras (58 newtons). ¿Cuál es la fuerza que la balanza ejerce hacia arriba en dirección al perro?

    A   0 newton

    B   13 newtons

    C   29 newtons

    D   58 newtons

2. ¿Cuál de las afirmaciones siguientes proporciona evidencia de que la luz visible está compuesta de ondas electromagnéticas en vez de ondas mecánicas?

    A   La luz solar puede atravesar el vidrio de una ventana.

    B   La luz solar puede propagarse en el vacío.

    C   La luz solar puede atravesar un plástico traslúcido.

    D   La luz solar puede propagarse a través de la atmósfera de la Tierra.

3. Cuando una persona toca una taza de té, siente calor en su mano. ¿Cuál de las afirmaciones siguientes explica mejor esta observación?

    A   La energía térmica fluyó de la mano a la taza.

    B   La energía térmica fluyó de la taza a la mano.

    C   La energía térmica fluyó en un circuito continuo entre la mano y la taza.

    D   La mano tenía originalmente la misma temperatura que la taza.

4. ¿A través de cuál de los materiales siguientes se propaga más fácilmente la electricidad?

   A   El vidrio

   B   El plástico

   C   La goma

   D   El metal

Las preguntas 5 y 6 se refieren al diagrama siguiente sobre un rayo de luz chocando contra una superficie plana de un objeto transparente.

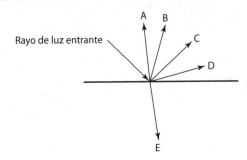

5. ¿Cuál flecha muestra la dirección del rayo de luz que es reflejado desde la superficie?

   A   La flecha A

   B   La flecha B

   C   La flecha C

   D   La flecha D

6. ¿Cuál flecha muestra la dirección del rayo de luz que es refractado por el objeto?

   A   La flecha A

   B   La flecha B

   C   La flecha C

   D   La flecha E

7. Una persona está empujando hacia arriba un ladrillo sobre un tablón de madera inclinado. ¿Cuál de las afirmaciones siguientes establece la mejor comparación entre la fuerza necesaria para hacer que el ladrillo empiece a moverse y la fuerza necesaria para que el ladrillo se mantenga en movimiento?

   A   Es necesaria una fuerza mayor para hacer que el ladrillo empiece a moverse porque la aspereza de las superficies del ladrillo y del tablón aumenta el rozamiento que hay que vencer para iniciar el movimiento.

   B   Es necesaria una fuerza mayor para hacer que el ladrillo empiece a moverse que para que se mantenga en movimiento por la mayor cantidad de energía potencial en el tablón, debido a la masa más grande de este último.

   C   Es necesaria la misma fuerza para hacer que el ladrillo empiece a moverse que para que se mantenga en movimiento porque la energía potencial del ladrillo no cambia.

   D   Es necesaria una fuerza menor para hacer que el ladrillo empiece a moverse porque el rozamiento con el tablón es menor que cuando el ladrillo ya está en movimiento.

8. La gráfica siguiente muestra la relación entre la distancia recorrida por un objeto y el tiempo que tardó en hacerlo. ¿Cuál de las afirmaciones siguientes representa la mejor conclusión que es posible extraer sobre el movimiento del objeto?

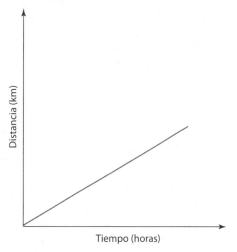

A   El objeto se desplazaba a una velocidad constante positiva.

B   El objeto se desplazaba a una velocidad variable positiva.

C   El objeto permaneció inmóvil durante el intervalo de tiempo representado.

D   El objeto se desplazaba a una velocidad constante negativa.

9. ¿En cuál de las sustancias siguientes tienen las moléculas la energía cinética promedio más alta?

A   Agua hirviendo en una tetera

B   Vapor de agua en el aire dentro de una casa

C   Copos de nieve cayendo sobre el suelo

D   Cubitos de hielo en el refrigerador

10. El diagrama que sigue muestra un modelo de la estructura de un átomo de litio. ¿Cuál de las expresiones siguientes describe un tipo de partículas que existe en el núcleo del átomo?

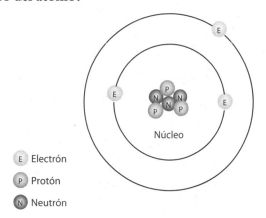

A   Protones sin carga

B   Protones con carga positiva

C   Neutrones con carga negativa

D   Electrones con carga positiva

11. El diagrama que sigue muestra modelos de átomos neutros y de átomos con carga eléctrica. ¿Cuál de los átomos es un ion negativo?

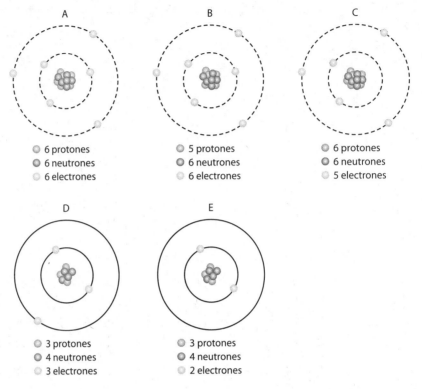

A   El átomo A

B   El átomo B

C   El átomo C

D   El átomo D

Las preguntas 12 a 14 se refieren al diagrama siguiente, que muestra grupos funcionales en compuestos de sustancias orgánicas.

alcano   alqueno   alquino   fenil

haloalcano   amino   alcohol   éter
(X = F, Cl, Br, I)

aldehído   cetona   ácido carboxílico   éster   amida

12. El diagrama que sigue muestra un modelo de estructura de un compuesto orgánico. Según el diagrama de los grupos funcionales, ¿qué tipo de compuesto muestra el diagrama siguiente?

$$\begin{array}{ccc} H & H & O \\ | & | & \| \\ H-C-C-C-H \\ | & | \\ H & H \end{array}$$

   A   Alcano

   B   Alcohol

   C   Aldehído

   D   Ácido carboxílico

13. En el diagrama de los grupos funcionales una sola línea representa un enlace simple, una línea doble representa un enlace doble y una línea triple representa un enlace triple. ¿Cuál de los compuestos siguientes contiene enlaces dobles entre los átomos de carbono?

   A   Los compuestos de alquenos

   B   Los compuestos de aldehídos

   C   Los compuestos de alcanos y haloalcanos

   D   Los compuestos de cetonas, del ácido carboxílico y de ésteres

14. ¿Cuál de los procesos siguientes describe cómo un compuesto de ácido carboxílico puede convertirse en un compuesto de amida?

   A   Reemplace el $C = O$ en el ácido carboxílico con $- NH_2$.

   B   Reemplace el $- C -$ en el ácido carboxílico con $=O$.

   C   Reemplace el $= O$ en el ácido carboxílico con un grupo amino.

   D   Reemplace el $- OH$ en el ácido carboxílico con $- NH_2$.

15. Una reacción de síntesis se está produciendo en un sistema cerrado. El sistema ha alcanzado un equilibrio dinámico. ¿Qué otro tipo de reacción química se debe estar produciendo en el sistema cerrado?

   A   Una reacción de combustión

   B   Una reacción exotérmica

   C   Una reacción endotérmica

   D   Una reacción de descomposición

16. **El diagrama que sigue muestra un modelo de molécula de agua. ¿Qué tipo de enlace mantiene unida a la molécula de agua?**

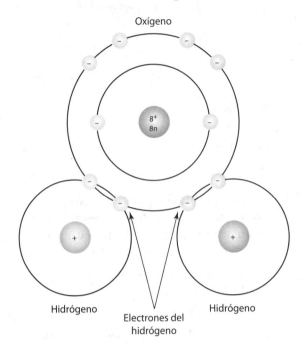

Oxígeno

8+
8n

Hidrógeno

Electrones del
hidrógeno

Hidrógeno

    A   Un enlace covalente

    B   Un enlace iónico

    C   Un enlace metálico

    D   Un enlace de van der Waals

17. **El cloruro de amonio sólido, $NH_4Cl(s)$, se disuelve en agua. ¿Por qué una solución de $NH_4Cl(ac)$ tiene un pH menor que 7.0?**

    A   Los iones de $NH_4^+(ac)$ reaccionan con el agua para formar iones hidronios (H_3O^+).

    B   El cloruro de amonio libera iones hidróxidos (OH^-) en la solución.

    C   Los iones cloruros (Cl^-) remueven los iones hidróxidos (OH^-) de la solución.

    D   El cloruro de amonio absorbe los iones hidronios (H_3O^+) de la solución.

18. **La ecuación química que sigue muestra que la reacción de dióxido de nitrógeno produce nitrógeno gaseoso y oxígeno gaseoso y libera energía.**

$$2NO_2(g) \rightarrow N_2(g) + 2O_2(g) + 66.4 \text{ kJ}$$

¿Cuál de las afirmaciones siguientes describe mejor la reacción?

    A   La reacción es endotérmica, y la energía potencial del reactivo es mayor que la de los productos.

    B   La reacción es endotérmica, y la energía potencial del reactivo es menor que la de los productos.

    C   La reacción es exotérmica, y la energía potencial del reactivo es mayor que la de los productos.

    D   La reacción es exotérmica, y la energía potencial del reactivo es igual a la de los productos.

19. El diagrama que sigue muestra las características del mamut lanudo, el elefante africano y el elefante asiático.

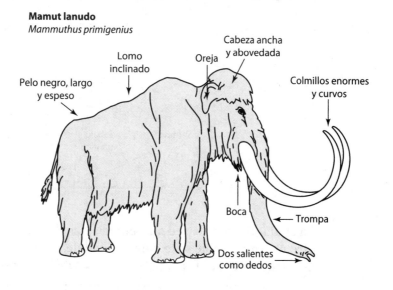

Mamut lanudo
Mammuthus primigenius

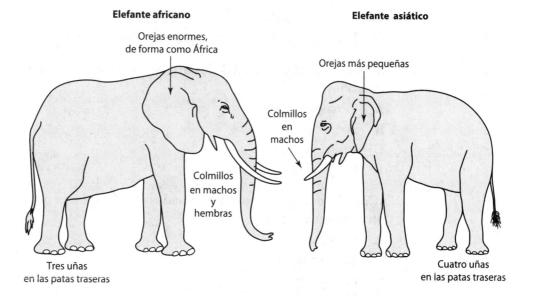

Elefante africano

Elefante asiático

Los restos congelados de mamuts lanudos fueron recuperados del hielo en Siberia. Los análisis de ADN de estos mamuts muestran que tenían muchas similitudes con los elefantes modernos. El ADN de los mamuts muestra que tenían más similitudes con los elefantes asiáticos que con los elefantes africanos. ¿Cuál de las conclusiones siguientes está mejor respaldada por la evidencia del ADN?

A   Los mamuts lanudos vivieron solo en Asia.

B   Los mamuts lanudos y los elefantes modernos tienen un ancestro común.

C   Los mamuts lanudos y los elefantes asiáticos pertenecen a la misma especie.

D   Los elefantes africanos representan una forma evolucionada de los elefantes asiáticos.

Las preguntas 20 a 22 se refieren al diagrama siguiente sobre una red alimentaria oceánica.

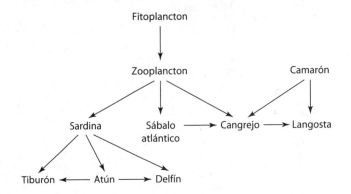

20. En el diagrama de la red alimentaria, las flechas apuntan de un organismo a otro organismo que se lo come. ¿Cuál de los eventos siguientes es más probable que ocurra primero si la población de sábalos atlánticos disminuye?

    A Las sardinas tendrán menos competencia por los alimentos.

    B Los cangrejos perderán una fuente de alimentos.

    C La población de camarones aumentará.

    D El zooplancton tendrá más alimento disponible para ellos.

21. Según el diagrama, ¿cuál de los organismos siguientes se alimenta de cangrejos?

    A El zooplancton

    B Los sábalos atlánticos

    C Las langostas

    D Las sardinas

22. ¿Cuál de los organismos mencionados en el diagrama obtiene energía directamente del sol?

    A Los cangrejos

    B Los camarones

    C El fitoplancton

    D El zooplancton

23. **El diagrama que sigue muestra los cráneos de dos tipos de animales. Uno de los animales se alimentaba de plantas, y el otro comía animales. ¿Cuál de las afirmaciones siguientes describe mejor cómo el cráneo proporciona evidencia del tipo de animal al que pertenecía?**

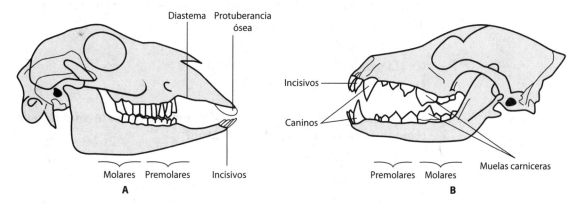

A El cráneo A tiene molares planos adecuados para la masticación de plantas, así que corresponde a un comedor de carne.

B El cráneo A tiene incisivos adecuados para arrancar plantas, así que corresponde a un herbívoro.

C El cráneo A tiene premolares adecuados para morder carne, así que corresponde a un carnívoro.

D El cráneo B tiene caninos adecuados para acuchillar y matar a una presa, así que pertenece a un comedor de plantas.

24. **La figura muestra un tipo de garza que habita en África y el sur de Asia. ¿Cuál de las características de esta ave respalda la hipótesis de que pasa mucho tiempo parada en el agua?**

A La forma de su cuello

B El tamaño de sus alas

C La posición de sus ojos

D La longitud de sus patas

25. Los genes de un organismo constituyen pares de alelos que determinan, entre otras características, su apariencia física. Un alelo puede ser dominante o recesivo. En las plantas de arvejas, el alelo *T*, que produce plantas altas, es dominante sobre el alelo *t*, que produce plantas bajas. Si una planta particular es alta, ¿qué conclusión puede extraerse sobre sus alelos que controlan su altura?

   A   El par de alelos podría ser Tt o TT.

   B   El par de alelos debe ser TT.

   C   El par de alelos podría ser Tt o tt.

   D   El par de alelos debe ser tt.

26. ¿Cuál de los pares de organismos siguientes tiene el mismo tipo de relación ecológica que tienen el búho y el ratón?

   A   El lobo y el conejo

   B   La ardilla y las semillas

   C   La abeja y la flor

   D   La cebra y el pasto

Las preguntas 27 y 28 se refieren al diagrama siguiente sobre el ciclo del nitrógeno.

27. Según el diagrama, ¿qué forma de nitrógeno es más probable que sea absorbida por las plantas?

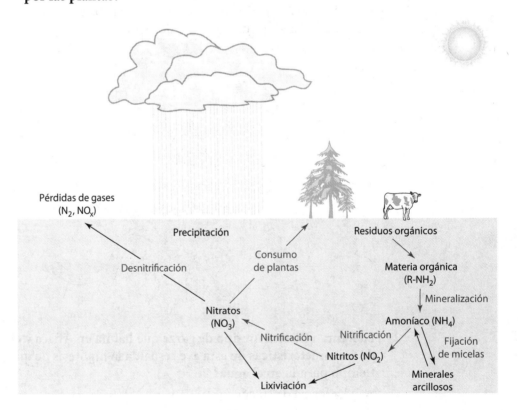

   A N_2

   B $R-NH_2$

   C NO_3

   D NO_2

28. ¿Cuál de los procesos siguientes está directamente relacionado con el retorno del nitrógeno a la atmósfera?

   A   El consumo de las plantas
   B   La lixiviación
   C   La precipitación
   D   La desnitrificación

29. El océano alrededor de la Antártida, cerca del Polo Sur, es muy frío. Los peces mueren cuando los fluidos de sus cuerpos se congelan. Algunos peces antárticos se han adaptado a través de la evolución de ciertos compuestos en su sangre que disminuyen la temperatura a la que los fluidos de sus cuerpos se congelan. Algunos peces en el Ártico, cerca del Polo Norte, han realizado una evolución similar para protegerse del congelamiento. Los genes que controlan la producción de estos compuestos son muy diferentes en los peces del Ártico y de la Antártida. Estos peces no descienden de un ancestro común reciente. ¿Cuál de las afirmaciones siguientes describe mejor cómo esta información sobre los peces proporciona evidencia sobre la evolución?

   A   Muestra que diferentes organismos pueden adaptarse a vivir en la misma región.
   B   Muestra que la temperatura es el factor más influyente en la selección natural.
   C   Muestra que una variedad de genes pueden proteger a los organismos de las bajas temperaturas.
   D   Muestra que diferentes organismos se pueden adaptar en forma similar cuando enfrentan las mismas presiones del medio ambiente.

30. El diagrama que sigue muestra un ejemplo de herencia recesiva. Ambos padres son portadores de un gen normal (*N*) que es dominante sobre un gen defectuoso (*n*), que ellos también portan. Por lo tanto, si bien los padres no tienen ningún problema de salud relacionado con ese gen, son portadores del gen defectuoso. Sus hijos pueden heredar dos genes dominantes *N*, un gen dominante *N* y un gen recesivo *n* o dos genes recesivos *n*. ¿Cuál de las afirmaciones siguientes se aplica siempre a los hijos de estos padres?

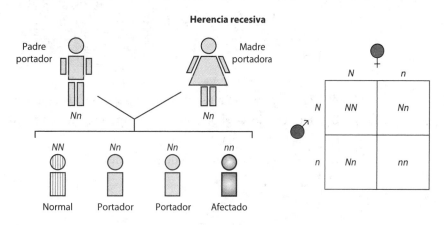

   A   Todos los hijos heredarán al menos un gen defectuoso.
   B   Los hijos que no tengan el gen dominante heredarán el problema de salud determinado genéticamente.
   C   Un hijo que tenga dos copias del gen dominante puede tener, a su vez, hijos con el problema de salud determinado genéticamente.
   D   Un hijo con dos copias del gen recesivo no puede tener, a su vez, hijos.

31. **¿Cuál de las afirmaciones siguientes describe mejor cómo un productor obtiene energía en un ecosistema?**

    A   Usando la luz solar para producir azúcares durante la fotosíntesis

    B   Descomponiendo materia orgánica para liberar nutrientes

    C   Consumiendo plantas

    D   Consumiendo otros animales

32. **En un tipo de loros pequeños llamados periquitos, el alelo responsable de las plumas verdes (*G*) es dominante sobre el alelo responsable de las plumas azules (*g*). Un pájaro verde con alelos *Gg* se cruza con otro pájaro verde con alelos *Gg*. ¿Cuál es el porcentaje de crías que deberían tener plumas verdes?**

    A   0%

    B   25%

    C   50%

    D   75%

33. **Un alumno construyó tres terrarios como el que se muestra en la ilustración que sigue. El alumno expuso cada terrario a la luz solar por períodos de tiempo diferentes durante un mes. Uno de los terrarios recibió luz solar por un corto período cada día, otro recibió luz solar por un período medio y el último recibió luz solar por un período prolongado. Para determinar qué período de luz solar es el más adecuado para mantener la salud del terrario, ¿cuál de las variables siguientes debería mantenerse constante?**

    A   La longitud de onda de la energía solar necesaria para la fotosíntesis

    B   La duración del período de tiempo en que se recibe la luz solar

    C   Los tipos de plantas usados

    D   La tasa de crecimiento de las plantas usadas

34. La ingeniería genética ha sido usada para aumentar la resistencia de las plantas a las plagas. Un tipo de oruga llamado barrenador del maíz puede causar daños considerables a las plantas de maíz. Se han incorporado genes a las plantas de maíz para averiguar si las plantas genéticamente modificadas pueden producir proteínas que destruyan a la oruga. ¿Cómo pueden comprobar los científicos que los genes están contribuyendo a que las plantas sean más resistentes al daño de los barrenadores del maíz?

    A   Monitorizando el ciclo reproductivo de la oruga en las plantas de maíz que no han recibido tratamiento

    B   Determinando si la oruga puede ser controlada fumigando las plantas con productos químicos

    C   Midiendo la cantidad de orugas que afectan a los campos de maíz que no han recibido tratamiento

    D   Comparando la cantidad de orugas que afectan a campos de plantas de maíz que no han recibido tratamiento con la cantidad de orugas que afectan a otros campos similares de plantas de maíz genéticamente modificadas

35. ¿Cuál de los elementos siguientes es necesario para la respiración aeróbica de las células?

    A   Clorofila

    B   Luz solar

    C   Oxígeno

    D   Dióxido de carbono

36. El diagrama que sigue muestra un platelminto. Los platelmintos son gusanos que se encuentran en agua dulce y salada, y a veces, en el suelo. Usan unos apéndices filiformes, llamados cilios, para desplazarse. Algunos alumnos quisieron comprobar cómo afectaba el agua dulce al movimiento de los platelmintos. Los alumnos colocaron 20 platelmintos en agua dulce y luego registraron sus observaciones detalladamente. ¿Cuál fue el error que cometieron los alumnos al planificar el experimento?

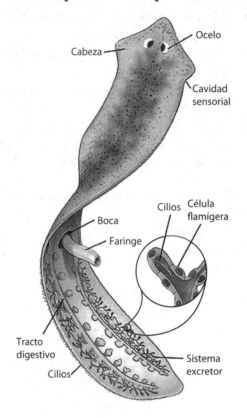

A No había un grupo de control de platelmintos para poder hacer una comparación.

B La cantidad de platelmintos era demasiado numerosa.

C Los alumnos no desarrollaron primero una hipótesis.

D El procedimiento para el experimento constaba de demasiados pasos.

37. ¿Por qué la introducción de un animal o una especie de plantas no nativos puede dañar un ecosistema?

A Las especies no nativas carecen de predadores, parásitos o enfermedades que controlen el tamaño de su población.

B Las especies no nativas proporcionan alimento en exceso a las especies nativas.

C Las especies no nativas se adaptan más rápidamente a los cambios en el medio ambiente que las especies nativas.

D Las especies no nativas consumen más alimentos que las especies nativas.

Las preguntas 38 y 39 se refieren al diagrama siguiente, que muestra las relaciones evolutivas entre varios organismos.

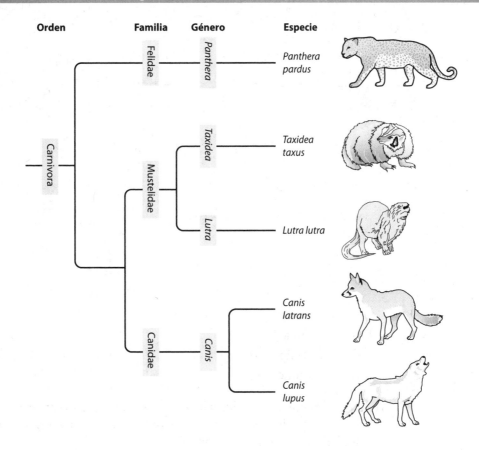

38. **¿Cuál de las conclusiones siguientes sobre los animales está respaldada por el diagrama?**

    A   Son ejemplos de la misma especie.

    B   Pertenecen a la misma familia pero son especies diferentes.

    C   Pertenecen al mismo género y a la misma familia.

    D   Pertenecen al mismo orden pero a familias diferentes.

39. **¿Cuál de los animales representados en el diagrama está relacionado más próximamente con el *Lutra lutra*?**

    A   *Panthera pardus*

    B   *Taxidea taxus*

    C   *Canis latrans*

    D   *Canis lupus*

40. El diagrama que sigue muestra las etapas del crecimiento de una planta de habas. ¿Cómo se denomina este proceso?

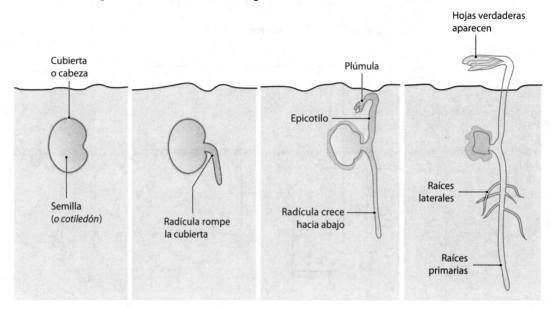

- **A** Fotosíntesis
- **B** Germinación
- **C** Dispersión
- **D** Reproducción

41. El diagrama de la cadena de eventos que sigue describe el origen de la Tierra como parte del sistema solar. ¿Cuál de las afirmaciones siguientes corresponde al óvalo central del diagrama?

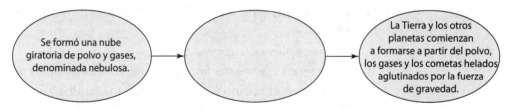

- **A** Una colisión con otra nebulosa proporcionó la energía para que el sistema solar empezara a tomar forma.
- **B** La nebulosa se desplazó del centro de la Vía Láctea al Brazo de Orión.
- **C** La fuerza de gravedad aglutinó la mayor parte del polvo y los gases en el centro de la nebulosa, y se formó el Sol.
- **D** Los océanos se formaron como vapor de agua condensado y se precipitaron en forma de lluvia por toda la nebulosa.

42. ¿Cuál de las expresiones siguientes representa la mejor explicación sobre la magnitud de un terremoto?

- **A** La profundidad a la que comienza el terremoto
- **B** Los tipos de rocas que son afectadas por el terremoto
- **C** La extensión del daño provocado por el terremoto
- **D** El aumento de energía que libera el terremoto

43. Los mapas que siguen muestran las posiciones de América del Sur y África en dos momentos diferentes de la historia de la Tierra. ¿Cuál de los siguientes procesos está relacionado estrechamente con el cambio de posición de los dos continentes?

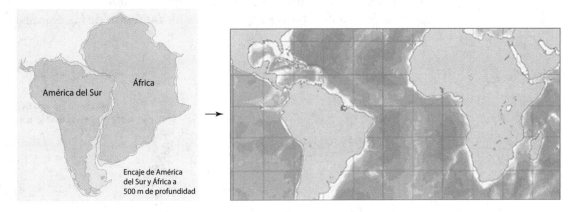

A   Inversión en la polaridad del campo magnético de la Tierra

B   Inundación de los continentes provocada por un aumento de los niveles del mar

C   Movimientos de las placas tectónicas de la Tierra

D   Erupciones volcánicas a lo largo de las fosas oceánicas

44. Una persona afirma que la luna llena y la luna nueva ocurren siempre con una separación de 14.75 días entre sí. ¿Cuál de los conceptos siguientes podría ser usado para comprobar la exactitud de esa afirmación?

A   Hipótesis

B   Teoría

C   Predicción

D   Observación

45. El mapa que sigue muestra parte del sistema de la falla de San Andrés, que marca el límite entre la placa del Pacífico y la placa Norteamericana. Las flechas muestran la dirección en que se desplazan las placas. La ciudad de Los Ángeles está ubicada sobre la placa del Pacífico y San Francisco está situado sobre la placa Norteamericana. ¿Cuál de los eventos siguientes es más probable que ocurra dentro de algún tiempo si el desplazamiento de las placas continúa siendo el mismo?

A   Los Ángeles alcanzará la misma latitud de San Francisco.

B   San Francisco se convertirá en una isla en el océano Pacífico.

C   San Francisco se deslizará hacia abajo en una zona de subducción.

D   Los Ángeles formará parte de la placa Norteamericana.

46. El diagrama que sigue muestra la Tierra y el Sol. ¿En qué estación del año estarán los hemisferios norte y sur cuando la Tierra y el Sol estén en las posiciones que ocupan en el diagrama?

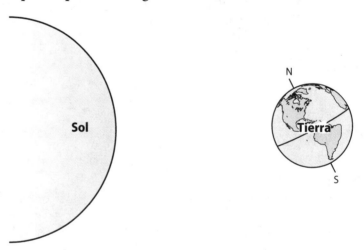

A   Hemisferio norte: verano; hemisferio sur: verano

B   Hemisferio norte: verano; hemisferio sur: invierno

C   Hemisferio norte: equinoccio de primavera; hemisferio sur: equinoccio de otoño

D   Hemisferio norte: invierno; hemisferio sur: invierno

47. El agua se traslada de la superficie de la Tierra a la superficie subterránea poco profunda y a la atmósfera a través de una serie de procesos llamada ciclo del agua. ¿A través de qué proceso entra en los arroyos y lagos el agua que cae como lluvia sobre la tierra?

   A El flujo del agua subterránea

   B Las escorrentías de superficie

   C Infiltración

   D Transpiración

48. El diagrama que sigue muestra un cometa orbitando alrededor del Sol. ¿Por qué la cola del cometa apunta siempre en dirección contraria al Sol?

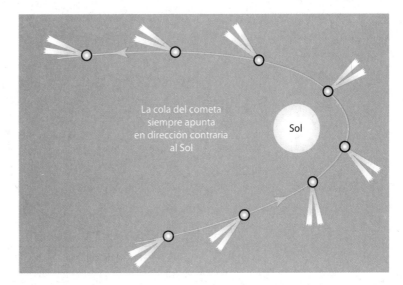

   A El viento solar empuja la cola del cometa en dirección contraria al Sol.

   B La cola del cometa es repelida por la gravedad solar.

   C La cola del cometa es atraída hacia un agujero negro del cinturón de Kuiper.

   D La cola del cometa apunta en dirección a la región de la nube de Oort, de donde proviene el cometa.

49. La distancia de la Tierra al Sol es una distancia ideal para la presencia de vida pues crea condiciones en la superficie del planeta que son únicas en el sistema solar. ¿Cuál de las condiciones siguientes es exclusiva de la Tierra?

   A Agua en fase sólida, líquida y gaseosa

   B Volcanes que producen rocas ígneas

   C Gas metano en la atmósfera

   D Una luna que provoca mareas oceánicas

50. La tabla que sigue muestra la escala de dureza de Mohs para 10 minerales. Un mineral que tiene un valor más alto en la escala de Mohs puede rayar a un mineral con un valor menor. La gráfica siguiente compara la dureza relativa de los 10 minerales. En la escala de dureza relativa, el diamante es 40 veces más duro que el talco. Basándose en la tabla y la gráfica, ¿cuál de las afirmaciones siguientes NO es verdadera?

Escala de Mohs

Dureza	1	2	3	4	5	6	7	8	9	10
Mineral	Talco	Yeso	Calcita	Fluorita	Apatita	Ortoclasa	Cuarzo	Topacio	Corindón	Diamante

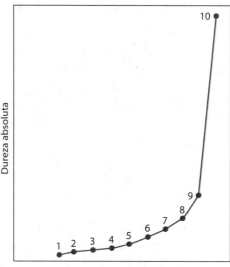

Escala de dureza de Mohs

A   La dureza absoluta del cuarzo es menor que la dureza absoluta del corindón, pero mayor que la dureza absoluta del yeso.

B   Un mineral que puede ser rayado por la ortoclasa puede rayar al yeso y la calcita.

C   Un mineral que puede rayar a la apatita y puede ser rayado por el topacio puede rayar al corindón.

D   Los intervalos de los valores en la escala de Mohs representan cantidades variables de cambio en la dureza absoluta.

ALTO. Este es el final de la prueba de Ciencia.

RESPUESTAS: CIENCIA

1. **(D)** La superficie sobre la que se apoya un objeto ejerce una presión hacia arriba sobre el objeto que es igual pero contraria a la que ejerce la fuerza de gravedad sobre el objeto.

2. **(B)** Las ondas mecánicas, como el sonido, se propagan a través de la materia provocando una oscilación en la materia a través de la que se desplazan. Las ondas electromagnéticas, como la luz visible, pueden propagarse a través tanto de la materia como a través del espacio, que está desprovisto de ella.

3. **(B)** La energía térmica siempre fluye del objeto más caliente al más frío.

4. **(D)** La electricidad se propaga más fácilmente a través de un conductor; los materiales mencionados en las opciones de respuesta A, B y C son materiales aislantes.

5. **(C)** Un rayo de luz se refleja en una superficie con el mismo ángulo con que choca contra ella. La flecha C forma un ángulo igual al que forma el rayo de luz cuando impacta la superficie.

6. **(D)** Solo la flecha E muestra un rayo de luz que penetra en el objeto y que se desvía debido al cambio de velocidad de la luz.

7. **(A)** El rozamiento estático entre objetos en reposo con superficies irregulares es mayor que el rozamiento cinético entre los mismos objetos cuando estos se desplazan el uno contra el otro, debido a la resistencia al movimiento que provocan las superficies en contacto.

8. **(A)** La línea es recta, lo que muestra que la relación entre el tiempo y la distancia permaneció constante, y la pendiente de la recta es ascendente hacia la derecha (positiva).

9. **(A)** La energía cinética promedio de las moléculas de una sustancia aumenta a medida que aumenta la temperatura. El agua de la opción de respuesta A tiene la temperatura más alta.

10. **(B)** En el núcleo se observan dos tipos de partículas: los neutrones, que tienen una carga neutra, y los protones, que tienen una carga positiva.

11. **(B)** Un ion negativo tiene más electrones que protones. Las opciones de respuesta A, C y D representan átomos que tienen una cantidad igual de electrones y protones o que tienen más protones que electrones.

12. **(C)** El compuesto contiene un grupo funcional constituido por un átomo de carbono que comparte un enlace doble con el oxígeno y un enlace simple con el hidrógeno, así que este compuesto es un aldehído.

13. **(A)** Los alquenos contienen un enlace doble entre átomos de carbono. (Los fenilos no fueron incluidos entre las opciones de respuesta porque los enlaces entre los átomos de carbono varían entre simples y dobles). Los enlaces dobles de las opciones B, C y D se encuentran entre átomos de carbono y de oxígeno.

14. **(D)** Un compuesto de ácido carboxílico puede ser convertido en un compuesto de amida transformando químicamente la identidad del grupo funcional. El proceso comprende la supresión del grupo $-OH$ y su reemplazo por $-NH_2$.

15. **(D)** Una reacción de síntesis comprende la combinación de elementos o compuestos más simples en un solo compuesto más complejo. Es lo contrario a una reacción de descomposición, en la que un solo reactivo se descompone en elementos o compuestos más simples. Una reacción de síntesis debe ser compensada por una reacción de descomposición para que el sistema pueda alcanzar un equilibrio dinámico.

16. **(A)** El modelo muestra que el átomo de oxígeno comparte un electrón con cada uno de los átomos de hidrógeno. Los enlaces covalentes se caracterizan por compartir electrones.

17. **(A)** El pH de una solución está determinado por la concentración de iones hidronios en relación con los iones hidróxidos. Cuando hay un exceso de iones hidronios, la solución es ácida (pH menor que 7.0).

$$NH_4Cl\,(ac) \rightarrow NH_4^+\,(ac) + Cl^-\,(ac);\ NH_4^+ + H_2O \rightarrow H_3O^+ + NH_3$$

18. **(C)** La reacción produce energía, así que es exotérmica. En una reacción exotérmica, la energía potencial del reactivo es mayor que la de los productos.

19. **(B)** Las similitudes en el ADN muestran que las tres especies tienen un ancestro común reciente. La evidencia no puede ser usada para determinar la extensión de los mamuts lanudos.

20. **(A)** Las sardinas, los sábalos atlánticos y los cangrejos consumen todos zooplancton. Si la población de sábalos atlánticos disminuye, las sardinas (y los cangrejos) tendrán menos competencia por el zooplancton. Con la disminución de los sábalos atlánticos, los cangrejos pueden todavía consumir camarones y zooplancton.

21. **(C)** Una flecha apunta de los cangrejos a las langostas, lo que indica que las langostas se alimentan de cangrejos.

22. **(C)** El fitoplancton está compuesto por organismos fotosintéticos, así que recibe energía para producir alimento directamente del sol.

23. **(B)** La presencia de incisivos adecuados para arrancar plantas indica que el cráneo A pertenecía a un animal herbívoro. Las opciones de respuesta A, C y D todas representan una disparidad entre la evidencia que proporcionan los dientes y la conclusión acerca del tipo de alimento que consumían.

24. **(D)** Las aves zancudas han desarrollado patas largas que les permiten pasar mucho tiempo paradas en aguas poco profundas.

25. **(A)** Puesto que los alelos responsables de la altura son dominantes, una planta alta puede ser tanto heterocigótica (Tt) como homocigótica (TT). Una planta con alelos tt será baja.

26. **(A)** El búho es un predador que consume ratones. El lobo es un predador que consume conejos. Las ardillas y las cebras comen plantas, y las abejas polinizan una flor cuando extraen su néctar.

27. **(C)** La flecha que indica el consumo de nitrógeno por las plantas tiene su origen en los nitratos.

28. **(D)** La flecha que indica la desnitrificación apunta a las pérdidas de nitrógeno desde el suelo hacia la atmósfera en forma de gases.

29. **(D)** El medio ambiente oceánico es similar en los polos, y los peces en los dos lugares deben adaptarse para poder soportar el frío. Las dos poblaciones de peces están en polos opuestos y no comparten un ancestro común reciente, pero han experimentado adaptaciones bioquímicas similares.

30. **(B)** La falta de un alelo dominante permite que el rasgo recesivo (el que está genéticamente relacionado con el problema de salud) se exprese. No es posible extraer ninguna conclusión sobre la descendencia de los hijos sin conocer los genotipos de los otros padres.

31. **(A)** Un productor está en la base de una red alimentaria. Un productor produce su propio alimento vía fotosíntesis o, mucho menos frecuentemente, quimiosíntesis.

32. **(D)** El cuadrado de Punnett que representa la cruza es:

	G	g
G	GG	Gg
g	Gg	gg

Por lo tanto, se espera que el 75 por ciento de las crías herede al menos una copia del alelo dominante de un padre. Puesto que el alelo dominante es responsable de las plumas verdes, se espera que el 75 por ciento de las crías tenga plumas verdes.

33. **(C)** Los terrarios deberían estar expuestos a las mismas condiciones a excepción de la variable que se examina. El mismo tipo de plantas debería ser usado en cada terrario, pues tipos de plantas diferentes podrían tener necesidades diferentes para el crecimiento. Las longitudes de onda de la luz solar necesaria para la fotosíntesis (opción de respuesta A) es una propiedad de la planta, no una variable que pueda ser manipulada. La duración de la exposición a la luz solar que cada terrario recibía (opción B) es la variable que se modifica. La tasa de crecimiento (opción D) depende de la salud de la planta.

34. **(D)** Las tasas de infestación de orugas para el maíz sin tratamiento y para el maíz genéticamente modificado deben ser comparadas para determinar qué efecto tiene, si alguno, la modificación genética sobre la plaga.

35. **(C)** La respiración aeróbica de las células permite que los organismos liberen energía almacenada en enlaces químicos para su uso en el proceso metabólico. Durante el proceso, el oxígeno se combina con la glucosa para formar dióxido de carbono, agua y energía.

36. **(A)** La falta de un grupo de control impide establecer una comparación sobre cómo el movimiento de los platelmintos podría ser diferente en el agua dulce que en el agua salada o el suelo.

37. **(A)** Las especies no nativas, una vez establecidas en un ecosistema, pueden competir mejor que las especies nativas porque no se han desarrollado junto a predadores, parásitos o enfermedades que los tengan como objetivo.

38. **(D)** Las ramas del diagrama muestran todos los animales que pertenecen al orden *Carnivora*, que comprende tres familias diferentes.

39. **(B)** *Lutra lutra* y *Taxidea taxus* son los animales más estrechamente relacionados porque pertenecen a la misma familia.

40. **(B)** El proceso por el que una semilla da brotes se denomina *germinación*.

41. **(C)** La mayor parte de la masa de la nebulosa se concentró en su centro y se derrumbó bajo la fuerza de gravedad hasta que se convirtió en lo suficientemente densa y caliente como para que las reacciones termonucleares comenzaran a producirse.

42. **(D)** La magnitud de un terremoto es medida por la cantidad de energía liberada por el evento.

43. **(C)** Los continentes fueron desplazados a diferentes posiciones por los movimientos de las placas tectónicas de las que forman parte.

44. **(D)** La validez de una afirmación comprobable está determinada por las observaciones que respaldan o contradicen esa afirmación.

45. **(A)** El mapa muestra que las ciudades están ubicadas en placas que se encuentran a lo largo de un borde de transformación marcado por la falla de San Andrés. El desplazamiento relativo de la placa arrastra a Los Ángeles hacia el norte, así que dentro de algún tiempo las ciudades podrían ser vecinas si el desplazamiento continúa.

46. **(B)** El hemisferio norte está inclinado en dirección al Sol, así que está en verano. El hemisferio sur está inclinado en dirección contraria al Sol, así que está en invierno. Durante un equinoccio, ninguno de los dos hemisferios está inclinado hacia el Sol.

47. **(B)** La mayor parte de las precipitaciones que caen sobre el suelo corre sobre la superficie antes de ser canalizada en riachuelos y hondonadas que alimentan a arroyos y lagos u otros cuerpos de agua.

48. **(A)** Las partículas cargadas del viento solar barren la cola ionizada del cometa en la dirección en que sopla el viento, es decir, en dirección contraria al Sol.

49. **(A)** La Tierra es el único planeta del sistema solar con un rango de temperaturas de superficie que permite la presencia de grandes cantidades de agua en estado líquido.

50. **(C)** La opción de respuesta C es falsa porque el corindón es más duro que el topacio, así que un mineral que puede ser rayado por el topacio no puede rayar al corindón. Las opciones A y B son las dos verdaderas basándose en la posición de los minerales en la tabla. La opción D es verdadera porque si los intervalos de valores en la escala de Mohs representaran la misma cantidad de cambio en la dureza absoluta, la gráfica mostraría una línea recta y no una curva.

Examen de práctica 1 del examen *HiSET*®
Hoja de respuestas
Artes del Lenguaje—Lectura

	A	B	C	D		A	B	C	D
1					21				
2					22				
3					23				
4					24				
5					25				
6					26				
7					27				
8					28				
9					29				
10					30				
11					31				
12					32				
13					33				
14					34				
15					35				
16					36				
17					37				
18					38				
19					39				
20					40				

ARTES DEL LENGUAJE—LECTURA

40 preguntas

65 minutos

Instrucciones

En esta prueba, se evalúan algunas de las habilidades requeridas para la comprensión de los materiales de lectura. Los pasajes que se incluyen en esta prueba provienen de una variedad de trabajos publicados, tanto literarios (de ficción) como informativos (de no ficción). Cada pasaje está seguido de una serie de preguntas. Los pasajes comienzan con una introducción que proporciona información que podría serle de utilidad para la lectura. Después de que usted haya leído el pasaje, prosiga con las preguntas que se encuentran a continuación. Para cada pregunta, elija la mejor respuesta, y luego marque la opción seleccionada en la hoja de respuestas. Usted puede consultar el pasaje todas las veces que lo considere necesario.

Trabaje lo más rápido que pueda, pero sin ser descuidado. No dedique demasiado tiempo a alguna pregunta que le resulte difícil de responder. Deje esa pregunta y vuelva a ella más tarde, si todavía tiene tiempo disponible. Trate de responder cada pregunta aunque tenga que adivinar la respuesta.

Marque todas sus respuestas en la hoja de respuestas. Proporcione solo una respuesta para cada pregunta y procure que sus marcas sean bien visibles. Si decide cambiar una de sus respuestas, asegúrese de borrar completamente su respuesta inicial. Asegúrese también de que el número de la pregunta que está respondiendo corresponde con el número de la fila de opciones de respuesta que está marcando en su hoja de respuestas.

Las preguntas 1 a 5 se refieren al fragmento siguiente, que es una adaptación del cuento breve "Encender una hoguera", de Jack London, 1910.

Echó una mirada atrás, hacia el camino que había recorrido. El Yukón, de una milla de ancho, yacía oculto debajo de una capa de tres pies de hielo. Sobre ella, se habían acumulado otros tantos pies de nieve. Era un manto de un blanco inmaculado, que

Línea formaba suaves ondulaciones moldeadas por las barreras de hielo que recubría. Al

5 norte y al sur, hasta donde alcanzaba su vista, se extendía la blancura ininterrumpida, a excepción de una línea oscura que, partiendo de una isla cubierta de abetos, se curvaba y retorcía en dirección al sur y se curvaba y retorcía de nuevo en dirección al norte, donde desaparecía detrás de otra isla igualmente cubierta de abetos. Esa línea oscura era el camino —el camino principal—, que conducía en dirección al

10 sur unas quinientas millas hasta llegar al paso de Chilcoot, a Dyea y al agua salada, y en dirección al norte setenta millas hasta Dawson, mil millas hasta Nulato y mil quinientas más hasta St. Michael, a orillas del mar de Bering.

Pero todo aquello —la línea fina, prolongada y misteriosa, la ausencia del sol en el cielo, el inmenso frío y lo novedoso y extraño de todo ello— no le produjo al hombre

15 ninguna impresión. No fue porque estuviera muy acostumbrado a ello; era un recién llegado a esas tierras, un *cheechako*, y aquel era su primer invierno. Su problema era que carecía de imaginación. Era rápido y agudo para las cosas de la vida, pero solo para las cosas, y no para su significado. Cincuenta grados bajo cero significaban

unos ochenta grados bajo el punto de congelación. El hecho se traducía en un frío
20 desagradable, y eso era todo. No lo llevaba a meditar sobre la debilidad de la criatura
humana a las bajas temperaturas, ni sobre la fragilidad general del hombre, capaz
solo de vivir dentro de unos límites estrechos de frío y de calor, ni lo llevaba tampoco
a perderse en conjeturas acerca de la inmortalidad o de la función que cumple el ser
humano en el universo. Cincuenta grados bajo cero significaban para él la quemadura
25 del hielo que provocaba dolor, y de la que había que protegerse por medio de
manoplas, orejeras, mocasines abrigados y calcetines gruesos. Cincuenta grados bajo
cero se reducían para él a eso, a cincuenta grados bajo cero. Que pudieran significar
algo más era una idea que nunca se le había pasado por la cabeza.

1. **¿Cuál de las frases siguientes describe *mejor* lo que el hombre sentía sobre el frío?**

   A   Odio y resentimiento

   B   Aceptación e indiferencia

   C   Extrañeza y despreocupación

   D   Temor, pero razonable

2. **¿Cuál es el efecto principal que tiene sobre el lector la descripción que hace el autor del Yukón?**

   A   Impresiona al lector por lo vasto, solitario y frío que es el Yukón.

   B   Permite que el lector comprenda toda la belleza del Yukón.

   C   Muestra que el Yukón es una zona única, que no se parece a ninguna otra.

   D   Refleja los sentimientos que el hombre experimenta mientras camina por el Yukón.

3. **¿Cuál de los adjetivos siguientes describe *mejor* el tono creado por la escena?**

   A   Solemne

   B   Sereno

   C   Apesadumbrado

   D   Descuidado

4. **¿Cuál de las afirmaciones siguientes expresa *mejor* la idea principal del fragmento?**

   A   El hombre puede que no sea consciente de sus propias limitaciones.

   B   La vida tiene muchas vueltas y, a menudo, son repentinas.

   C   La naturaleza puede ser caprichosa en ocasiones.

   D   La vida es un camino complejo para la mayor parte de la gente.

5. **¿Cuál de las inferencias siguientes podría hacer usted sobre el autor del fragmento?**

   A   El autor ha recorrido el camino en toda su extensión.

   B   El autor ha sufrido casi la muerte por congelamiento.

   C   El autor está preocupado porque el hombre no sabe dónde queda el camino.

   D   El autor es un gran conocedor del Yukón.

Las preguntas 6 a 9 se refieren al fragmento siguiente, que es una adaptación de *Gorky Park,* de Martín Cruz Smith, 1910.

—¿A dónde vamos ahora?

—Tú te vas.

—Yo regresé por ti —dijo Irina—. Podemos escaparnos, podemos quedarnos en los Estados Unidos.

—No quiero quedarme. —Arkady alzó su mirada—. Nunca quise quedarme. Solo vine porque sabía que Osborne te mataría si yo no lo hacía.

—Entonces, regresaremos los dos a casa.

—Tú estás en casa. Tú eres ahora estadounidense, Irina; tú eres lo que siempre quisiste ser. —Arkady sonrió—. Tú ya no eres más rusa. Siempre fuimos diferentes, y ahora sé cuál era la diferencia.

—Tú también cambiarás.

—Yo soy ruso —dijo golpeándose el pecho—. Cuanto más tiempo estoy aquí, más ruso me siento.

—¡No! —Irina sacudió su cabeza con furia.

¡Mírame! —Arkady se puso de pie con dificultad. Tenía una pierna entumecida—. No llores. Mira bien quién soy: Arkady Renko, ex miembro del Partido y jefe de investigaciones. Si tú me quieres, dime de verdad cuán estadounidense yo podría llegar a ser. ¡Dime! —gritó—. Dime —dijo en un tono de voz más suave—, admítelo, tú ves a un ruso, ¿verdad?

—Hemos hecho todo este camino juntos. No dejaré que regreses solo, Arkasha.

—Tú no entiendes. —Tomó la cara de Irina entre sus manos—. No soy tan valiente como tú, no tan valiente como para quedarme. Por favor, déjame regresar. Tú serás lo que ya eres, y yo seré el que soy. Siempre te amaré.

6. **¿Qué es lo que está tratando de hacer Arkady en este fragmento?**

    A   Pedirle a Irina que se case con él

    B   Persuadir a Irina para que regrese a Rusia con él

    C   Encontrar un modo para que Irina y él puedan quedarse en los Estados Unidos

    D   Convencer a Irina de que él debe regresar a Rusia

7. **¿De qué tipo de publicación ha sido extraído este fragmento?**

    A   Un artículo en una revista sobre las dificultades que enfrentan los emigrados rusos

    B   Una novela sobre la vida de dos rusos en los Estados Unidos

    C   Una carta de un emigrante a su esposa en Rusia

    D   Una nota editorial de un periódico en la que se critican las políticas soviéticas

8. **Basándose en la información suministrada en el fragmento, ¿qué hubiese hecho Arkady si hubiera sido un dueño de una plantación en el Viejo Sur, después de la guerra de Secesión?**

    A   Hubiese considerado la posibilidad de suicidarse.

    B   Se hubiese convertido en un exitoso dueño de una fábrica.

    C   Se hubiese resistido a adaptarse al nuevo modo de vida.

    D   Se hubiese mudado al más próspero Norte.

9. ¿Qué quiere decir Arkady cuando le dice a Irina "Tú estás en casa"?

    A   Que ella vive ahora en los Estados Unidos

    B   Que ella comparte las convicciones y las actitudes de los estadounidenses

    C   Que Rusia siempre estará con ella

    D   Que ella deberá aprender las costumbres estadounidenses si quiere sobrevivir

---

Las preguntas 10 a 12 se refieren al fragmento siguiente, que es una adaptación de *El rojo emblema del valor*, de Stephen Crane, 1895.

Los árboles empezaron a cantar, suavemente, un himno al crepúsculo. El sol se hundió hasta que sus oblicuos rayos broncíneos cayeron sobre el bosque. Hubo una disminución de los ruidos de insectos, como si hubieran inclinado la cabeza en devota pausa. Todo era silencio, excepto el coro monótono de los árboles.

Entonces, en esta quietud, estalló súbitamente un tremendo estrépito de sonidos. Un rugido sordo llegó de la lejanía.

El muchacho se detuvo. Se quedó paralizado por aquella terrorífica mezcla de todos los sonidos. Era como si se estuviera desgarrando el universo. Había el sonido lacerante de la fusilería y el estallido demoledor de la artillería.

Su mente voló en todas direcciones. Se imaginó a los dos ejércitos uno sobre otro, a manera de panteras. Escuchó unos minutos. Luego empezó a correr en dirección a la batalla. Vio que era irónico que corriera de esa manera hacia algo que se había tomado tanto trabajo en evitar. Pero se dijo, en esencia, que, si la Tierra y la Luna estuvieran a punto de chocar, muchas personas intentarían, sin duda, subirse a los tejados para ser testigos de la colisión.

10. ¿Qué fue lo que el súbito estrépito de sonidos hizo que el joven hiciera?

    A   Que rompiera en pedazos su arma

    B   Que volara en todas direcciones

    C   Que cantara un himno

    D   Que se detuviera y permaneciera inmóvil

11. ¿Por qué es irónico que el joven corriera hacia la batalla?

    A   Porque quería ver la batalla desde un tejado

    B   Porque había tratado de evitar por todos los medios verse envuelto en una batalla

    C   Porque la Tierra y la Luna estaban por colisionar

    D   Porque estaba muy dolorido

12. ¿Cuál de las expresiones siguientes describe *mejor* el tono de la escena?

    A   De armonía

    B   De pesadumbre

    C   De alegría

    D   De suspenso

"Arte poética"

Vicente Huidobro, *El espejo de agua* (1916)

Que el verso sea como una llave
que abra mil puertas.
Una hoja cae; algo pasa volando;

Línea   cuanto miren los ojos creado sea,

5   y el alma del oyente quede temblando.

Inventa mundos nuevos y cuida tu palabra;
el adjetivo, cuando no da vida, mata.

Estamos en el ciclo de los nervios.
El músculo cuelga,

10   como recuerdo, en los museos;
mas no por eso tenemos menos fuerza:
el vigor verdadero
reside en la cabeza.

Por qué cantáis la rosa, ¡oh, Poetas!

15   Hacedla florecer en el poema.

Sólo para nosotros
viven todas las cosas bajo el Sol.

El Poeta es un pequeño Dios.

13. **¿Cuál de las palabras siguientes describe *mejor* la atmósfera general del poema?**
    - A   Humilde
    - B   Intrigante
    - C   Deprimente
    - D   Omnipotente

14. **¿Cuál de las afirmaciones siguientes es la explicación *más probable* de por qué el poeta dice "Y el alma del oyente quede temblando" (verso 5)?**
    - A   Porque busca atemorizar a través de su poesía
    - B   Porque pretende conmover a través de su poesía
    - C   Porque quiere provocar desasosiego a través de su poesía
    - D   Porque aspira a entusiasmar a través de su poesía

15. **Según el poeta, el "verso" es**
    - A   un término que se usa en poesía
    - B   una línea en un poema
    - C   un instrumento para crear
    - D   una llave para abrir candados

16. De acuerdo con el poema, ¿qué le pide el poeta a los poetas?

    A   Que imiten

    B   Que repitan

    C   Que reflejen

    D   Que creen

17. Basándose en el poema, ¿qué se podría inferir sobre el poder del poeta?

    A   Que reside en su mente

    B   Que reside en su fuerza física

    C   Que reside en su aptitud para la repetición

    D   Que reside en su capacidad de análisis

Las preguntas 18 a 21 se refieren al memorando siguiente.

Memorando: A todos los empleados

Nuestra empresa, CHG Software, tiene el agrado de comunicarles que, después de un estudio de viabilidad de seis meses de duración, ha decidido ofrecer un servicio de cuidados infantiles para todos los empleados. Considerando que nuestros empleados son nuestro recurso más valioso, y teniendo en cuenta que los empleados aprecian la atención a sus necesidades, hemos decidido poner en marcha un centro de cuidados infantiles en un plazo de dos meses.

El centro estará ubicado en el sitio que anteriormente ocupaba la unidad de contabilidad de empresas pequeñas, que ha consolidado sus operaciones con la unidad de contabilidad privada. Más específicamente, en la planta baja del ala norte (A-6) del edificio 3. Trabajadores de la construcción ya han comenzado con las tareas de remodelación.

La Oficina de Recursos Humanos ha entrevistado a más de 75 candidatos para las nuevas posiciones en el centro de cuidados infantiles. El centro comenzará sus actividades con una plantilla de seis profesionales en cuidados infantiles. Todos los trabajadores deberán contar con un diploma en cuidados de la primera infancia y un grado asociado en administración de centros de cuidados infantiles. El centro tendrá su propio servicio de cocina, que proveerá el almuerzo diario, así como también los refrigerios de la mañana y de la tarde.

El centro estará equipado con mesas de actividades y de arte de última generación; cada niño tendrá su propio cubículo. Habrá un patio de juegos exteriores con equipamiento de avanzada.

El centro estará abierto de lunes a viernes, desde las 8:00 horas hasta las 18:00 horas. Podrán ser inscritos niños de tres meses a 12 años de edad. CHG ha reducido al mínimo el costo del servicio. La asistencia de jornada completa al centro de cuidados infantiles costará solo $580 por mes y por niño, con un descuento del 10% por cada niño adicional.

Las solicitudes de inscripción están disponibles en la Oficina de Recursos Humanos. Todos los niños deberán tener certificados de vacunación. Esperamos que este sea el comienzo de una nueva era en CHG Software. Por favor, hágannos saber cómo lo estamos haciendo.

18. **Basándose en el memorando, ¿cuál de las inferencias siguientes podría hacerse sobre los directores de CHG?**

    A No toman en serio la idea de un centro de cuidados infantiles.

    B Cobran demasiado por los servicios del centro de cuidados infantiles.

    C No se han comprometido con la idea de tener un centro de cuidados infantiles.

    D Están tratando de facilitarles la vida a sus empleados.

19. **¿Cuál de las expresiones siguientes describe *mejor* el estilo con que se ha escrito el memorando?**

    A Detallado y técnico

    B Vacilante

    C Seco y quirúrgico

    D Directo y ordenado

20. **¿Cuál de las expresiones siguientes reformula mejor la frase "Considerando que nuestros empleados son nuestro recurso más valioso" (líneas 3 y 4)?**

    Considerando que

    A nuestros empleados son importantes para nosotros

    B nuestros empleados están siendo bien pagados por nosotros

    C nuestros empleados son afortunados

    D nuestros empleados buscan que se los trate mejor

21. **¿Cuál de las afirmaciones siguientes describe *mejor* la forma en que el memorando ha sido organizado?**

    A La información ha sido organizada por orden de importancia.

    B La información ha sido organizada por orden cronológico.

    C La información ha sido organizada según una estructura de causa y efecto.

    D La información ha sido organizada en un orden lógico.

Las preguntas 22 a 28 se refieren al fragmento siguiente, que pertenece a la novela *Cuerpos de Paz*, de Charles Houston.

Cade se acomodó en el asiento del avión. Le esperaba un largo viaje a Sierra Leona, donde había servido como voluntario de los Cuerpos de Paz hacía ya mucho tiempo. Él había querido regresar, pero una guerra civil se lo había impedido. Recordó el largo viaje en camión hasta Joru, donde iba a enseñar inglés. Cuando llegó aquella vez, cubierto de polvo, los niños corrieron a recibirlo al grito de "*pumoi, pumoi*" (hombre blanco).

Iba a regresar a Joru, pero antes iría a visitar a Kandeh Massaquoi, su mejor alumno. Quería ver la cosechadora de arroz que Kandeh había construido con la ayuda de grupos en los Estados Unidos y China. Kandeh le había escrito con orgullo sobre ello. La cosechadora permitía que los granjeros enviaran el arroz al mercado más rápidamente. Kandeh siempre había sido un idealista. Se preocupaba por su gente. Era el preferido de Cade.

A la mañana siguiente, Cade contrató un auto con chofer para el viaje. No les llevó mucho tiempo ir hasta el lugar. Cuando llegaron, Cade se sorprendió al ver un gran

Línea

5

10

15   edificio. Había un Mercedes aparcado en el frente. Cade descendió del auto y la puerta de entrada se abrió. Kandeh se aproximaba velozmente con sus brazos extendidos.

—Hola, mi viejo amigo —dijo, con una sonrisa de oreja a oreja. Su cabello había empezado a encanecer, y tenía una larga cicatriz sobre su brazo derecho.

Entraron. La habitación era grande y estaba bien amueblada. Kandeh le hizo señas
20   a Cade para que se sentara sobre un sillón de cuero negro, mientras él hacía lo propio sobre un sofá igualmente impresionante. Cade esperaba algo diferente.

—¿Esta casa es tuya? —le preguntó.

Kadeh suspiró.

—Han sucedido muchas cosas que tú desconoces. En 1993, regresé a mi aldea,
25   Baiama. Los rebeldes controlaban la situación. Tomaron a mi familia como rehenes. No tuve otra alternativa que unirme a ellos. Me dieron armas; atacamos las aldeas vecinas, robamos armas y dinero. Lo hice para poder seguir con vida. Cuando llegaron las tropas de las Naciones Unidas, escondí el dinero y me escapé a Liberia.

Dando muestras de incredulidad, Cade le preguntó sobre la cosechadora de arroz.
30   —La destruyeron hace ya muchos años —contestó Kandeh—. Ahora soy un hombre de negocios.

Cade se sintió deprimido. Así no era cómo él había imaginado que la reunión iba a transcurrir.

Cade se levantó torpemente.
35   —Debo irme. Quiero llegar a Joru antes de que anochezca, y es un largo viaje —dijo. Se dieron un apretón de manos, y luego Cade salió de la casa en dirección al auto que lo estaba esperando.

22. **¿Cuál de los adjetivos siguientes describe *mejor* el tono general del fragmento?**

    A Expectante

    B Temeroso

    C Confiado

    D Divertido

23. **¿Cuál de las expresiones siguientes describe *mejor* los sentimientos de Cade al final de la escena?**

    A De compasión

    B De amargura

    C De odio

    D De confusión

24. **Basándose en el fragmento, ¿cuándo es *más probable* que esta escena haya tenido lugar?**

    A Al final de la tarde

    B Justo después del almuerzo

    C En el medio de la noche

    D A media mañana

25. **Basándose en el fragmento, ¿qué sucederá probablemente en el futuro?**

    A Cade le enviará a Kandeh otra cosechadora de arroz.

    B Cade y Kandeh seguirán siendo buenos amigos.

    C Cade y Kandeh harán negocios juntos.

    D Cade no se comunicará tan a menudo con Kandeh.

26. **¿Cuál de las frases siguientes describe *mejor* a Kandeh?**

    A   Astuto y engañoso

    B   Realista sobre lo que había hecho

    C   Temeroso del futuro

    D   Orgulloso de sus logros

27. **¿Cuál de las afirmaciones siguientes describe por qué Cade "se levantó torpemente" (línea 34)?**

    A   Se sintió herido por la falta de interés de Kandeh en su vida.

    B   Se dio cuenta de que Kandeh no quería que lo visitara.

    C   Fue tomado por sorpresa por lo que Kandeh le contó.

    D   Se dio cuenta que Kandeh era un hombre peligroso.

28. **Basándose en la información contenida en el fragmento, ¿en cuál de las actividades siguientes es más probable que participe Cade?**

    A   Aprender a volar

    B   Trabajar con un grupo que lucha por la paz

    C   Empezar a pintar como pasatiempo

    D   Tomar clases sobre cómo realizar negocios

Las preguntas 29 a 35 se refieren a los dos fragmentos siguientes.

Fragmento de *Sir Gawain y el caballero verde*

Anónimo, siglo XIV

Y de este modo estaba el poderoso rey, sentado ante la más alta mesa, departiendo amigablemente. El buen Sir Gawain se había sentado junto a la reina Guinevere, la cual tenía a Agravain al otro lado, hijos los dos de la hermana del rey, y muy gallardos

Línea caballeros. El obispo Bawdewyn encabezaba la mesa, e Ywain, hijo del rey Urien,

5 estaba sentado solo al otro lado. Todos ellos estaban en el estrado, donde eran servidos con la dignidad debida, en tanto que muchos poderosos señores se acomodaban abajo, ante largas mesas. Y llegó el primer plato al resonar de las trompetas, de las que pendían espléndidos blasones, se oyó el estrépito de los tambores y los sones agudos y vibrantes de las flautas, y muchos corazones se enardecieron al oírlos. Se sirvieron

10 luego platos delicados y apetitosos y carnes exóticas en tantas fuentes que apenas había espacio delante de las gentes para colocar la vajilla de plata repleta de manjares. Cada individuo se servía a su gusto, sin reparo; había doce platos por cada dos invitados, mucha buena cerveza y un vino exquisito.

Fragmento de *Un yanqui en la corte del Rey Arturo*

Mark Twain

En medio de aquella plaza pública abovedada, había una mesa de roble, a la que llamaban la Mesa Redonda. Era tan grande como una pista de circo, y alrededor de ella se sentaba una gran cantidad de hombres vestidos con colores tan variados y

Línea magníficos que el mirarlos hacía daño a los ojos. Tenían siempre puestos los yelmos

5 con plumas y solo los levantaban por una insignificancia cuando alguno de ellos se dirigía al Rey.

Casi todos bebían de unos enormes cuernos de buey, pero un par de ellos seguían masticando pan o royendo huesos de res. Había en el recinto un promedio de dos perros por cada hombre, agazapados a la espera de que alguien les arrojara un hueso,
10   y entonces se abalanzaban sobre él, organizados en brigadas y divisiones, y se producía una revuelta que convertía al grupo en un caos tumultuoso de cuerpos y cabezas que arremetían y colas que se batían, y la tormenta de aullidos y ladridos silenciaba todas las conversaciones; pero eso no era un problema; el interés mayor era por la pelea de perros y no por la conversación; los hombres se ponían de pie para observar mejor y
15   hacer apuestas, y las damas y los músicos se empinaban por encima de las balaustradas con el mismo propósito, y todos proferían exclamaciones de deleite de cuando en cuando. Al final, el perro victorioso se tendía cómodamente con el hueso entre sus patas, y con gruñidos de placer comenzaba a roerlo y a llenar de grasa el suelo, como lo hacían otros cincuenta perros al mismo tiempo; y el resto de la corte reanudaba las
20   actividades y diversiones que había interrumpido.

29. **¿Qué impresión crea el autor sobre la corte en *Sir Gawain y el caballero verde*?**
    A   De simplicidad y modestia
    B   De alegría y expectación
    C   De oscuridad y peligro
    D   De esplendor y celebración

30. **Gawain y Agravain son descritos como "muy gallardos caballeros" en *Sir Gawain y el caballero verde*. Basándose en esa descripción, usted puede inferir que ellos son**
    A   valientes
    B   altos
    C   elegantes
    D   descorteses

31. **Lea este fragmento de *Sir Gawain y el caballero verde*:**
    Se sirvieron luego platos delicados y apetitosos y carnes exóticas en tantas fuentes que apenas había espacio delante de las gentes para colocar la vajilla de plata repleta de manjares.
    La frase "carnes exóticas" implica que
    A   había muy poca carne sobre la mesa
    B   las carnes no estaban bien hechas
    C   las carnes eran costosas e inusuales
    D   había muchos tipos de carnes

32. **La descripción de la escena en *Un yanqui en la corte del Rey Arturo* sugiere que la historia será**
    A   trágica
    B   cómica
    C   de aventuras
    D   de suspenso

33. **¿Por qué decide describir Mark Twain la presencia de los perros en *Un yanqui en la corte del Rey Arturo*?**

    A   Para sugerir que los perros eran más civilizados que los humanos

    B   Para sugerir que la corte no era muy civilizada

    C   Para mostrar la importancia de los perros para la corte

    D   Para mostrar que la corte era refinada y fascinante

34. **Lea este fragmento de *Un yanqui en la corte del Rey Arturo*:**

    Era tan grande como una pista de circo, y alrededor de ella se sentaba una gran cantidad de hombres vestidos con colores tan variados y magníficos que el mirarlos hacía daño a los ojos.

    ¿Qué tono crea el uso de esta hipérbole por el autor?

    A   Un tono apesadumbrado

    B   Un tono realista

    C   Un tono amenazante

    D   Un tono cómico

35. **Los dos textos describen la corte del Rey Arturo. ¿En qué difiere el tono de los textos?**

    A   El primero es serio, mientras que el segundo es gracioso.

    B   El primero es burlón, mientras que el segundo es intrigante.

    C   El primero es irónico, mientras que el segundo es apesadumbrado.

    D   El primero es informal, mientras que el segundo es formal.

Las preguntas 36 a 40 se refieren a la reseña cinematográfica siguiente.

El director Richard Moore ha filmado otro gran éxito de taquilla, *El factor uranio*. George Terry, personificado perfectamente por Richard Burns, es un brillante, aunque excéntrico (duerme en una carpa abovedada estilo Himalaya en su dormitorio del
Línea   MIT), alumno universitario. Aburrido de los cursos, George diseña y construye
5   una máquina del tiempo en el sótano. En una tarde fría y nevada de enero, coloca el selector de tiempo en el año 2150. Al apretar un botón, es transportado en el tiempo. Las escenas se precipitan a un ritmo cada más vertiginoso hasta que el protagonista cae desmayado.

George se despierta en un cráter. Como era de esperar, el dormitorio universitario
10   ha desaparecido. Cubre con una red de camuflaje la máquina del tiempo. A su paso por las calles de Cambridge, se ven edificios destruidos por todas partes; parece que no hubiera gente. A la vuelta de una esquina, encuentra una enorme nave espacial, custodiada por robots armados de ocho pies de altura. Uno de ellos le dispara, y el rayo láser estalla sobre el pavimento debajo de sus pies. George cae, y es rescatado por
15   el conductor de una motocicleta, que también puede volar.

Se van lejos del pueblo, a una cabaña en los bosques. Mientras toman un café en una habitación vacía alumbrada por una lámpara a queroseno, Anna (Violet Ritter) cuenta la historia. Ellos llegaron en 2141. La gente contraatacó, pero no pudo oponerse a los robots. Sus amos nunca descendieron de las naves espaciales, que están desparramadas
20   por todo el planeta. Los robots se llaman a sí mismos *zorons*. Se dedican a capturar a seres humanos para hacerlos trabajar en las minas de uranio en Rusia, Australia y Canadá.

George descubre que los extraterrestres provienen de la galaxia Centauro, a unos 12 años luz de distancia. En su planeta, se acabó el uranio, y viajaron a la Tierra, rica en el mineral, para esclavizar a los seres humanos y forzarlos a trabajar en las minas y a cargar con el mineral extraído las naves transportadoras espaciales. Anna y George van a combatir a los *zorons*.

No les contaré el final de la película, pero los efectos especiales son dignos de un Oscar. El trabajo de cámaras es también sorprendente, y las actuaciones de Burns y Ritter son excelentes. Es el primer rol importante que ambos desempeñan. El guion, también de un recién llegado, Alex Brandeis, es sólido y lleno de suspenso; no obstante, el argumento resulta un poco trillado. Es una historia que se ve en las películas con cierta frecuencia. Aun así, esta película lo mantendrá agarrado a su butaca todo el tiempo.

36. **¿Cuál de las afirmaciones siguientes representa la idea principal de la reseña?**

    El autor

    A piensa que la película no debería haber sido filmada

    B aprueba varios aspectos de la película, a pesar de algunas fallas

    C siente que la película es demasiado apabullante

    D cree que la actuación podría haber sido más realista

37. **¿Cuál de los adjetivos siguientes describe *mejor* el tono de esta reseña?**

    A Informativo

    B Preocupado

    C Agobiante

    D Indiferente

38. **¿Por qué el autor de la reseña dice: "Como era de esperar, el dormitorio universitario ha desaparecido" (líneas 9 y 10)?**

    A Para mostrar que la película era horrible

    B Para sugerir que eso es lo que sucede todos los días

    C Para mostrar que la película era graciosa

    D Para sugerir que esa línea argumental ya había sido usada en otras oportunidades

39. **¿Cuál de las afirmaciones siguientes refleja *mejor* la opinión del autor de la reseña sobre los efectos especiales?**

    A Se usan demasiados efectos especiales.

    B Los efectos especiales son excelentes.

    C Los efectos especiales son prometedores, pero poco profesionales.

    D Los efectos especiales son apasionantes, pero interfieren con el argumento.

40. **¿Cuál de las expresiones siguientes describe *mejor* el estilo usado en la redacción de la reseña?**

    A Despreocupado y cómico

    B Prejuicioso

    C Alentador pero crítico

    D Metódico y transparente

ALTO. Este es el final de la prueba de Artes del Lenguaje—Lectura.

RESPUESTAS: ARTES DEL LENGUAJE—LECTURA

1. **(B)** El narrador deja bien en claro que el hombre es consciente del frío, pero que no reacciona ante él de otro modo que no sea objetivamente. No hay evidencia que respalde las opciones de respuesta A y D. La opción C también es incorrecta porque, si bien el hombre puede parecer despreocupado, resulta evidente que el frío no le resulta extraño.

2. **(A)** La descripción del Yukón muestra todo lo vasto, frío y solitario que es. Puede que al autor el Yukón le parezca hermoso, pero ese no es el efecto principal de la descripción, así que la opción de respuesta B es incorrecta. La opción C puede que resulte verdadera, pero ese no es el efecto de la descripción del Yukón. La opción D es incorrecta.

3. **(A)** El tono de la escena es muy solemne: un hombre podría enfrentarse a la muerte como consecuencia del frío. Puede que el Yukón parezca sereno, pero ese no es el tono de la escena, así que la opción de respuesta B es incorrecta. Las opciones C y D no describen el tono.

4. **(A)** El hombre no se da cuenta de que está ante un peligro de muerte. La opción de respuesta A es la que mejor expresa la idea principal. Las opciones B y C podrían también ser ideas principales, pero no en este fragmento. La opción D probablemente sea verdadera, pero, otra vez, no es la idea principal de este fragmento.

5. **(D)** La opción de respuesta D es algo que usted podría suponer sobre el autor por la forma en que escribe sobre el Yukón. No hay elementos que sugieran que las opciones A y B sean verdaderas. La opción C no parece ser una preocupación del autor.

6. **(D)** La opción de respuesta D expresa lo que Arkady está tratando de hacer, que es convencer a Irina de que él debe regresar a Rusia. En todo el fragmento, Arkady habla de que sigue siendo ruso. En el último párrafo, él dice: "Por favor, déjame regresar". Le dice a Irina que ella encaja bien en los Estados Unidos, así que la opción B no es una respuesta correcta. Las opciones A y C son también incorrectas, pues Arkady no está haciendo ninguna de las cosas que en ellas se mencionan.

7. **(B)** El fragmento reproduce un diálogo entre dos personas. Este estilo de escritura se encuentra a menudo en las novelas, como lo expresa la opción de respuesta B. Nada en el fragmento hace pensar en un artículo en una revista sobre las dificultades que enfrentan los emigrados rusos, opción A. La opción C es incorrecta, pues el fragmento no ha sido escrito en forma de carta. La opción D tampoco es correcta porque el texto no es una nota editorial de un periódico en la que se critican las políticas soviéticas.

8. **(C)** La opción de respuesta C es la mejor porque refleja el hecho de que no hay evidencia alguna en el fragmento de que Arkady estuviera dispuesto a adaptarse a una nueva vida. Por el contrario, él está tratando de volver a su vieja vida en su país de origen. No hay nada que respalde las opciones A y B. La opción D tampoco es verificable.

9. **(B)** Arkady le dice a Irina: "Tú eres ahora estadounidense (…). Tú ya no eres rusa". Ella se siente en casa porque comparte las convicciones y las actitudes de los estadounidenses. Por ello, la opción de respuesta B es la mejor. No es solo el hecho de vivir en los Estados Unidos lo que hace que Arkady piense que Irina se siente en casa, y eso no se refleja en la opción A. No hay evidencia de que a Irina le importe particularmente su herencia rusa, así que la opción C no es una buena elección. Puesto que ella ya conoce las costumbres estadounidenses, la opción D tampoco es correcta.

10. **(D)** El joven se detiene como consecuencia del ruido y queda paralizado. El fragmento dice que escuchó unos minutos y luego empezó a correr. Usted puede inferir que el joven permaneció inmóvil, opción de respuesta D. La opción B refleja lo contrario de lo que el joven hizo. No hay evidencia que respalde las opciones A y C.

11. **(B)** La opción de respuesta B es la más razonable. En un comienzo, el joven había corrido en dirección contraria, tratando de escapar de la batalla, así que resulta irónico que se dirija en dirección a la batalla cuando esta comienza. Las opciones A y C se refieren a reacciones de naturaleza humana frente a un desastre. La opción D no está respaldada por el texto.

12. **(D)** La opción de respuesta D representa la mejor descripción del tono de la escena. Lo que le sucederá al joven en el campo de batalla nos es desconocido. El tono es de suspenso. Las opciones A y C son claramente incorrectas. Si bien se está desarrollando una batalla, el tono general no es de pesadumbre, así que la opción B es incorrecta.

13. **(D)** La opción de respuesta D es la correcta. La atmósfera es el sentimiento o la emoción que genera el poema en el lector. En este caso, es omnipotencia lo que le hace decir al autor que "El Poeta es un pequeño Dios". Las otras tres opciones no tienen respaldo en el poema.

14. **(B)** La opción de respuesta B es la explicación más probable de por qué lo dice el poeta. Si bien la palabra *temblando* puede dar también idea de temor (opción A), aquí de lo que se trata es de la conmoción que debería experimentar el lector al leer el poema. Tampoco se trata ni de desasosiego (opción C) ni de entusiasmo (opción D).

15. **(C)** La opción de respuesta C es la correcta. El poeta describe al *verso* "como una llave que abra mil puertas", es decir como un instrumento de creación. Las opciones A y B se refieren a dos otros significados de la palabra verso, que no son aplicables a la pregunta. La opción D se refiere a un uso posible de la llave.

16. **(D)** La opción de respuesta D es la correcta. El autor les pide a sus colegas poetas que se dediquen a la creación, y no a la imitación (opción A), la repetición (opción B) o a reflejar simplemente la realidad (opción C).

17. **(A)** La opción de respuesta A es la correcta pues el poder del poeta reside en su cabeza, en su mente. Las opciones B, C y D no están respaldadas en el texto del poema.

18. **(D)** La opción de respuesta D es la correcta; usted puede inferirlo a partir de la información contenida en el memorando. La opción A no es verosímil; los directores de la empresa han estudiado la posibilidad de ofrecer un centro de cuidados infantiles y la están implementando. Toman la idea muy en serio. La opción B no es verificable, así que no puede ser la opción correcta. La opción C expresa lo contrario a lo que se afirma en el memorando; están estableciendo un centro de cuidados infantiles, es decir, están comprometidos con la idea.

19. **(D)** La opción de respuesta D representa la mejor descripción del estilo con que se ha escrito el memorando. No es técnico ni detallado en exceso, ni tampoco vacilante. Las opciones A y B son incorrectas. El memorando no parece seco ni quirúrgico, así que la opción C es también incorrecta.

20. **(A)** La opción de respuesta A es una reformulación de la frase. La opción B es incorrecta porque en el texto no se dice nada sobre cómo son pagados los empleados. La opción C no expresa el mismo significado; de hecho, expresa lo contrario de la frase original. La opción D tampoco reformula correctamente la frase.

21. **(D)** La opción de respuesta D describe mejor la forma en que el memorando ha sido organizado. La información que contiene sigue un orden lógico. Las opciones A y B son incorrectas; la información no está enumerada ni en orden de importancia ni en un orden cronológico. Si bien puede que haya una relación de causa y efecto en la decisión de establecer el centro de cuidados infantiles, no existe en el memorando, así que la opción C es incorrecta.

22. **(A)** La opción de respuesta A es la correcta. Hay un sentimiento de expectación a lo largo de la mayor parte del fragmento. No hay nada que sugiera que las opciones B y C son correctas. El fragmento no es divertido, así que la opción D es también incorrecta.

23. **(D)** Cade se siente confundido luego de su encuentro con Kandeh; la reunión no resultó como él esperaba, así que la opción de respuesta D es la correcta. Cade no expresa compasión por Kandeh ni tampoco está amargado, así que las opciones A y B son incorrectas. No hay ningún indicio de que la opción C sea correcta.

24. **(D)** En el fragmento se dice que Cade salió en la mañana para ir a ver a Kandeh y que no le llevó demasiado tiempo llegar hasta su casa, así que parece razonable que el encuentro se realizara a media mañana. La opción de respuesta A parece improbable pues Cade y el chofer salieron a la mañana y lo de Kandeh estaba a poca distancia. La opción B no puede ser la respuesta correcta porque significaría que el viaje hasta la casa de Kandeh había sido bastante largo. La opción C no tiene sentido.

25. **(D)** La opción de respuesta D expresa lo que probablemente sucederá. Cade se da cuenta de que Kandeh ya no es más la persona que él había conocido; es probable que ya no se comuniquen con la misma frecuencia con que lo habían hecho hasta entonces, cuando Cade estaba todavía entusiasmado con la cosechadora de arroz. No es probable que Cade le envíe una nueva cosechadora (opción A). Si bien es una posibilidad que Cade y Kandeh sigan siendo buenos amigos (opción B), el final del fragmento no parece predecirlo. La opción C no es, definitivamente, algo que vaya a ocurrir.

26. **(B)** La opción de respuesta B parece ser la mejor opción. Kandeh acepta lo que le ha sucedido de manera realista. Si bien el escaparse y esconder el dinero pueden ser considerados como actos de astucia y engaño (opción A), no representa la mejor descripción de lo que es Kandeh, quien fue obligado a unirse a los rebeldes. La opción C no lo describe en absoluto. La opción D tampoco parece reflejar sus sentimientos.

27. **(C)** La opción de respuesta C es la que tiene más sentido de todas. Cade esperaba encontrar a Kandeh tal cual como lo había visto la última vez. Lo que Kandeh le contó le cayó mal. No hay indicios de que la opción A sea la correcta. Kandeh se mostró muy amistoso con Cade, así que la opción B es incorrecta. La opción D es muy improbable.

28. **(B)** La opción de respuesta B parece la elección más lógica. Cade parece un idealista, así que esta actividad probablemente sea la que más lo atraiga. No hay razones que permitan suponer que quiera aprender a volar o dedicarse a la pintura, así que las opciones A y C son incorrectas. Tampoco hay nada en el fragmento que sugiera que Cade quiera tener una empresa propia, así que la opción D es también incorrecta.

29. **(D)** La opción de respuesta D es la correcta. La descripción de la música, la vestimenta formal y la comida maravillosa contribuyen a crear una impresión de esplendor y celebración.

30. **(A)** La opción de respuesta A es la correcta. La expresión "muy gallardos caballeros" significa que los caballeros poseían todas las características de un buen caballero, es decir, eran corteses y valientes.

31. **(C)** La opción de respuesta C es la correcta. En esta frase, "carnes exóticas" significa carnes costosas e inusuales.

32. **(B)** La opción de respuesta B es la mejor opción. La descripción de los caballeros y de las acciones de los perros crea una escena que sugiere que una historia graciosa será narrada.

33. **(B)** La opción de respuesta B es la mejor opción. La descripción de la pelea de los perros crea la impresión de que la corte no era ni disciplinada ni muy civilizada.

34. **(D)** La opción de respuesta D es la mejor opción. Al describir la Mesa Redonda como "una pista de circo" y los colores de la vestimenta como "tan variados y magníficos que el mirarlos hacía daño a los ojos", el autor usa una hipérbole, o exageración, para crear un tono cómico.

35. **(A)** La opción de respuesta A es la correcta. *Sir Gawain y el caballero verde* tiene un tono serio, mientras que el tono de *Un yanqui en la corte del Rey Arturo* es gracioso.

36. **(B)** La opción de respuesta B sintetiza mejor la idea principal de la reseña. La opción A de ningún modo representa lo que el autor dice o sugiere. Ni la opción C ni la opción D están sugeridas en la reseña.

37. **(A)** La opción de respuesta A describe mejor el tono de la reseña. El tono no es, decididamente, ni preocupado ni agobiante, así que las opciones B y C son incorrectas. El autor de la reseña no parece indiferente; entonces, la opción D es también incorrecta.

38. (D) Este es el significado de la afirmación del autor. La afirmación no significa que la película era horrible o que algo parecido sucede todos los días, así que las opciones A y B son incorrectas. El significado tampoco tiene nada que ver con que la película era graciosa, de modo que la opción C también es incorrecta.

39. (B) El autor de la reseña afirma que los efectos especiales son dignos de un Oscar, así que la opción de respuesta B es la correcta. El autor no dice que se usan demasiados efectos especiales o que son poco profesionales, así que las opciones A y C son incorrectas. El autor sí dice que los efectos son apasionantes, pero no dice que interfieran con el argumento, de modo que la opción D es también incorrecta.

40. (C) La opción de respuesta C parece ser la que describe mejor la forma en que ha sido escrita la reseña. El estilo no parece despreocupado ni cómico, así que la opción A es incorrecta. No se percibe que la reseña sea prejuiciosa, de modo que la opción B es incorrecta. 'Metódica' no es la palabra apropiada para describir la reseña, así que la opción D tampoco es correcta.

Examen de práctica 1 del examen *HiSET*®
Hoja de respuestas
Matemáticas

	A	B	C	D	E			A	B	C	D	E
1							26					
2							27					
3							28					
4							29					
5							30					
6							31					
7							32					
8							33					
9							34					
10							35					
11							36					
12							37					
13							38					
14							39					
15							40					
16							41					
17							42					
18							43					
19							44					
20							45					
21							46					
22							47					
23							48					
24							49					
25							50					

Lista de fórmulas

Perímetro y circunferencia

Rectángulo

Perímetro = 2(longitud) + 2(ancho)

Círculo

Circunferencia = 2π(radio)

Área

Círculo

$Área = π(radio)^2$

Triángulo

$Área = \frac{1}{2}(base)(altura)$

Paralelogramo

Área = (base)(altura)

Trapezoide

$Área = \frac{1}{2}(base_1 + base_2)(altura)$

Volumen

Prisma/cilindro

Volumen = (área de la base)(altura)

Pirámide/cono

$Volumen = \frac{1}{3}(área\ de\ la\ base)(altura)$

Esfera

$Volumen = \frac{4}{3}π(radio)^3$

Longitud

1 pie = 12 pulgadas

1 yarda = 3 pies

1 milla = 5,280 pies

1 metro = 1,000 milímetros

1 metro = 100 centímetros

1 kilómetro = 1,000 metros

1 milla ≈ 1.6 kilómetros

1 pulgada ≈ 2.54 centímetros

1 pie ≈ 0.3 metro

Capacidad/volumen

1 taza = 8 onzas líquidas

1 pinta = 2 tazas

1 cuarto = 2 pintas

1 galón = 4 cuartos

1 galón = 231 pulgadas cúbicas

1 litro = 1,000 mililitros

1 litro = 0.264 galón

Peso

1 libra = 16 onzas

1 tonelada = 2,000 libras

1 gramo = 1,000 miligramos

1 kilogramo = 1,000 gramos

1 kilogramo ≈ 2.2 libras

1 onza ≈ 28.3 gramos

MATEMÁTICAS

50 preguntas

90 minutos

Instrucciones

En esta prueba, se evalúan algunas de las habilidades requeridas para la aplicación de conceptos matemáticos y la resolución de problemas. Lea cada una de las preguntas con cuidado y decida luego cuál de las cinco opciones de respuesta es la más apropiada para esa pregunta. A continuación, marque la respuesta elegida sobre la hoja de respuestas. Hay problemas relativamente fáciles de resolver dispersos en toda la prueba. Por consiguiente, no malgaste su tiempo en los problemas demasiado difíciles; siga adelante y, si tiene tiempo, regrese más tarde a ellos.

Trabaje lo más rápido que pueda pero sin ser descuidado. No pierda su tiempo en aquellas preguntas que presenten dificultades; deje esas preguntas para más tarde y regrese a ellas si todavía tiene tiempo disponible. Trate de responder cada pregunta aunque tenga que adivinar la respuesta.

Marque todas sus respuestas en la hoja de respuestas. Proporcione solo una respuesta para cada pregunta y procure que sus marcas sean bien visibles. Si decide cambiar una de sus respuestas, asegúrese de borrar completamente su respuesta inicial. Asegúrese también de que el número de la pregunta que está respondiendo corresponde con el número de la fila de opciones de respuesta que está marcando en su hoja de respuestas.

1. ¿Cuál de las expresiones siguientes representa la solución de la desigualdad $2x + 11 > 7$?

   A $x > -4$

   B $x > -2$

   C $x > 0$

   D $x > 2$

   E $x > 4$

2. Si $5x + y = 27$, e $y = 2$, entonces $x =$

   A -5

   B -2

   C 2

   D 5

   E 7

3. Cuatro personas fueron a un restaurante y cada una pagó por separado. Las cuentas individuales fueron: $15, $17, $14 y $ 19. ¿Cuál fue el promedio de las cuentas, en dólares?

   A $14.50

   B $15.65

   C $16.25

   D $17.00

   E $19.10

4. En un grupo hay 4 hombres y 20 mujeres. Si se selecciona a una persona al azar, ¿cuál es la probabilidad de que esa persona sea un hombre?

    A $\dfrac{1}{4}$

    B $\dfrac{1}{5}$

    C $\dfrac{1}{6}$

    D $\dfrac{4}{5}$

    E $\dfrac{5}{6}$

5. ¿Cuál de las expresiones siguientes representa el producto de $3x^2(2x - 7)$?
    A $3x^2 + 2x - 21x^2$
    B $3x^2 - 21x^2$
    C $6x^3 - 7$
    D $6x^2 - 21x^2$
    E $6x^3 - 21x^2$

6. Una camisa cuesta n dólares y una chaqueta cuesta m dólares. Antes de aplicar el impuesto, ¿cuál de las siguientes expresiones representa el costo total de la camisa y la chaqueta?
    A nm
    B $\dfrac{n}{m}$
    C $n + m$
    D $\dfrac{m}{n}$
    E $n - m$

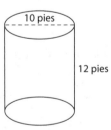

10 pies

12 pies

7. El diagrama anterior representa las dimensiones de un silo cilíndrico de almacenamiento. Si el silo contiene ya 100 pies cúbicos de granos, ¿cuál es la cantidad máxima de pies cúbicos de granos, expresada en números enteros, que puede ser agregada al silo?

    (Volumen = π × radio² × altura)

    A 20   D 1,340
    B 842   E 3,668
    C 1,100

8. Un asistente de oficina puede escribir a máquina 65 palabras por minuto. Si escribe 3 horas por día, ¿cuántas palabras podrá escribir a máquina en 5 días?

   A 58,500

   B 54,000

   C 31,200

   D 1,875

   E 975

9. ¿Qué porcentaje de 650 representa 78?

   A 4%

   B 8.33%

   C 12%

   D 31%

   E 57.2%

10. La cantidad de pájaros vistos por un observador de aves es directamente proporcional a la cantidad de tiempo que dedica a la observación. Si el observador de aves ve 30 pájaros cuando pasa 2 horas en el parque, ¿cuántos pájaros podrá observar si pasa 5 horas en el parque?

    A 60

    B 75

    C 80

    D 90

    E 150

11. Si $\frac{2}{3}x = 6$, entonces $x =$

    A 1

    B $1\frac{1}{2}$

    C 4

    D $5\frac{1}{2}$

    E 9

12. Una caja de mezcla para preparar panqueques mide 11 pulgadas de altura, 5 pulgadas de longitud y 3 pulgadas de ancho. Los envíos desde la fábrica se realizan en una sola caja grande que contiene 20 cajas de la mezcla para preparar panqueques. En pulgadas cúbicas, ¿cuál es el volumen más pequeño que podría tener la caja grande?

    (Volumen = longitud × ancho × altura)

    A 3,300

    B 2,200

    C 1,100

    D 300

    E 165

13. ¿Cuál de las expresiones siguientes representa la solución de $x^2 = 7x - 3$? (Use la fórmula cuadrática).

A $\quad x = \dfrac{49 \pm \sqrt{37}}{2}$

B $\quad x = \dfrac{7 \pm \sqrt{-61}}{2}$

C $\quad x = \dfrac{7 \pm \sqrt{37}}{2}$

D $\quad x = \dfrac{7 \pm \sqrt{61}}{2}$

E $\quad x = \dfrac{-7 \pm \sqrt{37}}{2}$

14. ¿Cuál de las siguientes es la solución de $1 - 3x < 0$?

A $\quad$ 3

B $\quad$ 0

C $\quad$ −1

D $\quad$ −2

E $\quad$ −3

15. Una porción del piso de una cocina, que mide 60 pulgadas de longitud por 96 pulgadas de ancho, será recubierta de mosaicos. ¿Cuántos mosaicos de 36 pulgadas cuadradas serán necesarios para recubrir esa porción del piso?

(Área = longitud × ancho)

A $\quad$ 26

B $\quad$ 52

C $\quad$ 156

D $\quad$ 160

E $\quad$ 210

16. ¿Cuál de las expresiones siguientes representa la solución de $\dfrac{x+3}{2x+5} + \dfrac{3x-5}{3x+5}$?

A $\quad \dfrac{9x^2 + 19x - 10}{(2x+5)(3x+5)}$

B $\quad \dfrac{4x - 15}{(2x+5)(3x+5)}$

C $\quad \dfrac{3x^2 + 4x - 15}{(2x+5)(3x+5)}$

D $\quad \dfrac{9x^2 + 15x - 10}{(2x+5)(3x+5)}$

E $\quad \dfrac{3x - 15}{5x + 10}$

17. Sandra invirtió $500 en un certificado de depósito (CD) a una tasa de interés anual del 1.5 por ciento. Después de 2 años, ¿cuánto interés obtuvo por el CD?

    (Interés = capital × tasa × tiempo)

    A $51.50

    B $15.00

    C $5.50

    D $7.50

    E $1.50

18. El costo mensual de un plan de telefonía celular es $35 más 3 centavos por minuto después de que se haya usado un total de 500 minutos. En dólares, ¿cuál será la factura que deberá pagar Jaime si usa 800 minutos en un solo mes?

    A $24.00

    B $44.00

    C $59.03

    D $70.00

    E $130.15

19. ¿Cuál es la ecuación de la recta que pasa por los puntos (2, 3) y (4, 6)?

    A $\dfrac{1}{2}y = \dfrac{1}{2}x$

    B $\dfrac{1}{2}y = 3x$

    C $2y = 3x$

    D $3y = 2x$

    E $3y = x$

20. Un frasco contiene canicas rojas y azules. La probabilidad de que una canica roja sea seleccionada al azar es $\dfrac{1}{4}$. Si 27 de las canicas son azules, ¿cuántas canicas rojas hay en el frasco?

    A   6

    B   9

    C   24

    D   31

    E   36

21. ¿Cuál es la solución del sistema de ecuaciones que se presenta a continuación?

    $3x + y = 5$

    $5x + 2y = 6$

    A $(4, -7)$

    B $(-4, 7)$

    C $(-4, -7)$

    D $(4, 7)$

    E $(4, 17)$

22. Jacinto y Leticia coleccionan monedas. Juntos tienen un total de 46 monedas. Si Jacinto tiene 12 monedas más que Leticia, ¿cuántas monedas tiene Jacinto en su colección?

    A   15

    B   17

    C   29

    D   34

    E   40

23. ¿Cuál es la solución al sistema de ecuaciones que se presenta a continuación?

    $5x + 3y = 13$

    $8x + 5y = 20$

    A $(-5, \frac{38}{3})$

    B $(5, -4)$

    C $(5, 4)$

    D $(5, 3)$

    E $(13, 8)$

24. El promedio de cuatro números es 8. Si la suma de tres de esos números es igual a 22, ¿cuál es el valor del número restante?

    $$\left(\text{Media} = \frac{x_1 + x_2 + \ldots x_n}{n} \right)$$

    A   8

    B   10

    C   12

    D   22

    E   32

25. ¿Cuál de las expresiones siguientes es igual a la suma de $3x$, x, $2y$ y $-5y$?

    A x

    B $-30x$

    C $4x - 3y$

    D $3x - 10y$

    E $4x + 7y$

Las preguntas 26 a 28 se refieren a la gráfica siguiente.

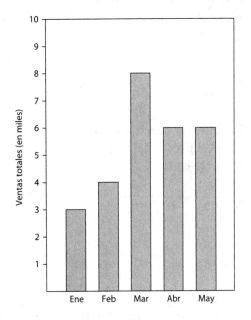

26. ¿Cuáles fueron las ventas totales en enero?

    A   3

    B   30

    C   3,000

    D   30,000

    E   3,000,000

27. ¿Cuáles fueron las ventas totales de enero a mayo?

    A   27,000

    B   21,000

    C   9,000

    D   6,000

    E   3,000

28. ¿Entre qué dos meses se produjo el cambio más grande en las ventas totales?

    A   Enero y febrero

    B   Febrero y marzo

    C   Marzo y abril

    D   Abril y marzo

    E   No puede determinarse en la gráfica

29. ¿Cuál es la variable dependiente asociada con la variable independiente $x = -3$ para $f(x) = x^2 - 2x + 7$?

    A -8

    B -3

    C   4

    D   10

    E   22

30. Después de un viaje en taxi, Agustín decide darle una propina de 20 por ciento sobre el precio del viaje ($30) al conductor. En dólares, ¿cuánto es el costo total del viaje en taxi?

    A   6

    B   25

    C   32

    D   36

    E   50

31. En la representación gráfica de $y = 3x - 5$, ¿cuál es el valor de la coordenada x para el punto que tiene una coordenada y igual a 22?

    A   6

    B   9

    C   20

    D   61

    E   71

32. En una oficina pequeña, las secretarias ganan $14 dólares por hora, mientras que los especialistas en entrada de datos ganan $12 por hora. Si hay a secretarias y b especialistas en entrada de datos en la oficina, ¿cuál de las expresiones siguientes representa el total de los pagos por hora a todos los empleados, en dólares?

    A $a + b$

    B $14a + 12b$

    C $12a + 14b$

    D $26ab$

    E $26(a + b)$

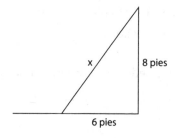

33. El diagrama anterior muestra una escalera de longitud *x* apoyada contra una pared. ¿Cuál de las expresiones siguientes representa el valor de *x*, en pies?

    A $6^2 + 8^2$

    B $\sqrt{6^2 + 8^2}$

    C $6^2 - 8^2$

    D $8^2 - 6^2$

    E $6 + 8$

34. ¿Cuál es la pendiente de la recta que pasa por los puntos $(2, 2)$ y $(5, 6)$?

    $$\left(\text{Pendiente de la recta} = \frac{y_2 - y_1}{x_2 - x_1} \right)$$

    A $-\dfrac{4}{3}$

    B $-\dfrac{3}{4}$

    C 1

    D $\dfrac{3}{4}$

    E $\dfrac{4}{3}$

35. ¿Cuál de las expresiones siguientes es equivalente a $3x^4 - 6x^2$?

    A $3x^2$

    B $3x^2(x^2)$

    C $3x^2(5x^2)$

    D $3x^2(x^2 - 6)$

    E $3x^2(x^2 - 2)$

Edad	Cantidad de alumnos
18	2
19	4
20	1
Más de 20	6

36. La tabla anterior muestra las edades de los alumnos inscritos en una clase de cocina. ¿Cuál es la mediana de sus edades?

    A 18

    B 19

    C 20

    D 24

    E 26

37. El rectángulo A tiene una longitud de *l* y un ancho de *a*. El rectángulo B tiene una longitud de *l* y un ancho de 2*a*. ¿Cuál de las afirmaciones siguientes es verdadera?

A   El área del rectángulo A es el doble del área del rectángulo B.

B   El perímetro del rectángulo A es igual a 2 menos que el perímetro del rectángulo B.

C   El área del rectángulo A es la mitad del área del rectángulo B.

D   El perímetro del rectángulo A es igual a 4 menos que el perímetro del rectángulo B.

E   El área del rectángulo A es un cuarto del área del rectángulo B.

38. En una estantería para libros hay *x* libros de ciencia, *y* libros de matemáticas y *z* libros de historia. ¿Cuál de las expresiones siguientes representa el porcentaje de libros de historia en la estantería?

A $\dfrac{z}{100(x + y + z)}\%$

B $\dfrac{100z}{x + y}\%$

C $\dfrac{100z}{x + y + z}\%$

D $\dfrac{z}{100}\%$

E $100z\%$

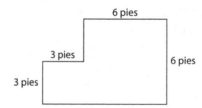

39. Se construirá una huerta según el diagrama anterior. ¿Cuántos pies de longitud deberá tener el cerco para cubrir todo el perímetro de la huerta?

A   6

B   18

C   27

D   30

E   36

40. ¿Entre qué par de números se encuentra el valor de la raíz cuadrada de 38?

A   6 y 7

B   7 y 8

C   8 y 9

D   9 y 10

E   10 y 11

41. La calificación promedio de Catalina en cuatro pruebas fue de 80 sobre 100 puntos posibles. ¿Qué calificación deberá obtener en una quinta prueba para subir su promedio a 82?

    A   82

    B   85

    C   90

    D   95

    E   100

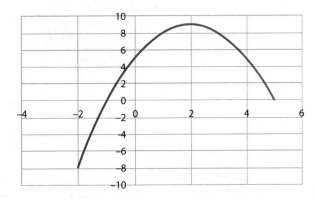

42. ¿Cuál es el valor máximo de la función que se muestra en la gráfica anterior?

    A -1

    B   5

    C   8

    D   9

    E   10

43. Factorice la expresión $3x^2y + 21xy^3 - 6xy$.

    A $3(x^2y + 7xy^3 - 2xy)$

    B $3xy(x + 7y - 2)$

    C $3x^2y\,(7y^3 - y)$

    D $3x(xy + 7y^3 - 2y)$

    E $3xy(x + 7y^2 - 2)$

44. Si $x = 3$ e $y = -2$, ¿cuál es el valor de $x^2 - y^2$?

    A   2

    B   4

    C   5

    D   10

    E   13

Las preguntas 45 y 46 se refieren a la gráfica siguiente.

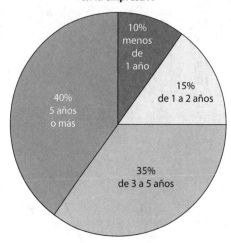

Años de experiencia de los empleados en la empresa A

45. De acuerdo con la gráfica anterior, ¿cuál de las fracciones siguientes representa a los empleados con 3 o más años de experiencia?

A $\dfrac{1}{10}$

B $\dfrac{1}{4}$

C $\dfrac{2}{5}$

D $\dfrac{3}{4}$

E $\dfrac{9}{10}$

46. Si la empresa tiene 500 empleados, ¿cuántos de ellos tienen 5 años o más de experiencia?

A 100

B 200

C 250

D 300

E 400

47. Una pieza personalizada de tela puede producirse de una selección de 4 colores diferentes, 3 diseños diferentes y 8 tipos de puntadas diferentes. ¿Cuántas combinaciones de colores, diseños y tipos de puntadas son posibles?

A 96

B 72

C 56

D 20

E 15

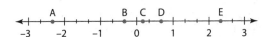

48. Sobre la recta numérica anterior, ¿cuál de los puntos siguientes representa $\frac{2}{3}$?

   A A

   B B

   C C

   D D

   E E

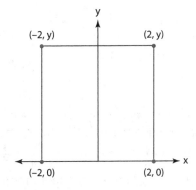

49. El área del rectángulo anterior es 24. ¿Cuál es su longitud?

   A 2

   B 4

   C 6

   D 12

   E 20

50. Ángel va a comprar carne picada para el pícnic de su club. En el club, se prepararán 76 hamburguesas; cada una contendrá 5 onzas de carne. ¿Cuál de las expresiones siguientes podrá usar Ángel para determinar cuántas libras de carne deberá comprar?

   A 5×76

   B $5 + 76$

   C $5 \times 76 \times 16$

   D $5 \times 76 \div 16$

   E $(76 \div 5) \times 16$

ALTO. Este es el final de la prueba de Matemáticas.

RESPUESTAS: MATEMÁTICAS

1. **(B)** Sustraiga 11 de los dos lados de la desigualdad para obtener: $2x > -4$. Divida los dos lados de la desigualdad por 2 para obtener: $x > -2$.

2. **(D)** $x = 5$. Sustituya el valor de y en la ecuación y resuélvala para x:

$$5x + y = 27$$
$$5x + 2 = 27$$
$$5x = 25$$
$$x = 5$$

3. **(C)** En general, para obtener el promedio, deberá sumar todos los valores y luego dividirlos por la cantidad de valores. En este caso, hay cuatro valores, así que el promedio es:

$$\frac{15 + 17 + 14 + 19}{4} = 16.25$$

4. **(C)** La probabilidad de que la persona seleccionada al azar sea un hombre se puede obtener dividiendo la cantidad total de hombres por la cantidad total de personas en el grupo: $\frac{4}{24} = \frac{1}{6}$.

5. **(E)** Cuando multiplique un monomio por un polinomio, use la propiedad distributiva. Multiplique cada término por $3x^2$ para obtener: $6x^3 - 21x^2$.

6. **(C)** El costo total será igual a la suma de los precios individuales. En otras palabras, el costo total es $n + m$.

7. **(B)** Esencialmente, en esta pregunta se le pide que encuentre el volumen que queda disponible una vez que se hayan usado 100 pies cúbicos. Antes de que usted pueda calcularlo, deberá encontrar el volumen total del silo. Usando la fórmula para el volumen de un cilindro, el volumen total disponible es igual a: $12 \times 3.14 \times 5^2 = 942$. Puesto que ya se han usado 100 pies cúbicos, quedan disponibles 842 pies cúbicos.

8. **(A)** En un solo día, el asistente de oficina escribe a máquina durante $3 \times 60 = 180$ minutos, y puesto que escribe 65 palabras por minuto, escribirá: $65 \times 180 = 11{,}700$ palabras por día. Finalmente, el asistente escribirá: $5 \times 11{,}700 = 58{,}500$ palabras en 5 días.

9. **(C)** $\left(\frac{78}{650} \times 100 \right)\% = 12\%$.

10. **(B)** Si y es directamente proporcional a x, $y = kx$ para algún número k. Si usted representa la cantidad de pájaros vistos con n y la cantidad de tiempo pasado en el parque con t, obtendrá la fórmula: $n = kt$. La sustitución de n y t por sus valores conocidos producirá la ecuación: $30 = 2k$, y su resolución dará como resultado: $k = 15$. Por lo tanto, la fórmula será: $n = 15t$. Finalmente, si usted sustituye t por su valor, obtendrá: $n = 15 \times 5 = 75$.

11. **(E)** Multiplique los dos lados por $\frac{3}{2}$: $x = \frac{3}{2}(6) = 9$.

12. **(A)** La caja grande debe ser lo suficientemente grande como para acomodar todas las 20 cajas más pequeñas, cada una de las cuales tiene un volumen de: $11 \times 5 \times 3 = 165$ pulgadas cúbicas. De este modo, deberá tener un volumen de, al menos: $20 \times 165 = 3{,}300$ pulgadas cúbicas.

13. **(C)** Transponga los términos para obtener: $x^2 - 7x + 3 = 0$. Identifique los coeficientes: $a = 1$, $b = -7$ y $c = 3$. Sustitúyalos por estos valores en la fórmula cuadrática: $x = \dfrac{-b \pm \sqrt{b^2 - 4ac}}{2a}$; $x = \dfrac{-(-7) \pm \sqrt{(-7)^2 - 4 \cdot 1 \cdot 3}}{2 \cdot 1}$.

Ahora, simplifique: $x = \dfrac{7 \pm \sqrt{49 - 12}}{2}$; entonces, $x = \dfrac{7 \pm \sqrt{37}}{2}$.

14. **(A)** En este caso, la clave es resolver la desigualdad para x recordando que la dirección de la desigualdad cambia cuando uno divide o multiplica por un número negativo. La desigualdad $1 - 3x < 0$ es igual a $x > \dfrac{1}{3}$, y solo una opción de respuesta (A) es mayor que $\dfrac{1}{3}$.

15. **(D)** El área total que deberá ser recubierta es: $60 \times 96 = 5{,}760$ pulgadas cuadradas, y el área de cada mosaico es 36 pulgadas cuadradas. Por lo tanto, se requerirán: $\dfrac{5{,}760}{36} = 160$ mosaicos para recubrir esa porción del piso.

16. **(A)** Encuentre el mínimo común denominador de las dos fracciones: $(2x + 5)$ $(3x + 5)$. Luego, multiplique los numeradores para combinar los términos semejantes.

$$\frac{x+3}{2x+5} \cdot \frac{3x+5}{2x+5} = \frac{3x^2 + 14x + 15}{(2x+5)(3x+5)} \text{ y}$$

$$\frac{3x-5}{3x+5} \cdot \frac{2x+5}{2x+5} = \frac{6x^2 + 5x - 25}{(2x+5)(3x+5)}.$$

Combine los términos para obtener: $\dfrac{9x^2 + 19x - 10}{(2x+5)(3x+5)}$.

17. **(B)** \$15.00 ($500 \times \dfrac{1.5}{100} \times 2 = 15$).

18. **(B)** \$44.00. Jaime deberá pagar \$35 más 3 centavos por cada minuto en exceso de 500. En este caso, Jaime usó 300 minutos por sobre los 500 permitidos, así que su factura será: $35 + 0.03 \times 300 = 44$.

19. **(C)** El punto 1 es $(2, 3)$ y el punto 2 es $(4, 6)$. Entonces, $y_1 = 3$; $x_1 = 2$; $y_2 = 6$; $x_2 = 4$. Use la fórmula de la pendiente de la recta: $m = \dfrac{6-3}{4-2} = \dfrac{3}{2}$. Ahora que ya tiene la pendiente de la recta, use la fórmula punto-pendiente para encontrar la ecuación de la recta: $y - 3 = \dfrac{3}{2}(x - 2)$, que resulta en $y = \dfrac{3}{2}x$. Multiplique los dos lados por 2 para obtener $2y = 3x$.

20. **(E)** Supongamos que x representa la cantidad de canicas rojas. Puesto que la probabilidad de que la canica seleccionada sea roja es $\dfrac{1}{4}$, deberá ser entonces: $\dfrac{x}{x + 27} = \dfrac{1}{4}$. Cuando resuelva esta expresión, usted encontrará que $x = 9$, y que la cantidad total de canicas es: $27 + 9 = 36$.

21. **(A)** La forma más simple de resolver este sistema es resolver la primera ecuación para y, y luego sustituir y por ese valor en la segunda ecuación.

$$3x + y = 5$$
$$3x + y - 3x = 5 - 3x$$
$$y = 5 - 3x$$

Sustituya $y = 5 - 3x$ en $5x + 2y = 6$.

$$5x + 2(5 - 3x) = 6$$
$$5x + 10 - 6x = 6$$
$$-x + 10 = 6$$
$$-x + 10 - 10 = 6 - 10$$
$$-x = -4$$
$$x = 4$$

Por último, sustituya $x = 4$ en la ecuación $y = 5 - 3x$.

$$y = 5 - 3(4)$$
$$y = 5 - 12$$
$$y = -7$$

La solución es $(4, -7)$.

22. Representemos con x la cantidad de monedas que tiene Jacinto en su colección y con y la cantidad de monedas que tiene Leticia en la suya. Puesto que hay un total de 46 monedas, $x + y = 46$. Además, puesto que Jacinto tiene 12 monedas más que Leticia, $x = y + 12$. Sustituyendo x por $y + 12$ en la ecuación original, obtenemos: $y + 12 + y = 46$, e $y = 17$. Como Jacinto tiene 12 monedas más que Leticia, la respuesta final es: $12 + 17 = 29$.

23. **(B)** Resuelva este sistema por adición. Primero, multiplique cada ecuación por un término que permita eliminar una variable cuando usted sume las dos ecuaciones. Si multiplica la primera ecuación por -5 y la segunda por 3, esto le permitirá anular los términos de y.

$$(-5)(5x + 3y) = (-5)13$$
$$(3)(8x + 5y) = (3)20$$

Que se convierten en:

$$-25x - 15y = -65$$
$$24x + 15y = 60$$

Cuando sume las ecuaciones, obtendrá: $-x = -5$, así que $x = 5$.
Sustituya x por 5 en cualquiera de las dos ecuaciones y resuélvala para y.

$$5(5) + 3y = 13$$
$$25 + 3y = 13$$
$$3y = -12$$
$$y = -4$$

La solución del sistema es $(5, -4)$.

24. **(B)** Representemos con x el número desconocido. Puesto que usted sabe que el promedio es 8, sabe también que la suma de los números dividida por 4 es igual a 8. Además, sabe que la suma de los tres primeros números es 22. Sustituyendo estos valores en la fórmula, se obtiene la ecuación: $\frac{22+x}{4} = 8$, que tiene una solución de $x = 10$.

25. **(C)** $3x + x + 2y + (-5y) = (3 + 1)x + (2 - 5)y = 4x - 3y$.

26. **(C)** Las ventas totales están expresadas en miles, así que multiplique 3 por 1,000 para obtener 3,000.

27. **(A)** $3,000 + 4,000 + 8,000 + 6,000 + 6,000 = 27,000$.

28. **(B)** La mayor diferencia entre las barras de la gráfica se produce entre la segunda y la tercera.

29. **(E)** Reemplace x por -3 en la función: $f(-3) = 3^2 - 2(-3) + 7 = 9 + 6 + 7 = 22$.

30. **(D)** La propina fue de: $\frac{22}{100} \times 30 = 6$, lo que da un precio total del viaje de: $30 + 6 = \$36$.

31. **(B)** Se puede encontrar el valor de la coordenada x reemplazando el valor de y en la ecuación dada, obteniendo: $22 = 3x - 5$, y resolverla para y. La solución de esta ecuación es: $x = 9$.

32. **(B)** Cada una de las secretarias gana $14 por hora, y el total pagado a las secretarias es igual a $14a$. Cada uno de los especialistas en entrada de datos gana $12 por hora, y el total pagado a los especialistas es igual a $12b$. Por último, el total pagado a unas y otros es igual a: $14a + 12b$.

33. **(B)** Por el teorema de Pitágoras, $x^2 = 6^2 + 8^2$ y $x = \sqrt{6^2 + 8^2}$.

34. **(E)** $m = \frac{6-2}{5-2} = \frac{4}{3}$.

35. **(E)** Factorice $3x^2$ en los dos términos.

36. **(C)** Hay en total 13 valores (cantidad total de alumnos) y la mediana representa el valor del medio, es decir, el séptimo valor.

37. **(C)** El área del rectángulo A es igual a $l \times a$ (o ba), mientras que el área del rectángulo B es igual a $l \times 2a = 2la$ (o $2ba$). Por lo tanto, el área del rectángulo B es el doble del área del rectángulo A, o A tiene la mitad del área de B.

38. **(C)** En general, usted puede considerar el cálculo de un porcentaje como una división de la parte entre el total y una multiplicación de este cociente por 100. En este caso, la parte es la cantidad de libros de historia, z, y el total es la cantidad de todos los libros que hay en la estantería, $z + x + y$.

39. **(D)** El perímetro es igual a la suma de la longitud de todos los lados. En este caso, es: $3 + 3 + 3 + 6 + 6 + 9 = 30$.

40. **(A)** La raíz cuadrada de 36 es 6, y la raíz cuadrada de 49 es 7. Puesto que 38 está entre 36 y 49, su raíz cuadrada deberá estar entre 6 y 7.

41. **(C)** Si el promedio de Catalina es 80 en 4 pruebas, eso significa que ella obtuvo un total de: $(4)(80) = 320$ puntos. Si ella quiere obtener un promedio de 82 puntos en 5 pruebas, ella necesitará un total de: $(5)(82) = 410$ puntos. $410 - 320 = 90$ puntos.

42. **(D)** El valor máximo de una función está representado por el valor máximo de y que la función alcanza. En la gráfica, ese valor de y es 9.

43. **(E)** Cada coeficiente es un múltiplo de 3, así que usted puede factorizar 3 de cada término y obtener: $3(x^2y + 7xy^3 - 2xy)$. Como cada término contiene una x, usted puede factorizar x para obtener: $3x(xy + 7y^3 - 2y)$. Cada término también contiene una y, así que puede factorizar y para obtener: $3xy(x + 7y^2 - 2)$.

44. **(C)** $3^2 - (-2)^2 = 9 - 4 = 5$.

45. **(D)** De acuerdo con la gráfica, $35\% + 40\% = 75\%$ de empleados que tienen 3 o más años de experiencia. Expresado como fracción, $75\% = \dfrac{75}{100} = \dfrac{3}{4}$.

46. **(B)** 200. $\dfrac{40}{100} \times 500 = 200$.

47. **(A)** Son posibles: $4 \times 3 \times 8 = 96$ combinaciones diferentes.

48. **(D)** Sobre la recta numérica, hay dos marcas entre cada número entero, que representan cada una de ellas un tercio. Como D está situado en la segunda marca a la derecha de cero, D representa el punto $\dfrac{2}{3}$.

49. **(C)** El área de 24 fue calculada multiplicando la longitud por el ancho del rectángulo. El ancho es la distancia entre -2 y 2, que es igual a 4. La longitud será entonces: $24 \div 4 = 6$.

50. **(D)** La expresión $(5 \times 76) \div 16$ permitirá determinar la cantidad de carne necesaria. 76 hamburguesas por 5 onzas permite calcular el total de onzas necesarias. Como hay 16 onzas en una libra, para obtener la cantidad de libras deberá dividir el producto por 16.

40 Examen de práctica 2 del examen *HiSET*®

Examen de práctica 2 del examen *HiSET*®
Hoja de respuestas
Artes del Lenguaje—Escritura
(Preguntas de opción múltiple)

	A	B	C	D			A	B	C	D
1	☐	☐	☐	☐		26	☐	☐	☐	☐
2	☐	☐	☐	☐		27	☐	☐	☐	☐
3	☐	☐	☐	☐		28	☐	☐	☐	☐
4	☐	☐	☐	☐		29	☐	☐	☐	☐
5	☐	☐	☐	☐		30	☐	☐	☐	☐
6	☐	☐	☐	☐		31	☐	☐	☐	☐
7	☐	☐	☐	☐		32	☐	☐	☐	☐
8	☐	☐	☐	☐		33	☐	☐	☐	☐
9	☐	☐	☐	☐		34	☐	☐	☐	☐
10	☐	☐	☐	☐		35	☐	☐	☐	☐
11	☐	☐	☐	☐		36	☐	☐	☐	☐
12	☐	☐	☐	☐		37	☐	☐	☐	☐
13	☐	☐	☐	☐		38	☐	☐	☐	☐
14	☐	☐	☐	☐		39	☐	☐	☐	☐
15	☐	☐	☐	☐		40	☐	☐	☐	☐
16	☐	☐	☐	☐		41	☐	☐	☐	☐
17	☐	☐	☐	☐		42	☐	☐	☐	☐
18	☐	☐	☐	☐		43	☐	☐	☐	☐
19	☐	☐	☐	☐		44	☐	☐	☐	☐
20	☐	☐	☐	☐		45	☐	☐	☐	☐
21	☐	☐	☐	☐		46	☐	☐	☐	☐
22	☐	☐	☐	☐		47	☐	☐	☐	☐
23	☐	☐	☐	☐		48	☐	☐	☐	☐
24	☐	☐	☐	☐		49	☐	☐	☐	☐
25	☐	☐	☐	☐		50	☐	☐	☐	☐

ARTES DEL LENGUAJE—ESCRITURA (PREGUNTAS DE OPCIÓN MÚLTIPLE)

50 preguntas

120 minutos (Preguntas de opción múltiple y Pregunta de ensayo)

Instrucciones

En esta prueba, se evalúan algunas de las habilidades requeridas para la revisión de materiales escritos. Los textos seleccionados incluyen informes, cartas y artículos que los alumnos de escuela superior, a menudo, tienen que escribir. Cada selección se presenta dos veces, primero en un recuadro en formato convencional y luego en un formato desplegado con algunas secciones subrayadas y numeradas. Lea rápidamente el texto en el recuadro para tener una idea de su propósito y estilo. Luego continúe a la versión del texto en formato desplegado.

Para cada una de las secciones subrayadas, se presentan cuatro opciones de respuesta en la columna de la derecha. Elija la opción que

- haga que la afirmación sea gramaticalmente correcta;
- exprese la idea de la manera más clara y apropiada;
- emplee palabras que representen más fielmente el estilo y propósito del escrito;
- organice las ideas de manera más eficaz.

En algunos casos, puede que haya más de un problema que corregir o mejorar.

Cuando usted haya decidido cuál opción es la mejor, marque la opción elegida sobre la hoja de respuestas. Si piensa que la versión original subrayada es la mejor, seleccione "*Ningún cambio*". En las preguntas sobre organización, usted probablemente necesitará releer el texto en el recuadro. En las preguntas sobre ortografía, usted deberá indicar cuál de las tres palabras subrayadas está mal escrita, en caso de que contengan errores. Si no contienen errores, seleccione "*Ninguna*".

Trabaje lo más rápido que pueda, pero sin ser descuidado. No dedique demasiado tiempo a alguna pregunta que le resulte muy difícil de responder. Deje esa pregunta y vuelva a ella más tarde, si todavía tiene tiempo disponible. Trate de responder cada pregunta aunque tenga que adivinar la respuesta.

Marque todas sus respuestas en la hoja de respuestas. Proporcione solo una respuesta para cada pregunta y procure que sus marcas sean bien visibles. Si decide cambiar una de sus respuestas, asegúrese de borrar completamente su respuesta inicial. Asegúrese también de que el número de la pregunta que está respondiendo corresponde con el número de la fila de opciones de respuesta que está marcando en su hoja de respuestas.

Lea rápidamente el borrador de artículo en el recuadro siguiente. Luego continúe con la versión del texto en formato desplegado y considere las sugerencias de revisión al texto.

Las preguntas 1 a 8 se refieren a la carta siguiente.

Empresa de Seguros Shining Star

318 North 26 Street
Wilson, OK 61007

Estimada Sra. Cruz:

1. Muchas gracias por elegir a Shining Star para asegurar su casa y los objetos de vuestra propiedad incluidos en ella. Estamos muy complacidos de poder prestarle este servicio y queremos facilitarle la información que usted necesitará sobre nuestra empresa. Estamos orgullosos de nuestro servicio al cliente quien creemos es el más fácil de usar en la industria. Los expertos de nuestro servicio de atención al cliente la ayudarán a resolver rápidamente cualquier reclamación que usted necesite hacer, con la menor incomodidad posible.

2. Incluimos adjunto un folleto que Shining Star le envía a cada nuevo cliente. Está siendo abarrotado de información sobre cómo proteger su casa de robos y asaltos. Contiene páginas en blanco al final, en las que usted podrá hacer una lista de sus objetos de valor. El folleto también contienen hechos importantes sobre cómo evitar situaciones que aumenten la posibilidad de un incendio. Es una buena idea guardar el folleto en un lugar seguro.

3. Además de proporcionar un servicio de reclamaciones libre de preocupaciones, Shining Star puede también ayudarla a seleccionar un contratista para realizar cualquier reparación que fuera necesaria en su casa, y encontrando una persona que supervise esas reparaciones. Simplemente, diríjase a nuestro sitio web en www.shiningstarco.net, e ingrese su código postal. Una lista de contratistas calificados y aprobados aparecerá entonces.

4. Nuestros especialistas en reclamaciones están a su disposición los siete días de la semana, de 7:00 a 21:00, horario de la zona Central. Si usted tiene alguna pregunta que formularnos, por favor, no dude en llamarnos. Cada uno de los miembros del equipo de la Empresa de Seguros Shining Star espera poder brindarle la debida atención a todas sus necesidades por muchos años. Por último, deseamos expresarle una vez más nuestra gratitud por habernos elegido.

La saluda atentamente.
Empresa de Seguros Shining Star

Empresa de Seguros Shining Star

318 North 26 Street
Wilson, OK 61007

Estimada Sra. Cruz:

1. Muchas gracias por elegir a Shining Star para asegurar <u>su casa y los objetos de vuestra propiedad incluidos en ella</u>[1]. Estamos muy complacidos de poder prestarle este servicio y queremos facilitarle la información que usted necesitará sobre nuestra empresa. Estamos orgullosos de <u>nuestro servicio al cliente quien creemos es</u>[2] el más fácil de usar en la industria. Los expertos de nuestro servicio de atención al cliente la ayudarán a resolver rápidamente cualquier reclamación que usted necesite hacer, con la menor incomodidad posible.

2. Incluimos adjunto un folleto que Shining Star le envía a cada nuevo cliente. <u>Está siendo abarrotado de información sobre cómo proteger</u>[3] su casa de robos y asaltos. Contiene páginas en blanco al final, en las que usted podrá hacer una lista de sus

1

A (*Ningún cambio*)

B su casa y los objetos de nuestra propiedad incluidos en ella

C su casa y los objetos de tu propiedad incluidos en ella

D su casa y los objetos de su propiedad incluidos en ella

2

A (*Ningún cambio*)

B nuestro servicio al cliente, que creemos es

C nuestro servicio al cliente, quien creemos es

D nuestro servicio al cliente que creíamos es

3

A (*Ningún cambio*)

B Está abarrotado de información sobre cómo proteger

C Está siendo abarrotado de información, sobre cómo proteger

D Estará siendo abarrotado de información sobre cómo proteger

objetos de valor. <u>El folleto también</u>
<u>4</u>
<u>contienen hechos importantes</u>
<u>4</u>
<u>sobre cómo evitar situaciones</u> que
<u>4</u>
aumenten la posibilidad de un

incendio. Es una buena idea guardar

el folleto en un lugar seguro.

3. Además de proporcionar un

servicio de reclamaciones libre de

preocupaciones, Shining Star puede

también ayudarla a seleccionar un

contratista para <u>realizar cualquier</u>
<u>5</u>
<u>reparación que fuera necesaria en</u>
<u>5</u>
<u>su casa, y encontrando</u> una persona
<u>5</u>
que supervise esas reparaciones.

Simplemente, diríjase a nuestro sitio

web en www.shiningstarco.net, e

ingrese su código postal. Una lista de

contratistas calificados y aprobados

aparecerá entonces.

4

A (*Ningún cambio*)

B El folleto también contiene hechos
importantes sobre cómo evitará
situaciones

C El folleto también contiene hechos
importantes sobre cómo evitar
situaciones

D El folleto también contiene hechos
importantes sobre cómo evitaría
situaciones

5

A (*Ningún cambio*)

B realizando cualquier reparación
que fuera necesaria en su casa, y
encontrando

C realizar cualquier reparación,
que fuera necesaria, en su casa, y
encontrando

D realizar cualquier reparación que
fuera necesaria en su casa, y a
encontrar

6 Relea las oraciones siguientes:

*Simplemente, diríjase a nuestro sitio
web en www.shiningstarco.net, e
ingrese su código postal. Una lista de
contratistas calificados y aprobados
aparecerá entonces.*

**¿Cuál de los grupos de palabras
siguientes representaría la
combinación más eficaz de estas
oraciones?**

A código postal, sin embargo, una
lista

B código postal, entonces, una lista

C código postal, no obstante, una lista

D código postal, y una lista

4. Nuestros especialistas en reclamaciones están a su disposición los <u>siete días de la semana, de 7:00</u> <u>a 21:00, horario de la zona Central.</u> Si usted tiene alguna pregunta que formularnos, por favor, no dude en llamarnos. Cada uno de los miembros del equipo de la Empresa de Seguros Shining Star espera poder brindarle la debida atención a todas <u>sus necesidades por muchos años.</u> <u>Por último, deseamos expresarle</u> una vez más nuestra gratitud por habernos elegido.

        La saluda atentamente.
        Empresa de Seguros Shining Star

7

A (*Ningún cambio*)

B siete días de la semana, de 7:00 a 21:00, horario de la zona central.

C siete días de la semana de 7:00 a 21:00 horario de la zona Central.

D siete días, de la semana, de 7:00 a 21:00, horario de la zona central.

8

A (*Ningún cambio*)

B sus necesidades por muchos años, por último, deseamos expresarle

C sus necesidades por muchos años: por último, deseamos expresarle

D sus necesidades por muchos años, por último, desearemos expresarle

---

Las preguntas 9 a 16 se refieren al artículo siguiente.

Las ballenas grises

1. La ballena gris es una de las criaturas más majestuosas de la naturaleza. Su tamaño es notable, una ballena gris puede alcanzar los 45 pies de longitud y pesar más de 30 toneladas. De abril a noviembre, la ballena gris vive en las aguas árticas de los mares de Bering y Beaufort. Luego, la ballena se traslada a las aguas cálidas de la costa de Baja California, México, donde se reproduce. Sus hábitos migratorios son también únicos.

2. Las hembras dan y cuidan a sus crías en Baja California. Las crías, llamadas ballenatos, crecieron muy rápidamente. Las ballenas retornan al norte, después que los ballenatos se han hecho más fuertes, a fines del invierno. En este viaje de ida y vuelta, recorren más de 10,000 millas, lo que convierte a esta migración en la de mayor recorrido de cualquier mamífero sobre la Tierra.

3. Las ballenas nadan en grupos llamados manadas, cada manada puede incluir hasta 16 ballenas. Mientras están migrando, las ballenas nadando 24 horas por día. Las ballenas grises pueden nadar sumergidas hasta una hora. Como son mamíferos, tienen que salir, finalmente, a la superficie en búsqueda del aire.

4. Cuando las ballenas emergen, exhalan una poderosa corriente de aire, vapor y agua almacenados en sus pulmones. Este "géiser" puede alcanzar una altura de 15 pies. La ballena gris es realmente un animal maravilloso, y los observadores de ballenas disfrutan de cada oportunidad que tienen de contemplarlas.

Las ballenas grises

1. La ballena gris es una de las criaturas más majestuosas de la naturaleza. Su tamaño es notable, una ballena gris
$\underline{}$
10
puede alcanzar los 45 pies de longitud y pesar más de 30 toneladas. De abril a noviembre, la ballena gris vive en las aguas árticas de los mares de Bering y Beaufort. Luego, la ballena se traslada a las aguas cálidas de la costa de Baja California, México, donde se reproduce. Sus hábitos migratorios son también únicos.

2. Las hembras dan y cuidan a sus crías
$\underline{}$
11
en Baja California. Las crías,

llamadas ballenatos, crecieron muy
$\underline{}$
12
rápidamente. Las ballenas

retornan al norte, después que los
$\underline{}$
13
ballenatos se han hecho más fuertes,
$\underline{}$
13
a fines del invierno. En este viaje
$\underline{}$
13
de ida y vuelta, recorren más de 10,000 millas, lo que convierte a esta

---

9 **¿Cuál de las revisiones siguientes debería hacerse para que el párrafo 1 resultara más eficaz?**

A Coloque la primera oración al final del párrafo.

B Elimine la segunda oración.

C Coloque la última oración después de la segunda oración.

D Coloque la tercera oración al comienzo del párrafo.

10

A (*Ningún cambio*)

B Su tamaño es notable una ballena gris

C Su tamaño es notable, sin embargo, una ballena gris

D Su tamaño es notable porque una ballena gris

11

A (*Ningún cambio*)

B Las hembras dan a luz y cuidan

C La hembra da y cuida

D Las hembras dieron y cuidan

12

A (*Ningún cambio*)

B llamadas ballenatos crecieron

C llamadas ballenatos, crecen

D llamadas ballenatos, crecerán

13

A (*Ningún cambio*)

B retornan al norte, después que los ballenatos se han hecho más fuertes a fines del invierno

migración en la de mayor recorrido de cualquier mamífero sobre la Tierra.

3. Las ballenas nadan en grupos llamados <u>manadas, cada manada</u>
   ₁₄
   puede incluir hasta 16 ballenas. Mientras están migrando, las

   ballenas <u>nadando</u> 24 horas por
   ₁₅
   día. Las ballenas grises pueden nadar sumergidas hasta una hora. Como son mamíferos, tienen que salir, finalmente, a la superficie en búsqueda del aire.

4. Cuando las ballenas emergen, exhalan una poderosa corriente de aire, vapor y agua almacenados en sus pulmones. Este "géiser" puede alcanzar una altura de 15 pies. La ballena gris es realmente un animal maravilloso, y los observadores de ballenas disfrutan de cada oportunidad que tienen de contemplarlas.

C retornan al norte a fines del invierno, despés que los ballenatos se han hecho más fuertes

D retornan al Norte, despés que los ballenatos se hayan hecho más fuertes, a fines del invierno

14

A (*Ningún cambio*)

B manadas: cada manada

C manada, cada manada

D manadas, y cada manada

15

A (*Ningún cambio*)

B nada

C habían nadado

D nadan

16 Si es colocada al comienzo del párrafo 4, ¿cuál de las oraciones siguientes hará que el párrafo resulte más eficaz?

A Las crías de las ballenas son muy cariñosas, y muchas veces permiten que los seres humanos se acerquen a ellas.

B Cada año, los observadores de ballenas recorren las costas de California de arriba abajo para observar entusiasmados a las ballenas grises en su largo viaje.

C Las ballenas barbadas tienen, en lugar de dientes, unas láminas queratinosas que les permiten filtrar los peces pequeños y los camarones del agua.

D Además de las ballenas, los delfines y las marsopas también pertenecen al orden de los cetáceos.

Cómo vestirse para una entrevista de trabajo

1. Vestirse correctamente para una entrevista de trabajo es muy importante. Lo primero que el entrevistador viendo es lo que usted tiene puesto. Si al entrevistador no le gusta cómo usted está vestido. Entonces, ya tiene un punto en su contra. Un viejo dicho, "Vestirse para triunfar", que es muy cierto cuando se trata de vestirse para una entrevista de trabajo.

2. Tanto los hombres como las mujeres deben vestirse de forma tradicional. Póngase un traje de un solo color azul oscuro o gris, con una camisa o una blusa blanca, o una camisa o blusa combinada con el traje. Asegúrese de que sus zapatos esté lustrados. Los hombres deberán vestir medias oscuras, y las mujeres deberán usar medias enteras de color neutro o claro. Cerciórese de que tiene el tanque de gasolina lleno y de que su auto funciona.

3. Evite usar una cantidad exceso de loción para después de afeitarse, colonia o perfume. Los hombres no deberían llevar puestas alhajas, y las mujeres deberían llevar unas pocas. Los hombres deberían usar una corbata tradicional, y las mujeres deberían haber elegido una falda no muy corta. Todos los tatuajes deberían estar cubiertos. Por último, llevar un maletín o portafolio le dará un toque de profesionalismo. Mírese una última vez en el espejo antes de que decidan entrar.

Cómo vestirse para una entrevista de trabajo

1. Vestirse correctamente para una entrevista de trabajo es muy importante. Lo primero que <u>el entrevistador viendo es lo que usted tiene puesto</u>. Si al entrevistador no le gusta cómo usted está vestido. Entonces, ya tiene un punto en su contra.

   17 17 17

17

A (*Ningún cambio*)

B el entrevistador verá es lo que usted tiene puesto

C el entrevistador habrá visto es lo que usted tiene puesto

D el entrevistador viendo es lo que usted tenía puesto

18 Relea las oraciones siguientes:

Si al entrevistador no le gusta cómo usted está vestido. Entonces, ya tiene un punto en su contra.

¿Cuál de las formas siguientes es la forma más eficaz de combinar estas oraciones?

A Entonces, ya tiene un punto en su contra, si al entrevistador no le gusta cómo usted está vestido.

Un viejo dicho, "Vestirse para
                    19
triunfar", que es muy cierto cuando
                 19
se trata de vestirse para una entrevista

de trabajo.

2. Tanto los hombres como las mujeres

deben vestirse de forma tradicional.

Póngase un traje de un solo color
                               20
azul oscuro o gris, con una camisa
                              20
o una blusa blanca, o una camisa o
                                 20
blusa combinada con el traje.
          20

Asegúrese de que sus zapatos esté
                              21
lustrados. Los hombres deberán
        21
vestir medias oscuras, y las mujeres

deberán usar medias enteras de color

neutro o claro. Cerciórese de que

tiene el tanque de gasolina lleno y de

que su auto funciona.

B Ya tiene usted un punto en su
   contra, entonces; si al entrevistador
   no le gusta cómo está vestido.

C Si al entrevistador no le gusta cómo
   usted está vestido, entonces ya tiene
   un punto en su contra.

D Usted ya tendrá un punto en su
   contra, si al entrevistador no le
   gusta cómo está vestido.

19

A (*Ningún cambio*)

B Un viejo dicho, "vestirse para
   triunfar", que es muy cierto

C Un viejo dicho, "Vistiéndose para
   triunfar", que es muy cierto

D Existe un viejo dicho, "Vestirse para
   triunfar", que es muy cierto

20

A (*Ningún cambio*)

B Póngase un traje de un solo color,
   azul oscuro o gris, con una camisa
   o una blusa blanca, o una camisa o
   blusa combinada

C Poniéndose un traje de un solo
   color azul oscuro o gris con una
   camisa o una blusa blanca, o una
   camisa o blusa combinada

D Póngase un traje de un solo color
   azul oscuro o gris, con una camisa
   o una blusa blanca, o una camisa o
   blusa combina

21

A (*Ningún cambio*)

B Asegúrese de que sus zapatos
   estarán lustrados.

C Asegúrese de que sus zapatos estén
   lustrados.

D Asegúrese de que sus zapatos hayan
   estado lustrados.

**22 ¿Cuál de las revisiones siguientes
   hará más eficaz el párrafo 2?**

A Elimine la última oración.

B Coloque la segunda oración al
   comienzo del párrafo

C Coloque la tercera oración al final del párrafo.

D Coloque la cuarta oración después de la primera oración.

3. Evite <u>usar una cantidad exceso de</u>
    ₂₃
    <u>loción para después de afeitarse,</u>
    ₂₃
    <u>colonia o perfume</u>. Los hombres no
    ₂₃
    deberían llevar puestas alhajas, y las

    mujeres deberían llevar unas pocas.

    Los hombres deberían usar una

    corbata tradicional, y las mujeres

    <u>deberían haber elegido</u> una falda
    ₂₄
    no muy corta. Todos los tatuajes

    deberían estar cubiertos. Por último,

    llevar un maletín o portafolio le dará

    un toque de profesionalismo. Mírese

    una última vez en el espejo <u>antes de</u>
    ₂₅
    <u>que decidan entrar</u>.
    ₂₅

23

A (*Ningún cambio*)

B usar una cantidad excesiva de loción para después de afeitarse, colonia o perfume

C usar una cantidad exceso de loción para después de afeitarse colonia o perfume

D usar una cantidad exceso de loción para después de afeitarse, colonia o perfumes

24

A (*Ningún cambio*)

B deberían estar eligiendo

C elijan

D deberían elegir

25

A (*Ningún cambio*)

B antes de que decida entrar

C antes de que decidirá entrar

D antes de que habrá decidido entrar

Las preguntas 26 a 33 se refieren al artículo siguiente.

Un juguete para montar es retirado del mercado

1. La Comisión para la Seguridad de los Productos de Consumo (CPSC) anunció hoy que está retirando del mercado un juguete de montar para niños llamado "Scurry n Go". El juguete estaba destinando para niños de al menos dos años de edad. El fabricante, kid fun, de Brooklyn, Nueva York, dijo que se recuperarían alrededor de 120,000 unidades que habían sido vendidas. La empresa dijo que se devolverá a los consumidores el precio total de la compra. Otros 30,000 juguetes serán devueltos por los grandes almacenes jugueterías tiendas de descuentos y agencias de compras por correo.

2. La CPSC ha descubierto que los niños montados en el juguete corren el riesgo de caerse para adelante. Los niños caen al suelo. El riesgo de caída ha sido confirmado por informes sobre 20 incidentes en toda la nación durante los

últimos cuatro meses. Habrá informes de cuatro niños que sufrieron cortes en el mentón lo suficientemente severos como para requerir puntos de sutura.

3. Se invita a los padres que deseen obtener mayor información a comunicarse con CPSC a través de su línea directa gratuita de retirada de productos del mercado, número 888-123-4567, o a través de su sitio web, http://www.cpsc. gov/. "Scurry n Go" está hecho de plástico moldeado de color amarillo y tiene ruedas negras. El juguete de montar tiene 20 pulgadas de longitud, 10 pulgadas de ancho y 12 pulgadas de altura. El número de modelo del juguete es 0318QS. El número de modelo se encuentra en la parte inferior del juguete. Está impreso en tinta negra sobre una etiqueta engomada de color blanco que contiene el código universal de producto (UPC). Un auxilio de CPSC dijo que la retirada del producto del mercado se está realizando sin inconvenientes.

Un juguete para montar es retirado del mercado

1. La Comisión para la Seguridad de los Productos de Consumo (CPSC) anunció hoy que está retirando del mercado un juguete de montar para niños llamado "Scurry n Go". El juguete estaba destinando para niños
26
de al menos dos años de edad.

26

A (*Ningún cambio*)

B había estado destinado

C estaban destinados

D estaba destinado

El fabricante, kid fun, de Brooklyn,
27
Nueva York, dijo que se recuperarían
27
alrededor de 120,000 unidades que habían sido vendidas. La empresa dijo que se devolverá a los consumidores el precio total de la compra. Otros 30,000 juguetes serán devueltos por los grandes almacenes jugueterías
28
tiendas de descuentos y agencias de
28
compras por correo.
28

27

A (*Ningún cambio*)

B kid fun, de Brooklyn, Nueva York, dijo que se han recuperado

C Kid Fun, de Brooklyn, Nueva York, dijo que se recuperarían

D kid fun, de Brooklyn, Nueva York, dijeron que se recuperarían

28

A (*Ningún cambio*)

B los grandes almacenes, las jugueterías tiendas de descuentos y agencias de compras por correo

2. La CPSC ha descubierto que los niños montados en el juguete corren el riesgo de caerse para adelante. Los niños caen al suelo. El riesgo de caída ha sido confirmado por informes sobre 20 incidentes en toda la nación durante los últimos cuatro meses.

<u>Habrá informes</u> de cuatro niños
30
que sufrieron cortes en el mentón lo suficientemente severos como para requerir puntos de sutura.

3. Se invita a los padres que deseen obtener mayor información a comunicarse con CPSC a través de su línea directa gratuita de retirada de productos del mercado, número 888-123-4567, o a través de su sitio web, http://www.cpsc.gov/. "Scurry n Go" está hecho de plástico moldeado de color amarillo y tiene ruedas negras. El juguete de montar tiene 20 pulgadas de longitud, 10 pulgadas de ancho y 12 pulgadas de altura. El número de modelo del juguete es 0318QS. El número de modelo se encuentra en la parte inferior del juguete. Está impreso en tinta negra sobre una etiqueta engomada de

C los grandes almacenes las jugueterías, tiendas de descuentos y agencias de compras por correo

D los grandes almacenes, jugueterías, tiendas de descuentos y agencias de compras por correo

29 **Relea las oraciones siguientes:**

La CPSC ha descubierto que los niños montados en el juguete corren el riesgo de caerse para adelante. Los niños caen al suelo.

¿Cuál de los grupos de palabras siguientes representa la forma más eficaz de combinar estas oraciones?

A para adelante, y, en consecuencia, pueden caerse

B para adelante, y, sin embargo, pueden caerse

C para adelante, y uno cae

D para adelante, a menos que caigan

30

A (*Ningún cambio*)

B Ha habido informes

C Habrá habido informes

D Había habido informes

31 **Relea las oraciones siguientes:**

El número de modelo del juguete es 0318QS. El número de modelo se encuentra en la parte inferior del juguete.

¿Cuál de los grupos de palabras siguientes representa la forma más eficaz de combinar estas oraciones?

A y se encuentra

B y se encuentran

C y allí uno puede encontrarlo

D y, no obstante, puede encontrarlo

color blanco que contiene el código universal de producto (UPC).

Un auxilio de CPSC dijo que la
₃₂
retirada del producto del mercado se
₃₂
está realizando sin inconvenientes.
₃₂

32

A (*Ningún cambio*)

B Un auxiliar de CPSC dijo que la retirada del producto del mercado se está realizando sin inconvenientes.

C Un auxilio debajo CPSC dijo que la retirada del producto del mercado se está realizando sin inconvenientes.

D Un auxiliar de CPSC dijo que la retirada del producto del mercado se están realizando sin inconvenientes.

33 ¿Cuál de las revisiones siguientes hará que el párrafo 3 resulte más eficaz?

A Coloque la primera oración al final del párrafo.

B Elimine la cuarta oración.

C Elimine la última oración.

D Coloque la segunda oración al final del párrafo.

Las preguntas 34 a 42 se refieren al memorando entre oficinas siguiente.

Fecha: 17 de mayo de 2012

A: Todos los empleados
De: Paul Carson, director ejecutivo
Asunto: Tarjetas de identificación

1. La Oficina de Seguridad me ha comunicado que ha habido un aumento considerable en la cantidad de tarjetas de identificación que se han declarado perdidas o extraviadas. Ha habido informes de que algunos empleados les prestan sus tarjetas a otros empleados cuando se van a almorzar. Si bien algunos pueden pensar que estos actos es de poca importancia, no puedo cansarme de repetir cuán importante es asegurarnos de que los datos de nuestros clientes están seguros a toda hora.

2. A partir del próximo lunes, la empresa implementará una nueva política de seguridad. Esta política garantizará la confidencialidad de nuestros clientes y ha sido titulada "Cumplimiento de las normas de seguridad, revisión 5". La política es conocida también como "Esté preparado". Cualquier empleado que informe sobre una pérdida o extravío de una tarjeta de identificación recibirá una advertencia. Una segunda transgresión ha ocasionado la deducción del costo de la tarjeta de identificación del sueldo del empleado. Una tercera transgresión probocará que el empleado pierda el derecho a un aumento de sueldo por un año.

3. Esta nueva política será aplicada estrictamente. Cualquier pregunta o comentario deberán ser dirigidos a la Sra. May Jefa de la Oficina de Recursos Humanos. Les agradezco a todos el trabajo dedicado y la comprensión, y sé que entenderán la importancia de los dispositivos de seguridad.

4. El pase de la tarjeta de identificación por los aparatos de lectura cuando usted entre, y salga del edificio permite al personal de seguridad saber quién está y quién no en el edificio a toda hora. Sin esta información, resulta imposible saber si personas extrañas tienen acceso a nuestra base de datos con propósitos ilegales. Nuestra primera y más importante misión es proteger la información contenida en nuestros archivos de quienes podrían usarlas con fines deshonestos.

Fecha: 17 de mayo de 2012

A: Todos los empleados
De: Paul Carson, director ejecutivo
Asunto: Tarjetas de identificación

1. La Oficina de Seguridad me ha comunicado que ha habido un aumento considerable en la cantidad de tarjetas de identificación que se han declarado perdidas o extraviadas. Ha habido informes de que algunos empleados les prestan sus tarjetas a otros empleados cuando se van a almorzar. Si bien algunos pueden pensar que estos actos <u>es</u> de poca ³⁴ importancia, no puedo cansarme de repetir cuán importante es asegurarnos de que los datos de nuestros clientes están seguros a toda hora.

2. A partir del próximo lunes, la empresa implementará una nueva política de seguridad. Esta política garantizará la confidencialidad de nuestros clientes y ha sido titulada "Cumplimiento de las normas de seguridad, revisión 5". La política es conocida también como "Esté preparado". Cualquier empleado que

34

A (*Ningún cambio*)

B son

C ha sido

D han sido

35 Relea la oración siguiente:

A partir del próximo lunes, la empresa implementará una nueva política de seguridad.

¿Con cuáles de las palabras siguientes debería comenzar esta oración para que resultara más eficaz?

A Como consecuencia de esto, a partir

B Por ejemplo, a partir

C De todas maneras, a partir

D Sin embargo, a partir

informe sobre una pérdida o extravío de una tarjeta de identificación recibirá una advertencia.

Una segunda transgresión

ha ocasionado la deducción del costo
        37
de la tarjeta de identificación del sueldo del empleado. Una tercera

transgresión provocarán que el
            38
empleado pierda el derecho a un
        38
aumento de sueldo por un año.

3. Esta nueva política será aplicada estrictamente. Cualquier pregunta o comentario deberán ser dirigidos a la Sra. May Jefa de la Oficina de
                                    39
Recursos Humanos. Les agradezco
        39
a todos el trabajo dedicado y la comprensión, y sé que entenderán la importancia de los dispositivos de seguridad.

4. El pase de la tarjeta de identificación por los aparatos de lectura cuando usted entre, y salga del edificio
                        40
permite al personal de seguridad saber quién está y quién no en el edificio a toda hora. Sin esta

36 Relea las oraciones siguientes:

Esta política garantizará la confidencialidad de nuestros clientes y ha sido titulada "Cumplimiento de las normas de seguridad, revisión 5". La política es conocida también como "Esté preparado".

¿Cuál de los grupos de palabras siguientes debería ser incluido en la combinación más eficaz de estas oraciones?

A "Cumplimiento de las normas de seguridad, revisión 5: Esté preparado"

B que también es conocida como

C una política confidencial

D ("Esté preparado")

37

A (*Ningún cambio*)

B ocasionó

C ocasiona

D ocasionará

38

A (*Ningún cambio*)

B transgresión provocará que el empleado pierdan el derecho

C transgresión provocarían que el empleado pierda el derecho

D transgresión provocará que el empleado pierda el derecho

39

A (*Ningún cambio*)

B Sra May, Jefa de la Oficina de Recursos Humanos

C Sra. May, jefa de la Oficina de Recursos Humanos

D Sra. May jefa de la oficina de recursos humanos

40

A (*Ningún cambio*)

B entre y salga

C entre y pueda salir

D entre, pero salga

información, resulta imposible saber si personas extrañas tienen acceso a nuestra base de datos con propósitos ilegales. Nuestra primera y más importante <u>misión es proteger la</u>₄₁ <u>información contenida en nuestros</u>₄₁ <u>archivos de quienes podrían usarlas</u>₄₁ con fines deshonestos.

41

A (*Ningún cambio*)

B misión es proteger la información contenida en sus archivos de quienes podrían usarlas

C misión es proteger la información contenida en nuestros archivos de quienes podrían usarla

D misión es proteger la información contenida en nuestros archivos de quienes podrían estar usándolas

42 ¿Cuál de las revisiones siguientes hará que el memorando resulte más eficaz?

A Una los párrafos 1 y 2.

B Una los párrafos 2 y 3.

C Coloque el párrafo 4 después del párrafo 1.

D Comience un nuevo párrafo antes de la oración del párrafo 2 que diga: *Cualquier empleado que informe sobre una pérdida o extravío de una tarjeta de identificación.*

Las preguntas 43 a 50 se refieren al pasaje siguiente.

Informe anual de la empresa Quaker Cola

1. El viernes, la empresa Quaker Cola presentó su informe anual de 2011. Sus ventas anuales aumentaron un 11 por ciento durante 2011. Después de la deducción de impuestos, sus beneficios aumentaron un 14 por ciento, lo que es resultado en buena parte de las medidas de reducción de costos implementadas por su Director Ejecutivo, Arthur Fletcher. La empresa también anunció un proyecto para crear un plan de participación en los beneficios para los empleados. Los detalles del plan serán publicados en el sitio web de la empresa en un plazo de tres meses.

2. Usted habrá oído sobre el envase y las nuevas bebidas a base de frutas. Se ha implementado un nuevo envase para los productos cola. El nuevo diseño transmite una sensación de frescura y haciendo más atractivo nuestro producto para la gente joven. Quaker también introdujo una nueva línea de

bebidas a base de jugo de arándanos. Esto representó un 3 por ciento de las ventas anuales. Una nueva bebida energizante, con resultados promisorios, ha sido sometida a un estudio de mercado en California. Este año, el estudio de mercado se realizará, y analizará en ocho estados adicionales del Oeste.

3. Después de varios años de planificación e investigación, Quaker lanzó en 2011 nuestro plan de comercialización para establecer una presencia en el creciente mercado del sudeste asiático. Los pronósticos vaticinan que en 2015 el mercado asiático crecerá. Al 15 por ciento de los ingresos totales. La empresa había planeado abrir una oficina regional en Ciudad Ho Chi Minh, Vietnam, a comienzos de 2013.

Informe anual de la empresa Quaker Cola

1. El viernes, la empresa Quaker Cola presentó su informe anual de 2011. Sus ventas anuales aumentaron un 11 por ciento durante 2011. Después de la deducción de impuestos, <u>sus</u>[43] <u>beneficios aumentaron un 14 por</u>[43] <u>ciento, lo que es resultado en buena</u>[43] <u>parte de las medidas de reducción</u>[43] <u>de costos implementadas por su</u>[43] <u>Director Ejecutivo</u>[43], Arthur Fletcher. La empresa también anunció un proyecto para crear un plan de participación en los beneficios para los empleados. Los detalles del plan serán publicados en el sitio web de la empresa en un plazo de tres meses.

2. Usted habrá oído sobre el envase y las nuevas bebidas a base de frutas. Se ha implementado un nuevo envase para los productos cola.

43

A (*Ningún cambio*)

B sus beneficios aumentarán un 14 por ciento, lo que es resultado en buena parte de las medidas de reducción de costos implementadas por su Director Ejecutivo

C sus beneficios aumentaron un 14 por ciento, lo que es resultado en mejor parte de las medidas de reducción de costos implementadas por su Director Ejecutivo

D sus beneficios aumentaron un 14 por ciento, lo que es resultado en buena parte de las medidas de reducción de costos implementadas por su director ejecutivo

44 Relea la oración siguiente:

Usted habrá oído sobre el envase y las nuevas bebidas a base de frutas.

¿Cuál de las revisiones siguientes hará que la oración resulte más eficaz?

A Quaker ha hecho mucho para expandir su comercialización.

B Se agregaron nuevos envases y bebidas a base de frutas.

El nuevo diseño transmite una sensación de frescura y <u>haciendo más atractivo nuestro producto</u>
₄₅
para la gente joven. Quaker también introdujo una nueva línea de bebidas a base de jugo de arándanos. Esto representó un 3 por ciento de las ventas anuales. Una <u>nueva bebida energizante, con resultados promisorios, ha sido sometida a un estudio de mercado en California.</u>
₄₆
Este año, el estudio de mercado

<u>se realizará, y analizará</u> en ocho
₄₇
estados adicionales del Oeste.

3. Después de varios años de planificación e <u>investigación, Quaker lanzó en 2011 nuestro plan de comercialización para establecer una presencia en el creciente</u> mercado del
₄₈
sudeste asiático.

C El envase es algo que se cambió.

D La nueva línea de bebidas tuvo mucho éxito.

45

A (*Ningún cambio*)

B y están haciendo más atractivo nuestro producto

C hace más atractivo nuestro producto

D estaba haciendo más atractivo nuestro producto

46

A (*Ningún cambio*)

B nueva bebida energizante, con resultados prometidos, ha sido sometida a un estudio de mercado en California.

C nueva bebida energizante ha sido sometida a un estudio de mercado en California con resultados promisorios.

D nueva bebida energizante con resultados promisorios, ha sido sometida a un estudio de mercado en California.

47

A (*Ningún cambio*)

B se realizará y se analizará

C se realizará, además analizará

D se realizará, y también analizará

48

A (*Ningún cambio*)

B investigación, Quaker lanzando en 2011 nuestro plan de comercialización para establecer una presencia en el creciente

C investigación, Quaker lanzó en 2011 su plan de comercialización para establecer una presencia en el creciente

D investigación, Quaker lanzó en 2011 nuestro plan de comercialización para establecer una presencia creciente en el

Los pronósticos vaticinan que en 2015 el mercado asiático <u>crecerá. Al</u> ₄₉ <u>15 por ciento</u> de los ingresos totales.
₄₉

49

A (*Ningún cambio*)

B crecerá, al 15 por ciento

C crecerá al 15 por ciento

D crecerá: al 15 por ciento

La empresa <u>había planeado</u> abrir una ₅₀ oficina regional en Ciudad Ho Chi Minh, Vietnam, a comienzos de 2013.

50

A (*Ningún cambio*)

B estaba planeando

C planeará

D planea

ALTO. Este es el final de la prueba de Artes del Lenguaje—Escritura (Preguntas de opción múltiple).

RESPUESTAS: ARTES DEL LENGUAJE—ESCRITURA (PREGUNTAS DE OPCIÓN MÚLTIPLE)

1. **(D)** La opción de respuesta D es correcta porque en ella se reemplaza el adjetivo posesivo *vuestra* (2da. persona del plural) por *su* (3ra. persona del singular), que es el que corresponde. En la opción B, se reemplaza equivocadamente *vuestra* por *nuestra* (1ra. persona del plural), y en la opción C, sucede lo mismo, pero esta vez el reemplazo es por *tu* (2da. persona del singular).

2. **(B)** La opción de respuesta B es correcta porque en ella se reemplaza el pronombre relativo *quien* por *que*, pues se refiere al servicio y no a una persona, y se agrega una coma delante del pronombre. En la opción C, solo se agrega la coma. En la opción D, se reemplaza el pronombre pero no se agrega la coma, y además se modifica incorrectamente el verbo.

3. **(B)** La opción de respuesta B es correcta porque en ella se reemplaza una forma verbal incorrecta por una correcta. La opción C es incorrecta porque mantiene la forma verbal equivocada y agrega una coma innecesaria. La opción D es también incorrecta porque usa una forma verbal equivocada.

4. **(C)** La opción de respuesta C es correcta porque el verbo concuerda con el sujeto en persona y número. Las opciones B y D reemplazan incorrectamente el infinitivo *evitar* por otras formas verbales.

5. **(D)** La opción de respuesta D es correcta porque el verbo *encontrar* concuerda con *realizar*; las acciones son paralelas. En la opción B, se reemplaza una forma verbal correcta por una incorrecta. En la opción C, se agrega una coma que es innecesaria.

6. **(D)** La opción de respuesta D es correcta porque combina las ideas de las dos oraciones en forma clara y agrega correctamente una coma antes de la conjunción. La opción A es incorrecta porque el uso de la locución adverbial *sin embargo* carece aquí de sentido. En las opciones B y C, las formas adverbiales usadas tampoco tienen sentido.

7. **(B)** La opción de respuesta B es correcta porque usa inicial minúscula tanto para la palabra *zona* como para la palabra *central*. En la opción C, se han suprimido las comas, que son necesarias. Aunque en la opción D se ha solucionado el problema de la mayúscula inicial, se ha agregado una coma innecesaria.

8. **(A)** La opción de respuesta A es correcta porque separa con punto y seguido dos ideas diferentes. En las otras tres opciones, se usan signos de puntuación incorrectos. En la opción D, se usa, además, una forma verbal equivocada.

9. **(C)** En la opción de respuesta C, se reorganiza correctamente el párrafo de un modo que cohesiona la cadena de pensamientos. La opción A es incorrecta porque coloca la oración temática al final del párrafo. La opción B elimina una idea clave del párrafo. La opción D rompe la coherencia del párrafo.

10. **(D)** La opción de respuesta D es correcta porque agrega la conjunción subordinante adecuada y necesaria para unir las dos oraciones. La opción B crea oraciones yuxtapuestas. La opción C usa incorrectamente la locución adverbial *sin embargo*, que carece de sentido en la oración.

11. **(B)** La opción de respuesta B es correcta porque la expresión *a luz* completa el significado del verbo *dan*. Se usa el tiempo presente para concordar con *cuidan*. La opción C es incorrecta porque el autor está hablando de más de una ballena y *da*, por sí solo, no completa la idea. La opción D es también incorrecta porque al problema de la idea incompleta le suma el de un verbo en un tiempo inadecuado.

12. **(C)** La opción de respuesta C es correcta porque el verbo, *crecen*, debe concordar en tiempo (presente) con los usados en la frase precedente. En la opción B, se elimina equivocadamente la coma. En la opción D, se usa una forma verbal incorrecta.

13. **(C)** La opción de respuesta C es correcta porque coloca la frase adverbial *a fines del invierno* después del verbo al que modifica. En la opción B, se elimina una coma necesaria y se usa una forma verbal inadecuada. En la opción D, se usa una forma verbal inadecuada.

14. **(D)** La opción de respuesta D es la correcta porque el agregado de la conjunción *y* soluciona el problema de una puntuación insuficiente y convierte a la oración en compuesta. La opción B es incorrecta porque en ella se usa un signo de puntuación inadecuado. La opción C también es incorrecta porque manadas se refiere a grupos, y debe ir en plural.

15. **(D)** La opción de respuesta D es correcta porque el verbo *nadan* está en presente y concuerda en tiempo con la forma verbal *están migrando*. La opción B es incorrecta porque el verbo está en singular y no concuerda en número con el sujeto, *ballenas*. La opción C coloca la idea en el pasado.

16. **(B)** La opción de respuesta B es correcta porque hace que el párrafo 4 resulte más eficaz. La opción A corresponde más al párrafo 3 que al 4. Las opciones C y D no tienen nada que ver con la información del párrafo 4.

17. **(B)** La opción de respuesta B es correcta porque el verbo está en la forma adecuada. En las opciones C y D se usan formas incorrectas de los diferentes verbos.

18. **(C)** La opción de respuesta C es la correcta porque combina las oraciones tercera y cuarta en una oración compuesta lógica. Las opciones A y D no tienen sentido. En la opción B, se usa incorrectamente un punto y coma para unir una cláusula dependiente con una independiente.

19. **(D)** La opción de respuesta D es correcta porque agrega un verbo a la frase *Un viejo dicho*. La opción B es incorrecta porque la cita del dicho comienza con inicial minúscula. En la opción C, se modifica equivocadamente el verbo de la cita.

20. **(B)** La opción de respuesta B es correcta porque separa con una coma los términos de una enumeración. La opción C no tiene sentido porque reemplaza la forma verbal por el gerundio *poniéndose*. La opción D reemplaza incorrectamente un adjetivo por una forma verbal.

21. **(C)** La opción de respuesta C es correcta porque en ella se usa el tiempo verbal adecuado. Además, el verbo en plural debe concordar con el sustantivo *zapatos*. En las opciones B y D, el tiempo verbal usado es incorrecto.

22. **(A)** La opción de respuesta A es correcta porque la última oración no está relacionada con el tema del párrafo 2. En la opción B, se coloca una oración que no es temática al comienzo del párrafo. La opción C es incorrecta porque esta oración se corresponde con la oración que le sigue. La opción D es incorrecta porque, desde un punto de vista lógico, la oración no puede ser colocada en esa posición.

23. **(B)** La opción de respuesta B es correcta porque reemplaza el nombre *exceso* por el adjetivo que corresponde, *excesiva*. En la opción C, se elimina una coma que es necesaria. En la opción D, se usa un nombre en plural que no corresponde.

24. **(D)** La opción de respuesta D es correcta porque *deberían elegir* concuerda en tiempo con el verbo precedente, *deberían llevar*, y las acciones resultan paralelas. Las opciones B y C son incorrectas porque en ellas la acción del segundo verbo no está en paralelo con la acción del primero.

25. **(B)** La opción de respuesta B es correcta porque el verbo concuerda con el sujeto implícito, *usted*, en número, y con el verbo precedente, *mírese*, en tiempo verbal. En las opciones C y D, se usan formas verbales que no concuerdan con el tiempo verbal del verbo precedente.

26. **(D)** La opción de respuesta D es correcta porque en ella se usa la forma verbal adecuada. En la opción B, se usa un tiempo verbal incorrecto. En la opción C, el verbo está incorrectamente en plural.

27. **(C)** La opción de respuesta C es correcta porque Kid Fun es el nombre de una empresa determinada y debe ser escrito con mayúsculas iniciales. La opción B es incorrecta porque la forma verbal no tiene sentido en el contexto. La opción D es incorrecta porque el sujeto, *el fabricante*, está en singular y el verbo está en plural.

28. **(D)** La opción de respuesta D es correcta porque en ella se usan las comas entre los diferentes términos de la enumeración. En la opción B, falta la coma después de *jugueterías*. En la opción C, falta la coma después de *grandes almacenes*.

29. **(A)** La opción de respuesta A es correcta porque combina las dos oraciones usando una conjunción y una locución adverbial que establecen una relación causal entre ambas. En la opción B, no se establece la relación causal. Las opciones C y D no reflejan la relación entre ambas oraciones.

30. **(B)** La opción de respuesta B es correcta porque la acción transcurre en el pasado y no en el futuro, y porque el verbo concuerda en tiempo con el de la oración precedente. La opción C es incorrecta porque en ella el verbo está en futuro perfecto y no hay tal concordancia. En la opción D, el verbo está en pasado, pero no concuerda con el verbo precedente.

31. **(A)** La opción de respuesta A es correcta porque *El número de modelo del juguete es 0318QS y se encuentra en la parte inferior del juguete* es la forma más eficaz de combinar las dos oraciones. En la opción B, el verbo está incorrectamente en plural. En las opciones C y D, se usan palabras innecesarias.

32. **(B)** La opción de respuesta B es correcta porque reemplaza apropiadamente *auxilio* por *auxiliar*, que es el nombre del cargo del empleado. En la opción C, se reemplaza incorrectamente la preposición *de* por el adverbio *debajo*. La opción D es incorrecta porque tiene el verbo en plural.

33. **(A)** La opción de respuesta A es correcta porque representa una conclusión eficaz del párrafo. Las opciones B y C son incorrectas porque presentan detalles de apoyo. La opción D crea una secuencia ilógica de ideas.

34. **(B)** La opción de respuesta B es correcta porque en ella el verbo, *son*, concuerda con el sujeto, *actos*, en número. En la opción C, el verbo está en singular. En la opción D, se usa un tiempo verbal incorrecto.

35. **(A)** La opción de respuesta A es correcta porque establece una relación de causalidad entre lo que ha sucedido y lo que sucederá. La opción B es incorrecta porque sugiere un ejemplo que no existe. Las opciones C y D sugieren relaciones que no existen en la oración.

36. **(A)** La opción de respuesta A es correcta porque completa el título de la política. La opción B repite palabras innecesariamente. La opción C cambia palabras de las oraciones originales. La opción D es incorrecta porque los paréntesis son innecesarios.

37. **(D)** La opción de respuesta D es correcta porque del contexto de la oración se desprende que se trata de una acción futura. En las opciones B y C, se usan tiempos verbales que no representan esa idea.

38. **(D)** La opción de respuesta D es correcta porque el primer verbo concuerda con el sujeto en singular. En la opción B, el segundo verbo aparece incorrectamente en plural. En la opción C, el primer verbo está incorrectamente en plural y en un tiempo verbal equivocado.

39. **(C)** La opción de respuesta C es correcta porque en ella se usa una coma para separar el nombre de la aposición. Además, en español, cuando el nombre del cargo va seguido del nombre de la persona que lo desempeña, el nombre del cargo va en minúsculas. La opción B también tiene la coma, pero le falta el punto después de *Sra*. La opción D no tiene la coma.

40. **(B)** La opción de respuesta B es correcta porque los dos verbos se refieren al mismo sujeto, *usted*. Las opciones C y D no tienen sentido en este contexto.

41. **(C)** La opción de respuesta C es correcta porque la forma verbal *usarla* se refiere a información. La opción B es incorrecta porque la oración carece de sentido. La opción D incorpora una forma verbal incorrecta.

42. **(C)** La opción de respuesta C es correcta porque el párrafo 4 continúa la discusión de las tarjetas de identificación perdidas o extraviadas. Las opciones A y B son incorrectas porque los párrafos discuten diferentes temas. La opción D es incorrecta porque esa oración no comienza un nuevo tema.

43. **(D)** La opción de respuesta D es correcta porque en ella no se usan mayúsculas iniciales para el nombre del cargo, *director ejecutivo*. En español, cuando el nombre del cargo va seguido del nombre de la persona que lo desempeña, el nombre del cargo va en minúsculas. En la opción B, el adjetivo *implementadas* está incorrectamente en plural. En la opción C, el adjetivo *buena* ha sido reemplazado por la forma comparativa *mejor*, lo que es un error.

44. **(A)** La opción de respuesta A es la mejor opción porque representa una oración temática que abarca a todo el párrafo. Si bien la opción B describe lo que se ha hecho, no es lo suficientemente amplia como para ser considerada una oración temática. La opción C solo repite la información que se suministra en la oración siguiente. La opción D describe solo uno de los cambios, así que tampoco es una buena oración temática.

45. **(C)** La opción de respuesta C es correcta porque establece un paralelismo entre la acción de los verbos *transmite* y *hace*. En la opción B, se usa una forma verbal incorrecta y no hay paralelismo. La opción D es incorrecta puesto que en ella se usa un tiempo pasado que tampoco concuerda con *transmite*.

46. **(C)** La opción de respuesta C es correcta porque coloca la frase *con resultados promisorios* después de la frase a la que modifica, *ha sido sometida a un estudio de mercado en California*. La opción B sustituye erróneamente el adjetivo *promisorios* por *prometidos*. En la opción D, se elimina una coma necesaria.

47. **(B)** La opción de respuesta B es correcta porque el sujeto de la oración, *el estudio de mercado*, tiene dos verbos, *se realizará* y *se analizará*, y no es necesaria una coma entre ellos. La opción C conserva la coma y agrega un adverbio innecesario, *además*. La opción D modifica el sentido de la oración.

48. **(C)** La opción de respuesta C es correcta porque reemplaza el adjetivo posesivo *nuestro* por el apropiado *su*, pues se refiere a la empresa Quaker. La opción B agrega un problema al usar una forma verbal inadecuada. La opción D modifica el sentido de la oración.

49. **(C)** La opción de respuesta C es correcta porque une, como corresponde, el fragmento de oración *Al 15 por ciento* a la cláusula principal. La opción B es incorrecta porque no se necesita ninguna coma entre la frase preposicional y la cláusula principal de la oración. La opción D también es incorrecta porque, en este caso, no son necesarios los dos puntos entre la frase y la cláusula principal de la oración.

50. **(D)** La opción de respuesta D es correcta porque el tiempo del verbo debe ser el presente. En la opción B, el verbo está en tiempo pasado y no tiene sentido en este contexto. El plan ya está siendo implementado, así que la opción C es incorrecta.

Examen de práctica 2 del examen *HiSET*®
Hoja de respuestas
Artes del Lenguaje—Escritura
(Pregunta de ensayo)

_____

_____

_____

_____

_____

_____

_____

_____

_____

_____

_____

_____

_____

_____

_____

_____

_____

_____

_____

_____

_____

ARTES DEL LENGUAJE—ESCRITURA (PREGUNTA DE ENSAYO)

Instrucciones y tema del ensayo

En los recuadros de la página siguiente, se presenta el tema asignado. Usted deberá escribir SOLO sobre el tema asignado.

El ensayo será evaluado sobre la base de

- la presentación centrada en los puntos principales;
- la clara organización;
- el desarrollo específico de sus ideas;
- el control de la estructura de la oración, el uso de los signos de puntuación, la gramática, la elección de palabras y la ortografía.

RECUERDE QUE USTED DEBERÁ COMPLETAR TANTO LAS PREGUNTAS DE OPCIÓN MÚLTIPLE COMO LA PREGUNTA DE ENSAYO PARA OBTENER UNA CALIFICACIÓN EN LA PRUEBA DE ARTES DEL LENGUAJE—ESCRITURA. Para evitar tener que repetir las dos partes de la prueba, asegúrese de

- no dejar páginas en blanco;
- escribir de forma legible en tinta, así los evaluadores pueden leer sin dificultad su escritura;
- escribir sobre el tema asignado. Si usted escribe sobre un tema diferente del asignado, no recibirá calificación alguna en la prueba de Artes del Lenguaje—Escritura;
- escribir su ensayo en las páginas rayadas del cuadernillo separado de respuesta. Solo se calificará lo que se escriba en esas páginas.

La Pregunta de ensayo es una prueba para determinar cuán bien usted puede usar el lenguaje escrito para expresar sus ideas. Al preparar su ensayo, siga los pasos siguientes:

- Lea las INSTRUCCIONES y el TEMA atentamente.
- Planifique su ensayo antes de escribirlo. Use el papel de borrador suministrado para hacer sus notas. Estas notas serán recogidas, pero no calificadas.
- Antes de entregar su ensayo, relea lo que ha escrito e introduzca todos los cambios que le parezcan necesarios para mejorar el ensayo.

Su ensayo deberá tener una extensión suficiente como para permitirle desarrollar el tema adecuadamente.

A continuación, usted encontrará dos pasajes en los que los autores presentan perspectivas contrapuestas sobre una cuestión de importancia. Lea ambos pasajes con atención, tomando nota de los puntos fuertes y débiles de cada propuesta. Luego, escriba un ensayo en el que usted explique su propia posición sobre la cuestión.

Los dos artículos siguientes aparecieron en un volante en el que se presentaban las ventajas y desventajas de establecer una edad mínima nacional de 18 años para conducir en los Estados Unidos.

Los conductores adolescentes ponen en peligro a la sociedad

1. La edad legal para conducir varía de país en país. En muchos países, la edad mínima es de 18 años. En los Estados Unidos, sin embargo, la mayoría de los estados expide licencias con restricciones o sin ellas a la edad de 16 años, y algunos de los estados emiten permisos para conductores principiantes a partir de los 14 años. Los Estados Unidos deberían estandarizar en todos los estados la edad mínima para conducir, y esa edad debería ser establecida a los 18 años.

2. Si la edad mínima para conducir se estableciera a los 18 años en los Estados Unidos, se observaría un cambio impresionante en la tasa de accidentes y en la tasa de mortalidad. Las estadísticas nacionales sobre conductores adolescentes indican que los accidentes con vehículos a motor son la causa principal de muerte de adolescentes, y que los conductores de 16 años tienen tasas de accidentes mayores que los de cualquier otro grupo de edad. De hecho, los conductores de 16 años tienen una probabilidad tres veces mayor de morir en un accidente con un vehículo a motor que el promedio de los conductores. Solo estos hechos nos deberían llevar a la conclusión de que una edad mínima para conducir más elevada es una edad más segura para conducir.

3. Los Institutos Nacionales de Salud ofrecen una razón convincente para elevar la edad mínima para conducir a los 18 años. Han encontrado que en los jóvenes de 16 años la "rama ejecutiva" del cerebro —la parte que evalúa los riesgos, toma decisiones y controla la conducta impulsiva— está generalmente mucho menos desarrollada que en los adolescentes un poco mayores. Los científicos han encontrado que esta área vital se desarrolla significativamente durante la adolescencia y no está totalmente madura hasta la edad de 25 años. Esta es la razón por la que los especialistas del cerebro y los de la seguridad automotora piensan que la mayoría de los adolescentes son demasiado inmaduros para controlar los riesgos que conllevan los autos y las carreteras actuales, pues tienden a tratar a los autos como juguetes o videojuegos. Si realmente queremos proteger a la sociedad, debiéramos establecer la edad mínima para conducir a los ¡25 años!

Es injusto establecer una edad mínima para conducir

1. Los conductores jóvenes tienen más accidentes que los conductores de mayor edad. Esto es un hecho. No obstante, los pedidos de elevar la edad mínima para conducir a los 18 años están equivocados. Los conductores jóvenes tienen más accidentes por su falta de experiencia, no por su edad. Si la edad se elevara a los 18 años, entonces los conductores de 18 años, carentes de experiencia, tendrían más accidentes.

2. Elevar la edad legal para conducir basándose en la generalización de que los conductores jóvenes no conducen responsablemente es injusto para la mayoría de los conductores que sí lo hace. Estadísticamente, los hombres tienen más posibilidades de tener un accidente que las mujeres. Sin embargo, nadie plantea la posibilidad de restringir las licencias de conducir a este último grupo. El grupo de los conductores adolescentes tiene una buena cantidad de accidentes, pero lo mismo ocurre con los conductores mayores de 60 años. ¿Deberíamos quitarles también a ellos sus licencias? Solo porque algunos en un grupo sean irresponsables, no significa que todos deban ser penalizados.

Escriba un ensayo en el que explique su propia posición sobre la cuestión de si se debe establecer o no una edad mínima nacional de 18 años para conducir en los Estados Unidos.

Asegúrese de usar evidencia contenida en los pasajes que se presentan, así como también razones específicas y ejemplos de su propia experiencia y conocimiento, para respaldar su posición. Recuerde que cada posición existe dentro del contexto de una discusión más amplia de la cuestión; por ello, su ensayo debería incluir, como mínimo, el reconocimiento de la existencia de ideas alternativas o contrapuestas. Una vez que haya finalizado su ensayo, revise su redacción para comprobar que no contenga errores de ortografía, puntuación y gramática.

ARTES DEL LENGUAJE—ESCRITURA (PREGUNTA DE ENSAYO)

Todos los ensayos del examen *HiSET*® serán calificados de acuerdo con las pautas de calificación siguientes.

Calificación	Descripción
1	**Los ensayos en este punto de calificación evidencian un dominio pobre de la escritura de un argumento sobre un tema importante dado utilizando un razonamiento válido y evidencia relevante y suficiente.**

La respuesta tiene poco o ningún desarrollo de una postura central o argumentaciones. No se proporciona un contexto correcto ni comprensible del tema para la discusión. La propia postura del escritor frente al problema o las argumentaciones puede no estar clara. Se pueden proporcionar algunas ideas, pero carece de explicaciones de las mismas; solo repite ideas o las ideas se derivan completamente de los textos proporcionados.

La respuesta carece de una introducción y de una conclusión y no evidencia ningún entendimiento de la redacción de párrafos. No utiliza transiciones o puede utilizarlas de manera incorrecta.

El control del idioma es mínimo. La elección de vocabulario y la estructura de las oraciones son simples. La respuesta carece de estilo formal y de un tono objetivo.

Evidencia un dominio mínimo o nulo de las convenciones de la gramática del Español estándar y su uso. Aparecen con frecuencia errores de uso de mayúsculas, puntuación y ortografía.

2	**Los ensayos en este punto de calificación evidencian un dominio limitado de la escritura de un argumento sobre un tema importante dado utilizando un razonamiento válido y evidencia relevante y suficiente.**

La respuesta evidencia un desarrollo limitado de una postura central o argumentaciones. Se proporciona un contexto parcialmente correcto o comprensible para la discusión. La postura del escritor sobre el problema o las argumentaciones puede ser poco clara o confusa. Se proporcionan algunas ideas, pero la explicación es escasa o superficial y las partes de la explicación pueden ser repetitivas o excesivamente derivadas de los textos proporcionados, sin interpretación.

La introducción y la conclusión tienen un desarrollo mínimo. Algunas ideas relacionadas se encuentran agrupadas mediante la redacción de párrafos que no se pueden utilizar. Se utilizan pocas transiciones.

Se demuestra una apertura a las habilidades del idioma. El vocabulario es general y repetitivo. La respuesta tiene estructuras repetitivas en las oraciones u oraciones largas e incontroladas. La respuesta carece de estilo formal y de un tono objetivo.

Evidencia un dominio limitado o nulo de las convenciones de la gramática del Español estándar y su uso. Existen numerosos errores de uso de mayúsculas, puntuación y ortografía y pueden interferir con la comprensión.

Calificación	Descripción

3

Los ensayos en este punto de calificación evidencian un dominio parcial de la escritura de un argumento sobre un tema importante dado utilizando un razonamiento válido y evidencia relevante y suficiente.

La respuesta evidencia un desarrollo parcial de una postura central o argumentaciones. Se proporciona un breve contexto del tema para la discusión, incluyendo la introducción de un argumento alternativo o contraargumento. La postura del escritor frente al problema o las argumentaciones es evidente. Se proporcionan varias ideas con una explicación limitada o irregular, ofreciendo pocos ejemplos o solamente ejemplos o detalles generales que respalden las ideas. La respuesta utiliza evidencia que proviene de los textos provistos, pero esta información es limitada o utilizada en exceso, mal elegida o tergiversada.

La respuesta tiene una introducción y una conclusión, aunque una de ellas o ambas pueden estar subdesarrolladas. Las ideas están agrupadas en párrafos, aunque la relación entre las ideas puede a veces ser poco clara. Las transiciones son simples y se utilizan de manera inconsistente.

Se demuestra algo de desarrollo en las habilidades del idioma. La elección de vocabulario es general y la respuesta demuestra un poco de variedad en las estructuras de las oraciones, aunque puede haber oraciones un poco largas e incontroladas. La respuesta intenta mantener un estilo formal y un tono objetivo, pero puede fallar en sostenerlos a lo largo de la discusión.

Evidencia un dominio parcial de las convenciones de la gramática del Español estándar y su uso. Los errores en el uso de mayúsculas, la puntuación y la ortografía están presentes de manera regular en toda la respuesta y pueden interferir a veces en la comprensión.

4

Los ensayos en este punto de calificación evidencian un dominio adecuado de la escritura de un argumento sobre un tema importante dado utilizando un razonamiento válido y evidencia relevante y suficiente.

La respuesta evidencia un desarrollo adecuado de una postura central o argumentaciones. Se proporciona un breve contexto del tema para la discusión, incluyendo alguna discusión de un argumento alternativo o contraargumento. La postura del escritor frente al problema o las argumentaciones es clara. Se proporcionan varias ideas con la explicación adecuada; algunos ejemplos o detalles específicos y relevantes apoyan las ideas, incluyendo pruebas pertinentes extraídas selectivamente de los textos provistos y debidamente integradas.

Se proporciona una introducción y una conclusión funcionales y claras. Las relaciones entre las ideas se ponen en claro mediante la organización: las transiciones se utilizan de manera consistente, aunque pueden ser simples, y se muestra alguna evidencia de secuencia lógica de ideas. La respuesta utiliza una redacción de párrafos adecuada.

Calificación	Descripción

Se demuestra una habilidad adecuada en el uso del lenguaje. Se utiliza un vocabulario un tanto variado y mayormente específico. La respuesta demuestra control de las oraciones con variaciones en la longitud y en la estructura. Se establece un estilo formal y se mantiene un tono objetivo a lo largo de la discusión.

Evidencia un dominio adecuado de las convenciones de la gramática del Español estándar y su uso. Existen algunos errores de uso de mayúsculas, puntuación y ortografía, pero no interfieren con la comprensión.

5   **Los ensayos en este punto de calificación evidencian un dominio fuerte de la escritura de un argumento sobre un tema importante dado utilizando un razonamiento válido y evidencia relevante y suficiente.**

La respuesta evidencia un desarrollo competente de una postura central o argumentaciones. Se proporciona contexto del tema para la discusión, incluyendo una discusión equilibrada de un argumento alternativo o contraargumento. La postura del escritor frente al problema o las argumentaciones es clara y considerada. Se proporcionan varias ideas con una explicación completa; motivos, ejemplos y detalles específicos, relevantes y de alguna manera elaborados respaldan las ideas, incluyendo evidencia clara y relevante extraída de los textos proporcionados e integrada con habilidad.

La introducción y la conclusión son claras y suficientes. Se utiliza una redacción de párrafos clara y adecuada. Se utilizan transiciones variadas y secuencia lógica de ideas de principio a fin para enlazar las principales secciones del texto, crear cohesión y clarificar las relaciones entre las ideas.

La respuesta demuestra habilidades competentes en cuanto al idioma. El vocabulario suele ser preciso y variado. La respuesta utiliza oraciones bien controladas que varían en su longitud y complejidad. Se establece un estilo formal y se mantiene un tono formal de principio a fin. Los contraargumentos se discuten de manera justa, sin prejuicios.

Evidencia un dominio hábil de las convenciones de la gramática del Español estándar y su uso. Aparecen pocos errores de uso de mayúsculas, puntuación y ortografía y la mayoría son superficiales.

6   **Los ensayos en este punto de calificación evidencian un dominio superior de la escritura de un argumento sobre un tema importante dado utilizando un razonamiento válido y evidencia relevante y suficiente.**

La respuesta evidencia un desarrollo experto de una postura central o argumentaciones. Se proporciona contexto del tema para la discusión, incluyendo una discusión equilibrada de las fortalezas y limitaciones de un argumento alternativo o contraargumento. La postura del escritor frente al problema o las argumentaciones es clara, considerada y con pequeños matices. Se proporcionan varias ideas con explicación efectiva y exhaustiva; las ideas están respaldadas por motivos, ejemplos y detalles relevantes y completamente elaborados, incluyendo pruebas convincentes extraídas de los textos proporcionados y efectivamente integradas.

Calificación   Descripción

Las respuestas tienen una introducción y una conclusión efectiva. La redacción de párrafo utilizada es clara y adecuada, creando un conjunto coherente. Se utilizan transiciones efectivas y secuencia lógica de ideas de principio a fin para enlazar las principales secciones del texto, crear cohesión y aclarar las relaciones entre las argumentaciones y las razones, entre las razones y las pruebas, y entre las argumentaciones y los contraargumentos.

La respuesta demuestra habilidades de alto nivel en cuanto al idioma. El vocabulario es preciso, variado y atractivo. La respuesta varía eficazmente el largo y la complejidad de las oraciones. Se establece un estilo formal y un tono objetivo que realza la efectividad de la respuesta preparada. Los contraargumentos se discuten de manera justa, sin prejuicios.

Evidencia un dominio experto de las convenciones de la gramática del Español estándar y su uso, y la respuesta evidencia un uso sofisticado de la gramática, su uso y mecánicas. Aparecen pocos o ningún error de uso de mayúsculas, puntuación y ortografía.

Ejemplos de oraciones temáticas de excelencia

Las personas que dicen que los conductores jóvenes son más peligrosos están diciendo, en realidad, que los conductores sin experiencia son más peligrosos. Establecer la edad mínima para conducir a los 18 años no reducirá el número de accidentes y penalizará injustamente a los jóvenes conductores que conducen responsablemente.

Los hechos son claros: los adolescentes provocan más accidentes que cualquier otro grupo de edad. Establecer la edad mínima para conducir a los 18 años salvará vidas y estandarizará las leyes de conducción en todo el país.

Ejemplos de un uso variado del lenguaje y de detalles que siguen las normas de la Real Academia de la Lengua Española

El autor del segundo artículo expresa de manera excelente la hipocresía de este llamado a elevar la edad mínima para conducir; si estamos realmente preocupados por la seguridad, deberíamos restringir también el otorgamiento de licencias de conducir a hombres y a ciudadanos mayores.

Al considerar cualquier ley, debemos tener claro nuestro objetivo. Si el objetivo es reducir la cantidad de accidentes, la elevación de la edad mínima para conducir a los 18 años es un paso razonable. Los Institutos Nacionales de Salud afirman que el cerebro de un joven de 16 años no está preparado para procesar las decisiones necesarias para conducir, así que deberíamos respetar esto y no permitir que los adolescentes conduzcan hasta que sus cerebros hayan alcanzado la madurez.

- La organización debe seguir un orden claro y lógico.
- El ensayo debe tener también una conclusión que lo resuma de forma sucinta, como:

Efectuar un juicio arbitrario sobre cuándo las personas están preparadas para conducir es innecesario e injusto. La mejor manera de mejorar la seguridad es establecer un período de entrenamiento para nuevos conductores de cualquier edad.

Si bien puede parecer injusto para algunos adolescentes, el establecimiento de la edad mínima para conducir a los 18 años tiene sentido y salvará vidas.

Examen de práctica 2 del examen *HiSET*®
Hoja de respuestas
Estudios Sociales

	A	B	C	D			A	B	C	D
1						26				
2						27				
3						28				
4						29				
5						30				
6						31				
7						32				
8						33				
9						34				
10						35				
11						36				
12						37				
13						38				
14						39				
15						40				
16						41				
17						42				
18						43				
19						44				
20						45				
21						46				
22						47				
23						48				
24						49				
25						50				

ESTUDIOS SOCIALES

50 preguntas

70 minutos

Instrucciones

Esta es una prueba que evalúa algunas de las habilidades requeridas para el análisis de información relacionada con los estudios sociales. Lea cada una de las preguntas y decida luego cuál de las cuatro opciones de respuesta es la más apropiada para esa pregunta. Luego, marque la respuesta elegida sobre la hoja de respuestas. En algunos casos, varias preguntas se referirán a un mismo material. Lea ese material con cuidado y responda luego todas las preguntas.

Trabaje lo más rápido que pueda, pero sin ser descuidado. No dedique demasiado tiempo a alguna pregunta que le resulte difícil de responder. Deje esa pregunta y vuelva a ella más tarde, si todavía tiene tiempo disponible. Trate de responder cada pregunta aunque tenga que adivinar la respuesta.

Marque todas sus respuestas en la hoja de respuestas. Proporcione solo una respuesta para cada pregunta y procure que sus marcas sean bien visibles. Si decide cambiar una de sus respuestas, asegúrese de borrar completamente su respuesta inicial. Asegúrese también de que el número de la pregunta que está respondiendo corresponde con el número de la fila de opciones de respuesta que está marcando en su hoja de respuestas.

La pregunta 1 se refiere a la cita siguiente.

"Todo proyecto aprobado por la Cámara de Representantes y el Senado se presentará al Presidente de los Estados Unidos antes de que se convierta en ley; si lo aprobare lo firmará; en caso contrario lo devolverá, junto con sus objeciones, a la Cámara de su origen, la que insertará íntegras las objeciones en su diario y procederá a reconsiderarlo. Si después de dicho nuevo examen las dos terceras partes de esa Cámara se pusieren de acuerdo en aprobar el proyecto, se remitirá, acompañado de las objeciones, a la otra Cámara, por la cual será estudiado también nuevamente y, si lo aprobaren los dos tercios de dicha Cámara, se convertirá en ley. Pero en todos los casos de que se habla, la votación de ambas Cámaras será nominal y los nombres de las personas que voten en pro o en contra del proyecto se asentarán en el diario de la Cámara que corresponda"[1].

—Constitución de los Estados Unidos, Artículo 1, Sección 7.

1. **¿Qué proceso se describe en el pasaje?**
   A   La confirmación de los nombramientos presidenciales
   B   El juicio político
   C   El proceso de naturalización
   (D)   El veto y su anulación

---

[1] *Fuente*: http://www.archives.gov/espanol/constitucion.html

"Sostenemos como evidentes estas verdades: que todos los hombres y mujeres son creados iguales; que son dotados por su Creador de ciertos derechos inalienables; que entre estos están la vida, la libertad y la búsqueda de la felicidad; que para garantizar estos derechos se instituyen los gobiernos, que derivan sus poderes legítimos del consentimiento de los gobernados (…) La historia de la humanidad es una historia de agravios repetidos y usurpaciones de parte del hombre hacia la mujer, que tiene por objeto directo el establecimiento de una tiranía absoluta sobre ella".

—Declaración de Sentimientos de Seneca Falls (1848).

2. **Los signatorios de esta declaración fueron los primeros defensores de**

   A   la libertad de religión y la tolerancia

   (B) los derechos de las mujeres

   C   la separación de la iglesia y el estado

   D   los derechos de los estados

3. **El concepto de que los gobiernos "derivan sus poderes legítimos del consentimiento de los gobernados" es conocido en la política estadounidense como**

   (A) soberanía popular

   B   controles y contrapesos

   C   derechos civiles

   D   la Cláusula de Establecimiento

"… puede que escuchemos sin sorprendernos ni escandalizarnos que la introducción, o al menos el abuso del cristianismo, haya tenido alguna influencia en la declinación y caída del Imperio romano (…) las virtudes de la sociedad fueron desalentadas; y los restos del espíritu militar fueron enterrados (…) una gran parte de la riqueza pública y privada fue consagrada a (…) las demandas de caridad y devoción".

—*La historia de la declinación y caída del Imperio romano* (1776), cap. 39.

4. **En este fragmento, el historiador Edward Gibbon analiza la influencia que tuvo en la declinación del Imperio romano**

   A   la Reforma protestante

   B   el despliegue excesivo del ejército romano

   C   las pesadas políticas impositivas

   (D) la antigua Iglesia católica

5. **La afirmación de Gibbon de que "una gran parte de la riqueza pública y privada fue consagrada a (…) las demandas de caridad y devoción" se refiere probablemente a**

   A   el costo de los juegos públicos, como las carreras de cuadrigas, en el Imperio romano

   (B) las grandes cantidades de dinero que gastaban los primeros cristianos para financiar a la Iglesia

   C   los costos crecientes de la clase militar en el Imperio

   D   los costos crecientes de la provisión de servicios sociales a los ciudadanos romanos

Las preguntas 6 a 8 se refieren a la tabla siguiente.

Principios de la Constitución de los Estados Unidos

Principio	*Significado*
Soberanía popular	El poder reside en la gente.
Gobierno limitado	El poder del gobierno debe ser limitado, contenido.
	Los funcionarios del gobierno deben respetar la ley.
Separación de poderes	Los poderes ejecutivo, legislativo y judicial están distribuidos en diferentes poderes del gobierno.
Controles y contrapesos	Cada poder tiene la capacidad de limitar el mando de los otros poderes.
Gobierno republicano	El gobierno está constituido por funcionarios elegidos por la gente.
Federalismo	Algunos poderes son delegados en el gobierno federal; algunos, en los gobiernos estatales; y otros, en ambos.

6. El Preámbulo de la Constitución dice: "Nosotros, el Pueblo de los Estados Unidos (…) estatuimos y sancionamos esta Constitución para los Estados Unidos de América". ¿Qué principio encarna este fragmento?

    A   El federalismo

    B   El gobierno limitado

    C   La soberanía popular

    D   La separación de poderes

7. En 1920, el Senado de los Estados Unidos de América votó en contra de la ratificación del Tratado de Versailles. ¿De qué principio es ejemplo este voto?

    A   Los controles y contrapesos

    B   El federalismo

    C   La soberanía popular

    D   El gobierno republicano

8. Cuando la Carta de Derechos fue agregada a la Constitución, ¿a qué principio se le otorgó mayor fuerza?

    A   Los controles y contrapesos

    B   El gobierno limitado

    C   La soberanía popular

    D   La separación de poderes

Las preguntas 9 a 11 se refieren a la gráfica siguiente.

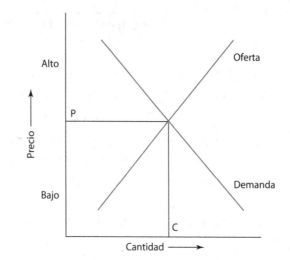

9. De acuerdo con la gráfica, ¿cuál de las afirmaciones siguientes será el resultado más probable de un AUMENTO en la cantidad de un bien disponible al público, representada por el eje horizontal?

   A No sucederá nada, pues la gráfica demuestra que la cantidad y el precio no están relacionados.

   B La oferta de ese bien disminuirá.

   C La demanda de ese producto disminuirá.

   D El precio de ese bien disminuirá.

10. De acuerdo con la gráfica, ¿cuál de las afirmaciones siguientes representa el efecto más probable que tendrá sobre el precio de un bien una DISMINUCIÓN de la oferta si la demanda permanece estable?

   A El precio de ese bien aumentará.

   B Solo la inflación puede hacer aumentar los precios de modo apreciable.

   C Puesto que la demanda permanece constante, el efecto sobre el precio no puede ser determinado.

   D La gráfica no proporciona suficiente información para determinar el efecto sobre el precio en esas condiciones.

11. De acuerdo con la gráfica, si la oferta de un bien aumenta considerablemente y la demanda por ese bien disminuye pronunciadamente, ¿cuál será el efecto de estos cambios sobre el precio?

   A El precio aumentará pronunciadamente.

   B El precio aumentará, pero solo ligeramente.

   C El precio disminuirá pronunciadamente.

   D El precio disminuirá, pero solo ligeramente.

Las preguntas 12 a 14 se refieren a la tabla siguiente.

Las enmiendas de la guerra de Secesión (Civil War)		
Enmienda	**Disposiciones**	**Fecha de ratificación**
Decimotercera	Suprime la esclavitud en todos los Estados Unidos	1865
Decimocuarta	1. Define el concepto de ciudadanía y los derechos de los ciudadanos	1868
	2. Protege el derecho al voto de toda la población o reduce la representación basada en la población si ese derecho es quebrantado	
	3. Prohíbe que ciertos antiguos miembros del gobierno de la Confederación sean elegidos para cargos electivos	
	4. Repudia las obligaciones de deuda pública contraídas por el gobierno de la Confederación	
Decimoquinta	Extiende el derecho al voto a los afroestadounidenses	1870

12. **El presidente Abraham Lincoln ya había emitido la Proclamación de Emancipación, que liberaba a los esclavos en los estados en rebelión, durante la guerra de Secesión. ¿Por qué era necesaria, entonces, la Decimotercera Enmienda?**

    A   El Tribunal Supremo había declarado inconstitucional la Proclamación de Emancipación.

    B   La Proclamación de Emancipación era solo aplicable a los estados del Sur.

    C   La Proclamación de Emancipación había sido solo una medida provisional.

    D   Los gobiernos estatales no habían hecho cumplir las disposiciones de la Proclamación de Emancipación.

13. **La Decimocuarta Enmienda declara: "Ningún Estado podrá dictar ni dar efecto a cualquier ley que limite los privilegios o inmunidades de los ciudadanos de los Estados Unidos; tampoco podrá Estado alguno privar a cualquier persona de la vida, la libertad o la propiedad sin el debido proceso legal; ni negar a cualquier persona que se encuentre dentro de sus límites jurisdiccionales la protección de las leyes, igual para todos"[2]. ¿Cuál de las disposiciones de esta enmienda, que se muestran en la tabla anterior, queda reflejada en este fragmento?**

    A   Disposición 1

    B   Disposición 2

    C   Disposición 3

    D   Disposición 4

[2] *Fuente*: http://www.archives.gov/espanol/constitucion.html

14. **¿Cuál de las secuencias siguientes explica *mejor* el orden de las enmiendas?**

   A   Primero: abolición de la esclavitud; segundo: concesión del derecho al voto a los antiguos esclavos varones; tercero: otorgamiento de la ciudadanía a los antiguos esclavos

   B   Primero: concesión del derecho al voto a los antiguos esclavos varones; segundo: otorgamiento de la ciudadanía a los antiguos esclavos; tercero: abolición de la esclavitud

   C   Primero: otorgamiento de la ciudadanía a los antiguos esclavos; segundo: abolición de la esclavitud; tercero: concesión del derecho al voto a los antiguos esclavos varones

   (D) Primero: abolición de la esclavitud; segundo: otorgamiento de la ciudadanía a los antiguos esclavos; tercero: concesión del derecho al voto a los antiguos esclavos varones

---

Las preguntas 15 y 16 se refieren al documento siguiente.

"NINGÚN hombre libre será tomado o aprisionado, desposeído de sus bienes, proscrito o desterrado, o de alguna manera destruido; nosotros no dispondremos sobre él, ni lo pondremos en prisión, sino por el juicio legal de sus pares, o por la ley del país. Nosotros no venderemos, ni negaremos, ni retardaremos a ningún hombre la justicia o el derecho".

15. **Este fragmento de la Carta Magna, de 1297 y hoy todavía vigente, ayudó a establecer uno de los principios fundamentales**

   A   del comercio internacional y las finanzas

   (B) del derecho anglosajón

   C   de la Revolución francesa

   D   del control español sobre sus colonias en América del Norte

16. **¿Con cuál de las libertades y los derechos siguientes está asociado el principio descrito en esta disposición de la Carta Magna?**

   A   La libertad de religión

   B   La libertad de expresión

   (C) El derecho al debido proceso legal

   D   La protección contra toda pena cruel y desusada

La Carta de Derechos

Enmienda	Tema
Primera	Libertad de religión, expresión, prensa y reunión; derecho a peticionar
Segunda	Derecho a la portación de armas
Tercera	Prohibición de alojamiento de militares en casas privadas
Cuarta	Prohibición de pesquisas y aprehensiones arbitrarias
Quinta	Requerimiento de un gran jurado para casos de delitos graves; prohibición de ser juzgado dos veces por la misma causa; derecho a no prestar testimonio contra sí mismo; derecho al debido proceso
Sexta	Derecho a ser juzgado por un jurado; derecho a un juicio rápido y público; derecho del acusado a confrontar con testigos y a llamar a testigos propios; derecho al asesoramiento legal
Séptima	Derecho a ser juzgado por jurado en los casos civiles
Octava	Prohibición de que se impongan fianzas o multas excesivas; prohibición de que se impongan penas crueles o desusadas
Novena	Retención por el pueblo de todos los derechos que no se especifican
Décima	Retención por los estados de todos los poderes que no se especifican en la Constitución

17. **¿Cuál de las enmiendas de la Carta de Derechos es la base del reclamo de algunos juristas sobre la inconstitucionalidad de la pena de muerte?**

   A   La Primera Enmienda

   B   La Quinta Enmienda

   C   La Sexta Enmienda

   (D)   La Octava Enmienda

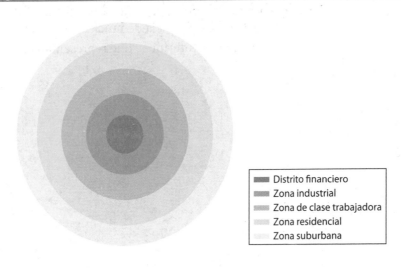

- Distrito financiero
- Zona industrial
- Zona de clase trabajadora
- Zona residencial
- Zona suburbana

18. **El diagrama anterior, llamado modelo de zonas concéntricas, es usado por los geógrafos como una de las posibles explicaciones de**

   (A) la distribución de los grupos sociales en las áreas urbanas

   B la ubicación de los centros urbanos cerca de los recursos naturales

   C el aburguesamiento de las zonas próximas al centro de la ciudad

   D la dependencia de las grandes ciudades estadounidenses de un vasto sistema de transporte público

19. **En el modelo de zonas concéntricas, los residentes urbanos pobres y los trabajadores industriales vivirían muy probablemente en**

   A el distrito financiero

   B la zona industrial

   (C) la zona de clase trabajadora

   D la zona residencial

20. **Según este modelo, ¿por qué motivo los residentes más adinerados de las ciudades se mudarían muy probablemente a los anillos más alejados de la ciudad?**

   A Para estar más cerca de los centros de entretenimiento y culturales, que también estarían ubicados en los alrededores de la ciudad

   (B) Para escapar de la polución y de la pobreza de algunos de los anillos interiores de la ciudad

   C Para estar más cerca de sus lugares de trabajo, que estarían ubicados en las afueras de la zona residencial

   D Porque solo los anillos exteriores de la ciudad tienen unidades de vivienda, y estas no existen en los anillos interiores

21. **Algunas de las críticas al modelo de zonas concéntricas podrían incluir**

   A su incapacidad para representar las características físicas que podrían impedir o modificar los patrones de crecimiento en una ciudad

   B su incapacidad de representar el aburguesamiento y la renovación urbana que experimentan las zonas cercanas al centro de las ciudades

   C que la mayoría de las ciudades que se acomodan a este modelo están ubicadas en los Estados Unidos, donde las zonas del centro de las ciudades tienden a ser más pobres, a diferencia de muchas ciudades europeas y asiáticas

   (D) todas las opciones anteriores, que representan críticas legítimas al modelo

Las preguntas 22 a 25 se refieren a la gráfica siguiente.

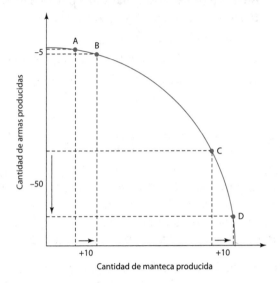

22. **¿Cuál de los conceptos siguientes ilustra en economía la curva de posibilidades de producción?**

    A   Que ciertas mercancías no pueden ser producidas nunca al mismo tiempo en una economía dada

    (B)   La combinación de dos mercancías que pueden ser producidas simultáneamente en un período determinado de tiempo y el efecto de una sobre otra

    C   Que las mercancías son producidas independientemente una de otra en una economía determinada

    D   Que los recursos necesarios para la producción de armas tienen una oferta crónicamente escasa

23. **En economía, el sacrificio en la producción de un bien para aumentar la producción de otro se denomina**

    (A)   medios de producción

    B   capital humano

    C   costo de oportunidad

    D   igualdad de poder de compra

24. **Uno de los supuestos que se han hecho en la gráfica es que**

    (A)   los factores de producción necesarios para producir los dos bienes son aproximadamente equivalentes

    B   las materias primas necesarias para producir los dos bienes deben ser las mismas

    C   los dos bienes son producidos uno al lado del otro en la misma fábrica

    D   la producción de uno de los bienes no tiene ningún efecto sobre la producción del otro

25. El argumento "armas o manteca" fue usado por el presidente Lyndon Johnson durante su segundo mandato para ilustrar las dificultades de destinar dinero tanto a los programas sociales como

A   al Nuevo Trato (*New Deal*)

B   a la Ley de Ayuda Federal a las Carreteras

C   a la Iniciativa de Defensa Estratégica

D   a la guerra de Vietnam

La pregunta 26 se refiere al pasaje siguiente.

Con malicia hacia nadie; con caridad para todos; con firmeza en el derecho, que Dios nos da para ver el derecho, esforcémonos en terminar la obra en que estamos; para vendar las heridas de la nación; para cuidar de aquel que haya soportado la batalla, y de su viuda y su huérfano —para hacer todo lo que puede lograr y apreciar una paz justa y duradera entre nosotros y con todas las naciones—.

26. Según este pasaje, ¿cuál de las afirmaciones siguientes resume más precisamente la visión de Lincoln sobre el Sur?

A   La Unión debería rendirse al Sur para que así la guerra tenga un rápido final.

B   A pesar de que la Unión ha ganado la guerra, el gobierno intenta tratar al Sur con respeto y volver a unir a toda la nación.

C   La Unión, con la ayuda de Dios, ha derrotado al Sur, y el Sur deberá ser castigado severamente.

D   El Sur deberá pagar pesadas compensaciones por la guerra para el cuidado de huérfanos y viudas del ejército de la Unión.

Las preguntas 27 y 28 se refieren a la gráfica siguiente.

Servicio de Impuestos Internos (*IRS*)
Recibos por categoría, 2010

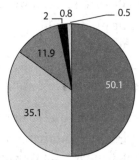

2   0.8   0.5

11.9

50.1

35.1

▢ Impuesto a la renta personal ▢ Impuestos al empleo

▪ Impuesto a la renta de empresas ▪ Impuestos al consumo

▪ Impuestos a la propiedad y a la donación ▢ Impuesto a la renta de propiedades y fideicomisos

27. Según los recibos del Servicio de Impuestos Internos (*IRS*), ¿cuánto más representan, aproximadamente, los impuestos a la renta pagados por los individuos que los impuestos a la renta pagados por las empresas?

    A   La mitad

    B   Dos veces más

    (C) Cuatro veces más

    D   Seis veces más

28. ¿A qué categoría de impuestos corresponden los impuestos pagados al Seguro Social por los trabajadores y por los empleadores?

    A   Impuesto a la renta de las empresas

    (B) Impuestos al empleo

    C   Impuestos al consumo

    D   Impuesto a la renta personal

Las preguntas 29 y 30 se refieren a la gráfica siguiente.

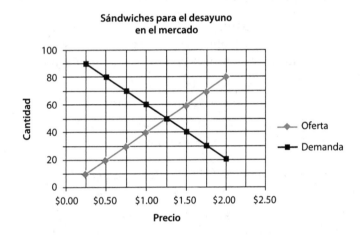

29. ¿Cuál es el precio de equilibrio de los sándwiches para el desayuno en este mercado?

    A $0.25

    B $1.00

    (C) $1.25

    D $2.25

30. ¿Cuál de las afirmaciones siguientes describe correctamente la ley de la oferta?

    A   La oferta de un producto decrece cuando el precio aumenta.

    B   La oferta de un producto aumenta cuando el precio disminuye.

    C   La oferta de un producto aumenta cuando la demanda disminuye.

    (D) La oferta de un producto aumenta cuando el precio aumenta.

Las preguntas 31 a 34 se refieren a la cita siguiente.

"La interpretación de las leyes es el territorio propio y peculiar de los tribunales. Una constitución es, de hecho, y debe ser considerada por los jueces, como la ley fundamental. Corresponde, por lo tanto, a ellos determinar su significado, así como también el significado de cada ley particular que provenga del cuerpo legislativo. Si llegara a ocurrir una variación irreconciliable entre las dos, aquella que tenga la obligación y validez superiores deberá, por supuesto, ser preferida; o, en otras palabras, la Constitución deberá tener preferencia sobre la ley, la intención de los individuos sobre la intención de sus representantes…".

31. La cita anterior, de *Federalist*, No. 78, sentó las bases para que el Tribunal Supremo obtuviera nuevos poderes. ¿Cuál de los poderes siguientes obtuvo el Tribunal Supremo en 1803 como consecuencia del caso *Marbury vs. Madison*?

    A La capacidad de suspender el recurso de hábeas corpus

    B El juicio político

    C La revisión judicial

    D La regulación del comercio entre estados

32. Según el pasaje, "La interpretación de las leyes es el territorio propio y peculiar de los tribunales". ¿De qué doctrina, esencial para el sistema constitucional estadounidense, es ejemplo esta afirmación?

    A La democracia directa

    B La representación proporcional

    C La separación de poderes

    D Los límites de los mandatos

33. La afirmación "la Constitución deberá tener preferencia sobre la ley" respalda la posición de que la Constitución

    A es la ley suprema de la nación

    B es imposible de enmendar

    C puede que sea modificada o resulte afectada por leyes estatales

    D no está sujeta a interpretación

34. Según el pasaje, ¿a quién corresponde la tarea de interpretar el significado de las leyes?

    A Al Presidente

    B A los funcionarios encargados de hacer cumplir la ley

    C Al cuerpo legislativo que promulgó la ley

    D A los tribunales

Componentes del PIB — Estados Unidos (en millardos de dólares)

	Línea		2009 I	2009 II	2009 III	2009 IV	2010 I
	1	Producto interno bruto	14,178.0	14,151.2	14,242.1	14,453.8	14,601.4
	2	Gastos de consumo personal	9,987.7	9,999.3	10,132.9	10,236.4	10,362.3
	3	Bienes	3,197.7	3,193.8	3,292.3	3,337.1	3,406.6
	4	Bienes durables	1,025.2	1,011.5	1,051.3	1,052.0	1,072.8
	5	Bienes no durables	2,172.4	2,182.2	2,241.0	2,285.1	2,333.8
	6	Servicios	6,790.0	6,805.6	6,840.6	6,899.3	6,955.8
I	7	Inversiones privadas internas brutas	1,689.9	1,561.5	1,556.1	1,707.8	1,763.8
	8	Inversiones fijas	1,817.2	1,737.7	1,712.6	1,731.4	1,726.9
	9	No residenciales	1,442.6	1,391.8	1,353.9	1,366.9	1,371.3
	10	Estructuras	533.1	494.8	457.9	434.1	417.5
	11	Equipamiento y software	909.5	897.0	895.9	932.8	953.9
	12	Residenciales	374.6	345.9	358.8	364.5	355.5
	13	Cambio en los inventarios privados	−127.4	−176.2	−156.5	−23.6	36.9
X−4	14	Exportaciones netas de bienes y servicios	−378.5	−339.1	−402.2	−449.5	−499.4
	15	Exportaciones	1,509.3	1,493.7	1,573.8	1,680.1	1,729.3
	16	Bienes	989.5	978.1	1,045.2	1,140.6	1,180.0
	17	Servicios	519.8	515.6	528.5	539.6	549.3
	18	Importaciones	1,887.9	1,832.8	1,976.0	2,129.7	2,228.7
	19	Bienes	1,508.2	1,461.1	1,592.8	1,739.4	1,827.8
	20	Servicios	379.6	371.7	383.1	390.3	400.9
G	21	Gastos de consumo e inversion bruta del gobierno	2,879.0	2,929.4	2,955.4	2,959.2	2,974.7
	22	Federales	1,106.7	1,138.3	1,164.3	1,170.1	1,186.4
	23	Defensa nacional	750.7	776.2	795.8	793.5	805.6
	24	No de defensa nacional	356.0	362.1	368.5	376.7	380.7
	25	De estados y locales	1,772.3	1,791.2	1,791.1	1,789.0	1,788.3

Fuente: Oficina de Análisis Económico de los Estados Unidos (U.S. Bureau of Economic Analysis).

35. **El producto interno bruto (PIB) es una medida importante del bienestar económico y la calidad de vida de un país. ¿Cuál de las definiciones siguientes corresponde al PIB?**

    A   La cantidad potencial de bienes y servicios que un país puede producir dentro de un período de tiempo dado

    (B) El valor final de mercado de todos los bienes y servicios producidos dentro de un país en un período de tiempo determinado

    C   La cantidad de bienes y servicios que las personas de un país pueden comprar en las condiciones adecuadas

    D   Solo una comparación de importaciones y exportaciones netas

36. **La tabla anterior, que enumera los componentes del producto interno bruto de los Estados Unidos, muestra que**

    (A) las inversiones en estructuras no residenciales, como edificios para oficinas, han disminuido del primer trimestre de 2009 al primer trimestre de 2010

    B   el país ha estado importando menos cada trimestre de lo que exporta

    C   las inversiones del gobierno en la economía estadounidense disminuyeron en un trimestre

    D   el PIB de los Estados Unidos se expandió en el segundo trimestre de 2009

37. **Todas las inversiones privadas internas brutas disminuyeron entre el primer trimestre de 2009 y el primer trimestre de 2010, *excepto***

    A   las inversiones fijas

    B   las inversiones no residenciales

    (C) las inversiones en equipamiento y software

    D   las inversiones residenciales

38. **El índice de desarrollo humano (IDH), que hasta 2011 usaba el producto interno bruto como uno de sus componentes de la medida de la calidad de vida, es una herramienta importante usada por geógrafos y economistas para evaluar el desarrollo humano. Dada esta información, ¿cuál de las afirmaciones siguientes sobre el índice de desarrollo humano es probablemente verdadera?**

    A   Los países africanos, debido a sus generalmente elevados valores de PIB, probablemente estén clasificados entre los países con un IDH más alto.

    B   Los países con las calificaciones más altas del IDH en América del Norte y en América Central son los países latinos.

    C   De los 45 países ubicados en la categoría de desarrollo humano bajo en el IDH, prácticamente todos ellos están en América del Sur.

    (D) Los países de la Unión Europea tendrán probablemente calificaciones muy altas en la escala del IDH.

Las preguntas 39 y 40 se refieren a las citas siguientes.

"Artículo Uno, Octava Sección, Cláusula 1. El Congreso tendrá facultad: Para establecer y recaudar contribuciones, impuestos, derechos y consumos; para pagar las deudas y proveer a la defensa común y bienestar general de los Estados Unidos; pero todos los derechos, impuestos y consumos serán uniformes en todos los Estados Unidos".

"Decimosexta Enmienda. El Congreso tendrá facultades para establecer y recaudar impuestos sobre los ingresos, sea cual fuere la fuente de que provengan, sin prorratearlos entre los diferentes Estados y sin atender a ningún censo o recuento".

39. **Las citas anteriores, de la Constitución de los Estados Unidos y la Decimosexta Enmienda, definen, en parte, el poder del gobierno federal para imponer impuestos. ¿De qué modo modifica la Decimosexta Enmienda el lenguaje original del Artículo I, Octava Sección?**

    A   Autoriza que el gobierno federal imponga impuestos que no estén vinculados a la defensa común y al bienestar general.

    B   Autoriza que el gobierno federal recaude impuestos, como los impuestos a la renta, que no son aplicados equitativamente sobre todos los estados.

    C   Ordena que el gobierno federal realice un censo y enumere las personas de un estado determinado antes de imponer un impuesto a la renta.

    D   Otorga el poder de imponer impuestos al Presidente, mientras que el Artículo I, Octava Sección, otorga ese poder al Congreso.

40. **El Artículo I, Octava Sección, autoriza la recaudación de "contribuciones, impuestos, derechos y consumos" por el gobierno federal. Dado que el arancel aduanero es un tipo de impuesto que se recauda sobre las importaciones, ¿cuál de las expresiones siguientes define muy probablemente el impuesto al consumo?**

    A   Un impuesto recaudado sobre la propiedad de un individuo

    B   Un impuesto sobre la herencia o donaciones de familiares fallecidos

    C   Un impuesto recaudado sobre bienes producidos dentro de los Estados Unidos

    D   Un impuesto sobre los beneficios producidos por inversiones

41. **La Decimosexta Enmienda, ratificada en 1913, fue una de las cuatro enmiendas, junto con la que trataba el sufragio de las mujeres y la prohibición de licores embriagantes, que están asociadas con un movimiento político en los Estados Unidos. ¿De qué movimiento se trata?**

    A   La Reconstrucción

    B   La Gran Sociedad

    C   El Movimiento por los Derechos Civiles

    D   El progresismo

Las preguntas 42 y 43 se refieren a la caricatura siguiente.

Nota: El texto que aparece al pie de la caricatura dice: "Júntese, o muera". Las iniciales representan las iniciales de los siguientes estados (*de izquierda a derecha*): Carolina del Sur, Carolina del Norte, Virginia, Maryland, Pensilvania, Nueva Jersey, Nueva York y Nueva Inglaterra.

42. La caricatura anterior, que apareció en la *Philadelphia Gazette*, de Benjamín Franklin, en 1754, probablemente llamaba a los colonos americanos a

(A) convertirse en miembros de un acuerdo de defensa mutua contra los franceses en la inminente guerra contra los franceses y los indios

B protestar contra las Leyes Intolerables

C unirse a los británicos para defender Georgia de una invasión desde la Florida española

D redactar los Artículos de la Confederación

43. ¿Cuál fue la razón más probable de que esta caricatura se convirtiera en un símbolo importante durante la Revolución de las Trece Colonias (*American Revolution*)?

A Los patriotas se sintieron atraídos por las connotaciones bíblicas de la serpiente como fuerza de oposición al poder.

B Benjamín Franklin era la figura política más importante en las colonias americanas y exigió que se usara esta caricatura.

C Los colonos trataron de excluir colonias como Georgia y Delaware, que no aparecían en la caricatura, de la nueva nación americana.

(D) Solo unidas, las colonias podrían aspirar a derrotar al Imperio británico, que era mucho más fuerte, tenía más riquezas y estaba mejor equipado.

La pregunta 44 se refiere a la caricatura siguiente.

Nota: El texto que aparece sobre la mesa en la caricatura dice: "China".

44. **¿Qué es lo que podría representar la caricatura anterior, de un diario francés de 1898?**

    A   Una competencia entre las potencias europeas y Japón en China a finales del siglo

    B   Las rivalidades europeas durante el apogeo del imperialismo

    C   La indignación de China por la intromisión de Europa en sus asuntos internos

    (D) Todas las opciones anteriores representan interpretaciones correctas

---

Las preguntas 45 a 47 se refieren a la tabla siguiente.

Fecha	Evento
Década de 1830	Muchos estados amplían el derecho al voto a los varones blancos que no eran propietarios
1869	Las mujeres activistas establecen las primeras organizaciones en favor del voto femenino
1870	La Decimoquinta Enmienda otorga el voto a los afroestadounidenses varones
1890	Wyoming se convierte en el primer estado en otorgar el derecho al voto a las mujeres
1920	La Decimonovena Enmienda, que otorga el voto a las mujeres, es ratificada
1924	El Congreso aprueba la ley que reconoce a los americanos nativos como ciudadanos estadounidenses y les otorga el derecho al voto (algunos estados les denegaron este derecho)
1952	La Ley McCarran-Walter otorga a los estadounidenses de origen asiático el derecho a la ciudadanía y el derecho al voto
1964	La Vigésima Cuarta Enmienda, que prohíbe el impuesto electoral, es ratificada
1965	El Congreso aprueba la Ley de Derecho al Voto para hacer cumplir los derechos al voto de los afroestadounidenses y de los americanos nativos
1971	La Decimosexta Enmienda, que reduce la edad mínima para poder votar a 18 años, es ratificada

---

45. **¿Cuál de las acciones siguientes, relacionadas con el derecho al voto, ocurrió como consecuencia del Movimiento por los Derechos Civiles?**

    A   La ratificación de la Decimoquinta Enmienda

    B   La ratificación de la Decimonovena Enmienda

    C   La Ley McCarran-Walter

    (D) La aprobación de la Ley de Derecho al Voto

46. **¿A cuál de los grupos siguientes se le otorgó el derecho al voto más recientemente?**

    A   Los afroestadounidenses

    (B) Los estadounidenses de origen asiático

    C   Los americanos nativos

    D   Las mujeres

47. ¿Cuál de las secuencias siguientes muestra el orden correcto en que los diferentes grupos recibieron el derecho al voto?

    A   Las mujeres, los afroestadounidenses, los jóvenes de 18 años de edad

    B   Los americanos nativos, los afroestadounidenses, los jóvenes de 18 años de edad

    (C) Los varones blancos que no eran propietarios, las mujeres, los americanos nativos

    D   Las mujeres, los afroestadounidenses, los estadounidenses de origen asiático

---

Las preguntas 48 a 50 se refieren a la cita siguiente.

"Que ellos verán esto como un apoderamiento de los derechos de los estados, y la consolidación de los mismos en manos del gobierno general, con un poder supuesto de obligar a los estados, no simplemente en los casos convertidos en federales, sino también en todos los casos cualesquiera que fuesen, por fuerza de ley, no con su consentimiento, pero por otros contra su consentimiento; que esto sería rendir la forma de gobierno que hemos elegido, y vivir bajo una que deriva sus poderes de su propia voluntad, y no de nuestra autoridad; y que los co-estados, recurriendo a sus derechos naturales que no se han hecho federales, coincidirán en declarar esto nulo y carente fuerza, y que cada uno se unirá a esta mancomunidad en su solicitud de revocación en la próxima sesión del Congreso".

—La Resolución de Kentucky de 1798.

48. ¿Qué posición con respecto a la Constitución de los Estados Unidos defiende la cita anterior, extraída de un documento escrito por Thomas Jefferson en 1798?

    A   Una posición de soberanía del gobierno federal

    (B) Una posición de preeminencia de los derechos estatales sobre la autoridad nacional

    C   Una posición de gobierno de las minorías por sobre la mayoría

    D   La posición de que el poder legislativo del Congreso debería ser primordial

49. ¿De qué teoría constitucional se convirtieron en base las resoluciones de Kentucky y Virginia, que permitieron a los estados abolir los actos del gobierno federal que consideraran inconstitucionales y que serían revividas por los estados del Sur en las décadas de 1820 y 1830?

    A   La revisión judicial

    (B) La nulidad

    C   El gobierno de la mayoría

    D   La soberanía popular

50. En la Declaración de Independencia, Thomas Jefferson articuló su visión de los "derechos naturales" mencionados en el pasaje. ¿Cuál de las frases siguientes fue usada por Jefferson para definir estos derechos naturales?

    A   Verdades evidentes por sí mismas

    (B) La vida, la libertad y la búsqueda de la felicidad

    C   Todos los hombres son creados iguales

    D   Cuyos poderes derivan solo del consentimiento de los gobernados

ALTO. Este es el final de la prueba de Estudios Sociales.

RESPUESTAS: ESTUDIOS SOCIALES

1. **(D)** El pasaje describe el proceso por el que el Presidente firma o veta una ley, y qué sucede después que una ley es vetada.

2. **(B)** El análisis de esta pregunta requiere que usted tenga en cuenta partes clave del texto, que incluyen "todos los hombres y mujeres son creados iguales" y "de parte del hombre hacia la mujer". Estas partes del fragmento revelan la intención de los signatarios del documento de hacer una defensa de los derechos de la mujer.

3. **(A)** Esta pregunta evalúa su conocimiento de los principios más significativos del gobierno constitucional estadounidense. El concepto de soberanía popular es uno de los principios gubernamentales fundacionales de los Estados Unidos, y ha sido expresado en numerosas ocasiones, incluida la Declaración de la Independencia.

4. **(D)** Este pasaje analiza el efecto profundo que tuvo la antigua Iglesia católica sobre el Imperio romano y es uno de los principales aspectos polémicos del influyente trabajo de Gibbon.

5. **(B)** Esta pregunta requiere que usted interprete el argumento de Gibbon y determine cuál de las opciones de respuesta se aplica mejor a ese argumento. En este caso, el impacto económico de la antigua Iglesia y su efecto sobre el Imperio es el punto crucial del argumento.

6. **(C)** La Constitución es establecida por la gente, lo que muestra el principio de la soberanía popular.

7. **(A)** La acción del Senado aprobando o vetando una ley representa un control sobre el Poder Ejecutivo, que ejemplifica el sistema de controles y contrapesos.

8. **(B)** La Carta de Derechos se centra en la limitación del poder del gobierno en relación con los derechos de sus ciudadanos.

9. **(D)** De acuerdo con la gráfica, y la ley de la oferta y la demanda, un aumento de la oferta resultará en una disminución del precio.

10. **(A)** La ley de la oferta y la demanda establece que, si la oferta disminuye mientras la demanda permanece estable, los precios de mercado aumentarán. Solo la opción de respuesta A tiene en cuenta estas fuerzas.

11. **(C)** Si tanto un aumento de la oferta como una disminución de la demanda provocarán una disminución de los precios, la combinación de los dos factores provocará una disminución considerable del precio del bien.

12. **(B)** La Decimotercera Enmienda fue necesaria para liberar a los esclavos en todas partes de los Estados Unidos. La Proclamación de Emancipación liberó solo a los esclavos que residían en los estados en rebelión.

13. **(A)** La primera disposición de la Decimocuarta Enmienda define la ciudadanía y los derechos de los ciudadanos.

14. **(D)** La Decimotercera Enmienda abolió la esclavitud; la Decimocuarta Enmienda otorgó la ciudadanía a los antiguos esclavos, y la Decimoquinta Enmienda concedió a los antiguos esclavos el derecho al voto. La información suministrada en la pregunta brinda un punto de referencia para responderla.

15. **(B)** El año 1297 antecede a la Revolución francesa y al período colonial español, y es demasiado posterior al Imperio romano. Esto elimina las opciones de respuesta A, C y D.

16. **(C)** Esta pregunta le pide que interprete el significado del pasaje y lo relacione con el significado de los derechos y libertades fundamentales tanto en Gran Bretaña como en los Estados Unidos.

17. **(D)** Algunos investigadores de cuestiones legales se oponen a la pena capital porque ellos creen que viola la protección de la Octava Enmienda contra las penas crueles y desusadas.

18. **(A)** La lectura de la clave del diagrama debería suministrarle suficiente información como para eliminar la opción de respuesta B, que trata de características físicas. El diagrama no proporciona información sobre las opciones C y D, lo que deja solo la opción A como posible respuesta.

19. **(C)** Esta pregunta requiere que usted interprete la información suministrada en el diagrama para determinar dónde vivirían los trabajadores pobres según el modelo de zonas concéntricas.

20. **(B)** Puesto que en el modelo de zonas concéntricas las zonas industriales y de viviendas de clase baja están ubicadas hacia el centro de la ciudad, es muy probable que, según este modelo, los residentes más adinerados vivan alejados del centro de la ciudad para escapar de la polución de las fábricas y de la pobreza de los barrios de clase baja.

21. **(D)** El modelo de zonas concéntricas no tiene en cuenta factores como la geografía física, las políticas municipales, el aburguesamiento o la inaplicabilidad del modelo a muchas ciudades grandes, especialmente fuera de los Estados Unidos. Por consiguiente, la opción D es la respuesta correcta.

22. **(B)** La gráfica ilustra la interconexión entre dos artículos aparentemente no relacionados que se producen durante un período determinado de tiempo y cómo la producción de uno de ellos afecta necesariamente a la del otro.

23. **(C)** En economía, el costo de oportunidad representa el sacrificio en la producción de un bien para aumentar la de otro. La curva de posibilidades de producción ayuda a ilustrar el costo de oportunidad de los bienes representados en la gráfica.

24. **(A)** Los factores de producción —los materiales, la mano de obra y los recursos necesarios para producir un bien determinado— deberían ser aproximadamente equivalentes para que los principios ilustrados en la gráfica resulten verdaderos.

25. **(D)** Lyndon Johnson usó el ejemplo de "armas o manteca" para ilustrar la dificultad de mantener el gasto en los programas sociales de su Gran Sociedad y en la rápida intensificación de la guerra de Vietnam.

26. **(B)** Lincoln, como todo el mundo sabe, describe a grandes trazos su punto de vista sobre la Reconstrucción, es decir, que el Sur debería ser bien recibido en su regreso a la Unión, sin las compensaciones y el castigo que muchos pedían en el Norte.

27. **(C)** El impuesto a la renta personal representa el 50.1%, mientras que el impuesto a la renta de las empresas equivale al 11.9%. Esto es, aproximadamente, cuatro veces más.

28. **(B)** Los impuestos que pagan los trabajadores y los empleadores son parte de los impuestos al empleo.

29. **(C)** El precio de equilibrio es el punto en el que se encuentran la oferta y la demanda. En este caso, el precio de equilibrio es $1.25.

30. **(D)** La ley de la oferta expresa que la oferta de un producto aumenta cuando el precio aumenta, lo que puede observarse en la gráfica.

31. **(C)** Esta cita, que examina los poderes de los tribunales federales en relación con el Poder Legislativo, sienta la base para la opinión mayoritaria en el caso *Marbury vs. Madison* al articular la responsabilidad de los tribunales para resolver conflictos entre los actos de la legislatura y la Constitución. Este poder, conocido como revisión judicial, permite que el Tribunal Supremo determine la constitucionalidad de las leyes federales.

32. **(C)** El principio fundamental de la separación de poderes es la división de los varios mecanismos y funciones del gobierno entre sus tres poderes para asegurar que ningún poder se convierta en demasiado poderoso.

33. **(A)** Esta pregunta requiere una lectura atenta del texto y el conocimiento del federalismo estadounidense para eliminar las opciones de respuesta B, C y D.

34. **(D)** El pasaje dice que los jueces deberán determinar el significado de las leyes.

35. **(B)** En economía, una definición de producto interno bruto es el valor final de mercado de todos los bienes y servicios producidos dentro de un país en un período dado de tiempo.

36. **(A)** La información suministrada en la tabla muestra que la única opción de respuesta verdadera es A.

37. **(C)** Todas las inversiones enumeradas disminuyeron con la excepción de las inversiones en equipamiento y software.

38. **(D)** África, debido a su gran cantidad de naciones pobres y subdesarrolladas, tiene la mayor concentración de países con "desarrollo humano bajo", lo que elimina las opciones de respuesta A y C. Los Estados Unidos y el Canadá (opción B) son los países con un índice de desarrollo humano más alto de América del Norte y de América Central, lo que deja solo a la opción D como posible respuesta.

39. **(B)** La Decimosexta Enmienda autoriza al gobierno federal a recaudar legalmente el impuesto a la renta de los ciudadanos estadounidenses.

40. **(C)** Los impuestos al consumo, que representaban una fuente muy importante de ingresos para el gobierno de los Estados Unidos antes de la Decimosexta Enmienda, son impuestos que se aplican a los bienes que se producen dentro del país donde se recaudan.

41. **(D)** La Decimosexta Enmienda, la Decimoséptima Enmienda (Elección directa de senadores), la Decimoctava Enmienda (Prohibición de licores embriagantes) y la Decimonovena Enmienda (Sufragio femenino) son conocidas en conjunto como las "enmiendas del progresismo" debido a su relación estrecha con ese movimiento político de comienzos del siglo XX.

42. **(A)** La caricatura "Júntese, o muera", publicada al comienzo de lo que se convertiría en la guerra contra los franceses y los indios, llamaba a los colonos americanos a unirse en un pacto de defensa mutua contra la alianza de los franceses y los americanos nativos.

43. **(D)** Las colonias usaron la caricatura "Júntese, o muera" de varias formas, incluida una que decía "Únase, o muera" como un símbolo para alentar a la unidad de las colonias durante la Revolución contra los mucho más poderosos británicos.

44. **(D)** Esta caricatura representa a las potencias europeas (Gran Bretaña, Francia, Alemania y Rusia) y al Japón compitiendo por ventajas económicas y territorio en China, cerca del final del período imperial chino. China, cuyo gobierno imperial aparecía cada vez más debilitado a finales del siglo XIX, no podía impedir que estas potencias agrandaran sus "esferas de influencia".

45. **(D)** El Congreso aprobó la Ley de Derecho al Voto en 1965 para hacer cumplir el derecho al voto de los afroestadounidenses y de los americanos nativos, como consecuencia de la presión del Movimiento por los Derechos Civiles.

46. **(B)** El último grupo que obtuvo el derecho al voto fue el de los estadounidenses de origen asiático, a quienes se les concedió ese derecho por la Ley McCarran-Walter, de 1952.

47. **(C)** La única opción de respuesta que presenta la secuencia en correcto orden es la opción C: varones blancos que no eran propietarios (década de 1830), mujeres (1920) y americanos nativos (1924).

48. **(B)** La resolución de Kentucky fue una de las declaraciones más fuertes en favor de los derechos de los estados en los primeros años de la república. Constituyó la base de muchos de los argumentos usados por el Sur en el período anterior a la guerra de Secesión.

49. **(B)** La teoría de la nulidad fue el nombre que se le dio a la propuesta capacidad de los estados de declarar inconstitucionales las leyes. Esta teoría fue reflotada por Carolina del Sur durante la llamada "crisis de la nulidad", que se produjo a fines de la década de 1820 y en la década de 1830.

50. **(B)** Jefferson usó la frase *la vida, la libertad y la búsqueda de la felicidad* para expresar su visión de los derechos naturales, a los que todos los hombres tienen derecho.

Examen de práctica 2 del examen *HiSET*®
Hoja de respuestas
Ciencia

	A	B	C	D
1				
2				
3				
4				
5				
6				
7				
8				
9				
10				
11				
12				
13				
14				
15				
16				
17				
18				
19				
20				
21				
22				
23				
24				
25				

	A	B	C	D
26				
27				
28				
29				
30				
31				
32				
33				
34				
35				
36				
37				
38				
39				
40				
41				
42				
43				
44				
45				
46				
47				
48				
49				
50				

CIENCIA

50 preguntas

80 minutos

Instrucciones

En esta prueba, se evalúan algunas de las habilidades requeridas para el análisis de información relacionada con la ciencia. Lea cada una de las preguntas y decida luego cuál de las cuatro opciones de respuesta es la más apropiada para esa pregunta. A continuación, marque la respuesta elegida sobre la hoja de respuestas. En algunos casos, varias preguntas se referirán a un mismo material. Lea ese material con cuidado y responda luego todas las preguntas.

Trabaje lo más rápido que pueda pero sin ser descuidado. No dedique demasiado tiempo a una pregunta que le resulte difícil de responder. Deje esa pregunta y vuelva a ella más tarde, si todavía tiene tiempo disponible. Trate de responder cada pregunta aunque tenga que adivinar la respuesta.

Marque todas sus respuestas en la hoja de respuestas. Proporcione solo una respuesta para cada pregunta y procure que sus marcas sean bien visibles. Si decide cambiar una de sus respuestas, asegúrese de borrar completamente su respuesta inicial. Asegúrese también de que el número de la pregunta que está respondiendo corresponde con el número de la fila de opciones de respuesta que está marcando en su hoja de respuestas.

1. **¿Cuál de las afirmaciones siguientes describe una transferencia de calor que se realiza principalmente por convección?**

    A   Los mosaicos cerámicos del piso parecen fríos a los pies desnudos de una persona.

    B   El aire en contacto con un suelo caliente se desplaza hacia arriba en la atmósfera.

    C   Cuando se coloca un extremo de un clavo de hierro sobre la llama de una vela, el otro extremo se calienta.

    D   El mango de una cuchara de metal colocada en un bol lleno de cubos de hielo se enfría.

2. **El diagrama que sigue muestra las fuerzas que actúan sobre una roca inmóvil apoyada sobre el suelo.**

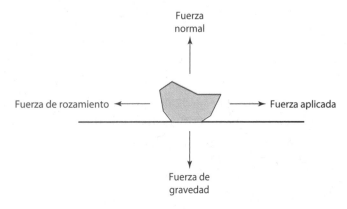

¿Por qué no se mueve la roca en respuesta a la fuerza aplicada sobre ella?

A La fuerza aplicada es igual o menor que la fuerza de rozamiento.

B La fuerza de gravedad es menor que la fuerza normal.

C La fuerza normal es mayor que la fuerza de rozamiento.

D La fuerza de gravedad es mayor que la fuerza aplicada.

3. **Una muestra de gas nitrógeno tiene una temperatura de 25 °C y una presión de 0.1 MPa.**

¿Cuál de los cambios siguientes podría provocar un aumento de la temperatura del gas?

A Una disminución de la masa del gas manteniendo la presión constante

B Un aumento en la tasa de difusión del gas

C Un aumento de la presión del gas provocado por una disminución de su volumen

D Una aislación del gas del medio que lo rodea

4. **El diagrama que sigue muestra una onda.**

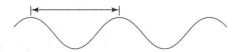

¿Qué indican las flechas?

A La amplitud de la onda

B La frecuencia de la onda

C La longitud de la onda

D El período de la onda

5. **El diagrama que sigue muestra una pelota unida a una cuerda que se desplaza en un círculo. La flecha indica la dirección del movimiento de la pelota.**

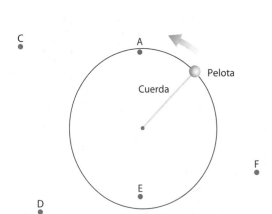

Si se corta la cuerda de la pelota cuando esta se encuentra sobre el punto A, ¿en cuál punto es más probable que se detenga la pelota?

A El punto B

B El punto C

C El punto D

D El punto E

6. Un bote de paseo navega a una velocidad promedio de 14 metros por segundo durante 200 segundos.

   Basándose en esta información, ¿cuál de los valores siguientes se puede determinar?

   A   La distancia recorrida

   B   La aceleración

   C   La inercia

   D   La velocidad espontánea

7. Un relámpago puede verse antes de que el trueno asociado con él pueda ser oído.

   ¿Cuál de las afirmaciones siguientes explica mejor esta observación?

   A   Una tormenta eléctrica produce ondas electromagnéticas más rápidamente que ondas mecánicas

   B   Las ondas electromagnéticas son difractadas más que las ondas mecánicas cuando se desplazan a través del aire

   C   La amplitud de las ondas electromagnéticas es menor que la de las ondas mecánicas

   D   La velocidad de las ondas electromagnéticas es mayor que la de las ondas mecánicas cuando se desplazan a través del aire

8. La gráfica que sigue muestra la relación entre la distancia que un objeto recorrió y el tiempo que empleó para hacerlo.

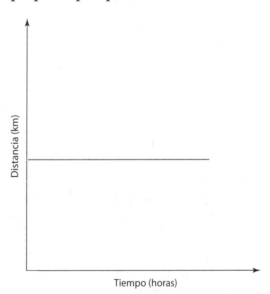

   ¿Cuál de las siguientes afirmaciones representa la mejor conclusión que se puede hacer sobre el movimiento del objeto?

   A   El objeto se movía a una velocidad constante positiva.

   B   El objeto se movía a una velocidad cambiante positiva.

   C   El objeto permaneció estacionario durante el período de tiempo representado en la gráfica.

   D   El objeto se movía a una velocidad constante negativa.

9. **Las fuerzas eléctricas tienen la capacidad de actuar sobre partículas cargadas eléctricamente que no están en contacto. La potencia de la fuerza eléctrica es afectada considerablemente por la distancia entre las partículas. La fuerza eléctrica puede ser de atracción, provocando que las partículas se junten, o de repulsión, provocando que las partículas se separen.**

   ¿Cuál de las afirmaciones siguientes representa la mejor descripción de una fuerza eléctrica entre dos partículas con cargas opuestas?

   A   La potencia de la fuerza eléctrica disminuye a medida que las partículas se acercan.

   B   La fuerza de repulsión y la fuerza de atracción se equilibran entre sí cuando las partículas se tocan.

   C   La fuerza de repulsión se convierte en fuerza de atracción cuando las partículas se separan.

   D   La fuerza de atracción aumenta cuando la distancia entre las partículas disminuye.

10. **El diagrama que sigue muestra un modelo de una sola molécula de agua y un grupo de moléculas de agua conectadas por enlaces de hidrógeno.**

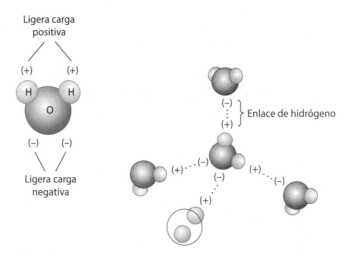

   ¿Por qué se forman enlaces de hidrógeno entre las moléculas de agua?

   A   Algunas moléculas de agua tienen una carga eléctrica positiva y otras una carga eléctrica negativa.

   B   Si bien una molécula de agua es eléctricamente neutra, la distribución de los electrones provoca que un extremo sea negativo y que el otro sea positivo.

   C   La carga negativa de una molécula de agua atrae las cargas negativas de otras moléculas de agua.

   D   Las cargas eléctricas entre moléculas de agua son más fuertes que los enlaces covalentes dentro de las moléculas.

Las preguntas 11 a 13 se refieren al esquema de ecuación de una reacción química.

$$C_6H_{14}(l) + O_2(g) \rightarrow CO_2(g) + CO(g) + C(s) + H_2O(g)$$

11. **¿Cuál de las expresiones siguientes representa una ecuación correctamente balanceada?**

    A $\quad C_6H_{14}(l) + 5O_2(g) \rightarrow CO_2(g) + CO(g) + 4C(s) + 7H_2O(g)$

    B $\quad 2C_6H_{14}(l) + 4O_2(g) \rightarrow CO_2(g) + 4CO(g) + C(s) + 14H_2O(g)$

    C $\quad C_6H_{14}(l) + 6O_2(g) \rightarrow 2CO_2(g) + 2CO(g) + 2C(s) + 6H_2O(g)$

    D $\quad 2C_6H_{14}(l) + 3O_2(g) \rightarrow 5CO_2(g) + 3CO(g) + 4C(s) + H_2O(g)$

12. **¿Cuál de los siguientes reactivos o productos se encuentra en estado líquido o en estado sólido?**

    A $\quad CO_2, H_2O$

    B $\quad C, O_2$

    C $\quad C_6H_{14}, C$

    D $\quad O_2, CO_2$

13. **¿Qué tipo de reacción química representa la ecuación?**

    A $\quad$ Una reacción de combustión

    B $\quad$ Una reacción de síntesis

    C $\quad$ Una reacción de descomposición

    D $\quad$ Una reacción de reemplazo simple (desplazamiento simple)

14. **El diagrama que sigue representa un modelo de un átomo.**

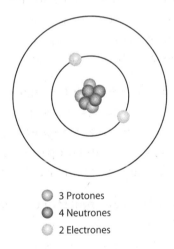

- ● 3 Protones
- ● 4 Neutrones
- ● 2 Electrones

¿Cuál de las descripciones siguientes representa mejor la estructura del átomo?

    A $\quad$ Un ion negativo

    B $\quad$ Un ion positivo

    C $\quad$ Un ion radiactivo

    D $\quad$ Un ion catalítico

15. El diagrama que sigue muestra la reactividad de los metales.

La serie de reactividad de los metales
Potasio
Sodio
Calcio
Magnesio
Aluminio
Zinc
Hierro
Estaño
Plomo
Cobre
Plata
Oro
Platino

Más reactivo

Menos reactivo

Según el diagrama, ¿cuál de las situaciones siguientes provocará una reacción química?

A Metal de cobre colocado en una solución acuosa de un compuesto de plata

B Metal de oro colocado en una solución acuosa de un compuesto de zinc

C Metal de magnesio colocado en una solución acuosa de un compuesto de sodio

D Metal de hierro colocado en una solución acuosa de un compuesto de calcio

16. ¿Cuál de las descripciones siguientes expresa mejor lo que es un enlace iónico?

A Iones con cargas opuestas que se atraen entre sí

B Iones con cargas similares que se atraen entre sí

C Dos átomos que comparten electrones de valencia

D Dos iones que comparten protones

17. La tabla que sigue muestra la capacidad calorífica específica de varias sustancias.

Sustancia	Capacidad calorífica específica (J/kg $\times$ K)
Aluminio	900
Vidrio	670
Granito	840
Platino	130
Plata	230
Agua	4,186
Madera	1,700

Si la misma cantidad de calor es transmitida a 1 kilogramo de cada una de las sustancias siguientes, ¿cuál sustancia experimentará el mayor aumento de temperatura?

A   El agua

B   El aluminio

C   La plata

D   La madera

18. **El elemento hierro (Fe) tiene 26 protones.**

¿Qué conclusión puede extraerse de esta información?

A   El hierro no contiene neutrones.

B   El hierro contiene 26 electrones.

C   El hierro contiene 13 neutrones y 13 electrones.

D   El hierro contiene un total de 56 neutrones y electrones.

19. **El diagrama que sigue muestra los componentes de una célula animal y una célula vegetal.**

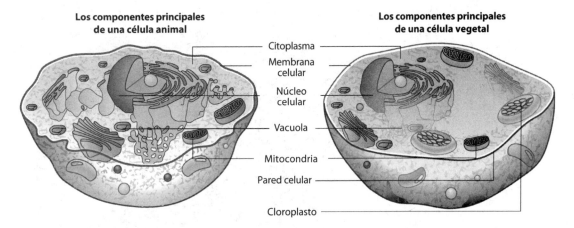

Los componentes principales de una célula animal

Los componentes principales de una célula vegetal

Citoplasma
Membrana celular
Núcleo celular
Vacuola
Mitocondria
Pared celular
Cloroplasto

Una persona examina algunas células usando un microscopio.

¿La presencia de qué características indicaría que se trata de células de una planta?

A   Vacuolas y mitocondrias

B   Núcleos y citoplasma

C   Membrana celular y vacuolas

D   Paredes celulares y cloroplastos

20. Antes de que los europeos se asentaran en Illinois, las especies de árboles dominantes eran los robles, que eran resistentes al fuego. Los grandes incendios eran comunes, y muchos eran provocados por los americanos nativos mientras cazaban. Cuando los europeos llegaron, combatieron los incendios, de manera que estos pasaron a ser mucho menos frecuentes. Los robles necesitan altos niveles de luz para su crecimiento, así que los incendios eliminaban los arbustos que daban sombra e impedían el crecimiento de robles jóvenes. Cuando los incendios terminaron, la cantidad de árboles que sí toleran la sombra, como el arce azucarero, aumentó considerablemente, y la cantidad de robles disminuyó enormemente.

¿Por qué se alteró el equilibrio entre los robles y los arces azucareros?

A La supresión de los incendios afectó el espesor de los suelos.

B La supresión de los incendios disminuyó la cantidad de luz que necesitaban los arces azucareros.

C La supresión de los incendios cambió el patrón de sucesión en los bosques.

D La supresión de los incendios aumentó la tasa de producción de hojas de los arces azucareros.

21. **El diagrama que sigue representa el fósil de un helecho.**

¿En qué tipo de medio ambiente se formó probablemente este fósil?

A En un desierto

B En un arrecife de coral

C En la profundidad del océano

D En un bosque

Las preguntas 22 a 24 se refieren al diagrama de la red alimentaria siguiente.

Red alimentaria

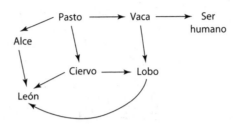

22. En el diagrama de la red alimentaria, las flechas apuntan desde un organismo hasta otro que se come al primero.

   ¿Cuáles dos organismos compiten por la misma presa?

   A El león y el lobo

   B El ciervo y el león

   C El lobo y la vaca

   D El pasto y el ser humano

23. Según el diagrama, ¿cuál de los organismos siguientes es carnívoro?

   A El alce

   B El león

   C El ciervo

   D La vaca

24. Según el diagrama, si la población de lobos aumenta, ¿qué poblaciones de organismos serán, muy probablemente, las primeras en disminuir?

   A El alce y el ser humano

   B La vaca y el león

   C El ciervo y la vaca

   D El pasto y el alce

25. El diagrama que sigue muestra la representación del ciclo del carbono.

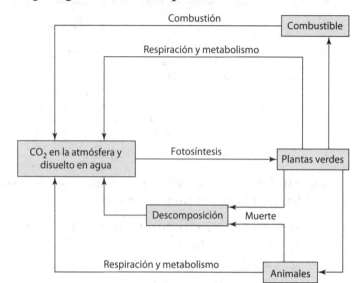

El ciclo del carbono describe cómo el carbono se desplaza entre la atmósfera, la superficie terrestre y los organismos vivos.

¿Cuál de los procesos del ciclo del carbono es más probable que se vea afectado por la actividad del ser humano?

A La fotosíntesis de las plantas verdes

B La respiración y el metabolismo de los animales

C La combustión de los combustibles

D La respiración y el metabolismo de las plantas verdes

26. ¿Por qué las bacterias se adaptan más rápidamente que las ballenas a los cambios del medio ambiente?

A Las bacterias son mucho más pequeñas que las ballenas.

B Las bacterias viven en ecosistemas mucho más variados que las ballenas.

C Hay muchas más bacterias que ballenas.

D Las bacterias se reproducen mucho más rápidamente que las ballenas.

27. Los genes están constituidos por pares de alelos. Un alelo puede ser dominante o recesivo. En los seres humanos, el alelo para la presencia de hoyuelos es dominante, y el alelo para la ausencia de hoyuelos es recesivo. Si una persona tiene un alelo dominante y un alelo recesivo para los hoyuelos, ¿cuál de las afirmaciones siguientes resultará verdadera para los hijos de esa persona?

A El hijo heredará el alelo dominante para los hoyuelos.

B El hijo heredará el alelo recesivo para los hoyuelos.

C El hijo tiene la misma probabilidad de heredar el alelo dominante que la de heredar el alelo recesivo para los hoyuelos.

D El hijo tiene una probabilidad mayor de heredar el alelo dominante para los hoyuelos.

28. **¿Qué par de los organismos siguientes tiene el mismo tipo de relación ecológica que la que tiene el oso panda con el bambú?**

    A   La jirafa y las hojas de los árboles

    B   El ratón y el búho

    C   El caimán y el pez

    D   El bisonte y la oveja

29. **¿Cuál de los elementos siguientes es necesario para la fotosíntesis de las plantas verdes?**

    A   La glucosa

    B   La clorofila

    C   El ácido sulfhídrico

    D   Las bacterias

30. **¿Cuál de las características siguientes es una característica compartida por todos los mamíferos?**

    A   Producir leche para sus crías

    B   Tener garras afiladas

    C   Tener ojos grandes y sensibles

    D   Tener la capacidad de hibernar

31. **El diagrama que sigue muestra un ejemplo de herencia dominante.**

    Herencia dominante

    Padre afectado — **Dd**
    Madre normal — **dd**

    Hijos: **Dd** Afectado, **dd** Normal, **Dd** Afectado, **dd** Normal

    Cuadro de Punnett (♀ d, d / ♂ D, d):
    - D × d = **Dd**
    - D × d = **Dd**
    - d × d = **dd**
    - d × d = **dd**

    El padre es portador de un gen defectuoso (*D*) que es dominante sobre un gen normal recesivo (*d*), del que también es portador. Por lo tanto, el padre tiene un problema de salud asociado con el gen dominante. La madre tiene dos copias del gen normal recesivo. Los hijos de estos padres pueden heredar un gen dominante *D* y un gen recesivo *d* o dos genes recesivos *d*.

    ¿Cuál de las afirmaciones siguientes se aplicará siempre a los hijos de estos padres?

    A   Todos los hijos heredarán el gen defectuoso del padre.

    B   Los hijos que no tengan el gen dominante padecerán el problema de salud genéticamente determinado.

    C   Un hijo con dos copias del gen recesivo no puede, a su vez, tener hijos con el problema de salud genéticamente determinado.

    D   Un hijo con dos copias del gen recesivo no corre peligro de tener el problema de salud genéticamente determinado.

32. ¿Cuál de las explicaciones siguientes describe mejor cómo un carnívoro obtiene energía en un ecosistema?

   A   A través del consumo de plantas

   B   A través del consumo de otros animales

   C   Viviendo como parásito en otros organismos

   D   Descomponiendo materia orgánica para liberar nutrientes

33. En un tipo de ardilla denominado ardilla gris oriental, el alelo para el pelaje gris (*G*) es dominante sobre el alelo para el pelaje marrón (*g*). Una ardilla con alelos *GG* tiene crías con una ardilla con alelos *gg*.

   ¿Qué porcentaje de las crías de las ardillas debería tener pelaje gris?

   A   100 por ciento

   B   75 por ciento

   C   50 por ciento

   D   25 por ciento

34. El diagrama que sigue muestra el espectro de la luz visible. Cada color de la luz visible tiene una longitud particular en nanómetros. Por ejemplo, la luz verde tiene una longitud de onda de aproximadamente 550 nanómetros.

| 400 | 450 | 500 | 550 | 600 | 650 | 700 | 750 |
| (Ultra) violeta | Azul | Cian | Verde | Amarillo | Naranja | Rojo | (Infra) |

Un alumno está realizando un experimento sobre la tasa de crecimiento de las algas en respuesta a su exposición a diferentes longitudes de onda de la luz. La hipótesis del alumno es que el alga roja crecerá más rápidamente cuando sea expuesta a la luz roja.

¿Cuál de las variables siguientes deberá ser manipulada para comprobar esta hipótesis?

   A   La tasa de respiración celular en las algas

   B   El color de la luz a la que se expone a las algas

   C   La hora del día en que las algas son expuestas a la luz

   D   El color de las algas usadas

35. ¿Cuál de los eventos siguientes es más probable que cause una sucesión ecológica?

   A   Las hojas caen de los árboles cuando la estación pasa del otoño al invierno.

   B   Un constructor construye una carretera a través del bosque.

   C   Dos lobos se pelean para determinar cuál de ellos es el dominador.

   D   Los organismos existentes son perturbados o eliminados por una poderosa inundación que afecta a una extensa zona.

36. La tabla que sigue muestra cuándo aparecieron algunas formas de vida en el registro geológico o cuándo se extinguieron.

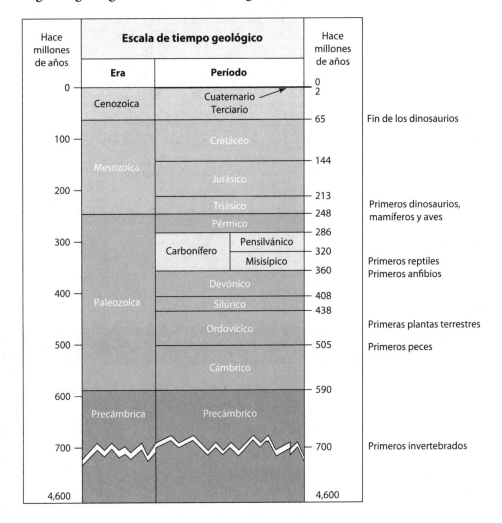

¿Cuál de las secuencias siguientes representa el orden correcto de la evolución de los organismos, desde el más antiguo al más reciente?

A   Dinosaurios, reptiles, plantas terrestres, invertebrados

B   Peces, plantas terrestres, anfibios, aves

C   Invertebrados, anfibios, mamíferos, reptiles

D   Plantas terrestres, reptiles, peces, dinosaurios

37. **El diagrama que sigue muestra una articulación del cuerpo humano.**

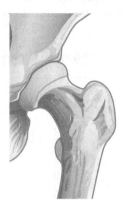

¿En qué parte del cuerpo está ubicada esta articulación?

A   El hombro

B   La muñeca

C   La columna vertebral

D   La cadera

Las preguntas 38 y 39 se refieren al diagrama siguiente, que muestra las relaciones evolutivas entre varios tipos de aves.

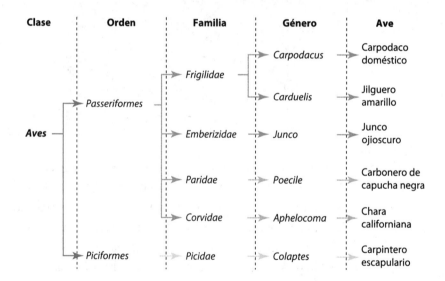

38. **¿Qué conclusión puede extraerse con respecto al junco ojioscuro y a la chara californiana?**

A   Pertenecen a la misma clase y la misma familia.

B   Pertenecen a la misma familia y el mismo género.

C   Pertenecen al mismo orden pero a familias diferentes.

D   Pertenecen al mismo género pero a diferentes clases.

39. **¿Cuál de las aves que se muestran en el diagrama es la que está menos relacionada con el jilguero amarillo?**

    A   El carpodaco doméstico

    B   El junco ojioscuro

    C   El carpintero escapulario

    D   La chara californiana

40. **El diagrama que sigue muestra la estructura de una hoja de planta.**

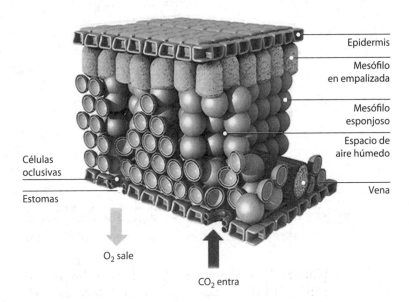

¿Cuál de las funciones siguientes es una función característica de los estomas?

    A   Permiten el intercambio de gases entre la planta y el aire que la rodea.

    B   Proporcionan soporte que ayuda a que la planta se mantenga erguida.

    C   Contienen cloroplastos donde se realiza la fotosíntesis.

    D   Transportan agua y disuelven el alimento en toda la planta.

41. **¿Cuál de los factores siguientes es la principal causa de que ocurran las estaciones en la Tierra?**

    A   La inclinación del eje de la Tierra

    B   La velocidad de rotación de la Tierra

    C   Las células de convección en la atmósfera

    D   La distancia del Sol durante el año

42. El mapa que sigue muestra la ubicación de los terremotos ocurridos durante un período de 15 años.

Mapa sísmico del mundo, 1977–1992

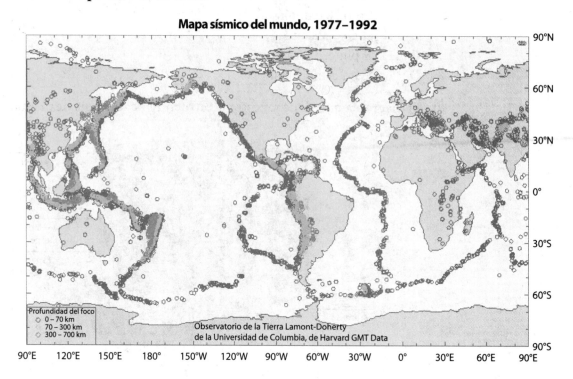

¿Cuáles de las siguientes ubicaciones están relacionadas más estrechamente con los lugares donde se produjeron terremotos?

A Ubicaciones cercanas a fuentes hidrotermales

B Ubicaciones cercanas a dorsales oceánicas

C Ubicaciones cercanas a bordes de placas tectónicas

D Ubicaciones cercanas a plumas del manto y puntos calientes

43. Los huracanes son ciclones tropicales poderosos.

¿Cuál es la fuente de energía que alimenta a los huracanes?

A La lluvia torrencial causada por cambios en la elevación del terreno

B La colisión de una masa de aire cálido con una masa de aire frío a lo largo del borde de un frente

C Las diferencias climáticas debidas a cambios estacionales que ocurren en los trópicos y subtrópicos

D La liberación de calor almacenado hacia la atmósfera como vapor de agua que se condensa en el aire ascendente

44. ¿Cuál de los fenómenos siguientes es causado principalmente por la fuerza gravitatoria de atracción entre la Tierra y la Luna?

A Los eclipses de Luna

B Las montañas y los valles sobre la superficie de la Luna

C Las mareas oceánicas en la Tierra

D Las auroras boreal y austral en la atmósfera de la Tierra

Las preguntas 45 y 46 se refieren al diagrama siguiente, que muestra la distribución del agua en la Tierra.

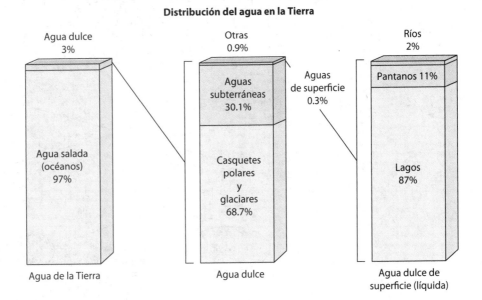

Distribución del agua en la Tierra

45. **¿Qué porcentaje del agua de la Tierra corresponde a los ríos?**

   A   Menos del 0.3 por ciento

   B   2 por ciento

   C   Entre 11 y 38.6 por ciento

   D   17 por ciento

46. **¿Dónde está ubicada la mayor parte del agua dulce de la Tierra?**

   A   En las aguas subterráneas

   B   En los casquetes polares y los glaciares

   C   En los ríos

   D   En los pantanos

47. **Los geólogos estudian las rocas sedimentarias para determinar qué condiciones había en la superficie de la Tierra hace mucho tiempo.**

   ¿En cuál de las ideas siguientes están basadas las conclusiones de los geólogos?

   A   La tasa a la que las rocas cambian permanece constante en el tiempo.

   B   Los procesos que actúan sobre la superficie de la Tierra hoy son los mismos que los que actuaron en el pasado.

   C   Las reacciones químicas que afectan a las rocas eran más lentas en el pasado que en el presente.

   D   Los tipos de minerales que constituyen la corteza de la Tierra han cambiado constantemente con el tiempo.

48. **El diagrama que sigue muestra los procesos comprendidos en el ciclo de formación de las rocas.**

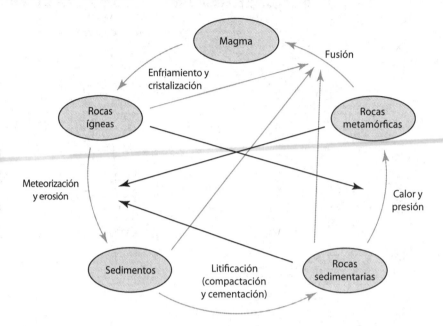

Según el diagrama, ¿cuál es una fuente importante de los sedimentos que constituyen las rocas sedimentarias?

A   Los minerales que constituyen el magma, que se enfrían y se cristalizan en rocas sólidas

B   La evaporación del agua, que deja como restos los minerales que estaban disueltos en ella

C   La compactación y cementación de partículas en nuevas rocas

D   Las partículas derivadas de rocas metamórficas que se descomponen

Características	Mercurio	Venus	Tierra	Marte	Júpiter	Saturno	Urano	Neptuno
Diámetro (km)	4,870	12,104	12,756	6,787	142,800	120,000	51,118	49,528
Período orbital (en años Tierra)	0.24	0.62	1	1.88	11.86	29.46	84.01	164.8
Período de rotación (en días Tierra)	58.65	−243*	1	1.03	0.41	0.44	−0.72*	0.72
Inclinación del eje (grados)	0.0	177.4	23.45	23.98	3.08	26.73	97.92	28.8

*Un valor negativo para el período de rotación indica que la dirección de rotación del planeta es contraria a la dirección en la que orbita el Sol.

49. ¿Cuál de los planetas siguientes necesita menos tiempo para completar una rotación sobre su eje?

    A   Mercurio

    B   Saturno

    C   La Tierra

    D   Marte

50. ¿Cuál de los planetas siguientes completa una órbita alrededor del Sol en menos tiempo que la Tierra?

    A   Venus

    B   Júpiter

    C   Saturno

    D   Urano

ALTO. Este es el final de la prueba de Ciencia.

RESPUESTAS: CIENCIA

1. **(B)** Convección es la transferencia de calor a través del movimiento de la materia; se produce en líquidos y gases. Conducción es la transferencia de calor entre objetos que no están en contacto directo. Radiación es la transferencia de energía a través de ondas electromagnéticas.

2. **(A)** La fuerza aplicada debe ser mayor que la fuerza de rozamiento para que un objeto pueda desplazarse sobre una superficie con la que está en contacto.

3. **(C)** La temperatura y la presión de un gas son directamente proporcionales entre sí. Si una aumenta, la otra también.

4. **(C)** La longitud de onda es la distancia entre puntos idénticos en ciclos contiguos de una onda.

5. **(B)** Cuando se corta la cuerda, la fuerza centrípeta que tira de la cuerda hacia adentro desaparece. La pelota continúa en su dirección de desplazamiento en línea recta.

6. **(A)** La distancia puede ser determinada cuando se conocen la velocidad promedio y el tiempo transcurrido. La distancia es igual a la velocidad multiplicada por el tiempo.

7. **(D)** Las ondas mecánicas son producidas por vibraciones de partículas en un medio. Tienen una velocidad mucho menor que las ondas electromagnéticas, que se desplazan a través del vacío.

8. **(C)** La línea es recta, lo que muestra que la relación entre tiempo y distancia era constante, pero la recta no tiene pendiente, lo que indica que la distancia recorrida no cambió con el tiempo.

9. **(D)** Las fuerzas eléctricas son muy sensibles a la distancia. La disminución de la distancia entre partículas con cargas opuestas aumentará considerablemente la fuerza de atracción entre ellas.

10. **(B)** La molécula del agua es una molécula polar, así que un extremo es ligeramente positivo y el otro ligeramente negativo, a pesar de que la carga total de la molécula es neutra. Los enlaces de hidrógeno se forman cuando el extremo negativo de una molécula es atraído por el extremo positivo de otra molécula.

11. **(A)** Cuando está correctamente balanceada, la ecuación muestra una cantidad igual de cada elemento en los dos lados —6 átomos de carbono, 14 átomos de hidrógeno y 10 átomos de oxígeno.

12. **(C)** Los estados de la materia de los reactivos y productos aparecen indicados en la ecuación como líquido (l), sólido (s) o gaseoso (g). El compuesto C_6H_{14} se encuentra en estado líquido y el elemento C está en estado sólido. En esta reacción, H_2O se encuentra en estado gaseoso.

13. **(A)** La reacción es una reacción de combustión porque el oxígeno reacciona con otro compuesto para formar dióxido de carbono y agua. En este caso, la combustión es incompleta porque también se producen carbono elemental y monóxido de carbono.

14. **(B)** Un ion positivo tiene más protones que electrones.

15. **(A)** Un elemento que está ubicado más arriba en la serie de actividad (más reactivo) desplazará a un elemento ubicado más abajo en la serie de actividad (menos reactivo). El cobre está ubicado más arriba que la plata en la serie. En las opciones de respuesta B, C y D, se mencionan metales que están más abajo en la serie que el metal que deberían reemplazar.

16. **(A)** Los enlaces iónicos se forman como consecuencia de la fuerza electrostática de atracción entre iones de cargas opuestas.

17. **(C)** De las sustancias enumeradas, la plata tiene la menor capacidad calorífica específica. Por lo tanto, la temperatura de la plata aumentará más rápidamente con la adición de energía térmica.

18. **(B)** El átomo de un elemento tiene el mismo número de protones y electrones.

19. **(D)** Una célula vegetal tiene una pared celular y cloroplastos; una célula animal no los tiene.

20. **(C)** El cambio en el medio ambiente (incendios menos frecuentes) hizo posible que diferentes tipos de árboles se volvieran dominantes, cambiando así el patrón de sucesión.

21. **(D)** Los helechos crecen muy bien en condiciones de humedad, sombra y calor. Es posible que se los encuentre en bosques templados o tropicales.

22. **(A)** El diagrama muestra flechas que apuntan desde el ciervo hacia el león y el lobo. Tanto los leones como los lobos se alimentan de ciervos, así que compiten por un mismo recurso alimentario.

23. **(B)** De los organismos enumerados, solo el león come carne.

24. **(C)** Los lobos comen ciervos y vacas, así que un aumento en la población de lobos haría disminuir primero las poblaciones de ciervos y vacas.

25. **(C)** La combustión de combustibles, especialmente de petróleo y de carbón, por parte del ser humano afecta considerablemente la concentración de dióxido de carbono en la atmósfera. A pesar de que las actividades del ser humano también afectan el crecimiento de plantas y animales, estas actividades no tienen un impacto tan grande sobre el ciclo del carbono como el que tiene la combustión de combustibles.

26. **(D)** Generaciones de bacterias pueden producirse muy rápidamente, así que sus poblaciones pueden adaptarse también a los cambios del medio ambiente en bastante poco tiempo. Las ballenas necesitan años para alcanzar la madurez y producen solo una cría por vez, por lo que su tasa de reproducción es lenta.

27. **(C)** El niño heredará un alelo codificado para los hoyuelos de cada padre. Existe una probabilidad igual de que le sea transmitido al niño el alelo dominante o el alelo recesivo.

28. **(A)** El oso panda es un herbívoro (un animal que se alimenta de plantas) que se alimenta del bambú. Una jirafa también es un herbívoro que se alimenta de las hojas de los árboles.

29. **(B)** La clorofila es un pigmento verde que usa energía de la luz solar para sintetizar carbohidratos simples a partir del dióxido de carbono y el agua. El oxígeno es un producto derivado.

30. **(A)** Todos los mamíferos producen leche para alimentar a sus crías. No todos los mamíferos tienen garras ni la capacidad de hibernar. Muchos mamíferos marinos y de agua dulce tienen una visión reducida.

31. **(D)** La falta de un alelo dominante permite que el rasgo recesivo (ausencia del problema de salud genéticamente determinado) se manifieste. No es posible extraer conclusiones sobre los futuros descendientes de los hijos sin conocer el genotipo del otro padre.

32. **(B)** Un carnívoro es un animal que obtiene su alimento comiéndose a otros animales.

33. **(A)** El cuadrado de Punnett para el entrecruzamiento es

	g	g
G	Gg	Gg
G	Gg	Gg

Por lo tanto, todas las crías heredarán un alelo dominante del padre GG. Debido a que el código del alelo dominante corresponde al pelaje gris, el 100 por ciento de las crías tendrá un pelaje gris.

34. **(B)** El color de la luz a la que las algas son expuestas deberá variar entre todos los colores para poder evaluar si un color particular aumenta la tasa de crecimiento.

35. **(D)** La sucesión ecológica es un cambio natural en la estructura de las especies de un ecosistema que es consecuencia de una perturbación en el ecosistema (o de la colonización inicial de un nuevo hábitat).

36. **(B)** La tabla muestra que solo la opción de respuesta B enumera los organismos por orden de aparición.

37. **(D)** La articulación de la cadera (opción D) es una articulación de encaje recíproco (esférica). La articulación del codo (opción A) es una articulación de tipo bisagra. Las articulaciones de la muñeca (opción B) y de la columna vertebral (opción C) son articulaciones de deslizamiento. El cráneo tiene articulaciones de tipo fibroso (inmóviles).

38. **(C)** El diagrama muestra que las dos aves pertenecen al orden *Passeriformes* pero a diferentes familias.

39. **(C)** En el diagrama, el carpintero escapulario es el menos relacionado con todos los otros tipos de aves porque pertenece a un orden distinto del de las otras aves.

40. **(A)** El diagrama muestra la entrada a la hoja de dióxido de carbono y la salida de oxígeno de ella. Por lo tanto, los estomas controlan la entrada y la salida de gases de la planta.

41. **(A)** La inclinación del eje de la Tierra ocasiona el cambio de estaciones porque posibilita la distribución desigual de la energía solar que llega a la superficie durante el curso del año.

42. **(C)** La mayoría de los terremotos ocurren a lo largo de los bordes de placas tectónicas.

43. **(D)** La liberación de calor almacenado por la condensación del vapor de agua proporciona el combustible necesario para una intensificación mayor de los ciclones tropicales. El aire calentado se expande y asciende, haciendo que la presión del aire de superficie disminuya más.

44. **(C)** Las mareas oceánicas son causadas principalmente por la fuerza gravitatoria de atracción entre la Tierra y la Luna, con una contribución más pequeña de la fuerza gravitatoria de atracción entre la Tierra y el Sol. Los eclipses (opción A) son provocados por las posiciones relativas de la Tierra, la Luna y el Sol.

45. **(A)** El diagrama muestra que alrededor del 3 por ciento del agua de la Tierra corresponde al agua dulce. De esa cantidad, alrededor del 0.3 por ciento es agua de superficie. Los ríos representan solo una parte muy pequeña del agua de superficie.

46. **(B)** Solo un 3 por ciento del agua de la Tierra corresponde al agua dulce. Los casquetes polares y los glaciares contienen el 68.7 por ciento del agua dulce del planeta.

47. **(B)** El principio del uniformismo, o uniformitarismo, es un punto de apoyo básico de la geología. Sostiene que los procesos que dieron forma a la Tierra se han mantenido uniformes a través del tiempo. Por lo tanto, los procesos que afectan hoy la formación de las rocas sedimentarias pueden ser usados como modelos de los que actuaron en el pasado.

48. **(D)** La meteorización y erosión descomponen las rocas. Los sedimentos derivados de las rocas existentes (sedimentarias, ígneas o metamórficas) se pueden compactar y cementar para formar nuevas rocas sedimentarias.

49. **(B)** El período de rotación de un planeta representa el tiempo necesario para una rotación completa sobre su eje. De los planetas enumerados, Saturno es el que tiene el período más breve de rotación.

50. **(A)** La Tierra requiere de un año para completar una órbita alrededor del Sol. Venus completa una órbita en alrededor de un cuarto de ese tiempo (0.24 en años Tierra).

Examen de práctica 2 del examen *HiSET*®
Hoja de respuestas
Artes del Lenguaje—Lectura

	A	B	C	D
1	☐	☐	☐	☐
2	☐	☐	☐	☐
3	☐	☐	☐	☐
4	☐	☐	☐	☐
5	☐	☐	☐	☐
6	☐	☐	☐	☐
7	☐	☐	☐	☐
8	☐	☐	☐	☐
9	☐	☐	☐	☐
10	☐	☐	☐	☐
11	☐	☐	☐	☐
12	☐	☐	☐	☐
13	☐	☐	☐	☐
14	☐	☐	☐	☐
15	☐	☐	☐	☐
16	☐	☐	☐	☐
17	☐	☐	☐	☐
18	☐	☐	☐	☐
19	☐	☐	☐	☐
20	☐	☐	☐	☐

	A	B	C	D
21	☐	☐	☐	☐
22	☐	☐	☐	☐
23	☐	☐	☐	☐
24	☐	☐	☐	☐
25	☐	☐	☐	☐
26	☐	☐	☐	☐
27	☐	☐	☐	☐
28	☐	☐	☐	☐
29	☐	☐	☐	☐
30	☐	☐	☐	☐
31	☐	☐	☐	☐
32	☐	☐	☐	☐
33	☐	☐	☐	☐
34	☐	☐	☐	☐
35	☐	☐	☐	☐
36	☐	☐	☐	☐
37	☐	☐	☐	☐
38	☐	☐	☐	☐
39	☐	☐	☐	☐
40	☐	☐	☐	☐

ARTES DEL LENGUAJE—LECTURA

40 preguntas

65 minutos

Instrucciones

En esta prueba, se evalúan algunas de las habilidades requeridas para la comprensión de los materiales de lectura. Los pasajes que se incluyen en esta prueba provienen de una variedad de trabajos publicados, tanto literarios (de ficción) como informativos (de no ficción). Cada pasaje está seguido de una serie de preguntas. Los pasajes comienzan con una introducción que proporciona información que podría serle de utilidad para la lectura. Después de que usted haya leído el pasaje, prosiga con las preguntas que se encuentran a continuación. Para cada pregunta, elija la mejor respuesta, y luego marque la opción seleccionada en la hoja de respuestas. Usted puede consultar el pasaje todas las veces que lo considere necesario.

Trabaje lo más rápido que pueda, pero sin ser descuidado. No dedique demasiado tiempo a alguna pregunta que le resulte difícil de responder. Deje esa pregunta y vuelva a ella más tarde, si todavía tiene tiempo disponible. Trate de responder cada pregunta aunque tenga que adivinar la respuesta.

Marque todas sus respuestas en la hoja de respuestas. Proporcione solo una respuesta para cada pregunta y procure que sus marcas sean bien visibles. Si decide cambiar una de sus respuestas, asegúrese de borrar completamente su respuesta inicial. Asegúrese también de que el número de la pregunta que está respondiendo corresponde con el número de la fila de opciones de respuesta que está marcando en su hoja de respuestas.

> **Las preguntas 1 a 6 se refieren al fragmento siguiente, que es una adaptación de "Llame al 911: ¿Representan los teléfonos celulares un peligro para su salud?".**

[1] ¿Representan un peligro para su salud las ondas de radio emitidas por los teléfonos celulares?

[2] Si bien las investigaciones continúan, la Administración de Alimentos y Medicamentos (FDA) dice que hay evidencia científica disponible —incluidas las conclusiones de la Organización Mundial de la Salud (OMS) publicadas el 17 de mayo de 2010— que demuestra que no aumenta el riesgo para la salud por la exposición a la energía de radiofrecuencia (RF), una forma de radiación electromagnética que es emitida por los teléfonos celulares.

[3] La FDA cita también un hallazgo independiente del programa del Instituto Nacional del Cáncer que confirma que, a pesar del crecimiento exponencial del uso de teléfonos celulares, los casos de cáncer de cerebro no aumentaron entre 1987 y 2005 (…)

[4] Si bien se pueden vender teléfonos celulares sin la aprobación o autorización de la FDA, la agencia monitoriza los efectos que los teléfonos provocan sobre la salud. La FDA tiene la autoridad para actuar en caso de que se compruebe que los teléfonos emiten energía RF a un nivel que es peligroso para el usuario.

[5] Las conclusiones publicadas en mayo de 2010 fueron preparadas por el proyecto Interphone, una serie de estudios que se iniciaron en 2000 y que se llevaron a cabo en 13 países (los Estados Unidos no fueron uno de ellos). El proyecto Interphone fue

coordinado por el Organismo Internacional para Investigaciones sobre Cáncer, de la OMS.

[6] En el estudio, se informó que no había riesgo, o que el riesgo era mínimo, de tumores cerebrales para la mayoría de los que utilizan por mucho tiempo los teléfonos celulares.

[7] "Todavía hay preguntas sobre el efecto de una exposición prolongada a la energía de radiofrecuencia que no han sido respondidas completamente por Interphone", dice Abiy Desta, jefe de la red para la ciencia del Centro de Dispositivos y Salud Radiológica de la FDA.

[8] "No obstante, este estudio proporciona información de mucha utilidad para la evaluación de la seguridad del uso de teléfonos celulares".

[9] La OMS informa que Interphone es el mayor estudio de control de casos de uso de teléfonos celulares y tumores cerebrales realizado hasta el presente, que incluye a grandes cantidades de usuarios con al menos 10 años de exposición a la energía RF.

[10] El estudio se centra en cuatro tipos de tumores encontrados en los tejidos que absorben la mayor cantidad de energía RF emitida por teléfonos celulares: tumores del cerebro conocidos como gliomas y meningiomas, del nervio auditivo y de la glándula parótida (la más grande de las glándulas salivares). El objetivo era determinar si el uso del teléfono celular aumentaba el riesgo de desarrollar estos tumores.

[11] Los hallazgos recientes del proyecto Interphone, que han sido publicados en línea por el *International Journal of Epidemiology* en junio de 2010, no muestran un aumento del riesgo de cáncer de cerebro como consecuencia del uso de los teléfonos celulares.

[12] Si bien algunos datos sugieren un aumento del riesgo para las personas con un uso intensivo de teléfonos celulares, el estudio determina que los sesgos y los errores limitan el valor de las conclusiones que se pueden extraer de él.

[13] De acuerdo con la OMS, el uso de los teléfonos celulares se ha convertido en mucho más frecuente y no es inusual que la gente joven use los teléfonos celulares durante una hora o más por día. Este aumento ha sido atenuado, sin embargo, por la menor cantidad de emisiones, en promedio, de los teléfonos de tecnología más avanzada y por el creciente uso de los mensajes de texto y de equipos manos libres, que mantienen el teléfono alejado de la cabeza.

[14] Si bien la evidencia muestra que existe poco o ningún riesgo de tumores cerebrales para la mayoría de los usuarios prolongados de teléfonos celulares, la FDA dice que aquellas personas que deseen reducir su exposición a la energía de radiofrecuencia pueden

- reducir la cantidad de tiempo que usan los teléfonos celulares;
- usar los altavoces del teléfono o los auriculares para que haya mayor distancia entre el teléfono celular y la cabeza.

1. **¿Cuál es el propósito principal del autor para escribir este pasaje?**

   A   Informar a los lectores de los resultados de un estudio sobre los teléfonos celulares

   B   Persuadir a los lectores de que usen sus teléfonos celulares con menos frecuencia

   C   Describir a los lectores los efectos de la radiación sobre los usuarios de teléfonos celulares

   D   Explicar a los lectores por qué el uso de los teléfonos celulares aumenta el riesgo de contraer ciertos tipos de cáncer

2. Basándose en el párrafo 2, ¿qué inferencia sobre los teléfonos celulares puede usted hacer?

    A   La gente pensaba que los teléfonos celulares podían tener efectos perjudiciales para la salud.

    B   Se ha comprobado que los teléfonos celulares son completamente seguros para el uso diario.

    C   La FDA debe realizar estudios sobre todos los modelos nuevos.

    D   La exposición a la radiación electromagnética es mínima.

3. ¿Cuál de las afirmaciones siguientes representa el *mejor* resumen del párrafo 13?

    A   En la actualidad, más gente joven tiene teléfonos celulares, así que es importante que aprenda a usarlos con precaución para evitar la exposición a las radiaciones.

    B   Los usuarios jóvenes de teléfonos celulares que envían mensajes de texto y usan auriculares tienen menos posibilidades de quedar expuestos a la radiación y de experimentar efectos adversos sobre su salud.

    C   La gente joven pasa tiempo usando sus teléfonos celulares todos los días, pero las menores emisiones y el aumento de los mensajes de texto reducen su exposición a la radiación.

    D   El estudio de la Organización Mundial de la Salud encontró que era poco probable que los usuarios jóvenes de teléfonos celulares tuvieran mucha exposición a la radiación.

4. Basándose en el párrafo 7, ¿qué conclusión puede extraerse sobre el estudio?

    A   No logró despejar todas las preocupaciones sobre los teléfonos celulares y el cáncer.

    B   Convenció a los fabricantes de teléfonos celulares de reducir la radiación que producen sus productos.

    C   Provocó que muchos usuarios reconsideraran el uso diario de sus teléfonos celulares.

    D   Recordó a los compradores de teléfonos celulares que los productos de alta tecnología tienen sus riesgos.

5. ¿Qué rol desempeñan en el pasaje las opciones enumeradas en la lista del párrafo 14?

    A   Proporcionan información de antecedentes acerca del reciente informe sobre teléfonos celulares.

    B   Resumen los puntos de vista clave del autor sobre los riesgos del uso de teléfonos celulares.

    C   Identifican modos de reducir la exposición a la radiación de los teléfonos celulares.

    D   Enumeran datos sobre los teléfonos celulares provistos por la Organización Mundial de la Salud.

6. Según el pasaje, ¿cuál es la relación existente entre el uso de los teléfonos celulares y los cánceres de cerebro?

    A   Los teléfonos celulares alivian a aquellos que sufren de cánceres de cerebro.

    B   Los teléfonos celulares presentan poco o ningún riesgo de contraer cánceres de cerebro.

    C   Los teléfonos celulares ayudan a los científicos a detectar cánceres de cerebro.

    D   Los teléfonos celulares causan ciertos tipos de cánceres de cerebro.

Las preguntas 7 a 12 se refieren al fragmento siguiente del cuento corto "El regalo de los Reyes Magos", de O. Henry, 1906.

Porque allí estaban las peinetas —el juego completo de peinetas, una al lado de otra— que Della había estado admirando durante tanto tiempo en una vitrina de Broadway. Eran unas peinetas muy hermosas, de carey auténtico, con sus bordes adornados con joyas y justamente del tono apropiado para lucir en la bella cabellera ahora desaparecida. Eran peinetas muy caras, ella lo sabía, y su corazón simplemente había suspirado por ellas y las había anhelado sin la menor esperanza de poseerlas algún día. Y ahora eran suyas, pero las trenzas destinadas a ser adornadas con esos codiciados adornos habían desaparecido.

Pero Della las oprimió contra su pecho y, finalmente, fue capaz de mirarlas con ojos húmedos y con una débil sonrisa, y dijo:

—¡Mi pelo crecerá muy rápido, Jim!

Y enseguida dio un salto como un gatito chamuscado y gritó:

—¡Oh, oh!

Jim no había visto aún su hermoso regalo. Della se lo mostró con vehemencia en la palma abierta de su mano. El precioso y opaco metal pareció brillar con la luz del radiante y ardiente espíritu de Della.

—¿Verdad que parece muy maja, Jim? Recorrí la ciudad entera para encontrarla. Ahora podrás mirar la hora cien veces al día si se te antoja. Dame tu reloj. Quiero ver cómo se ve con ella puesta.

En vez de obedecer, Jim se dejó caer sobre el sofá, cruzó sus manos debajo de su nuca y sonrió.

—Della —le dijo—, olvidémonos de nuestros regalos de Navidad por ahora. Son demasiado hermosos para usarlos en este momento. Vendí mi reloj para comprarte las peinetas. Y ahora supongamos que pones la carne al fuego.

7. **¿Dónde transcurre la acción de este fragmento?**

   A   En una joyería

   B   En la casa de la pareja

   C   En la oficina de Jim

   D   En la oficina de Della

8. **¿Por qué Jim sugiere que hagan a un lado los regalos de Navidad?**

   A   Porque no pueden usarlos

   B   Porque a ninguno de los dos les gustan los regalos

   C   Porque todavía no es Navidad

   D   Porque los regalos son demasiado bonitos como para usarlos

9. **¿Qué sienten Jim y Della por el otro?**

   A   Jim ama a Della, pero su amor no es correspondido.

   B   Se desagradan mutuamente.

   C   Della ama a Jim, pero su amor no es correspondido.

   D   Se aman mutuamente.

10. **¿Cuál de las expresiones siguientes describe *mejor* la atmósfera general del fragmento?**

   A   De alegría

   B   De tensión

   C   De suspenso

   D   De amabilidad

11. **¿Por qué Della no puede usar las peinetas?**

   A   Su pelo está demasiado corto para usar las peinetas.

   B   Della las tiene que vender para que Jim pueda comprar un reloj nuevo.

   C   Jim no la dejará que se las ponga.

   D   Son demasiado caras y deberán devolverlas a la tienda.

12. **¿Cuál de las expresiones siguientes define mejor a la palabra *maja*, según se la usa en el cuento?**

   A   Que gusta por su simpatía

   B   Que es un regalo fino para Navidad

   C   Que es de una belleza o calidad excepcional

   D   Que es una mujer muy bella

Las preguntas 13 a 17 se refieren al poema siguiente.

Yo nací un día

que Dios estuvo enfermo.

Todos saben que vivo,

que soy malo; y no saben

Línea
5 del diciembre de ese enero.

Pues yo nací un día

que Dios estuvo enfermo.

Hay un vacío

en mi aire metafísico

10 que nadie ha de palpar:

el claustro de un silencio

que habló a flor de fuego.

Yo nací un día

que Dios estuvo enfermo.

15 Hermano, escucha, escucha…

Bueno. Y que no me vaya

sin llevar diciembres,

sin dejar eneros.

Pues yo nací un día

20 que Dios estuvo enfermo.

Todos saben que vivo,

que mastico… y no saben

por qué en mi verso chirrían,

oscuro sinsabor de féretro,

25 luyidos vientos

desenroscados de la Esfinge

preguntona del Desierto.

Todos saben… Y no saben

que la Luz es tísica,

30 y la Sombra gorda…

Y no saben que el misterio sintetiza…

que él es la joroba

musical y triste que a distancia denuncia

el paso meridiano de las lindes a las Lindes.

35 Yo nací un día

que Dios estuvo enfermo,

grave.

—"Espergesia", de *Los heraldos negros*, de César Vallejo (1918).

(*Nota*: Las palabras *Espergesia* y *luyidos* no figuran en el diccionario de la Real Academia de la Lengua Española; *Espergesia* es una palabra creada por el autor, mientras que *luyidos* es usada en Nicaragua con el significado de 'desgastados'.)

13. **¿Cuál de las palabras siguientes describe *mejor* la atmósfera general del poema?**

   A   Indiferencia

   B   Esperanza

   C   Precipitación

   D   Abandono

14. **¿Cuál de las expresiones siguientes es la *más probable* explicación de por qué el poeta manifiesta "Yo nací un día/que Dios estuvo enfermo"?**

   A   El poeta siente que Dios lo ha llamado.

   B   El poeta siente que Dios lo ha despreciado.

   C   El poeta quiere acercarse nuevamente a Dios.

   D   El poeta quiere alejarse de Dios.

15. **¿Qué recurso literario se usa en los versos "Hay un vacío / en mi aire metafísico"?**

   A   Una metáfora

   B   Una hipérbole

   C   Una personificación

   D   Un símil

16. **¿Cómo ven *probablemente* los otros al poeta?**

   A   Como a alguien feliz e indulgente

   B   Como a alguien desorientado y confundido

   C   Como a alguien desconfiado y temeroso

   D   Como a alguien maldito e incomprendido

17. **¿Qué piensa el poeta de Dios?**

   A   Que es el benefactor de la humanidad

   B   Que es el culpable de la maldad del hombre

   C   Que es el culpable de todos sus males

   D   Que es el responsable de todas las injusticias humanas

---

Las preguntas 18 a 22 se refieren al memorando siguiente.

Memorando: A todos los empleados

Debido al gran crecimiento que ha experimentado la empresa durante los últimos doce meses, se ha hecho evidente que, a menudo, no hay espacio suficiente en el lugar de aparcamiento para todos los vehículos. Muchas veces los empleados se ven obligados a aparcar sobre el césped, lo que, además de resultar caótico, provoca daños en el terreno. La adición de nuevos espacios en el aparcamiento es no solo costosa, sino también perjudicial para el medio ambiente.

     La dirección de Solarama ha decidido, por lo tanto, adoptar una posición proactiva con respecto a aquellas personas que decidan compartir un vehículo. Esta práctica tiene muchas ventajas. Favorece al medio ambiente; usted gastará menos gasolina y provocará menos emisiones tóxicas. Usted ahorrará dinero; al compartir un vehículo, usted terminará comprando menos gasolina. Resolverá el problema del lugar de aparcamiento de la empresa. Y esta práctica realzará la imagen de Solarama ante nuestros clientes y nuestra comunidad. ¡Demos el ejemplo!, y hagamos que el concepto de conducir solo se convierta en una cosa del pasado.

     Para ello, la empresa ha decidido establecer un sistema de incentivos para aquellos que elijan compartir un vehículo, tomar un autobús, usar su bicicleta o venir caminando a la oficina. Los empleados que compartan un vehículo tendrán acceso a espacios preferenciales en el aparcamiento. Aquellos que tomen el autobús o el metro recibirán descuentos en el precio del pasaje. Se instalarán armazones para guardar bicicletas enfrente del edificio. La semana próxima, comenzaremos con las obras de construcción de armarios y duchas, que deberán quedar finalizadas en dos semanas.

     Además, todos los empleados que participen en el programa de medios alternativos para viajar diariamente hacia y desde la oficina recibirán una bonificación equivalente al 1 por ciento de su salario quincenal neto en cada cheque mientras lo continúen haciendo.

     Están disponibles los formularios de inscripción. Se creará una base de datos para que usted pueda encontrar fácilmente a las personas que viven en su cercanía, y se establecerán las rutas correspondientes. Todos estamos muy entusiasmados en Solarama con esta nueva iniciativa.

(Línea 5, 10, 15, 20, 25 marcadas al margen izquierdo)

18. **¿Cuál de las expresiones siguientes reformula *mejor* la frase "Para ello,", al comienzo del tercer párrafo?**

   A   Puesto que hemos advertido,

   B   A fin de solucionar el problema,

   C   Finalizando,

   D   Porque queremos cambiar,

19. Basándose en el memorando, ¿qué productos fabrica *probablemente* Solarama?

   A   Juguetes para niños

   B   Equipamiento para esquiar

   C   Motores a gasolina

   D   Paneles fotovoltaicos

20. ¿Cuál de las expresiones siguientes describe *mejor* el estilo usado en la redacción del memorando?

   A   Técnico y seco

   B   Directo y detallado

   C   Divertido y gracioso

   D   Académico y comprometido

21. Basándose en el memorando, ¿quién se beneficiará más de los servicios de armarios y duchas?

   A   Los empleados que toman el autobús para ir a la oficina

   B   Los empleados que comparten un vehículo para ir a la oficina

   C   Los empleados que usan su bicicleta para ir a la oficina

   D   Los empleados que conducen solos para ir a la oficina

22. ¿Cuál de las frases siguientes describe *mejor* la forma en que ha sido organizado el memorando?

   A   Como una comparación y un contraste de información

   B   Como la presentación de un problema y la sugerencia de una solución

   C   Como un análisis de los términos familiares, primero, y de los términos desconocidos, después

   D   Como la presentación de una secuencia de acontecimientos

Las preguntas 23 a 28 se refieren al fragmento siguiente de un cuento breve.

Josh se despertó temprano. Hoy era el gran juego contra Rosentown High, el enemigo acérrimo. Valley necesitaba ganar. El vencedor pasaría a las semifinales de la división. Y el entrenador Murphy le había dicho a Josh que él sería el último lanzador. Debía
Línea lanzar mejor que nunca. Se vistió rápidamente y realizó su entrenamiento de rutina.
5 Mientras conducía hacia el campo de juego, Josh pensó en lo extraño que resultaba que se estuviera por graduar en unas pocas semanas. Cruzó sus dedos y deseó que algún cazatalentos estuviera en las tribunas.

Cuando se acercaba la hora del juego, Josh se dirigió a la zona de calentamiento. Estaba nervioso. Rosentown les había ganado 5 a 1 el año anterior. Andy, el lanzador
10 inicial, ya estaba calentando. Pronto comenzó el juego. Las primeras cinco entradas fueron un duelo de lanzadores, y el juego seguía empatado en cero. Durante la sexta entrada, el segunda base de Valley, Willie, anotó dos carreras con un sólido cuadrangular. Cuando Valley ocupó el campo en la parte baja de la séptima entrada, quedó claro que Andy estaba cansado. El entrenador Murphy se dirigió a la zona de
15 calentamiento, y Josh comenzó a entrar en calor.

De repente, todas las bases estaban llenas. No se había eliminado todavía a ninguno de los bateadores contrarios. El entrenador hizo una seña y Josh se dirigió al montículo.

20 —Lanza con confianza —le dijo al tiempo que le entregaba la bola—. Concéntrate en el potencial positivo de cada lanzamiento. Mantén tu muñeca floja, y acuérdate de completar el movimiento.

Luego, lo palmeó sobre la espalda.

Josh colocó la bola entre sus dedos y dentro del guante, alineando las costuras. Y lanzó. El bateador golpeó la bola, pero esta fue atrapada en el aire dentro del diamante.

25 El próximo bateador tuvo dos fallos seguidos. "Yo puedo hacerlo", se dijo Josh a sí mismo, pero en su interior no estaba tan seguro. El lanzamiento siguiente terminó en la tierra. Después lanzó otras dos bolas que fueron malas, y la cuenta quedó completa. Se limpió el sudor de su frente. Su boca estaba reseca. Su visión parecía enturbiada. Tomó aire lenta y profundamente y se concentró. Las palabras del entrenador

30 resonaron en su mente. "Lanza con confianza", oyó que su entrenador le decía. Tuvo un efecto casi hipnótico.

Josh colocó su dedo medio y el dedo índice sobre la bola, se paró sobre la placa de frente al bateador y lanzó la bola tan fuerte como pudo. El bateador disparó su bate descontroladamente.

35 —Tercer fallo —dictaminó el árbitro. Josh había lanzado una magnífica curva rápida. Faltaba eliminar a un solo bateador, pensó. Y otra vez escuchó la voz de su entrenador. Y lanzó tres perfectas curvas rápidas que provocaron otros tantos fallos del bateador. ¡Valley ganó 2 a 0!

23. ¿Cuál de las expresiones siguientes expresa *mejor* la relación entre Josh y el entrenador Murphy?

A   Llevadera pero distante

B   Cordial y agradable

C   Amistosa pero disciplinada

D   Indiferente y fría

24. ¿Cuál de las afirmaciones siguientes expresa *mejor* la idea principal del fragmento?

A   Un lanzador joven no pudo derrotar a sus nervios en un juego importante de béisbol, a pesar de haberlo ganado.

B   Un lanzador joven se desempeñó aceptablemente frente a los cazatalentos de béisbol.

C   Un joven lanzador pudo sobreponerse a sus temores y lanzó bolas que provocaron los fallos necesarios para ganar el juego.

D   Un lanzador joven dudó de su capacidad para ganar un juego importante.

25. ¿Cuál de las explicaciones siguientes representa el motivo *más probable* de que el autor haya dicho: "Tuvo un efecto casi hipnótico"?

A   Lo dijo para sugerir que las palabras del entrenador no habían sido claras.

B   Lo dijo para sugerir que el entrenador no le había dado un consejo apropiado.

C   Lo dijo para sugerir que Josh se sentía adormilado.

D   Lo dijo para sugerir que las palabras del entrenador habían tenido un profundo efecto sobre Josh.

26. Basándose en la información contenida en el fragmento, ¿cuál sería el comportamiento *más probable* de Josh en una partida de ajedrez?

A   Se concentraría en cada jugada.

B   Se pondría cada vez más nervioso a medida que avanzara la partida.

C   Se olvidaría las reglas del juego.

D   Provocaría a su oponente diciéndole que no tenía ninguna posibilidad de vencerlo.

27. ¿Cuál de las expresiones siguientes describe *mejor* a Josh?

    A   Un lanzador brillante que se entrena a sí mismo

    B   Alguien que triunfará en la universidad

    C   Un trabajador empeñoso que tiene la capacidad de concentrarse

    D   Alguien que es ambicioso y resuelto

28. ¿Cuál de las inferencias siguientes puede usted hacer sobre el entrenador Murphy?

    A   Murphy piensa que entrenar no es un desafío.

    B   Murphy se enoja fácilmente con sus jugadores.

    C   Murphy es un entrenador útil y eficaz.

    D   Murphy no disfruta de entrenar a sus jugadores.

Las preguntas 29 a 35 se refieren al fragmento siguiente, de la novela *Babbitt*, de Sinclair Lewis.

—¡Ted! ¿Me harías el favor de no interrumpirnos cuando hablamos de cosas serias?

—¡Anda, gamberra! —dijo Ted—. Desde que alguien no se dio cuenta y te dejó salir de la universidad, siempre estás soltando tonterías sobre esto, lo otro y lo de más allá. ¿Vas…? Yo necesito el auto esta noche.

     —¿Ah, sí? ¡Pues a lo mejor lo necesito yo! —bufó Babbitt, su padre.

Y Verona dijo en son de protesta:

—Conque el señor sabelotodo quiere el auto, ¡pues yo también lo quiero!

Tinka dijo sollozando:

—¡Oh, papá, tú nos dijiste que nos ibas a llevar a Rosedale!

Y la señora Babbitt dijo:

—¡Ten cuidado, Tinka!, que estás metiendo la manga en la mantequilla.

Todos echaban llamaradas por los ojos y Verona gritó:

—¡Ted, eres un perfecto cochino en esto del auto!

—¡Y tú no! ¡De ningún modo! Tú quieres llevártelo en cuanto acabemos de cenar y dejarlo parado toda la noche frente a la puerta de alguna de tus amigas mientras gastas saliva hablando de los hombres con que podrías casarte… ¡Si acaso alguno se te declarara! —dijo Ted con su desesperante suavidad.

—¡Bueno, papá no debería dejártelo NUNCA! Tú y esos brutos de los Jones corréis como locos.

—¿De dónde sacas eso? Tú tienes tanto miedo que cuando subes una cuesta metes el freno.

—¡No es verdad! Y tú… Siempre hablando de lo mucho que sabes de motores, y Eunice Littlefield me contó que una vez dijiste que la batería alimentaba al generador.

—Pues tú… Tú, querida mía, no distingues un generador de un diferencial.

No sin razón le hablaba Ted con altanería. Ted tenía natural disposición para la mecánica y sabía armar y reparar un motor.

—¡Bueno, basta ya! —dijo Babbitt maquinalmente.

Ted optó por negociar:

—De veras, Rona, yo no quiero sacar el cacharro, pero les he prometido a dos chicas de mi clase llevarlas al ensayo del coro y, ¡qué diablo!, no tengo ninguna gana, pero un caballero debe cumplir con sus compromisos sociales.

Línea

5

10

15

20

25

30

—¡Pero, caramba! ¡Compromisos sociales, tú! ¡En el instituto!

—¡Vaya aires que nos damos desde que fuimos a la universidad! Permítame que
35   te diga que en todo el Estado no existe un solo colegio particular donde se junte una
pandilla tan genial como la nuestra.

Poco después, con mucha diplomacia, Ted logró hacer que Verona confesara que
aquella noche iba simplemente a ver una exposición de perros y gatos en el Arsenal.
Verona, propuso Ted, debería dejar el auto, entonces, delante de una tienda de dulces
frente al Arsenal, y él iría allí a buscarlo.

29. **¿Cuál es la atmósfera general del fragmento?**

    A De camaradería

    B De depresión

    C De discusión

    D De entusiasmo

30. **¿Por qué está enojada Verona?**

    A Ella quiere visitar a sus amigas, y Ted quiere visitar a los suyos.

    B Ted piensa que las amigas de Verona son unas tontas.

    C Verona cree que su padre lo prefiere a Ted.

    D Verona quiere usar el auto, y Ted también quiere hacer lo mismo.

31. **Basándose en el fragmento, ¿qué es lo *más probable* que piense Ted sobre su hermana?**

    A Piensa que debería tener más amigos.

    B Piensa que la universidad le arruinó la vida.

    C Cree que ella es demasiado ambiciosa.

    D Le gusta provocarla, pero se preocupa por ella.

32. **¿Cuándo se desarrolla la escena descrita en este fragmento?**

    A Durante la cena

    B Tarde por la noche

    C A la mañana

    D Antes del almuerzo

33. **¿Cuál de las frases siguientes describe *mejor* a Ted?**

    A Frío y triste

    B Gracioso y discutidor

    C Ansioso y tímido

    D Confundido pero indulgente

34. **¿Cuál es el significado *más probable* de la frase "¡Vaya aires que nos damos desde que fuimos a la universidad!"?**

    A Tú decidiste ir a la universidad, así que deberías estar contenta.

    B Tú crees que eres perfecta porque has ido a la universidad.

    C Tú te convertiste en una alumna excelente cuando estabas en la universidad.

    D Tú piensas que la universidad es más importante que la vida social.

35. ¿En cuál de las formas siguientes son semejantes Ted y Verona?

    A   Los dos son tercos y quieren hacer siempre su voluntad.

    B   Los dos están preocupados por su futuro.

    C   Los dos se preocupan por el otro.

    D   Los dos se ayudan y se cuidan entre sí.

> **Las preguntas 36 a 40 se refieren a las dos críticas siguientes sobre una nueva obra de teatro.**

Crítica teatral 1

Con el estreno de su primera obra teatral, *Calle Ocho*, anoche en la sala Orfeo, Héctor Clemente promete convertirse en una nueva estrella ascendente en la escena teatral. Ambientada en el barrio Little Havana de Miami, el centro de la bulliciosa zona que alberga a muchos cubanos estadounidenses, la obra rompe con los estereotipos sobre las restricciones de clase y el amor.

Isabella, interpretada por la bella Emily García, es una alumna universitaria que estudia arte. En la universidad, conoce a Santiago (Jack Bernardo), un joven abogado que dicta allí un curso introductorio de derecho constitucional. El magnetismo de Bernardo se propaga por todo el escenario, tanto que, a veces, la joven Emily suelta sus líneas de texto en forma algo confusa.

Santiago, hijo único de un adinerado bróker de bonos de Wall Street, se siente inmediatamente atraído por Isabella, y pronto, es evidente, se enamoran. Buena parte de sus diálogos son clichés y ciertamente podrían ser revisados en opinión de este crítico, como cuando conversan en una discoteca de moda en South Beach, pero la presencia de Bernardo es innegable.

El segundo acto comienza en la casa de Isabella, un modesto chalé adosado de una planta, cerca de la Calle Ocho. Su madre, Pilar (Natalie Rivera), ha trabajado duro toda su vida como mucama de hotel, criando a su hija ella sola. Discuten; Isabella quiere traer a Santiago a cenar, pero su madre rechaza la idea. "¿No era Raúl suficiente para ti?". Pilar grita, al referirse al novio de Isabella antes de que ella fuera a la universidad. Isabella escapa llorando de la casa.

El último acto se desarrolla en Domino Park. Entre hombres sentados que juegan al ajedrez, a las damas o al dominó, Pilar se sienta con recelo. Llegan Isabella y Santiago. La tensión es mucha, y los tres intercambian acaloradamente acusaciones entre ellos, mostrando todo su temperamento latino. Luego, Santiago se arrodilla ante Isabella y le propone matrimonio. Pilar se ablanda, y unas lágrimas le corren por sus mejillas. Se da cuenta de que ahora ellos son una familia.

Aunque con fallos en algunos aspectos, la obra ciertamente mantuvo la atención de la audiencia, y hubo aclamaciones al final. Espero con muchas ganas la próxima obra de Clemente.

Crítica teatral 2

Anoche presencié *Calle Ocho*, la nueva obra de teatro de Héctor Clemente, dirigida por Genevieve Gonzales. La obra hace alarde del poder de sus estrellas, con Natalie Rivera como Pilar, una mucama de hotel cuya hija Isabella (Emily García) se enamora de un abogado que enseña en su universidad. Rivera brilla en una travesía que va desde su oposición a la relación de su hija hasta su aceptación y beneplácito.

La historia amorosa propiamente dicha es un cliché, pero las emociones de Pilar parecen reales. Los personajes principales, nuestros jóvenes enamorados, tienen algunas dificultades con los forzados diálogos. El novio de Isabella, Santiago, es representado por Jack Bernardo, de una magnífica presencia sobre el escenario, tanto que opaca completamente a la inexperta Emily García. La audiencia puede entender por qué Isabella se siente atraída por Santiago, pero no queda claro por qué él se siente atraído por ella, salvo por su innegable belleza.

10

El guion de Clemente deja mucho que desear. Apunta a una crónica sobre un conflicto de clases sociales (Jack es un profesional asalariado con un padre adinerado, e Isabella es una alumna universitaria con dificultades económicas, cuya madre es una mucama de hotel). Esta dicotomía ha sido demasiado explotada tanto en el teatro como en el cine. La ductilidad emocional de Rivera y el carisma de Bernardo evitan que esta obra se convierta en otra historia de amor al estilo de *West Side Story*. Solo sus actuaciones hacen que *Calle Ocho* amerite el precio de la entrada.

15

36. ¿Cuál de las expresiones siguientes describe *mejor* el estilo en el que la primera crítica teatral fue escrita?

A   Metódico y complicado

B   Ornamentado y florido

C   Económico y breve

D   Detallado y profesional

37. ¿Por qué menciona *muy probablemente* el autor de la primera crítica teatral la respuesta de la audiencia a la obra?

A   Para sugerir que entre la audiencia había muchos amigos y familiares de los actores

B   Para mostrar que la audiencia tenía sentimientos encontrados sobre la obra

C   Para mostrar que a la mayor parte de la audiencia le gustó la obra

D   Para sugerir que la audiencia no tenía mucha experiencia en cuestiones de teatro

38. La segunda crítica teatral insinúa que

A   las actuaciones de los actores en *Calle Ocho* fueron mejores que el guion.

B   Jack Bernardo es un actor famoso.

C   la relación entre Isabella y Santiago no resulta creíble.

D   las historias sobre conflictos de clases sociales no tienen interés.

39. ¿Cuál de las afirmaciones siguientes expresa *mejor* la opinión de la autora de la segunda crítica teatral sobre *Calle Ocho*?

A   A ella le gustaron los diálogos, pero no el argumento.

B   A ella le gustó el argumento, pero no los diálogos.

C   Ella piensa que la estructura del argumento es muy trillada y que eso echa a perder la obra.

D   A ella le gustaron algunas actuaciones más que otras.

40. ¿En cuál de los puntos siguientes coinciden ambas críticas teatrales?

A   Emily García no es una buena actriz.

B   La actuación de Jack Bernardo resulta cautivante.

C   La actuación de Natalie Reyes es lo mejor de la representación.

D   Héctor Clemente no tiene un futuro promisorio como autor teatral.

ALTO. Este es el final de la prueba de Artes del Lenguaje—Lectura.

RESPUESTAS: ARTES DEL LENGUAJE—LECTURA

1. **(A)** La opción de respuesta A es correcta. El propósito del autor es informar a los lectores.

2. **(A)** La opción de respuesta A es correcta. El estudio era necesario porque la gente estaba preocupada por los efectos que los teléfonos celulares podían tener sobre la salud.

3. **(C)** La opción de respuesta C abarca todos los puntos clave en el orden correcto.

4. **(A)** La opción de respuesta A es correcta. El portavoz de la FDA dice: "Todavía hay preguntas sobre el efecto de una exposición prolongada a la energía de radiofrecuencia que no han sido respondidas completamente por Interphone".

5. **(C)** La opción de respuesta C es correcta. La lista de opciones enumeradas identifica diferentes modos de reducir la exposición a la radiación de los teléfonos celulares.

6. **(B)** La opción de respuesta B es correcta porque no hay una relación probada entre los teléfonos celulares y los cánceres de cerebro.

7. **(B)** Se puede inferir que la acción transcurre en la casa de la pareja porque Jim está sentado en el sofá y le sugiere a Della que ponga la carne al fuego.

8. **(A)** Si bien Jim dice que los regalos son demasiado bonitos para usarlos, esa es una excusa, así que la opción de respuesta D no es correcta. La verdadera razón es la descrita en la opción A, es decir, que no pueden usarlos porque él vendió su reloj para comprar las peinetas para Della, quien tampoco puede usarlas porque se cortó el pelo. La opción B es incorrecta, pues tanto a Della como a Jim les gustan los regalos. No hay evidencia en el fragmento que respalde la opción C.

9. **(D)** La interacción y el diálogo entre Jim y Della sugieren que los dos se aman de manera recíproca. Ninguna de las otras opciones de respuesta reflejan los sentimientos mutuos.

10. **(D)** La opción de respuesta D, de amabilidad, es la que describe mejor la atmósfera general representada en la escena de amor del fragmento. Si bien Della parece un poco ansiosa por mostrar el regalo que le ha comprado a Jim, esa no es la atmósfera general del fragmento, así que esto elimina las opciones B y C.

11. **(A)** La opción de respuesta A es correcta porque en el fragmento se menciona su "bella cabellera ahora desaparecida" y se dice que "las trenzas destinadas a ser adornadas con esos codiciados adornos habían desaparecido". Della había vendido su pelo para poder comprarle el regalo a Jim; no tiene por qué vender sus peinetas. Por esta razón, la opción B es incorrecta. La opción C tampoco es correcta porque Jim compró las peinetas con la intención de que Della las usara. Jim sugiere que dejen a un lado los regalos hasta que ellos puedan usarlos; no espera que Della devuelva las peinetas a la tienda, como se indica en la opción D.

12. **(C)** Usted puede usar las claves de contexto para determinar que la opción de respuesta C es la que mejor define a la palabra *maja*. Della dice: "¿Verdad que parece muy maja, Jim? Recorrí la ciudad entera para encontrarla". La cadena es descrita como un "hermoso regalo", hecha de un "precioso y opaco metal". Una definición también posible de la palabra *maja* es la descrita en la

opción A: persona que gusta por su simpatía o belleza, pero está definición no se corresponde con el contexto de la declaración de Della. Las opciones B y D no están respaldadas por el contexto del fragmento.

13. **(D)** La opción de respuesta D describe correctamente como abandono la atmósfera general del poema. Las expresiones "Hay un vacío", "claustro de silencio" y "oscuro sinsabor de féretro" hacen referencia a un estado de descuido, de caída del ánimo y de falta de cuidado. Las opciones A y C son incorrectas porque la actitud del poeta no es de indiferencia ni de precipitación. Tampoco parece que haya esperanza alguna, así que la opción B es también incorrecta.

14. **(B)** La opción de respuesta B es correcta porque el autor dice que el día que nació "Dios estaba enfermo", es decir, que no estaba de ánimo como para ocuparse de otros asuntos. En ningún momento da a entender que Dios se haya acordado de él ni mucho menos que lo haya llamado, así que la opción A es incorrecta. Tampoco se desprende del texto del poema que el autor quiera acercarse o alejarse de Dios, por lo que las opciones C y D son también incorrectas.

15. **(A)** La metáfora es un desplazamiento de significado entre términos con un propósito estético. En este caso (opción de respuesta A), el significado de vacío se desplaza al aire metafísico, al espíritu del autor. Una hipérbole es una figura literaria que consiste en aumentar o disminuir cualidades o acciones con el fin de otorgarles más importancia. En la personificación, se atribuyen características humanas a las cosas inanimadas o abstractas para enriquecer una descripción, y un símil es una comparación entre términos.

16. **(D)** La opción de respuesta D es la correcta. Si bien alguno podría llegar a ver al poeta como a alguien desorientado y confundido (opción B), lo suyo es mucho más grave: es alguien maldito e incomprendido, o por lo menos así es como él se siente y se describe. Las opciones A y C no están respaldadas en el texto del poema.

17. **(C)** La opción de respuesta C es la correcta. El autor está convencido de que Dios es responsable de todos sus males, y la repetición una y otra vez de los versos "Yo nací un día/que Dios estuvo enfermo" no hace más que confirmarlo. El resto de las opciones (A, B y D) no están respaldadas en el texto del poema.

18. **(B)** La opción de respuesta B es correcta; la frase es una continuación de la decisión de la empresa descrita en el párrafo precedente: "adoptar una posición proactiva con respecto a aquellas personas que decidan compartir un vehículo". La opción A no representa una continuación lógica de la idea del párrafo precedente. La opción C es incorrecta; no tiene ningún sentido en el contexto de la oración. La opción D es incorrecta, porque la idea no es cambiar, sino solucionar el problema.

19. **(D)** La opción de respuesta D es correcta; puesto que el nombre de la empresa incluye el término *solar*, es probable que fabrique paneles fotovoltaicos solares. El nombre Solarama no guarda ninguna relación con juguetes para niños (opción A) ni con equipamiento para esquiar (opción B). La opción C es incorrecta porque resulta ilógico que una empresa dedicada a la fabricación de motores esté interesada en ahorrar gasolina.

20. **(B)** La opción de respuesta B es correcta. La idea principal es presentada claramente y con información detallada. La opción A es incorrecta porque no se incluyen detalles técnicos. La opción C es incorrecta porque el memorando no es

divertido ni gracioso; se limita a describir los hechos. La opción D es incorrecta puesto que el memorando no trata de ningún tema académico, solo de hechos de fácil comprensión.

21. **(C)** La opción de respuesta C es correcta; aquellos que usen la bicicleta necesitarán refrescarse y cambiarse de ropa, sobre todo en los meses más calurosos. Los empleados que tomen el autobús (opción A) o compartan un vehículo (opción B) no necesitarán cambiarse de ropa. La opción D es incorrecta porque la idea principal del memorando es alentar a los empleados a que compartan un vehículo, no a que conduzcan solos.

22. **(B)** La opción de respuesta B es correcta. El problema es la falta de espacio para aparcar y las soluciones sugeridas son compartir un vehículo, tomar un autobús, usar la bicicleta o ir caminando a la oficina. Ninguna de las otras opciones describe la organización del memorando correctamente.

23. **(C)** La opción de respuesta C es correcta. El entrenador Murphy es amistoso pero mantiene una actitud profesional con Josh, y Josh toma muy en serio sus palabras. La opción A es incorrecta; la relación puede parecer llevadera, pero no hay distancia entre ellos. La opción B podría ser una alternativa, pero no tiene en cuenta los consejos profesionales que el entrenador Murphy le da a Josh, así que es incorrecta. La opción D también es incorrecta porque no hay evidencia de que exista indiferencia en la relación.

24. **(C)** La opción de respuesta C es correcta. El joven lanzador fue capaz de superar su nerviosismo y de hacer algunos lanzamientos extraordinarios. Esta es la idea principal del fragmento. La opción A es incorrecta porque Josh pudo sobreponerse a su nerviosismo y no se rindió. Si bien se menciona la posibilidad de que asistan algunos cazatalentos al juego (opción B), no queda claro que estuvieran presentes, y esta no es la idea principal. Si bien es cierto que el joven lanzador dudó de su capacidad en cierto momento (opción D), esa no es la idea principal del fragmento.

25. **(D)** La opción de respuesta D es correcta. El autor usa el calificativo *hipnótico* para reforzar la idea de que Josh había aceptado las palabras del entrenador completa e inconscientemente. La opción A es incorrecta porque *hipnótico* no es equivalente a *poco claro*. La opción B es incorrecta porque carece de sentido. No es lógico tampoco que un lanzador se sienta adormilado en el medio del juego (opción C).

26. **(A)** La opción de respuesta A es correcta pues Josh es descrito como alguien que se concentra profundamente en lo que está haciendo. La opción B es incorrecta porque Josh se sobrepuso a su nerviosismo en el montículo y probablemente haría lo mismo si estuviera jugando al ajedrez. No hay evidencia en el fragmento de que Josh olvidara las reglas del juego, así que la opción C es también incorrecta. Josh tampoco provoca a su oponente cuando juega al béisbol (opción D).

27. **(C)** La opción de respuesta C es correcta. Josh es descrito como alguien que trabaja duro como lanzador y que se puede concentrar para realizar su tarea. Si bien puede que sea un lanzador brillante, no hay evidencia en el pasaje de que se haya entrenado a sí mismo, así que la opción A es incorrecta. El lector no tiene forma de saber si Josh tendrá éxito en la universidad (opción B). Puede que Josh sea ambicioso, pero no se lo describe como resuelto (opción D) en el fragmento.

28. **(C)** La opción de respuesta C es correcta porque el entrenador Murphy le dice a Josh las palabras apropiadas para tranquilizarlo. No hay evidencia de que piense que entrenar no es un desafío (opción A), y tampoco se muestra que se enoje

fácilmente en el fragmento (opción B). La opción D es incorrecta porque se lo describe como un entrenador bueno y comprensible.

29. **(C)** La opción de respuesta C es correcta. La atmósfera general es de discusión, pues Ted y Verona se disputan el uso del auto esa noche. La opción A es incorrecta porque, si bien puede que haya camaradería entre ellos la mayor parte del tiempo, en este fragmento no hay evidencia al respecto. La atmósfera no es deprimente porque ninguno de los diálogos sugiere una depresión (opción B). Si bien Ted puede parecer algo entusiasmado, la atmósfera general no es tampoco de entusiasmo (opción D).

30. **(D)** La opción de respuesta D es correcta porque los dos tienen planes de salir esa noche. La opción A es incorrecta porque esa no es la cuestión; la cuestión es quién usará el auto. La opción B es errónea porque, aunque Ted se muestra despectivo sobre las amigas de Verona, lo hace después de que han empezado a discutir, así que esa no es la razón por la que ella está enojada. La opción C es incorrecta porque no hay evidencia que sugiera que Verona piense que su padre favorece a Ted.

31. **(D)** La opción de respuesta D es correcta. Ted está decididamente provocando a su hermana con frases como "Tú tienes tanto miedo que cuando subes una cuesta metes el freno". También es obvio que se preocupa por ella. La opción A es incorrecta pues no hay ningún indicio en el pasaje que indique que Ted piensa que ella debería tener más amigos. La opción B es errónea: en realidad, él está un poco celoso de que ella haya ido a la universidad. La opción C es incorrecta porque no hay evidencia de que Ted piense que ella es demasiado ambiciosa.

32. **(A)** La opción de respuesta A es correcta. La Sra. Babbitt le dice a Tinka, la hermana de Verona: "… estás metiendo la manga en la mantequilla". Ted también habla de "cuando acabemos de cenar", lo que hace que la opción B sea incorrecta. Ellos hablan de lo que quieren hacer más tarde esa noche, no tarde en la noche. Las opciones C y D son ilógicas, el período de tiempo es inmediatamente después de la cena.

33. **(B)** La opción de respuesta B es la correcta. Se describe a Ted como alguien que tiene sentido del humor pero que también es combativo. Decididamente, él es emotivo, lo que niega la opción A. La opción C es incorrecta porque no hay nada de tímido en él. Tampoco parece confundido (opción D).

34. **(B)** La opción de respuesta B es la correcta porque *darse aires* significa creerse más importante de lo que uno es; en el caso de Verona, creerse que es perfecta. La opción A es incorrecta: no hay evidencia de que Verona haya decidido ir a la universidad para estar más contenta. Si bien puede que ella sea una alumna excelente (opción C), no se dice nada en el fragmento sobre ello. Tampoco hay evidencia de que Verona piense que la universidad es más importante que la vida social (opción D).

35. **(A)** La opción de respuesta A es la correcta porque pelean por quién podrá usar el auto y se niegan a darse por vencidos. Las opciones B y C son erróneas porque en el fragmento no se expresa preocupación alguna, ni por el futuro ni por el otro. Tal vez se cuiden entre sí, pero esto no está indicado en el texto; no parece tampoco que se ayuden demasiado, así que la opción D es incorrecta.

36. **(D)** El crítico parece ser un gran conocedor de teatro y es muy detallado en su crítica, así que la opción de respuesta D es la correcta. La crítica no parece

metódica ni complicada, y no es ciertamente ornamentada y florida, lo que hace que las opciones A y B sean incorrectas. La crítica tampoco parece breve, así que la opción C es incorrecta.

37. **(C)** La mejor opción de respuesta es C. No se sugiere en ningún momento que la audiencia esté compuesta de amigos y familiares, así que la opción A es errónea. La opción B es definitivamente incorrecta: a la audiencia le gustó la obra de teatro. No se dice nada sobe la opción D en el fragmento.

38. **(A)** La opción de respuesta A es la mejor opción. La segunda crítica celebra las actuaciones de Natalie Rivera y Jack Bernardo y critica tanto el argumento como los diálogos. La opción B no es mencionada en la crítica. La opción C va demasiado lejos —la crítica dice que la audiencia puede entender por qué Isabella se enamora de Santiago—. La opción D es incorrecta porque la crítica no dice que *todas* las historias sobre conflictos de clase no tengan interés.

39. **(D)** La opción de respuesta D es la mejor opción. La segunda crítica elogia claramente las actuaciones de Natalie Rivera y Jack Bernardo más que la de Emily García. Las opciones A y B son incorrectas porque a la crítica no le gustaron ni el argumento ni los diálogos. La opción C es demasiado extrema, pues la crítica sostiene que las buenas actuaciones hacen que la obra deba ser vista.

40. **(B)** La opción de respuesta B es la mejor opción. En la primera crítica se dice que "el magnetismo de Bernardo se propaga por todo el escenario", y en la segunda, que Bernardo tiene "una magnífica presencia sobre el escenario". La opción A es demasiado extrema. La opción C no es mencionada en la primera crítica y parece también un poco exagerada para la segunda crítica. La opción D no refleja en absoluto la visión del primer crítico, quien considera a Clemente como una estrella en ascenso.

Examen de práctica 2 del examen *HiSET*®
Hoja de respuestas
Matemáticas

	A	B	C	D	E
1					
2					
3					
4					
5					
6					
7					
8					
9					
10					
11					
12					
13					
14					
15					
16					
17					
18					
19					
20					
21					
22					
23					
24					
25					

	A	B	C	D	E
26					
27					
28					
29					
30					
31					
32					
33					
34					
35					
36					
37					
38					
39					
40					
41					
42					
43					
44					
45					
46					
47					
48					
49					
50					

Lista de fórmulas

Perímetro y circunferencia

Rectángulo

$Perímetro = 2(longitud) + 2(ancho)$

Círculo

$Circunferencia = 2\pi(radio)$

Área

Círculo

$Área = \pi(radio)^2$

Triángulo

$Área = \dfrac{1}{2}(base)(altura)$

Paralelogramo

$Área = (base)(altura)$

Trapezoide

$Área = \dfrac{1}{2}(base_1 + base_2)(altura)$

Volumen

Prisma/cilindro

$Volumen = (área\ de\ la\ base)(altura)$

Pirámide/cono

$Volumen = \dfrac{1}{3}(área\ de\ la\ base)(altura)$

Esfera

$Volumen = \dfrac{4}{3}\pi(radio)^3$

Longitud

1 pie = 12 pulgadas

1 yarda = 3 pies

1 milla = 5,280 pies

1 metro = 1,000 milímetros

1 metro = 100 centímetros

1 kilómetro = 1,000 metros

1 milla ≈ 1.6 kilómetros

1 pulgada ≈ 2.54 centímetros

1 pie ≈ 0.3 metro

Capacidad/volumen

1 taza = 8 onzas líquidas

1 pinta = 2 tazas

1 cuarto = 2 pintas

1 galón = 4 cuartos

1 galón = 231 pulgadas cúbicas

1 litro = 1,000 mililitros

1 litro = 0.264 galón

Peso

1 libra = 16 onzas

1 tonelada = 2,000 libras

1 gramo = 1,000 miligramos

1 kilogramo = 1,000 gramos

1 kilogramo ≈ 2.2 libras

1 onza ≈ 28.3 gramos

MATEMÁTICAS

50 preguntas

90 minutos

Instrucciones

En esta prueba, se evalúan algunas de las habilidades requeridas para la aplicación de conceptos matemáticos y la resolución de problemas. Lea cada una de las preguntas con cuidado y decida luego cuál de las cinco opciones de respuesta es la más apropiada para esa pregunta. A continuación, marque la respuesta elegida sobre la hoja de respuestas. Hay problemas relativamente fáciles de resolver dispersos en toda la prueba. Por consiguiente, no malgaste su tiempo en los problemas demasiado difíciles; siga adelante y, si tiene tiempo, regrese más tarde a ellos.

Trabaje lo más rápido que pueda pero sin ser descuidado. No pierda su tiempo en aquellas preguntas que presenten dificultades; deje esas preguntas para más tarde y regrese a ellas si todavía tiene tiempo disponible. Trate de responder cada pregunta aunque tenga que adivinar la respuesta.

Marque todas sus respuestas en la hoja de respuestas. Proporcione solo una respuesta para cada pregunta y procure que sus marcas sean bien visibles. Si decide cambiar una de sus respuestas, asegúrese de borrar completamente su respuesta inicial. Asegúrese también de que el número de la pregunta que está respondiendo corresponde con el número de la fila de opciones de respuesta que está marcando en su hoja de respuestas.

1. Un contenedor rectangular mide 3 pies de ancho, 6 pies de longitud y 3 pies de altura. Si ⅔ del contenedor están llenos de alimento para el ganado, ¿cuántos pies cúbicos de alimento para el ganado están almacenados en el contenedor?

   (Volumen = longitud × ancho × altura)

   A 9

   B 12

   C 18

   D 36

   E 54

2. Una empresa cobra una tarifa por pago atrasado que es un porcentaje de la cuenta. Si la cuenta del cliente es $125 y la tarifa por pago atrasado es $3.75, ¿cuál es el porcentaje que cobra la empresa?

   A 3.00%

   B 3.75%

   C 4.00%

   D 7.50%

   E 35.75%

3. Para alquilar un auto, César debe pagar $15 por día más 5 centavos por cada milla recorrida. En dólares, ¿cuál es el cargo final si él alquila el auto por 3 días y recorre un total de 50 millas?

   A $45.00

   B $45.25

   C $47.50

   D $50.05

   E $95.00

Edad (en años)	Frecuencia de los asistentes
Menos de 10	12
De 10 a 14	8
De 15 a 20	1
Más de 20	18

4. La tabla anterior representa la edad de las personas que asistieron a una fiesta de cumpleaños. Si se elige al azar una persona del grupo, ¿qué probabilidad hay de que esa persona sea menor de 10 años de edad?

   A 0.1832

   B 0.3077

   C 0.496

   D 0.85

   E 0.967

5. Si $2x + 2y = 10$, entonces $x + y =$

   A 2

   B 5

   C 6

   D 8

   E 12

6. ¿Cuál de los resultados siguientes representa una solución de $7 - 5x \leq 42$?

   A -12

   B -10

   C -9

   D -8

   E -6

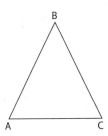

7. En la figura anterior, las medidas de los ángulos A y C son 60 grados. Si la longitud de AB es 12, ¿cuál es la longitud de AC?

   A   12
   B   6
   C   4
   D   3
   E   1

8. Una maestra ha determinado que, como máximo, solo dos alumnos deberían compartir una computadora al mismo tiempo. Si ella tiene 21 alumnos, ¿cuál es la cantidad mínima de computadoras que deberá tener disponibles para sus alumnos?

   A   8
   B   9
   C   10
   D   11
   E   12

9. Una piscina de un patio trasero mide 6 pies de ancho y 10 pies de longitud. ¿Cuántos pies de longitud deberá tener un cerco de seguridad que rodee todo el perímetro de la piscina?

   (Perímetro = 2 × longitud + 2 × ancho)

   A   16
   B   22
   C   26
   D   32
   E   60

Las preguntas 10 y 11 se refieren a la tabla siguiente, que muestra cuántos galones de gasolina Isabel usó en cada mes.

Mes	Galones de gasolina
Enero	53.5
Febrero	48.7
Marzo	61.9
Abril	54.8
Mayo	82.3
Junio	45.6

10. ¿Cuál es la media de la cantidad de galones que usó Isabel?

   A   57.8

   B   54.8

   C   54.2

   D   53.5

   E   52.9

11. ¿Cuál es el rango del conjunto de datos?

   A   4.8

   B   7.9

   C   16.3

   D   36.7

   E   54.1

12. Un tren puede recorrer 125 kilómetros en 2½ horas. Si el tren mantiene la misma velocidad, ¿cuántas horas le llevará recorrer 400 kilómetros?

   A   20

   B   16

   C   8

   D   4

   E   2

13. ¿Cuál de las expresiones siguientes es equivalente a $9x^2 - 5x + 3x$?

   A $9x^2 - 2x$

   B $9x^2 - 8x$

   C $17x^2 - x$

   D $7x^2$

   E $17x^2$

14. Gustavo compró 3 camisas que le costaron $9.99 cada una, 2 pares de pantalones que le costaron $14.99 cada uno y un sombrero que le costó $12.99. Considerando que se cobra un 3 por ciento de impuesto a las ventas sobre cada artículo, ¿cuánto pagó en total Gustavo por sus compras?

   A $37.97

   B $57.95

   C $72.94

   D $75.13

   E $75.94

15. ¿Cuál es la solución de $-3x - 8 \leq 16$?

   A $x = 0$

   B $x = 8$

   C $x \geq 0$

   D $x \leq 9$

   E $x \geq 8$

16. El interés en un préstamo a interés simple fue de $45. Si el préstamo tuvo una duración de 6 meses y la tasa de interés pactada fue de 8%, ¿cuál fue, en dólares, el monto del préstamo?

(Interés = capital × tasa × tiempo)

    A   2,160
    B   1,125
    C   1,080
    D   563
    E   360

17. Usando la recta numérica anterior, ¿cuál es el valor de A − B?

    A   −2½
    B   −2¼
    C   −1¼
    D   1¼
    E   2¼

18. El promedio de 5 y *x* es igual a 10. ¿Cuál es el valor de *x*?

    A   5
    B   10
    C   15
    D   20
    E   25

19. Factorice la expresión $y^2 + 5y + 4y + 20$.

    A $y^2 + 9y + 20$
    B $(y − 5)(y + 4)$
    C $(y + 5)(y − 4)$
    D $(y − 5)(y − 4)$
    E $(y + 5)(y + 4)$

20. Alberto tiene un total de 58 tarjetas de deportes en su colección. Su colección consiste solo en tarjetas de béisbol y de fútbol americano, y tiene 14 tarjetas más de béisbol que de fútbol americano. ¿Cuántas tarjetas de fútbol americano tiene Alberto en su colección?

    A   22
    B   36
    C   40
    D   44
    E   72

21. ¿Cuál de los valores siguientes NO es un valor de la desigualdad $16x - 8 \geq 10x + 28$?

    A   2

    B   6

    C   8

    D   14

    E   18

22. Si $\frac{1}{4}x + 1 = 8$, entonces $x =$

    A   36

    B   32

    C   28

    D   18

    E   12

23. El valor de a es directamente proporcional al valor de b. Si $a = 21$ cuando $b = 3$, ¿cuál es el valor de a cuando $b = 5$?

    A   18

    B   23

    C   24

    D   29

    E   35

24. El dueño de una empresa le paga a un diseñador gráfico una tarifa plana de x dólares más y dólares por hora para diseñar su logotipo. Si al diseñador le lleva t horas completar el logotipo, ¿cuál de las expresiones siguientes representa el costo final para el dueño de la empresa?

    A $t(x + y)$

    B $tx + y$

    C $x + yt$

    D $x + y$

    E $x + y + t$

25. Mientras está en su trabajo, Julio recibe 4 correos electrónicos por hora de un sistema automático de monitorización. Si trabaja 8 horas por día, ¿cuántos correos electrónicos recibirá del servicio en 6 días de trabajo?

    A   18

    B   24

    C   32

    D   192

    E   208

26. Si $n = -5$, entonces $n^2 - 1 =$

    A -26

    B -11

    C   9

    D   10

    E   24

Las preguntas 27 y 28 se refieren a la gráfica siguiente, que representa la cantidad de clientes por semana durante las cinco primeras semanas después de la apertura de una tienda de hardware.

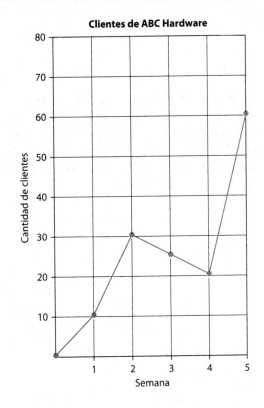

Clientes de ABC Hardware

27. En total, ¿cuántos clientes tuvo la tienda durante las primeras cinco semanas?

    A   80

    B   95

    C   140

    D   145

    E   310

28. ¿En cuál semana tuvo menos clientes?

    A   Semana 1

    B   Semana 2

    C   Semana 3

    D   Semana 4

    E   Semana 5

29. ¿Cuál de las expresiones siguientes es equivalente a $(x + 5)(x - 5)$?

    A $x^2 - 25$

    B $x^2 - 10$

    C $x^2 + 10x - 25$

    D $x^2 + 10x - 10$

    E $x^2 - 10x - 10$

30. Elena gana una comisión de $5 por cada cliente que recomienda a su banco. Si ella ganó $65 en comisiones la última semana, ¿cuántos clientes recomendó Elena?

    A   11

    B   12

    C   13

    D   14

    E   15

31. La política de un campamento de verano establece que debe haber 3 consejeros del campamento para cada viaje de campo. Además, deberá haber 2 asistentes por cada 10 acampantes que tomen parte en el viaje. Si *c* acampantes participarán de un viaje de campo, ¿cuál de las expresiones siguientes representa la cantidad de asistentes que se requerirá?

    A $c/5$

    B $5c$

    C $10c + 2$

    D $2c + 10$

    E $5c + 2$

Total de pedidos de cadenas de música en el primer trimestre			
	Modelo A	Modelo B	Total
Diseño 1	150	120	270
Diseño 2	200	30	230
Total	350	150	500

32. La tabla anterior representa los pedidos de diferentes tipos de cadenas de música a una empresa de mobiliario en el primer trimestre del año. ¿Cuál de las fracciones siguientes representa el total de pedidos del modelo A?

    A   3/10

    B   2/5

    C   3/5

    D   7/10

    E   4/5

33. ¿Cuál de las expresiones siguientes es la solución de $3x^2 + 4x = 4$?

    A $\frac{2}{3}$ y 2

    B   2 y 3

    C $\frac{2}{3}$ y -2

    D $-\frac{2}{3}$ y 2

    E   Sin solución en el campo de los números reales

6 pies

10 pies

34. Un sendero de hormigón será construido alrededor de un jardín que tiene las medidas que se muestran en la figura anterior. Si el sendero tendrá un ancho de *m* pies, ¿cuál de las siguientes expresiones representa su área?

A $60 + 16m + m^2$

B $60 + 32m + 4m^2$

C $16m + m^2$

D $20m + m^2$

E $32m + 4m^2$

35. ¿Cuál de las ecuaciones siguientes está representada en la gráfica siguiente?

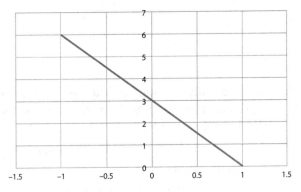

A $3x + y = 3$

B $x + 2y = -4$

C $3x + y = -3$

D $x + y = 9$

E $3x + y = 6$

36. La mediana de 4, 7, 10, 12 y *x* es 7. ¿Cuál es el máximo valor posible de *x*?

A 0

B 4

C 7

D 10

E 12

37. ¿Cuál es el valor de la coordenada *x* del punto donde $y = 3x - 9$ cruza el eje de las *x*?

A -9

B -3

C 0

D 3

E 9

38. Un almuerzo especial en un restaurante permite que el cliente elija entre 3 sopas, 6 sándwiches y 4 postres. ¿Cuántas combinaciones diferentes de sopa, sándwich y postre son posibles?

    A   13

    B   22

    C   25

    D   68

    E   72

39. ¿Cuál es el valor de $(\frac{2}{3})^3$?

    A $\dfrac{8}{27}$

    B $\dfrac{4}{9}$

    C $\dfrac{1}{2}$

    D $\dfrac{2}{3}$

    E   2

40. Los pagos brutos que recibió Susana durante las últimas 8 semanas fueron de $250, $170, $225, $185, $160, $250, $995 y $215. ¿Cuál será el resultado de eliminar el valor atípico del conjunto de datos?

    A   La moda del conjunto de datos aumentará.

    B   La media del conjunto de datos aumentará.

    C   La media del conjunto de datos disminuirá.

    D   La mediana del conjunto de datos aumentará.

    E   La mediana del conjunto de datos disminuirá.

41. ¿Cuál de los valores siguientes es equivalente a 5.1×10^{-3}

    A   0.00051

    B   0.0051

    C   0.051

    D   5,100

    E   51,000

42. Evalúe $x\#y = \dfrac{x^2 + xy - y^2}{xy}$ cuando $x = 2$ e $y = 3$.

    A $\dfrac{1}{6}$

    B $\dfrac{2}{3}$

    C   1

    D $\dfrac{3}{2}$

    E   6

43. El área de un triángulo A es igual a 4. La altura de un triángulo B es dos veces el valor de la altura del triángulo A y la longitud de la base del triángulo B es la misma que la del triángulo A. ¿Cuál es el área del triángulo B?

   A 2
   B 4
   C 8
   D 16
   E 32

44. ¿Cuál es la pendiente de la recta que pasa por los puntos (0, 0) y (2, 5)?

$$\left(\text{Pendiente de la recta} = \frac{y_2 - y_1}{x_2 - x_1} \right)$$

   A $-\,^5\!/_2$
   B $-\,^2\!/_5$
   C 0
   D $^5\!/_2$
   E 2

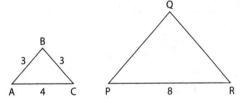

45. Los triángulos en la figura anterior son semejantes. ¿Cuál es el perímetro del triángulo PQR?

   A 10
   B 14
   C 16
   D 20
   E 48

46. Juan tiene una mezcla de suelo que contiene 16% de perlita y otra que contiene 26%, y quiere combinarlas para obtener una nueva mezcla que contenga 18% de perlita. ¿Cuántas libras de la mezcla que contiene de 16% de perlita serán necesarias para obtener 30 libras de la mezcla que contiene 18% de perlita?

   A 26
   B 24
   C 20
   D 12
   E 6

47. Un equipo para hacer ejercicios físicos incluye pesas de 10 libras y de 25 libras. ¿Cuál de las expresiones siguientes representa el peso total de x pesas de 10 libras e y pesas de 25 libras?

    A $35xy$

    B $35(x + y)$

    C $35x + y$

    D $10x + 25y$

    E $x + y + 35$

48. El lado más largo de un triángulo tiene una longitud de 10 unidades, y el lado más corto tiene una longitud de 6 unidades. Si el ángulo más grande del triángulo mide 90 grados, ¿cuál es la longitud del lado restante del triángulo?

$$(a^2 + b^2 = c^2)$$

    A   8

    B   7

    C   6

    D   5

    E   4

49. ¿Cuál es el producto de $4x^2$ y $5x^4$?

    A $9x^8$

    B $20x^8$

    C $9x^6$

    D $20x^6$

    E $9x^2$

50. Si $\dfrac{x}{6} = \frac{1}{2}$, ¿cuál es el valor de x?

    A   2

    B   3

    C   12

    D   20

    E   24

ALTO. Este es el final de la prueba de Matemáticas.

RESPUESTAS: MATEMÁTICAS

1. **(D)** El volumen de todo el contenedor es igual a: $3 \times 6 \times 3 = 54$. Los dos tercios que contienen el alimento representan: $\frac{2}{3} \times 54 = 36$ pies cúbicos de almacenamiento.

2. **(A)** Supongamos que x representa el porcentaje que cobra la empresa. Convirtiendo la información dada en una ecuación, tenemos que: $125x = 3.75$. La solución se encuentra dividiendo los dos lados de la ecuación por 125.

3. **(C)** El cargo por los 3 días de uso es igual a: $15 \times 3 = 45$, mientras que el cargo por las 50 millas es: $0.05 \times 50 = 2.5$. Por último, el total es: $45 + 2.5 = 47.5$.

4. **(B)** La probabilidad se calcula dividiendo la frecuencia por el total.

   En este caso, $\dfrac{12}{12 + 8 + 1 + 18} = 0.3077$.

5. **(B)** Tanto el término $2x$ como el término $2y$ comparten el factor 2. Cuando se extrae este factor, la ecuación se convierte en: $2(x + y) = 10$. Dividiendo ambos lados por 2, se obtiene: $x + y = 5$.

6. **(E)** Cuando resuelva una desigualdad, recuerde que la dirección del signo se invierte si usted divide o multiplica por un número negativo. La desigualdad $7 - 5x \leq 42$ es equivalente a la desigualdad $x \geq -6$. Solo la opción de respuesta E satisface la desigualdad obtenida.

7. **(A)** Puesto que las medidas de los ángulos A y C son 60 grados, la medida del ángulo restante deberá ser: $180 - 60 - 60 = 60$. Cuando los tres ángulos de un triángulo son iguales, las longitudes de sus lados también son iguales.

8. **(D)** $21 \div 2 = 10.5$, pero es imposible tener media computadora. Para estar seguros de que hay suficientes computadoras, se deberá redondear la respuesta a 11.

9. **(D)** El perímetro es igual a la suma de las longitudes de todos los lados: $6 + 10 + 6 + 10 = 32$

10. **(A)** El valor de la media se calcula sumando la cantidad de galones usados en cada mes y dividiendo, luego, por 6: $346.8 \div 6 = 57.8$.

11. **(D)** El rango de un conjunto de datos se calcula restando el menor valor del mayor valor del conjunto: $82.3 - 45.6 = 36.7$.

12. **(C)** El tren viaja a una velocidad de: $125 \div 2\frac{1}{2} = 125 \div 2.5 = 50$ kilómetros por hora, y le llevará: $400 \div 50 = 8$ horas recorrer 400 kilómetros.

13. **(A)** Solo los términos que contienen la misma variable y el mismo exponente pueden ser combinados. Así, $9x^2 - 5x + 3x = 9x^2 + (-5 + 3)x = 9x^2 - 2x$.

14. **(D)** Antes de aplicar el impuesto, el total de la compra de Gustavo era: $3(9.99) + 2(14.99) + 12.99 = 72.94$. Para encontrar el valor después de aplicar el impuesto, multiplique 72.94 por 1.03 para encontrar la respuesta final.

15. **(E)** Sume 8 a ambos lados de la desigualdad: $-3x - 8 + 8 \leq 16 + 8$

    $$-3x \leq 24$$

    Divida los dos lados de la desigualdad por -3 y recuerde invertir la dirección del signo.

    $$x \geq -8$$

16. **(B)** La fórmula para calcular el interés en un préstamo a interés simple es: interés = capital × tasa × tiempo, donde el tiempo se mide en años. En este caso, $45 = C(0.08)(\%_{12})$, donde C representa el capital, o el monto del préstamo. Resolviendo para C, obtenemos la respuesta final: 1,125.

17. **(B)** El espacio entre 0 y 1 tiene tres marcas que representan los valores ¼, ½ y ¾ ,y el punto B está ubicado sobre la marca que corresponde a ¼. El valor de A − B es: $-2 - ¼ = -2 ¼$.

18. **(C)** Si el promedio de 5 y x es igual a 10, entonces: $\dfrac{x+5}{2} = 10$. La solución de esta ecuación es 15.

19. **(E)** Sume los términos semejantes: $y^2 + 5y + 4y + 20 = y^2 + 9y + 20$. Aplique el método para la multiplicación de binomios y trate de encontrar los factores $(y +)(y +)$. Usted necesita encontrar dos números que multiplicados entre sí den como resultado 20 y cuya suma sea igual a 9. Pruebe con 5 y 4. $(y + 5)$ $(y + 4)$. Verifique aplicando el método para la multiplicación de binomios.

20. **(A)** Supongamos que f representa la cantidad de tarjetas de fútbol americano y b la cantidad de tarjetas de béisbol que Alberto tiene en su colección. Puesto que tiene un total de 58 tarjetas, $f + b = 58$. También, sabemos que tiene 14 tarjetas más de béisbol que de fútbol americano, es decir, $b = 14 + f$. Sustituyendo b por su valor en la primera ecuación, obtenemos: $f + 14 + f = 58$. En otras palabras, $2f = 44$, y $f = 22$.

21. **(A)** Simplifique la desigualdad.

$$16x - 8 \geq 10x + 28$$
$$16x \geq 10x + 36$$
$$6x \geq 36$$
$$x \geq 6$$

Todos los valores de x enumerados en las opciones de respuesta son compatibles con la desigualdad excepto en la opción A, cuyo valor es menor que 6.

22. **(C)** Sustraiga 1 de ambos lados de la ecuación para obtener: $¼x = 7$, y luego multiplique los dos lados de la ecuación por 4 para obtener: $x = 28$.

23. **(E)** Si el valor de a es directamente proporcional al valor de b, hay un número k tal que: $a = bk$. Usted sabe que el valor de a es 21 cuando b es igual a 3, así que si reemplaza por estos valores en la ecuación anterior, obtendrá el valor de k, que es 7. Por lo tanto, $a = 7b$, y cuando b es igual a 5: $a = 5 \times 7 = 35$.

24. **(C)** Solo y depende de la cantidad de horas (t). El total de horas pagado será igual a: yt, y el pago total incluirá la tarifa plana de x dólares, lo que resultará en un costo total de: $x + yt$.

25. **(D)** Julio recibe: $4 \times 8 = 32$ correos electrónicos por día. Por lo tanto, en 6 días recibirá: $6 \times 32 = 192$ correos electrónicos.

26. **(E)** $(-5)^2 - 1 = 25 - 1 = 24$.

27. **(D)** $10 + 30 + 25 + 20 + 60 = 145$.

28. **(A)** En la semana 1 solo tuvo 10 clientes.

29. **(A)** Aplique el método para la multiplicación de binomios: $(x + 5)(x - 5) = x^2 - 5x + 5x - 25 = x^2 - 25$.

30. **(C)** La comisión total que Elena puede ganar es $5 por cliente, que es igual a 5 veces la cantidad de clientes. Puesto que usted sabe que su comisión fue de $65, puede dividir este valor por 5 para encontrar la cantidad de clientes, que es 13.

31. **(A)** Si x representa la cantidad de asistentes, la ecuación $2/10 = x/c$ puede representar la información dada. Multiplique cruzado y resuelva para x:

$$2c = 10x$$
$$x = {}^{2c}/_{10} = {}^c/_5$$

32. **(D)** 350 de los 500 pedidos fueron del modelo A. Como fracción, esto es igual a: $^{350}/_{500} = {}^{35}/_{50} = {}^7/_{10}$.

33. **(C)** Transponga los términos para obtener: $3x^2 + 4x - 4 = 0$. Identifique los coeficientes: $a = 3$, $b = 4$ y $c = -4$. Reemplace los coeficientes en la fórmula cuadrática por sus valores.

$$x = \frac{-b \pm \sqrt{b^2 - 4ac}}{2a}, \, x = \frac{-(4) \pm \sqrt{(4)^2 - 4(3)(-4)}}{2(3)}.$$

Ahora, simplifique: $x = \dfrac{-4 \pm \sqrt{64}}{6}$, y entonces: $x = \dfrac{-4 \pm 8}{6}$.

$$x = \frac{-4 + 8}{6} \text{ o } x = \frac{-4 - 8}{6}.$$

$$x = \frac{2}{3} \text{ o } x = -2. \text{ Las soluciones son } \frac{2}{3} \text{ y } -2.$$

34. **(E)** El área del rectángulo más grande es igual a: $(6 + 2m)(10 + 2m)$, y el área del rectángulo más pequeño es igual a: $6 \times 10 = 60$ pies cuadrados. El área del sendero de hormigón es el área que queda al restar el área del jardín del área del rectángulo más grande: $(6 + 2m)(10 + 2m) - 60 = 60 + 12m + 20m + 4m^2 - 60 = 32m + 4m^2$.

35. **(A)** Use los puntos dados para encontrar la ecuación de la recta: $y = mx + b$. Primero, encuentre la pendiente de la recta (m). Entre los puntos $(0, 3)$ y $(1, 0)$, la recta cae -3 y se desplaza de 0 a 1, así que la recta tiene una pendiente de -3. b representa la intersección con el eje de las y, que en la gráfica es 3. La ecuación para la recta es: $y = -3x + 3$. Sustraiga -3 de ambos lados de la ecuación para obtener: $y - 3 = -3x$. Sustraiga y de ambos lados para obtener: $-3 = -3x - y$. Multiplique ambos lados por -1 y reordene para obtener: $3x + y = 3$.

36. **(C)** La mediana es el valor central cuando todos los valores han sido ordenados de menor a mayor. Ignorando x y reordenando los valores, usted obtiene esta lista: 4, 7, 10, 12. Para que 7 sea la mediana cuando se agregue x a la lista, 7 debe quedar en el medio. Esto significa que el valor de x tiene que quedar a la izquierda de 7 en la lista. El máximo valor posible que permitirá que esto suceda es: $x = 7$.

37. **(D)** Cuando la recta corta el eje de las x, el valor de y es igual a 0. Usando esta ecuación, usted obtendrá: $0 = 3x - 9$, o $x = 3$.

38. **(E)** Hay un total de: $3 \times 6 \times 4 = 72$ combinaciones posibles.

39. **(A)** $\left(\dfrac{2}{3}\right)^3 = \dfrac{2^3}{3^3} = \dfrac{2 \times 2 \times 2}{3 \times 3 \times 3} = \dfrac{8}{27}$.

40. **(C)** El valor atípico de este conjunto de datos es \$995. Si se lo elimina, disminuirá el valor de la media.

41. **(B)** El exponente -3 sobre 10 indica que usted deberá correr el punto decimal tres posiciones hacia la izquierda, para obtener: 0.0051.

42. **(A)** Sustituya $x = 2$ e $y = 3$ en la función.

$$2\#3 = \frac{2^2 + (2)(3) - 3^2}{(2)(3)} = \frac{4 + 6 - 9}{6} = \frac{1}{6}.$$

43. **(C)** El área del triángulo A es igual a 4, así que si usted denomina a a la altura del triángulo A y b a su base, la fórmula del área será: $\frac{1}{2}ba = 4$. Puesto que la altura del triángulo B es dos veces la altura del triángulo A, y la longitud de la base es la misma en ambos triángulos, el área del triángulo B es: $\frac{1}{2}b(2a) = ba = 8$.

44. **(D)** $m = \dfrac{5 - 0}{2 - 0} = \dfrac{5}{2}$.

45. **(D)** Puesto que el triángulo ABC es semejante al triángulo PQR, hay un único número por el que usted puede multiplicar cada lado del triángulo ABC para obtener la longitud del lado correspondiente del triángulo PQR. Si usted observa que el lado AB tiene una longitud de 4, mientras que el lado correspondiente PR tiene una longitud de 8, usted puede deducir que el multiplicador es 2. Esto quiere decir que los lados PQ y QR tendrán ambos una longitud de: $3 \times 2 = 6$, y que el perímetro del triángulo PQR es igual a: $6 + 6 + 8 = 20$.

46. **(B)** Supongamos que x representa la cantidad de libras de la mezcla que contiene 16% de perlita. En la nueva mezcla, $30 - x =$ la cantidad de libras de la mezcla que contiene 26% de perlita.

$$0.16x + 0.26(30 - x) = 0.18(30)$$
$$0.16x + 7.8 - 0.26x = 5.4$$
$$-0.10x + 7.8 = 5.4$$
$$-0.10x = -2.4$$
$$x = 24$$

La nueva mezcla contendrá 24 libras de la mezcla que contiene 16% de perlita y 6 libras de la mezcla que contiene 26% de perlita.

47. **(D)** Si hay x pesas de 10 libras, estas pesarán un total de $10x$. Del mismo modo, si hay y pesas de 25 libras, estas pesarán $25y$ libras. Por lo tanto, el equipo para hacer ejercicios físicos pesará un total de $10x + 25y$.

48. **(A)** Un triángulo que tiene un ángulo recto se denomina un triángulo rectángulo, y a él se aplica el teorema de Pitágoras. El teorema expresa que $a^2 + b^2 = c^2$, donde c es el lado más largo (la hipotenusa). Aplicando la fórmula a este problema: $6^2 + b^2 = 10^2$, y $b = 8$.

49. **(D)** La palabra *producto* implica una multiplicación, y cuando se multiplican dos términos que tienen la misma base, sus exponentes se suman. Por lo tanto, $(4x^2)(5x^4) = 20x^{2+6} = 20x^6$.

50. **(B)** Multiplique cruzado para obtener la ecuación $2x = 6$. Si se divide por 2 ambos lados, se obtiene: $x = 3$.

CLAVES DE LAS RESPUESTAS

CAPÍTULO 5:
Ejercicios sobre reglas básicas de la lengua española

1. D
2. C
3. C
4. B
5. D
6. C
7. B
8. A
9. D
10. B
11. A
12. B
13. C
14. D
15. A

CAPÍTULO 6:
Ejercicios sobre aspectos mecánicos de la escritura

1. A
2. D
3. B
4. C
5. C
6. A
7. D
8. B
9. C
10. D
11. C
12. D
13. D
14. A
15. B

CAPÍTULO 7:
Ejercicios sobre estructura de la oración

1. A
2. D
3. C
4. B
5. C
6. C
7. B
8. D
9. A
10. C
11. B
12. D
13. C
14. B
15. A

CAPÍTULO 8:
Ejercicios sobre organización de las ideas

1. B
2. A
3. D
4. A
5. B
6. D
7. C
8. B
9. C
10. C
11. B
12. D
13. A
14. B
15. A

CAPÍTULO 11:
Ejercicios sobre historia mundial

1. D
2. B
3. A
4. C
5. C
6. B
7. D
8. A
9. B
10. A
11. D
12. C
13. D
14. A
15. B

CAPÍTULO 13:
Ejercicios sobre educación cívica y gobierno

1. C
2. A
3. C
4. D
5. A
6. B
7. D
8. C
9. A
10. B
11. D
12. C
13. D
14. A
15. B

CAPÍTULO 12:
Ejercicios sobre historia de los Estados Unidos de América

1. C
2. A
3. D
4. B
5. C
6. B
7. A
8. C
9. B
10. D
11. C
12. A
13. D
14. B
15. A

CAPÍTULO 14:
Ejercicios sobre economía

1. A
2. D
3. B
4. C
5. A
6. D
7. D
8. B
9. C
10. B
11. C
12. D
13. A
14. B
15. A

CAPÍTULO 15:
Ejercicios sobre geografía

1. C
2. A
3. B
4. C
5. D
6. A
7. D
8. B
9. D
10. B
11. A
12. C
13. B
14. C
15. A

CAPÍTULO 17:
Ejercicios sobre ciencias de la vida

1. A
2. C
3. B
4. D
5. D
6. A
7. B
8. A
9. C
10. B
11. B
12. C
13. C
14. C
15. B

CAPÍTULO 18:
Ejercicios sobre ciencias de la Tierra y el espacio

1. C
2. D
3. A
4. B
5. D
6. D
7. A
8. C
9. B
10. D
11. A
12. C
13. D
14. B
15. A

CAPÍTULO 19:
Ejercicios sobre ciencias físicas: química

1. C
2. C
3. B
4. D
5. B
6. A
7. C
8. B
9. D
10. B
11. B
12. A
13. C
14. D
15. C

CAPÍTULO 20:
Ejercicios sobre ciencias físicas: física

1. C
2. C
3. D
4. B
5. A
6. D
7. C
8. C
9. C
10. A
11. D
12. A
13. C
14. D
15. B

CAPÍTULO 22:
Ejercicios sobre prosa de ficción

1. A
2. A
3. B
4. D
5. D
6. B
7. A
8. C
9. A
10. D
11. A
12. B
13. C
14. C
15. B

CAPÍTULO 23:
Ejercicios sobre poesía

1. A
2. B
3. D
4. C
5. A
6. C
7. A
8. C
9. D
10. D
11. C
12. A
13. A
14. B
15. D

CAPÍTULO 24:
Ejercicios sobre textos informativos

1. D
2. A
3. D
4. B
5. D
6. D
7. B
8. C
9. C
10. A
11. B
12. A
13. C
14. D
15. C

CAPÍTULO 26:
Ejercicios sobre números enteros

1. C
2. A
3. B
4. D
5. D
6. A
7. C
8. C
9. B
10. A

CAPÍTULO 27:
Ejercicios sobre sentido numérico

1. B
2. D
3. C
4. D
5. B
6. A
7. A
8. C
9. B
10. D

CAPÍTULO 28:
Ejercicios sobre números decimales

1. B
2. C
3. C
4. D
5. B
6. C
7. B
8. A
9. D
10. B

CAPÍTULO 29:
Ejercicios sobre fracciones

1. A
2. B
3. C
4. C
5. D
6. B
7. D
8. A
9. C
10. B

CAPÍTULO 30:
Ejercicios sobre porcentajes

1. B
2. C
3. D
4. E
5. B
6. C
7. C
8. D
9. A
10. B

CAPÍTULO 31:
Ejercicios sobre relaciones entre números

1. A
2. D
3. C
4. A
5. B
6. C
7. B
8. C
9. A
10. E

CAPÍTULO 32:
Ejercicios sobre unidades de medida

1. C
2. A
3. B
4. D
5. E
6. D
7. C
8. D
9. B
10. C

CAPÍTULO 33:
Ejercicios sobre geometría

1. E
2. A
3. B
4. C
5. B
6. B
7. C
8. D
9. C
10. C

CAPÍTULO 34:
Ejercicios sobre estadística

1. A
2. B
3. D
4. B
5. C
6. C
7. D
8. D
9. A
10. B

CAPÍTULO 35:
Ejercicios sobre probabilidad

1. E
2. E
3. C
4. A
5. E
6. B
7. D
8. C
9. B
10. B

CAPÍTULO 36:
Ejercicios sobre análisis de datos

1. C
2. C
3. B
4. C
5. A
6. E
7. D
8. B
9. C
10. A

CAPÍTULO 37:
Ejercicios sobre conceptos algebraicos

1. D
2. A
3. C
4. E
5. A
6. E
7. C
8. B
9. E
10. A

CAPÍTULO 38:
Ejercicios sobre fórmulas matemáticas

1. **D**
2. **C**
3. **C**
4. **C**
5. **B**
6. **D**
7. **D**
8. **B**
9. **A**
10. **A**

<u>Respuestas y explicaciones de los ejercicios</u>

Explicaciones de los ejercicios sobre reglas básicas de la lengua española

1. **D.** El verbo (*está*) debe concordar en número con su antecedente (*posición*) y en tiempo con el adverbio que lo modifica (*actualmente*).
2. **C.** El verbo debe estar en singular para concordar con el sujeto (*cada empleado*).
3. **C.** El sujeto de la oración debe ser *los empleados y él* (se refiere al Sr. Wong), y el verbo debe ir en plural porque se trata de un sujeto compuesto.
4. **B.** Puesto que el sujeto (*empleados*) está en plural, el verbo también deberá estarlo (*tienen*).
5. **D.** Los *empleados y el Sr. Wong* constituyen un sujeto compuesto y plural. El verbo (*demuestran*) debe ir en plural para concordar con este sujeto.
6. **C.** El nombre del departamento de la empresa es singular, así que el verbo también debe ir en singular.
7. **B.** Puesto que el sujeto de la oración (el Departamento de Servicios Contables de Harbor View) está en tercera persona, el adjetivo posesivo debe concordar con este.
8. **A.** La oración es correcta tal como ha sido escrita. La preposición correcta es *a*, y el adjetivo *su* y el nombre *familia* deben permanecer en singular.
9. **D.** La forma verbal correcta es *han sido*, pues la oración requiere un tiempo pasado que concuerde con *desde que fueron añadidas*.
10. **B.** El verbo debe ir en singular para concordar con el sujeto (*cualquiera de estos beneficios*).
11. **A.** La oración es correcta tal como ha sido escrita. El sujeto singular (*la elección*) concuerda con el verbo *es*. En la cláusula subordinada, el verbo *satisfagan* concuerda con su antecedente (*los beneficios*).
12. **B.** El verbo (*trabajan*) debe ir en plural para concordar con el sujeto (*los representantes*). La construcción idiomática correcta es *cinco días a la semana*.
13. **C.** El texto de la carta está escrita en primera persona del plural, así que el adjetivo posesivo correcto es *nuestros*.
14. **D.** El sujeto debe ir en plural para concordar con los verbos *necesiten* y *podrán*. El uso de *los empleados* da mayor precisión a la oración.
15. **A.** Agradecerle a la candidata por su interés en la posición vacante es una práctica habitual en este tipo de cartas. Las opciones B y D son demasiado específicas para una cláusula final, y la opción C es demasiado coloquial para un texto formal.

Explicaciones de los ejercicios sobre aspectos mecánicos de la escritura

1. **A.** La oración es correcta tal como ha sido escrita. Después de una frase introductoria, debe colocarse siempre una coma. La opción de respuesta B representa otra idea, cuando todavía no es tarde, y carece de la coma.
2. **D.** En la opción D, se usan el tiempo verbal y el adjetivo posesivo correctos y el sustantivo común *lengua* lleva minúscula inicial.

3. **B.** El homónimo correcto es aquí *hasta*, y la frase introductoria va seguida, como corresponde, de una coma.

4. **C.** El nombre común *abuela* no debe llevar mayúscula inicial.

5. **C.** El uso de *Y* seguido de una coma al comienzo de la oración crea un fragmento de oración. La opción de respuesta D agrega comas innecesarias.

6. **A.** La oración es correcta tal como ha sido escrita. Una frase introductoria requiere una coma después de ella, y el tiempo verbal usado (presente) es el correcto.

7. **D.** La coma después de la conjunción *pero* es innecesaria, no así la coma que la precede. La opción B usa una preposición incorrecta.

8. **B.** La posición de la cláusula modificadora (*por medio de la computadora*) no es la correcta. La cláusula debe ir a continuación de *la casa*, pues explica cómo se trabaja desde allí.

9. **C.** Después de una frase introductoria, debe colocarse siempre una coma.

10. **D.** Otra vez, la frase introductoria debe ir seguida de una coma. La opción C coloca incorrectamente el adverbio *no* antes del verbo *pueden*, lo que cambia el sentido de la oración.

11. **C.** En las oraciones que contienen dos cláusulas independientes, la separación entre ambas debe estar establecida al menos por un punto y coma.

12. **D.** El tiempo verbal correcto es el presente, que concuerda con los verbos de la oración precedente.

13. **D.** El nombre común *doctor* no debe llevar mayúscula inicial. La opción C cambia incorrectamente el número del verbo, que debe ir en plural para concordar con el sujeto.

14. **A.** La oración es correcta tal como ha sido escrita. La oración introductoria debe ir seguida de una coma. En la opción D, se hace concordar incorrectamente al verbo con *personas*.

15. **B.** La opción B combina las oraciones de la mejor forma posible, usando la conjunción copulativa *y*. La opción D agrega una coma innecesaria después del verbo *beneficiará*.

Explicaciones de los ejercicios sobre estructura de la oración

1. **A.** La oración es correcta tal como ha sido escrita. El tiempo futuro es el adecuado y la oración no es una pregunta.

2. **D.** La oración contiene una estructura que no está en paralelo. *Entusiasmo* y *temor* son nombres, así que el tercer elemento también deberá serlo (*preocupación*).

3. **C.** En este caso, no es necesaria una conjunción que vaya en el mismo sentido que la oración principal, sino una que establezca un contraste.

4. **B.** La opción B completa el fragmento de oración de la mejor forma. En la opción C, el fragmento de oración no ha sido modificado, mientras que en la opción D el punto y coma tampoco soluciona el problema.

5. **C.** La oración es un ejemplo de oración sin separación. Las opciones B y D crean otro problema: dos oraciones separadas por coma.

6. **C.** En este caso, se trata de un fragmento de oración. Las opciones B y D representan también fragmentos de oración.

7. **B.** *Si lleva su propia lapicera* es un fragmento de oración. La unión de esta cláusula dependiente con la oración siguiente, separándola con una coma, soluciona el problema. En la opción A, se agrega una coma innecesaria después del verbo (*parecerá*).

8. **D.** La oración es un ejemplo de oraciones separadas por coma. Las dos cláusulas independientes no pueden ser separadas por una coma. La opción D las separa correctamente con un punto y coma.

9. **A.** La oración es correcta tal como ha sido escrita. La oración introductoria requiere siempre una coma después de ella.

10. **C.** La oración no tiene una estructura en paralelo. *Nombres* y *direcciones* son nombres, así que el tercer término deberá ser también un nombre (*fechas*).

11. **B.** Puesto que las ideas de estas oraciones están relacionadas estrechamente, la mejor forma de escribirlas sería combinándolas en una sola oración. La locución conjuntiva *así que*, precedida de una coma, expresa el significado correcto.

12. **D.** La oración incluye la conjunción disyuntiva *o*, que significa que los elementos enumerados son similares. En su lugar, debería usarse una conjunción adversativa (*pero*), que muestre el contraste.

13. **C.** La oración contiene un modificador mal colocado. *Las personas* están en *la lista*, así que los nombres deberían estar estrechamente conectados.

14. **B.** En esta oración, hay un problema con el modificador. La *solicitud* deberá serle entregada al *supervisor*.

15. **A.** La oración es correcta tal como ha sido escrita. La opción C agrega una coma innecesaria, mientras que las opciones B y D modifican innecesariamente el significado y la estructura de la oración.

Explicaciones de los ejercicios sobre organización de las ideas

1. **B.** El segundo párrafo es el primer párrafo que trata de los factores que deben ser considerados cuando se elige una carrera, así que es una buena idea empezar con la palabra *Primero*. El resto de ese párrafo se refiere a *los intereses, el talento y los pasatiempos*.

2. **A.** El segundo párrafo debería centrarse en las personas y sus intereses. La oración 6 se refiere a los perros y debe ser suprimida.

3. **D.** La oración 13 se refiere a un ejemplo, así que agregar la frase de transición *Por ejemplo* resultaría apropiado.

4. **A.** La oración 21 podría comenzar un nuevo párrafo. Las otras opciones no resultan apropiadas para una oración temática de un nuevo párrafo.

5. **B.** En este párrafo, se enumera el último factor que deberá ser considerado al elegir una carrera; en consecuencia, *Por último* representa una buena transición.

6. **D.** La oración 11 no es una buena elección como oración temática pues comienza con un contraste con otra idea. Tendría más sentido al final del párrafo.

7. **C.** La oración 23 es demasiado específica para ser usada en un resumen de la exposición.

8. **B.** En este párrafo, se analiza cómo los intereses pueden influir en la elección de una carrera. La oración de la opción B representa un buen complemento a la idea del párrafo.

9. **C.** Puesto que la oración se refiere a qué cursos deberá tomar un alumno en una carrera específica, debería ser insertada en un párrafo que trate de ese tema.

10. **C.** La oración 2 se refiere a la oración 1 y no puede ser suprimida. La oración 4, en cambio, es demasiado específica para un párrafo introductorio y debería ser suprimida.

11. **B.** El párrafo debería agregar alguna reflexión sobre la frase "Publicar o morir" que lo vincule con la tesis, que se refiere a las responsabilidades de la vida académica. La opción B lo hace en pocas palabras.

12. **D.** Las oraciones de este párrafo están organizadas a través de las palabras de transición usadas al comienzo de ellas. La oración 17 comienza con *Primero*; la oración 18, con *Segundo*, y la oración 20, con *Por último*. Entonces, la oración 19 deberá comenzar con *Tercero* para conservar el patrón.

13. **A.** La oración 13 es la oración temática de este párrafo, que se refiere a los servicios. En consecuencia, deberá ser colocada al comienzo del párrafo.

14. **B.** La tesis, que se presenta en el primer párrafo, enumera las tres responsabilidades en el orden siguiente: investigación y publicación de trabajos, enseñanza y prestación de servicios. Los párrafos del texto deberían seguir ese orden.

15. **A.** El pasaje necesita una oración final que se refiera a la tesis. La opción A lo hace de la manera más completa.

Explicaciones de los ejercicios sobre historia mundial

1. **D.** En las líneas 15 a 17, se explica que los no blancos necesitaban pasaportes, lo que implica que los blancos no.

2. **B.** En las líneas 11 a 13, se describe cómo los no blancos fueron trasladados por la fuerza.

3. **A.** En las líneas 20 y 21, se enumeran algunas de las formas en que otros países protestaron contra el apartheid. Un embargo es una prohibición oficial sobre el comercio, lo que corresponde a las sanciones económicas descritas en el pasaje.

4. **C.** El párrafo final describe cómo la Reforma propició cambios más allá del ámbito religioso.

5. **C.** El pasaje menciona el aprendizaje del griego y del hebreo. Estos idiomas permitieron que las personas pudieran leer la Biblia por sí mismos, en lugar de tener que escuchar las interpretaciones que de ella hacían los líderes religiosos.

6. **B.** En el segundo párrafo, se explica que la Reforma se inició porque Martín Lutero y otros querían que la gente pudiera leer e interpretar la Biblia por sí misma.

7. **D.** En las líneas 21 y 22, se afirma que las exportaciones se cuadruplicaron en los dos primeros años de la guerra.

8. **A.** En el pasaje, no se menciona la participación de Suiza y, en el mapa, no aparece ni como uno de los Aliados ni como una de las Potencias Centrales.

9. **B.** En las líneas 18 y 19, se menciona que 27 países participaron en la guerra.

10. **A.** En las líneas 2 a 4, se explica que la agricultura permitió que la gente se asentara en un solo lugar y cultivara sus propios alimentos.

11. **D.** En las líneas 4 y 5, se afirma que las comunidades se desarrollaron cerca de los ríos.

12. **C.** El tener una oferta estable y creciente de alimentos hizo posible que algunas personas pudieran dedicarse a otras ocupaciones.

13. **D.** Deberían haber existido múltiples lenguas habladas para que hubiera necesidad de una lengua común. En las líneas 4 a 6, se afirma que había múltiples lenguas.

14. **D.** En las líneas 15 a 17, se describe a estas personas como intérpretes que trabajaban entre los británicos y sus súbditos.

15. **B.** En la línea 13, se afirma que las personas que pertenecían a la clase gobernante en la India ya aprendían inglés.

Explicaciones de los ejercicios sobre historia de los Estados Unidos de América

1. **C.** Tisquantum ayudó a que los colonos sobrevivieran su primer invierno.

2. **A.** Según la línea de tiempo, España fundó la primera colonia en la Florida.

3. **D.** En las líneas 7 a 9, se menciona que los colonos recibieron ayuda de los americanos nativos, que ya vivían en el lugar.

4. **B.** Todos los asentamientos que aparecen en el mapa están ubicados cerca de la costa este de América del Norte.

5. **C.** En las líneas 1 a 3, se dice que las naciones europeas enviaron colonos para aumentar su riqueza y expandir su influencia. En el pasaje, no se menciona la religión.

6. **B.** En las líneas 1 a 3 del documento, se dice que todos los hombres tienen el derecho a la libertad.

7. **A.** En las líneas 4 y 5, se afirma que los hombres constituyen gobiernos que derivan su poder del consentimiento de sus gobernados. En la línea 15, se acusa al rey de despotismo, y, en las líneas 19 a 21, se dice que el rey está tratando de establecer una tiranía absoluta. Estas acciones son contrarias a la democracia.

8. **C.** En las líneas 4 y 5, se afirma que los hombres constituyen gobiernos que derivan su poder del consentimiento de sus gobernados.

9. **B.** La opción B es una opinión no explícita. Las afirmaciones reflejadas en las otras opciones están mencionadas en el pasaje.

10. **D.** En las líneas 10 a 12, se describe cómo Lincoln trató de evitar que la guerra de Secesión se convirtiera en una guerra contra la esclavitud.

11. **C.** Puesto que la mayoría de las naciones europeas ya habían abolido la esclavitud, el hecho de que los Estados Unidos también lo hicieran debería haber *disminuido* las tensiones.

12. **A.** La Segunda Guerra Mundial, que comenzó poco tiempo después de la Gran Depresión, benefició a la economía estadounidense.

13. **D.** En la primera línea del pasaje, se afirma que los puritanos creían que el trabajo duro tenía su recompensa. En la línea 12, se reafirman estas características como parte de lo que se denomina el "sueño americano".

14. **B.** En las líneas 2 a 4, se contrastan los escritos de John Smith con los de Edward Winslow.

15. **A.** En las líneas 9 y 10, se afirma que Winslow les escribe a aquellos ciudadanos ingleses que estaban considerando la posibilidad de emigrar.

Explicaciones de los ejercicios sobre educación cívica y gobierno

1. **C.** Los tres poderes del Gobierno de los Estados Unidos son: el poder legislativo, el poder ejecutivo y el poder judicial.
2. **A.** En el recuadro 2, se establece que solo podrán registrarse los ciudadanos estadounidenses.
3. **C.** El recuadro de las declaraciones enumera los motivos de exclusión.
4. **D.** En las instrucciones que aparecen al pie del formulario, se recomienda consultar el sitio web.
5. **A.** La cantidad de representantes está determinada por la población. En la parte final del documento, se enumeran los estados y su cantidad de representantes. Virginia tiene la mayor cantidad.
6. **B.** En las líneas 9 a 11, se especifica que los esclavos deberán contarse como tres quintas partes de una persona.
7. **D.** Los requisitos están enumerados en las líneas 4 a 6. No se menciona el género.
8. **C.** La Sexta Enmienda abarca los derechos de los ciudadanos sometidos a juicio.
9. **A.** La Primera Enmienda abarca el derecho de libertad de expresión, en el que el Tribunal Supremo consideró que quedaba incluido el uso de los brazaletes negros.
10. **B.** Los Estados Unidos son una democracia.
11. **D.** El sistema de gobierno en el que el gobierno es ejercido por una persona que puede transferirlo a sus herederos se denomina monarquía.
12. **C.** El *Manual del Automovilista de California de 2012* enumera como requisito la asistencia a un curso de conducción.
13. **D.** Las excepciones se enumeran al final del documento, y el caso de una necesidad médica es el único mencionado.
14. **A.** La segregación de niños por niños no aparece citada.
15. **B.** King quiere la igualdad para todas las personas.

Explicaciones de los ejercicios sobre economía

1. **A.** En las líneas 1 a 4, se dice que los capitalistas piensan que la división del trabajo aumenta la productividad.
2. **D.** Cuando la demanda aumenta, los precios suben.
3. **B.** En las líneas 3 a 6, se muestra que, según Johnson, la educación era la clave para erradicar la pobreza.
4. **C.** Johnson explica por qué los programas anteriores no habían logrado sus objetivos.
5. **A.** En las líneas 12 a 17, se describen los programas apoyados por la ley.
6. **D.** Sume la cantidad de capital que la familia pagó cada año: $1,228 + $1,304 + $1,384 + $1,470 + $1,560 = $6,946.
7. **D.** La última entrada en la columna de los intereses pagados muestra el total de intereses pagados.
8. **B.** La opción B es verdadera. El capital que la familia deberá pagar durante los últimos cuatro años es igual a: $5,821 + $6,180 + $6,561 + $6,966 = $25,528, que es aproximadamente un cuarto de los $100,000 originales.
9. **C.** El libre mercado es un componente central del capitalismo.

10. **B.** En las líneas 1 a 3, se afirma que la Reserva Federal se constituyó en parte como consecuencia de los problemas financieros.

11. **C.** Según la gráfica, el PIB cayó en el primer trimestre de 2014 y creció en el segundo trimestre del mismo año.

12. **D.** La microeconomía se ocupa de la economía en pequeña escala, es decir, de los consumidores individuales.

13. **A.** La inflación representa un aumento del nivel general de precios, así que es una preocupación de la macroeconomía.

14. **B.** Los cuatro tipos de sistemas económicos son economía planificada, economía de mercado, economía tradicional y economía mixta.

15. **A.** Un costo de oportunidad representa una pérdida de un posible beneficio de otras alternativas cuando se elige una de ellas.

Explicaciones de los ejercicios sobre geografía

1. **C.** En la parte continental de los Estados Unidos, no hay regiones polares.

2. **A.** Cuanto más oscuro es el color de su sombreado, menos petróleo exporta el país. El sombreado de Islandia es más oscuro que el de Australia, así que exporta menos petróleo que este último.

3. **B.** Según el mapa, las regiones situadas a una misma latitud tienen climas similares.

4. **C.** La única inferencia que puede hacerse correctamente es la opción C, es decir, que los dos hemisferios tienen una variedad de climas.

5. **D.** En el párrafo, se describe cómo las montañas y los valles que las rodean pueden tener climas muy diferentes.

6. **A.** Puesto que la temperatura disminuye con la altitud, los picos de las montañas tendrán, si acaso, escasa vegetación.

7. **D.** La mayoría de los ríos que se muestran en el mapa nace en la cordillera de los Andes.

8. **B.** La cordillera de los Andes está situada a lo largo de la costa oeste de América del Sur. El desierto de Atacama está ubicado en la parte norte de Chile, dentro de la cordillera.

9. **D.** A la derecha del mapa, hay una escala que indica la longitud equivalente a 600 millas. Use uno de sus dedos o un lápiz para medir esa longitud y luego para medir la cordillera de los Andes. Debería ser equivalente a siete veces la longitud de la escala, o 4,200 millas. Esta longitud es aproximadamente igual a la mencionada en la opción D.

10. **B.** Los lugares más convenientes para que la gente establezca ciudades, basándose en las características físicas, están ubicados sobre la costa este. Toda la costa oeste es montañosa y la cuenca del Amazonas es donde desaguan el río Amazonas y sus afluentes.

11. **A.** Según el mapa, entre el 40 y el 50 por ciento de la población de la mayoría de las naciones africanas está compuesto de menores de 15 años de edad. Esta cantidad tan alta de niños implica que en esa zona las personas no viven tanto como en otros lugares.

12. **C.** Un viaje de seis horas de duración que sale a las 15:00 horas debería llegar a las 21:00 horas, sin tener en cuenta la diferencia horaria. Puesto que Dallas tiene una diferencia de cuatro horas (menos) con Anchorage, deberemos restar esas cuatro horas de las 21:00 horas. Por lo tanto, el vuelo aterrizará a las 17:00, hora de Dallas.

13. **B.** Los genes compartidos entre los americanos nativos y los habitantes del sur de Siberia respaldarían la idea de que las tierras estuvieron alguna vez conectadas.

14. **C.** El mapa es un ejemplo de mapa de proyección de Mercator, que muestra a la Tierra como una superficie plana sobre la que pueden trazarse fácilmente las líneas de latitud (paralelos) y de longitud (meridianos), y representarse los rumbos.

15. **A.** El delta es un accidente geográfico producido por el depósito de sedimentos en la desembocadura de un río que fluye en aguas más lentas o estancadas, o en un brazo del mar.

Explicaciones de los ejercicios sobre ciencias de la vida

1. **A.** Según la información de la tabla, los niños reciben la vacuna contra la varicela y la vacuna contra el sarampión, las paperas y la rubéola entre los 12 y 15 meses de edad.

2. **C.** Según la tabla, los niños reciben la vacuna contra la difteria, el tétano y la tos ferina a los 2 meses, 4 meses, 6 meses y entre los 12 y 15 meses de edad. Esas son cuatro dosis antes de cumplir 2 años de edad.

3. **B.** Según la tabla, la vacuna contra la influenza es recibida cada año.

4. **D.** En el pasaje, se dice que la difteria *ha sido* una de las causas mayores de muertes infantiles. Se puede asumir que esto ya no es así gracias al uso de la vacuna contra la difteria, el tétano y la tos ferina.

5. **D.** En el pasaje, se dice que la tos ferina se transmite a través del aire de una persona a otra; por lo tanto, se trata de una enfermedad infecciosa.

6. **A.** El topo, junto con el zorro y el cuervo azul, ocupa el segundo nivel de la red alimentaria, así que es un consumidor secundario.

7. **B.** La relación entre el néctar y la mariposa es la que produce la mayor transferencia de energía de todas las relaciones enumeradas porque las plantas (categoría que incluye al néctar) tienen la mayor biomasa y, por ello, el mayor contenido de energía.

8. **A.** Una persona que parpadea cuando le arrojan algo es un ejemplo de reflejo automático, no controlado por la persona.

9. **C.** La antera y el filamento son partes del estambre de la planta, que produce el polen.

10. **B.** En el segundo párrafo, se dice que el cerebelo controla el equilibrio, el movimiento y la coordinación. Estas habilidades son necesarias para andar en bicicleta.

11. **B.** Un rasgo expresado es un fenotipo.

12. **C.** Puesto que el color verde es el dominante, para que una planta tenga vainas amarillas expresadas deberá tener un genotipo gg, con los dos alelos correspondientes a las vainas amarillas.

13. **C.** En el segundo párrafo, se dice que los experimentos de Mendel en los que se mezclaban dos rasgos (cruzamiento dihíbrido) mostraron una razón de 9:3:3:1.

14. **C.** En el pasaje, se dice que durante la profase comienza a formarse el huso acromático.

15. **B.** En el diagrama, lo que se muestra es la anafase, pues las dos cromátidas de cada cromosoma se están separando y desplazando hacia los polos opuestos de la célula.

Explicaciones de los ejercicios sobre ciencias de la Tierra y el espacio

1. **C.** El Gran Cañón fue excavado por el río Colorado.
2. **D.** El mapa de Desastres naturales de un millardo (mil millones) de dólares muestra que los huracanes más destructivos se produjeron a lo largo de la costa del Golfo, de Texas a Florida.
3. **A.** En todas las regiones, los patrones de tiempo severo varían de año en año y no son predecibles.
4. **B.** El diagrama muestra un eclipse lunar, en el que la Tierra bloquea la luz solar y la Luna se encuentra completamente bajo la sombra que proyecta la Tierra.
5. **D.** En la primera oración del último párrafo, se afirma que diferentes circunstancias causan diferentes tipos de mareas.
6. **D.** El que un evento sea interesante o no representa una opinión.
7. **A.** Solo las opciones A y B describen correctamente el ciclo del agua. De ellas, la opción A es la que contiene la descripción más completa.
8. **C.** La flora no es un tipo de precipitación, sino el conjunto de plantas que pueblan una región.
9. **B.** La condensación es el proceso por el cual el vapor de agua se convierte en líquido.
10. **D.** Cuando la humedad es alta, es más probable que se produzcan precipitaciones. Según la gráfica, la mayor humedad se produjo el 5 de mayo.
11. **A.** Cuando la temperatura aumenta, la humedad relativa generalmente disminuye.
12. **C.** Un 100 por ciento de humedad relativa significa que el aire está completamente saturado, y ello produce lluvia, neblina y niebla.
13. **D.** Según la gráfica, el 5 de mayo se produjo un pico alto de humedad relativa.
14. **B.** Una zona de subducción puede producir fosas oceánicas, cordilleras o arcos insulares. Las crestas y grietas se producen por la separación de las placas. Las fallas se producen por el deslizamiento de dos placas una contra la otra.
15. **A.** La cordillera del Himalaya se formó por la colisión de la placa Indoaustraliana con la placa de Eurasia.

Explicaciones de los ejercicios sobre ciencias físicas: química

1. **C.** El óxido de magnesio no es un compuesto orgánico porque el magnesio es un metal.
2. **C.** El agua hierve a 100 °C. Según la tabla, 410 gramos de azúcar se disuelven a esa temperatura contra 39 gramos de sal. Esto es aproximadamente 10 veces más.
3. **B.** Cuente los átomos de cada componente. Hay 12 átomos de carbono, 22 de hidrógeno y 11 de oxígeno.
4. **D.** Según la cuenta de átomos anterior, solo la opción D es verdadera. Hay 12 átomos de carbono y 11 de oxígeno.
5. **B.** Un compuesto es una sustancia formada por el enlace químico de dos o más elementos químicos. La sacarosa está formada por el enlace de átomos de carbono, hidrógeno y oxígeno.

6. **A.** El átomo es la unidad más pequeña que conserva las propiedades del elemento.

7. **C.** El uso del hacha para partir un tronco de roble produce un cambio físico en el tronco.

8. **B.** El encendido de la madera produce un cambio químico.

9. **D.** Verifique el peso atómico de cada elemento enumerado en la tabla. El litio tiene un peso atómico de 6.941, aproximadamente 7.

10. **B.** El número de neutrones puede calcularse restando el número atómico del peso atómico. El número atómico del hierro es 26 y su peso atómico es 55.85. La diferencia es: $55.85 - 26 = 29.85$.

11. **B.** Busque los elementos en la tabla. Na representa al sodio y Cl representa al cloro.

12. **A.** El peso atómico es la masa promedio del elemento. El sodio tiene un peso atómico de 22.99 y el carbono tiene un peso atómico de 12.01, así que la opción A es verdadera.

13. **C.** Los gases nobles pertenecen al grupo 8A. El cloro no está incluido entre ellos.

14. **D.** La combinación de canela y azúcar crea una mezcla porque cada sustancia conserva su propia identidad química.

15. **C.** La opción C es la mejor explicación de la ley de conservación de la materia, pues los átomos se reorganizan pero su cantidad permanece constante.

Explicaciones de los ejercicios sobre ciencias físicas: física

1. **C.** Una barra magnética tiene dos polos magnéticos. Si se rompe en dos partes, se crean, simplemente, dos barras magnéticas, cada una con dos polos magnéticos.

2. **C.** Para poder levantar un peso de 1,000 libras, se deberá aplicar una fuerza de 1,000 libras en el otro extremo de la cuerda. Esto elimina las opciones A y B. Si se agrega una segunda polea, se necesitará la mitad de la fuerza que se necesitaba para levantar el peso con una sola polea.

3. **D.** Sume los valores correspondientes de la gráfica: $37.49 + 23.95 + 0.04 + 22.52 = 84$.

4. **B.** Según el pasaje que precede a la gráfica, la gráfica incluye combustibles fósiles, fuentes renovables de energía, energía nuclear y electricidad. Esto significa que las fuentes renovables incluyen la energía eólica, la energía solar, la energía hidroeléctrica, la energía geotérmica y la biomasa. Sume los valores correspondientes de la gráfica: $0.55 + 0.10 + 2.52 + 0.36 + 3.87 = 7.4$. Este resultado está más cerca de la opción B.

5. **A.** 39.9% es significativamente mayor que el promedio de 7.4% (véase la pregunta anterior). Esto significa que Maine usó más energía proveniente de fuentes renovables que la mayoría de los otros estados.

6. **D.** El diagrama ilustra la tercera ley del movimiento de Newton: a cada acción (el cohete empuja hacia adelante) siempre se opone una reacción igual pero de sentido contrario (los gases de escape empujan hacia atrás).

7. **C.** Un aeroplano es elevado por la fuerza del viento y depende de esa fuerza. Esta es la segunda ley del movimiento de Newton: la tasa de cambio del momento de un objeto es directamente proporcional a la fuerza resultante que actúa sobre él.

8. **C.** La tasa a la que se enfrían las enchiladas está determinada por la temperatura del aire y por la temperatura del mostrador sobre el que se deposita el plato.

9. **C.** El uso de una plancha para alisar la ropa es un ejemplo de conversión de energía eléctrica (la plancha) en energía calórica (la ropa es calentada por la plancha).

10. **A.** Evalúe cada una de las opciones para descubrir cuál es la verdadera. La opción A es verdadera: la adición de energía aumenta el movimiento de las moléculas.

11. **D.** El auto que patina al frenar bruscamente es un ejemplo de rozamiento por deslizamiento.

12. **A.** El rozamiento provocado por el aire o el agua es un ejemplo de rozamiento en un medio fluido.

13. **C.** La Tierra tiene un núcleo interno sólido y un núcleo externo fluido, compuesto por capas de hierro, níquel y pequeñas cantidades de otros metales. Las diferencias de presión, temperatura y composición en el núcleo externo provocan corrientes convectivas. Este flujo de hierro líquido genera corrientes eléctricas, que, a su vez, producen campos magnéticos.

14. **D.** Los objetos eléctricamente polarizados son aquellos cuyas cargas han sido separadas de forma tal que un lado resulta positivo y el otro negativo. Esto significa que el objeto se ha convertido en conductor parcial.

15. **B.** Este tipo de vibración corresponde al de una onda transversal.

Explicaciones de los ejercicios sobre prosa de ficción

1. **A.** La historia describe el encuentro de personas que no se conocían previamente y que se juntan para hacer música, así que el mejor título para este pasaje será: El nacimiento de la banda.

2. **A.** La oración dice que los alumnos estaban en el patio *empollando* para una prueba. El significado de la palabra deberá ser, entonces, *estudiando intensamente*.

3. **B.** La definición de ficción es 'clase de obras literarias, generalmente narrativas, que tratan de sucesos y personajes imaginarios'. El propósito más probable de este pasaje es entretener con el relato de una historia, por lo que la mejor respuesta es la opción B.

4. **D.** En la oración, se describe también a la música como *espontánea*, así que el significado de la palabra en este contexto es *improvisado*.

5. **D.** En la oración, se dice también que casi todos los alumnos se reunían cerca de los músicos; entonces, el significado de *eclipsaban* en este contexto es *tenían mayor importancia*. La mejor respuesta es la opción D.

6. **B.** En la oración, se dice que la canción combinaba una serie de melodías, así que un *popurrí* es una *mezcla*.

7. **A.** El profesor se detuvo a escuchar y se mostró tan interesado que comenzó a agitar su cabeza al ritmo de la música mientras seguía el compás con sus pies. En este contexto, la mejor definición de la palabra *inquisidora* es *fija y atenta*.

8. **C.** El director de la banda probablemente alentará al grupo de músicos a sumarse a ella.

9. **A.** Puesto que al final de historia se dice que las palabras del profesor tendrían un fuerte impacto sobre los alumnos en los años por venir, es razonable asumir que ellos volverán a encontrarse otra vez para tocar juntos.

10. **D.** En las líneas 1 a 4, queda claro que todos toman parte en las tareas agrícolas.

11. **A.** En la línea 32, se describe el juego de dados como tonto y dañino.

12. **B.** En la línea 8, se dice que la profesión se transmite de padres a hijos, de modo que si un padre es carpintero, su hijo también lo será.

13. **C.** Justo al final del pasaje, en las líneas 34 y 35, Moro dice que en la mejora de la mente consiste la felicidad de la vida.

14. **C.** Si una persona está mejor calificada para otro trabajo, es adoptado y *trasladado* a otra familia. Esto significa que la persona es llevada de un lugar a otro.

15. **B.** Los ciudadanos no usarían su tiempo de esparcimiento para hacer apuestas. Moro dice que el juego de dados es tonto.

Explicaciones de los ejercicios sobre poesía

1. **A.** La rima del poema es asonante en los versos pares. En esos versos, se repite el sonido de las vocales de la última palabra a partir de la sílaba acentuada.

2. **B.** El poema gira en torno a la muerte de un niño gitano, y esa es la idea principal de los versos.

3. **D.** La personificación consiste en atribuirles características humanas a cosas inanimadas. En la opción D, la luna viene, como una persona, a la fragua.

4. **C.** Este verso rima con el verso 30 ("¡ay, cómo canta en el árbol!"), y la rima es asonante pues repite el sonido de las vocales a partir de la última sílaba acentuada.

5. **A.** El niño está cautivado ("El niño la mira, mira. / El niño la está mirando").

6. **C.** La metáfora es una comparación entre dos elementos que tienen alguna característica en común y permiten que se sustituya a uno por el otro. En este caso, el retumbar de los cascos del caballo del jinete semeja el ruido de un tambor.

7. **A.** El símil, o comparación, es una forma de expresar una semejanza o similitud en términos comparativos. En este caso, la comparación es con Ulises y su hijo.

8. **C.** La "tierra antes no hollada" representa el camino no recorrido, la vida no vivida y, en cierto sentido, lo diferente.

9. **D.** El poeta debe decidir entre regresar a España o seguir vagando.

10. **D.** El poema se refiere al exilio del propio poeta y a la posibilidad de volver, que este descarta. El exilio es la idea principal del poema.

11. **C.** En el verso, se establece una comparación entre el sol y un vidrio redondo y opaco. El símil es el tipo de lenguaje figurado que expresa esta semejanza.

12. **A.** El poema está narrado desde la perspectiva de una tercera persona omnisciente, que conoce todo sobre la vida del marinero.

13. **A.** Las últimas palabras de los versos 23 y 25 repiten el sonido de la vocal en la sílaba acentuada, y esto es un ejemplo de rima asonante.

14. **B.** La sinestesia es una asociación de elementos procedentes de los sentidos físicos (externos) con sensaciones internas (sentimientos). En el título, se asocian una sinfonía y una clave musical con el color gris, que refleja el sentimiento del poeta.

15. **D.** El poema describe al viejo marinero tanto física como emocionalmente. La idea principal del poema es su nostalgia.

Explicaciones de los ejercicios sobre textos informativos

1. **D.** Los párrafos del pasaje han sido organizados según su orden de importancia, del más importante al menos importante.

2. **A.** El segundo párrafo describe el proceso del nuevo sistema de evaluación, paso a paso.

3. **D.** El primer párrafo contiene la idea principal. Habrá cambios debido a una decisión de la nueva administración, y la idea principal de este memorando es explicar que esos cambios afectarán a los empleados. Lea la última línea del primer párrafo.

4. **B.** Según el tercer párrafo, solo el departamento que obtenga la calificación más alta será recompensado, así que muchos otros empleados no lo serán.

5. **D.** El concepto de lo que es "justo" difiere de una persona a otra, así que esta es una opinión.

6. **D.** La opción D representa el resumen más completo; abarca los tres cambios.

7. **B.** El memorando destaca los aspectos positivos de estos cambios para los empleados.

8. **C.** En la oración precedente, línea 7, se describe su uso de una "doble visión".

9. **C.** En las dos últimas oraciones del pasaje, se revela que Molière murió después de finalizar una representación de *Le Malade imaginaire*.

10. **A.** La primera oración del pasaje describe la idea principal.

11. **B.** Molière era francés y sus obras fueron estrenadas en el teatro Petit-Bourbon, lo que permite inferir que sus obras estaban escritas en francés.

12. **A.** En la línea 23, se dice que a los críticos de teatro y a la Iglesia católica no les gustaron sus obras.

13. **C.** En las líneas 15 y 16, se dice que Molière combinó la tradicional comedia francesa con elementos de la Commedia dell'Arte italiana.

14. **D.** En la línea 14, se menciona que Molière abandonó sus estudios de abogacía.

15. **C.** En las líneas 25 y 26, se destaca que Molière tuvo el cuidado de no criticar a la monarquía.

Explicaciones de los ejercicios sobre números enteros

1. **C.** Cuarenta horas a $12 la hora equivalen a $480. La tasa de horas adicionales es igual a $12 \times 1.5 = \$18$ por hora. Laura trabajó 3 horas a razón de $18 la hora, así que el total es $54. Sume su paga normal y su paga por horas adicionales para conseguir el total: $480 + 54 = 534$.

2. **A.** El producto es el resultado de una multiplicación.

3. **B.** Siga el orden de las operaciones y resuelva primero la operación entre paréntesis: $144 \div 6 = 24$.

4. **D.** El pago de las cuotas mensuales de $125 durante 12 meses es igual a $1500 y, sumado al pago inicial de $250, totaliza $1750. $1750 - 1479 = \$271$.

5. **D.** Siga el orden de las operaciones y resuelva primero la operación entre paréntesis: $7 + 8(6)^2$. Ahora calcule el exponente: $7 + 8(36)$. Luego multiplique: $7 + 288 = 295$.

6. **A.** El escritorio costaba originalmente $350 más que los $485 que pagó Carlos: $485 + 350 = 835$.

7. **C.** La alfombra para las 12 unidades costó: $975 \times 12 = 11{,}700$. Los electrodomésticos para 8 unidades costaron: $1{,}350 \times 8 = 10{,}800$. Esto hace un total de $22,500 gastados. $35{,}000 - 25{,}000 = 12{,}500$ sobrantes.

8. **C.** La pregunta dice que hay 15 unidades, así que: $2460 \div 15 = 164$.

9. **B.** Para calcular las entradas vendidas de viernes a domingo, multiplique $665 por 3 (3 días). Luego reste 220 de 665 para obtener la cantidad vendida cada día de lunes a jueves y multiplique el resultado obtenido por 4 (4 días). $3 \times 665 + 4(665 - 220)$.

10. **A.** Sume las cantidades de libras de carne para obtener el total y divídalo luego por 4.

Explicaciones de los ejercicios sobre sentido numérico

1. **B.** Redondee las cantidades a la centena más próxima. Sume en el orden que le resulte más fácil: $2{,}400 + 75{,}600 + 101{,}000 = 179{,}000$. La respuesta más próxima es la opción B.

2. **D.** El dígito 2 está ubicado en la posición de la unidad de millón, así que su valor es dos millones.

3. **C.** Puesto que la distancia total es 92,956,050 y usted debe redondearla a la centena de mil más próxima, encuentre el dígito que ocupa esa posición. Un 9 ocupa esa posición y deberá redondearlo, así que la estimación será 93,000,000.

4. **D.** Primero, encuentre el patrón. Usando los años y los valores dados, la cantidad de empleados se triplica anualmente. Para encontrar la cantidad de empleados en 2011, multiplique el valor para 2010 por 3: $1{,}053 \times 3 = 3{,}159$.

5. **B.** Para llegar a 2013, multiplique el valor que acaba de calcular por 3. Puesto que usted solo debe estimar el valor para 2013, use 3,000: $3{,}000 \times 3{,}000 = 9{,}000$. Esta es la estimación para 2012. Repita la operación para obtener el valor correspondiente a 2013: $9{,}000 \times 3 = 27{,}000$. Este valor está más cerca de la opción B.

6. **A.** El número 47 es un número natural y racional que es además entero. Las opciones C, D y E no representan números enteros. La opción B representa un número irracional.

7. **A.** Use la propiedad distributiva para multiplicar por 15 los dos términos.

8. **C.** Estime: $44{,}000 + 12{,}000 = 56{,}000$; $56{,}000 - 27{,}000 = 29{,}000$. Ese valor está más cerca de la opción C.

9. **B.** El valor de $\sqrt{95}$ está entre los números enteros 9 y 10; por lo tanto, no puede ser un número entero. Puesto que es un decimal no repetitivo, es un número real e irracional.

10. **D.** Use la propiedad asociativa. Los números pueden sumarse en cualquier orden.

Explicaciones de los ejercicios sobre números decimales

1. **B.** Encuentre el precio por unidad: $5.00 \div 20 = 0.25$. Encuentre luego cuántos chicles puede comprar Fernando con \$7.40: $7.40 \div 0.25 = 29.6$. La mayor cantidad de chicles que podrá comprar es 29.

2. **C.** El dígito 7 está en la posición de los milésimos, así que su valor es siete milésimos.

3. **C.** $5.2 - 4.76 = 0.44$ metros.

4. **D.** Mueva el punto decimal 8 posiciones hacia la izquierda, así que usando la notación científica quedará: 3×10^8.

5. **B.** La opción B muestra el número con todos sus dígitos en la posición correcta. Esto es fácil de observar si usted busca una opción con el dígito 2 en la posición de los milésimos.

6. **C.** $6.09 + 10.8 + 0.72 + 2(3.147) = 23.904$. Redondeado al centésimo más próximo, el resultado es 23.90.

7. **B.** $677.6 \div 30.25 = 22.4$ millas por galón.

8. **A.** $9.49 - 3.78 = 5.71$ de ganancia por bolsa. La ganancia por la venta de 35 bolsas será: $5.71 \times 35 = 199.85$.

9. **D.** En cada hamburguesa usa 0.47 libras, así que en 180 hamburguesas usará:
0.47 × 180 = 84.6 libras.

10. **B.** En la opción B, se muestran todos los dígitos en la posición correcta: 935 con el 5 en la posición de los diezmilésimos.

Explicaciones de los ejercicios sobre fracciones

1. **A.** $\dfrac{2}{3} \times 36 = 24$ onzas.

2. **B.** $\dfrac{8}{6} + \dfrac{9}{12} = \dfrac{16}{12} + \dfrac{9}{12} = \dfrac{25}{12} = 2\dfrac{1}{12}$

3. **C.** Convierta las fracciones en decimales. Entrega B: $\dfrac{5}{8} = 0.625$. Entrega D: $\dfrac{6}{10} = 0.6$.

   Entrega E: $\dfrac{3}{4} = 0.75$. En orden de menor a mayor: C, D, B, A, E.

4. **C.** $4\dfrac{1}{2} = \dfrac{9}{2}; \dfrac{9}{2} \div 6 = \dfrac{9}{2} \times \dfrac{1}{6} = \dfrac{9}{12} = \dfrac{3}{4}$

5. **D.** Encuentre el mínimo común denominador de 12 y 15: 60. Use 60 como

   cantidad máxima de empleados: $\dfrac{1}{12} \times 60 = 5$ empleados enfermos. $\dfrac{4}{15} \times 60 = 16$

   empleados que se retiraron. $60 - 5 - 16 = 39$ empleados restantes. $\dfrac{39}{60} = \dfrac{13}{20}$.

6. **B.** $\dfrac{1}{8} + \dfrac{2}{5} + \dfrac{3}{10} = \dfrac{5}{40} + \dfrac{16}{40} + \dfrac{12}{40} = \dfrac{33}{40}$ personas eligieron la primavera, el verano

   o el otoño. Esto quiere decir que: $\dfrac{7}{40} \times 200 = 35$ personas eligieron el invierno.

7. **D.** $\dfrac{-34}{-85} = \dfrac{34}{85} = \dfrac{2}{5}$

8. **A.** $\dfrac{42}{3} = 14$, así que: $36 \div 14 = 2.57$. El panadero puede preparar la receta dos veces.

9. **C.** $5\dfrac{1}{8} = 5.125$, así que: $7.84 \times 5.125 = 40.18$.

10. **B.** $\left(\dfrac{3}{5}\right)^3 = \dfrac{3^3}{5^3} = \dfrac{27}{125}$

Explicaciones de los ejercicios sobre porcentajes

1. **B.** $30 \times 0.03 = 9; 30 - 9 = 21$

2. **C.** $16\% = \dfrac{16}{100} = \dfrac{4}{25}$

3. **D.** $4{,}500 \times 0.03 = 135$; $4{,}500 + 135 = 4{,}635$ después del primer año. Luego, $4{,}635 \times 0.03 = 139.05$; $4{,}635 + 139.05 = 4{,}774.05$ después del segundo año.

4. **E.** Si al final del segundo año había \$4,774.05, sume el depósito de \$300 a ese total: $4{,}774.05 + 300 = 5{,}074.05$. Luego agregue el interés del tercer año: $5{,}074.05 \times 0.03 = 152.22$; $5{,}074.05 + 152.22 = 5{,}226.27$.

5. **B.** $0.82x = 123$. Resuelva para x: $123 \div 0.82 = 150$.

6. **C.** La pregunta dice aproximadamente, así que estime para hacer más fáciles los cálculos. Redondee a 60% de autos usados y 40% de autos nuevos: $4{,}120 \times 0.40 = 1{,}648$. Este valor está próximo a la opción C.

7. **C.** $5{,}620 \times 0.70 = 3{,}934$

8. **D.** $65 \times .20 = 13$. Entonces, $65 - 13 = 52$. Agréguele el impuesto a las ventas: $52 \times 0.06 = 3.12$, y $52 + 3.12 = 55.12$.

9. **A.** Para calcular un cambio de porcentaje, tome la diferencia entre los dos valores y divídala por el valor original: $5.2 - 3.9 = 1.3$ y $1.3 \div 5.2 = 0.25$, así que disminuyó un 25%.

10. **B.** El porcentaje total es 100%, así que use este valor como cantidad total de clientes: $100 \times \dfrac{3}{8} = 37.5\%$ de lectores que prefieren libros de tapa dura. Puesto que el 21.6% prefiere libros de tapa blanda: $37.5 + 21.6 = 59.1\%$ de lectores que tienen una preferencia. Esto deja un 40.9% de lectores que no tienen preferencia.

Explicaciones de los ejercicios sobre relaciones entre números

1. **A.** Establezca una proporción: $\dfrac{3}{0.80} = \dfrac{12}{x}$. $3x = 9.6$, y $x = 3.2$.

2. **D.** Primero, encuentre la tasa por hora: $930 \div 60 = 15.5$ por hora, y $24 \times 15.5 = 372$.

3. **C.** Encuentre los factores de 56: 1, 2, 4, 7, 8, 14, 28 y 56. Los factores de 84 son: 1, 2, 3, 4, 6, 7, 12, 14, 21, 28, 42 y 84. El máximo factor común es 28.

4. **A.** Exprese la razón como fracción: $\dfrac{112}{144}$. Luego, simplifique: $\dfrac{112}{144} = \dfrac{56}{72} = \dfrac{28}{36} = \dfrac{7}{9}$.

5. **B.** Si la razón entre hombres y mujeres es 3:7 y hay 420 hombres, el multiplicador será: $420 \div 3 = 140$, y $140 \times 7 = 980$ mujeres.

6. **C.** Múltiplos de 18: 18, 36, 54, 72, 90… Múltiplos de 45: 45, 90… El mínimo común múltiplo es 90.

7. **B.** El mayor número primo menor que 50 es 47. El mayor número compuesto (no primo) menor que 50 es 49, así que la relación correcta es $47 < 49$.

8. **C.** Exprese la razón como fracción: $\dfrac{6.75}{10} = 0.675$. Compruebe cuál de las opciones es igual a 0.675. La opción C lo es: $\dfrac{27}{40} = 0.675$.

9. **A.** Encuentre los factores primos de 60: 2, 3 y 5. Encuentre los factores primos de 18: 2 y 3. La suma es igual a: $5 + 2 = 7$.

10. **E.** Si la razón es 3:1:2, entonces hay 6 partes en total. Encuentre el multiplicador para hacer 18 galones de pintura: $18 \div 6$ partes $= 3$, como multiplicador. Si en la mezcla hay 2 partes de verde, $2 \times 3 = 6$ galones de pintura verde.

Explicaciones de los ejercicios sobre unidades de medida

1. **C.** $1,200 - 600 = 600$ alumnos que toman el autobús. El 50% de 600 es 300. Trescientos alumnos regresan a su casa en bicicleta.
2. **A.** 1 pie = 12 pulgadas, así que 75 pies son iguales a: $75 \div 12 = 6.25$ pies.
3. **B.** Hay 16 onzas en una libra; entonces, en 88 onzas habrá: $88 \div 16 = 5.5$ libras. A un precio de \$1.90, Omar pagó: $5.5 \times 1.90 = \$10.45$.
4. **D.** Encuentre el total de los jugos medidos en mililitros: $750 + 875 + 625 = 2,250$. Puesto que hay 1,000 mililitros en un litro, el total de los jugos es igual a: $2,250 \div 1,000 = 2.25$ litros. Súmele los 3 litros de *ginger-ale* y obtendrá un total de 5.25 litros.
5. **E.** Como hay 60 minutos en una hora, la película duró 120 minutos. $42 \div 120 = .35$, así que Ernesto miró 35% del tiempo avisos comerciales.
6. **D.** Hay 4 cuartos en un galón. Puesto que todas las otras medidas están en cuartos, convierta los 3 galones de pintura amarilla en cuartos: $3 \times 4 = 12$ cuartos. Encuentre la cantidad total de pintura: $12 + 2 + 3 = 17$ cuartos. Guillermo usó 7 cuartos, así que le sobraron 10 cuartos, o sea, 2 galones y 2 cuartos ($10 \div 4 = 2.5$).
7. **C.** 1 centímetro = 10 milímetros. La longitud del mapa es igual a: $12 \times 10 = 120$ milímetros.
8. **D.** Puesto que 1 yarda = 3 pies = 36 pulgadas, en cada vestido se usan: $(36 \times 3) + 10 = 118$ pulgadas de tela. Para 9 vestidos, se usarán: $9 \times 118 = 1,062$ pulgadas. $1,062 \div 12 = 88.5$ pies = 29.5 yardas.
9. **B.** $7.5 \times 12 = 90$.
10. **C.** Sume los valores: $36 + 42 + 66 = 144$ pulgadas. Como la respuesta debe ser dada en pies, $144 \div 12 = 12$ pies.

Explicaciones de los ejercicios sobre geometría

1. **E.** Para encontrar la suma de los ángulos interiores de un polígono, divídalo en formas que usted ya conoce. Si usted divide un hexágono en dos, obtendrá dos cuadriláteros, y la suma de los ángulos interiores de un cuadrilátero es igual a 360 grados. Entonces, si usted tiene dos cuadriláteros, la suma de los ángulos interiores del hexágono será igual a: $360 \times 2 = 720$ grados.
2. **A.** Puesto que un ángulo y su complemento deben sumar 90 grados: $90 - 75 = 15$ grados.
3. **B.** Los ángulos opuestos por el vértice están formados por dos rectas que se cortan en un punto (vértice) y sus lados son semirrectas opuestas, así que tienen la misma medida.
4. **C.** Asigne una letra a cada ángulo. Si $c = 65$, entonces $f = 65$. Si $c = 65$, entonces d y $e = 115$. Puesto que las rectas son paralelas, $c = g = k = 65$ y $d = h = j = 115$. La opción C es correcta.
5. **B.** En un paralelogramo, los ángulos opuestos son iguales y la suma de todos los ángulos es igual a 360 grados. Esto significa que la medida de f es 80 grados.
6. **B.** En los triángulos semejantes, los lados tienen la misma razón: 12:9:15 y 4:3:5.
7. **C.** Puesto que el segmento de recta ST es un diámetro, los ángulos QRS y QRT deben sumar 180 grados: $180 - 62 = 118$.

8. **D.** Como un ángulo recto tiene 90 grados y el ángulo QRS = 62, entonces: 90 − 62 = 28 grados.

9. **C.** Encuentre el área del piso: 5 × 8 = 40 pies cuadrados. La madera cuesta $3.40 por pie, entonces: 3.40 × 40 = $136.

10. **C.** "Octo" significa ocho. Un octógono tiene ocho lados.

Explicaciones de los ejercicios sobre estadística

1. **A.** Para calcular la media (el promedio), primero sume los valores de la tabla: 53.5 + 48.7 + 61.9 + 54.8 + 82.3 + 45.6 = 346.8. Luego divida ese total por 6 (la cantidad de meses): 346.8 ÷ 6 = 57.8.

2. **B.** La mediana es el valor que ocupa la posición central. Ordene los valores de la tabla de menor a mayor: 45.6, 48.7, 53.5, 54.8, 61.9, 82.3. Puesto que hay una cantidad par de valores, la mediana será igual al promedio de los dos valores centrales: 53.5 y 54.8. Entonces, sume 53.5 + 54.8 = 108.3 y divida la suma por 2: 108.3 ÷ 2 = 54.15.

3. **D.** El rango es igual a la diferencia entre el valor más alto y el valor más bajo: 82.3 − 45.6 = 36.7.

4. **B.** La mediana es el valor que ocupa la posición central. Ordene los valores de menor a mayor: 160, 170, 185, 215, 225, 250, 250, 995. Puesto que hay una cantidad par de valores, la mediana será igual al promedio de los dos valores centrales: 215 y 225. Entonces: 215 + 225 = 440, y 440 ÷ 2 = 220.

5. **C.** La moda es el valor más frecuente. En este caso, 250, que aparece dos veces.

6. **C.** El valor atípico es el valor más alejado de la media. En este caso, es claramente 995, que es mucho más grande que los otros números, así que no es necesario calcular la media. Si se elimina 995, el resultado será que la media disminuirá. La moda no cambiará y la mediana disminuirá a 215.

7. **D.** Para realizar un estudio aleatorio imparcial, Gabriel deberá elegir a las personas sin excluir a ninguna. El estudio es sobre las comidas en un centro comercial, así que deberá incluir a las personas que concurren al centro comercial. No obstante, no deberá incluir solo a aquellas que comen en el patio de comidas porque esas personas podrían tener una opinión diferente sobre lo saludable que es la comida en el centro comercial de la de aquellas personas que no comen allí. La mejor respuesta es la opción D.

8. **D.** Para encontrar la media (el promedio), primero sume los precios pagados: 18.95 + 18.95 + 25.70 + 12.50 + 12.50 + 12.50 = 101.10. Tenga presente que Eugenia compró más de una blusa y de una camiseta. Luego, divida el total por la cantidad de artículos adquiridos: 101.10 ÷ 6 = 16.85.

9. **A.** Para encontrar la media (el promedio), primero sume las calificaciones: (2)100 + (3)90 + (3)80 + 55 = 765. Tenga presente que más de un alumno obtuvo la misma calificación. Luego, divida el total por la cantidad de alumnos: 765 ÷ 9 = 85.

10. **B.** El valor atípico de este conjunto de datos es 55. Si se lo elimina, el total será 710 y habrá 8 calificaciones: 710 ÷ 8 = 88.75.

Explicaciones de los ejercicios sobre probabilidad

1. **E.** Con un dado de seis caras, hay 5 posibilidades de obtener un número que no sea 3.

2. **E.** Divida el número de canicas violetas por la cantidad total de canicas que hay en la bolsa.

3. **C.** Una vez que Arturo extrajo la canica violeta, quedan solo 6 canicas violetas en la bolsa y 17 en total. Para encontrar la probabilidad de extraer una canica roja, divida la cantidad de canicas rojas por el nuevo total, 17: $\dfrac{3}{17}$.

4. **A.** El espacio muestral incluye todos los resultados posibles: rojo, verde, azul, violeta.

5. **E.** Puesto que en la bolsa hay una cantidad igual de canicas rojas y azules, existe una probabilidad igual de extraer una canica de uno de esos colores.

6. **B.** En el nombre Colin, hay cinco letras. Hay una N, así que la probabilidad de extraer esa letra es $\dfrac{1}{5}$.

7. **D.** Evalúe la ruleta. Hay 4 sectores blancos, 3 sectores rayados, 3 sectores azul claro y 2 sectores azul oscuro. Lea las opciones de respuesta. La opción A no es verdadera porque el sector rayado es una posibilidad. La opción B no es verdadera porque $\dfrac{9}{12} = \dfrac{3}{4}$ de los sectores no son rayados. La opción C no es verdadera porque hay otras posibilidades. La opción D es verdadera porque hay 4 sectores blancos y 3 sectores azul claro, lo que da una probabilidad de $\dfrac{7}{12}$ de que la flecha se detenga sobre uno de esos sectores. La opción E no es verdadera porque la probabilidad de que la flecha se detenga sobre un sector rayado es $\dfrac{3}{12}$, mientras que la probabilidad de que lo haga sobre un sector azul oscuro es $\dfrac{2}{12}$.

8. **C.** Hay 3 sectores rayados, así que hay una probabilidad de $\dfrac{3}{12} = \dfrac{1}{4}$ de que la flecha se detenga sobre un sector rayado. Lo mismo sucede para los sectores azul claro, así que juntos tienen una probabilidad de $\dfrac{1}{2}$.

9. **B.** Si ya se han extraído dos nombres de hombre, quedan entonces 12 hombres y 6 mujeres, y un total de 18 nombres. La probabilidad de extraer un nombre de mujer es $\dfrac{6}{18} = \dfrac{1}{3}$.

10. **B.** Dibuje una cuadrícula que muestre todas las sumas posibles.

		Dado 2					
		1	**2**	**3**	**4**	**5**	**6**
Dado 1	**1**	2	3	4	5	6	7
	2	3	4	5	6	7	8
	3	4	5	6	7	8	9
	4	5	6	7	8	9	10
	5	6	7	8	9	10	11
	6	7	8	9	10	11	12

Cuente las sumas que son menores o iguales a 9. Hay 30 sumas, sobre un total de 36, así que $\frac{30}{36} = .8\overline{3} = 83\%$.

Explicaciones de los ejercicios sobre análisis de datos

1. **C.** Aproximadamente, se usan 17 computadoras portátiles. Para encontrar el porcentaje, primero encuentre el total de computadoras usadas en la oficina de River Ridge: $35 + 17 + 8 = 60$. Luego encuentre el porcentaje: $17 \div 60 = .283 = 28.3\%$.

2. **C.** En la oficina de la corporación se usan alrededor de 24 tabletas y en la oficina del sudeste se usan 10: $24 - 10 = 14$.

3. **B.** Calcule aproximadamente los valores: en la oficina de River Ridge se usan 35, en la oficina del centro se usan 42, en la oficina del sudeste se usan 24 y en la oficina de la corporación se usan 18. El total de las computadoras usadas es, aproximadamente, 119. La opción B tiene el valor más próximo.

4. **C.** El Yukón representa el 5% del total y los Territorios del Noroeste representan el 13% del total. Juntos, representan el 18% del total: $9,984,670 \times .18 = 1,797,240.6$ kilómetros cuadrados. Esto representa alrededor de 1.8 millones de kilómetros cuadrados.

5. **A.** Nunavut representa el 21% de la superficie total, o sea: $9,984,670 \times .21 = 2,096,780.7$; y Quebec representa el 15%, o sea: $9,984,670 \times .15 = 1,497,700.5$. La diferencia es 599,080 kilómetros cuadrados, lo que equivale a 0.6 millón de kilómetros cuadrados.

6. **E.** Obtenga el total de cada una de las opciones. La opción A representa el 4%. La opción B es igual a: $21 + 11 + 15 = 47\%$. La opción C es igual a: $13 + 7 = 20\%$. La opción D es igual a: $7 + 11 + 21 = 39\%$. La opción E representa un cuarto.

7. **D.** Sume los totales semanales: $15 + 19 + 26 + 28 = 88$.

8. **B.** Encuentre la cantidad total de clientes para la semana 3: $18 + 26 + 32 + 23 + 30 = 129$. De ellos, 32 personas se enteraron de la existencia de la empresa a través de un periódico; entonces: $32 \div 129 = .248 = 24.8\%$.

9. **C.** Tenga presente que cada punto representado en la gráfica equivale a miles de dólares. $2005 = 30,000$ y $2006 = 50,000$, así que: $50,000 - 30,000 = \$20,000$.

10. **A.** Primero, encuentre la información correspondiente al punto que representa cada año: 2004 = 10; 2005 = 30; 2006 = 50; 2007 = 65; 2008 = 75; 2009 = 60; 2010 = 65; 2011 = 85. Sume todos los valores y obtendrá un total de 440. Divida este total por la cantidad de años: 440 ÷ 8 = 55. Puesto que los valores representan miles, la media será $55,000.

Explicaciones de los ejercicios sobre conceptos algebraicos

1. **D.** Asigne variables a las personas: Alicia = x y Gregorio = y. Entonces, $x = y + 5$. Dentro de tres años, $(x + 3) + (y + 3) = 23$. Reemplace el valor de x por $y + 5$ en la segunda ecuación: $y + 5 + 3 + y + 3 = 23$. Combine los términos semejantes: $2y + 11 = 23$. Reste 11 de los dos lados: $2y = 12$. Divida los dos lados por 2: $y = 6$.

2. **A.** Reste $3y$ de los dos lados: $5y - 7 = 13$. Sume 7 a los dos lados: $5y = 20$. Divida los dos lados por 4: $y = 4$.

3. **C.** Asigne variables a las personas: Débora = x, Antonio = y, Ana = z. Entonces, $x = 3y$, $z = 2x + 10$, y $x + y + z = 150$. Reemplace el valor de x por $3y$ en la segunda ecuación: $z = 2(3y) + 10$, o sea: $z = 6y + 10$. Reemplace los valores de x y z en la tercera ecuación: $(3y) + y + (6y + 10) = 150$. Combine los términos semejantes: $10y + 10 = 150$. Reste 10 de los dos lados: $10y = 140$. Divida los dos lados por 10: $y = 14$. La pregunta se refiere a Débora, y Débora es x. Resuelva para x: $x = 3y$, o sea: $x = 3(14)$, y $x = 42$.

4. **E.** Prepare dos pares de paréntesis: ( ) ( ) y aplique el método inverso de la multiplicación de binomios. El primer término en ambos deberá ser c para obtener c^2: $(c)(c)$. Para que haya un -7 en el medio y un $+18$ al final, los signos de ambos términos deberán ser menos: $(c -)(c -)$. Luego, explore los factores de $+18$ para encontrar números que le den un valor de -7 en el medio y un $+18$ al final: $(c - 9)(c - 2) = c^2 - 11c + 18$.

5. **A.** Jaime: $2a + 3n = 66$; Teresa: $6a = 108$. Resuelva el total de Teresa para a dividiendo los dos lados por 6: $a = 18$. Luego, reemplace a por su valor de 18 en el total de Jaime: $2(18) + 3n = 66$. Entonces: $36 + 3n = 66$. Reste 36 de los dos lados: $3n = 30$. Divida los dos lados por 3: $n = 10$.

6. **E.** Reemplace y y z en la expresión por los valores dados: $12(3^2) - 4(-2) + 7$. Entonces: $12(9) - (-8) + 7$, y $108 + 8 + 7 = 123$.

7. **C.** Multiplique cada término: $(7r + 35) - (3r + 24)$. Combine los términos semejantes: $4r + 59$.

8. **B.** Use el método de multiplicación de binomios: $v^2 - 4v + 6v - 24$. Combine los términos semejantes: $v^2 + 2v - 24$.

9. **E.** Asigne x al número más pequeño e y al número más grande: $x + y = 14$, e $y = x + 6$. Reemplace en la primera ecuación y por su valor $(x + 6)$: $x + (x + 6) = 14$. Combine los términos semejantes: $2x + 6 = 14$. Reste 6 de los dos lados: $2x = 8$. Divida los dos lados por 2: $x = 4$.

10. **A.** Reemplace x por -2 en cada una de las opciones de respuesta. Opción A: $-2(-2) = 4$. Esto es verdadero, así que la respuesta correcta es la opción A.

Explicaciones de los ejercicios sobre fórmulas matemáticas

1. **D.** Si el radio es 4, entonces el área es igual a: $\pi(4^2) = 16\pi$.

2. **C.** La distancia alrededor del cantero de flores es igual al perímetro del rectángulo. Use la fórmula dada: $2(35) + 2(12) = 70 + 24 = 94$.

3. **C.** Encuentre el volumen del refrigerador: volumen = longitud $\times$ ancho $\times$ altura. Use los valores del diagrama: $26 \times 14 \times 24 = 8{,}736$ pulgadas cúbicas. Luego, divida por 231 la cantidad de pulgadas cúbicas que hay en un galón: $8{,}736 \div 231 = 37.82$ galones. Esto está muy cerca de la opción C.

4. **C.** Puesto que el perímetro del cuadrado es $4 \times$ lado, encuentre el valor del lado. El área es 289 pies cuadrados, y área = lado^2, entonces: $289 = $ lado^2; lado $= \sqrt{289} = 17$. Luego, encuentre el perímetro: $4 \times 17 = 68$ pies.

5. **B.** Encuentre el volumen del cilindro usando la fórmula dada. El diámetro es 15, así que el radio es 7.5: $\pi \times 7.5^2 \times 25 = \pi \times 56.25 \times 25 = 1{,}406.25\pi$. Reemplace π por 3.14: $1{,}406.25 \times 3.14 = 4{,}415.625$. Ahora, encuentre el volumen del cubo: volumen = arista^3; o sea: $v = 12.5^3 = 1{,}953.125$. Luego, compare los dos volúmenes: $4{,}415.625 - 1{,}953.125 = 2{,}462.5$ cm^3.

6. **D.** Encuentre la distancia total: $218 + 184 = 402$ millas. Convierta el tiempo de conducción en horas: 6 horas y 45 minutos $= 6.75$ horas. Luego, use la fórmula de distancia dada para encontrar la tasa: distancia = tasa $\times$ tiempo, o sea: $402 = $ tasa $\times 6.75$. Divida los dos lados por 6.75 y resuelva para la tasa: tasa $= 59.\overline{5} = 59.6$ millas por hora.

7. **D.** Use los puntos representados en la gráfica: $(2, 8)$ y $(7, 10)$, y la fórmula de distancia dada: $d = \sqrt{(7-2)^2 + (10-8)^2} = \sqrt{5^2 + 2^2} = \sqrt{25+4} = \sqrt{29} = 5.385 = 5.4$.

8. **B.** Use los puntos representados en la gráfica: $(2, 8)$ y $(7, 10)$, y la fórmula de pendiente de la recta dada: pendiente $= \dfrac{10-8}{7-2} = \dfrac{2}{5}$.

9. **A.** El área de superficie de un cubo es igual a la suma del área de todas sus caras. En el cubo, todas las caras son iguales, así que el área de superficie será: $6 \times$ lado$^2 = 6 \times 4 = 24$ pies cuadrados.

10. **A.** Encuentre las tasas individuales. La manera más fácil es sustituir un valor por la cantidad de trabajo. Supongamos que la cantidad total de trabajo es 12 unidades (porque 12 es divisible tanto por 3 como por 4). Entonces, Eva puede hacer 12 unidades de trabajo en 4 horas, y su tasa es 3 unidades por hora. Juan puede hacer las 12 unidades en tres horas, y su tasa es 4 unidades por hora. Juntos, tienen una tasa de 7 unidades por hora. Use la fórmula de trabajo para encontrar el tiempo combinado: trabajo = tasa $\times$ tiempo, y $12 = 7 \times t$. Divida los dos lados por 7 para encontrar t: $t = \dfrac{12}{7} = 1.7$ horas.